SKANDERBEG

Oliver Jens Schmitt

SKANDERBEG

Der neue Alexander auf dem Balkan

Verlag Friedrich Pustet
Regensburg

Veröffentlicht mit Unterstützung
des Fonds zur Förderung
der wissenschaftlichen Forschung

FWF Der Wissenschaftsfonds.

Bibliografische Information der Deutschen Nationalbibliothek

Die Deutsche Nationalbibliothek verzeichnet diese Publikation
in der Deutschen Nationalbibliografie; detaillierte bibliografische
Angaben sind im Internet unter http://dnb.d-nb.de abrufbar.

www.verlag-pustet.de

ISBN 978-3-7917-2229-0

Satz: Vollnhals Fotosatz, Neustadt a. d. Donau
Druck und Bindung: Friedrich Pustet, Regensburg
Printed in Germany 2009

INHALT

ZUR EINLEITUNG

In der südosteuropäischen Geschichte als wissenschaftlicher Disziplin genießt die Biografie keine besondere Beliebtheit. Sozialgeschichtlich angelegte Strukturanalysen und kulturgeschichtlich ausgerichtete Untersuchungen zu Nationalismus, einzelnen ethnischen und religiösen Gruppen und Modernisierungsprozessen überwiegen in der Fachdiskussion, die sich zudem stark auf das 19. und 20. Jahrhundert konzentriert. Wenngleich in der allgemeinen Geschichtswissenschaft in letzter Zeit eine Rückkehr zum Erzählen, auch zur Gattung der Biografie zu beobachten ist, sind dennoch einige erklärende Worte zu Beginn eines Buches angebracht, das in seiner äußeren Gestalt die Form einer Lebensbeschreibung besitzt.

Gegenstand der vorliegenden Darstellung ist das Leben eines Mannes, der von seinen Zeitgenossen, aber auch durch viele folgende Generationen als „Held" wahrgenommen worden ist, ein Konzept, das heute fremd erscheinen mag, das in der zu beschreibenden Gesellschaft aber eine eigentliche Schlüsselkategorie zur Mobilisierung politischer Macht darstellte. Die Gestalt Georg Kastriotas, der den Beinamen Skanderbeg (Herr Alexander) erhalten hatte, beschäftigte Staatsmänner, Humanisten und Geschichtsschreiber des 15. Jahrhunderts, danach aber Biografen, Literaten, Librettiautoren und politische Publizisten bis in unsere Tage. Von dem Piccolominipapst Pius II. über Vivaldi bis zu Benjamin Disraeli spannt sich der Bogen jener bekannten Europäer, die sich mit Skanderbeg auseinandergesetzt haben. Die meisten von ihnen wählten als Form der Annäherung die Biografie.

Keine andere Gestalt der südosteuropäischen Geschichte hat als Individuum über Jahrhunderte hinweg eine derartige Beachtung erfahren wie dieser mittelalbanische Adlige. Sein Leben zwischen orthodoxem Christentum, Islam und dem katholischen Glauben und sein fünfundzwanzig Jahre dauernder Aufstand gegen die osmanischen Sultane hatten die europäische Öffentlichkeit in einem Zeitalter gefesselt, das die Osmanen und deren islamische Religion als elementare Bedrohung empfand und angesichts der zahlreichen militärischen Rückschläge das Beispiel eines erfolgreichen christlichen Heerführers als Ermutigung und Trost benötigte. Angezogen wurden zahlreiche Autoren nicht nur von dem Gegensatz zwischen christlicher und muslimischer Welt, die sich in Skanderbeg zu verkörpern schien, auch sein abenteuerlicher Lebenslauf, die Exotik von wilden Kämpfen in den unbekannten Bergen und Waldschluchten des Balkans übten eine starke Faszination aus. So ist die biografische Beschäftigung mit Skanderbeg alt. Und so hat sich über die Jahrhunderte hinweg eine Erzähltradition herausgebildet, die sich auf den ersten Lebensbeschreiber, den Humanisten und katholischen Priester Marinus Barletius, zurückführen lässt, der 1508/1510 in Rom ein Werk veröffentlichte, das zu einem der größten Bucherfolge der Renaissance werden sollte. Die Erzählstrukturen der Skanderbegbiografien in vielen Sprachen haben sich so verfestigt, dass bis heute kaum ein Historiker daraus auszubrechen vermochte. Nur in Form einer Biografie schien es möglich, die Geschichte des großen Aufstands gegen die osmanische Eroberung des Balkans zu erfassen.

Weshalb nun ein neues Buch zu Skanderbeg, weswegen eine weitere Biografie? Zum einen lässt sich dies in klassischer Manier mit neuen Erkenntnissen rechtfertigen. In zahlreichen europäischen Archiven wurden umfangreiche neue Quellenbestände entdeckt, die das klassische Bild – begonnen mit der stets rätselhaft gebliebenen Frage, warum Skanderbeg als einziger zum Islam konvertierter Balkanadliger zum Christentum zurückgekehrt ist – entscheidend verändern und eine neue Deutung erfordern. Neben der Erschließung neuer Schriftzeugnisse wurde ein zweiter methodischer Zugang gewählt: die systematische Bereisung des Geländes, in dem sich Skanderbegs Leben abgespielt hat. Text und Terrain waren bisher in den Darstellungen getrennt – Fachgelehrte schrieben zumeist, ohne die Berge von Mati und Dibra besucht zu haben; Geländekundige, wie etwa ein britischer Geheimdienstoffizier des Zweiten Weltkriegs (H. Hodgkinson), wiederum, hatten keine Archivarbeiten betrieben. Hinzu kam, dass sich die meisten Historiker Skanderbeg entweder von Westen – aufgrund abendländischer Quellen – oder von Osten, gestützt auf osmanisches Material, näherten. Beides aber greift zu kurz, um ein Leben zu verstehen, das in den Bergen des Balkans begann, an den Sultanshof, an die bulgarische Donau und nach Siebenbürgen führte und seinen zeremoniellen Höhepunkt in einem feierlichen Einzug in Rom fand. Doch erst in den letzten Jahrzehnten wurden nicht nur in den Archiven Italiens, Kroatiens, Frankreichs und Spaniens neue Quellen gefunden, sondern das so wichtige osmanische Material wurde von makedonischen, türkischen und albanischen Historikern erst richtig erschlossen und ausgewertet. Eine Monografie zum Thema steht daher auf einer ganz anderen Materialgrundlage als noch vor zwanzig oder dreißig Jahren.

Neues Material allein aber rechtfertigt nur bedingt eine umfassende Darstellung. Vorliegendes Buch versucht auch, wenigstens in Teilen die erwähnte Erzähltradition zu durchbrechen. Es greift dabei auf das Vorbild eines Werks zurück, das eine strukturell verwandte Gesellschaft am anderen Ende Europas beschreibt: R. R. Davies hat 1995 eine Geschichte des walisischen Nationalhelden Owain Glyn Dŵr, der um 1400 gegen die englische Krone gekämpft hatte, vorgelegt und dabei ein Leben erzählt, das demjenigen Skanderbegs in Vielem glich: ein Aufstand gegen ein übermächtiges Nachbarreich mit zentralisierter Verwaltung und starkem Heeresapparat; eine in viele Siedlungskammern aufgetrennte und politisch in Kleinsteinheiten zersplitterte Gesellschaft; die Bedeutung von Barden und Heldenliedern; die Unterstützung durch eine kämpferische Kirche; eine ideologische Überformung des Aufstands; ein Guerillakrieg, der Klima und Natur, eine waldige, gebirgige Welt ausnützte; eine starke zahlenmäßige und militärtechnische Unterlegenheit der Rebellen; Uneinigkeit und Unstetigkeit der Trägergruppen des Aufstands; eine frühe Internationalisierung durch Hilferufe an Nachbarn und weit entfernte Mächte; das Scheitern angesichts der Überlegenheit des gegnerischen Imperiums; die Führung durch charismatische Adlige, die schon zu Lebzeiten legendenhafte Züge annahmen; zuletzt eine jahrhundertealte Erinnerungskultur in den beiden Regionen.

Vergleichbar ist auch die Quellenlage – wenngleich sie rein umfangmäßig für Wales deutlich besser ist als für den Balkan. Aus dem Innern der aufständischen Gesellschaften hat sich nur wenig erhalten. Der Historiker muss in einem ersten Schritt den Blick seiner Quellen einnehmen, die im Umfeld der Gegner und Verbündeten der Rebellen entstanden sind. In einem zweiten Schritt muss er aber das Material „gegen den Strich" lesen, um ein genaueres Bild von der Innenansicht einer Gesellschaft in Aufruhr zu gewinnen. Er muss gleichsam mit dem Seziermesser die „Anatomie eines Aufstandes" (Davies) vornehmen, und dies ist nur möglich, wenn er den Rahmen einer rein chronologisch voranschreitenden Erzählung verlässt. Davies, der bei seinen Lesern eine Vertrautheit mit den wichtigsten Ereignissen aus Glyn Dŵrs Leben voraussetzen konnte, beschränkte die Erzählung der Kämpfe und Verträge auf wenige Seiten. Im Falle Skanderbegs und der Geschichte des Balkans im späten Mittelalter ist dies kein gangbarer Weg. Im Folgenden wird also durchaus erzählt, in zwei großen Blöcken, die die beiden Lebenshälften Skanderbegs umfassen: den Mann aus dem Balkan (1405–1450) und den Helden der Renaissance (1450–1468). Ein eigentliches Verständnis von Skanderbegs Erhebung, die zweieinhalbmal länger dauerte als jene des Waliser Adligen, erschließt sich aber nur durch eine Untersuchung struktureller Merkmale: von Gefolgschaftswesen und einem charismatischen Anführer, von Treuebindungen und dem heroischen Ideal einer Gebirgsgesellschaft, von Natur und Klima, Almwirtschaft und Küstenhandel, dem Wert des Geldes und der Beschaffung von Waffen, dem Kampf in den Bergen, den Verbindungen mit den Nachbarn, der Bedeutung konservativer Mentalitätsstrukturen und der Dimension des Religiösen. Der Text lädt den Leser ein in die Welt des spätmittelalterlichen Balkan, fernab der großen byzantinischen und adriatischen Städte, der Seewege und Heerstraßen. Er möchte zeigen, welche Unterschiede zwischen der Gesellschaft der Osmanen, jener des balkanischen Hochlands und den Höfen Renaissance-Italiens lagen, zwischen denen sich Skanderbegs Leben abspielte – und sich das Schicksal Südosteuropas für lange Jahrhunderte entschied. Es bleibt eine Annäherung, denn viele Antworten verhindert das Schweigen der Quellen, ein Schweigen, das umso bedrückender wirkt, wenn man bedenkt, wie überreich die Überlieferung zu den bedeutenden Gestalten des Zeitalters in Italien fließt: Überspitzt lässt sich sagen, dass über das Schoßhündchen Pius' II. mehr bekannt ist als über manchen wichtigen Heerführer auf der anderen Seite der Adria. Wer das Leben eines südosteuropäischen Adligen beschreibt – und sei er auch so berühmt wie Skanderbeg – sieht sich in vielem den methodischen Problemen von Historikern gegenüber, die sich mit dem Hochmittelalter beschäftigen.

Die Persönlichkeit Skanderbegs entzieht sich den Fragen. Beschreibungen seiner Person, seines Charakters aus der Feder von Zeitgenossen sind äußerst selten. Für die Italiener, die auskunftsfreudigsten Berichtererstatter, blieb er eine Gestalt in einem fernen, unheimlichen Land. Die Legende wirkt stärker und nimmt von dem Helden Besitz – ähnlich liegt auch der Fall Glyn Dŵrs. So ist eine Biografie weniger die Beschreibung eines Lebens, sondern erweitert sich, nach dem Vorbild vieler methodisch ähnlicher Beispiele, zu einer Darstellung einer Gesellschaft im Zeitalter einer herausragenden Figur. Der „anatomische" Zugang hilft auch hier, nicht nur zur besseren Einordnung einer Gestalt, sondern vor allem dabei, diese nicht zu einem Übermenschen zu erheben, als der Skanderbeg in Teilen Südosteuropas verehrt wird. Skanderbeg ist weder ein Übermensch noch eine Romanfigur (Franz Babinger). Selbst beim Versuch einer nüchternen Betrachtung wird aber die besondere Stimmung jenes Zeitalters fassbar, als sich ein Herr der Berge einem neuen Weltreich entgegenstemmte.

Um Skanderbeg gerecht zu werden, müssen die schweren Deutungsschichten, die auf ihm lasten (und die im letzten Kapitel besprochen werden), weggeräumt werden. Er soll nicht schon gleich zu Beginn als Held eines nationalen, sozialen oder religiösen Aufstandes verstanden werden, seine Epoche nicht als Projektionsfläche moderner ideologischer Überzeugungen dienen. Dies kann nur geschehen, indem unmittelbar auf die Quellen zurückgegriffen wird. Katenenartig haben sich viele inhaltlich falsche Angaben über Jahrhunderte derart verfestigt, dass Teile des staatlichen Skanderbegkults auf dem Balkan auf späteren Erfindungen und Vorstellungen beruhen. Es soll nicht als Geringschätzung der Vorgänger aufgefasst werden, wenn vor diesem Hintergrund die Quellen den Vorrang genießen; wo möglich, wurde versucht, auch bei edierten Quellen die Originale einzusehen, nach denen dann zitiert wird. Ein ausführlicher wissenschaftlicher Apparat soll nachvollziehbar machen, wie die häufig von gängigen Meinungen abweichenden Ergebnisse erarbeitet worden sind.

Daneben wird diejenige Sekundärliteratur verwendet, die tatsächliche wissenschaftliche Neuerkenntnisse bietet. Die ungeheure Flut an Skanderbegpublizistik konnte hier nicht berücksichtigt werden. Denn das meiste, was über Skanderbeg geschrieben und gedruckt wird, entstammt denselben Quellen: dem Biografen Barletius und sogenannten Standardgeschichten, wie sie Akademien zur Zeit des Kommunismus (und auch danach) gleichsam als Ausdruck gültiger historischer „Wahrheit" erarbeitet haben. An Gelehrten, deren Werken dieses Buch viel verdankt, seien – in chronologischer Reihenfolge ihres Wirkens – genannt: die Klassiker der österreichisch-ungarischen Albanienmediävistik Konstantin Jireček, Ludwig von Thallóczy und vor allem Milan von Šufflay; Franz Babinger, der Historiker Mehmeds II. und Kenner der Balkangeschichte; die Rumänen Constantin Marinescu und Francisc Pall – den der Kommunismus in seiner Heimat daran gehindert hat, eine Monografie zu Skanderbeg zu verfassen; Giuseppe Valentini, der große Herausgeber der venezianischen Quellen; der bedeutende türkische Osmanist Halil Inalcık; die makedonischen Osmanisten Aleksandar Matkovski, Metodi Sokoloski, Aleksandar Stojanovski und Dragi Ǵorgiev; die albanischen Osmanisten Selami Pulaha und Hasan Kaleshi; der Skanderbegforscher Kasem Biçoku; der Mediävist Luan Malltezi; die serbischen Erforscher des 15. Jahrhunderts, Ivan Božić und Momčilo Spremić; die Kenner der Handelsgeschichte Alain Ducellier und Bogumil Hrabak; und in jüngster Zeit die albanischen Osmanisten Ferid Duka und Dritan Egro, Letzterer auch der erste albanische Historiker, der sich eingehend mit Historiografiekritik beschäftigt.

Eigentlich ein Thema einer eigenen – noch nicht geschriebenen – Untersuchung ist das Nachleben Skanderbegs auf dem Balkan und in anderen Teilen Europas. Zwar liegt eine kaum überblickbare Fülle an Einzelstudien vor, doch ist eine Rezeptionsgeschichte ein Desiderat. Im vorliegenden Buch konnte es nicht darum gehen, der Schilderung der Verhältnisse im 15. Jahrhundert einen zweiten Band zum Nachleben beizugeben. Vielmehr versucht das letzte Kapitel, den Leser auf die vielfältigen Deutungen und auch Instrumentalisierungen der Gestalt Skanderbegs hinzuweisen, in der sich nicht unwichtige Teile der neuzeitlichen Entwicklung Europas und des Westteils Südosteuropas widerspiegeln. Methodisch verknüpft ist dieses Kapitel mit dem Anhang, einem Werkstattbericht, der einen Überblick über die Quellen und eine Einschätzung der wesentlichen Sekundärliteratur vermittelt. Dieser Anhang soll den Haupttext entlasten und den wissenschaftlich interessierten Leser über die Grundzüge der Forschungsgeschichte unterrichten.

Die Liste jener Personen und Kollegen, die den Verfasser bei der mehr als zehnjährigen Vorbereitung dieses Buches unterstützt haben, ist lang: In den Archiven von Venedig, Mailand, Mantua, Dubrovnik und Zadar fand er stets freundliche Aufnahme; zu danken ist insbesondere dem Direktor des Dubrovniker Archivs, Ivo Orešković, für hervorragende Arbeitsmöglichkeiten. In Dubrovnik durfte er die Gastfreundschaft von D. Bernardo Pleše und in Zadar und Split diejenige seines Freundes Prof. Marko Trogrlić genießen.

Wesentliche Teile des Buches wurden unter dem Eindruck von Reisen niedergeschrieben, die der Verfasser in den Sommern 2006 und 2007 auf Einladung seiner albanischen Kollegen Kasem Biçoku und Dritan Egro in jenen Gebieten durchgeführt hat, die den natürlichen Rahmen von Skanderbegs Aufstand gebildet haben. Für diese große Gastfreundschaft und die vielen anregenden Gespräche möchte er den beiden Reisegefährten seinen ganz besonderen Dank abstatten. Wesentlich unterstützt wurden diese Reisen von Neritan Ceka, Beqir Meta (beide Tirana) sowie dem makedonischen Unterrichtsministerium. Vor Ort halfen unter anderem Muharrem Dezhgiu und Valter Shtylla (beide Tirana). Die Archivarbeit zu einer europäischen Gestalt wie Skanderbeg ist von einem Einzelnen nur schwer zu bewältigen. Umso mehr ist der Verfasser Claudia Märtl (München), Daniel Duran i Duelt (Barcelona) und Jacques Paviot (Paris) zu Dank verpflichtet, die ihm in seltener Großzügigkeit über Jahre Abschriften einschlägiger Quellen zugesandt haben. Wichtige Auskünfte verdankt er dem Briefwechsel mit Irène Beldiceanu-Steinherr (Paris), Momčilo Spremić (Belgrad) und Sergej Rusev (Sofia) sowie den Gesprächen mit den makedonischen Kollegen Dragi Ġorġiev und Toni Filiposki (Skopje). Dr. habil. Georg Kastner (Wien) dankt er für die maßgebliche Unterstützung bei der Erstellug des Satzes.

Die größte Mühe haben jene auf sich genommen, die die verschiedenen Fassungen des Manuskripts kritisch gelesen und dafür gesorgt haben, dass der Verfasser manche Meinung korrigierte, vieles klarer sah und darzustellen versuchte. Claudia Märtl, Eva Frantz, Armina Galijaš (beide Wien), Markus Koller (Gießen) und mit besonders aufmerksamem Blick Konrad Clewing (Regensburg) haben dem Verfasser so große Freundschaftsdienste erwiesen. Wie immer liegen alle Fehler und Schwächen des Buches in der Verantwortung des Autors.

Wenn ein Buch zu einer Gestalt, deren Bewertung auch heute noch nicht ohne Emotionen erfolgt, in die Hand des Lesers gelegt wird, kann der Verfasser nur hoffen, dass ihm der Vorsatz, alle Ausführungen zu belegen und nachvollziehbar zu machen, gelungen ist und deutlich wird, dass nach dem alten Grundsatz des sine ira et studio verfahren wurde, und dass wenn schon Sympathie, dann einzig für Klio die Darstellung beeinflusst hat.

Wien, im Frühjahr 2009

DER NEUE ALEXANDER

In der Nacht vor ihrer Niederkunft erschien der jungen Frau ein Traumbild: Sie würde eine Schlange von ungeheurer Größe gebären, deren Körper die Landschaft Epirus bedecken, sich zu den Grenzen der Türken winden und diese in ihrem gewaltigen Rachen verschlingen würde; ihren Schwanz aber badete die Schlange im Meer, nahe den Gefilden der Christen und des venezianischen Reiches[1].

Mit dieser Vision hebt eines der berühmtesten Bücher des frühneuzeitlichen Europa an, *„Leben und Taten Skanderbegs, des Fürsten von Epirus"*, geschrieben von dem katholischen Priester Marinus Barletius aus der nordalbanischen Stadt Skutari[2]. Das Werk wurde in Rom wohl im Jahre 1508 gedruckt. Jeder humanistisch gebildete Leser verstand, was Barletius zum Ausdruck bringen wollte. Denn der Traum von Skanderbegs Mutter ist ganz dem Leben Alexanders des Großen aus der Feder des Plutarch nachempfunden: Olympias, die Mutter des antiken Helden, hatte ebenfalls von einem Lindwurm geträumt, der Europa und Asien umschlang, Verheißung eines Erobererlebens im Kampfe gegen die Perser.

Mehr als 14 Jahrhunderte später stellte sich in Epirus, der Heimat Alexanders und Skanderbegs, die Lage anders dar; nicht mehr Angriff, sondern Verteidigung gegen die neuen *„Perser"* war das Gebot. *„Perser"* nannten gelehrte Byzantiner Feinde aus dem Osten, und im späten Mittelalter waren dies die muslimischen Osmanen, unter deren Schlägen die orthodoxen Reiche des Balkans zusammenbrachen. Es bedurfte in jener Zeit eines neuen Alexanders, um diese Gefahr zu bannen. Und dieser neue Alexander konnte nur in Epirus, dem Herkunftsland des antiken Helden geboren werden. Diese Landschaft, im Spätmittelalter auch *„Albanien"* genannt, galt als *„Gebärerin von Fürsten"*[3], sie hatte Alexander den Großen und König Pyrrhus hervorgebracht, Adel und Freiheit, hieß es, hätten dort ihre Heimstatt. Der neue Alexander würde mit Hilfe der Christenheit, besonders Venedigs, die Feinde des Glaubens vernichten, den Islam bis nach Asien zurückwerfen – eine Vorstellung, die das frühneuzeitliche Europa begeisterte: denn die Wirklichkeit sah anders aus. Als Barletius' Buch auf die Druckerpresse gelegt wurde, hatte Venedig eben die schlimmste Niederlage zur See gegen die

Osmanen erlitten (1499–1503); als 1537 in Straßburg einer der wichtigsten Nachdrucke erschien, war das Königreich Ungarn untergegangen (1526), hatten die Osmanen an die Pforten Wiens gehämmert (1529), schien nichts und niemand den Furor des Feinds im Osten aufhalten zu können. Begierig griff man daher im Abendland nach einem Werk, das Hoffnung verhieß, zu einer Geschichte, die von einem Adligen erzählte, der auf dem fernen Balkan, in einer kleinen Herrschaft, beseelt vom Gedanken des christlichen Glaubens und einer heißen Liebe zur Freiheit, für ein Vierteljahrhundert den Osmanen, vor allem dem gefürchteten Eroberersultan Mehmed II., die Stirn geboten hatte. Barletius' Werk wurde rasch in viele Sprachen übersetzt oder von anderen Schriftstellern mit geringen Änderungen übernommen[4]. Im deutschen Reich veröffentlichte im Jahre 1533 der Augsburger Drucker Heinrich Steiner *„Des aller streytparsten und theuresten Fürsten und Herrn Georgen Castrioten genannt Scanderbeg Herzogen zu Epiro und Albanien etc. ritterliche Thaten so er zum erhalten seiner Erbland mit den Turckischen Kaysern in seinem Leben glücklich begangen"*[5]. In allen europäischen Staaten, die von den Osmanen angegriffen wurden, gelangten Übersetzungen in Umlauf: zwei Jahrzehnte nach der deutschen Fassung hielten die Leser in Venedig eine volkssprachliche Übersetzung in Händen; ein Nachdruck folgte bereits nach nur fünf Jahren (1560)[6]. Im polnischen Brest gab der Theologe Cyprian Sieradz im Jahre 1569 eine weitere Fassung in den Druck[7]. Die Biografie des Helden setzte ihren Siegeszug auch in den Westen und Norden Europas fort[8].

Ihr zur Seite trat das 1539 in Venedig veröffentlichte italienische Bändchen *„Bericht von den Angelegenheiten der Türken und des Herrn Georg Skanderbeg, Fürsten von Epirus, mit seinem Leben und den von ihm mit Gottes des Allmächtigen Hilfe und durch seine eigene unschätzbare Kraft und Tugend errungenen denkwürdigen Siegen"*[9]. Beide Biografien trugen Skanderbegs Namen in die entlegensten Winkel Europas. Skanderbeg wurde so im Abendland für viele Jahrhunderte zum bekanntesten Südosteuropäer. Noch im 18. Jahrhundert ließ sich Antonio Vivaldi von diesem Ruhm zu einer Oper inspirieren[10]. Ein Standbild Skanderbegs in voller Größe, *„nach den Proportionen des Mannes und prächtig vergoldet"*, schmückte an zentraler Stelle das venezianische Staatsschiff, den Bucintoro, Sinnbild zeremonieller venezianischer Selbstdarstellung[11]. Im 17. Jahrhundert feierte der Verfasser einer Beschreibung berühmter Porträts den Helden, vor dem die Barbaren schon gezittert hätten, bevor er auch nur das Schwert gezogen hatte[12]. Porträts Skanderbegs hingen in den Uffizien und den Sammlungen der Habsburger auf Schloss Ambras, die gegen Ende des 16. Jahrhunderts auch Schwert und Helm erwarben, die angeblich dem Heroen gehört hatten[13].

Überall wurde der Adlige des 15. Jahrhunderts als neuer Alexander verehrt. Barletius leistete dazu einen entscheidenden Beitrag, denn sein Werk konnte als neuer Plutarch gelesen werden, antiker und moderner Held flossen in einer Heroengestalt zusammen. Doch stand hinter der Vorstellung von einem neuen Alexander mehr als nur die Gedankenwelt hochgebildeter katholischer Geistlicher. Denn Skanderbeg bedeutet nichts anderes als „Herr Alexander". Getauft worden war der neue Alexander auf den Namen Georg Kastriota. Sein Vater musste ihn als Geisel dem Sultan ausliefern. Georg trat zum Islam über und erhielt als Auszeichnung für seine Waffentaten den Beinamen Iskender beg. Die Bewunderung Alexanders des Großen hatte auf dem Boden des alten byzantinischen Reiches, im Abendland und der islamischen Welt eine lange Tradition[14]. Schriftkundige und Schriftlose kannten ihn als Sinnbild heldischer Tugenden. Ein derartiger Beiname bedeutete demnach höchstes Lob und Anerkennung. Georg Kastriota behielt diesen *nom de guerre* bei, als er 1443 vom Sultan abfiel und für 25 Jahre gegen die Osmanen focht. In den Städten Dalmatiens, an den Höfen Italiens und Burgunds erlangte er unter diesem Namen schon zu Lebzeiten höchste Bekanntheit. Im Abendland wusste man um die Bedeutung des Namens. Und einer der gebildetsten Humanisten der Zeit, Papst Pius II., schmiedete daraus ein grandioses politisches Programm[15]. Wie viele seiner Vorgänger setzte Pius II. alles daran, die Osmanen mit einem Kreuzzug aus Europa zu vertreiben. An die Spitze des Heeres sollte eben jener kriegskundige und siegversprechende Heerführer treten, der den Alexandernamen trug. Ein Angriff auf den Sultan stellte ein gewaltiges Wagnis dar, und der Papst gedachte, seinen Feldhauptmann zu belohnen. Er entwarf zusammen mit dem Erzbischof von Durazzo, dem wichtigsten Hafen Albaniens, den Plan eines christlichen Königreichs der neuen Epiroten. Italienische Renaissancefürsten bedienten sich der antiken Geschichte, um sich vor der politischen Öffentlichkeit darzustellen. Dasselbe sollte nun mit dem geplanten Kreuzfahrerkönigreich geschehen. Geschichte und Gegenwart sprachen für die Idee eines neuen Alexanders: stammte nicht Olympias, Mutter des großen Königs, aus Epirus, also Albanien? Wurde in der vagen geografischen Begrifflichkeit des 15. Jahrhunderts Albanien nicht auch als Makedonien bezeichnet? Gab es einen siegverheißenderen Namen, einen Namen, der in Ost und West mehr zum Kampf gegen die „Perser" aufrütteln würde als Alexander? Zur Verdeutlichung des neuen Programms war aber in einer weitgehend schriftlosen Gesellschaft wie dem spätmittelalterlichen Albanien ein Symbol vonnöten. Deshalb reiste der Erzbischof von Durazzo im Juni 1464 nach Mailand, wo er am Hofe Francesco Sforzas teure Rüstungsteile in Empfang nahm, darunter wohl auch den sogenannten Helm Skanderbegs, ein aus lombardischer Werkstatt stammendes, ungewöhnliches Stück, denn geziert war es von zwei langen Hörnern. Erst vor Kurzem gelang die Entschlüsselung der Symbolik: der Helm ist eine genauen Nachbildung der antiken makedonischen Königskrone, Sinnbild jener Herrscher, deren alte Hauptstadt Aigai („Ziegen") hieß[16]. Der Feldhauptmann des Kreuzzuges, Pius II., sollte zum König der Epiroten gekrönt werden, in der uralten Tradition der makedonischen Herrscher, als wahrer neuer Alexander, dem Namen, dem Rang, der Geschichte nach. Es sollte ein christliches, ein katholisches Königreich werden, verdeutlicht durch die geplante Erhebung des Erzbischofs zum Kardinal. Allein, auf den Höhenflug der Gedanken folgte eine tragische Peripetie: im August 1464 starb Pius II. in Erwartung der Flotte, die ihn hätte nach Albanien bringen sollen; Skanderbeg focht einen weitgehend einsamen Kampf gegen den übermächtigen Sultan, ein Krieg, der mit der völligen Verwüstung seines Landes endete. In der Wirklichkeit nahm die Geschichte des neuen Alexanders eine düstere Wendung, nicht aber in der Erinnerung des Abendlandes, in der die Gestalt des Türkenkämpfers in den albanischen Bergen umso strahlender leuchtete, je dunkler die eigene Gegenwart, je bedrohlicher die osmanischen Angriffe waren.

I

DER MANN AUS DIBRA

ZEITENWENDE

Das 14. Jahrhundert war für ganz Europa, besonders aber für die orthodoxe Balkanwelt ein Zeitalter der Krise und des Übergangs. Alte Ordnungen und Gewissheiten zerbrachen. Der vierte Kreuzzug im Jahre 1204 hatte der byzantinischen Reichs- und Kulturidee einen schweren Schlag versetzt. Um 1300 wurde deutlich, dass die Versuche der byzantinischen Kaiser, das Reich zu erneuern, nicht gelingen würden. Auf den Trümmern der alten Welt rangen bulgarische, griechische und serbische Fürsten um die Nachfolge von Byzanz. Die serbische Dynastie der Nemanjiden trug den Sieg davon, ein leichter Sieg, angesichts schwacher Gegner. Byzanz, von Thronwirren gelähmt, Bulgarien, zersplittert und im Niedergang begriffen, Griechenland, von schwachen Kleinfürsten verwaltet, der albanische Raum, in Gärung begriffen. Als sich der Serbenkönig Stefan Dušan im Jahre 1346 in Skopje die Zarenkrone aufs Haupt setzen ließ, blieb dies ein schaler Triumph auf den Ruinen einer geborstenen Welt. Die orthodoxe Elite des Balkans wurde von Schauern des Mystizismus erschüttert, die Lehre des Hesychasmus lenkte die Blicke von Geistlichen und Laien in die jenseitige Welt, man wollte das Taborlicht schauen, nicht die Gräuel der irdischen Welt und verweigerte sich der intellektuellen Theologie der abendländischen Scholastik. Begleitet war dieser Triumphzug des Mystizismus von heftigen Auseinandersetzungen, kirchlichen Gewaltstreichen, Volksaufläufen und Hetzreden gegen die Feinde der neuen Heilslehre. Ausgrenzung gläubiger, dem Hesychastenkult aber kritisch gegenüberstehender Gelehrter, religiöser Fanatismus – die orthodoxe Welt hatte die sichere Selbstgewissheit des alten Byzanz verloren.[1]

Die Geschehnisse in der irdischen Welt schienen diese Form der Hinwendung zum Jenseits zu bestätigen: Die Schwarze Pest traf, von den Häfen des

Schwarzen Meeres kommend, die byzantinischen Städte. Von Konstantinopel aus nahm die Seuche ihren Weg nach Westen und richtete auch an den Küsten des Balkans Verheerungen an. Dort, wo Quellen in ausreichender Zahl vorliegen, tritt der Bevölkerungsrückgang zutage. Aber auch der Klimawandel, die schleichende Abkühlung, der Übergang zu einer kleinen Eiszeit traf die Menschen, verminderte die Ernten, führte zu Hunger, zur Schwächung der menschlichen Widerstandskraft.

Als ob des Elends nicht genug gewesen wäre, traten asiatische Eroberer auf den Plan, die aus Anatolien nach Europa übersetzten und dort in wenigen Jahrzehnten die wankenden Reste der alten byzantinischen Welt beseitigten: Die Osmanen. Aus einem kleinen Gazi-(Glaubenskrieger-)emirat in Bithynien, im Hinterland Konstantinopels, waren die Nachkommen der Kriegerführer Ertoğrul und Osman um 1300 rasch zu Herrschern eines kraftvollen Regionalreiches geworden[2]. Der Erfolg der Raubzüge auf byzantinischem Gebiet zog beutehungrige turksprachige Muslime aus dem Innern Anatoliens, aber auch Christen an. Zuerst verheerten sie die Landschaften, dann gingen die Osmanen und ihre Gefolgschaft dazu über, die größeren Städte einzukreisen und auszuhungern. 1326 fiel ihnen das alte Prussa in die Hände, das, türkisch Bursa genannt, fortan ihre Hauptstadt werden sollte. Elf Jahre später hatten die Byzantiner Kleinasien weitgehend geräumt. Die Osmanen durchliefen rasch den Wandel von schlagkräftigen Plünderbanden zu einem geordneten Staatswesen. Osmans Sohn Orhan richtete die Osmanenherrschaft in den Städten ein, die in Mittelpunkte der neuen Herrschaft umgewandelt wurden: Moscheen, Medresen (religiöse Schulen), Suppenküchen für Arme (Imarete) wurden gebaut und veränderten auch das Antlitz einst christlicher Städte. Byzanz fand kein Mittel, dem gleichsam aus dem Nichts aufsteigenden Gegner entgegenzutreten. Im Gegenteil, als die Osmanen als Bundesgenossen in einen Thronstreit verwickelt wurden, schuf Byzanz vielmehr einen Präzedenzfall, den zahlreiche balkanchristliche Fürsten nachahmen sollten. Die Osmanen kamen von allein, oft aber wurden sie als Verstärkung in innerchristlichen Kämpfen geholt. *„Die Türken lieben immer der Christen Streit“*, klagte im 15. Jahrhundert ein Chronist aus Epirus[3].

1354 schließlich setzten die Osmanen ihren Fuß nach Europa, um ihn nie mehr zurückzuziehen. Ein Erdbeben hatte die Festungen an den Dardanellen, so auch die Sperrfestung Gallipoli, zum Einsturz gebracht. Es war ein Leichtes, über die Engnis zu setzen und sich in den Trümmern der Burg einzurichten. Es folgte ein beispielloser Siegeslauf: 1362 fiel Adrianopel, die byzantinische Metropole Thrakiens; 1371 wurde der Heerbann der serbischen Fürsten des makedonischen Raumes an der Marica vernichtend geschlagen: Damit stand der gesamte südliche Balkan offen. Ab 1372 zahlte der byzantinische

Kaiser Tribut, war das alte oströmische Reich nur noch ein Vasall der Eroberer. 1385 erreichten die Osmanen die albanische Adriaküste. 1387 fiel Saloniki, die wichtigste Stadt auf dem Balkan. Damit hatten die Osmanen die Via Egnatia unter ihre Herrschaft gebracht, die uralte Heerstraße, die Durazzo mit Konstantinopel verband, jene Verkehrsachse des Balkans, auf der schon römische Heere marschiert waren. Danach wandten sie sich der zweiten Hauptverkehrsachse entlang nach Norden: Sie folgten dabei den Flüssen Vardar und Morava, die Saloniki mit Belgrad verbanden. Durazzo, Saloniki, Belgrad und Konstantinopel bilden die Eckpunkte des südosteuropäischen Straßennetzes. Innerhalb von dreißig Jahren hatten die Osmanen die Flusstäler, entlang derer die Straßen verliefen, unterworfen.

Im Jahre 1388 griffen sie, übrigens auf Einladung eines einheimischen christlichen Fürsten – Georg II. Stracimirović Balša, sein Geschlecht wird noch oft begegnen – das bosnische Königreich an, das sich aber erfolgreich zur Wehr setzte. Den Rachezug führte Sultan Murad I. Durch das Vardartal marschierte er nach Norden. Die serbischen Herren, deren Länder auf dem Weg lagen, schlossen sich zur Verteidigung mit dem bosnischen König zusammen; auch ein albanischer Adliger aus dem Geschlecht der Muzaki eilte ihnen zu Hilfe. Auf dem Amselfeld wurde am 28. Juni 1389 jene Schlacht geschlagen, die mythenumwoben bis heute die Gemüter beschäftigt. Der Sultan und sein Gegner, der serbische Fürst Lazar, fielen. Beide Seiten erlitten hohe Verluste[4]. Während sich die Osmanen aber bald erholten, verwand die serbische Adelswelt den Schlag nicht.

Zwischen 1371 und 1389 war das serbische Machtsystem, das Zar Stefan Dušan errichtet hatte, zusammengebrochen. Noch aber begnügten sich die Osmanen mit einer indirekten Herrschaft: Die albanischen und serbischen Herren wurden als Vasallen in ihren Fürstentümern belassen. An eine unmittelbare Eingliederung in das Reich durfte der Sultan noch nicht denken. Zu stark wäre sein so schnell gewonnenes Reich ausgedehnt worden. Die erleichterten orthodoxen Herren fügten sich.

Die Osmanen wandten sich dann Regionen zu, die näher an ihrer kleinasiatisch-thrakischen Machtbasis lagen: 1393 fiel Tărnovo, die alte bulgarische Zarenstadt, bald darauf das Schwarzmeerreich der Nachkommen des Dobrotica (die Dobrudscha), erste Schläge wurden auch jenseits der Donau, gegen das junge rumänische Fürstentum der Walachei, geführt (1395). Im Süden beseitigten die Eroberer im Jahre 1393 das griechisch-serbische Fürstentum Thessalien und brachten auch Epirus in ihre Abhängigkeit. Noch wichtiger war die Erstürmung Skopjes (1391), das zügig zum eigentlichen Mittelpunkt, Heerlager und Verwaltungshauptort der Osmanen im Herzland des Balkans ausgebaut wurde[5]. Von Skopje aus durcheilten osmanische Heere den Balkan, dem Vardar entlang nach Norden gegen das serbische Fürstentum und gegen Ungarn, und nach Osten durch die Talsenke von Polog gegen Ochrid und den albanischen Raum.

In nur vier Jahrzehnten, zwischen 1354 und 1396, hatten die Osmanen fast den gesamten orthodoxen Balkan unterworfen. Hilfe für die bedrängte Balkanchristenheit konnte nur aus dem Abendland kommen. Besonders das Papsttum verband aber das Versprechen eines Kreuzzuges mit der Forderung nach der Vereinigung der beiden christlichen Kirchen, also der Unterwerfung des Patriarchen von Konstantinopel unter das erste Rom[6]. Aufgeschreckt wurde das Abendland aber erst, als die osmanischen Angriffe auf katholisches Gebiet trafen. Das Königreich Ungarn, das im 14. Jahrhundert zur nördlichen Vormacht auf dem Balkan aufgestiegen war und Bosnien, das nördliche Serbien, Westbulgarien, die Walachei und die Moldau als Einflusszone betrachtete, rief um Hilfe, die 1396 in Gestalt eines mehrheitlich französischen Kreuzritterheeres an der Donau erschien, beim bulgarischen Nikopolis gegen die Osmanen jedoch eine völlige Niederlage erlitt.

Danach setzten die Osmanen ihren Siegeszug ungehindert fort. Ihren Meister fanden sie aber – freilich nur vorübergehend – in dem Mongolenherrscher Timurlenk, der 1402 den osmanischen Sultan Bayezid I. bei Ankara besiegte[7]; geschlagen wurden auch dessen albanische und serbische Vasallen, die gehorsam dem Aufgebot ihres Herrn gefolgt waren. Für beinahe zwei Jahrzehnte stürzte das junge Osmanenreich in eine schwere Krise. Die Uneinigkeit der christlichen Fürsten des Balkans und christlicher Mächte wie der Seerepubliken Genua und Venedig sowie der Johanniter auf Rhodos rettete die Osmanen vor dem Untergang. Bei dem Regierungsantritt Sultan Murads II. im Jahre 1421 hatte sich das osmanische Reich erholt und machte sich auf zu neuen Eroberungen.

Der durchschlagende Erfolg der Osmanen ist mit der Schwäche der Gegner ebenso zu erklären wie mit der osmanischen Stärke in Heer und Verwaltung. Innere Wirren, Pest, Klimaveränderung, Naturkatastrophen und geistige Krise hatten die orthodoxen Balkanchristen entscheidend geschwächt. Sie standen aber einem Gegner gegenüber, dem auch stabilere Gesellschaften unterlegen gewesen wären. Die Osmanen entfalteten eine politische Dynamik, die, dem Pendelschlag der balkanischen Geschichte folgend, den Raum von äußerster Zersplitterung wieder in ein imperiales Ganzes bringen sollte. Sie traten damit das Erbe von Rom und Byzanz an. Sie verfügten über eine von der Idee des islamischen Glaubenskrieges begeisterte und beutehungrige Gefolgschaft, die sich durch Zuzug aus Kleinasien stetig vergrößerte. Jüngst verglich ein Historiker das frühe osmanische Reich mit *„einer Plündergemeinschaft, die sich wie eine riesige Amöbe ausdehnte, wobei sie alles* *aufnahm, was ihr nützte, und alles nach ihren wechselnden Bedürfnissen neu gestaltete*"[8]. Die Osmanen entwickelten Formen des Heerwesens, denen ihre Gegner nichts entgegenzusetzen hatten. Den Kern bildeten die Janitscharen, eine nach 1330 geschaffene, im 15. Jahrhundert rund 12 000 Mann zählende Einheit bestausgebildeter Fußsoldaten. Ein Zeitgenosse beschrieb sie folgendermaßen: „*Die Janitscharen des Herrn (Sultan, O. S.) sind vom Glauben abgefallene christliche Sklaven, die als Kinder in verschiedenen Orten, Provinzen und Ländern im Alter von etwa 15 Jahren gefangen werden und jedes Jahr, 2500 (an der Zahl, O. S.), in die Türkei geschickt werden, wo sie an verschiedenen Orten unter dem Joch strenger Lehrmeister (leben), die sie, so viele wie möglich, zum Islam übertreten lassen, dann aber auch pflügen, hart arbeiten und säen lassen, damit sie demütig und gehorsam werden; unter diesem Joch leben sie sechs Jahre*"[9]. Das System der Knabenlese (devşirme) sicherte so dem Reich die Blüte der christlichen Jugend auf dem Balkan[10]. Die in harter Zucht stehenden Janitscharen zeichneten sich durch Kampfkraft und Treue zum Sultan aus. Ihnen zur Seite trat die Lehensreiterei, die Sipahi, denen nichterbliche Geldlehen (Timar) zugewiesen wurden, weswegen man sie auch Timarioten nannte[11]. Im 15. Jahrhundert konnten die Sultane 64 000 dieser Ritter aufbieten[12].

Neben diesen Kerntruppen folgten dem Heerbann zahlreiche Plänkler und Plünderer, die leichtbewaffneten Akıncıs: Um 1475 standen im europäischen Reichsteil 8000 Akıncı stets bereit, „*Korsaren auf dem Festland ... tapfere Männer, erprobt in bösen Taten, geübte Reiter, die mit Pfeil, Bogen, Schild, Schwert, Lanze und Keule*" kämpften[13]. Diese Einheit setzte sich auf dem Balkan wohl mehrheitlich aus orthodoxen Christen zusammen[14].

Hinzu kamen die ebenfalls leichtbewaffneten Asapen (Marinesoldaten, rund 20 000 an der Zahl)[15] sowie oft christliche Hilfsmannschaften, die Belagerungsmaschinen aufbauten, Brücken schlugen und andere Auxiliardienste versahen [16]. Bei ihren Eroberungen zogen die Osmanen aus ihren Erfahrungen in Kleinasien Nutzen: Die Renner und Brenner, wie die Akıncı auch genannt wurden, zermürbten den Gegner durch die Zerstörung der dörflichen Welt; der Hauptharst überwältigte dann den Heerbann des geschwächten Gegners und bemächtigte sich dessen Hauptstadt. In der Regel war der Kampf damit beendet. Konventionelle Heere, die sich in Feldschlachten den Osmanen entgegenstellten, vermochten gegen diese Kriegsmaschinerie nichts auszurichten. Die frühe Einführung moderner Belagerungstechnik, besonders des Geschützwesens, steigerte noch die osmanische Kampfkraft. Die Osmanen kamen nicht nur als Eroberer; den Kriegern folgten turksprachige Einwanderer, Sesshafte wie Nomaden (Yürüken), die ihre Sprache, Lebensweise und vor allem ihre Religion mit auf den Balkan brachten. Besonders früh und dauerhaft erfasst wurde von dieser Einwanderung der östliche Balkan, Thrakien, der bulgarische Raum, die Gebiete entlang der Via Egnatia, der eigentlichen Achse osmanischer Eroberungen. Dennoch kann in den Osmanen kein rein türkisches Phänomen gesehen werden, vielmehr schlossen sich ihren siegreichen Eroberungszügen zahlreiche Bewohner des Balkans, Slawen, Griechen, Vlachen und Albaner, an, die zum Islam übertraten, bisweilen aber auch Christen blieben[17]. Ja, es wird sogar behauptet, die Osmanen seien eigentlich aus der Gesellschaft des orthodoxen Balkans, und nicht aus Anatolien hervorgegangen[18]. Begleitet wurden die osmanischen Heere auch von Derwischmönchen, die einen weniger strengen Islam vertraten als die sunnitischen Theologen am Sultanshof, sich offener gegenüber der christlichen Bevölkerung zeigten und viele Menschen für ihren Glauben gewannen[19]. In ihren frühen Eroberungsgebieten schritt die Islamisierung auch deshalb voran, weil die Eroberer Kirchen in Moscheen umwandelten und der kirchlichen Hierarchie schwere Schläge versetzten. Die Aussicht, in die neue Herrenschicht aufzusteigen, zog viele Menschen zum Islam hin. Die Osmanen machten jedoch den Übertritt zu ihrer Religion nicht zur Bedingung. Christliche Lehensreiter wurden in der osmanischen Frühzeit, so im zweiten Drittel des 15. Jahrhunderts, geduldet, besonders im albanischen Raum[20]. Den Osmanen blieb auch kaum eine andere Wahl, denn es mangelte ihnen schlicht an Männern, um die in rasender Geschwindigkeit eroberten Gebiete zu verwalten. Sie mussten daher aus der Not eine Tugend machen und diejenigen Teile der balkanischen Oberschicht in ihr Herrschaftssystem einbinden, die dazu bereit waren[21]. Die unterworfene Bevölkerung wurde nach islamischem Recht behandelt: wer sich ergeben hatte, durfte die Bedingungen der neuen Herrschaft aushandeln; wer im Kampf unterlag, war dem Willen des Eroberers ausgeliefert. Um ihre räumlich so ausgedehnten Gebiete tatsächlich zu beherrschen, mussten die Osmanen die einheimische Bevölkerung gewinnen. Sie schufen daher ein ausgefeiltes System von Privilegien. Nicht nur als Timarioten, sondern auch als Pass- (derbenci) und Festungswächter, als Hilfssoldaten (voynuk) wurden Christen in das osmanische System eingebunden[22]. Mit steuerlichen Vorrechten waren auch wichtige Handwerks- und Landwirtschaftszweige, vom Bergmann bis zum Reisbauern, ausgestattet[23]. Gegen Ende des 15. Jahrhunderts lebten auf dem osmanischen Balkan ungefähr vier Millionen Christen[24].

Nicht die Sultane alleine, sondern große Kriegerfamilien hatten die Unterwerfung des Balkans vorangetragen; entsprechenden Ruhm und Reichtum genossen Geschlechter wie die Turahanoğlu und die Evrenosoğlu. Erstere herrschten im getreidereichen Thessalien wie in einem Familienbesitz, förderten und erbauten Städte, richteten wie Herrscher fromme Stiftungen (vakıf) ein, spendeten Moscheen, Karawanserails, Armenküchen und Schulen[25]. Die Sultane spannten über die Eroberungen ein zunehmend dichteres Netz von Verwaltungseinrichtungen, die alle dem Heerwesen dienten. Es handelte sich bei diesen Familien um „Markgrafen“ oder besser: Grenzfeldherren (osmanisch uç bey), die besonders im späten 14. Jahrhundert recht eigenständig handelten. Neben türkischen Familien traten an der Spitze des osmanischen Reiches immer mehr zum Islam abgefallene Prinzen aus dem balkanischen Hochadel auf; Griechen, selbst aus der Kaiserdynastie, Albaner, Serben, Herzegowiner, bekleideten die Ämter des Großwesirs oder des Kadi-askers[26]. Mit Mara Branković residierte in Edirne eine Gattin des Sultans, Murads II., die ihren orthodoxen Glauben beibehalten hatte und die Interessen der Orthodoxie nach Kräften förderte[27].

Die beiden Reichsteile, Kleinasien (Anatolien, türkisch Anadolu), und Rumelien („Römerland“, von der byzantinischen Selbstbezeichnung „Romaios“) wurden jeweils einem Beylerbey (Landpfleger) unterstellt, der nach dem Vorbild des Sultans einen eigenen Hofstaat unterhielt[28]. Diesen Generalstatthaltern unterstanden die Sancakbeys, Gouverneure einer Provinz (sancak)[29]. Am bedeutendsten war der Paşa sancak, der weite Teile der heutigen europäischen Türkei, des heutigen Südbulgariens, Nordgriechenlands, Makedoniens und Albaniens umfasste und dessen Hauptort zunächst in Edirne, dann (um 1443) in Philippopel (Plovdiv), schließlich gegen Ende des 15. Jahrhunderts in Sofia lag[30]. In den 90er-Jahren des 14. Jahrhunderts entstanden an der unteren Donau der Sancak Niğbolu (Nikopolis) und im heutigen bulgarisch-makedonischen Grenzgebiet der Sancak Küstendil; westlich schloss sich der zeitgleich eingerichtete Sancak Ochrid an; südlich davon bestand im 15. Jahrhundert wohl auch ein Sancak in Monastir (Bitola), in Süd- und Mittelalbanien nach 1417 der große Sancak Arvanid.

Der albanische Raum, der im Mittelpunkt dieser Darstellung steht, gehörte zu den am frühesten unterworfenen Gegenden des Balkans. Die großen Grenzfeldherren in Thessalien und im Vardarbecken hatten ihn wiederholt angegriffen und die kleinen orthodoxen Adelsfamilien zermürbt. Schon um 1400 hatten die meisten Adligen der Mitte und des Nordens dem Sultan den Vasalleneid geschworen[31]. Im Südosten hingegen, um Korça und Përmeti etwa, waren zur gleichen Zeit bereits osmanische Subaşıs (Offiziere), Kadıs (Richter) und Timarherren eingesetzt worden[32]. Nur in Küstennähe hielten sich noch einheimische Geschlechter (die Zenebish, Muzaki und Araniti). Gegen sie führten die Grenzfeldherren im Jahre 1417 den entscheidenden Schlag. Die großen einst byzantinischen Festungen des Südens fielen fast ohne Schwertstreich: Der Hafen Valona mit der nahen Festung Kanina, das mächtige Berat, das steilgelegene Gjirokastra. Diesmal begnügten sich die Osmanen also nicht mehr mit bloßer Vasallenschaft. Vielmehr richteten sie eine eigene Großprovinz Albanien, den Sancak Arvanid-ili (oder Arnavud-ili, „Albanerland“) ein, zu dessen Hauptort Gjirokastra oder griechisch: Argyrokastron („Silberburg“) bestimmt wurde. Fast alles landwirtschaftlich nutzbare Land wurde vom osmanischen Staat eingezogen und neu verteilt. Ganz verdrängt wurden die alten Geschlechter nicht; wer sich den neuen Verhältnissen fügte, durfte als Dienstmann des Sultans vorerst in seinem Besitz verbleiben. Die Osmanen bekundeten ohnehin keine Berührungsängste mit den vorosmanischen Zuständen; sie benannten die meisten Landschaften nach ihren früheren Herren, das Balšaland (Balşa-ili) zwischen dem späteren Ort Kavaja und der Shkumbinmündung, Jonima-Land (nördlich des heutigen Peqin), das Land des Pavlo-Kurtik, des Kondo-Miho und des Bogdan Ripe (alles sonst unbekannte Kleinherren mit typisch orthodoxen Namen) um den Fluss Shkumbin, Ashtin-ili um Përmeti, Zenebish-ili um Gjirokastra, im Norden schließlich auch Jovans Land (Yuvan-ili, das Gebiet von Skanderbegs Vater Ivan oder Jovan Kastriota). Einzelne Herren im Übergangsgebiet zum venezianisch beherrschten Skutariner Becken behielten eine gewisse Bewegungsfreiheit. In weiten Teilen des Südens aber wurde versucht, eine neue osmanentreue Schicht zu schaffen. Das Land wurde als Timarlehen an rund 300 Begünstigte verteilt; muslimische Türken gelangten so ins Land, ihre Zahl aber war beschränkt; mit ihren Familienangehörigen werden sie kaum mehr als 800 Personen gezählt haben[33]. In den Genuss der Lehen gelangten vor allem zum Islam übergetretene Albaner, große wie kleine Herren. Freilich war der Abfall vom alten Glauben keine Bedingung für ein Timarlehen. Rund ein Sechstel der Begünstigten blieb dem Christentum treu; gewiss erhielten die christlichen Dienstmannen nicht die größten und besten Geldlehen, doch belegt ihr Beispiel die Anpassungsfähigkeit der dörflichen und ländlichen Oberschicht im orthodox geprägten süd- und mittelalbanischen Raum[34]. In den großen Geschlechtern kam es oft zur Spaltung in einen christlichen und einen islamisierten Zweig; letztere stiegen rasch zu höchsten Würden im osmanischen Reich auf und sollten bald ihre eigenen christlichen Landsleute und Standesgenossen bekämpfen, als diese sich gegen die Sultansmacht erhoben. Von den christlich gebliebenen Herren wurden die Abtrünnigen nicht selten verschämt verschwiegen, wie die Familienchronik der Muzaki zeigt. Gerade die Muzaki hatten dem Osmanenreich mit Jakub bey und Kasım bey tüchtige Anhänger gestellt; Jakubs Sohn Jusuf çelebi wurde mit einem Lehen in Tetovo, dem osmanischen Kalkandelen, belohnt[35]. Ähnlich erging es den Thopia, Araniti, Skura und Zenebish: Ihre islamisierten Nachfahren – wie Ali (Thopia), Hasan bey Zenebish und Murat bey Skura – besaßen noch um 1500 reiche Ländereien in ihren Stammgebieten um Berat, Gjirokastra und Delvina[36].

Die Adligen, die christlich bleiben wollten, warfen sich der Vormacht auf der Adria, der Republik Venedig, in die Arme. Um den Seeweg zu schützen, auf dem alle venezianischen Handelsschiffe verkehrten, nahm die Markusrepublik 1392 den Hafen Durazzo in Besitz; 1393 hielten ihre Statthalter Einzug in dem Flusshafen Alessio am Drin, drei Jahre später auch in der mächtigen Burg von Skutari. Damit schien die südöstliche Küste der Adria geteilt zwischen der festländischen Großmacht der Osmanen und dem Flottenstaat Venedig.

Auf den ersten Blick schien die osmanische Eroberung Albaniens rasch und reibungslos verlaufen zu sein: Nur eine einzige frühe Schlacht (1385), keine langen Belagerungen, wenig Blutvergießen, vielmehr rasche Unterwerfung und Annahme des neuen Systems in Besitzwesen und teilweise auch Glauben. Es schien, als hätten die alten Familien sich willig in das neue Reich eingefügt, dem Beispiel vieler zu den Osmanen übergelaufener Christen folgend. Doch mussten die Osmanen in den folgenden Jahrzehnten erfahren, dass die albanischen Ebenen in einem raschen Angriff leicht zu überrennen, die umliegenden Hügel und Berge aber schwer auf Dauer zu beherrschen waren.

LOB DES HERKOMMENS

Die Landschaft, die von Südslawen Debar, von Albanern aber Dibra genannt wird, liegt im inneren Balkan[37]. Durchflossen vom Schwarzen Drin, der sich aus unterirdischer Quelle im Ochridsee speist, wurde sie von alters her in Ober- und Unterland geteilt. Es war eine dörfliche Welt, eigentliche Städte gab es nicht[38]. Die Natur mit steilen Bergen und tiefen Tälern, so meinte ein Zeitgenosse, reichte als Schutz vollkommen aus[39]. In Ober-Dibra berühmt war die Burg, die die Slawen Svetigrad („Heiligenstadt“) nannten, daneben auch das Städtchen Rahovnik (heute: Debar) und das Adlernest Kodžadžik[40]. In Unter-Dibra bildete Piskupija (albanisch Peshkopia, „Bischofssitz“) den Mittelpunkt der Talschaft, ein kleiner Marktort, der um die Mitte des 15. Jahrhunderts, nach der osmanischen Eroberung, kaum mehr als 120 bis 150 Einwohner zählte[41]. In der Nähe lag ein altes Kloster, dessen Mönche noch stolz eine byzantinische Kaiserurkunde vorwiesen, die ihre alten Vorrechte bestätigte[42].

Im Sprachgebrauch von Byzantinern sowie slawischen und albanischen Balkanchristen waren die Grenzen Dibras recht unklar, jedenfalls aber weiter gefasst als im Raumverständnis der Osmanen, die nur für einen kleinen Bezirk im Westen des altbalkanischen Dibra die Begriffe Ober- und Unter-Dibra verwendeten[43]. Dibra oder Debar wurde von Slawen, Albanern und Vlachen bewohnt[44], zusammen vielleicht 40 000 Menschen[45]. Im Mittelalter meinte man damit keine nationalen Gruppen im heutigen Sinne; vielmehr wurden mit diesen Begriffen vor allem Sprecher verschiedener Sprachen gekennzeichnet, bisweilen unterschied man auch verschiedene Lebens- und Wirtschaftsweisen. So betrieben die Vlachen, die eine balkanromanische Sprache verwendeten, eine seminomadische Viehwirtschaft, in einem steten Wechsel zwischen den Winterweiden in den Tälern und den Sommerweiden auf den Almen[46].

Klare Grenzlinien im Raum bestanden zwischen den Sprachgruppen im Mittelalter nicht. Größere geschlossene Sprachgebiete lassen sich in Dibra nicht erkennen. In zahlreichen Dörfern lebten vielmehr Menschen mit slawischen und albanischen Namen miteinander. Von einem Namen allein aber lässt sich nicht mit letzter Sicherheit auf die Sprachzugehörigkeit eines Menschen schließen. Zwar galt das gebirgige Oberland in der schematischen Einteilung des Skanderbegbiografen Barletius als slawisch, das Unterland als albanisch, doch weisen Namensverzeichnisse aus osmanischen Steuerregistern auf eine komplizierte sprachliche Schichtung hin. In Unter-Dibra lebten in der Talsohle, im Hauptort Piskupija/Peshkopia, vor allem Menschen mit slawischen Namen, während in den Dörfern im umliegenden Hügel- und Bergland albanische Namensformen überwogen[47]. Die Höhenlage einer Siedlung, der Unterschied zwischen Talsohle und Gebirge, gab den Ausschlag. In Ober-Dibra hingegen war die slawische Bevölkerung anteilsmäßig stärker als die albanischsprachige Mehrheit im Unterland; doch wohnten zwischen den Slawen auch Albaner. Die Slawen wiederum unterteilten sich in zwei Gruppen; in Piskupija herrschte in den Personennamen der serbische Einfluss vor, getragen von der Tradition serbischer Staatlichkeit, die vom Amselfeld herab in das Tal des Schwarzen Drin vorgedrungen war; je weiter man aber von Piskupija nach Süden gelangte, desto stärker wurde der bulgarische Einfluss, ausstrahlend vom alten kirchlichen Zentrum Ochrid. Skanderbegs Biograf Barletius hebt dies deutlich hervor, besonders wenn er vom breiten Tal von Polog im Osten von Dibra spricht, *„das den Barbaren Bulgariens"* gehorcht und nicht mehr zu dem Raum gehörte, den der Skutariner Priester als *„Epirus"* (womit er in antikisierender Form Albanien meinte) bezeichnete[48].

Die sprachlichen und auch die mentalitätsmäßigen Unterschiede wurden im Mittelalter zwar wahrgenommen[49], allein schon die unterschiedlichen Volksnamen weisen darauf hin, auch gab es einzelne Vorurteile – so hielten die Albaner die Slawen für abergläubisch –, doch gehörten alle Dibraner der orthodoxen Glaubensrichtung des Christentums an[50]. Gleichzeitig bringt Barletius den Bulgaren Hochachtung entgegen: *„Bulgaren oder Tribaler wohnen dort (in Ober-Dibra, O. S.), ein Volk, wild im Kampf und Skanderbeg durch ihre vielen Verdienste in ruhmreicher Tapferkeit und Treue nicht minder lieb"*[51].

Für den Menschen des balkanischen Mittelalters bildete der gemeinsame orthodoxe Glaube den Kern der Identität. So fehlten Spannungen zwischen den Sprachgruppen, die in der Welt des Dorfes die orthodoxe Liturgie erlebten und die sich im Gesellschaftsaufbau kaum unterschieden. Gemeinsam war den Dibranern auch die Wirtschaftsweise: Getreideanbau, Obstzucht und Imkerei im Talgrund, Viehwirtschaft auf den höheren Lagen. *„Das Unterland ist flach und fruchtbar, von reichen Feldern ringsum umgeben"*[52].

Die Dibraner blickten nach Osten, nach Ochrid, dem Sitz eines im ganzen Balkan berühmten Erzbistums. Ochrid strahlte als kirchliche Hauptstadt des orthodoxen Zentralbalkans tief in die umliegenden Landschaften aus. Seine Kirchen und Paläste erblickten die Dibraner schon von weitem, wenn sie aus ihren Bergen in die fruchtbare Ebene hinabstiegen, die Ochrid umgibt. Wer in Dibra lebte, war tief im orthodoxen Glauben verwurzelt, war ein Mensch des inneren Balkans, geprägt von dessen slawisch-byzantinischer Hochkultur. Albanische Adlige bewunderten den Reichtum Ochrids, dessen Umland nach Erzählungen aus dem 15. Jahrhundert jährlich 12 000 Golddukaten an Einkünften abgeworfen haben soll[53]. Unter serbischer Oberherrschaft hatten sich im späteren 14. Jahrhundert albanische Adlige an den Ufern der makedonischen Seen festgesetzt, die Gropa um Ochrid, Comnino Prespa um Prespa, wohin um die Jahrtausendwende Zar Samuil aus Thessalien die Gebeine des heiligen Achilleios hatte überführen lassen; in Albanien kannte man die wunderbare Basilika, die zu Ehren des Heiligen auf einer Insel im Kleinen Prespasee errichtet worden war[54] und deren Ruinen sich auch heute noch vor dem Hintergrund des schilfgesäumten Ufers und der umliegenden Berge abzeichnen[55].

Dieser Welt entstammte die Familie Kastriota, deren bescheidene Ursprünge sich im Dunkel einer Region verlieren, die Außenstehenden im 14. Jahrhundert ebenso unbekannt war wie im 21. Jahrhundert. Der Name der Familie weist sprachlich eine griechische Form auf; abgeleitet ist er wohl vom griechischen „Kastron" (das seinerseits aus dem lateinischen „castrum" übernommen worden ist), was „Burg" bedeutet; ein „Kastriotes" ist demnach ein Bewohner, vielleicht auch ein Befehlshaber einer Burg. Da keine zeitgenössische Quelle sich zur Herkunft des Namens äußert, soll hier keine schwer zu untermauernde Hypothese aufgestellt werden. Gewiss ist nur, dass der Name der byzantinischen Kulturwelt zuzuweisen ist. Ein „Kastriot" ist um die Mitte des 14. Jahrhunderts als „kefalija" (Hauptmann) der Burg Kanina bei Valona bezeugt[56]. Ob dies ein Vorfahre der Kastriota von Dibra ist und wie die Familie vom Süden in den Osten des albanischen Raumes gelangt sein könnte, kann höchstens Gegenstand von Spekulation sein. Über die Ursprünge der Kastriota herrscht doppeltes Schweigen: Einmal nahm man ein Geschlecht kleiner Dorfherren kaum wahr, dann aber, als es plötzlich zu

Ruhm gelangte, breiteten die Biografen des berühmtesten Sprosses der Familie den Mantel des Vergessens über die bescheidenen Anfänge aus. Es war ein Angehöriger des albanischen Uradels, Giovanni Musachi[57], der im Gegensatz zu den Lobrednern Skanderbegs in allen Einzelheiten beschrieb, welcher Herkunft die Kastriota waren. Es mag ihm eine späte Genugtuung bereitet haben, den schlichten Ursprung jener Familie zu schildern, die seine eigene, weit ältere und angesehenere, entmachtet hatte. *„Der Großvater des Herrn Skanderbeg hieß Herr Paul Kastriota und besaß nicht mehr als zwei Dörfer namens Signa und Gardi-ipostesi; diesem Herrn Paul wurde Herr Johann Kastrioto geboren, der sich zum Herrn von Mati machte; und diesem wurde Herr Skanderbeg geboren; und die Mutter des besagten Herrn Skanderbeg, die Gattin des besagten Herrn Johann, wurde die Herrin Voisava Tribalda genannt und stammte aus guter Familie"*[58]. Musachis Bericht führt in die Heimat der Kastriota, eine kleine Landschaft am linken Ufer des Schwarzen Drin, abgelegen von jeder städtischen Kultur[59]. Es war die kleinräumige orthodoxe Dorfwelt des inneren Balkans. Sinja (bzw. Sinë) und Gardi i poshtëm (Unter-Gardi), wie die beiden Weiler in heutigem Albanisch heißen, liegen in der Landschaft Qidhna[60]. Wenige Fremde gelangten in diesen Teil des Balkans; ein durchreisender katholischer Visitator des frühen 18. Jahrhunderts schrieb, Qidhna zerfalle in Unter- und Oberland und liege sanft abfallend am Abhang nicht allzu hoher Berge, abgetrennt von Dibra durch den Drin, eine kleine Insel inmitten des *„Schreckens der Bergwelt"*, ein schönes Ländchen, das aber weite Strecken des Jahres schneebedeckt sei; hier und da lagen verstreut zahlreiche Kirchlein, Zeugen eines regen christlichen Lebens[61]. Die Kastriota waren also Bergler, die sich an die Spitze zweier kleiner Dörfer gesetzt hatten. Ihre ethnische Herkunft ist ebenso umstritten wie ihr Ursprungsort: Moderne albanische Gemeinden wetteifern um diesen Ruhm ebenso wie einst griechische Städte Homer für sich beansprucht hatten. Während dank Musachi dieser Streit gelöst ist, bleibt die dornige Frage nach der ethnischen Zugehörigkeit der Kastriota, die auch in unseren Tagen die nationalen Gefühle der Balkanvölker berührt[62]. Es ist eine Frage, die im ausgehenden Mittelalter kaum interessierte und die, abgesehen von einem Gelehrtenstreit im 17. Jahrhundert, eigentlich erst im 19. Jahrhundert gestellt wurde, als die Propagandisten des neugriechischen und serbischen, des albanischen und im 20. Jahrhundert auch des makedonischen Nationalgedankens bedeutende Gestalten der Vorzeit in ihr völkisches Pantheon stellen wollten[63]. Sie ist aber nicht nur anachronistisch, sondern geht auch am gemischtethnischen Charakter des europäischen Adels vorbei, der, sobald er eine kleinräumige Bedeutungslosigkeit verlässt, ohne Rücksicht auf nationale Grenzen heiratet. Dies gilt auch für den inneren Balkan im späten Mittelalter. Hinzu kommt, dass ethnische Herkunft allein kaum etwas über das Selbstverständnis einer Person aussagt: Johann Hunyadi, der große Türkenkämpfer des 15. Jahrhunderts, entstammte zwar einer rumänischstämmigen kleinadligen Familie, als ungarischer Reichsverweser handelte er aber im Rahmen des Reiches der Stephanskrone, und nicht etwa eines gar nicht vorhandenen rumänischen Staats- und Nationsgefühls. Ähnliches trifft auch auf die Kastriota zu. Ihr berühmtester Spross, Skanderbeg, stieg zum Herrn Albaniens auf; welches ethnische Blut in seinen Adern floss, bekümmerte seine Gefolgschaft nicht. Hätte sie sich darum gesorgt, wäre Skanderbeg in einer ethnisch gemischten Region kaum zu so großem Ruhm aufgestiegen.

Was nun über die ethnische Herkunft der Kastriota bekannt ist, stützt sich auf wenige Quellen. Skanderbegs Mutter Voisava war wohl eine Südslawin, Tochter des Herrn der reichen Ebene von Polog[64]. Diese unterstand im ausgehenden 14. Jahrhundert einer Seitenlinie des großen serbischen Adelsgeschlechtes der Brankovići. Es ist zu vermuten, dass Grgur Branković als Voisavas Vater zu gelten hat. Damit wären Voisavas Söhne mit der Familie verwandt, die im Jahre 1427 den serbischen Despoten-(Fürsten-)thron bestieg. Der bereits erwähnte Giovanni Musachi bezeichnete Skanderbeg, den berühmtesten Kastriota, als einen Mann, der *„serbisch von Natur"* aus sei[65]. Musachi schrieb dies aus der Perspektive eines mittelalbanischen Adligen, dessen Familie enge Beziehungen nach Süditalien unterhielt. Für ihn lebten die Kastriota am äußersten östlichen Rand des albanischen Sprachgebietes. Was er nun mit einer „serbischen Natur" meinte – die Herkunft oder vielleicht eher den Habitus, die Mentalität Skanderbegs –, muss mangels anderer Quellen offen bleiben. Zu beachten ist auf jeden Fall, dass Musachi dem großen Kastriota gegenüber eine Mischung von Bewunderung und Ablehnung empfand; schließlich hatte dieser den Muzaki politisch schwer geschadet. Wie schwierig die ethnische Zuordnung der Kastriota schon den Zeitgenossen erschien, belegt ein anderes Element: Der albanische Adlige Musachi sah in Georg Kastriota einen Serben, die serbischen Mönche auf dem Athoskloster Chilandar aber nannten jenen Turm, den Skanderbegs Vater Ivan gestiftet hatte, den „Albanerturm"[66]. So waren die Kastriota für einen albanischen Adligen Serben und für serbische Mönche Albaner. Nichts belegt besser ihre Stellung in einem Übergangsraum zwischen den beiden Sprachgebieten.

Sicher ist, dass die ethnische Herkunft beim Aufstieg der Familie Kastriota nicht ausschlaggebend war. Die Kastriota waren Emporkömmlinge. Skanderbegs Großvater hatte zwei Weiler in einem abgelegenen Berggebiet besessen, sein Vater Ivan aber hatte, wenn auch nur für kurze Zeit, die wichtige Karawanenstraße von der Adria zum Amselfeld unter seine Herrschaft gebracht und konnte Kaufleuten aus Dubrovnik Wegschutz von der Küste bis zur Stadt Prizren zusichern[67]. Ivan Kastriota hätte diese Stellung nie errungen, wenn um ihn herum nicht eine alte Welt in Brüche gegangen wäre. Er war sich dessen auch bewusst, wenn er in der Rückschau erzählte, seine Laufbahn habe begonnen, *„als sich die Kaiser Bayezit und Timurlenk erschlugen"*[68]. Er meinte damit die Schlacht von Ankara im Jahre 1402, bei welcher der osmanische Sultan dem Mongolenherrscher unterlegen war; unter den geschlagenen osmanischen Truppen hatten sich auch serbische und albanische Vasallen befunden; die Kunde vom Sturz der Osmanenmacht hatte so auch entlegene Täler im Balkan erreicht. Während der gefangene Sultan vom Sieger durch Asien geschleppt wurde, brachen im osmanischen Reich Wirren aus, die ein Jahrzehnt (bis 1413) andauerten. Wagemutigen Männern bot sich die Gelegenheit, in raschem Zugriff auf den Trümmern des Osmanenstaates und dessen christlichen Vasallenherrschaften eigene Machtgebilde zu errichten. Ivan Kastriota packte die Möglichkeit beim Schopfe. Dabei drängte er nach Westen. Im Osten seiner engeren Heimat am Schwarzen Drin lagen serbische Kleinfürstentümer, vor allem aber rechnete Ivan wohl damit, dass ein Vorstoß zum Vardarbecken hin wenig aussichtsreich sein würde; denn in Skopje stand weiterhin ein osmanischer Markgraf mit starken Truppen. Im Westen aber, in Mati und der adriatischen Küstenebene, war die osmanische Macht weitgehend verschwunden, und dort lebten auch schwache Adelsgeschlechter, die Jonima und Zaharia, die aber getreide- und weidenreiche Länder ihr Eigen nannten. Und Korn für die Gefolgschaft, Salz und Gras für das Vieh benötigte Ivan. Auch wollte er in unmittelbare Berührung mit fremden Kaufleuten treten, vor allem Ragusanern, und dafür musste er ein Tor zur Adria aufstoßen. Da Venedig seit 1392 den Hafen Durazzo, seit 1396 Skutari und sein Umland in Besitz genommen hatte, blieb als Ausgang zum Meer nur ein schmaler Streifen an den Mündungen von Ishmi und Mati. Das Bergland von Mati scheint er im Einvernehmen mit dem dort mächtigen katholischen Klerus, dem Hochlandbistum von Albanum, gewonnen zu haben, dessen Interessen er gegenüber dem von Venedig gestützten Bischof der Ebene, mit Sitz in Alessio, erfolgreich durchsetzte (1405). Damit hatte der orthodoxe Herr aus Dibra den Konfessionsunterschied ohne Mühe überwunden und seine Bergherrschaft auch kirchlich abgesichert. Der Erfolg verschaffte ihm Ansehen unter dem regionalen Adel, als dessen Sprecher Venedig gegenüber er schon 1406 auftrat. Sobald Ivan sich einmal an der Küste festgesetzt hatte, geriet er in das Kräftespiel der großen Mächte, Venedigs, des osmanischen Reiches und auch des nach der Schlacht von Ankara wiedererstarkten osmanischen Vasallendespotats (Fürstentums) in Serbien. Ivan beherrschte den Karawanenweg von der Küste durch das Hochland auf das Amselfeld, er vermochte nicht nur den Handel, sondern auch osmanische Heerscharen aufzuhalten, die an die Adria zogen. Dies nützte er gegenüber Venedig aus: Er stellte sich als Schutzherr der Pässe dar, um von der Markusrepublik Hilfe zu erlangen. Auch bot er sich als Vermittler in dem blutigen Kleinkrieg an, den sich die Signoria mit dem mächtigsten Herrn im albanischen Norden, Balša III. Balšić, lieferte (1408). Die äußerst instabile Lage zwang ihn aber zu manchem Kompromiss. Als die Osmanen 1410 vorübergehend an Stärke gewonnen hatten, musste sich Ivan dem Sultan unterwerfen. Er zog daraus aber gleich Nutzen, indem er 300 Mann osmanische Hilfstruppen anwarb, die er zusammen mit 2000 eigenen Kriegern im Jahre 1411 der Republik Venedig im Krieg gegen Balša III. als Söldner anbot. Gleichzeitig verhinderte er den Durchmarsch größerer osmanischer Verbände durch die Berge, und zwar, wie er sagte, *„auf göttliche Eingebung hin ... und zum Schutz des christlichen Glaubens"*[69]. Dafür erlangte er freie Waffeneinfuhr aus Venedig und ein Warenlager im venezianischen Hafen Dulcigno. 1413 sicherte er seine Stellung weiter ab: Er erhielt das Bürgerrecht Venedigs und Ragusas. Damit war Ivan einerseits osmanischer Vasall, andererseits aber hatte er sich auch in Italien und Dalmatien rückversichert. Da er sich jeweils an der Peripherie dieser Staaten befand, schlug diese mehrfache Abhängigkeit zu seinem Vorteil aus. Als die Osmanen 1413 durch den Machtantritt Mehmeds I. ihre Wirren überwunden hatten, wurde Ivan als Vasall von ihrem erneuten Ausgreifen an die Adria zunächst weniger getroffen. 1417 – Südalbanien wurde von osmanischen Heeren überrannt – bedrängte Ivan Venedig, ihm den kleinen, aber wichtigen Stapelplatz Medua an der Adria sowie das reiche Dorf Barballushi am Drin auszuhändigen[70]. Dabei hatte er den Handel ebenso im Blick wie die Versorgung des Hochlands mit Getreide. Seine Beziehung mit Venedig wurde im Herbst 1422 auf die Probe gestellt, als der serbische Despot Stefan Lazarević das küstenländische Erbe der Balšići um Skutari übernehmen wollte, das die Markusrepublik an sich gezogen hatte. Der Despot bot Ivan zur Heerfolge gegen die Venezianer auf. Ivan kam auch, verhandelte aber hinter dem Rücken des Serben mit der Markusrepublik, von der er Gebiete forderte; es ging vor allem um das Erbe seines südlichen Nachbarn, Niketas Thopia, einst Herr der Burg Kruja[71]. Seine Neutralität ließ er sich von den Venezianern teuer bezahlen – das Bürgerrecht sah er als Rückversicherung in der Not an, nicht als Band der Treue zur Signoria[72]. Der Regionalherr unterhielt zum serbischen Despotat, zum Sultan und der Republik Venedig auffallend enge Beziehungen. Sein politischer Spielraum aber wurde zunehmend kleiner. Seit 1415 saß als südlicher Nachbar Ivans ein osmanischer Hauptmann auf Kruja und behielt das Bergland im Blick[73]. Im Norden hatten die Venezianer aus italienischen Söldnern und nordalbanischen Kleinadligen eine recht schlagkräftige Schutztruppe für ihre Gebiete um Skutari geschaffen.

Stammbaum der Familie Kastriota im 15. Jahrhundert

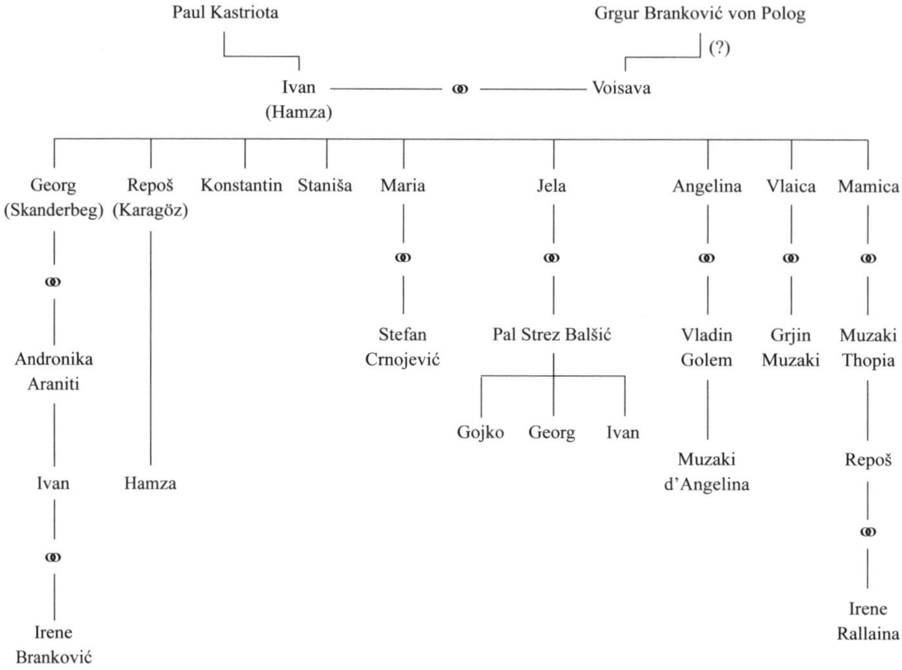

Doch nicht nur gegenüber den großen Mächten sicherte sich Ivan ab. Seine schnell zusammengeraffte Herrschaft befestigte er durch zahlreiche Heiratsbündnisse. Ihm kam dabei zugute, dass seine Ehe mit Voisava mit Kinderreichtum gesegnet war; vier Söhne und fünf Töchter hatte sie ihm geschenkt: Repoš, Staniša, Konstantin und Georg[74] sowie Maria, Jela, Angelina, Vlaica und Mamica. Die Tochtermänner suchte Ivan mit Umsicht aus: Maria gab er dem Stefan Crnojević, dem Herrn der Schwarzen Berge, Angelina dem Vladino Araniti Komino, dem Bruder des mächtigen Araniti Komino, aus dem wichtigsten Geschlecht Mittelalbaniens, Jela dem Paul Strez Balšić, Vlaica dem Gjin Muzaki[75]. Ivan schützte so seinen Zugang zur Küste nach Norden und Süden. Nicht einbezogen in dieses System waren seine unmittelbaren Nachbarn im Norden von Mati, die Dukagjin, vielleicht ein Hinweis auf eine Gegnerschaft, die sich durch das ganze 15. Jahrhundert ziehen sollte.

Im Innern stützte er seine Herrschaft auf eine treue Gefolgschaft von rund 2000 Kriegern[76]. Sein Hofstaat, wenn man diesen Begriff überhaupt verwenden will, beschränkte sich auf wenige Männer, meist aus dem orthodoxen Balkan, den Presbyter Dimitri, den Abt Peter, den Gemeindeammann (oder Hirtenführer; čelnik) Peter[77]. Entlohnt wurde die Gefolgschaft teils mit Plündergut, vor allem aber mit Einnahmen aus dem Adriahandel mit Ragusa und Venedig, aber auch regionalen Kaufleuten wie etwa aus Alessio und Cattaro[78]. Ivan nannte Salinen sein Eigen, er verkaufte Getreide, und er bezog Gelder aus dem Zoll des nahe Alessio gelegenen Stapelplatzes Shufada an der Adria[79]. Burgen besaß er nur vier, die meisten lagen in Mati; Städte gehörten ihm keine. Überhaupt stützte sich seine Herrschaft weniger auf feste Plätze, sondern auf Menschen. Solange ihm seine Krieger, die meisten wohl Hirten, folgten, vermochte sich Ivan zu halten, sogar dann, wenn die Osmanen seine Burgen eroberten.

Die kulturelle Vielfalt seiner Herrschaft spiegelt sich in den Kanzleisprachen wider: Mit Chilandar und Dubrovnik verständigte er sich in der mittelserbischen Urkundensprache, Venedig gegenüber im byzantinischen Griechisch, das die albanischen Herren an der Adria seit alters her pflegten[80]. Sprachlich war seine Herrschaft gemischt, im Westen, an der Küste und in Mati wurde überwiegend albanisch gesprochen, vom Schwarzen Drin gegen Osten hin wird die Zahl der Slawischsprachigen stetig zugenommen haben. Ivan bewegte sich ohne Schwierigkeiten in dieser Mehrsprachigkeit, dem Nebeneinander byzantinischer, slawischer und adriatischer Einflüsse.

Geistlichen Rückhalt suchte er aber vor allem bei der Kirche seiner Väter, der Orthodoxie. Nach dem Vorbild des balkanischen Adels bedachte er den Berg Athos mit einer Stiftung; dabei wählte er das serbische Kloster Chilandar aus. Diesem schenkte er die beiden Dörfer Trebište und Radostuše mit der dazuhörenden Kirche der Sveta Bogorodica (Gottesmutter); dies waren aber nicht irgend zwei Weiler, vielmehr lagen sie in einem tief eingeschnittenen Waldtal des westlichen Makedonien auf einer Bergterrasse unmittelbar gegenüber einem der ältesten orthodoxen Klöster des Balkans, Sveti Jovan Bigorski[81]. Ivan fügte sich in die balkanorthodoxe Tradition ein, legte aber auch Zeugnis seiner engen Bindung an die serbische Kulturwelt ab, die um 1400 weite Teile des inneren Balkans beeinflusste. Von Ivans Großzügigkeit haben sich in Chilandar steinerne Spuren erhalten. Denn er war es, der den wuchtigen „Albanerturm" stiftete[82]. Dieser erinnert aber auch an Ivans Sohn Repoš. Er hatte wie seine Brüder den Islam angenommen und war unter seinem neuen Namen Karagöz bekannt[83]. Zu einem unbekannten Zeitpunkt war er als Mönch in das Kloster Chilandar eingetreten. Noch im 16. Jahrhundert erinnerte man sich in der albanischen Adelswelt seiner als eines heiligenmäßigen Mannes, auch wenn es fälschlich hieß, er sei in dem fernen Katharinenkloster auf dem Sinai in eine andere Welt gegangen[84]. Repoš verkörperte die enge Verbundenheit seines Geschlechts mit der Orthodoxie.

Gegen die Osmanen vermochte sich Ivan aber nicht zu halten. Nachdem er ihnen zunächst seinen ältesten Sohn Staniša und zahlreiche andere junge Männer als Geisel hatte ausliefern müssen, erzwang Sultan Murad II. nach 1423 auch die Überstellung der drei übrigen Söhne Konstantin, Repoš und

Georg[85]. Ivan selbst führte den Venezianern gegenüber aus, dass seine Bedrängnis mit der Errichtung der venezianischen Herrschaft in Saloniki (1423) begonnen habe[86].

Er war so ganz in der Hand der Sultane; und dennoch versuchte er, einen Rest an Bewegungsfreiheit zu bewahren. Sein politisches Denken wird am besten fassbar in einer Gesandtschaft, die er im August 1428 nach Venedig schickte. Er warnte vor dem Anmarsch eines großen osmanischen Heeres gegen Venezianisch-Albanien, ein Heer, über das er bestens unterrichtet war, denn niemand geringerer als sein eigener Sohn ritt an dessen Spitze mit, der Sohn, der, so Ivan, *„Türke und Muselmann (Mulsuman) wurde und von seinem Herrn (diesen) Befehl erhalten hat“*[87]. Sultan Murad II. übte auf Ivan starken Druck aus, damit dieser die Pässe zur Adria öffnete. Ivan hingegen bat die Signoria, ihn unter ihren Schutz zu nehmen, *„damit ich meinen Kopf..., meine Söhne, mein Land, meine Edelleute und mein Hab und Gut in eurem Haus bewahren kann“*[88]; sichtbar sollte dies werden, indem er ein Banner mit dem Abbild des Evangelisten Markus, des Schutzheiligen der Lagunenstadt, erhalten sollte. Überdies unternahm Ivan alles, um seine nördlichen Nachbarn, insbesondere die mächtigen Đuraševići – oder Crnojevići, wie sie auch genannt wurden[89] –, Herren der Schwarzen Berge (Crna gora, Montenegro), auf die Seite Venedigs zu ziehen: Er hatte ihre Boten zum Sultan einfach abgefangen. Venedig benötigte dringend einen Verbündeten in Albanien, wollte sich aber nicht in einen Krieg im Hochland hineinziehen lassen. Es versprach Asyl im Notfall, kam Ivan in Zollfragen entgegen und beschwor ihn, seinen Sohn an den gebührenden Gehorsam seinem Vater gegenüber zu erinnern[90]. Auf beiden Seiten zeichnen sich hier typische, Jahrzehnte bestehende Strategien ab: Der balkanische Kleinadlige wünschte ein Protektorat und gute Handelsbeziehungen zur Adria; er versuchte, auch andere Adlige für ein Machtsystem zu gewinnen, dessen faktischer Herr in den Bergen, in die – das wusste er – die Venezianer niemals vordringen würden, er allein sein würde. Die Signoria wiederum zeigte nur daran Interesse, einen Schutzgürtel von Verbündeten um ihre albanischen Häfen zu legen, keinesfalls wollte sie in die innerbalkanischen Fehden verwickelt werden. So stand Ivan allein, als die Osmanen seine Herrschaft angriffen. Das Jahr 1429 überlebte er noch, aber 1430 unterlag er dem Heerbann des osmanischen Grenzfeldherrn Ishak bey. Dieser ließ zwei Burgen des Kastriota schleifen, in zwei weitere wurden osmanische Besatzungen gelegt[91]. Ivans Niederlage fiel in ein Jahr, in dem die Osmanen auch andernorts wichtige Eroberungen machten: Das venezianische Saloniki geriet ebenso unter ihre Herrschaft wie die bedeutendste Stadt in Epirus, Joannina – beide sollten bis 1912 ihren Besitzer nicht mehr wechseln. Die Osmanen zeigten Ivan gegenüber nun keine Rücksicht mehr; ihm blieb nur ein kleiner burgenloser Landstreifen zwischen Alessio und Durazzo. Das Timarsystem wurde eingeführt, und wie zwei seiner Söhne musste Ivan, unter dem Namen Hamza, zum Islam übertreten[92]. Die siegreichen Osmanen schickten dann Kanzlisten aus, die die steuerpflichtigen Untertanen im gesamten albanischen Sancak verzeichnen sollten. Doch erwies sich dies als entscheidender Fehler. Denn nichts versetzte über die Jahrhunderte hinweg – bis hinein in das 20. Jahrhundert – die Bewohner des albanischen Raumes mehr in Erbitterung, als wenn von man ihnen Steuern und die Anerkennung eines staatlichen Gewaltmonopols verlangte, mit anderen Worten, wenn ein großes Reich in ihre inneren, kleinregionalen Angelegenheiten eingriff. Die osmanische Herrschaft im albanischen Raum begann im frühen 15. Jahrhundert mit Aufständen, und sie endete fünf Jahrhunderte später ebenfalls mit modernisierungsfeindlichen, gegen die Reichszentrale gerichteten Rebellionen.

In Albanien griffen zuerst die Adligen im zerklüfteten Bergland des Südens zu den Waffen. Sie verjagten die Steuereinnehmer und sperrten die Pässe. Besonders hervor tat sich Araniti Komino, der einem uralten byzantinisch geprägten Adelsgeschlecht entstammte; ihm schloss sich Depe Zenebish (oder Zenevesi) an, der aus seinem Exil auf Korfu den schmalen Meeresarm überquerte und mit Gefolgsleuten den Stammsitz seiner Familien, das hoch über dem Dropulltal gelegene Gjirokastra, belagerte (Winter 1432/33)[93]. Der zuständige osmanische Grenzfeldherr Turahan bey marschierte aber mitten im tiefsten Winter aus Thessalien heran und besiegte Zenebish im Januar/Februar 1433. Damit war der Aufstand aber nicht niedergeworfen, vielmehr folgten Herren in der Mitte und im Norden Albaniens dem Beispiel ihrer südlichen Standesgenossen: Ivan Kastriota schüttelte die osmanische Oberherrschaft ebenso ab wie sein nördlicher Nachbar Nikola Dukagjin. Aus Furcht vor osmanischer Rache flohen die Bauern teils in die Berge, teils überschwemmten ihre Kolonnen mit Mensch und Vieh den venezianischen Hafen Durazzo, wo Schlepper gewaltige Summen für die Überfahrt nach Apulien verlangten. Im Sommer 1433 erschienen denn auch gleich drei osmanische Grenzfeldherren aus dem makedonischen Raum und aus Thessalien. Ivans Ländereien wurden schwer verwüstet, zahlreiche seiner Gefolgsleute in die Sklaverei verschleppt. Venedig nahm zwar Flüchtlinge auf, blieb aber neutral – denn es wollte den eben geschlossenen Frieden mit dem Sultan nicht aufs Spiel setzen. Diese Konstellation: Osmanische Angriffe auf christliche Adelsfamilien und venezianische Nichteinmischung aus Rücksicht auf Handelsinteressen wird noch öfters zu beobachten sein. Es dauerte bis zum Jahr 1436, dass der Widerstand im albanischen Süden endgültig erstickt wurde; dabei hatten die Osmanen alles versucht und mit Vorliebe an hohen christlichen Feiertagen (26. Dezember 1434; Ostern 1435) angegriffen, um ihre orthodoxen Gegner zu überraschen.

Die osmanischen Niederlagen erregten auch außerhalb Albaniens Aufsehen, nicht zuletzt, da die albanischen Adligen sich an Papst Eugen IV. wandten, aber auch an den römischen Kaiser und ungarischen König Sigismund von Luxemburg. Dieser brachte den bulgarischen Zarensohn Fružin ins Spiel; sogar ein osmanischer Thronprätendent hielt sich zeitweise in Ragusa bereit[94]. Hilfe von außen kam zwar nicht. Doch hatte sich erwiesen, dass die orthodoxen Adligen Albaniens fähig waren, ihren Aufstand zu einer Frage der großen europäischen Politik auszuweiten, auch dies ein Element, das in den kommenden Jahrzehnten prägend sein würde. Der Aufstand brach zusammen, da die Osmanen Jahr für Jahr mit großen Heeren angriffen, plünderten und viele Menschen verschleppten; die osmanischen Chroniken jubelten, bei all den schönen gefangenen Knaben und Mädchen habe sich das Heerlager in ein Paradies verwandelt. Die Schädel der Erschlagenen wurden nach zentralasiatischer Sitte – hier zeigte sich die Herkunft des Hauses Osman – zu abschreckenden Hügeln aufgeschichtet. Schließlich gab Araniti Komino auf, stieg von seinen Bergen herab und leistete dem Sultan einen Eid[95].

Scheinbar herrschte in ganz Albanien nun Frieden, nicht zuletzt weil einer der unruhigsten Adligen gestorben war. Ivan Kastriota hatte am 2. Mai 1437 das Zeitliche gesegnet[96].

FRÜHE JAHRE

Von den persönlichen Schicksalen vieler führender balkanischer Adliger und osmanischer Granden ist aus dem 15. Jahrhundert kaum etwas bekannt. Als schemenhafte Gestalten gleiten sie am nachgeborenen Betrachter vorbei, der zwar den wichtigsten Stufen ihrer Laufbahn zu folgen vermag, über Charakter und Lebenswelt der Individuen aus den Quellen aber kaum etwas erfährt. Je weiter im Binnenland sich das Leben dieser Männer abspielte, desto weniger kamen sie auch in Berührung mit Venezianern und Ragusanern, von denen die Mehrzahl der Nachrichten über politische Führungsgestalten stammt. Osmanische Chroniken und Verwaltungsakten geben kaum etwas über die Persönlichkeit der Männer preis, die unter dem Sultan dienten. Zu diesen zählte jener Georg Kastriota, der unter seinem nom de guerre Skanderbeg für Jahrhunderte zum berühmtesten Südosteuropäer schlechthin werden sollte. Überblickt man die zahlreichen zeitgenössischen Erzählungen und Urkunden zu seinem Leben, wird deren ungleiche Verteilung deutlich: Aus einem dünnen Rinnsal zu den ersten vier Jahrzehnten seines Lebens wird ein breiter Strom von Nachrichten, die es für Skanderbegs letzte Jahre zeitweise sogar erlauben, ihm Tag für Tag zu folgen. Er tritt dem Historiker gleichsam als Gestalt aus tiefem Nebel entgegen, nähert sich aber immer mehr, und zum Schluss vernimmt man, in einem Gesprächsprotokoll eines italienischen Diplomaten, gar seine Stimme, hat man den Eindruck, den Gedanken dieses Balkanadligen zuzuhören. Der Historiker findet sich hier in der Lage eines Kameramannes wieder, der sein Objekt aus der Weitwinkelperspektive heranrückt. Die Anfänge ordnen sich so in einen breitgefassten Rahmen, sind im einzelnen aber unklar. Das Ende hingegen erfolgt im grellen Licht der Weltgeschichte.

So undeutlich sind Ursprung und Jugend, dass nicht einmal das Geburtsjahr mit Sicherheit zu bestimmen ist. Es ist aus Angaben zu erschließen, die verschiedene Erzähler und Beobachter zu Ende seines Lebens anstellten. Skanderbeg starb im Januar 1468 im Alter von 63 Jahren, was die Festlegung seiner Geburt in das Jahr 1405 erlaubt[97]. Georg Kastriota wurde als jüngster von vier Söhnen geboren. Seine Eltern gaben ihm einen in der orthodoxen Welt beliebten Namen. Zwei seiner älteren Brüder trugen slawische (Repoš und Staniša), der dritte, wie Georg, einen christlichen Vornamen. Damit waren Ivan und Voisava Kastriota den beiden vorherrschenden Traditionen in der slawisch-byzantinischen Balkankultur gefolgt: Während Serben „nationale“ Vornamen bevorzugten, überwog im griechisch-byzantinischen Raum ein christlich geprägter Einfluss[98]. Wo Georg seine ersten Jahre verbracht hat, ob auf einer der Burgen des Vaters oder mit diesem durch das Hochland ziehend, ist nicht bekannt. Aufgrund des Geschilderten darf aber seine kulturelle Prägung skizziert werden: Er wuchs auf in der Gesellschaft des von byzantinisch-serbischer Tradition beeinflussten Kleinadels im albanischen Raum; durch die Heiraten seiner Geschwister stand er in verwandtschaftlichem Verhältnis zu den wichtigsten vornehmen Familien des Landes. Im Umkreis seines Vaters hielten sich Mönche vom Berg Athos auf. Auf Bitten zweier dieser Anachoreten, Simeon und Sava, stiftete Ivan Kastriota jenen Albanerturm auf Chilandar, der den Namen St. Georg trug[99]. Ob dies mit Blick auf seinen Sohn erfolgte, den er dem Sultan ausliefern musste? Dass sein Bruder Repoš den Mönchshabit wählte, war kein Zufall, sondern ehrwürdiger Brauch in byzantinischen Aristokratenfamilien, deren Vorbild auch in Randprovinzen des alten Reiches nachgeahmt wurde. Georgs Leben nahm eine entscheidende Wendung, als ihn sein Vater zusammen mit seinen Brüdern Repoš und Konstantin als Geisel an Sultan Murad II. auszuliefern hatte (nach 1423). Die drei jungen Kastriota, alle um die 20 Jahre alt, wurden in die osmanische Hauptstadt Edirne, das alte byzantinische Adrianopel, überstellt[100]. Die Geiselhaft junger Balkanadeliger diente den Osmanen zur Absicherung ihrer Macht in Randgebieten ihres jungen Reiches. Georg Kastriotas Schicksal war so alles andere als außergewöhnlich; es ist nur wegen seiner späteren Berühmtheit in der Erinnerung der Nachwelt an hervorragender Stelle bewahrt geblieben. Denn wäre er nicht von dem ihm vorgezeichneten Weg im osmanischen Staat abgewichen, wäre er wie viele seiner osmanisierten Standesgenossen nach einer erfüllten Laufbahn im Sultansdienst dem Vergessen anheimgefallen.

Über Georg Kastriotas Jahre am Hofe Murads erzählen ausführlich und legendenhaft seine albanischstämmigen Biografen Barletius und Franco, im Anschluss daran die meisten abendländischen Geschichtsschreiber; kurz und knapp die osmanischen Chroniken, vereinzelt die Byzantiner. Was Georg in Edirne widerfuhr, entsprach osmanischem Brauch. Er wurde in das Korps der Hofpagen, der iç-oğlane, eingegliedert. Dort wird er auf etliche balkanorthodoxe Schicksalsgenossen getroffen sein. Zu einem unbekannten Zeitpunkt – sicher aber vor 1428[101] – ist er dann, wie so viele andere Geiseln zum Islam übergetreten. Diesen einschneidenden Augenblick beschrieb sein Biograf Marinus Barletius mehr als 80 Jahre später; dabei wird er Erzählungen wiedergegeben haben, die im Umkreis des späteren Skanderbeg von diesem denkwürdigen Ereignis berichteten. Ein Derwisch soll den jungen Kastriota für den Islam gewonnen haben. Der Glaubenswechsel erfolgte leicht; es genügte, die islamische Glaubensformel aufzusagen: „Es gibt nur einen Gott, und Mohammed ist sein Prophet" – die Barletius verballhornt mit „La, lla, La" (für „La ilaha illa Allah Mohammed rezul Allah") wiedergibt –, und schon war die Konversion vollzogen. Der neue Muslim wurde danach beschnitten und, dem Brauch folgend, von seinen Glaubensgenossen gefeiert[102]. Bemerkenswert an der Erzählung des Barletius sind weniger Glaubensformel, Beschneidung und Feier, vielmehr seine Ausführungen über die Derwische im osmanischen Reich. Sie seien mit christlichen Mönchen zu vergleichen, hätten als Bettler die Lande durchreist, dabei auch mancherlei Raubtat begangen und seien schließlich von den Sultanen Bajezit I. (1389–1402) und Mehmed I. (1413–1421) verfolgt und hart bestraft worden. Sie unterteilten sich in mehrere Klassen, darunter die Hoca und die „Talasmani", wobei mit letzteren die Danişmend gemeint sind, Absolventen einer Medrese (Schule), die die Laufbahn eines Kadıs einschlagen konnten[103]. Barletius, ein in Venedig schreibender Priester aus Skutari, wusste also einiges über die frühe Geschichte der Derwische auf dem Balkan. Und umsonst wird er seine Abhandlung über deren Orden nicht in die Beschreibung von Georg Kastriotas Glaubenswechsel eingefügt haben. Vielmehr ist anzunehmen, dass die junge Geisel den Islam nicht im Umfeld sunnitischer Hoftheologen, sondern im wegen seiner Glaubensvorstellungen oft verfolgten und verfemten Derwischmilieu angenommen hatte. Die Derwische, die ursprünglich aus Zentralanatolien gekommen waren, hatten zahlreiche Bräuche des volkstümlichen

Christentums übernommen und standen in ihrer Glaubenspraxis vielen einfachen Christen näher als sunnitische Prediger. Auf ihre Bedeutung für die Islamisierung des Balkans wurde schon hingewiesen[104]. In späterer Zeit sollten die Derwische auch nach Albanien vordringen, und im Laufe der Zeiten entstand die Legende, der berühmte Skanderbeg sei einer der Ihren gewesen, was, bedenkt man Barletius' Bericht, vielleicht weniger fabelhaft erscheint als lange angenommen[105]. Offenbar nicht umsonst wurde die Burg, die stets in einem Atemzug mit Skanderbeg genannt wurde, das mittelalbanische Kruja, zu einem Mittelpunkt der Derwische in Albanien[106].

In seinem neuen Milieu durchlief der Renegat eine rasche Karriere. Diese verdankte er aber weniger seinem Glaubenswechsel als seinen körperlichen Vorzügen, seinen Geistesgaben und seinem Mut. Über die Jahre am Osmanenhof wurden schon um 1500 legendenhafte Geschichten erzählt. Der junge Kastriota habe sich in turnierartigen Zweikämpfen ausgezeichnet, die er im Beisein des Beifall spendenden Großherrn siegreich bestritten haben soll[107]. Einen bärenstarken Tataren soll er niedergerungen haben, in der alten osmanischen Hauptstadt Bursa auch zwei Brüder, Jahja und Hamza; alle diese Gegner hatten in Anwesenheit des Sultans die Herren des Hofes zum Kampf gefordert, und jedes Mal hatte Skanderbeg seine Gegner erschlagen, ohne selbst verwundet worden zu sein[108]. Aus dem späteren Leben des Kastriota lässt sich wohl nur darauf schließen, dass er das Kriegshandwerk bei den Osmanen gründlich gelernt oder das bereits in Dibra und Mati Geübte vervollkommnet hat. Glaubhaft scheint auch die Angabe des Barletius, Skanderbeg habe vielerlei Sprachen gelernt, und zwar Türkisch, Arabisch, Griechisch, Italienisch und Slawisch („illyrisch", wie er sich ausdrückt)[109]. Neben Albanisch wird er Slawisch (wohl einen westbulgarischen Dialekt, vielleicht aber auch Serbisch[110]) schon in seiner Heimat gesprochen haben; Griechisch diente seinem Vater neben dem Slawischen als Kanzleisprache. Am Osmanenhof wurde neben dem Osmanisch-Türkischen als Sprache des Glaubens das Arabische gepflegt (das Persische als bedeutende Literatursprache erwähnt Barletius nicht); dass der Kastriota schließlich auch Italienisch sprach, und zwar bis zur Perfektion, wird von einem Mailänder Diplomaten, der ihm persönlich begegnete, bestätigt[111].

Den legendenhaften Berichten zufolge soll Sultan Murad II. von seinem Gefolgsmann zutiefst beeindruckt gewesen sein. Seine Taten trugen dem jungen Kastriota einen ehrenvollen Beinamen ein, den er sein Leben lang, auch als er dem Islam wieder den Rücken kehrte, beibehalten sollte: Skanderbeg, „Herr Alexander"[112]. Damit stellten ihn seine osmanischen Waffengefährten auf eine Stufe mit Alexander dem Großen, dem Helden schlechthin, dessen Erinnerung im Mittelalter von der Levante bis in das Abendland durch Lieder,

Epen und Romane den meisten Menschen vertraut war. Die Osmanen kannten ihn unter dem Namen Iskender, von dem sich die Form Skander ableitet. Ob das Lob auch auf Skanderbegs Herkunft aus dem albanischen Raum verweisen sollte – Alexanders Mutter Olympias stammte aus dem epirotischen Königsgeschlecht –, ist nicht nachzuweisen. Diese Verbindung sollte erst rund vier Jahrzehnte später politische Bedeutung erlangen. Bedeutsamer ist, dass in den legendären Erzählungen ein besonderes persönliches Verhältnis zwischen dem Sultan und Iskender hergestellt wurde; nicht irgendein Offizier und Höfling sei er gewesen, sondern ein Liebling des Großherrn. Für den Sultan focht Iskender auch in Kleinasien, so gegen den „König von Kilikien", wie der Geschichtsschreiber Paolo Giovio im 16. Jahrhundert schrieb[113]. Wenn dies zutrifft, wird der Gegner Ibrahim von Karaman gewesen sein, jener Rivale der Osmanen, der Jahrzehnte später dem Papst Skanderbegs Kriegstaktik in allen Einzelheiten zu beschreiben vermochte[114].

In all den Jahren im Sultansdienst hatte Skanderbeg die Beziehung zu seinem Vater nicht abreißen lassen. Dieser trug auch Sorge, seinen muslimischen Sohn in Urkunden zu erwähnen – und zwar unter seinem christlichen Namen Georg – und ihn gegenüber Venedig in Schutz zu nehmen[115]. Den Sultan schien dies – sofern er davon Kenntnis hatte – nicht zu bekümmern. Vielmehr wies er seinem treuen Gefolgsmann ein Timarlehen im Gebiet der Familie Jonima an, also nahe den Besitzungen seines Vaters; bald darauf (1432) ernannte er Skanderbeg zum Hauptmann (subaşı) der Burg Kruja, dem Schlüssel der osmanischen Herrschaft in Mittelalbanien[116]. Dies geschah, kurz nachdem der Aufstand seines Vaters niedergeschlagen worden war. Murad II. zeigte so volles Vertrauen zu Iskender, denn sonst hätte er ihn wohl kaum nach Albanien geschickt, um dort Aufrührer, darunter den eigenen Vater, im Zaum zu halten. In Kruja musste ein anderer islamisierter Albaner den Posten räumen, Hızır bey[117]. Der abgesetzte Gouverneur sollte dies nicht vergessen. Zwischen beiden Männern entstand eine Feindschaft, die fast vier Jahrzehnte andauern sollte und an deren Ende Hızır schreckliche Rache nehmen würde. Über Skanderbegs Verhalten während des erneuten Aufstandes seines Vaters und der christlichen Adligen (1433–1436) ist nichts bekannt. Er scheint sich daran wenigstens nicht offen beteiligt zu haben. Wohl aber pflegte er enge Beziehungen zum örtlichen Adel, so zu einem gewissen Vrana Conte, dem osmanischen Lehensherrn des Dorfes Mamurras[118] – wie Hızır sollte auch er eine bedeutende Rolle im weiteren Leben des Kastriota spielen. In der Gesellschaft der christlichen Kleinadligen muss Skanderbeg hohes Ansehen genossen haben, wohl nicht nur wegen seines bekannten Vaters, sondern vor allem wegen seiner Beziehungen zum Sultan und seiner Waffentaten. Als sein Vater starb, wünschte Skanderbeg, das Erbe anzutreten, insbesondere die Herrschaft über das Land Misia, das zwischen Alessio und Durazzo an der Adriaküste lag, ihm also ein Tor nach Italien geöffnet hätte. Doch wurde ihm dies rundweg abgeschlagen: Ein hoher osmanischer Würdenträger in Albanien namens Mustafa hatte warnend an den Sultan geschrieben (Frühjahr 1438). Murad II. handelte denn auch; nicht nur, dass Ivans Erbe dem Sohn vorenthalten wurde, dieser musste neun seiner Lehensdörfer an den christlichen Adligen Andrea Karlo abgeben und kurz darauf Albanien verlassen[119]. Hart musste ihn die Nachricht treffen, wer als sein Nachfolger auf Kruja ernannt worden war: Hızır bey.

Es war dies der erste tiefe Riss in dem so makellosen Lebensbild des Renegaten. Für einige Jahre verschwindet Skanderbeg aus den Quellen. Als er wieder auftaucht, findet man ihn weit weg von seiner alten Heimat, an der Donau[120]. Erwähnt wird dort ein Iskender als Amtmann im wichtigen bulgarischen Donauhafen Nikopolis – wo rund ein halbes Jahrhundert zuvor ein Kreuzfahrerheer geschlagen worden war. Als Offizier in dieser Grenzmark nahm Iskender an schicksalhaften Unternehmungen der osmanischen Heere teil: 1439 marschierte er nach Norden und wirkte bei der Eroberung des serbischen Despotats mit; der Serbenfürst Georg Branković, wohl ein Verwandter Skanderbegs, floh[121]. Glaubt man Marinus Barletius, so war es Skanderbeg, der maßgeblich an der osmanischen Eroberung Serbiens beteiligt war; der Biograf erzählt, der Sultan habe bei der Unterwerfung des Despoten besonderen Nutzen aus der Landeskenntnis des Kastriota gezogen. Da ein Bruder Skanderbegs am Despotenhof gelebt hatte, erscheint dies nicht ganz unwahrscheinlich.[122] Bald darauf wird Iskender einem Mann begegnet sein, der für ihn von schicksalhafter Bedeutung werden sollte: Johann Hunyadi, der Anführer des ungarischen Widerstands gegen die Osmanen. Mit ihm sollte er den Versuch unternehmen, die osmanische Herrschaft auf dem Balkan zu stürzen. Der Verlust der balkanischen Archive hüllt die Anfänge der Beziehung beider Männer in ein tiefes Dunkel. Nur zwei Texte bringen etwas Licht: Der eine bietet eine märchenhaft wirkende Erzählung; der andere aber stammt aus kundiger Quelle.

„Es waren sieben Brüder aus dem Lande Albanien“, so erzählt eine venezianische Chronik, *„Renegaten und Untertanen des Türken, die dem Türken gut dienten und von diesem als tapfere Männer geliebt wurden. Als die Türken mit Barken über die Donau flohen, wollte auch Skanderbeg mit einer Barke fliehen, die Türken aber, die früher fliehen wollten, verweigerten ihm den Zutritt. Darüber empört, kam er nach Albanien ...“*[123] Dieser legendenhafte Bericht bezieht sich wohl auf die Schlappe, die ein größeres osmanisches Heer am Fluss Ialomiţa in der Walachei am 2. September 1442 erlitten hatte, vielleicht auch auf ein Gefecht im Jahr darauf[124]. Genaueres erfährt man aus dem kurzen, aber zeitnahen Geschichtswerk des auf dem Amselfeld

geborenen Martinus Segonus. Er schildert, wie Skanderbeg unter dem Befehl des Landpflegers (beylerbey) von Rumelien, Mesid bey, an einem Einfall in Siebenbürgen teilgenommen hatte. Die Osmanen waren bis vor Hermannstadt gelangt, wurden aber von Johann Hunyadi besiegt (22. März 1442)[125]. Mesids abgeschlagenen Kopf schickten die Sieger dem serbischen Despoten Georg Branković[126]. Für Skanderbeg wird der missglückte Marsch über die Karpaten ein einschneidendes Erlebnis gewesen sein. Nicht nur, dass er sich von seinen Kampfgefährten auf der Flucht verraten fühlte; viel bedeutsamer war, dass er erstmals mit Johann Hunyadi in Berührung kam. Ob sich die beiden Männer damals schon gesprochen haben, muss ungewiss bleiben. Wenige Monate später aber brachten sie das osmanische Reich auf dem Balkan an den Rand des Untergangs.

Während auf diese Weise Skanderbegs Leben nach seiner Absetzung in Kruja erste Umrisse erhält, sind die Hintergründe der Entscheidung des Sultans, den treuen Renegaten aus Albanien an die Donau zu verschicken, und damit auch das Motiv für Skanderbegs Erhebung im Herbst 1443, fünfeinhalb Jahrhunderte unklar geblieben. In Umkreis des Kastriota erzählte man noch zu Beginn des 16. Jahrhunderts, der Sultan habe Skanderbegs Brüder vergiften lassen, was aber nachweislich falsch ist, denn Repoš starb, wie erzählt, bereits 1431, Staniša war 1445 noch am Leben, und nur Konstantins Spuren verlieren sich[127]. Auch der Bericht von dem Verrat an der Donau sollte den Groll des sultanischen Gefolgsmannes erklären. Beide Erzählungen sind aber von der tatsächlichen Ursache weit entfernt.

Denn die dunkle Geschichte, die allem zugrunde lag, wurde erst vor kurzem in einem Gesandtenbericht von der römischen Kurie gefunden. Dieser legt offen, weshalb Skanderbeg als einziger adliger Renegat vom Sultan abgefallen ist. Am 10. Januar des Jahres 1454 schrieben die beiden mailändischen Diplomaten Sceva de Curte und Jacobo Trivulzio ihrem Herrn, dem Herzog Francesco Sforza von Mailand, von dem Empfang, den Papst Nikolaus V. einem Boten Skanderbegs gewährt hatte. Es geschah dies etwas mehr als ein halbes Jahr nach dem Untergang Konstantinopels, als ganz Italien in heller Aufregung stand, als die sonst so zerstrittenen Mächte an einer „italienischen Liga“ arbeiteten, die im Landfrieden von Lodi im selben Jahr auch zustande kam. Unter diesen Umständen also trat der Gesandte vor den Papst und berichtete, dass *„wegen des persönlichen Hasses, den er (Skanderbeg, O. S.), gegen den Türken hegt, da dieser Türke den Vater dieses Herrn getötet hatte, dieser Herr (Skanderbeg, O. S.) einen Bruder des Türken (Mehmed II., O. S.) hat töten lassen“*[128]. Damit löst sich das Rätsel, erklärt sich das Misstrauen des Sultans, der Aufstand Skanderbegs. Ivan Kastriota war am 2. Mai 1437 also keines natürlichen Todes gestorben, sondern auf Befehl Murads II. umgebracht worden. Als Grund darf vermutet werden, dass der alte Unruhestifter eine weitere Rebellion vorbereitet hatte – in der Tat hatte er weiterhin enge Verbindungen nach Venedig unterhalten und das venezianische Bürgerrecht für seine Söhne Staniša und Georg beantragt; das Bürgerrecht hatte er auch in Ragusa gewünscht[129]. Mit dem venezianischen Statthalter von Alessio, Pasquale Gradenigo, hatte er kurz vor seinem Tode außerordentlich herzliche Beziehungen unterhalten; die Venezianer nannten ihn *„einen hervorragenden Freund"*[130]. Aus osmanischer Sicht stellte dies Grund genug dazu dar, diesen gefährlichen Mann ein für allemal auszuschalten. Sein Sohn Iskender, der in den Augen der Osmanen nicht unmittelbar in eine Verschwörung verwickelt war, wurde umgehend aus der alten Heimat entfernt. Es bleibt unklar, ob Skanderbeg sogleich von der Mordtat erfuhr, oder ob dies erst später geschah. Auf jeden Fall sann er bald auf Rache. Geht man davon aus, dass das mündliche Gewohnheitsrecht der Albaner schon im Mittelalter galt, blieb ihm auch kaum etwas anderes übrig, um seine Ehre zu bewahren. Nur musste er Blut von der Familie nehmen, die Blut vergossen hatte: Und dies war das Haus Osman. Statt sich zu einer unbedachten Tat hinreißen zu lassen, übte sich Skanderbeg in der Kunst der Verstellung, die am Osmanenhof mit seinen vielen zum Glaubenswechsel genötigten Christen wohl weit verbreitet war. Spätere Biografen gehen einig in der Behauptung, dass er seine wahren Gedanken meisterhaft zu verbergen verstand[131]. So ging er als vermeintlich treuer Iskender an die Donau und wartete geduldig auf einen günstigen Augenblick. In Nikopolis tat sich ihm eine neue Welt auf; jenseits der Donau lag das orthodoxe Fürstentum Walachei, das dem Sultan Tribut zahlte, dessen Fürst Vlad Dracul aber hinhaltenden Widerstand leistete und immer wieder von osmanischen Truppen überfallen wurde. Westlich der Karpaten, im Königreich Ungarn, leitete Johann Hunyadi die Abwehr[132]. Verborgene Fäden werden bald von Skanderbeg nach Norden, zu dem siebenbürgischen Türkenkämpfer gelaufen sein, aber auch nach Westen, in seine alte Heimat, wo der orthodoxe Adel die osmanische Herrschaft ablehnte, und nach Unteritalien, wo im Jahre 1442 Alfons V., König von Aragón, an die Macht gelangt war, ein Monarch, der weite Teile des westlichen Mittelmeers beherrschte und von der Krone von Byzanz träumte[133]. Kein spontaner Gewaltakt, sondern ein von langer Hand geplanter tödlicher Streich sollte die Blutschuld des Sultans sühnen.

Die Gelegenheit zur Rache kam in einem Jahr dramatischer Ereignisse: 1443 ballten sich über dem osmanischen Reich Gewitterwolken im Westen und im Osten zusammen. Johann Hunyadi und der ungarisch-polnische König Ladislaus rüsteten zum Kreuzzug; der landflüchtige Georg Branković hoffte auf Rückkehr in sein Despotat. Der Ablauf der Ereignisse legt nahe, dass Skanderbeg in ihre Pläne eingeweiht war und seinen Beitrag zum Sturz der Osmanenherrschaft in aller Stille vorbereitete. In Anatolien war Ibrahim von Karaman, gegen den Skanderbeg wohl in früheren Jahren im Feld gestanden war, im Bunde mit den Ungarn. Mit allen wichtigen Gestalten des Jahres 1443, Hunyadi, Branković, Ibrahim von Karaman war Iskender bey schon in Berührung geraten.

Gegen Karaman zog Murad II. in aller Geschwindigkeit aus, mit ihm marschierte sein Lieblingssohn Alaeddin Ali Çelebi. Schon im Frühling 1443, bevor die Ungarn sich gerührt hatten, war Ibrahim besiegt[134]. Da traf den Sultan ein vernichtender Schlag: Sein Kronprinz war ums Leben gekommen, erwürgt von einem Hofbeamten, Kara Hidr Pascha[135]. Der Sultan wurde von der Nachricht seelisch schwer erschüttert, und seine Lähmung angesichts des christlichen Vormarsches im Herbst 1443 wird mit dieser Zerrüttung erklärt.

Nur blieb bis heute unbekannt, weshalb Murads geliebter Sohn – zusammen mit seinen eigenen Kindern – so grausam umgebracht worden war. Skanderbegs Gesandter in Rom war der einzige Mann, der jemals davon gesprochen hat: Alaeddin Ali Çelebi war einer Verschwörung zum Opfer gefallen, bei der Skanderbeg eine treibende Kraft war. Doch konnte der Statthalter in Nikopolis den Mord an einem Kronprinzen, der sich zudem in Anatolien aufhielt, ganz allein in die Wege leiten, zumal Kara Hidr Pascha wohl auf Befehl vom Hofe gehandelt hatte? Dies ist unwahrscheinlich, und Skanderbegs Gesandter sprach auch davon, dass sein Herr den Bruder des Großherrn (gemeint war der 1454 herrschende Mehmed II.) habe umbringen *lassen*, er also selbst den Streich nicht geführt hatte. Wer nun aber hatte die Macht und auch gute Gründe, Skanderbeg zu unterstützen? Über Murads II. Hof liegen viel zu wenige Nachrichten vor, als dass diese Frage mit Quellenzeugnissen beantwortet werden könnte. Mehr als eine Hypothese kann nicht gewagt werden; immerhin lässt sich diese mit Indizien stützen. In Murads unmittelbarer Umgebung hatten zwei Menschen ein starkes Motiv: zum einen seine Gattin Mara Branković, denn Murad hatte 1441 ihre beiden Brüder grausam blenden lassen; zum anderen Alaeddin Ali Çelebis jüngerer Bruder Mehmed, der damals zwar erst elf Jahre alt war, doch alt genug, um durch seinen starken Charakter seine Lehrer zu beeindrucken[136]. Skanderbeg verband mit Mara wahrscheinlich auch Verwandtschaft; denn Skanderbegs Mutter Voisava war wohl eine Branković. Doch selbst wenn dies nicht zuträfe, liegen sichere Beweise für eine lange enge Beziehung Skanderbegs zur Familie Branković vor: Schon 1423 hatte sich einer seiner Brüder am serbischen Hof aufgehalten[137]; Skanderbeg hatte an osmanischen Feldzügen gegen Serbien teilgenommen. Maras Vater Georg förderte Skanderbegs Kampf mit Geldzahlungen aus seinem Ragusaner Silberdeposit (1453); einer der beiden geblendeten Brüder Maras, Stefan Branković, fand 1459 bei Skanderbeg Zuflucht und wurde von diesem mit einer albanischen Prinzessin aus dem Hause Araniti verheiratet; Skanderbegs Sohn Ivan schließlich heiratete die Tochter des zweiten geblendeten Branković, Lazar[138]. Betrachtet man nun Maras Verhältnis zu ihrem Stiefsohn Mehmed, fällt auf, dass beide nach Mehmeds Thronbesteigung einander große Achtung entgegenbrachten, ja, dass Mara jahrzehntelang als Mehmeds Geheimdiplomatin Verhandlungen mit abendländischen Mächten führte[139].

Genealogische Verbindungen zwischen den Familien Branković und Kastriota[140]

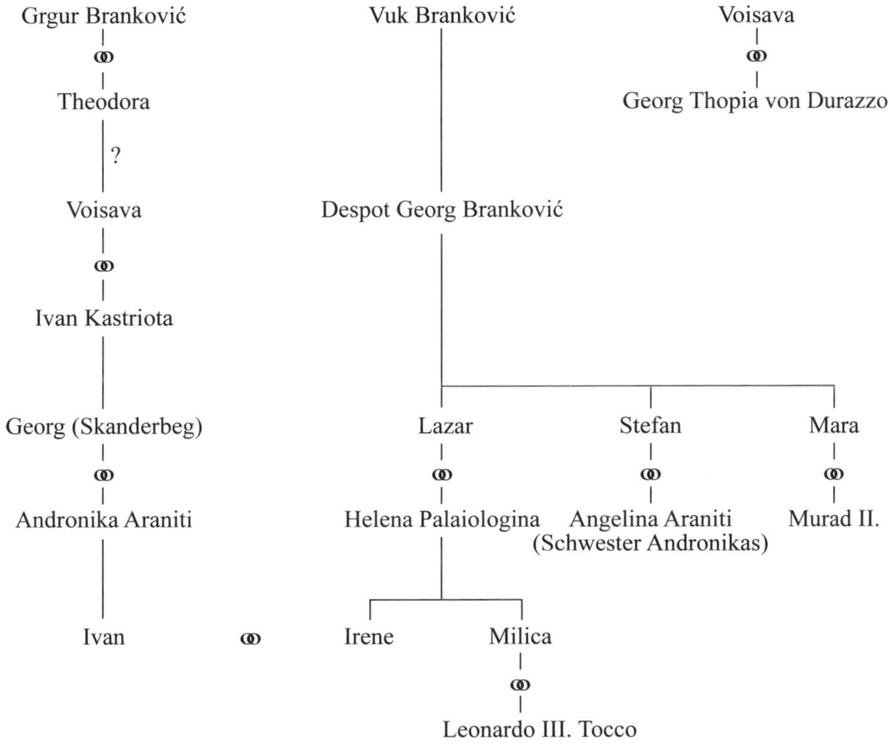

Dies sind gewiss alles keine Beweise, sondern nur Hinweise. Doch hatten Mara und Mehmed ein Motiv, und beide profitierten von dem Mord. Im Umfeld Skanderbegs wurde Mehmed ausdrücklich als Brudermörder bezeichnet: *„Dies ist jener Mehmed, der aus Gier zu herrschen seinen Bruder erwürgt hat"*, soll nach Barletius Skanderbegs wichtigster Ratgeber, der Erzbischof Paul Angelus von Durazzo, (wohl 1463) ausgerufen haben – die Schuld seines Herrn erwähnte er mit keinem Wort[141]. Der Mord am Kronprinzen beschäftigte so noch nach Jahrzehnten die Gemüter. Skanderbegs Verwicklung in die Tat ist gewiss, diejenige Mehmeds sehr wahrscheinlich. Dies schuf – bei aller späteren Feindschaft – ein Band besonderer Komplizenschaft zwischen diesen beiden machtbewussten Männern.

All dies, was Skanderbegs Gesandter dem Papst mitteilte, war Murad II. verborgen geblieben. Er trauerte um seinen Sohn, ohne die Täter zu kennen, die ihm offenbar alle nahestanden. Mehmed II. sorgte dafür, dass das Andenken seines ermordeten Bruders aus den osmanischen Chroniken beinahe ganz verschwand, keine damnatio memoriae, vielmehr ein stilles Vergessen. Hätte Skanderbegs Diplomat nicht gesprochen, wüsste man bis heute nichts von den Einzelheiten dieser Tragödie im Hause Osman. Skanderbeg erwähnte seine Rache nie mehr wieder: Vom Papst erhielt er keine Hilfe in einer Vendetta gegen den Sultan, wohl aber, wenn er den Kampf des Kreuzes gegen den Halbmond führte. Und dieses Unternehmen, die konsequente Weiterführung seiner Rachefehde, sollte er nur wenige Monate nach der Ermordung des Prinzen beginnen.

UNGARNS KREUZZUG UND DER AUFSTAND DER VÖLKER

Die Jahre um 1440 sahen eine dramatische Zuspitzung der Ereignisse auf dem Balkan. Das serbische Fürstentum des Despoten Georg Branković, dieses Herrn über die reichsten Silberminen des Balkans, Besitzer großer Burgen an der Donau, wurde von Sultan Murad II. erobert und dem osmanischen Reich eingegliedert. Der Despot floh in seine Besitzungen an der Adria, nach Antivari, reiste von dort weiter nach Norden und gelangte schließlich nach Ungarn. Im selben Jahr (1439) wurde in Florenz nach mehr als zweijährigen Verhandlungen die Union zwischen der katholischen und der orthodoxen Kirche verkündet, die dem beinahe vierhundertjährigen Schisma ein Ende setzen sollte. Als Gegenleistung für die Unterwerfung der byzantinischen Kirche unter das erste Rom versprach Papst Eugen IV. die Entsendung eines Kreuzzuges, der Konstantinopel von der osmanischen Gefahr befreien sollte. Die Union stieß aber bei den orthodoxen Christen des Balkans auf starke Vorbehalte. Nur am felsigen Westufer des Skutarisees, in der Landschaft Krajina, wurde ein uniertes Erzbistum eingerichtet[142]. Der Erfolg des Kreuzzuges allein würde über das Schicksal der Kirchenvereinigung entscheiden.

Der Zusammenbruch Serbiens hatte die Adriaküste der Zeta in Wirren gestürzt. In das vom serbischen Despotat hinterlassene Machtvakuum stießen mehrere Mächte vor: Von Norden Stefan Vukčić, Herr von Hum, ein Land, das damals den Namen Herzegowina anzunehmen begann; von Osten der Herr der Schwarzen Berge, Stefan Crnojević; vom Meer und aus dem Raum Skutari schließlich die Republik Venedig, die sich die Küstenstädte Antivari und Budua sichern wollte. Bis 1443 zog sich ein verbissener Kleinkrieg um diese Häfen hin, aus dem Venedig als Sieger hervorging: Seine Galeeren und Bombarden hatten den Ausschlag gegeben[143].

Auch an der gegenüberliegenden Adriaküste, in Süditalien, waren tiefgreifende Verschiebungen eingetreten: Nach zehnjährigem Kampf gegen das Haus Anjou war König Alfons V. von Aragón, der mächtigste Fürst des westlichen Mittelmeers, am 2. Juli 1442 im Triumph in Neapel eingezogen. Unverzüglich nahm er die alte Balkanpolitik der unteritalienischen Könige auf[144]. Seine katalanischen Seefahrer lieferten venezianischen Kaufleuten in der Levante eine harte Konkurrenz. Ihr König wollte beide Adriaufer beherrschen und die Straße von Otranto, die Lebensader der Signoria, in seine Gewalt bringen, schließlich Durazzo, den Ausgangspunkt der Via Egnatia, gewinnen, um nach Konstantinopel zu marschieren und sich die Kaiserkrone aufzusetzen. Alfons leitete damit eine neue Stufe im Ringen um die Vorherrschaft auf der Adria ein: Der aragonesisch – venezianische Gegensatz sollte die nächsten Jahrzehnte auf dem westlichen Balkan lasten.

Doch auch im Norden des Balkans regten sich neue Kräfte: Der bereits erwähnte Johann Hunyadi und der junge ungarisch-polnische König Ladislaus bereiteten einen Feldzug gegen die Osmanen vor. Dieser sollte die ungarischen Grenzen von osmanischen Angriffen befreien, vor allem aber als Kreuzzug den Balkanchristen die vom Papst versprochene Hilfe gewähren. Am Neujahrstag des Jahres 1443 verkündete Eugen IV. die Kreuzzugsbulle. Als treibende Kraft wirkte Kardinal Cesarini. Geplant war nach dem Vorbild ähnlicher Überlegungen des 1437 verstorbenen deutschen Kaisers Sigismund von Luxemburg ein gewaltiger Zangenangriff in Europa und Kleinasien, dort unterstützt von Ibrahim von Karaman. Im Westen war ein doppelter Angriff vorgesehen: Ein Landheer sollte über die Donau setzen und die balkanischen Provinzen der Osmanen angreifen; Ziel war die osmanische Hauptstadt Edirne. Zugleich sollte eine Flotte von See her angreifen; Schiffe zu stellen hatten die Republik Venedig und Burgund. Hunyadi bereitete auch eine Erhebung der Balkanchristen vor, die zeitgleich zum Einmarsch des Kreuzfahrerheeres erfolgen sollte: Georg Branković, der auf die Rückgewinnung seines Despotats hoffte, lieh ihm gewiss eine helfende Hand; und zum Islam übergetretene Balkanchristen hielten sich zum Losschlagen gegen den Sultan bereit. In einem Schreiben an Papst Eugen IV. zählte der ungarische Heerführer die Balkangebiete auf, die im Zuzug versprochen hatten: Byzanz, die Walachei, die Moldau, Bulgarien und Albanien[145]. Von Osten her bildete Karaman die treibende Kraft: *„Du marschierst von Westen, ich aus dem Osten. Rumelien wird dein, Anatolien mein sein. Wir werden Vılkoğlus (des Sohns des Vuk, gemeint ist Georg Branković, O. S.) Land für ihn zurückgewinnen"*, soll Ibrahim seinem Bundesgenossen Hunyadi verkündet haben[146].

Der kunstvolle Zeitplan aber scheiterte, nicht zuletzt an den langen Kommunikationswegen, die alle Beteiligten überfordert hatten. Allein das Landheer in Südosteuropa trat tatsächlich in den Krieg ein. Die Stärke des Heeres bestand in artilleriebewehrten Wagenburgen, wie sie die tschechischen Hussiten seit Jahrzehnten erfolgreich gegen Ritterheere eingesetzt hatten. Zahlreiche Soldaten trugen auch schwere Kürasse, die von den Geschossen der Osmanen kaum durchschlagen werden konnten.

Die osmanischen Aufgebote hielten diesem Heer nicht stand. Anfang November 1443 musste der Landpfleger von Rumelien, Kasım Pascha, bei Niš die Flucht ergreifen; über Pirot und den Dragomanpass rettete er sich nach Sofia. Vor den nachsetzenden Christen steckten die Osmanen Niš wie Sofia in Brand. Nur die Taktik der verbrannten Erde schien das überrumpelte Osmanenreich retten zu können. Je mehr die Kreuzfahrer sich aber der Reichshauptstadt Edirne näherten, desto stärker wurde der osmanische Widerstand. Hinzu kam der Einbruch des Winters. Kurz vor Weihnachten erlitten die Kreuzfahrer am Zlaticapass eine Niederlage, konnten sich aber in ihrer Wagenburg verschanzen. Auf dem Rückzug des christlichen Heeres geriet der Bruder des Sultans am Dragomanpass in Gefangenschaft[147]. Damit war der Feldzug für das Jahr 1443 beendet. Unter schrecklichen Entbehrungen bahnten sich die Kreuzfahrer einen Weg durch das tief verschneite Serbien; ein Zeitgenosse meinte, sie glichen eher Gespenstern als Menschen[148].

Auch wenn das Kreuzheer die Osmanen nicht endgültig in die Knie gezwungen hatte, so war doch das Gefüge des Reiches in den Grundfesten erschüttert. Denn auf die Nachricht vom Nahen des christlichen Heeres waren an vielen Orten des Balkans Aufstände gegen den Sultan ausgebrochen, war das so schnell errichtete Gerüst aus Timarherren und christlichen Hilfstruppen eingestürzt. Dies war in Serbien geschehen, wo Georg Branković von seinen alten Untertanen begrüßt worden war, dies hatte sich aber auch ganz im Süden der Balkanhalbinsel ereignet, wo der byzantinische Despot der Morea (Peloponnes), Konstantin Palaiologos, der spätere letzte Kaiser von Byzanz, über den Isthmos von Korinth nach Mittelgriechenland vorstoßen sollte, wo die vlachischen Hirten im Pindosgebirge sich erhoben hatten. All diese Aufstände waren wohl von langer Hand geplant[149]. Am frühesten entzündet aber hatte sich ein Flächenbrand im eben von den Osmanen befriedeten albanischen Raum.

Schon im Hochsommer des Jahres 1443, also noch vor dem eigentlichen Angriff Hunyadis, aber kurz nach dem Mord an Alaeddin Ali Çelebi (Juni

1443) war es zu Unruhen gekommen[150]. Im Herbst 1443 stand dann der albanische Süden in hellem Aufruhr: Die osmanischen Besatzungen in Valona, Kanina und Gjirokastra verstärkten die Befestigungen; sie waren innert Wochen von allen Außenverbindungen abgeschnitten worden und so verzweifelt, dass der venezianische Senat die Möglichkeit einer gütlichen Übernahme der Burgen, *„cum bona voluntate"* der Osmanen, erwog[151].

Zur bestimmenden Gestalt wurde zunächst Araniti Komino, dessen Ansehen unter den Tosken, den Bewohnern des albanischen Südens, ungebrochen war; ein Widerhall seines Ruhmes findet sich bei Barletius: *„Arianites Thopia Golemus, oder mit einem Wort in besserem Latein: Commatus, ein Mann mit einem großen Namen und großem Ansehen, wegen des Alters seines vornehmen Geschlechts, seiner umfassenden Erfahrung im Krieg, der hervorragenden Würde seiner Rede und seiner Gestalt – was bei dem gewöhnlichen Volk große Bedeutung besitzt – eilte vor allen anderen mit einer stattlichen Schar von Reitern und Fußvolk herbei. Einst war er von Murad unterworfen worden und hatte den verlangten Tribut nicht verweigert; doch nun hat er sich angesichts der günstigen Gelegenheit erhoben, der alte Hass in seinem Herzen flammte wieder auf, und sein edel bewahrter Sinn belebte sich wieder"*[152]. Ihm folgte Andreas Thopia, dessen Familie einst über Durazzo geherrscht hatte. Mit ihm erhoben sich seine Söhne Komino und Muzaki sowie sein Neffe Tanush, die ihre alten Länder im südlichen Mittelalbanien zurückgewinnen wollten. Im albanischen Raum begann der Aufstand also im Herzen des osmanischen Herrschaftsgebiets, dort, wo all die muslimischen und christlichen Timarioten saßen, wo die osmanische Herrschaft scheinbar gefestigt war. Erleichtert wurde dies wohl auch dadurch, dass wichtige Stützen der osmanischen Herrschaft, wie Jakub bey aus der Familie Muzaki, fern der Heimat im osmanischen Heer fochten[153].

Wohl im November 1443 erschien dann ein Mann in Albanien, der die Führung der Erhebung an sich reißen sollte: Skanderbeg[154]. Mit Hunyadis Angriff war die entscheidende Stunde der Rache gekommen. Durch den Mord an Alaeddin Ali Çelebi hatte er Murad II. bereits tief getroffen – nur war dies ein Schlag, dessen Urheber der Sultan nicht kannte. Nun aber eröffnete sich die Gelegenheit zum offenen Abfall. Die Schnelligkeit seines Handels kann nicht spontan gewesen sein. Vielmehr ist anzunehmen, dass Skanderbeg von den Angriffsplänen Hunyadis und Brankovićs gewusst, ja dass er mit den beiden Herren Absprachen getroffen hatte. Dem Biografen Barletius jedenfalls hatten mehrere Gewährsleute über geheime Botschaften Skanderbegs an den Ungarn berichtet.[155] Als osmanischer Würdenträger in Nikopolis wird ihm dies nicht schwergefallen sein: Über die Donau und die Karpaten konnten leicht geheime Kuriere geschickt werden. Man darf auch vermuten, dass er mit König

Alfons V. Fühlung aufgenommen hatte[156]. Jedenfalls stand der Kastriota bereit, als die Kreuzfahrer über die Donau setzten. In der Schlacht bei Niš, in der sich die Osmanen den Eindringlingen entgegenstellten, nahm Skanderbeg Rache. Mit jenem Kasım Pascha, einem islamisierten Muzaki, also einem albanischen Landsmann, war er die Morava hinaufmarschiert, hatte er sich in die Schlachtordnung eingereiht. Im entscheidenden Augenblick aber verließ Skanderbeg mit seinen Mitverschwörern die osmanischen Reihen. Die Osmanen wurden schwer geschlagen. Das Zusammenspiel Hunyadis mit Verrätern im osmanischen Heer hatte hervorragende Wirkung gezeitigt. Giovanni Musachi, der die Tradition des albanischen Adels wiedergibt, erzählt: „... *nach dem Tode seines Vaters entfloh er dem Türken, das heißt, der Türke schickte den Pascha von Rumeli gegen die Ungarn, mit ihm schickte er auch Skanderbeg; als der besagte Pascha geschlagen wurde, flohen die Türken; besagter Skanderbeg floh mit den anderen*“[157]. Mit angeblich 300 Mann – einer im albanischen Volkslied beliebten symbolischen Zahl – jagte Skanderbeg begleitet von Repošs Sohn Hamza nach Westen. Er musste die Verwirrung der Osmanen ausnützen. Mit sich führte er den Kanzler des osmanischen Heeres, der wertvolle Siegel verwahrte. Zunächst wandte er sich in seine Heimatregion Dibra. Um seine Ankunft geheim zu halten, traf er in tiefer Nacht ein; sogleich rief er die führenden Männer zusammen, die ihn als Sohn Ivan Kastriotas begeistert begrüßten. Barletius berichtet, sie hätten ihm unter Tränen der Freude das Gesicht, die Hände, die Füße geküsst und ihn unter langen Umarmungen willkommen geheißen[158]. Als erste schlossen sich so die Dibraner Skanderbegs Bewegung an; dies erwies sich als wichtig, denn über Dibra verliefen die osmanischen Nachrichtenwege nach Mittelalbanien, die nun unterbrochen waren. Skanderbeg verfolgte einen klaren Plan: Er wollte sich in den Besitz einer starken Burg bringen. Da der albanische Norden von Venedig beherrscht war und im Süden die Araniti ein Eindringen kaum widerspruchslos hingenommen hätten, blieb nur Mittelalbanien, das alte Einflussgebiet der Kastriota, und dort bot sich allein Kruja an, das im Gegensatz zu allen anderen Festungen als uneinnehmbar galt und zudem rasche Verbindungen zur Küste, nach Durazzo, und dem albanischen Norden wie Süden gewährleistete.

Dort aber saß eine starke osmanische Besatzung, die gewiss nicht ohne Schwertstreich weichen würde. Befehligt wurde sie zudem von einem Mann aus altem albanischem Adel, Hasan bey, dem Sohn der Helena Muzaki[159]. Skanderbeg zwang daher den Kanzler, eine Urkunde an den osmanischen Statthalter von Kruja auszustellen, in welcher er zum neuen Befehlshaber der Burg ernannt und die Garnison zur Räumung der Burg aufgefordert wurde. Der Kanzler weigerte sich zunächst, wich aber der Gewalt; kaum war das Schriftstück ausgestellt, ließ Skanderbeg den Mann umbringen. Mit seinen

Gefolgsleuten näherte er sich dann in den dichten Wäldern der Burg. Die langen Herbstnächte kamen dem Unternehmen dabei zustatten[160]. Er schickte seinen Neffen Hamza voraus, um seine Ankunft zu melden; gleichzeitig legten sich die Krieger im Walddickicht in einen Hinterhalt. Kurz darauf ritt Skanderbeg selbst in Kruja ein[161]. Die Osmanen in der Burg ahnten nichts Böses; schließlich galt Skanderbeg als treuer Gefolgsmann des Sultans, und die Osmanen werden die Niederlage von Niš noch gar nicht erfahren haben; auf die Vorlage der Urkunde öffneten sie die Tore der Burg. Die Bewohner Krujas freuten sich über den neuen Befehlshaber aus bekannter Familie. In der folgenden Nacht aber drangen die im Wald versteckten Männer Skanderbegs in die Burg ein und überrumpelten die Besatzung; ein Teil wurde noch auf den Schlafplätzen erschlagen, andere verteidigten sich mit großer Heftigkeit; da ihnen jede Fluchtmöglichkeit genommen war, wurden sie bald zurückgedrängt und großteils niedergemacht[162]. Nur wer sich zum christlichen Glauben bekehrte, wurde geschont[163]. Der Chronist Musachi erzählt, Skanderbeg selbst sei bei dieser Gelegenheit öffentlich zum Christentum zurückgekehrt: *„Sogleich wurde er wieder Christ"*[164]. Der Aufstand begann mit einem Blutbad. Noch in derselben Nacht schickte Skanderbeg Boten in das ganze Land, die zum allgemeinen Aufstand, zur Überrumpelung der verstreuten osmanischen Besatzungen aufriefen. In rascher Folge fielen die kleinen Burgen im Umland von Kruja, Preza und Petrela, bis nach Bila kamin und Stellush im Matital. Überall kehrten Männer, die zum Islam übergetreten waren, zum Christentum zurück. Diese allgemeine Rückkonversion verdeutlichte auch den Charakter der Erhebung: Die Religion kennzeichnete die Gefolgsleute des Sultans. Diese sollten nun aus den albanischen Landen verjagt werden[165].

Der Erfolg war durchschlagend. *„Wegen des Sieges und des erfolgreichen Vormarsches des Christenheeres gegen die Türken sind die Türken in großer Angst"*, berichtete der venezianische Statthalter von Korfu am 23. Dezember 1443[166]. Als entscheidend erwies sich, dass die Osmanen nicht in der Lage waren, ihre abgeschnittenen Festungen zu entsetzen. Murad II. sah sich in Anatolien wie auf dem Balkan in seiner Existenz bedroht und beschloss, Zeit zu gewinnen. Eine besondere Rolle spielte die serbische Sultana, Mara Branković, die im Spätwinter 1444 einen orthodoxen Mönch auf geheime Mission nach Westen schickte; über Split reiste er nach Ofen. Der Sultan umwarb ganz besonders Georg Branković, dem er die Rückgabe des Despotats in Aussicht stellte. Branković schlug dies nicht aus, und schon im April 1444 setzte er sich bei den Ungarn für einen Frieden mit den Osmanen ein[167]. Als orthodoxer Fürst eines zwischen Ungarn und dem Osmanenreich gelegenen Fürstentums hegte er kein Interesse an der Übermacht eines seiner beiden Nachbarn: Die Ungarn hatten den osmanischen Hochmut gebrochen; er wollte aber nicht die Osmanenherrschaft mit der Hegemonie eines katholischen Staates eintauschen. Branković stand der Kirchenunion ablehnend gegenüber; er empfand sich als Hüter der orthodoxen Tradition in Serbien. Letztlich handelte er wie die Mehrheit der balkanorthodoxen Elite, die lieber den Untergang der Eigenstaatlichkeit als die Unterordnung unter einen katholischen Nachbarn hinnahm. Aus Murads II. plötzlicher Großzügigkeit zog auch der ebenfalls orthodoxe Woiwode der Walachei, Vlad Dracul, Nutzen. Damit hatte Murad einen Keil in die christliche Front getrieben und die kurzzeitige Übereinkunft von Katholiken und Orthodoxen entlang der Konfessionsgrenze gesprengt; geschickt wird er auch die Furcht vor einer ungarischen Hegemonie ausgenützt haben, die in Serbien ebenso bestand wie in der Walachei, die sich ein Jahrhundert zuvor nur in harten Kämpfen gegen die ungarische Krone die Staatsbildung erkämpft hatte.

Als im Frühjahr 1444 die Ungarn mit den Osmanen zu verhandeln begannen, stellte sich die Lage auf dem Balkan zwiespältig dar; friedenswilligen, da zufriedengestellten Serben und Walachen standen die kampfeslustigen Gefolgsleute und Verbündeten Skanderbegs, die Pindosvlachen und Byzantiner (in Morea) gegenüber. War Ungarn durch das Abrücken seiner Verbündeten geschwächt, so hatte König Ladislaus sich auch noch einer wachsenden Adelsopposition im heimatlichen Polen und der nicht eben freundlichen Haltung des deutschen Kaisers Friedrichs III. zu erwehren[168]. Im ungarischen Reichstag war die Stimmung auf Krieg ausgerichtet, und am 15. April hatte Ladislaus auch die Fortsetzung des Kampfes gelobt; doch führte er dennoch die Verhandlungen weiter und entsandte vier Diplomaten mit einer stattlichen Gefolgschaft von 60 Reitern in die osmanische Hauptstadt Edirne, wo sie am 12. Juni 1444 empfangen wurden. Eindeutig kann die Haltung des Königs kaum genannt werden. Murad II. hingegen wiederholte die Zusagen an Branković und Vlad Dracul und bot den Ungarn einen zehnjährigen Waffenstillstand an. Auf dem Sultan lastete ein gewaltiger Druck: seine Umgebung hatte die Hoffnung auf Rettung aufgegeben; zwar rüstete Murad II. zum Krieg, doch viele Vornehme und Reiche hatten die Flucht in das sichere kleinasiatische Bursa, die frühere Residenz der Osmanen, angetreten. Nach der Abreise der Gesandten brach auch der Sultan aus Adrianopel (am 12. Juli 1444) in Richtung Bursa auf; zurück ließ er seinen Sohn Mehmed und Halil Pascha. Im selben Monat erschien eine weitere osmanische Gesandtschaft in Ofen, die Branković in seine Herrschaft wieder einsetzte; die wichtigen Donaufestungen Smederevo und Golubac wurden dem Serben ausgehändigt, am 15. August wurde ein förmlicher Sonderfriede des Serben mit dem Sultan geschlossen[169]. Das Despotat und die Walachei blieben osmanische Vasallen, schieden aber aus dem weiteren Krieg aus.

Mit Ungarn gestalteten sich die Dinge weit schwieriger. Am 25. und 26. Juli trafen die osmanischen Diplomaten in Szeged auf König Ladislaus. Ob es zwischen Ungarn und dem Sultan zu einem förmlichen Friedensschluss kam, ist – vor dem Hintergrund der weiteren Entwicklung – zwischen den Gelehrten heftig umstritten. Die Osmanen gingen jedenfalls davon aus und ziehen Ladislaus im Folgenden des Wortbruchs. Gleichgültig, ob der König einen Frieden schloss oder nicht: Am 4. August 1444 schwor er, bis zum 1. September bei Orsova über die Donau zu setzen und noch im gleichen Jahr die Osmanen aus Europa zu vertreiben[170]. Die mittlerweile erfolgreichen christlichen Erhebungen in der Morea und in Albanien, vor allem aber ein größeres Bündnis christlicher Staaten ermunterten Ladislaus zum Losschlagen. Während im Innern des Balkans gekämpft wurde, war Papst Eugen IV. nicht müßig geblieben, den greifbar nah scheinenden Erfolg gegen die Osmanen und damit auch die Verwirklichung der beschworenen Kirchenunion zu unterstützen. Venedig, Burgund und das kleine, strategisch aber wichtige Ragusa sagten Hilfe zu. Freilich zog Herzog Philipp der Gute von Burgund nicht persönlich ins Feld, doch schickte er von Flandern aus einen Flottenverband nach Osten[171]. Venedig hatte die Lage aufmerksam beobachtet, sich aber vorsichtig zurückgehalten: Die Aussicht auf die Eroberung der Häfen Saloniki und Gallipoli, die Kardinal Cesarini der Republik versprach, sowie auf weitere Häfen im Süden Albaniens und in Thrakien wirkten aber als überzeugendes Argument. So lief denn am 22. Juni 1444 eine mit venezianischen Schiffen verstärkte päpstliche Flotte gegen die Dardanellen aus. Diese Nachricht trug wesentlich dazu bei, dass Ungarn wieder zu den Waffen griff[172]. Im Herbst 1444 spitzte sich die Lage zu: In Edirne kam es Ende September zu schweren Unruhen der Janitscharen, wobei auch ein Großfeuer ausbrach. Sultan Murad II. hatte inzwischen seinen Gegner im Osten, Ibrahim von Karaman, erneut geschlagen und eilte auf die Kunde des Kreuzfahrerangriffs hin nach Westen. Als entscheidend erwies sich, dass die christliche Flotte nicht zu verhindern vermochte, dass das osmanische Heer mit überwiegend genuesischer Hilfe die Meerengen überschritt und dem christlichen Landheer entgegeneilte. Die beiden Heere trafen im bulgarischen Varna am Schwarzen Meer am 10. November aufeinander. Nach außerordentlich heftigen Kämpfen neigte sich das Schlachtenglück schon den Christen zu, als König Ladislaus bei einem leichtsinnig geführten Angriff erschlagen wurde. Das christliche Heer löste sich auf, seine Krieger wurden in den folgenden Tagen auf der Flucht getötet oder fielen in Gefangenschaft. Kardinal Cesarini blieb verschollen, Johann Hunyadi hingegen wurde von dem walachischen Woiwoden auf der Flucht festgenommen[173]. Die Niederlage zeitigte kurzfristig niederschmetternde Wirkung, sie brach den ungarischen Angriffsgeist und den Widerstandswillen der rebellischen Balkanchristen aber nicht. Doch sollte es zwanzig Jahre dauern, ehe ein Papst wieder einen Kreuzzug größeren Umfanges nach Osten schicken konnte.

Das osmanische Reich hatte sich behauptet, aber um den Preis schwerer Erschütterung. Seine Verluste waren hoch; die Unruhen in Edirne waren dem Sultan ein Warnzeichen gewesen. Er tat dann einen außergewöhnlichen Schritt: Während Ladislaus' Haupt in einem mit Honig gefüllten Gefäß durch das osmanische Reich geschickt wurde, übergab Murad II. seinem jungen Sohn Mehmed II. die Herrschaft und zog sich in das idyllisch gelegene kleinasiatische Manisa (Magnesia) am Fuße des Sipylosgebirges zurück. Mehmed herrschte aber nicht allein, vielmehr führte der erfahrene Großwesir Halil Pascha das Szepter. Diese Unruhe an der osmanischen Staatsspitze verschaffte den aufrührerischen Balkanchristen eine wichtige Atempause nach dem Schrecken der Niederlage; verlängert wurde diese durch die Unfähigkeit des jungen Mehmed, das Staatsschiff zu steuern. Er geriet in Gegensatz zu seinem Großwesir, der im Frühling 1446 Murad aus dessen Alterssitz zurückrief. Im Hochsommer 1446 wurde Mehmed von seinem Vater abgesetzt und musste nun seinerseits nach Kleinasien gehen. Ganz in Ungnade gefallen war er aber nicht.

Auf christlicher Seite zeigte sich niemand imstande, die schwierige Lage der Osmanen auszunützen. Vielmehr ging jeder seiner Wege, besonders die Venezianer, die sich gegen Vorwürfe mangelnder Waffenhilfe verwahrten, gleichzeitig aber mit den Osmanen verhandelten und am 23. Februar 1446 zum Abschluss eines Friedens gelangten[174]. Diesen wollten sie in der Folge nicht mehr vorschnell aufs Spiel setzen. Papst Eugen IV. segnete schon bald das Zeitliche, und sein Nachfolger, Nikolaus V., nahm vorerst von weiteren Angriffsplänen Abstand. Die Ungarn mussten sich von ihrer Niederlage erholen. Das serbische Despotat hatte sein Schicksal an das Osmanenreich gebunden. Und so blieben auf dem Balkan nur noch der peloponnesische Despot Konstantin Palaiologos und Skanderbeg mit seinen Gefolgsleuten, die den im Herbst 1443 begonnenen Kampf weiterführten. Ihnen muss sich die Darstellung nun wieder zuwenden.

Die Ereignisse in den ersten vier Jahren von Skanderbegs Aufstand sind nur in vagen Umrissen bekannt und stark von Legenden umwoben, die bereits im 16. Jahrhundert gesponnen, von den Historikern der albanischen Nationalbewegung nach 1900 zu einem farbigen Wandteppich ausgestaltet wurden, dessen Farbenpracht blendet, jedoch eher das Wunschdenken des 20. Jahrhunderts als die Realität des 15. Jahrhunderts zum Ausdruck bringt.

Skanderbegs erste Sorge musste es sein, die schnellen Erfolge des Handstreichs vom November 1443 zu sichern. Die osmanischen Besatzungen von Petrela, Stellush und Bila kamin, die den Aufständischen entkommen waren, zogen sich nach Ochrid zurück, vorbei an den von Wölfen und Hunden verstümmelten Leichen erschlagener „Sultansdiener“; unter ihnen müssen sich auch Männer wie Hızır bey befunden haben[175]. Sie versuchten sogleich einen Gegenschlag, der aber durch einen schnellen Angriff Skanderbegs verhindert wurde. Im Osten des Aufstandsgebiets hatten sich die Bewohner der ethnisch gemischten Landschaft Dibra Skanderbeg angeschlossen, Albaner, Slawen bulgarischer und serbischer Zunge sowie Vlachen; auf Skanderbegs Ritt nach Westen folgten die stark oder fast ausschließlich von Albanern besiedelten zerklüfteten Bergregionen von Mati und Kruja. Skanderbeg begab sich nach dem Anschlag auf Kruja sogleich wieder nach Osten, wo er am Berg Mokra und bei Svetigrad die Pässe verriegelte. Eis und Schnee verhinderten aber die Erstürmung aller osmanischer Burgen[176]. Danach ging er nach Unter-Dibra zu Moses Golem, dem dortigen Herrn. Mit ihm zusammen kehrte er nach Kruja zurück, wo ihn die Adligen Albaniens begrüßten, unter anderem seine Neffen Muzaki d'Angelina und die Söhne Jellas, Gojko und Georg Balšić, dazu auch sein Schwager Gjin Muzaki, Gatte der Vlaica Kastriota; Truppen und Geld trafen von einem weiteren Schwager, Stefan Crnojević, aus den Schwarzen Bergen ein[177]. Mit anderen Worten: Skanderbeg wurde von seiner weiteren Verwandtschaft willkommen geheißen.

Der Kastriota hatte sich nun der Welt des alten albanischen Adels zu stellen; im Süden Komino Araniti und dessen adligen Freunden, die den Aufstand bereits begonnen hatten; und im Norden einer großen Anzahl von Herren über kleine Bergherrschaften, machtbewusst, kriegerisch, eifersüchtig auf ihre Unabhängigkeit bedacht. Sie achteten genau auf Rang und Anspruch. So verzeichnet Giovanni Musachi: *„Er (Skanderbeg) gewann Mati zurück, die Herrschaft seines Vaters, dann bemächtigte er sich der Stadt Kruja, die sein Vater nicht besessen hatte“*[178]. Kruja hatte vor der osmanischen Eroberung den Thopia gehört, und dies wusste alle Welt. Und die Herren unterschieden genau zwischen rechtmäßigem Erbanspruch und zweifelhafter Eroberung. Herkommen und Tradition beherrschte ihr Denken.

Im Herbst 1443 waren so osmanische Burgen in Mittelalbanien gebrochen, nicht aber im Süden; die Kreuzzugsflotte zog im Sommer 1444 an der albanischen Küste vorbei, an Berichten über die Ereignisse im inneren Balkan wird kein Mangel geherrscht haben. All dies, vor allem die weitere Entwicklung im albanischen Raum selbst erforderte eine eingehende Beratung, eine Zusammenkunft der verschiedenen Herren, das, was man in albanischer Tradition Kuvend (von lateinisch conventus) nannte. Und zu einem solchen Adelstreffen wurde im Frühjahr 1444 auch geladen, und zwar in das venezianische Alessio. Der Ort hatte den Vorzug, für die meisten Herren gut erreichbar zu sein, vor allem aber lag er auf neutralem – venezianischem – Boden[179].

An der Tagfahrt von Alessio nahmen die albanischen Adligen der südöstlichen Adriaküste teil[180]: Die Biografen erwähnen Komino Araniti und Andreas Thopia mit seinen Söhnen Komino und Muzaki und seinem Neffen Tanush, ehemalige Besitzer Krujas, nun Herren auf Petrela, die nach ihrem berühmten Ahnherrn Karl Thopia, einst Herzog von Durazzo, Karlovići genannt wurden; sie kontrollierten einen Teil der niederalbanischen Ebene und die Steilküste von Himara; Mittelalbanien war durch mehrere Herren aus dem Geschlecht der Muzaki sowie durch Georg Strez Balšić vertreten, dessen Brüder Ivan und Gojko zu Hause geblieben waren; aus dem Norden kamen Paul und Nikola Dukagjin, die Herren des Berglandes östlich von Alessio; Peter Span mit seinen Söhnen Leš, Božidar, Uroš und Mirko[181], Herren im Kirital bei Drivasto, die enge Beziehungen zum Amselfeld unterhielten, wo sie im Dienst der serbischen Despoten standen und einer von ihnen zeitweise die Bergbaustadt Novo Brdo verwaltete; Leka und Peter Dušman, Herren über eine kleine Herrschaft nördlich des Mittellaufs des Schwarzen Drin; Leka Zaharia, der Burgherr von Dagno, dessen Macht auch die umliegenden Dörfer umschloss[182]; aus den Bergen nördlich des Skutarisees war Stefan Crnojević, Beherrscher Montenegros, mit seinen Söhnen Gojčin und Ivan herabgestiegen.

Rein albanisch war die Zusammenkunft also nicht; viele der Herren besaßen auch ethnisch gemischte Gebiete, besonders um den Skutarisee, am Schwarzen Drin, aber auch in der albanisch-griechisch-vlachischen Region im Süden. Auch Barletius hebt diesen Aspekt hervor, wenn er von *„den benachbarten Fürsten und Kleinkönigen (reguli), sowohl epirotischer (d. h. albanischer, O. S.) wie illyrischer (d. h. slawischer, O. S.) Herkunft"* spricht[183]. Erkennbar waren drei im Kuvend äußerst lockere Machtblöcke: Die Herren im Süden, die einerseits die osmanischen Besatzungen von Valona und Gjirokastra zu bändigen hatten, langfristig aber wegen der Nähe zum Haupteinfallstor nach Albanien, der Via Egnatia, und zu der reichen osmanischen Provinz Thessalien besonders gefährdet waren; die Herren im Norden, die untereinander nur wenig verband und die ihrerseits in die Machtgebiete der Dukagjin im Süden und der Crnojevići im Norden zerfielen, wobei letztere Rücksicht auf eine große Zahl von Hirtenkriegerverbänden zu nehmen hatten; schließlich eine Gruppe von alten, aber geschwächten Familien im weiteren Umfeld von Kruja, besonders die Balšići und Zaharia.

Die Verwalter Alessios, die Venezianer, scheinen in den Berichten nur am Rande auf. Im Gegensatz zu den venedigfreundlichen Schilderungen des Barletius ist aber anzunehmen, dass die Republik das Adelsbündnis mit scheelem Auge ansah. Sie wollte mit den Aufrührern nichts zu schaffen haben und verbot daher ihren Untertanen, die Zölle der Herren zu pachten; faktisch war dies eine Kapitalsperre, denn Geldmittel beschafften sich die Adligen aus der Verpachtung der Abgaben[184]. Zwischenfälle ließen nicht auf sich warten; Skanderbeg bot Feinden Venedigs in seiner Herrschaft Schutz und Asyl[185]. Im Sommer 1444 trieben Skanderbegs Männer bereits das Vieh der Einwohner von Alessio weg und verschleppten zahlreiche Menschen[186]. Die Nachbarschaft mit der adriatischen Flottenmacht hatte unter ungünstigem Vorzeichen begonnen.

Über dieses Adelstreffen liegen keinerlei zeitgenössische Berichte vor[187]. Erst rund siebzig Jahre später, zu Beginn des 16. Jahrhunderts, haben die Skanderbegbiografen Barletius und Demetrio Franco sowie der mittelalbanische Adlige Giovanni Musachi den Kuvend beschrieben. Zwar gibt es keinen Grund zu bezweifeln, dass die Zusammenkunft tatsächlich stattgefunden hat, doch ist Vorsicht geboten, wenn deren politischer Inhalt untersucht werden soll. Denn es ist davon auszugehen, dass die drei Schriftsteller weniger die eigentlichen Ereignisse schilderten, sondern die Erinnerung an die heroische Vorzeit. Ihre Schriften sind so auch Dokumente einer Erinnerungskultur, die nach 1500 im italienischen Exil entstanden ist, einer Erinnerungskultur, die ausgesprochen venedigfreundlich war und in der Rückschau Unstimmigkeiten zwischen den beteiligten Adelshäusern nur ungern hervorhob.

Den Inhalt der Verhandlungen beschreibt wohl am besten der Adlige Giovanni Musachi, denn er gibt die Erinnerung des albanischen Adels wieder und folgt nicht der etwas beschönigenden, da Skanderbeg verherrlichenden Erzählung des Barletius. Er berichtet: *„Dann hielten die besagten Herren von Albanien in Alessio Rat; der eine ging selbst hin, der andere schickte Vertreter, so dass besagter Skanderbeg zum Hauptmann in Albanien gemacht wurde und ein jeder Mannschaft und Geld nach seinem Vermögen beisteuerte; auch fochten einige Söhne besagter Herren unter ihm, um das Kriegshandwerk zu erlernen und auch um ihre Herrschaft zu verteidigen; da besagter Herr kriegskundig und tapfer war, wurde er zum Hauptmann gemacht, und ein jeder gehorchte ihm"*[188]. Die Adligen wählten also einen der ihren, den sie wegen seiner militärischen Erfahrung und seines Charakters besonders achteten, zum Anführer ihrer Gefolgschaftsverbände. Franco hebt dies besonders hervor, wenn er berichtet, die Herren hätten Skanderbeg angesprochen als *„unser guter Sohn und unser Bruder, was das Alter anbelangt, aber unser verehrter Vater, was Tugend und Tapferkeit betrifft"*[189].

Ein eigentliches Programm für eine politische Neuordnung wurde nicht formuliert. Skanderbeg ließ aber verkünden, er sehe sich als „Erbe der Balša"[190]. Damit brachte er gleich mehrere Dinge zum Ausdruck: Er verwendete eine konservative politische Sprache, er nutzte traditionelle Formen der politischen Verhandlung, und er vertrat am Beginn seines Aufstandes auch Gedanken, die ganz am Herkommen des byzantinisch geprägten, auf Eigenständigkeit bedachten orthodoxen Adels an der südöstlichen Adria ausgerichtet waren.

Er beanspruchte Ruhm und Ansehen des einst mächtigsten nordalbanischen Geschlechts – er verzichtete also darauf, den Namen seiner eigenen, jungen und im Kreise des traditionellen Adels weit weniger respektierten Familie hervorzuheben. Gleichzeitig aber verdrängte er mit diesem Anspruch die Nachfahren des Kriegerfürsten Balša III. († 1421), die am Kuvend teilnahmen. Ihr Land und das ganze Fürstentum der Balšići, das die Venezianer in Besitz genommen hatten, forderte er ein: Dies war eine offene Kriegserklärung an Venedig und eine verhüllte an seine Standesgenossen, sofern sie, wie die Zaharia und die Balšići, in Gebieten herrschten, über die einst Balša III. sein Schwert geschwungen hatte. Die meisten Familien aber mussten sich davon nicht bedroht fühlen. Sie werden vielmehr zur Kenntnis genommen haben, dass Skanderbeg sich in ihre Welt einordnete und ihr wesentliches Ziel unterstützte – die Wiederaufrichtung der Zustände vor der osmanischen Eroberung. Im Frühling 1444 war der Wunsch nach „Freiheit" eine entscheidende Triebkraft: *„Wir machen dich zu unserem Generalkapitän, damit du Verteidiger unserer teuren Freiheit seiest, und wir hoffen auf den höchsten Gott, dass es keine Macht geben möge, die unserem allerheiligsten Bündnis widerstehen kann"*, sind die Worte, die Franco den Adligen in den Mund legt[191]. Der Aufstand wollte aber keine Neuerungen, sondern eine Rückkehr zu Altbewährtem. Byzantinische Zeitgenossen wie Chalkokondyles und Kritobulos stimmen darin überein, dass der starke Freiheitsdrang von Bergbewohnern der Auslöser der Erhebung gewesen sei, ihr Unwille, Steuern zu entrichten und fremden Herren zu gehorchen: *„Sie wollten dem Sultan weder Tribut zahlen noch selber zur Pforte kommen oder gehorchen"*[192].

Die Aufstandsgebiete, am Rande des osmanischen Reiches gelegen, oft zudem auch Bergzonen, verweigerten sich der Eingliederung in ein neues Imperium, weigerten sich, die in den Jahrhunderten byzantinischer Schwäche liebgewonnene lokale und regionale Eigenherrschaft aufzugeben. Die Ablehnung von als ungerecht empfundenen Neuerungen wie dem Timarsystem oder dem Verlust des Eigenlandes stand im Mittelpunkt des Adelstreffens. Alles sollte so werden, wie es einmal gewesen war: Eine Vielzahl kleiner Herren in schmal bemessenen Herrschaften, das Wiederaufleben der unzähligen verworrenen Fehden, die Ungebundenheit von der vereinheitlichend, verrechtlichend wirkenden Macht eines großen Reiches. Es war eine zutiefst konservative Bewegung, die sich einer neuen Zeit entgegenstellte: Nach Rom und Byzanz gingen die Osmanen als dritte große Reichsbildung daran, den ganzen Balkan wieder einer Hauptstadt, Konstantinopel am Bosporus, zu unterstellen. Nicht die ganze Bevölkerung des Aufstandsgebietes wehrte sich gegen die Zentralisierung der Herrschaft, gegen Steuer- und Gewaltmonopol des Reiches. In den folgenden Jahrzehnten sollte sich erweisen, dass ein tiefer

Riss durch die Bewohner Dibras, Matis und des Flachlandes an der Adria ging. Was die Aufständischen von den Osmanen unterschied, was sie nach außen hin kenntlich machte, war ihr Glaube. Das Christentum diente als einigendes Band der Rebellen gegenüber den muslimischen Osmanen, der Trägerschicht des neuen Imperiums. Der Aufstand war ausgebrochen, als eine allgemeine Stimmung des Aufruhrs gegen die Osmanen den Balkan erfasst hatte; nicht entlang sprachlicher oder ethnischer Grenzen verliefen die Fronten. Es waren Albaner, Südslawen und Vlachen, die sich erhoben hatten; und es waren christliche Herren, Albaner und Südslawen, die der Orthodoxie anhingen, die sich in Alessio versammelten. Sie erblickten in ihrem Bekenntnis zum Christentum eine wesentliche Abgrenzung gegenüber den Osmanen: Skanderbegs öffentliches Bekenntnis zum Glauben seiner Väter, die massenhafte Heimkehr der Renegaten zum Christentum bekundeten nach dem Fall Krujas einen wichtigen Charakterzug des Aufstandes. Schon bei der Einnahme von Stellush hatten sich jene osmanischen Verteidiger, die den Zorn des Sultans fürchteten, taufen lassen. An Weihnachten 1443, so Barletius, wurde feierlich die Taufe Hamza Kastriotas und seiner Gefolgsleute vorgenommen[193]. Christliche Adlige und ihre Gefolgschaften waren gegen den Sultan aufgestanden, gegen ein Reich, das sie mit einer anderen Religion, dem Islam, verknüpften. Die erneute Annahme des christlichen Glaubens durch die Führer der Erhebung sandte das stärkstmögliche Signal der Abgrenzung und des Widerstands aus. Dies bedeutete aber noch lange nicht, dass ihnen alle christlichen Untertanen des Sultans gefolgt wären.

VERPASSTE GELEGENHEITEN

Das Adelsbündnis von Alessio hatte seinen Platz in einer politischen Welt zu finden, die nicht allein balkanisch, sondern europäisch war. Im Osten erholte sich das osmanische Reich von seiner tiefen Krise. 1446 kehrte Murad II. aus seinem Alterssitz Manisa zurück, stellte seinen Sohn Mehmed wieder in das zweite Glied und übernahm erneut die gesamte Macht. Mit harter Hand warf er den Aufstand in der Peloponnes nieder (1446). 1447 gönnte er seinem Heer Ruhe. Im Folgejahr aber beschloss er, den Unruheherd an seiner westlichen Grenze auszuschalten.

Unterdessen hatten die aufständischen Adligen auf die machtpolitischen Verhältnisse Italiens Rücksicht zu nehmen. Der Gegensatz zwischen Alfons V. in Neapel und der Republik Venedig gewann rasch an Schärfe. Beide warben auf dem Ostufer der Adria um Verbündete. Alfons V. schuf einen ganzen Gürtel von Vasallen, die den venezianischen Seehandel bedrohten. Im Februar 1444 schloss sich Stefan Vukčić, Fürst der Herzegowina und Rivale Venedigs in der Zeta, dem König an[194]. Kurz darauf, d. h. auch nur wenige Wochen nach dem Kuvend in Alessio, verhandelten Stefan und Gojčin Crnojević, zwei der mächtigsten Herren des Bündnisses, mit Venedig und stellten dabei weitreichende Forderungen, besonders wünschten sie Dörfer und Ackerland an der Adria und um den Skutarisee; wieder galt die Regel, dass Hirtenführer ihre Gefolgschaft ernähren mussten. Im Juli 1444 erhielten die beiden Crnojevići das venezianische Bürgerrecht[195]. Venedig hatte Alfons' V. Zug damit ausgeglichen.

Auch die Familie Kastriota suchte sich bei Venedig rückzuversichern: Ganz im Familieninteresse, und nicht etwa im Namen des Kuvend, wandten sich Skanderbeg und sein Bruder Staniša an die Republik; auch sie bekamen das Bürgerrecht verliehen, der Senat versprach ihnen und zehn Gefolgsleuten Asyl, wollte aber von einer Verpachtung von Kastriotazöllen an Venezianer nichts wissen (20. 2. 1445)[196]. Das Bürgerrecht bedeutete in den Augen der Balkanadligen keine Treuebindung, sondern eine Versicherung für den Notfall. Für die Venezianer wiederum stand die Neutralisierung des aragonesischen Einflusses im Vordergrund. Dieser machte sich wenige Wochen später bemerkbar: Im März 1445 hatten Stefan Vukčić und der serbische Despot Georg Branković ein Bündnis abgeschlossen, das sich eindeutig gegen die venezianischen Besitzungen an der Adria richtete. Beide Fürsten wollten der Signoria die Häfen zwischen Cattaro und Dulcigno entreißen[197]. Als Gegengewicht zu diesem Machtblock gewann die Republik den bosnischen König, und im August 1445 gelang es ihr, Vukčić aus dem serbischen Bündnis zu lösen. Er erhielt dafür Häuser in Cattaro, Zara und Venedig[198].

Weiter im Süden blickte Komino Araniti nach Neapel. Seine Lage gestaltete sich nicht einfach. Zwar hatte er im Spätsommer 1443 den Aufstand begonnen, doch hatten die Adligen die Führung des Kampfes Skanderbeg übertragen. Der Verzicht wird Araniti nicht so leicht gefallen sein, wie Barletius dies beschreibt, denn schließlich hatte er im Jahre 1444 Verbindung zu Papst Eugen IV. aufgenommen, hatte ihn der Pontifex vom Treueid an den Sultan gelöst, waren ihm Ablass versprochen und eine päpstliche Kreuzzugsfahne übergeben worden, und schließlich hatte Johann Hunyadi auch ihn als Seinesgleichen betrachtet[199]. Es erstaunt daher nicht, dass Araniti seine Außenbeziehungen nicht aufgab. Im Juli 1446 entsandte er den Abt Lazar an die Kurie; der Abt kehrte mit Geschenken, darunter ein Pferd und ein goldgewirktes Seidentuch, nach Albanien zurück. Kurz darauf überquerte ein weiterer Gesandter namens Theodoro Albanes die Adria und übergab in Neapel König Alfons V. kostbare Jagdvögel, ein beliebtes Geschenk der Balkanherren. All dies waren sichtbare Symbole der außenpolitischen Eigenständigkeit des Araniten[200].

König Alfons V. wiederum ergriff die Gelegenheit beim Schopf: Im Oktober 1447 bereiste sein Gesandter Bernardo Lopez Albanien, die Herzegowina und Ungarn mit dem Auftrag, ein Bündnis gegen Venedig zu schmieden und den italienischen Kampf gegen die Signoria auf den Balkan zu tragen[201]. Alfons verschärfte damit die kriegerischen Wirren, die den Balkan nach 1444 erfasst hatten. Denn schon im Winter 1444/45 hatte der osmanische Vasall Georg Branković den Kampf gegen Venedig begonnen[202]. Das aragonesische Bündnissystem, in das nun auch Skanderbeg und Araniti eingebunden wurden, eröffnete ihm die Aussicht auf einen militärischen Sieg; dies zog auch die Crnojevići an. Die Herren des Kuvend wurden so zum Instrument italienischer Machtpolitik. Ein Zweifrontenkrieg drohte, im Osten gegen die Osmanen, an der Adria gegen Venedig.

Nach dem schnellen Erfolg der Erhebung musste Skanderbeg zunächst seine östliche Flanke sichern. Zwischen 1444 und 1447 war es wiederholt zu Scharmützeln im heutigen westlichen Makedonien, vor allem in der gebirgigen, dichtbewaldeten Mokra, gekommen, von denen aber nur die Biografen erzählen. Skanderbeg verteidigte dort vor allem die Pässe; so überrumpelte er wohl 1445 in einem engen Waldtal in der Mokra einen osmanischen Heeresverband unter Feriz bey, dem Woiwoden von Sitnica im Kosovo und einstigen Würdenträger in Nikopolis – also einem Bekannten des Kastriota[203] –, vermochte aber dann einen osmanischen Raubzug, der von einem Mustafa angeführt wurde, nicht zu verhindern; auch 1447 brandschatzten osmanische Reiter in Skanderbegs Gebiet: *„Das wunderschöne Land wurde ausgeplündert und unter dem Schwert der Barbaren fielen die Bäume ... die rauchenden Dörfer ... schienen nach einem Rächer zu rufen"*[204]. Es handelte sich um einen typischen Grenzkrieg, bei dem keiner der Gegner einen nennenswerten strategischen Vorteil errang. Auf osmanischer Seite ist dies erklärlich: Die Unruhe im Hause Osman, die Abdankung Murads II. und seine erneute Thronbesteigung, der Feldzug in die Morea hatten die Kräfte gebunden. Gegen Skanderbeg fochten regionale Verbände.

Ganz auszuschließen, wenn auch wiederum nur von den Biografen erzählt, ist auch nicht, dass Murad II. versuchte, Skanderbeg durch Verhandlungen zum Frieden zu bewegen. Die gleiche Strategie hatte er gegenüber Georg Branković angewendet. Da Murad II. offenbar von Skanderbegs Verwicklung in den Mord an Alaeddin Ali Çelebi nichts wusste, bot er ihm Rückkehr in Gnade an[205]. Zwischen dem Hause Osman und Skanderbeg brachen die Beziehungen auch in späteren Jahrzehnten nie ganz ab. Eine derartige Fühlungnahme ist daher denkbar. Skanderbeg aber rückte von seiner Haltung nicht ab. Er war bereits zu weit gegangen, und vor allem hatte er ganz anderes im Sinn. Er plante einen erneuten großangelegten Zangenangriff auf das osmanische Reich, zusammen mit seinem wichtigsten Verbündeten, dem großen Türkenkämpfer des Nordens, Johann Hunyadi, oder Janko, wie man ihn auf dem Balkan nannte. Denn er wusste, dass nur durch Offensive, nur durch die Vernichtung des osmanischen Staates in Europa sein Aufstand von Erfolg gekrönt und vor allem auch dauerhaft sein würde. Das Beispiel Aranitis stand ihm warnend vor Augen: Der Held des albanischen Südens war in den 30er-Jahren in seiner Bergfestung verharrt, hatte Jahr für Jahr Angriffe abwehren müssen und war letztlich in die Knie gezwungen worden.

Die Verbindung zu Hunyadi fügte sich auch in die große Politik ein, denn der ungarische Reichsverweser schloss sich mit Alfons V. zusammen; Skanderbeg stand – so wie schon 1443/44 – mit beiden Herren in Verbindung, entfernte sich also gleichzeitig von Venedig. Der „Sándorbegus“, wie Skanderbeg auf Ungarisch hieß[206], befand sich in stetem Briefverkehr mit Janko. Denn am 16. April 1446 hatte der Rat von Ragusa, das nominell ungarischer Oberherrschaft unterstand, auf Bitten Skanderbegs ein Schreiben an Hunyadi ausfertigen lassen. Daran schlossen sich Unterhandlungen: Hunyadi schickte seinerseits Gesandte an Skanderbeg und Araniti Komino – und erkannte damit die politische Doppelspitze der albanischen Herren an. Kurz vor dem Feldzug, den Hunyadi im Spätsommer 1448 begann, war es dann zu einem eigentlichen Bündnis gekommen. Beschlossen wurde es auf dem zweiten quellenmäßig belegten Treffen des Kuvends, *„besagte Herren von Albanien haben unter sich Rat gehalten“*, wie es hieß[207]. Danach sollte Hunyadi der Morava entlang vorrücken und Skanderbeg von der westlichen Flanke aus die Osmanen angreifen[208].

Um einen Erfolg des Unternehmens zu gewährleisten, mussten aber zwei weitere Mächte gewonnen werden, das Serbien Georg Brankovićs und Venedig. Beide weigerten sich. Der serbische Despot hatte vom Sultan erlangt, was er gewünscht hatte, und nun fürchtete er sich vor einem ungarischen Übergewicht. Die Signoria wiederum war um ihren Frieden mit Murad II. besorgt und sah keinen Grund, Parteigänger Neapels zu unterstützen. Zwischen Hunyadi und Branković verschärfte sich der Ton derart, dass der Reichsverweser dem Despoten mit Absetzung drohte[209]. Hunyadi glaubte sich aber durch sein Bündnis mit dem albanischen Kuvend und der Walachei genügend abgesichert.

Er hatte aber die Kurzsichtigkeit der albanischen Adligen nicht in Betracht gezogen. Denn was sich in Albanien in den Jahren 1447 und 1448 ereignete, ist vor dem Hintergrund der weltpolitischen Konstellation – es ging Hunyadi um die Vertreibung der Osmanen aus Europa – kaum glaublich. Doch zeigt es, dass die meisten Adligen nur von Tag zu Tag dachten und auch wohl schlecht über Entwicklungen der großen Politik unterrichtet waren. Letztlich waren die meisten Herren über kleine Ebenen und Talschaften nicht in der Lage, langfristig zu denken. Der Erfolg des Augenblicks, ein bescheidenes, aber greifbares Ziel genügte ihnen. Nur so ist verständlich, weshalb sich Skanderbeg in einen Kleinkrieg um einige Alpweiden und eine Zollstation an einer Karawanenstraße verwickeln ließ, statt für den Angriff gegen Murad II. zu rüsten. Nicht große Weltpolitik, sondern der erbitterte Streit um ein kleines Städtchen schob sich in den Vordergrund.

Das Burgstädtchen Dagno war von großem Wert: Einst serbische Königspfalz, lag es auf einem glockenförmigen Berg, der die Karawanenstraße nach Prizren beherrschte, die sich hinter der Zollstation und dem nahen Kirchlein St. Maria steil in die karge Bergwelt hinaufwand. Vom Burgberg aus überblickte man die Ebene von Skutari, den weit mäandrierenden Drin, der bei Dagno aus dem Gebirge heraustrat, aber auch die von hohen Hügeln und Bergen gesäumte Straße nach Alessio: Ganz Venezianisch-Albanien lag dem Herrn von Dagno zu Füßen, er gebot über Wohl und Wehe des Saumhandels mit dem Hochland und dem Amselfeld; unter seinen Augen zogen die mit Salz beladenen Tiere vorbei, von deren Handelsgut die Viehwirtschaft in den Bergen, die Salzversorgung des Kosovo abhing; er erhob Zölle auch von den mit Silber bepackten Karawanen, die aus dem Hinterland den Häfen von Alessio oder St. Sergius bei Skutari entgegenstrebten. Die Ortschaft Dagno war zwar klein, sie umfasste aber die reiche Ebene mit berühmten Jagdrevieren, mit Bienenzucht und Obstgärten[210].

Dagno gehörte der Familie Zaharia, deren Oberhaupt Leka seit 1442 das venezianische Bürgerrecht genoss; damit zeigte die Signoria, wie wichtig ihr der Ort erschien. Leka Zaharia wurde in einer Fehde von seinem Vasallen Nikola Dukagjin erschlagen. Die Dukagjin waren das mächtigste Geschlecht im Bergland hinter Dagno; sie gliederten sich in zwei verfeindete Zweige. Zaharias Witwe händigte die Burg im September 1443 dem venezianischen Statthalter von Skutari aus. Zaharias Vasallen Paul und Leka Dukagjin, Feinde Nikolas, erkannten dies an. Venedig übernahm mit der Burg aber auch eine alte Fehde der Bewohner von Dagno mit den Bürgern der venezianischen Nachbarstadt Drivasto; Gegenstand des Streits waren Weiden. Drivasto, rund 10 km östlich von Skutari gelegen, zählt heute zu den herrlichsten Ruinenstädten Albaniens. Im Mittelalter war es die Herrin des nördlichen Berglandes; zwei Meilen maßen seine starken Wälle; ein gut gepflasterter Weg führte zu der hoch auf einem Plateau gelegenen Stadt, die sich in eine Unterstadt und eine schwer befestigte Akropolis gliederte. Umflossen wurde die Stadt vom Bach Kiri. Von der Burg aus genoss man einen weiten Blick, im Südwesten bis zum Burgberg von Alessio, im Westen fast bis zur Adria, Skutaris Festungsberg Rosafa war gut erkennbar, das Auge schweifte über weite Teile des Skutarisees, im Norden und Osten erhob sich das majestätische Bergland mit seinen Wäldern und Almen[211]. Drivasto war kaum kleiner als Skutari; beherrscht wurde es von einem stolzen Patriziat, das seine Herkunft auf die spätantike provinzialrömische Bevölkerung zurückführte und an der Grenze zur orthodoxen Welt eine ausgeprägt katholische Identität besaß. Die Stadt rühmte sich ihrer Lateinschule, aus der zahlreiche Priester hervorgingen, die nicht nur am Kiri das Sagen hatten, sondern wichtige Ämter in den Städten Dalmatiens erlangten[212].

Drivasto lag in Fehde mit dem Geschlecht der Span, die im oberen Talgrund des Kiriflusses herrschten; auch hier ging es um Almen; es kam zu Raufhändeln auf den Wiesen, dabei wurden Weidehüter aus Drivasto verletzt.

Gleichzeitig führte Nikola Dukagjin eine kleine Fehde bei Dagno, die offenbar 1445 durch die Abtretung einiger Matten und Dörfer seitens Venedigs beigelegt schien[213]. Doch war es Nikola Dukagjin offenbar gelungen, Skanderbeg, der selbst einige kleine Grenzhändel mit Venedig ausfocht und wohl auch über die kühle Haltung der Republik bei seiner Gesandtschaft im Jahre 1445 enttäuscht war, für sich zu gewinnen. Alfons V. griff ebenfalls ein und trieb Skanderbeg im Dezember 1447 zum Krieg gegen Venezianisch-Albanien[214]. So trat der Hauptmann des Kuvend in eine Fehde der Dukagjin ein, die aber nur Teil des Stellvertreterkrieges der italienischen Mächte auf dem Balkan war. Als Vorwand nahm Skanderbeg ein angebliches Versprechen des letzten Zaharia, die Burg sollte bei seinem Ableben dem Kastriota ausgehändigt werden[215]. Skanderbeg begann den Krieg wohl in der Hoffnung, die landwirtschaftlichen Reichtümer der Skutariner Ebene – Getreide, Salz und Winterweiden – sowie mit Dagno die Kontrolle über den Karawanenweg, der einst seinem Vater gehört hatte, zu gewinnen. Doch wurde er gleichzeitig in den Krieg Georg Brankovićs in der Zeta hineingezogen. Alfons V. gab Skanderbeg gute Worte, versprach Asyl, beschränkte sich aber ansonsten darauf, seine balkanischen Vasallen beim Kampf zu beobachten.

Im Winter 1447/48 versuchte Venedig, den Frieden zu retten. Es bot den Herren des Kuvend 1000 Golddukaten, verlangte aber im Gegenzug die Freigabe der Karawanenstraße und Schutz für die venezianischen Besitzungen – gemeint war: Gegen serbische Angriffe[216]. Skanderbeg schlug dies ab. Dafür griff er zusammen mit Georg Branković und Stefanica (Stefanlein) Crnojević, dem Herrn der Schwarzen Berge, im Frühjahr 1448 Venezianisch-Albanien an. Dort fand er, mit der Ausnahme eines Dorfes (Balldreni) keinerlei Unterstützung. Die Einwohner des wichtigen Dorfes folgten Skanderbeg aber nur, weil ihr von Venedig eingesetzter Dorfhauptmann sie unaufhörlich geplagt hatte[217]. Die albanischen und slawischen Untertanen der Markusrepublik verband nichts mit den adligen Herren des Hinterlandes. Die venezianischen

Städte verteidigten vielmehr ihre wirtschaftlichen Interessen gegen das Hochland; wieder stand Ebene gegen Bergwelt. Der venezianische Landsturm wurde aufgeboten, ein venezianischer Untertan, *„eine geschickte und schlaue Person“*, diente sich gar an, Skanderbeg für 100 Dukaten zu ermorden[218].

Der Hauptmann des Kuvend griff zuerst das isolierte Durazzo an, dessen erschreckte Bürger Venedig um einen Sonderfrieden baten; ein Kleinkrieg entspann sich in der Ebene und dem Hügelland am Ostufer des Skutarisees, wo die Drivastiner den Adel abwehrten; im weiten Schwemmland des Drin zwischen Skutari und Dagno kam es im Juni 1448 zu einem größeren Gefecht. Das Skutariner Stadtaufgebot, geführt von mächtigen pro-venezianischen Patriziern der Stadt, und venezianische Söldner unter Daniel Jurić, einem Hauptmann aus Šibenik (in Dalmatien)[219], kämpften gegen Krieger des Adelsbündnisses; Skanderbeg siegte. Er gewann nach mühseliger Belagerung auch Dagno – zur Freude der Dukagjin, deren Interessen der Kastriota hier durchgesetzt hatte. Der Kleinkrieg verlagerte sich dann in das zerklüftete, dicht bewaldete Hügelland am Ostufer des Skutarisees, wo die Familie Span in Fehde mit der Stadt Drivasto stand. Gefochten wurde um die Ruinenstadt Balezo, einst ein Bischofssitz am Fuße des Berges Maranaj; Skanderbeg ließ dort eine Schanze errichten, sein Neffe Hamza führte Scharmützel gegen die Drivastiner und erlitt gegen die Bürger dieser großen Stadt eine herbe Schlappe[220].

Noch schlimmer aber kam es, als Skanderbeg sich an einem Angriff auf das venezianische Antivari versuchte, eine Stadt, die rund 5 Kilometer von der Küste entfernt lag und auf ihrem schwer befestigten, leicht ansteigenden Plateau kaum einnehmbar war. Geplant war, dass sich der Kastriota mit Georg Brankovićs und Stefanica Crnojevićs Gefolgsleuten zu einem Überfall zusammenschließen sollte. Doch waren die Venezianer in Antivari nicht untätig geblieben: Sie hatten versucht, die Dukagjin zu kaufen, sie hatten die Hirtenkrieger zwischen dem Westufer des Skutarisees und der Adria gewonnen und mit einer List Crnojević und Brankovićs Feldherrn Altoman entzweit. Mit Hilfe der benachbarten Hirten fügten die Venezianer Skanderbeg eine vernichtende Niederlage zu; weit entfernt von seinem Machtgebiet in Mati, ließ der Kastriota von seinen 7000 Mann angeblich 1600 auf der Walstatt – ein gewaltiger Aderlass; die Serben wurden ebenfalls geschlagen, ihre Anführer in ein Dorf bei Padua deportiert[221]. Diese Kämpfe hatten die Adligen des Kuvend weniger gegen die Republik Venedig, sondern gegen die unter venezianischer Herrschaft stehenden nordalbanischen Städte geführt, deren Patrizier und Bürger Skanderbeg mit großer Feindseligkeit begegneten[222]. Die Krieger aus dem Hochland waren dabei von den Städtern zurückgeschlagen worden. Venezianisch-Albanien war für die Adligen ein zu schwerer Gegner.

Als noch viel gefährlicher für Skanderbeg aber erwies sich Venedigs große Diplomatie: Ende Juni 1448 beauftragte der venezianische Senat den Sondergesandten Andrea Venier, Murad II. zu einem Angriff auf den Kuvendführer zu bewegen. Venier sollte darauf alle Mühe verwenden, *„zum Untergang dieses treulosen Skanderbeg"*, dieses *„Türken"*, damit dieser *„aus der Welt geschafft werde"*[223]. Parallel sollte er auch mit Skanderbeg selbst verhandeln, an das gute Verhältnis der Republik zu seinem Vater Ivan und zu seinen Brüdern erinnern, vor allem aber *„sein Mütchen kühlen" (animum frigescere)*; *„er möge die Zukunft nicht vergessen, denn die Dinge bleiben nicht immer im selben Zustand"*. Venedig legte sich in der Instruktion für Venier nicht fest: Sollte Skanderbeg in einen Frieden einwilligen, für den Venedig, bei Herausgabe Dagnos, auch zu zahlen bereit war, sei dieser abzuschließen; sonst aber solle Venier die Dukagjin umwerben und mit Geldern und teuren Gewändern nicht sparen[224].

Venedigs Mühe erwies sich als unnötig, denn Sultan Murad II. befand sich zusammen mit seinem Sohn Mehmed bereits auf dem Marsch, als an der Lagune noch beraten wurde. Ziel des Großherrn war Skanderbegs wichtigste Sperrfestung im Osten: Svetigrad, die „heilige Stadt". Um diese Burg, besser: ihre genaue Lage, rankt sich manche Legende der jüngeren Wissenschaft. Johann Georg von Hahn, um 1850 österreichischer Konsul im albanischen Raum und Begründer der modernen Albanienkunde, zugleich einer der ersten westlichen Reisenden, die in der Neuzeit den inneren Balkan erforschten, verlegte Svetigrad in den Ort Kodžadžik. Dieses ist auch heute noch ein wahres Adlernest, hoch in den Bergen bei Dibra auf einer kleinen Ebene gelegen, überragt von einem unförmigen Felsen, dessen Zacken und Gesteinsformationen von ferne aus betrachtet Befestigungswerken gleichen. Hahn hat den Berg nicht bestiegen; doch sind seiner Gleichsetzung Kodžadžiks mit Svetigrad lange Forschergenerationen gefolgt, auch, weil frühneuzeitliche osmanische Chronisten Murad II. wegen der Eroberung der Burg Kodžadžik gepriesen hatten. In den zeitnäheren Quellen aber geht von diesem Dorf nicht die Rede. Spätere Gelehrte haben daher die Identifizierung von Svetigrad mit Kodžadžik in Zweifel gezogen. Sie schlugen den „Heiligen Berg" (Mali i shejnt) im östlichen Mittelalbanien vor, dann eine Ruine beim Dorf Kërçishtë, die im Volksmund „die Burg Skanderbegs" hieß, in jüngster Zeit auch eine Ruine auf einem mit Ahorn bewaldeten Bergrücken beim Dorf Dervenik, östlich des mittelalterlichen Ortes Sopotnica im südwestlichen Makedonien, der später von den Osmanen Demir hisar, „Eisenburg", genannt wurde[225]. Von dieser Burg aus ließ sich die Vardarebene überblicken, aber auch die wichtigen Straßen zum Ochridsee und ins Innere Albaniens, also die Via Egnatia, die alte römisch-byzantinische Verbindung von der Adria nach Konstantinopel [226]. Ob sie aber tatsächlich das alte Svetigrad war, dafür steht ein endgültiger Beweis noch aus. So viel gelehrter Fleiß auch für die Lokalisierung der Burg verwendet worden ist, es erweist sich eine genaue Zuweisung weiterhin als schwierig. Svetigrad muss vorerst die wohl rätselhafteste Burg der Hämushalbinsel bleiben.

Ihre Bedeutung für Skanderbeg steht aber außer Zweifel. Befehligt wurde sie von Peter Perlat, einem orthodoxen Geistlichen (Protosynkellos) aus dem Matigebiet in Inneralbanien; die Mannschaft bestand überwiegend aus südslawischen Christen aus Dibra, ergänzt um orthodoxe Albaner. Die gut befestigte Burg war nur auf einer Seite zugänglich, sonst aber schützten sie steil abfallende Felsen. Murad II. hatte sein Ziel gut gewählt: Konnte er die Burg brechen, dann stand ihm der Weg ins Innere des Aufstandsgebietes offen. Bei einer Niederlage musste jeder osmanische Vorstoß nach Westen um die Sicherheit des Nachschubs fürchten.

Auf die Kunde vom osmanischen Angriff eilte Skanderbeg nach Osten; dabei musste er alle im Westen gewonnenen Plätze räumen[227]. Er hatte die Lage also völlig falsch eingeschätzt und musste retten, was zu retten war. Eine offene Feldschlacht gegen den Sultan wagte er nicht, sondern verbarg sich mit seinen Kriegern in den Wäldern. Murad II. forderte die Stadt nach den Regeln des islamischen Kriegsrechts zur Übergabe auf. Als dies abgeschlagen wurde, begann eine außerordentlich heftige Belagerung, der Marinus Barletius ein ganzes Buch seines Geschichtswerkes widmet, wodurch die Bedeutung der Kämpfe klar zutage tritt. Die Osmanen nahmen die Mauern mit ihren Kanonen unter Beschuss: Belagerungsartillerie, die 1453 auch Konstantinopel in den Untergang stürzte, stand den Osmanen in beeindruckendem Maße zur Verfügung. Bald war eine Bresche geschlagen, der Sturm der Azaben und Janitscharen aber wurde von den Verteidigern durch Büchsenfeuer, den Einsatz von Pech und heißem Öl abgewehrt. Mit seinen nadelstichartigen Überfällen vermochte Skanderbeg die Belagerer kaum abzulenken. Wie so oft im mittelalterlichen Festungskrieg gab aber nicht ein Sturmangriff, sondern Verrat den Ausschlag. In den Hauptbrunnen der Burg wurde ein Hundekadaver geworfen. Nach Barletius hätten die abergläubischen slawischen Dibraner daraufhin den Mut sinken lassen. Peter Perlat leerte vergeblich vor versammelter Mannschaft einen Becher Brunnenwasser. Svetigrad öffnete dem Sultan die Tore[228]. Nach dem Bericht des byzantinischen Geschichtsschreibers Chalkokondyles aber hätten die Janitscharen die Festung im Sturm genommen[229]. Die Nachricht durcheilte die albanischen Berge: Am 4. August 1448 verließen Briefschaften mit der Kunde den venezianischen Hafen von Alessio, kurz darauf, am 12. August, wusste man in Skutari, dass Murad die benachbarte Burg Belca (vielleicht: Belče, oder Bllaca im Drintal?) eingenommen hatte[230]. Der byzantinische Geschichtsschreiber Chalkokondyles berichtet auch vom Fall einer Festung namens „Getie“[231].

Svetigrad wurde von den Osmanen zu einem wichtigen Stützpunkt ausgebaut, dessen südslawische Bevölkerung von nun an treu zum Sultan hielt[232].

Skanderbeg konnte sich glücklich schätzen, dass die Osmanen nach langer Belagerung sich im kargen Bergland nicht ernähren konnten, vor allem aber von Hunyadis Rüstungen an der Donau vernommen hatten und daher nach Osten abzogen[233], nicht ohne Besatzungen in die eroberten Plätze gelegt zu haben und nicht ohne Skanderbegs Grenzland mit Feuer und Flamme gründlich zu verheeren und, wie osmanische Chronisten hervorheben, die Kirchen zu zerstören[234]. Der Widerhall des Untergangs Svetigrads auf dem Balkan war groß. In Serbien, wo Mönche an den Rändern ihrer kirchlichen Handschriften Notizen zu politischen Geschehnissen verzeichneten, schrieb ein Geistlicher: *„Im Jahre 1448 kam der Kaiser (so nannte man schon den Sultan; O. S.) gegen Skenderbeg und nahm ihm Svetigrad"*[235].

Der Fall Svetigrads öffnete den Osmanen die Straßen ins Innere Albaniens. Zu verantworten hatten diese Niederlage Skanderbeg und seine Verbündeten, denn sie hatten Zeit und Mannschaft in den Händeln an der Küste verloren. Doch selbst nach diesem schweren Rückschlag hoffte Skanderbeg, Venedig in Albanien zu schlagen, bevor er den Marsch auf das Amselfeld antreten würde. Anfang September 1448 griff er Durazzo an, wie zuvor ohne Erfolg[236]. Die Venezianer hatten Flottenverstärkung aus Kreta und Dalmatien in die Gewässer vor diesem wichtigen Hafen geschickt[237]. Wertvolle Wochen verrannen. Hunyadi hatte sich unterdessen in Marsch gesetzt, wohl ohne Kenntnis der Ereignisse im tiefen Balkan. Skanderbeg musste mit Venedig nun dringend einen Frieden schließen. Die Republik hätte gewiss einen hohen Preis gefordert, wenn nicht am 19. September 1448 eine Feuersbrunst ihre Hauptfestung Skutari verwüstet hätte; mehrere hundert Menschen, darunter auch die letzte Zaharia, waren in den Flammen ums Leben gekommen[238]. Katholische Geistliche vermittelten ein Abkommen, das am 4. Oktober 1448 in Alessio geschlossen wurde. Für den Kuvend traten Skanderbeg und Nikola Dukagjin auf. Dagno und die Dörfer westlich des Drin fielen an Venedig; Skanderbeg hatte jährlich als symbolische Anerkennung venezianischer Oberhoheit vier Jagdvögel nach Skutari zu schicken (ähnlich der Gabe Aranitis an Alfons V.). Die albanischen Herren sicherten zu, Paul Dukagjin zu bewegen, von ihm besetzte Dörfer herauszugeben. Venedig seinerseits versprach die Auszahlung eines Jahrgelds, die Nachzahlung zurückgehaltener Pensionen, Zulassung von Venezianern zur Zollpacht im Kastriotagebiet, Amnestie für Überläufer, Asyl für Skanderbeg, freie Tuchausfuhr aus Durazzo für den Eigenbedarf Araniti Kominos. Im Wesentlichen wurde der Zustand vor dem Waffengang wieder hergestellt, auch dies ein Zeichen für Skanderbegs Misserfolg.

Dem Albanerherrn blieb kaum noch Zeit, seine schweren Fehler wettzumachen. Er hatte Gesandte nach Rom geschickt, wo er dem Kardinal von S. Maria nova zwei Falken verehren ließ; auch in Ragusa erschien ein Vertreter Skanderbegs und bat um ein Darlehen. Die Ratsherren gaben ihm 200 Dukaten, mehr nicht; sie fürchteten Murad II. zu sehr (20. Oktober 1448)[239]. Jede Hilfe wäre auch zu spät gekommen. Skanderbeg marschierte durch die herbstlichen Berge nach Osten, durch eine zerklüftete Landschaft, in der selbst kleine Gruppen leichtbewaffneter Krieger mehrere Tage benötigen, um das Amselfeld zu erreichen; umso länger dauerte der Zug eines ganzen Heeres. Es war ein tragischer Wettlauf gegen die Zeit. Hunyadi drängte auf raschen Zuzug. Doch, zu spät! Hunyadis Heerbann, Ungarn, Böhmen, Deutsche, Walachen, war bereits im Oktober 1448 auf dem Amselfeld bei Priština angelangt, einer weiten, leicht hügelig geschwungenen Ebene, auf halbem Wege zwischen Belgrad und Saloniki, *„dieses durch so viele Schlachten der Völker berühmte weite Feld"*, wie der aus dem nahen Novo Brdo stammende Bischof von Dulcigno, Martinus Segonus, rund drei Jahrzehnte später schrieb[240] . Auf dem Schlachtfeld erinnerte ein marmornes Grabmal an den 1389 gefallenen Sultan Murad I., dessen Leichnam aber in das kleinasiatische Bursa gebracht worden war[241]. Vom 17. bis zum 19. Oktober 1448 maßen sich das christliche und das sultanische Heer. Hunyadi feuerte seine verzweifelten Gefolgsleute an: *„Jeden Augenblick wird Skanderbeg mit Hilfstruppen eintreffen"*[242]. Doch der Kastriota kam nicht. Schon winkte das Schlachtenglück dem Hunyadi, als Kronprinz Mehmed mit hinter einer Bodenwelle versteckten Reserven in den Kampf eingriff[243]. Die Christen unterlagen wie im Jahre 1389. Doch diesmal war die Niederlage endgültig. Die Schlacht entschied für viereinhalb lange Jahrhunderte über das Schicksal der Hämushalbinsel. Skanderbeg war bis auf 30 km an den Schlachtort herangerückt, fliehende Christen kamen ihm entgegen. Er kehrte um[244].

Skanderbegs Biografen verbreiteten später die Kunde, Georg Branković habe den Marsch des Kuvendheeres durch die Berge behindert. Gewiss hatte der Despot dem ungarischen Heer zugesetzt, und es lag nicht in seinem Interesse, dass Skanderbeg rechtzeitig auf dem Amselfeld eintraf[245]. Und Georg Branković nützte auch die Gelegenheit, seinen ungarischen Rivalen auf der Flucht gefangen zu nehmen. Doch wäre Skanderbeg wohl auch ohne serbische Hinterhalte nicht imstande gewesen, seinen Teil des Feldzugsplanes einzuhalten. Der Krieg gegen Venedig hatte den Verlust Svetigrads und die Katastrophe auf dem Amselfeld verursacht. Dafür trugen die Herren des Kuvends, allen voran Skanderbeg, die Verantwortung. Eigentlich war sein Schicksal damit besiegelt. Denn von nun an stand er ganz in der Verteidigung, und kein ungarisches Heer sollte ihm so bald mehr zu Hilfe eilen.

TEUER ERKAUFTER RUHM

Das christliche Albanien erlebte einen düsteren Winter (1448/49). Im Norden rüstete Georg Branković, einer der Gewinner des Schicksalsjahres 1448, zu einem neuen Angriff auf Venezianisch-Albanien; dafür umwarb er auch Skanderbeg[246]. Der neapolitanisch-venezianische Stellvertreterkrieg ging also weiter. Nur nahmen die Herren des Kuvend eine andere Haltung ein. Nach drei schweren Niederlagen blieb ihnen auch kaum etwas anderes übrig. Die Anlehnung an Neapel und das serbische Despotat hatte keine Früchte gezeitigt. Und so wandten sich Araniti Komino und Skanderbeg in getrennten Gesandtschaften an die Markusrepublik. Dies allein schon deutet darauf hin, dass der Kuvend allmählich an Zusammenhalt verlor. Aranitis Gesandter trat im April 1449 vor den Senat. Er tat einen eigentlichen Kniefall, bat um Vergebung für Verfehlungen seines Herrn und dessen Verbindungen zu Feinden Venedigs wie Alfons V. und Papst Nikolaus V.; er bot Aranitis Länder an und ersuchte um venezianische Schutzherrschaft. Araniti hoffte, zum venezianischen Woiwoden (Hauptmann) im Umland von Durazzo eingesetzt zu werden. Er war bereit, auf seine politische Eigenständigkeit zu verzichten und aus dem Lager Neapels zu Venedig überzulaufen. Im Gegenzug wünschte er bessere Ausfuhrbedingungen für seine Ernten und Viehherden[247]. Der alte Held des albanischen Südens schien sich von Skanderbeg abzusetzen und nur noch an sein Überleben zu denken.

Skanderbeg hingegen zeigte sich weniger demütig. Ja, er wollte sich auch Venedig annähern, auch völkerrechtlich wünschte er eine Schutzherrschaft (*protectionem sui status*), doch ging es ihm vor allem um die Weiterführung des Kampfes gegen den Sultan. Er drängte die Signoria, die Festung Skutari rasch wiederaufzubauen, er bat um die Erlaubnis, auf venezianischem Gebiet Armbrustschützen anzuwerben[248]. Nach dem Verlust Svetigrads hatte Skutari als Sicherung seiner Nordflanke an Bedeutung gewonnen. Denn die Osmanen würden von nun an gegen Skanderbegs Hauptburg Kruja marschieren, ungehindert von den mittlerweile verlorenen Passfesten im westlichen Makedonien.

Venedig gedachte aber nicht, seinen Frieden mit Murad II. durch eine Schutzherrschaft über jene Herren zu gefährden, die im Vorjahr noch über Venezianisch-Albanien hergefallen waren. Die Republik behielt vielmehr den Krieg gegen Alfons V. im Auge; auch rührte sich Stefan Vukčić in der Herzegowina wieder. Auf der anderen Seite sollten die beiden albanischen Adligen nicht ganz vor den Kopf gestoßen werden, bildeten sie doch einen nützlichen Schutzschild vor Skutari und Durazzo. Man dankte Skanderbeg für das Angebot der Truppenhilfe, *„er möge zum Schutz und zur Wahrung* *seiner Herrschaft wirken, die wir als die unsrige betrachten, als ob er in unseren Diensten stünde*“[249].

Der Albanerherr hatte sich selbst zu helfen. Und dies gelang ihm auch mit Erfolg. Da Venedig sich zurückhielt, wandte er sich an jenen Herrscher, der ihm bereits früher geholfen hatte und zudem der Signoria in erbitterter Feindschaft gegenüberstand: Alfons V. von Neapel[250]. Wohl im Juni 1449 gingen Gesandte Aranitis und Skanderbegs über die Adria. Am 3. Juli kehrten sie über Durazzo zu ihren Herren zurück. Ihre Nachrichten versetzten Skanderbeg in Kampfstimmung; wer eine Waffe tragen könne, solle sich bereithalten zum Marsch auf den großen osmanischen Hafen Valona. König Alfons V. würde eine mächtige Flotte schicken, und so würde der wichtigste Stützpunkt des Sultans an der Adria erstürmt werden. Die Venezianer aber fürchteten, dass sich der eigentliche Stoß gegen sie richten würde, denn in Durazzo, das Skanderbeg noch wenige Monate zuvor angegriffen hatte, mangelte es an Mannschaft und Vorrat. Aus dem Plan wurde jedoch nichts. Er leitete aber jene dauerhafte Annäherung der Aufständischen an die neapolitanische Krone ein, die zwei Jahre später zu einer förmlichen Vasallität führte, und damit auch zur endgültigen Abhängigkeit der rebellischen Adligen von der großen italienischen Politik.

Auch im inneren Balkan versuchte Skanderbeg, die Rückschläge des Vorjahres wettzumachen. Wohl ebenfalls in das Jahr 1449 ist sein Versuch zu verlegen, zusammen mit Moses von Dibra und Zacharias Gropa, einem am Ochridsee begüterten orthodoxen Adligen, Svetigrad zurückzuerobern. Barletius erzählt, dass die Herren auch deutsche und italienische Söldner in Dienst genommen hatten. Der Angriff endete in einem Debakel, über das selbst Barletius nur höhnisch spricht: In strömendem Regen und Gewitterdonner berannten die Männer des Adelsbündnisses vergeblich die Mauern der Burg; völlig durchnässt mussten sie sich im nebligen Bergland zurückziehen[251]. Dies war ein herber Rückschlag. In einen Hirtenmantel gekleidet, führte Skanderbeg seine Krieger nach Westen zurück. An dem Angriff hatten die meisten Verbündeten des Kuvend gar nicht teilgenommen. Svetigrad, der Schlüssel zum albanischen Raum, blieb in osmanischer Hand. Erneut war eine Offensive gescheitert. Skanderbeg blieb nichts anderes übrig, als wieder in der Fremde um Hilfe zu ersuchen und gleichzeitig Vorbereitungen für den osmanischen Gegenangriff zu treffen. Kruja wurde dem Befehl des Vrana Conte übergeben, jenes Adligen, den Skanderbeg noch aus seiner Zeit als osmanischer Würdenträger kannte; auch die kleinen Burgen im Matigebiet, Bila kamin und Stellush, wurden mit Mannschaft und Mundvorrat versehen[252]. Im Herbst 1449 trat eine zweite Gesandtschaft die Reise nach Venedig an, im Februar 1450 erschien ein Vertreter Skanderbegs vor dem Rat in Dubrovnik; beide Male blieben greifbare Ergebnisse aus[253].

Der Zusammenhalt des Kuvends hatte sich bereits gelockert, und Hilfe von außen war nicht in Sicht, als sich im Frühjahr 1450 abzeichnete, dass die Aufständischen auf die bisher größte Probe gestellt werden würden. Sultan Murad II. war entschlossen, in eigener Person den Rebellen in dessen Burg Kruja zu belagern und den Aufstand endgültig niederzuwerfen. Treibende Kraft war dabei der tatenlustige Kronprinz Mehmed; der Klagen osmanischer Untertanen über die Raubzüge Skanderbegs und der Anstachelung durch einen abtrünnigen Neffen hätte es kaum bedurft[254]. Zum ersten Mal maßen sich Mehmed und Skanderbeg. Die Lage entwickelte sich für die Osmanen außerordentlich günstig. Als ihr gewaltiger Heerbann sich im Juni nach Westen wälzte und im Juli Albanien erreichte, liefen die aufständischen Adligen in Scharen zum Sultan über und schlossen mit diesem sogar ein Bündnis[255]. Namentlich bekannt sind Nikola und Paul Dukagjin, die unter sultanischem Schutz ihre Fehde um Dagno wiederaufnahmen und plündernd in venezianisches Gebiet einbrachen[256]. Die Niederlagen Skanderbegs und die Furcht vor der Übermacht des Sultansheeres gaben den Ausschlag. Der Kuvend von 1444 zerbrach beim Anmarsch der Osmanen. Widerstand leisteten nur diejenigen Herren, die am meisten kompromittiert waren, Skanderbeg und Araniti Komino. Die anderen Adligen gingen zum Sultan über, der *„ihnen beste Gesellschaft leistete“*, wie der venezianische Statthalter der dalmatinischen Insel Korčula (Curzola) aus Durazzo erfuhr[257]. Die nicht waffenfähige Bevölkerung wurde in den benachbarten venezianischen Festungen in Sicherheit gebracht[258]. Selbst zogen sich Skanderbeg und Araniti mit mehreren tausend Kriegern ins Hochland zurück. Kruja, das Ziel der Osmanen, wurde von einer Besatzung von rund 1500 Mann verteidigt, darunter rund 400 Italiener[259]. Skanderbegs Hilferufe waren vom Papst schließlich erhört worden. Nikolaus V. versprach allen freiwilligen Verteidigern Krujas einen Plenarablass, und tatsächlich gingen kleinere Gruppen vor allem französischer Kreuzritter über die Adria[260]. Nicht der Kuvend, sondern ein ethnisch sehr gemischtes Heer aus Orthodoxen und Katholiken bereitete sich zur Abwehr vor.

Viel schienen diese Kämpfer zunächst nicht ausrichten zu können: Die osmanischen Renner und Brenner (Akıncı) verheerten die Skanderbeg treu gebliebenen Teile Albaniens; der Hauptharst zog, schwer mit Vorräten und Metall für die Geschütze beladen, wohl entlang der Via Egnatia nach Westen, wandte sich dann nach Norden und bezog in der weiten Ebene vor Kruja, damals Klein-Tirana genannt, ein Feldlager[261]. Skanderbeg selbst schrieb – stark übertreibend – im Sommer 1451 nach Siena, das Heer habe 400 000 Mann gezählt[262]; ein Zehntel oder weniger wird der Wahrheit näher kommen. Vor den Wällen wurden, wie vor Svetigrad, zwei Geschütze gegossen, die 400 Pfund schwere Kugeln gegen die Burg feuerten. Zwar wurde ein Teil der

Mauern bald niedergelegt, zwar gruben Erdarbeiter Gänge unter die Wälle, doch mussten die Osmanen feststellen, dass Kruja nicht zu einem zweiten Svetigrad wurde[263]. Zum einen erwies sich die Besatzung als straff geführt und unerschütterlich treu; es kam zu keinem Verrat, denn gehalten wurde Kruja von zahlreichen christlichen Glaubenskämpfern, nicht von einem durch den Anblick des Sultans verängstigten Ober-Dibraner Landsturm. Dann bekundeten die Osmanen bald Schwierigkeiten, ihr großes Heer fernab der Vorratslager in der makedonischen Ebene zu versorgen; und zu diesen Schwierigkeiten trug Skanderbeg erheblich bei. Denn nun fand er zu der Kampfweise, mit der er den Osmanen schwere Schläge versetzen konnte. Im Gegensatz zu den Kämpfen um Dagno, Durazzo oder Svetigrad hatte er jede Bindung an den Festungskrieg aufgegeben; vielmehr brach er aus den ihm vertrauten Bergen in raschen Angriffen hervor; er unterband damit den osmanischen Nachschub, zersprengte die Karawanen und beunruhigte das osmanische Feldlager bei jeder Gelegenheit. Bei einem kühnen Überfall auf das osmanische Lager wäre der Kastriota fast gefangengenommen worden; mit einem völlig zerhauenen Schild kehrte er in die Berge zurück[264]. Nachts loderten seine Meldefeuer auf den steilen Felshöhen oberhalb Krujas, zur Ermutigung der Verteidiger, den Osmanen aber zum Schrecken. Alle Versuche der Osmanen, in die Berge vorzudringen, schlug er zurück.

Als die Geschütze versagten, beschossen die Osmanen die Wälle mit Steinen, dann schleuderten sie Tierkadaver in die Burg, die aber von den Verteidigern wieder hinausgeworfen wurden. Es herrschte brütende Sommerhitze, und der Gestank des toten Fleisches lag in der Luft; Seuchen begannen sich im osmanischen Lager auszubreiten[265]. Unter sengender Sonne eröffneten die Osmanen schließlich den Generalsturm; zuerst wurden christliche Hilfstruppen ins Feuer geschickt, um die muslimischen Eliteeinheiten zu schonen; Barletius berichtet, diese Plänkler hätten die Verteidiger unter Tränen um Schonung gebeten; unter dem Beschuss der Verteidiger seien sie aber reihenweise gefallen, und ihre Körper hätten den nachstürmenden muslimischen Kriegern gleichsam als Brücke gedient[266]. Immer wieder trieb Kronprinz Mehmed die Truppen nach vorne. Die Besatzung aber hielt stand. Deutsche Büchsenschützen hatten den Osmanen schwere Verluste zugefügt[267]. Die Osmanen erhöhten daraufhin den Druck auf Skanderbeg, der sich zusammen mit Araniti zeitweise auf venezianisches Gebiet zurückgezogen hatte, was die Republik in nicht geringe Verlegenheit brachte.

Venedigs Haltung war überaus zweideutig: Offiziell stand es im Frieden mit dem Sultan, fürchtete aber die Gefahr, die Durazzo und Skutari bei einem Fall Krujas drohte. Drei Galeeren kreuzten daher vor Durazzo[268]. Beide Kriegsparteien, Skanderbeg und der Sultan, bedrängten die venezianischen

Statthalter vor Ort um Hilfe; und beide schickten Plünderscharen auf venezianisches Gebiet, die Osmanen mit Hinweis auf Skanderbegs Entweichen auf venezianisches Territorium – so beschossen Bogenschützen Durazzo angeblich *„per festa"*[269] – , die Aufständischen wiederum als Racheakt für venezianische Getreidelieferungen an den Sultan. Denn die venezianischen Getreidehändler zogen aus der Versorgungsnot der Osmanen großen Gewinn und lieferten eifrig Nachschub. Als Skanderbeg vor Skutari brandschatzte, sicherten die Venezianer auch ihm Mundvorrat zu. So versorgte die Markusrepublik beide Parteien, ein Unternehmen, das ihr weder den jungen Mehmed noch Skanderbeg gewogen stimmen sollte[270].

Albanien wurde von den Osmanen indessen derart verwüstet, dass selbst die treuesten Verbündeten zu verzweifeln begannen: Im September 1450 bat Araniti Komino, dessen Ländereien vollständig von den Osmanen überrannt worden waren, Venedig um die Vermittlung eines Friedens, bei dem Kruja in Skanderbegs Hand verbliebe; der venezianische Senat sagte die Entsendung eines entsprechend beauftragten Statthalters zu[271].

Doch bedurfte es keines venezianischen Eingreifens mehr, um die Osmanen zum Abzug zu bewegen. Denn die weitere politische Lage hatte sich verändert: Venedig und Neapel hatten am 2. Juli 1450 Frieden geschlossen[272].

Noch wichtiger aber war, dass sich im Norden Johann Hunyadi wieder rührte: Im Frühjahr 1450 hatte er sich vom Papst von seinem Eid, den er Georg Branković geleistet hatte, lösen lassen. Die Beziehungen zwischen dem ungarischen Reichsverweser und dem serbischen Despoten verschlechterten sich den Sommer über; schließlich zog Hunyadi mit einem Heer, in dem zahlreiche Böhmen und Polen dienten, wieder über die Donau. Georg Branković hatte nach 1448 alles unternommen, um unter osmanischem Schutz seine Herrschaft zu erweitern: Er lieferte sich Kleinkriege mit Bosnien, ließ Soldaten entlang der Grenze zu Venezianisch-Albanien aufmarschieren, ja, er schickte sogar Gesandte in Murads Lager vor Kruja, um Hilfe gegen Venedig zu erbitten[273]. Von Venedig hatte er schon bei der Kunde vom Anmarsch der Osmanen, im April 1450, die Herausgabe des Küstenlandes um Skutari verlangt[274]. Murad achtete zwar den Frieden mit der Republik – die Getreidenot seines Heeres war zu groß; doch sorgte er sich um seine Nordgrenze. Aus Edirne wurde, wohl Ende August 1450, der Anmarsch Hunyadis gemeldet. Skanderbeg ließ den Boten abfangen und ihm das Warnschreiben ans Ohr heften[275]. Murad, ohnehin von der erfolglosen Belagerung zermürbt, befahl angesichts des heranrückenden Winters und schwindender Vorräte den Rückzug. Angeblich soll er zuvor versucht haben, Vrana Conte zu bestechen, dann auch Skanderbeg einen Frieden bei Anerkennung osmanischer Oberherrschaft anzubieten[276] – vergeblich.

Die Osmanen waren vor den Augen der Welt unterlegen. Kronprinz Mehmed sollte diese Schmach niemals vergessen; der Kampf gegen Skanderbeg wurde für ihn zu einer ganz persönlichen Rache für eine unerhörte Demütigung[277]. Denn Skanderbeg war der erste Balkanadlige, der einem Angriff des Sultans erfolgreich widerstanden hatte; nur den Kaisern von Byzanz hinter den berühmten Wällen Konstantinopels war dies bisher gelungen. Unerhört war daher die Kunde vom Widerstand Krujas im Abendland. Erstmals seit der Katastrophe von Varna hatten Kämpfer des Kreuzes wieder einen Sieg errungen.

Um den osmanischen Rückzug ranken sich mancherlei eigentümliche Erzählungen; so jene, wonach der Sultan vor Gram noch in Albanien gestorben sei[278]; noch erstaunlicher ist die Legende, dass Murad II. kurz vor seinem Tod eine Tochter Skanderbegs geheiratet habe (der Kastriota war damals noch kinderlos)[279]. Tatsächlich verlief der Marsch nach Osten unter größten Mühen; Krieger Skanderbegs griffen in Schluchten und Waldtälern die Osmanen wiederholt an und fügten ihnen herbe Verluste zu[280]. Murad zog sich über den Winter in das kleinasiatische Bursa zurück, wo er am 3. Februar 1451 bei einem Trinkgelage einem Schlaganfall erlag[281].

Obwohl die Osmanen Kruja nicht einzunehmen vermochten, hatte Skanderbeg höchstens einen Pyrrhussieg errungen. Sein Land war verwüstet, und er musste einsehen, dass er allein das zerschossene Kruja nicht gegen einen weiteren osmanischen Angriff, der unweigerlich erfolgen musste, würde halten können. Auf seine adligen Standesgenossen durfte er im Herbst 1450 nicht zählen. Vielmehr drohte ein offener Aufstand seiner Gefolgsleute[282]. Denn die Bewohner der verwüsteten Landschaften trauten Skanderbeg nicht mehr zu, ihnen wirkungsvoll Schutz zu bieten; die adligen Herren wollten vor allem ihre Besitzungen bewahren. Er besaß nicht einmal mehr genügend Geldmittel, um die Besatzung von Kruja zu entsolden[283]. Mit Ausnahme Krujas hatte er fast seine gesamte Herrschaft verloren[284].

So blieb Skanderbeg nur noch, sich einer dritten Macht zu unterstellen. Er entfaltete im Herbst und Winter 1450/51 eine hektische diplomatische Tätigkeit. Schon wenige Tage nach dem Abzug der Osmanen schickte er einen Abt zu Agustino de Renier, dem venezianischen Verwalter von Dagno, und bot ihm die Übergabe Krujas an (Mitte Oktober 1450). So verzweifelt war er, dass er drohte, bei einer venezianischen Weigerung die Burg den Osmanen auszuhändigen. Venedig lehnte ab, getreu seiner vorsichtigen Haltung, wünschte Skanderbeg aber Erfolg bei der Rückeroberung des Verlorenen und bot auch Vermittlung beim Sultan an, also das, was die Republik bereits Araniti zugestanden hatte[285]. Weiter ging die Signoria aber nicht.

Skanderbeg wandte sich daraufhin an eine weitere adriatische Macht. Nichts zeigt seine unsichere Stellung deutlicher, als dass er selbst nach Ragusa eilte: Von dort erhoffte er Hilfe, dort wollte er aber auch päpstliche Kreuzzugsgelder in Empfang nehmen, die er zur Gewinnung von Gefolgsleuten dringend benötigte. Vom 10. bis zum 14. Dezember 1450 verhandelten der Rektor und der Kleine Rat der Blasiusrepublik Skanderbegs Bitten; doch überwog auch hier die Vorsicht; selbst ein Geldgeschenk von 500 Dukaten war heftig umstritten und wurde nur mit knapper Stimmenmehrheit beschlossen[286]. Von der kleinen Republik mit ihren Handelsinteressen auf dem Balkan hatte Skanderbeg auch nicht viel mehr erwarten dürfen. Da fruchteten auch die Aufrufe des Papstes an Ragusa nur wenig[287]. Die 500 Dukaten aber scheint er nach seiner Rückkehr in Albanien gut verwendet zu haben. Vielleicht halfen auch 200 neapolitanische Söldner, die Alfons V. irgendwann vor März 1451 über die Adria geschickt hatte[288]. Weitere Gesandtschaften gingen nach Siena, Burgund (Herbst 1451) und an den Hof Karls VII. von Frankreich (Januar 1452)[289]. So erfuhr ganz Europa von der Schlacht um Kruja, aber auch von der Bedrängnis Skanderbegs.

Im Winter 1450/51 sollte sich erweisen, wie instabil die politische Lage in Albanien, wie unstet das Verhalten der Herren dort war. Denn kaum war das Sultansheer abgezogen, überdachte mancher Adlige seine Haltung. Der osmanische Albdruck war gewichen, vor allem hatten die Osmanen keine wichtigen Burgen brechen können[290]. Nun erwies sich plötzlich Skanderbeg wieder als stärkere Kraft – wohl durch Verteilung von Geldern füllte er das Machtvakuum und zog einige Herren wieder an sich; im Februar 1451 hieß es in Ragusa, er habe *„ein Gutteil seiner Herrschaft (signoria) wiedergewonnen"*[291]. Freilich galt dies nur bis zum nächsten osmanischen Angriff. Dies wusste Skanderbeg und wandte sich an die dritte adriatische Macht um Schutz: Alfons V., König von Neapel.

Dieser hatte auch nach dem Frieden mit Venedig seine ausgreifende Balkanpolitik nicht aufgegeben; das Siechtum des byzantinischen Reiches nährte seine Träume von der Kaiserherrschaft am Bosporus. Es schien, als ob sich der junge Sultan Mehmed II. und der mächtigste christliche Herr im östlichen Mittelmeerraum einen Wettlauf um die Stadt am Bosporus lieferten. Groß war daher weiterhin Alfons' Interesse an balkanischen Verbündeten. Nur so ist zu verstehen, weshalb der schutzsuchende Skanderbeg und der machtbewusste Monarch so rasch zu einer Übereinkunft fanden. Im März 1451 traten Bischof Stephan von Kruja und der Dominikanermönch Nikolaus Berguzzi vor den König und baten dringend um Hilfe: In Albanien wusste man noch nichts von Murads II. Tod und fürchtete für April einen erneuten osmanischen Angriff. Am 26. März 1451 wurde ein Vertrag geschlossen, der die Schicksale von Skanderbegs Herrschaft für die kommenden sieben Jahre bestimmen sollte. Der Bischof und der Mönch Berguzzi unterzeichneten, ersterer in griechischen

Buchstaben, ein Abkommen, das ihrem bedrängten Herrn die erhoffte Entlastung brachte. Sie vertraten dabei *„den angesehenen und prächtigen Herrn Georg Kastriota, Herrn der ... Stadt Kruja, und seine Verwandten, Barone in Albanien"*. Alfons V. versprach die Entsendung eines Heerkorps nach Kruja, bei dessen Eintreffen Skanderbeg die Burg auszuhändigen hatte. Skanderbeg und seine adligen Gefolgsleute versicherten, dass sie alle Eroberungen der neapolitanischen Krone unterstellen würden; Skanderbeg gelobte, nach der Vertreibung der Osmanen dem König persönlich den Lehenseid zu leisten *(„juramento et homagio de fidelita et de vasallagio")*; Skanderbeg und die Adligen hatten dem König auch den Türkentribut zu entrichten und Salz nur aus neapolitanischen Beständen anzukaufen. Als Gegenleistung bestätigte Alfons den Herren alle ihre alten Vorrechte[292]. Skanderbeg wurde zum Vasall der neapolitanischen Krone[293]. Er folgte so der altehrwürdigen Tradition des albanischen Adels, sich nach dem Königreich Neapel auszurichten. Skanderbeg empfand tiefe Dankbarkeit gegenüber Alfons V., den er als seinen persönlichen Wohltäter ansah[294]. Tatsächlich hätte Skanderbeg ohne neapolitanische Hilfe die Auseinandersetzungen mit den anderen Adligen und den Osmanen kaum überstanden. Im Mai 1451 bat er den König durch einen seiner Blutsverwandten dringend, die versprochene Hilfe über das Meer zu schicken[295]. Am 23. Mai sagte Alfons *„Georg Kastriota, dem Herrn von Kruja, unserem geliebten Gefolgsmann"*, zu, Herrn Bernardo Vaquer mit zwei Hauptleuten, hundert Fußknechten sowie reichlich Mundvorrat zu entsenden; und sechs Tage darauf unterrichtete er von dieser Maßnahme Johann Hunyadi, der an der Donau unermüdlich gegen die Osmanen focht[296]. Die katalanisch abgefasste Instruktion an Vaquer gibt Einblick in die Albanienpläne des Herrschers: Mit Hilfe des Hafenmeisters von Apulien sollten die Soldaten in Trani oder Barletta eingeschifft werden. In Albanien gelandet, sollte sich Vaquer gleich nach Kruja begeben, dort den Herrn *„Jordi"* (Georg) gebührend begrüßen und ihm das Beglaubigungsschreiben aushändigen, ihm mitteilen, der König habe die Männer für den Türkenkampf geschickt, zudem auch Getreide mitgegeben; Vaquer möge erklären, der König entschuldige sich, wegen anderer Aufgaben nicht früher Hilfe geleistet zu haben. Mit Verweis auf den Vertrag von Gaieta solle Vaquer danach die Übergabe der Burg und anderer fester Plätze fordern und dann den Lehenseid der Bewohner zu empfangen. Danach hätten die neapolitanischen Soldaten die Wache zu übernehmen. Alfons fügte aber auch eine Klausel für den Fall an, dass Skanderbeg anderen Sinnes geworden wäre: Dann hätte Vaquer auf jede Weise die Übergabe zu erwirken. Weiter hatte Vaquer Nachrichten über Burg und Land einzuziehen, gegebenenfalls darüber auch in verschlüsselten Briefschaften zu berichten. Schließlich hatte er Skanderbeg ein wertvolles Geschenk des Königs auszuhändigen, Salpeter und

Schwefel zur Herstellung von Schießpulver[297]. Tatsächlich hatte Skanderbeg Kruja zu räumen. König Alfons unterschied zwischen *„den Burgen und Städten, die er in Albanien besitzt"* und dem *„Land und den Burgen des vornehmsten Georg Kastriota genannt Skanderbeg"* – Kruja und sein Umland waren so von Skanderbegs Herrschaftsgebiet getrennt, Königsland stand neben dem Land des Vasallen[298].

Was für Skanderbeg von überragender Bedeutung war, stellte im politischen Denken des neapolitanischen Königs lediglich ein Bindeglied in einem weitgespannten balkanischen Vasallitätssystem dar[299]. Denn Alfons V. hatte im Spätwinter und Frühjahr 1451 auch den byzantinischen Despoten der Morea (Peloponnes) Demetrios Palaiologos an sich gebunden und am 7. Juni 1451 den von Venedig abgewiesenen Araniti Komino in sein Machtgebilde eingegliedert. Vertreten durch den Adligen Filippo Pantella aus Piacenza, hatte der wichtigste Adlige des albanischen Südens einen Plan für gemeinsame Feldzüge aushandeln lassen: Als Ziele galten die Städte Belgrad (Berat) und der Hafen Valona. Zuversichtlich wurde die Beute bereits geteilt: Das Muzakiland nördlich des Flusses Devol würde zusammen mit der Festung Berat an Alfons fallen, Araniti erhielte seine alten Gebiete südlich davon und würde auch dem neapolitanischen Statthalter von Berat Steuern abliefern. Valona und die nahe Feste Kanina würden Araniti gehören, der sie aber keinem anderen ausliefern dürfte; Neapel würde die Hand auf die Türkensteuer und die Salzerzeugung der Gegend legen. Überhaupt musste Araniti den wichtigen Salzhandel neapolitanischer Obhut überlassen. Der Unterhändler Pantella würde das Ländchen Vagenitia im Bergland hinter Korfu als Belohnung zugewiesen erhalten. Einzig die Klausel, Araniti dürfe beim Ausbleiben rascher Hilfe aus Neapel mit den Osmanen einen Stillstand schließen, erinnerte daran, dass es sich bei der Urkunde um hochfliegende Pläne handelte, denen die straffe osmanische Herrschaft im albanischen Süden entgegenstand[300].

Die beiden Abkommen zeigen mehrerlei: Skanderbeg und Araniti handelten getrennt, hier der Kastriota mit seinen *„Verwandten und Baronen"*, da der Ältere, im Ansehen lange Zeit höherstehende *„Graf in Albanien"*[301]. Im Frühsommer 1451 hatte das Adelsbündnis von Alessio als eigenständige Macht zu bestehen aufgehört. Dann wird auch die Strategie Neapels deutlich: Inbesitznahme der großen Burgen im Binnenland, Kruja – tatsächlich – und Berat als Ziel eines Angriffes; Vasallität Skanderbegs und seiner Gefolgschaft; Kontrolle über das wichtigste Landeserzeugnis, Salz, und damit Verdrängung der venezianischen und osmanischen Konkurrenz; indirekte Herrschaft über den albanischen Süden, wo der König die Abgaben durch Araniti würde einziehen lassen.

So stand am Ende der ersten Phase großer osmanischer Angriffe die Eingliederung der christlichen Herren Albaniens in die neapolitanische Machtsphäre. Dies musste die Venezianer noch mehr verstören als die Osmanen, geriet doch so das Land hinter Durazzo und – zumindest potenziell – die ganze Küste hinab bis zur venezianischen Hafenfestung Korfu unter neapolitanischen Einfluss. Es sollte nicht lange dauern, und die Spannungen zwischen den beiden italienischen Adriamächten würden wieder aufleben. Skanderbeg aber hatte eine, wenn auch stets gefährdete, Atempause erlangt. Nach dem Scheitern des Adelsbündnisses, dem Abfall vieler Herren und der Verwüstung des Landes musste er nun daran gehen, seine Herrschaft neu zu ordnen.

II

ANATOMIE EINES AUFSTANDS

CHARISMA

Schon zu Lebzeiten erlangte Skanderbeg auf dem Balkan und im Abendland großen Ruhm. Als einziger orthodoxer Adliger der Hämushalbinsel hatte er dem Sultan erfolgreich die Stirn geboten. Seine Gesandten hatten die Kunde von diesem Erfolg an die Höfe Europas getragen. Der gewaltige Ruf, die Legenden, die bald entstanden, verdecken aber die eigentlichen strukturellen Ursachen von Skanderbegs politischem Überleben. Denn sein Kampf gegen den Sultan, der ein volles Vierteljahrhundert dauerte, war kein Siegeszug, sondern, Jahr für Jahr, ein Versuch, gegenüber einem weit überlegenen Feind zu bestehen und den nächsten Winter zu erleben, der mit seinen Schneemassen Schutz vor osmanischen Angriffen bot. Das Ungleichgewicht der Kräfte hätte größer kaum sein können: Das vorzüglichste Heer seiner Zeit gegen eine kleine Schar von Bauern- und Hirtenkriegern. Eine schlichte Erzählung von Gefechten, Belagerungen und Gesandtschaften an westliche Herrscher vermag kaum zu erklären, weshalb im albanischen Raum – im Gegensatz zu den wohlorganisierten Staatswesen von Serben, Bulgaren und Byzantinern – die Osmanen unvergleichlich größere Mühe bekundeten, die Eroberung zu einem zügigen Abschluss zu bringen. Daher soll in den folgenden Kapiteln dargestellt werden, welche Besonderheiten Skanderbeg und dessen Gefolgschaft auszeichneten.

Im Mittelpunkt steht dabei zuvorderst Skanderbeg selbst. Ohne ihn hätte der Krieg nie jene langen 25 Jahre gewährt. Der Aufstand war sein persönlicher Kampf gegen den Sultan, den er bis zum Ende durchfocht. Er verfügte dabei weder über eine geregelte Verwaltung noch ein festes Herrschaftsgebiet. Vielmehr war er ständig in Bewegung, im Sommer in den Bergen, im Winter, wenn die Osmanen abgezogen waren, in den Ebenen. In späteren Jahren hielt er sich öfters auch in der heißen Jahreszeit an der Küste auf. Skanderbegs Herrschaft war nicht statisch, sie war dauernder Ausdehnung und Kontraktion unterworfen. Schwere Niederlagen und erfolgreiche Kämpfe und Raubzüge wechselten in rascher Folge. Sicherheit herrschte nie. Wer Skanderbeg folgte, hatte ein entbehrungsreiches Leben in den Bergen zu gewärtigen.

Dass sich trotz der osmanischen Übermacht viele Männer Skanderbeg anschlossen, ist wesentlich mit dessen Persönlichkeit zu erklären. Skanderbeg verkörperte in den Augen der albanischen, südslawischen und vlachischen Bevölkerung des Balkans die Ideale des kriegerischen Heldentums. Er stellt den Typus des charismatischen Führers dar, den Max Weber beschrieben hat: *„Der Träger des Charisma ergreift die ihm angemessene Aufgabe und verlangt Gehorsam und Gefolgschaft kraft seiner Sendung. Ob er sie findet, entscheidet der Erfolg. Erkennen diejenigen, an die er sich gesandt fühlt, seine Sendung nicht an, so bricht sein Anspruch zusammen. Erkennen sie ihn an, so ist er ihr Herr, solange er sich durch ‚Bewährung' die Anerkennung zu erhalten weiß"*[1].

Die Verehrung, die die orthodoxe Bevölkerung des westlichen Balkans derartigen Führergestalten entgegenbrachte, hat Niederschlag gefunden im balkanischen Heldenlied[2]. In einer Gesellschaft, in der nur die wenigsten Menschen lesen und schreiben konnten, wurden – zum Teil bis in unsere Tage – geschichtliche Ereignisse, die Erinnerung an große Männer und deren Taten im Lied verarbeitet. Skanderbegs Herkunftsgebiet, überhaupt aber das albanische Hochland zählt zu den Kerngebieten dieser mündlichen Erinnerungskultur. *„Die berühmten Taten starker Männer"*, so erzählt der aus dem Kosovo stammende Bischof der Küstenstadt Dulcigno Martino Segono, wurden in den Bergen besungen; gerühmt wurden die Burschen, die bereit waren, *„jede Anstrengung auszuhalten"*[3]. Wenn Männer sich versammelten, wurden Lieder zum Ruhm der Vorfahren angestimmt[4]. Freude und Trauer wurden derart zum Ausdruck gebracht. Außenstehende Beobachter, Griechen wie Italiener, wurden Zeugen dieser Liedtradition[5]. Eingang haben diese Heldenlieder auch in die Biografien Skanderbegs gefunden, die nordalbanische Priester nach 1500 im italienischen Exil aufgezeichnet haben. Nur überdeckt die Form, das Humanistenlatein und die Anleihen bei antiken Klassikern diese typisch balkanische Erinnerung an einen großen Mann[6]. Die Lieder, in denen albanische und slawische Zeitgenossen Skanderbegs Ruhm verherrlicht haben, sind verklungen. Ganz verloren ist diese mündliche Welt aber nicht. Denn in der Landschaft, die im Süden an den albanischen Raum angrenzt, in Epirus, ist im frühen 15. Jahrhundert ein Heldenepos aufgezeichnet worden, das die Taten des Carlo Tocco, Despoten von Joannina, besingt. In Epirus lebten zu jener Zeit Griechen, Albaner, Vlachen, Slawen und Italiener nebeneinander. Carlo Toccos Hauptgegner waren Albaner. Der Dichter, der seine Verse in der griechischen Volkssprache schrieb, brachte kein gelehrtes byzantinisches Gedankengut zum Ausdruck. Sein Werk entstand am Rand der alten Welt von Byzanz, das sich damals aus Epirus zurückgezogen hatte; nicht das alte Reichsrecht, eine kaiserliche Ordnung galten mehr, sondern das Recht des Stärkeren, des charismatischen Führers, der seinen Männern Ruhm und vor allem Beute versprach. Aus der sogenannten „Chronik der Tocco" lassen sich die im 15. Jahrhundert vorherrschenden Ideale des balkanischen Kriegertums herauslesen[7].

Der Held ragt allein schon durch sein Aussehen hervor: *„Ein hübscher Jüngling, tapfer, ein schöner junger Held (griech. Pallekari)"*[8]. Persönlicher Mut, List gegenüber dem Feind, Freigiebigkeit und Leutseligkeit gegen die Gefolgsleute, Beredsamkeit und Witz zeichnen den Führer aus. Ist der Gegner, so die Osmanen, zu stark, wartet er ab, schließt scheinbar Frieden, doch ist er wie eine Schlange, die plötzlich *„ihre Feinde beißt und tötet"*[9]. Im Kampf ist er immer der erste: *„Wie ein Blitz aus den Wolken"* stößt er auf seine Feinde herab. Er steht mitten im Kampfgetümmel, schwingt seine Lanze und schießt *„wie ein Pfeil"* mitten in die Schar der Feinde, deren speerstarrende Schlachtordnung er durchbricht; neun Lanzen stecken in seiner Rüstung, doch er kämpft weiter. Allein ficht er inmitten der Gegner, die sein Pferd bedrängen, doch haut er sich mit blankem Schwert einen Weg frei[10]. Sein Schlachtpferd und seine Waffen sind Gegenstand der Bewunderung: Sein Kürass *„leuchtet wie der Stern des Ostens"*; er ist *„wie eine strahlende Sonne im Sattel"*. Er reitet ein dunkles Pferd, *„schwarz wie eine Olive"*, *„ein Pferd aus Kalabrien, schön, wohlgebaut, pechschwarz"*. Auf diesem Pferd gleicht der Anführer einem *„Turm"*[11]. Die Kunde von einem solchen Helden, die Aussicht auf Beute und reiche Geschenke ziehen die jungen Krieger aus den Dörfern und Hirtenkatunen an[12]. *„Seine Burgen, seine Länder sind alle reicher geworden ... große Freiheiten haben sie, große Vorteile genießen sie"*[13]. Die Krieger definieren sich über ihre Zugehörigkeit zu einem solchen Herrn: *„Mir wurde es zuteil, in das Haus des Herzogs zu kommen. Er ehrte mich sehr, und viel schulde ich seiner Freundschaft. Niemand möge denken, dass ich dies aus Freundschaft sage. Geht durch die Welt, nach Osten und nach Westen, ihr werdet keinen würdigeren Herrn finden, der euch liebt und euch gebührend ehrt"*[14]. Der Anführer ermöglicht seinen Männern ein Leben in Ehre und Wohlstand. Die Ehre des Hirtenkriegers bestimmt sich nicht nur durch Verteidigung des eigenen Besitzes, sondern durch erfolgreichen Kampf, vor allem aber durch Raubzüge, auf denen das Vieh des Gegners weggetrieben wird. Das Ideal des Krieges ist der erfolgreiche Streifzug, bei dem Menschen und Tiere erbeutet werden; Lösegeld wird gefordert, die eigene Herde vergrößert. *„Viele Tage verwüsteten die Truppen das Land nach aller Kraft, sie plünderten, brandschatzten und* *zerstörten die Dörfer*"[15]. Schlachten werden vermieden, bejubelt werden hingegen die geschickte Überrumpelung einer kleinen Burg, klug eingefädelter Verrat, gelungene nächtliche Anschläge[16]. Im Kleinkrieg zwischen Christen gelten jedoch bestimmte Regeln, vor allem wenn sich die Anführer gegenüber treten: Üblich sind persönliche Besprechungen, bei denen sich die Herren die Hand reichen; Heiraten und Patenschaften sichern Übereinkünfte ab – Verrat ist aber gängig, wenn ein handfester Vorteil winkt[17]. Als übergeordnetes Regelwerk wird kein gesetztes Recht anerkannt, sondern nur der Wille Gottes und die Macht des Schicksals, der Tyche. Sie entscheiden über Erfolg oder Scheitern der Raubzüge[18]. Gott ist weniger ein Beschützer der Schwachen, vielmehr ein Schirmherr von Raubrittern. Höhepunkte in dieser Lebensform sind die Feiern nach geglückten Kämpfen. Die Bevölkerung der Burgstädtchen empfängt die siegreichen Krieger: „*Männer, Frauen, Kinder, Junge und Kleinkinder, alle rufen den Namen des Herzogs (Carlo Tocco; O. S.), alle laufen ihm entgegen, um sich vor ihm zu verneigen*"; ehrerbietig sammeln sich die Vornehmen des Ortes, Trompeten, Flöten und andere Instrumente ertönen, „*die Berge jubeln*", man singt den altbyzantinischen Segenswunsch „Viele Jahre" und übergibt feierlich die Schlüssel des Ortes. Dann schreitet der Herr zur Kirche, wo die Geistlichen im Festornat warten, Lampen und Kerzen brennen; im Gegenzug zeigt sich der Herr leutselig, verteilt Geschenke an das Volk und lädt zu einem Gastmahl; seine Männer hissen indes sein Banner und halten Wache. Nach dem Fest geht der Herr zu Fuß durch die Straßen, spricht die Männer an, erfährt ihre Wünsche, verteilt nochmals Kleider und Geld, den Vornehmen auch Ämter und Titel[19].

Neben der Gliederung in Anführer und Gefolgschaft verwendet der Dichter zur Beschreibung der epirotischen Gesellschaft auch religiöse und ethnische Kategorien. Stark und eindeutig ist der Unterschied zwischen (orthodoxen) Christen und Muslimen; bestimmt ist dieser Gegensatz von der Furcht vor den überlegenen Osmanen: „*Die Türken, verschlagen und sehr bösartig, neigen von Natur und, wie man sagt, auch von ihrem Recht her dazu, die Christen zu bekämpfen und sie ganz zu unterwerfen*"[20]. Unter den Muslimen befinden sich auch zum Islam übergetretene Albaner, Verwandte orthodoxer albanischer Adliger in Epirus[21]: „*Türkischen Glaubens ist er, bei den Türken wurde er aufgezogen*", sang der Dichter von Jakub Spata, dessen Schicksal demjenigen Skanderbegs gleicht. Die Christen wiederum zerfallen in „*Romäer*" (Griechen), „*Franken*" (katholische Südeuropäer) und „*Alvaniten*" (Albaner). Letztere übergießt der Dichter mit Spott und beschimpft sie als „*Schweinehirten*"[22]; doch achtet er sie dann wieder als „*tapfere, bewundernswerte*" Gegner im Kampf[23]. Ein Grundzug der Albaner ist vor allem ihre innere Zerstrittenheit, sie plündern gegenseitig Dörfer und Hirtenkatune[24].

Diese Welt unterschied sich kaum von den Verhältnissen im Gebiet der Herren des Kuvend. Die Skanderbegbiografen Barletius und Franco folgten in ihren Beschreibungen mehreren Strängen traditioneller Heldenverehrung: Antike Vorbilder aus Plutarch und Livius, traditionelle Fürstenspiegel, vor allem aber balkanische Lieder verschmolzen in ihrer Darstellung. Ihr Skanderbegbild fügt sich ganz in jene Kategorien ein, in denen auch der Dichter der Toccochronik dachte. So priesen sie die körperliche Erscheinung ihres Helden. Großgewachsen war er, mit Armen, muskulöser als diejenigen aller anderen Männer, mit breiter Brust; seine Augen leuchteten hell, sein Blick war offen[25]. Mutig, stark, persönlich anspruchslos, unempfindlich gegen Kälte und Hitze, dem Laster abgeneigt, körperlich ausdauernd ist der Held – er schläft nur fünf Stunden, und dies stets in Waffen, auf einem Teppich liegend[26]. Untätigkeit verabscheut er. Skanderbeg ist ein vorzüglicher Redner, er ist *„klug, aufgeweckt, lebhaft, großzügig, höflich, gerecht, großmütig und barmherzig"*, er schont Kinder und Frauen und verhindert jede Schändung, seine Standesgenossen gestehen ihm *„Tugend, Würde und Klugheit"* zu[27]. Er liebt den Kampf und ist im Gefecht immer der erste. Der Held ist unbesiegbar; als das Pferd unter ihm getötet wird und er verletzt zu Boden stürzt, stellt er sich zunächst tot; als die Osmanen ihm den Kopf abschneiden wollen, springt er auf, schlägt sie mit seinem Schwert nieder und schwingt sich auf ein schnelles Pferd, das ihm seine herbeigeeilten Gefolgsleute bringen. Im Kampf reicht ihm ein Schwerthieb, um einen Gegner zu töten. Er ist *„wendig und schnell"*. Bei der Verfolgung ficht er mit entblößtem Arm, um den Feind besser zu treffen. *„Sonst war Skanderbeg wohl gepanzert, bewaffnet und gerüstet, wenn (Gefahr) zu befürchten war; er drohte, wenn es nötig war, zeigte sich dabei vorsichtig und klug, bei aller Kraft wollte er nie den Höchsten versuchen"*. Er jagt jedem Widersacher nach, stellt ihn, haut ihn mittendurch entzwei. Nach Skanderbegs Tod erzählten Veteranen, er allein habe 3000 Osmanen im Kampf getötet[28]. Als Besonderheit erwähnten sie, Skanderbeg habe sich bisweilen auf die Lippen gebissen, bis diese zu bluten begannen. Barletius, der Priester, geht so weit, dass er ihn als *„einen fast göttlichen Mann"* rühmt[29]. Welche Anerkennung Skanderbeg auch in jenen Adelskreisen fand, die ihm politisch misstrauisch gegenüberstanden, zeigen die Bemerkungen Giovanni Musachis, der von der *„virtù e valore"* Skanderbegs spricht, von der List bei der Überrumpelung Krujas erzählt, ihn einen bedeutenden Hauptmann nennt. Für Musachi zeichnet sich ein Herr dadurch aus, dass er ein *„huomo de core e che valeva"*, war. Er rühmt, Skanderbeg sei *„weise und tüchtig und wohlgesinnt"* gewesen; vor allem aber: *„Er war ein größerer Herr als alle seine Vorgänger"*[30].

Der Held ist nicht nur ein großer Kämpfer, sondern auch ein vorzüglicher Jäger: Er reitet dabei durch die weiten albanischen Küstenebenen und erlegt mit einem Schuss Bären, Hirsche, Wölfe. Als berühmte Jagdanekdote erzählt Franco von einer Begebenheit während Skanderbegs Feldzug in Apulien (1461); im Angesicht des Königs Ferrante und dessen Höflingen bezwingt er, nur mit seinem Schwert bewaffnet, einen Eber. In Albanien staunten die Menschen über ein anderes Jagderlebnis: Im Wald seiner Schwester Mamica hatte ein wilder Stier vielen Menschen schweren Schaden zugefügt, dass sogar die Adligen vor ihm Reißaus nahmen; der außerordentlich geschickte Held hieb dem Untier jedoch mit *„einem schönen Schlag"* das Haupt ab[31].

Bewunderung gilt auch Pferd und Waffen des Helden: Die Osmanen sollen Skanderbegs Schwert eine fromme Scheu entgegengebracht haben; dieses Schwert soll Panzer, Helme, Rüstungen jeder Art durchschlagen haben. Drei dieser Schwerter besaß der Held, und großzügig übersandte er eines seinem Gegner, dem Sultan, als dieser danach begehrte – doch vermochten weder er noch die osmanischen Großen das Schwert recht zu führen[32]. Skanderbegs Schlachtross war schrecklich im Kampfgetümmel, aber zahm in der Hand seines Herrn. Nach Skanderbegs Tod, so wurde erzählt, habe das Pferd große Tränen vergossen und Tag und Nacht gestampft und ausgeschlagen, bis es sich zu Boden legte und starb[33].

Skanderbegs Biograf Demetrio Franco zeichnet den Gegensatz zwischen dem schlicht gekleideten Helden und dessen in Gold und Seide einherschreitenden Kriegern[34]. Der Held teilt mit seinen Männern die Entbehrungen des Kleinkrieges in den Bergen, auch in der kalten Jahreszeit. Dabei trägt er nicht selten Hirtentracht, ein Gewand aus grobem Tuch[35], unterscheidet sich also nicht von vielen seiner Gefolgsleute – albanischen, slawischen und vlachischen Hirtenkriegern aus dem Hochland. Nur an Festtagen soll er prächtige Gewänder angelegt haben[36]. Seine persönliche Bescheidenheit zwingt er seinen Gefolgsleuten nicht auf, sondern beschenkt sie mit schöner Kleidung.

Die Gefolgschaft ist ihrem Anführer treu ergeben: Dieser bewirtet sie großzügig an seiner Tafel, an der 3500 Gäste verköstigt werden. Seine Großen bringen Wildbret und Fisch herbei; Gäste werden nach Landesbrauch hoch geehrt: *„Bisweilen gab er einem der Seinen aus dem eigenen Becher zu trinken, was in diesem Land als hochwichtig angesehen wird"*. Je nach Rang beschenkt er seine Männer mit Geld und Pferden, mit Kleidung und teuren Stoffen[37]. Der Anführer sorgt auch für die Gefallenen; kein Leichnam bleibt unbestattet den wilden Tieren ausgeliefert[38].

Die Idealform des Krieges ist der gelungene Raubzug, der Lösegeld und Vieh einbringt[39]. Franco schwärmt von 800 000 Schafen, 60 000 Rindern, 3000 Pferden aus den Gestüten des Sultans[40]. Im Gegensatz zur Toccochronik ist Skanderbeg aber ein christlicher Held: Er schlägt das Kreuz, bevor er in den Kampf reitet, gewährt christlichen Gegner Schonung, nimmt flüchtige christliche Adlige bei sich auf, befreit Christen aus den Händen der Muslime[41]. Die geistlichen Biografen betonen immer wieder den christlichen Charakter von Skanderbegs Kampf. Gott nimmt eine andere Stellung ein als im Weltbild des Toccochronisten: Denn Skanderbeg erfüllt eine Mission in seinem Kampf gegen den Sultan, während Carlo Tocco letztlich ein zeitweise erfolgreicher Raubritter bleibt, der von seinen Spießgesellen bejubelt wird. Im Gegensatz zu den Tocco ging Skanderbeg auch in die Legende ein: Die im 20. Jahrhundert aufgezeichneten Volkslieder der Albaner – die in Teilen vielleicht von den im späten 19. Jahrhundert von albanischen Intellektuellen wiederentdeckten Biografien des 16. Jahrhunderts beeinflusst sein mögen – zeigen eine archaische, mythenhafte Vorstellung von dem Helden, dem übermenschliche Kräfte zugeschrieben werden[42]: Skanderbeg sei unverwundbar gewesen, er habe mit bloßer Hand gewaltige Felsen in die Luft geschleudert, riesige Steine gespalten; wie ein Blitz sei er durch die Lande geeilt, mit seinem Pferd durch die Lüfte geflogen; die Ore, die Feen der albanischen Legenden, hätten ihm besonderen Schutz angedeihen lassen und ihn mit dem Sud von Wiesenkräutern gesalbt, was ihn – mit Ausnahme der Achselhöhlen – unverwundbar gemacht habe. Eine fürchterliche Schlange soll seinen Schatz bewacht haben. Man glaubte, Skanderbeg sei als „drangue" geboren worden, als mythisches Wesen, das die Kraft besaß, das Böse zu besiegen[43].

Priester, Adlige und das einfache Volk sahen in Skanderbeg den charismatischen Führer, der legendenhaft überhöht wurde, im Volksdenken gar zu einem übernatürlichen Wesen, an den sich Vorstellungen knüpften, die in anderen europäischen Sagenkreisen ebenfalls zu finden sind.

Im Falle Skanderbegs ist es besonders reizvoll, den Helden der Legende neben die historische Gestalt zu stellen. Denn zeitgenössische Quellen erlauben es, Mythos und Wirklichkeit zu vergleichen. Skanderbeg war eine stattliche Erscheinung, groß gewachsen, eine Kriegergestalt. Auffallend war seine Adlernase, die in Italien als Kennzeichen der Familie Kastriota galt[44]. Nach albanischer Sitte hatte Skanderbeg sein Haupthaar fast ganz geschoren. Dafür trug er ein Barett im Stile Carmagnolas, jenes 1432 in Venedig hingerichteten Condottiere namens Francesco Bussone[45]. Aus Venedig erhielt er kostbare Stoffe für seine Kleidung[46].

Im Kampf ist er tatsächlich immer der Erste. Am eindrucksvollsten schildert dies der venezianische Statthalter von Durazzo, der im August 1455 einen Bericht über Skanderbegs schwere Niederlage gegen die Osmanen vor Berat (27. Juli 1455) an den Senat der Markusrepublik sandte: *„Araniti und Skanderbeg hörten den Lärm und sahen den Pulverdampf, da ergriffen sie die Waffen, um Muzaki zu Hilfe zu eilen; als sie am Fuß des Berges angelangt waren, sahen sie, dass jener (Muzaki, O. S.) schon gefallen war; da wurde Skander-*

beg auf allen Seiten von Türken umzingelt, und er musste sich gezwungenermaßen zum Berg hin zurückziehen, um sich den Türken zu entziehen, die ihm den Weg abschneiden wollten. Nach dem Bericht der Katalanen (Alfons' V. Soldaten, O. S.) stürzte sich Skanderbeg wie ein Löwe unter die Türken und erschlug mit eigener Hand auf tapferste Weise viele von ihnen, so dass sie Skanderbeg und seinen Männern den Weg freigeben mussten"[47]. Der Geschichtsschreiber Sabellico hatte aus dem Mund seines Vaters, Teilnehmer am neapolitanischen Krieg (1461), gehört, wie Skanderbeg, einem zweiten Pyrrhus gleich, an der Spitze seiner schnellen Reiter mit entblößtem Arm durch die Ebenen Apuliens geritten sei[48]. Mailändische Diplomaten in Apulien, Königin Isabella von Neapel, Herzog Francesco Sforza von Mailand, vor allem aber Papst Pius II. legen weitere Zeugenschaft ab[49]. Es war diese persönliche Tapferkeit und Einsatzbereitschaft, auch in der Niederlage, die Skanderbeg in den Augen seiner Gefolgsleute zur Führergestalt erhob. Bis zum Schluss mutete er seinen Kriegern nichts zu, was er nicht auch selbst auf sich nahm. Um seine Männer aus der Umzingelung zu befreien, stürzte er sich in das wildeste Getümmel. Er focht und tötete mit eigener Hand. Auf die Hirtenkrieger, die mit ihm auszogen, muss dies einen tiefen Eindruck gemacht haben. Sie billigten Skanderbeg daher all jene Heldentugenden zu, die im Lied besungen wurden und die die Norm heroischen Verhaltens bildeten. Besonders gerne folgten die Hirtenkrieger Skanderbeg auf erfolgreiche Raubzüge. Auch von diesen erzählen die Zeitgenossen, am eindrücklichsten wohl der venezianische General Gabriele Trevisan, der im Hochsommer 1464 den Kastriota bis vor die Tore Ochrids begleitete: *„Mit den leichten Pferden seines Landes und jenen Eurer Herrschaft (Venedig, O. S.) ließ er viele Dörfer des besagten Gebietes überfallen, er brannte sie nieder und raubte Groß- und Kleinvieh und sonstiges Hab und Gut in großer Menge"*. Beim Nahen der osmanischen Reiterei zogen sich die Plünderer rasch zurück. Trevisan fügte an, *„die ganze Beute und die Gefangenen ... haben diesem Herrn größten Ruhm eingetragen und seinen Feinden und Nachbarn Schrecken eingeflößt"*[50]. Zwischen Trevisans Worten und dem Bericht Francos sind kaum Unterschiede zu bemerken.

Auch Skanderbegs Liebe zur Jagd ist verbürgt, vor allem seine Freude an der Vogelbeize. Die Herren des Balkans verschenkten gerne prächtige Jagdvögel. Im Mai 1455 erschien Skanderbegs Gesandter, ein Abt, in Venedig mit einem derartigen kostbaren Präsent und unterhielt sich mit dem mailändischen Gesandten in der Lagunenstadt; beide begeisterten sich am Adel dieser Tiere, die Wildgänse, Enten und sogar kleine Ziegen schlugen[51]. Die Jagdleidenschaft hatte so auch den albanischen Klerus erfasst.

Skanderbegs Ruhm als gerechter Richter ist ebenfalls belegbar: Vor die Wahl gestellt, seinen Fall in Dubrovnik oder von Skanderbeg entscheiden zu lassen, gab im Jahre 1465 ein italienischer Kaufmann dem Gericht des Albanerherrn den Vorzug[52]. In Skanderbegs Herrschaftsgebiet von Dibra, Mati und den Bergen hinter Kruja befolgten die Einwohner bis in die neueste Zeit hinein den sogenannten Kanun Skanderbegs, ein mündliches Gewohnheitsrecht, das erst im 20. Jahrhundert schriftlich aufgezeichnet wurde und das die Volksüberlieferung mit dem Namen des großen Kastriota in Verbindung bringt[53]. Welche Teile dieses Rechts des Hochlandes tatsächlich auf Skanderbeg zurückgehen, lässt sich nicht feststellen. Es regelt das menschliche Zusammenleben in einem Raum, in dem schriftliches Recht, das Recht großer Reiche fehlt, in dem es kaum oder gar keine Richter gibt, in dem Auseinandersetzungen nach strengen Geboten ausgetragen werden, durch das sogenannte „Blutnehmen" (vendetta). Im Vergleich zum konkurrierenden Gewohnheitsrecht, das mit dem Namen von Skanderbegs Rivalen Leka Dukagjin verbunden ist, ist im Kanun Skanderbegs die Zahl der im Blutrachefall bedrohten Personen deutlich eingeschränkt. Da aber Quellen zur Rechtsprechung in den Bergen zu Lebzeiten des Kastriota fehlen, verbieten sich Mutmaßungen über dessen gesetzgeberische Tätigkeit. Man darf aber annehmen, dass im Hochland Gewohnheitsrecht galt, während man mit Sicherheit weiß, dass in den Küstenstädten die – teilweise erhaltenen – Stadtstatuten sowie byzantinisches und venezianisches Recht zur Anwendung kamen[54].

Skanderbegs legendenumwobene Waffen hingegen haben eine eigenartige Geschichte: In der Hofjagd- und Rüstkammer des Kunsthistorischen Museums in Wien liegen einige Rüstungsgegenstände aufbewahrt, die dem Kastriota zugeschrieben werden: Ein fast 90 cm messendes Langschwert und ein 31 cm längeres Krummschwert sowie der eingangs bereits erwähnte Helm mit den beiden Ziegenhörnern. Eine kunsthistorische Untersuchung ergibt freilich, dass es sich bei dem längeren Schwert um ein typisches böhmisches Fechtschwert handelt, das kaum im Besitz des Kastriota gewesen sein kann. Die kürzere Waffe mit gerader Klinge hingegen könnte auf dem Balkan hergestellt worden sein: Die arabische Inschrift ist aber fehlerhaft, und es ist kaum anzunehmen, dass der sprachenkundige Skanderbeg eine derartige Fälschung hingenommen hätte. Das Schwert ist aber eine äußerst elegante und hochwertige Arbeit, wie sie sonst nur in der Sammlung der Sultane im Topkapı Saray zu finden ist. Der Helm schließlich ist sehr wahrscheinlich erst in Venedig zu Beginn des 16. Jahrhunderts angefertigt worden und dann in die Kunstsammlung des Habsburger Erzherzogs Ferdinand II. auf Schloss Ambras in Tirol gelangt. Während der Helmreif besonders wegen der Form der Buchstaben auf der Helminschrift kaum aus dem 15. Jahrhundert stammen kann, darf man vermuten, dass die Ziegenhörner, das zentrale symbolische Element, das auf Skanderbegs Ruhm als neuer Alexander verweist, wohl echt sind[55]. Im Gegensatz zu diesen Stücken hat sich jenes Prunkschwert nicht erhalten, das Skanderbeg im Dezember des Jahres 1466 als Geschenk aus der Hand Papst Pauls II. entgegengenommen hatte[56].

Idealer Held und geschichtliche Gestalt fallen bei Skanderbeg zusammen. Sein Charisma zog immer wieder Gefolgsleute an, seine Taten wurden im Lied verherrlicht. Zwar liegen aus dem Mittelalter kaum Beschreibungen der Mentalität seiner Gefolgsleute im Hochland vor, doch gehen Beobachter des 17. Jahrhunderts darin einig, dass *„die Leute aus den Bergen stolz und wild seien ... und sie eher dem Waffenhandwerk als der Frömmigkeit ergeben seien, selten, und nur zu Festtagen die Kirchen aufsuchten, den Priestern aber Verehrung und Respekt entgegenbrachten; und obwohl die Türken sie mit Geschenken und Versprechungen an sich zu ziehen versuchten, sei ihnen dies nie gelungen"*[57]. Bis in die Neuzeit hinein herrschte im Bergland eine heroische Mentalität, wurden große Kämpfer und Anführer verehrt. Über Jahrhunderte hinweg galt Skanderbeg als Inbegriff des heldischen Ideals der balkanischen Bergwelt. Weder der ebenfalls besungene serbische Despot Georg Branković, der reiche Fürst, der über einen prunkvollen Hof gebot, noch der wankelmütige, persönlich aber gewiss nicht feige Stefan Vukčić von der Herzegowina, aber auch nicht der auf den Wällen Konstantinopels gefallene letzte Kaiser von Byzanz, Konstantin XI. Palaiologos, scheint die Menschen auf dem inneren Balkan so beeindruckt zu haben wie jener Held des albanischen Hochlandes, der Georg Kastriota in der Tat und in der Legende war.

HERRSCHAFT UND GEFOLGSCHAFT

Über den Charakter von Skanderbegs Herrschaft besteht in der Geschichtsschreibung alles andere als Einigkeit. Oft wird von einem Staat gesprochen und damit die Vorstellung eines zentralisierten Machtsystems mit klar abgegrenztem Gebiet, fester Einwohnerschaft und stabilem Verwaltungsgebäude erweckt[58]. Doch auf diese Weise lässt sich Skanderbegs Wirken kaum verstehen. Ein festes Territorium hat er nie über längere Zeit kontrolliert. Seine Herrschaft ist nicht in erster Linie über den Raum – von dem noch zu berichten sein wird – sondern über Menschen zu erfassen. Der Personenverband, die Gefolgschaft trug Skanderbegs Macht, seine Fähigkeit zum Kampf und zum politischen Überleben. Die Suche nach staatsähnlichen Symbolen, nach dem Ausdruck staatlicher Souveränität hat das konservative Wesen von Skanderbegs Selbstverständnis verdeckt. Denn wie bereits erzählt, war er nicht angetreten, Neues zu schaffen, sondern Altes wiederherzustellen. Bewusst fügte er sich in bestehende Traditionen ein. Adel und Landbevölkerung des Aufstandsgebietes waren von einer fast tausendjährigen Tradition orthodoxer Balkankultur geprägt, und dies galt auch für Skanderbeg. Deshalb berief er sich auf die Balšići, und deshalb wagte er es nie, sich selbst einen anderen Herrschaftstitel beizulegen als jenen bescheidenen eines *„Herrn von Albanien“*. Das Recht, Titel zu verleihen, kam allein Kaisern und dem Papst zu, in der orthodoxen Welt ausschließlich dem byzantinischen Basileus – lediglich die Herzegowina blickte im 15. Jahrhundert auch nach Westen, zum deutschen Kaiser Friedrich III. Die Könige auf dem Balkan, Bulgaren wie Serben, hatten ihre Kronen von diesen Herrschern empfangen. So schwach das sterbende Byzanz in Wirklichkeit auch war, wirkte dennoch das Ansehen der römischen Tradition fort; kein Adliger des Balkans hatte jemals einen byzantinischen Hoftitel unrechtmäßig getragen. Mit dem Fall Konstantinopels versiegte dieser Quell der Legitimität. Skanderbeg hatte in den trüben letzten Jahren von Byzanz die Aufmerksamkeit des Kaisers nicht erregt, sich auch nicht darum bemüht, da er nicht leere Titel erhoffte, sondern tatkräftige Hilfe. Diese suchte er im Westen, nicht am Bosporus. Vor allem aber leitete sich Skanderbegs Macht nicht aus dem Alter seiner Familie und klingenden Titeln ab, sondern aus seinem Charisma als Kriegerführer. Auch im Verkehr mit abendländischen Herrschern begnügte er sich mit einem schlichten *„Herr“* (slawisch: „gospodin“, lateinisch „dominus“) und ahmte damit die Sitte seines Vaters nach. Seine Urkunden zeichnete er bald nur mit seinem Namen (*„Wir, Herr Gjurg Kastriot, genannt Skenderbeg“*, etwa in einer serbischen Urkunde), meist aber als *„Georgius Castriot genannt Skenderbeg“*[59]. Die Kanzleien Italiens und Dubrovniks kannten keine einheitliche Anrede, sondern änderten diese, zumeist mit Blick auf die jeweilige rechtliche Stellung Skanderbegs, der seit 1451 Vasall Neapels war[60]. Im politischen Denken Skanderbegs kam Titeln weniger Bedeutung zu als sichtbaren Symbolen. Denn er bewegte sich in einer weitgehend schriftlosen Gesellschaft, die sich von Fahnen, Rüstungen und teuren Gewändern, die für jedermann sichtbar den Anführer auszeichneten, beeindrucken ließ, nicht aber von Urkunden. Die Wahl des Banners brachte dabei das Programm zum Ausdruck, mit dem Skanderbeg seine Gefolgschaft um sich scharte. Er ließ einen schwarzen Doppeladler auf rotem Grund als Wappen anbringen. Der Doppeladler war das Symbol des byzantinischen Reiches und der orthodoxen Kirche, ein Zeichen, das jeder Orthodoxe auf dem Balkan lesen und verstehen konnte. Wer dem Doppeladler folgte, wählte die orthodoxe Tradition gegen den islamischen Glauben der Invasoren, wählte die Erinnerung an christliche Herrschaft gegen den Sultan[61]. Wie in der Titulatur zeigte sich Skanderbeg traditionsbewusst und traditionsverbunden.

Symbolisch kam Skanderbegs herausragende Stellung durch teure Gewänder und kostbare Prunkwaffen zum Ausdruck, die ihm von Venedig, dem Papst und Mailand geschenkt wurden[62]. Erst gegen Ende seiner Laufbahn, als der Einfluss humanistisch gebildeter katholischer Geistlicher zunahm, änderte sich Skanderbegs Selbstverständnis: Er trug einen Siegelring, der Leda und den Schwan zeigte: War dies eine Anspielungen auf Kastor, den Sohn des Zeus und der Leda, also auf eine (halb-)göttliche Herkunft?[63] Der Geisteswelt eines Adligen aus Dibra entsprachen derartige humanistische Spielereien nur wenig. Den Großteil seines Lebens pflegte Skanderbeg den Habitus eines balkanorthodoxen Regionalherren, mit dem er im Umfeld seines Vaters vertraut gemacht worden war.

Er kam damit auch Vorstellungen und Erwartungen der Männer entgegen, die er als Gefolgschaft gewinnen musste. Es war dieser Personenverband, auf den sich der Kastriota eigentlich stützte. Die Herren des Kuvend zählten nicht zu dieser Schar der Treuen, denn sie waren Häupter eigener Gefolgschaftsverbände, die nicht in einem Treueverhältnis zu Skanderbeg standen. Skanderbegs Gefolgschaft setzte sich vielmehr aus albanischen, südslawischen (makedo-bulgarischen und serbischen) sowie vlachischen Hirten und Bauern, jungen Adelssöhnen, katholischen Geistlichen und einer kleinen Gruppe oft südslawischer Laien zusammen. Überwiegend gehörten sie dem orthodoxen Glauben an; nur im äußersten Westen, in Mati und an der Adria, werden die Krieger mehrheitlich katholischen Glaubens gewesen sein. Der Verlust der albanischen Archive erschwert es ungemein, besonders die Nichtadligen genauer zu erfassen. Die anderen traten mit Waffentaten, vor allem aber durch Gesandtschaften in das Blickfeld von Italienern und Dalmatinern und sind daher in den Quellen besser greifbar.

Diese Gefolgschaft war durch Treue mit Skanderbeg verbunden; der Kastriota vergab weder Titel noch Ämter, er schuf keine Verwaltungsstrukturen. Auch hier hielt er sich an die Tradition: Alte byzantinische Würden bestanden zwar noch, gleichsam als langsam absterbende Erinnerung an das orthodoxe Weltreich am Bosporus[64]. Der Albanerherr rührte daran nicht; und wie er sich selbst keinen Rang anmaßte, wagte er es auch nicht, das Herkommen zu missachten. Gerade diese Informalität, die starke persönliche, nicht institutionalisierte Bindung an den Führer verhalf der Gefolgschaft zu jener Beweglichkeit, die ihr Überleben für ein Vierteljahrhundert sicherte.

Skanderbeg herrschte über ein kleines Gebiet, das sich im Wesentlichen von der Adria bis zum Schwarzen Drin erstreckte und vor allem aus Hügel- und Bergland bestand. Siebzig Jahre nach der Unterwerfung Dibras zählten die osmanischen Behörden rund 44 000 Einwohner (1536/39)[65]. Geht man von der Hypothese aus, dass um 1540 der Bevölkerungsstand vor der osmanischen Eroberung wieder erreicht wurde und dass im Westteil von Skanderbegs Machtgebiet (Mati und das Land zwischen der Adria und Kruja) mindestens ebenso viele Menschen wie in Dibra lebten, gelangt man zu einer vorsichtigen Schätzung von rund 90 000 Untertanen des Albanerherrn[66].

Den Kern der Gefolgschaft rekrutierte Skanderbeg in den Hügel- und Berggebieten von Dibra und Mati. Das Aufgebot junger Krieger verlief oft spontan. Barletius erzählt, wie die jungen Burschen aus Beutelust zu den Waffen strömten und ohne größere Vorbereitung einen Kampfharst bildeten[67]. Da sich aus der Zeit vor der osmanischen Eroberung keine Urkunden aus dem Bergland erhalten haben, bleiben jene Bauern und Hirten weitgehend im Dunkeln, die im Wesentlichen die Gefolgschaft des großen Kastriota gebildet hatten. Immerhin liegen Angaben zur Zahl der Krieger vor. Skanderbegs übliche Mannschaft betrug zwischen 2000 und 3000 Mann[68], bei Anspannung aller Kräfte 10 000 Krieger[69]. Mehr Kämpfer als sein Vater vermochte Georg Kastriota demnach nicht aufzustellen. Große Herren in den Ebenen besaßen Gefolgschaften von 5000 bis 6000 Mann [70].

Über die Wirtschaftsweise der Gefolgschaft geben osmanische Steuerregister Auskunft: Die Bauern bauten Hirse, Gerste, Linsen, Weizen und Hafer an und stellten auch Most her[71]. Vereinzelt gab es Imkerei[72]. In einigen Dörfern standen Wassermühlen[73]. Die Hirten besaßen vor allem Schafherden[74]. In dieser kleinen dörflichen Welt bildeten Popen und wohlhabende Bauern die dörfliche Oberschicht[75]. Wie im Skutariner Becken standen Dorfhauptleute, nach byzantinischer Tradition *„primikur"* (von primikerios) genannt, an der Spitze der bäuerlichen Gemeinschaften, aber auch von vlachischen Hirtenkatunen[76]. In anderen Dörfern hatten sich ebenfalls Reste byzantinischer Amtstraditionen erhalten, Titel, die aber nicht von Skanderbeg vergeben wurden, so im Dorf Majtare ein *„lagator"* (byzantinisch: alagator) namens Progon, oder die Bezeichnung *„protuger"* für einen Dorfhäuptling[77]. Es war dies die typische bäuerliche Gesellschaft des zentralen Balkans: Acker- und Obstbau in der Ebene, Viehzucht in höheren Lagen.

Nur wenige dieser örtlichen Anführer wurden von den zeitgenössischen Biografen erwähnt; zu ihnen gehören die Kuka, die Berisha und die Perlat[78]. Demetrio Franco zählt an treuen Unterführern Skanderbegs auf: Moise Gjurica, Musaki D'Angelina, Gjin Muzaki, Johann Perlat, Nikola Berisha, Georg Kuka und Gjin Manesi, *„ein jeder fähig, eine große Zahl Krieger zu befehligen"*[79]. Einige dieser Männer überlebten die jahrelangen Kämpfe und legten dem Biografen Franco Bericht ab von ihren Taten: Zu diesen Veteranen gehörten Peich Emanueli, Zacharia Gropa, Lek Kuka und Paul Manesi, die *„mit anderen treuen und tapferen Männern fast bei jeder Gelegenheit in seiner Gefolgschaft waren"*[80]. Der Verteidiger von Kruja im Jahre 1450,

Vrana Conte, entstammte ebenfalls dem albanischen Kleinadel; Barletius erzählt, Skanderbeg habe ihn zum *„Herzog von Mati"* ernannt[81]. Diese Männer zählten zu jener Gruppe junger Adliger, die Giovanni Musachi beschrieb: *„Einige Söhne der Herren kämpften unter ihm, um das Kriegshandwerk zu erlernen"*[82]. Den Namen nach zu schließen handelte es sich um Sprecher des Albanischen. Diese Unterführer hatten einen hohen Blutzoll zu zahlen. Im Exil erinnerte daran besonders Giovanni Musachi: *„Nicht ohne den Tod vieler unserer Herren und Ritter"* hätte Skanderbegs Gefolgschaft gekämpft[83]. Sultan Mehmed II. sah in diesen Herren gefährliche Gegner und ließ einige von ihnen, die ihm in die Hände gefallen waren, zu Tode martern[84].

Lediglich ein Vertreter eines alten Adelsgeschlechtes diente dauerhaft in Skanderbegs Gesandtenwesen: Der Ritter Martin Muzaki besuchte im Auftrag seines Herrn zweimal (1460 und 1463) Papst Pius II. und erschien 1468 sogar am Hofe des Herzogs Karl des Kühnen von Burgund[85].

Im Gegensatz zu diesen Kriegern im Hochland sind die Geistlichen beider Konfessionen in den Quellen besser greifbar; denn sie stellten Urkunden aus, und sie leiteten über lange Jahre Skanderbegs Beziehungen zu den abendländischen Staaten. Der orthodoxe Klerus besaß dabei nicht jene Bedeutung, die man hätte erwarten können. Dies hatte mehrere Gründe: Zahlreiche orthodoxe Bistümer waren bereits vor dem Aufstand fest in das osmanische Machtsystem eingebunden, so in Korça, Berat, Kanina, Çartalloz und auch Kruja[86]. Die höhere Geistlichkeit nahm in diesen Gebieten an der Erhebung keinen Anteil. Im Aufstandsgebiet bestand als orthodoxes Zentrum nur das Bistum Kruja, traditionell der nördlichste Punkt der Orthodoxie im albanischen Raum am Übergang zur katholischen Welt; nahe dem höchsten Punkt der Burg lag eine freskengeschmückte orthodoxe Georgskirche [87]. Die Bischöfe verfolgten keine einheitliche Linie: Bischof Stefan führte im Frühjahr 1451 die Unterhandlungen mit König Alfons V. Die aragonesische Besatzung in Kruja übte danach aber offenbar Druck auf die Orthodoxen aus: Alfons V. vertrat die Interessen der katholischen Kirche. Als dann Skanderbeg und die Truppen des Königs von Neapel im Hochsommer 1455 bei Berat geschlagen wurden, ließ sich der Bischof von Kruja in ein Komplott verwickeln, mit dem er Kruja den Osmanen zuspielen wollte[88]. Elf Jahre später, im Sommer 1466, versuchte wieder ein wohl Orthodoxer, *„Verwandter des Bischofs von Kruja"*, Skanderbegs Not auszunützen; sein Verrat wurde nicht belohnt, wie andere Überläufer ließ Mehmet II. den erfolglosen Abtrünnigen und einen *„albanischen Bischof"* pfählen[89]. Die orthodoxen Bischöfe von Kruja bildeten also keine Stütze von Skanderbegs Kampf. Auch der Erzbischof von Ochrid, in dessen Residenz eine starke osmanische Garnison lag, vermochte den orthodoxen Aufständischen keine offene Hilfe zu leisten. Im Sommer 1466 ließ Mehmed II. den

Erzbischof Dorotheos deportieren; dies ist vielleicht ein Hinweis auf verborgene Kontakte des Kirchenfürsten zum Herrn Albaniens[90]. Der bekannteste Helfer Skanderbegs gehörte aber dem niederen Klerus an: Der Protosynkellos Peter Perlat aus Mati verteidigte, wie schon erzählt wurde, im Sommer 1448 die Burg Svetigrad. Auch wird berichtet, dass im Kriegsjahr 1466 ein Mönch vom Heiligen Berg Athos im Umfeld Skanderbegs gewirkt habe[91]. Insgesamt aber hielten sich die höheren Ränge der orthodoxen Kirche zurück; dies erklärt sich auch durch die völlige Veränderung der äußeren Verhältnisse. Am 29. Mai 1453 war Konstantinopel gefallen, und das Patriarchat der Kaiserstadt hatte sich dem Sultan unterstellt. Zwei Jahre zuvor war Skanderbeg Vasall eines katholischen Königs geworden und hatte damit eine langsame – auch kirchliche – Annäherung an das katholische Abendland eingeleitet. Bei der Feindschaft zwischen Ost- und Westkirche bestand auf Seiten der höheren orthodoxen Geistlichkeit wohl erhebliche Zurückhaltung gegenüber einem Adligen, der eine Wendung nach Westen vollzog. Zudem wollten die Kirchenfürsten ihr Einvernehmen mit dem Sultan nicht aufs Spiel setzen. Die orthodoxe Kirche hatte so nur wenige Gründe, nach dem tiefen Einschnitt von 1453 Skanderbeg zu unterstützen. Der niedere Klerus, die Dorfpopen und Männer wie Perlat, mochte dies anders halten. Sie standen aber für regionale und örtliche Interessen, nicht für die orthodoxe Kirche als Ganzes.

Grundlegend anders gestaltete sich die Haltung der katholischen Kirche und ihrer Vertreter. Je mehr sich die Kampfgebiete an die Adria verlagerten – der Fall Svetigrads 1448 hatte diese räumliche Verschiebung hervorgerufen –, desto stärker gerieten die Aufständischen in den kulturellen Einflussbereich der katholischen Adriawelt. Nach dem Scheitern der Balkankoalition mit Johannes Hunyadi (ebenfalls 1448) suchte Skanderbeg Hilfe in Italien und Dalmatien. Diese Außenbeziehungen vermochten weniger orthodoxe Geistliche herzustellen – erbat der Albanerherr doch Unterstützung auch vom Papst –, vielmehr musste Skanderbeg auf die Hilfe katholischer Geistlicher zurückgreifen. Zuerst wandte er sich an jene Kirchenführer, mit denen schon sein Vater Ivan Umgang gepflogen hatte, den Bischof der Bergdiözese Albanum und die mächtigen Äbte der Klöster im Hochland. Bis in das 20. Jahrhundert hinein genossen diese Äbte bei den Bewohnern der Berge höchstes Ansehen; sie waren weit mehr als nur Geistliche, sie traten auch als politische Führer ihrer Gläubigen auf. Bischof Andreas reiste zweimal (1448 und 1452) nach Ragusa; auch vermittelte er im Herbst 1448 den Frieden zwischen Venedig und Skanderbeg[92]. Peter Duka, Abt des Klosters St. Alexander in Molendino, diente 1463 als apostolischer Nuntius in Albanien und bereitete den Kreuzzug Skanderbegs vor[93]. Auch einfache Ordensgeistliche setzten sich für den Türkenkampf ein: Der Franziskaner Eugenius *„aus Albanien"* und seine

Ordensbrüder ermunterten, wie seit vielen Jahren, auch im Frühjahr 1457 im Auftrag des Papstes die verschreckten Christen im Hochland[94]. Im Herbst 1459 wirkte der Dominikanermönch Blasius de Lino als Vertrauensmann Skanderbegs, als es darum ging, dem von den Osmanen verwüsteten Bergland aufzuhelfen, den christlichen Glauben am Schwarzen Drin zu stärken, den Kreuzzug zu predigen, daneben aber auch den Dominikanerkonvent von Durazzo mit Hilfe des Erzbischofs und des Kanonikus Johannes Mangiacavalli zu ordnen[95]. Ein Frater Alexander stellte im Jahre 1465 die Verbindung zwischen dem ungarischen König Matthias Corvinus und Skanderbeg her[96]; und in den Schrecken des Kriegsjahres 1466 eilte ein Franziskaner an den päpstlichen Hof, um Hilfe zu erbitten[97]. Zum engeren Rat Skanderbegs zählte im Jahre 1463 auch der Prior des Dominikanerkonvents der venezianischen Festungsstadt Skutari, Bruder Blasius[98].

Die eigentlich wichtigen Missionen aber übernahmen Geistliche aus dem Küstengebiet, die über bessere Kenntnisse der italienischen und dalmatinischen Verhältnisse verfügten als die Mönche des Hochlands. Zwei Männer bestimmten über Jahrzehnte Skanderbegs Außenpolitik – zum einen Georg Pelinus, Abt des Adriaklosters Rotezo bei Antivari (bis 1463), und dann Paul Angelus, Erzbischof der Hafenstadt Durazzo (zwischen 1463 und 1469). Pelinus' Abtei, hoch auf einem Felsen nördlich von Antivari, war einer der schönsten Bauten an der östlichen Adria überhaupt, mit einer Kirche aus elegantem Mauerwerk, aufgerichtet in abwechselnden Schichten von kunstvoll behauenem roten und grauen Stein[99]. Von seinem Kap aus blickte der Abt über die Adria, aber auch nach Süden, zu den venezianischen Häfen Antivari, Dulcigno, Skutari, nach Norden in Richtung Budua und Cattaro. Das Kloster lag günstig an der Hauptroute der adriatischen Schifffahrt, nahe den Schwarzen Bergen, auch nicht zu entfernt von Skanderbegs Machtgebiet südlich von Skutari. Rotezo hatte seit jeher Pilger aus der südlichen Adria angezogen, die unter Pfeifenklang zu dem Kloster, *„reich an beweglichem und unbeweglichem Besitz, an Dörfern und Vieh"*[100], mit seinem wundertätigen Marienbild wanderten. Schon die serbischen Könige, auch Zar Dušan, hatten die Mönche großzügig beschenkt; ihre Urkunden wurden von den Äbten sorgfältig aufbewahrt[101]. Im weitläufigen Kloster wurde ein Leprösenspital unterhalten, in dem mehrere Mönche (die, obwohl katholisch, von den Umwohnern nach orthodoxer Sitte *„calogeri"* genannt wurden) dienten[102]. Seit 1444 gehörte der Abt zu den wichtigsten Parteigängern Venedigs; er hatte sich gegen den serbischen Einfluss an der Küste ebenso gestellt wie gegen Stefan Vukčić von der Herzegowina[103]. Als Belohnung erhielt er von der Signoria ein Jahrgeld; auch seine Laufbahn wurde von Venedig erleichtert: 1446 erwirkte der Senat die Ernennung Pelinus' zum Koadjutor des

97-jährigen Erzbischofs. Der Abt machte sich bald völlig unentbehrlich. Mit Abt Andreas wirkte er im September 1448 auf den Frieden zwischen Skanderbeg und Venedig hin. Die Verbesserung der Beziehungen zwischen diesen beiden Mächten wurde dann seine Lebensaufgabe. Die Markusrepublik entlohnte ihren treuen Anhänger mit Posten für dessen albanisch-slawische Verwandtschaft[104]. Doch war es nicht die Signoria, die den Abt bezahlte, vielmehr streckte dieser den Venezianern bedeutende Summen vor; mit anderen Worten: Das Kloster Rotezo wurde zu einem der wichtigsten Geldgeber des Türkenkrieges und der Diplomatie zwischen Venedig und Skanderbeg[105]. Geld beschaffte sich der Abt unter anderem durch Getreidehandel mit Ragusa[106]. Da die Signoria und der Albanerherr in einem dauernden Spannungsverhältnis lebten, geriet der Abt bald zwischen zwei Mühlsteine; die Venezianer misstrauten ihm wiederholt, die Aufständischen wiederum sahen in ihm einen Mann der Serenissima[107]. Die unaufhörlichen Fehden zermürbten Pelinus. In eigener Sache sagte er den Senatoren der Lagunenrepublik, *„ich habe weder mein Vermögen noch mein Leben in Gefahren geschont, sondern stets Ehre und Nutzen eures Staates im Auge gehabt“*, jetzt aber sei er *„in einem gebrechlichen Alter angelangt“* und könne *„die Strapazen in jenem Land Albanien“* nicht mehr ertragen: *„Denn das Land Albanien ist nichts mehr für mich“ („el paexe de Albania non è più per mi“)*[108]. Nirgends sonst spricht ein Gefolgsmann Skanderbegs aus, was all die Anstrengung, die Anspannung des ununterbrochenen Kampfes bedeuten, nirgends tritt die *conditio humana* des spätmittelalterlichen Albanien so zutage wie in diesem Eingeständnis größter Erschöpfung und Müdigkeit. Trotz aller Rückschläge arbeitete der Abt für die Sache des Türkenkampfes: 1451 vertrat er Skanderbeg in Venedig; 1456 brachte er ein Bündnis mit der Signoria zustande; 1457 reiste er für den Kastriota an die Lagune und nach Rom; 1458 erreichte er ein weiteres Bündnis der beiden Mächte, diesmal gegen Leka Dukagjin gerichtet; bald darauf weilte er wieder in Venedig; 1462 rief ihn die Republik erneut als Vermittler an; der erfahrene Schlichter reiste auch gleich nach Venedig; den Höhepunkt seiner Laufbahn bildete der Vertrag, in dem Skanderbeg und Venedig im August 1463 einen gemeinsamen Feldzug gegen die Osmanen beschlossen[109]. Als Entschädigung für all die Mühe und Gefahren stellte der Senat dem Abt ein Wohnhaus in Venedig zur Verfügung. Pelinus setzte sich bis zu seinem Tod für die christliche Sache ein. Für zwei Jahrzehnte lagen die wichtigsten Außenverbindungen Skanderbegs in seiner Hand. Es gelang ihm nicht, die beiden Mächte dauerhaft miteinander zu versöhnen. Doch ohne Pelinus' Eingreifen wären die Gegensätze zwischen der Republik und dem Kastriota wohl in offenen Krieg umgeschlagen. Die Politik des Abtes belegt, welche Bedeutung der regionale katholische Klerus dem

Krieg gegen die Osmanen beimaß. Im Gegensatz zur Orthodoxie sah er keinen Raum für Kompromiss und Unterordnung unter den Islam.

Pelinus gab den Stab weiter an einen Mann, der Skanderbegs politisches Denken entscheidend prägte[110]: Paul Angelus war ein Sohn Drivastos, jener am Eingang zur albanischen Bergwelt gelegenen Stadt, die von katholischen Patriziern und Geistlichen beherrscht wurde. Angelus war einer von ihnen. Zunächst diente er dem unierten Erzbischof der Krajina, der Landschaft an der steilen Westküste des Skutarisees; diesen begleitete Paul Angelus im April 1456 auf einer Gesandtschaft nach Rom[111]. Dann wandte er sich nach Durazzo, dem Sitz des Erzbischofs; er stieg zum Archidiakon auf, träumte aber von Höherem. Harten Mitteln zeigte er sich nicht abgeneigt, und kirchliche Konkurrenten drängte er rücksichtslos beiseite, was nicht wenig Aufsehen erregte. 1460 aber war er am Ziel: Als Erzbischof von Durazzo war der Mann aus den Bergen das Oberhaupt der albanischen Katholiken. Keinen Augenblick zögerte er, das Heft des Osmanenkrieges an sich zu reißen. Wie Pelinus eilte er in Italien von Hof zu Hof, nach Neapel, Mailand und Venedig; wie der Abt schlichtete er zwischen Venedig und Skanderbeg; anders als seinem Vorgänger schwebte Angelus aber eine klare Konzeption des Kampfes vor. Er stand unter dem Eindruck der antiken Vergangenheit von Durazzo, von Legenden seiner Familie, die die Angeli von Drivasto mit dem gleichnamigen byzantinischen Kaiser- und epirotischen Fürstengeschlecht in Verbindung brachten, er hatte neben Latein auch Griechisch gelernt, die antiken Klassiker gelesen, war in engste Berührung mit dem Humanismus der italienischen Renaissancehöfe gekommen; an der Kurie war er eine beachtete Gestalt[112]; er brachte Skanderbeg die Schriftsteller des Altertums nahe, erzählte ihm von den Heldentaten der Epiroten und von dem König Pyrrhus, von Alexander dem Großen, Sohn der Epirotin Olympias – er erschloss dem Kastriota eine völlig neue Welt. Und er war es, der aus dem Glaubenskämpfer, dem Kreuzritter Skanderbeg den Renaissancehelden, den neuen Alexander schuf, der den Traum von einem katholischen Königreich der Epiroten und seiner eigenen Erhebung zum Kardinal verwirklichen sollte. Von Skanderbeg den italienischen Fürsten empfohlen[113], schmiedete Angelus den Kreuzzugsplan mit Papst Pius II., baute er an einem albanischen Kreuzfahrerreich. Bei seinen Landsleuten genoss er höchstes Ansehen, galt er als eigentliches Orakel. Die Venezianer vertrauten ihm voll, sahen in ihm den Mann des Ausgleichs mit Skanderbeg. Angelus wurde zur tragischen Gestalt, als Pius II. vor dem Beginn des Kreuzzugs starb und sich all die Pläne von Königtum und Kardinalat in nichts auflösten. Seinem Herrn Skanderbeg folgte er wenige Monate nach dessen Tod ins Grab (1469).

Neben den schon zu Skanderbegs Lebzeiten beachteten Gestalten dieser Kirchenfürsten scheinen jene Männer zu verblassen, die im Stillen wirkten,

Skanderbegs Urkunden ausstellten, seine Geldgeschäfte besorgten und im Adriaraum Waffen und Kriegstechnologie erwarben. Skanderbegs Herrschaftssystem kannte kaum Ämter, und wenn Amtstitel aufscheinen, so standen sie in byzantinisch-serbischer Tradition. Hier zeigt sich, dass der Kastriota keinen Staat mit festen Verwaltungsstrukturen aufbaute, sondern vielmehr ein bewegliches und geschmeidiges Machtsystem, das sich den Erfordernissen einer rasch wechselnden militärischen Lage anpasste. Ein schwerfälliger Apparat hätte dabei nur eine Last bedeutet. Wie sein Vater bewegte sich Skanderbeg in der Tradition der großen Kanzleisprachen, des Slawischen, des Griechischen und des Lateinischen[114]. Seine eigene Kanzlei war klein; geleitet wurde sie von dem Protonotar (ein byzantinischer Titel) Petrus Smachi, dessen Familie Skanderbeg gleich mehrere Anhänger stellte[115]. Die slawischen Urkunden für die Korrespondenz mit Dubrovnik wurden von einem der treuesten langjährigen Gefolgsleute ausgestellt, *„unserem Schreiber (djak) Ninac Vukosalić"*[116]. An anderer Stelle wird sein Amt mit dem Begriff *„kan'žiler"* (von cancellarius, Kanzler) umschrieben[117]. An diesem Detail wird deutlich, wie Slawisch und Lateinisch in Skanderbegs Herrschaft ineinander übergingen. Ninac übernahm im Jahre 1459 auch die Abwicklung heikler Geldgeschäfte in Dubrovnik. Skanderbeg ermächtigte ihn, *„er dürfe von meiner Seite aus zu eurer Herrschaft sprechen"*[118]. Zusammen mit Ninac fertigte ein Schreiber namens Radič eine Urkunde aus, die Skanderbeg mit seinem Siegel versah[119]. Ebenfalls einen slawischen Namen trug jener čelnik Rajan, der im engsten Umkreis Skanderbegs wirkte[120]. Die Ausstellung lateinischer Urkunden übergab Skanderbeg gerne den venezianischen Notaren in den Küstenstädten, vor allem Alessio, aber auch Durazzo, so dem venezianischen Kanzler von Alessio, Johannes de Parenzo (Istrien), oder dem Durazziner Presbyter und Notar Borius de Grillis[121]. Es liegen aber zu wenige Originalurkunden des Albanerherrn vor, als dass eine genauere Beschreibung seiner Kanzlei möglich wäre.

Wesentlich besser ist es um jene Gruppe von Geschäftsleuten bestellt, die in Dubrovnik in aller Stille Skanderbegs Kampf logistisch unterstützten. Eine Schlüsselstellung kam dabei der Gelehrten- und Diplomatenfamilie Gasulus zu. Johannes Gasulus (um 1400–1465), der 1430 an der Universität Padua promoviert hatte, galt als bedeutender Gelehrter. Vielgereist, war er in Italien und am ungarischen Hof des Königs (und deutschen Kaisers) Sigismund bekannt. Als Astronom genoss er hohes Ansehen unter den Geistlichen Ragusas[122], wo er 1443 als Rektor der Kirche S. Pietro maggiore und 1451 als Rektor der Kirche S. Maria maggiore amtete[123]. Dieser katholische Kleriker war schon in dieser frühen Phase von Skanderbegs Kampf damit beauftragt, schwierige Geheimverhandlungen zu führen. In Ragusa hielten sich Kundschafter, Zuträger aller benachbarten Herren auf, Geld und Waffen ließen sich hier beschaffen und in aller Stille auf die Kampfplätze führen. Es bedurfte eines klugen, diskreten Mannes von unverbrüchlicher Treue, gleichzeitig aber weniger auffallend als der Abt von Rotezo oder ein Erzbischof von Durazzo, eines Mannes, der zudem bestens in die Gesellschaft Ragusas eingegliedert war; all dies traf auf Johannes Gasulus zu. Im April 1451 wies ihn Papst Nikolaus V. an, zusammen mit dem Bischof von Cattaro und dem Generalvikar von Ragusa Gelder aus dem Jubeljahr, das 1450 gefeiert worden war, an Skanderbeg zu übergeben[124]. Diese Mission übernahm Johannes Gasulus denn auch im Sommer 1451[125] . Im März 1452 schließlich fand in Ragusa im Beisein zahlreicher Zeugen die Übergabe von 4893 Hyperpern an Bischof Andreas Summa als Bevollmächtigten Skanderbegs statt[126]. Nirgends wird deutlicher, wie die katholische Kirche die Finanztransaktionen Skanderbegs betreute.

In den folgenden Jahren leitete Johannes Gasulus die Verhandlungen zwischen Skanderbeg und der Blasiusrepublik. So erwirkte er am 24. September 1454 die Ausfuhr von eintausend Armbrustbolzen[127]. Im Februar 1455 versuchte er vergeblich, den Ratsherren die Zustimmung zum Bau einer Burg an Kap Rodoni abzuringen, wo Ragusaner Kaufleute schon zu Ivan Kastriotas Zeiten Handel getrieben hatten[128]; dafür erreichte er wenige Monate später, dass sein Herr einen Ragusaner Kalfaterer namens Blasius Ostojić zum Schiffsbau anwerben durfte[129]. Seine wichtigste Aufgabe übernahm er im Februar, als er sich, von Ragusa mit reichlich Reisegeld ausgestattet, nach Ungarn begab, um dort vor König Matthias Corvinus zu treten[130].

Als nicht minder rührig erwies sich der Ritter Paul Gasulus[131]; auch er zeichnete sich durch die umsichtige Abwicklung von Geldgeschäften und die Erledigung heikler Gesandtschaften aus; so behob er im September 1453 eine große Summe aus dem Ragusaner Bankguthaben des serbischen Despoten Georg Branković[132]; im Folgejahr nahm er aus der Hand Papst Nikolaus' V. Hilfszahlungen in Empfang; 1456 findet man ihn an den Höfen von Burgund und Mailand, 1458 wieder in Rom – zusammen mit dem Abt des Hochlandklosters St. Maria de Trafendana im Fanigebiet – und in Ragusa[133], im Frühjahr 1459 in Ragusa, im Juni in Rom[134], 1460 hielt er sich in Skanderbegs Nähe im Stapelplatz Shufada auf; im März 1461 verhandelte er erneut mit den Ragusaner Ratsherren, im Juni dann wieder in Rom[135], im Dezember 1463 trat er vor den venezianischen Senat und im April 1465 vor Papst Paul II.[136] Die Gasulus können als balkanische Diplomatenfamilie angesehen werden; Andreas Gasulus wirkte 1457 als Gesandter des moreotischen Despoten in Ragusa, einige Jahre später (1462) findet man ihn im Dienste Skanderbegs[137].

Wie in der Geistlichkeit dienten auch in der weltlichen Gefolgschaft zahlreiche Männer, deren Wirken nur schemenhaft bekannt ist; so etwa Äsop Sguros, Gesandter in Neapel und Rom im Jahre 1453: Der mailändische

Gesandte bei der Kurie bezeichnete ihn als Griechen, *„einen bemerkenswerten Ritter, der vorzüglich Italienisch spricht"*[138]. Francesco Maramonte, aus einem italienischen Geschlecht, das schon zu Beginn des 15. Jahrhunderts in Albanien Bekanntheit erlangt hatte, reiste als Gesandter Skanderbegs 1456 nach Mailand und zehn Jahre später an die Kurie[139]. Antonius Vasilglievich (Vasilijević) war als Gesandter in Ragusa im Jahre 1457 und auch als Holzhändler zwischen der Blasiusstadt und Albanien tätig[140]. 1458 vertrat der englische Ritter John Newport den Albanernherrn in Rom und Neapel; zuvor hatte er in Mailand Kriegsausrüstung erworben. An der Kurie scheint man ihn nicht sehr geschätzt zu haben[141]. Weitere, nur mit Namen bekannte Gefolgsleute waren der misser Piero, *„Botschafter des Herrn von Albanien"* (Dezember 1460)[142], der Goldschmied Meister Georg aus Ragusa (1460)[143] und ein Stjepan Radojević, Gesandter *(orator)* Skanderbegs, der in Budua Schiffe für die Fahrt nach Šibenik oder Split besorgte (September 1466)[144]. Ein *„Ruscus Theodori de Cattaro"* schließlich behauptete am Hofe Francesco Sforzas, Skanderbegs Gelder verwaltet zu haben (1466)[145].

Nicht unmittelbar der Gefolgschaft zugehörig, doch als Mittelsmänner Skanderbegs traten einige Ragusaner Patrizierfamilien auf. Mitglieder des Geschlechts der Gondola/Gundulić, besonders Paul, Michael und Paladino de Gondola, übernahmen für Skanderbeg Gesandtschaften, heuerten Spezialisten für den Schiffsbau und den Festungsbau in Rodoni an und handelten als Bevollmächtigte Skanderbegs in Dubrovnik[146]. Die Gondola taten sich hervor, als Skanderbeg Dubrovnik besuchte[147]; und es wird kaum erstaunen, dass sie intensive Handelskontakte mit Albanien unterhielten: 1464 kauften Junius, Paladino und Paul de Gondola für die hohe Summe von 1450 Dukaten Getreide in Skanderbegs Herrschaftsgebiet[148]. Enge Kontakte zu Skanderbeg unterhielten auch die Familien Bona/Bunić und Pozza/Pučić[149]. Diese Familien handelten bald im eigenen wirtschaftlichen Interesse, bald auch im Sinne ihrer Stadtrepublik, die ihre militärische Schwäche mit einer Politik der guten Nachbarschaft zwischen den balkanischen Mächten ausgleichen musste.

Eine besondere Gruppe der Gefolgschaft bildeten jene freiwilligen Kreuzritter aus dem Abendland, die nach Albanien zogen, um mit Skanderbeg gegen den Islam zu kämpfen. Neben dem erwähnten John Newport kennt man aus den Skanderbegbiografien Deutsche und Franzosen, die bei Svetigrad und Kruja fochten[150]. 1456 folgten Skanderbeg ein französischer Adliger mit aufgestecktem Kreuz und 50 weitere Kreuzritter[151].

Skanderbegs Gefolgschaft stellt sich als ein vielschichtiges, schwer eingrenzbares Gebilde dar: Verrat (der in einem eigenen Kapitel besprochen wird) durchzieht das Leben Skanderbegs. Weder Blutsbande noch die Zugehörigkeit zur Gruppe der adligen Großen kennzeichnet die Gefolgschaft. Der bisweilen mehrfache Wechsel von den Aufständischen zu den Osmanen und wieder zurück, eine erhebliche Instabilität der Treueverhältnisse bestimmen das Verhalten vieler Männer. Das darf nicht erstaunen, denn in den sich schnell verändernden Wechselfällen des Krieges versuchten die meisten Bewohner der Aufstandsgebiete zu überleben. Sieg und Niederlage bestimmten so über Größe und Zusammenhalt der Gefolgschaft. Die Zahl der Männer, auf die sich Skanderbeg unbedingt verlassen konnte, wird deshalb in den 25 Jahren des Aufstandes nicht besonders groß gewesen sein. Was diese Männer an den Kastriota band, war weder Verwandtschaft noch eine gemeinsame Sprache oder gar eine nationale Identität. Albaner, Südslawen und Vlachen folgten ihm und wandten sich wiederholt von ihm ab. Wer mit Skanderbeg kämpfte, gehörte dem christlichen Glauben an (was dies bedeutete, wird im Kapitel „Glaube" erörtert), kämpfte aber oft genug gegen Christen in osmanischen Diensten; wer mit ihm kämpfte, lehnte die osmanische Herrschaft ab und vertraute auf das siegbringende Charisma des Anführers.

Den Krieg führten Bauern und Hirten aus Dibra und Mati. Befehligt wurden sie von einer jungen Generation Adliger, deren harter Kern sich aus Vertretern kleiner und wenig bekannter Familien zusammensetzte. Verstärkt wurden diese Krieger durch Kreuzritter aus dem Abendland, die aber zahlenmäßig nie besondere Bedeutung erlangten. All diese Gruppen waren dauernden Veränderungen unterworfen, durch Tod, Gefangenschaft, Überlaufen zu den Osmanen. Der Aufstand aber hätte nie ein Vierteljahrhundert gedauert, wenn er nicht durch Geld und Waffen von außen unterstützt worden wäre – dies bildet auch den entscheidenden Unterschied zur Erhebung Araniti Kominos in den 1430er-Jahren. Diese Hilfe wurde nicht von Kriegern, sondern von Diplomaten organisiert. Zwei bis drei Kanzlisten, die Familie Gasulus in Dubrovnik und eine kleine Gruppe meist südslawischer Gesandter übernahmen Geheimgeschäfte im adriatischen Raum. Die große Diplomatie aber lag in den Händen der mächtigen katholischen Kirchenfürsten. Die katholische Kirche war die einzige Einrichtung in Albanien, die Skanderbeg ohne Vorbehalte unterstützte; aus ihren Reihen stammte kein einziger Verräter, während der große und kleine Adel, orthodoxe Geistliche, Bauern und Hirten immer wieder von Georg Kastriota abfielen. Dass Skanderbeg sich immer mehr dem katholischen Glauben zuwandte, lag zum einen daran, dass sich die Kampfgebiete allmählich in katholische Zonen des albanischen Westen verlagerten, vor allem aber zollte der Albanerherr der Leistung der katholischen Geistlichkeit Tribut. Anders als die orthodoxe Kirche lehnte sie die Unterwerfung unter den Islam ab. Sie bildete mit Skanderbeg eine Einheit des Interesses: Beide waren bereit, den Krieg bis zum Ende zu führen. Unermüdlich warben daher katholische Geistliche in Italien um Hilfe, und ebenso unablässig bemühten sie sich darum, die zerstrittenen christlichen Adligen zu versöhnen und zwischen Skanderbeg und Venedig zu schlichten. Politisch, aber auch kulturell übernahmen die katholischen Kleriker die Gestaltung von Skanderbegs Türkenkrieg. Die Last des Krieges aber trugen die Menschen zwischen der Adriaküste und Dibra. Gegen sie richtete sich die osmanische Kriegsführung, Verschleppung und zum Schluss hin auch systematische Deportation und Mord. Skanderbeg schrieb im Juni des Katastrophenjahres 1466 an Papst Paul II., die Osmanen hätten 30 000 Menschen aus Albanien verschleppt; der gut unterrichtete König Ferrante von Neapel, Skanderbegs Lehensherr, ging von 20 000 Deportierten aus – eine Zahl, die auf der Seite des Sultans von Kritobulos bestätigt wird[152]; osmanische Quellen sprechen zum selben Jahr von 7000 bis 7500 getöteten Albanern[153]. Nach der osmanischen Eroberung, d. h. nach diesen schweren Menschenverlusten durch Krieg und Versklavung, verzeichneten osmanische Steuerbeamte im Ostteil von Skanderbegs ehemaliger Herrschaft, der Landschaft Dibra, noch rund 11 000 Menschen (1466/67). Geht man davon aus, dass sich die Bevölkerung in den siebzig Jahren bis zur Erstellung des nächsten Steuerregisters erholt hat, setzt man also für die Region Dibra vor der osmanischen Eroberung rund 44 000 Einwohner an, dann ergibt sich bei geschätzten 30 000 Opfern ein Bevölkerungsverlust von fast 75 %, bei rund 20 000 Verschleppten und 7000 Toten wird ein ähnlicher Prozentsatz erreicht. Mehmeds II. Biograf Kritobulos berichtet zudem, viele Gefolgsleute Skanderbegs hätten lieber Selbstmord begangen, als sich den Osmanen zu unterwerfen – nichts zeigt dramatischer die Entschlossenheit der Aufständischen[154]. Der Sultan hatte, Alte, Frauen und Kinder eingerechnet, beinahe drei Viertel der Bevölkerung im östlichen Teil des Aufstandsgebiets umbringen oder verschleppen lassen. Im Westen, um Kruja, hatte er 75 % der Dörfer zerstört[155]. Keine Region auf dem Balkan hatte im Zuge der osmanischen Eroberung eine derartige demografische Katastrophe erlebt. Skanderbegs Gefolgschaft war 1467 weitgehend ausgelöscht. Nur die wenigsten von ihnen überlebten die osmanische Eroberung. Wer Skanderbeg in den Kampf gefolgt war, verlor letztlich Heimat und Leben.

BLUTSBANDE

„*Er hatte mit all jenen, die Herrschaften und Macht besaßen, Verwandtschaft geschlossen und wurde von den Herren von Albanien zum Generalhauptmann gemacht*“[156]. So beschreibt der adlige Chronist Giovanni Musachi den Beginn des Aufstandes im albanischen Raum. Macht und Verwandtschaft waren in der adligen Welt, nicht nur des Balkans, aufs engste miteinander verknüpft. In der albanischen Tradition aber kommt Blutsbanden zusätzliche Bedeutung zu; die Geschlechterverbände, oft als „Stämme" bezeichnet (alb. fis), die sich nach Skanderbegs Tod herausbildeten, führen sich auf mythische Urväter zurück, Verwandtschaft wird als gemeinsames „Blut" aufgefasst, Blut (alb. gjak) wird auch als Grundbegriff bei der Regelung von Streitfällen angesehen: Im richterlosen Hochland „nimmt" der Geschädigte Blut. Die Blutsverwandtschaft umgab daher eine beinahe sakrale Aura[157]. Skanderbeg hatte seinen Kampf als Blutrache für die Ermordung seines Vaters durch Murad II. begonnen, eine Handlungsweise, die von ihm erwartet wurde und die ihn in die Tradition gewohnheitsrechtlichen Denkens stellte. Dass ein Teil des mündlichen Rechts mit seinem Namen verbunden ist, zeigt, wie stark in der Vorstellungswelt der Hochlandbewohner Skanderbeg eine Verkörperung dieses Denkens darstellte. So wäre zu erwarten gestanden, dass Familie und Verwandtschaft den eigentlichen Rückhalt Skanderbegs dargestellt hätten. Die Heiratspolitik seines Vaters hatte zahlreiche Blutsbande mit wichtigen Geschlechtern geknüpft. Durch wechselseitige Heiraten standen die meisten Familien zueinander in oft engen Verwandtschaftsbeziehungen. Auf diese verließ sich Skanderbeg wohl auch zu Beginn seines Aufstandes. Von seinen Brüdern war Repoš bereits 1431 gestorben; von Konstantin ist nichts bekannt, und Staniša wird nach 1445 nicht mehr erwähnt. Seine Schwestern waren mit Herren aus den Geschlechtern der Crnojević, Araniti, Balšić und Thopia verehelicht. All diese Familien waren auch auf der Tagfahrt von Alessio vertreten. Die Crnojevići mussten sich aber in den folgenden Jahren der Serben und Osmanen erwehren und konnten kaum größere Truppenhilfe leisten. Vielschichtig gestalteten sich die Verhältnisse zur Familie Araniti: Vladin Golem, Sohn des Aufstandsführers Komino, hatte Skanderbegs Schwester Angelina geheiratet; aus dieser Ehe stammte einer der besten Unterführer des Kastriota, Muzaki d'Angelina (der „Angelinasohn", wie er nach der Linie seiner Mutter benannt wurde, eine Besonderheit in einer patriarchalischen Gesellschaft)[158]. Nach der ersten Belagerung Krujas, die Araniti Komino und Skanderbeg wieder zusammengeführt hatte, wurde der Bund zwischen beiden Geschlechtern durch die Heirat des Kastriota mit Aranitis Tochter Andronika befestigt. Gespannt waren die Beziehungen zu den Balšići. Muzaki Thopia schließlich, Oberhaupt dieser alten mittelalbanischen Adelsfamilie, achtete bis zu seinem Schlachtentod (1455) auf Eigenständigkeit und Abstand zu seinem übermächtigen Schwager. Von seinen Schwagern, besonders Muzaki Thopia, erhielt Skanderbeg zwar wiederholt Hilfe, doch erkannten sie ihn nicht als Ranghöheren an.

Die Söhne seiner Geschwister bildeten eine eigene Gruppe, in der Treue und Verrat sich die Waage hielten. Hamza Kastriota, Sohn des Repoš, hatte mit seinem Onkel das Banner des Aufstandes erhoben – er wurde aber auch zum Prototyp des Verräters (s. dazu das Kapitel „Verrat"). Muzaki D'Angelina wiederum wurde 1464 von Mehmed II. zu Tode gefoltert: Hamza und Muzaki bilden so die beiden Extreme, zwischen denen sich das Verhalten der anderen Neffen bewegte. Ivan Balšić, wohl ein Sohn Stefan Balšićs und Vlaica Kastriotas, trieb Getreidehandel mit der Ragusaner Familie Pozza/Pučić (1461)[159]. Gojko Strez Balšić diente seinem Onkel als Unterfeldherr im Apulienfeldzug (1461/62)[160]; diesem Beispiel folgte auch Konstantin[161] und ein sonst unbekannter Neffe namens Andretto, der kurzfristig in Gefangenschaft geriet[162]. Auf der Gegenseite stand ein anderer Neffe, vielleicht Repoš Thopia, der seine Tochter mit Skanderbegs Erzfeind Balaban verheiratet haben soll (1466)[163]; ein anderer Neffe lief 1466 zu den Osmanen über und wies ihnen den Weg ins Land; nach dem Scheitern des Angriffs wurde er auf Geheiß Mehmeds II. gepfählt[164].

Um dieser Zerrissenheit seiner Familie zu begegnen, betrieb Skanderbeg eine eigene Heiratspolitik. Seiner eigenen Ehe entspross nur ein Sohn, den er nach orthodoxer Tradition auf den Namen seines Vaters, Ivan, taufte (1455). Im Jahre 1464 begann er für ihn Heiratsverhandlungen mit der reichsten und ruhmvollsten orthodoxen Familie des Balkans, den Brankovići; zwar hatten diese 1459 ihr Fürstentum verloren, doch liefen über ihren Silberschatz Erzählungen um, die auch in Italien die Vorstellung von Fürsten wie den Sforza von Mailand erhitzten[165]. Als Braut ausersehen war Irina, Tochter des 1458 verstorbenen Lazar Branković – der sich, anders als zahlreiche seiner Verwandten, gegen die Osmanen gestellt hatte – und der Helene Palaiologina. Skanderbeg schloss sich mit Gegnern des Sultans zusammen, vor allem aber strebte er danach, dass sein Sohn in die letzte byzantinische Kaiserdynastie – der Palaiologen – einheiratete. Welch ein Aufstieg aus dem kleinen Qidhna bis hin zur Verbindung mit kaiserlichem Blut! Nach zähen Mitgiftverhandlungen, die sich zwischenzeitlich zerschlagen hatten, kam der Ehebund zustande. Der Schriftwechsel war durch die Hände des Ragusaner Kanzlers Bartolomeo de Sfondratis gegangen, der im Dezember 1464 die Höhe der Mitgift auf 6000 Dukaten bezifferte[166]. Damit waren Blutsbande zu den Brankovići und den Palaiologen geschaffen und eine nicht unerhebliche Mitgift gesichert.

Um eine reiche Brautgabe ging es auch bei der Verheiratung von Skanderbegs Neffen Repoš, dem Sohn seiner Schwester Mamica und des 1455 gefallenen Muzaki Thopia. Als Braut ausersehen war Irene Rallaina aus dem bekannten byzantinischen Geschlecht der Ralles. Ihr Vater Johannes, Herr in der peloponnesischen Landschaft Arkadien und 1459/60 Gesandter des Despoten Thomas Palaiologos in Mailand[167], gab ihr eine reiche Mitgift an Edelsteinen und Geld, die von zwei als Experten hinzugezogenen venezianischen Patriziern in Durazzo auf 1200 Dukaten geschätzt wurde (1464)[168]. Diese Heirat eines jüngeren Mitglieds des Kastriotageschlechts zeigt mehrerlei: Die enge Verbindung zur byzantinisch – orthodoxen Welt, besonders zum Umfeld der Palaiologen, das Bündnis mit reichen, aber politisch schwachen byzantinischen Aristokraten, den Anreiz einer großen Mitgift, schließlich auch, dass bei derartigen Geschäften venezianische Patrizier eingebunden waren. Es war aber gerade dieser Neffe, Repoš Thopia, von dem Skanderbeg am Ende seines Lebens verraten wurde[169].

Die Familie bildete nicht die Hauptstütze von Skanderbegs Kampf. Insbesondere einige seiner Neffen wurden vielmehr zu seinen gefährlichsten Gegnern. Es verwundert daher nicht, dass die Kastriota in der engsten Gefolgschaft kaum vertreten waren.

GELD

Der Schlachtenlärm hat Skanderbegs Zeitgenossen, aber auch die nachgeborenen Historiker vergessen lassen, dass Kriegserfolg vor allem auf Geld beruht, Geld, um die Gefolgschaft zu bezahlen, Handwerker zum Burgen- und Schiffsbau zu gewinnen, Söldner zu werben, Waffen zu kaufen und nach der Sitte des Gewohnheitsrechtes stets eine gastfreie Tafel zu bieten. Skanderbegs Kampf bedeutete für ihn selbst, seine Gefolgschaft und sein Herrschaftsgebiet eine gewaltige Anstrengung, und nur mit der Mobilisierung aller Kräfte vermochte ein kleines Berggebiet dem osmanischen Großreich standzuhalten. Von Anfang an musste Skanderbeg alles unternehmen, um die Versorgung seiner Männer und deren Familien sicherzustellen, denn diese bildeten zusammen mit dem Waffenruhm die Grundlage seiner Macht.

Geld besaß in der Bergwelt einen besonderen Wert. Denn im Gegensatz zu den Küstenstädten war es bis in neuere Zeit im Hochland selten, Naturalwirtschaft herrschte vor. *„Es gab dort keine Münzen“*, schreibt der osmanische Hofhistoriker Kritobulos und fährt fort, die Albaner hätten *„junge Burschen und Viehherden“* als Tribut entrichtet[170]. Wenn Münzen im Umlauf waren, galten sie mehr als in der Ebene. Dieser Unterschied des Geldwertes zwischen Berg- und Flachland ist meist aus dem Blick geraten, wenn etwa über die Bedeutung von Hilfsgeldern gesprochen wurde. Zwar liegen aus den albanischen Bergen keine Quellen vor, um Löhne und Preise zu berechnen, doch bieten die Notarsbücher dalmatinischer Städte einen Ersatz: Auch dort stiegen Hirtenkatune zur Küste hinab, um ihre Erzeugnisse zu verkaufen. Im

Jahre 1442 etwa erhielt ein Hirt in Šibenik für seine Jahresproduktion an Käse ein Entgelt von einem Dukaten[171]. Der Unterschied zwischen dem münzarmen Hochland und dem adriatischen Becken mit seiner alten Geldwirtschaft wird jedoch erst bei einem Blick auf das Preisniveau in den Häfen deutlich: So wurde dem Abt Pelinus von Venedig ein Jahrgeld von 120 Dukaten ausgezahlt – also das Hundertzwanzigfache des Jahreslohnes eines Hirten. Derselbe Pelinus mietete in Venedig ein Haus für eine Jahresmiete von 25 bis 30 Dukaten[172]. Er gab Venedig einen Kredit von 1200 Dukaten[173]. Zur selben Zeit bezog der venezianische Statthalter von Antivari einen Jahreslohn von 400 Dukaten, mit dem er aber auch seine Dienerschaft zu besolden hatte[174]. Ganz andere Summen waren bei der Verpachtung einträglicher Wirtschaftszweige im Spiel: 2000 Dukaten flossen an Pachtgeld für die Fischzuchten von Skutari in die Schatulle des venezianischen Kämmerers von Skutari (1466)[175]. So bestand ein gewaltiges Gefälle zwischen der monetarisierten Wirtschaft an der Adria und dem weitgehend geldlosen Hochland. Skanderbeg gehörte beiden Welten an und zog daraus Vorteil: Denn Handel trieb er mit dem Adriaraum, Gelder bezog er aus Italien; zu entlohnen aber hatte er die Bewohner des Berglandes. Auf dem Weg von den Häfen in die Berge gewann das Geld mit jedem Höhenmeter an Wert.

Geld erwirtschaftete Skanderbeg nach dem Vorbild seines Vaters aus den natürlichen Reichtümern seiner Herrschaft, Holz und Getreide[176]. Wie sein Vater schöpfte er Geld auch von den Karawanen ab, die durch seine Berge zogen. Gleich zu Beginn des Aufstandes richtete er in der Umgebung des Flusshafens Alessio, wo die Saumtreiber ihre Waren für das Bergland verluden, neue Zölle ein, worüber sich die einheimischen Händler bitter beklagten[177]. Nach alter Sitte verpachtete er seine Zölle an die Meistbietenden. Dabei hatte er jedes Interesse, die Zahl der möglichen Pächter groß zu halten. Daher erklärt sich auch sein Drängen, Venedig möge seinen Untertanen gestatten, um die Pacht mitzubieten (1445)[178]. Kaufleute aus Florenz und Mailand, Konkurrenten der Venezianer, zählten ebenfalls zu den Zollpächtern[179]. Traditionell stritten sich Dubrovniker und Venezianer Kaufleute um die albanischen Märkte. Ivan Kastriota hatte mit beiden Handelsrepubliken Geschäfte abgeschlossen. Skanderbeg versuchte, diese Politik fortzusetzen. Doch bevorzugte er das politisch schwache Dubrovnik. Wenn Ragusaner seine Zölle pachteten, hielt Skanderbeg in ihrem Interesse die venezianische Konkurrenz fern: *„Wir haben erfahren, dass es unseren Leuten seit kurzem verboten ist, aus den Ländern und Plätzen Skanderbegs Getreide auszuführen ... und diese Neuerung ist eingetreten, da einige eurer Bürger seine Zölle übernommen haben"*, schrieb der venezianische Senat im September 1462 klagend an das Regiment von Ragusa. Dieser Streit löste in der Folge sogar einen Kaperkrieg venezianischer Galeeren gegen ragusanische Getreidefahrer aus[180]. Zwar schreckte der Kastriota nicht davor zurück, die Ragusaner hart zu behandeln, wenn diese sich nicht seinem Willen fügten[181], doch herrschte im Allgemeinen gutes Einvernehmen. Erst in den letzten Monaten des damals schon geschwächten Kastriota scheinen die Kaufherren etwas dreister geworden zu sein[182]. Holz und Getreide gingen nach Dubrovnik, im Gegenzug nahm Skanderbeg den dalmatinischen Händlern in großem Stil Tuch ab[183]. Die Hirten in den Bergen kleideten sich gern in die Erzeugnisse italienischer Textilwerkstätten, und bei Balkanfürsten waren teure italienische Stoffe sehr beliebt[184].

Die wirtschaftliche Zusammenarbeit berührte aber auch Bereiche, die für den Albanerherrn erhebliche strategische Bedeutung aufwiesen. In seiner Herrschaft fehlte nicht nur Geld, sondern auch jede Form des Bankwesens. Für seine Kriegsrüstungen musste er aber mit erheblichen Summen arbeiten, und dafür benötigte er die Dienste kundiger Bankiers. Die Niederlassungen der großen Florentiner Banken in Dubrovnik wickelten derartige Geldgeschäfte mit der nötigen Diskretion ab – ging es doch um Waffenhandel in einer offiziell neutralen, dem Sultan Tribut leistenden Stadt. Skanderbeg pflegte Geschäftsbeziehungen zu den Bankhäusern Pazzi, Strozzi und Albizzi. Letztere waren an albanischem Holz interessiert. In aller Stille behob der čelnik Rajan Gelder von den Pazzi[185]. Der Kastriota nahm auch die Dienste der Ragusaner Bank in Anspruch, bei der er ein Deposit von zeitweise 2400 Dukaten besaß und über die ihm der serbische Despot Georg Branković Silber anweisen ließ[186].

Skanderbegs Einlagen stammten aus Handelsgeschäften, über die nur bruchstückhafte Nachrichten vorliegen: 1463 etwa nahm sein Vertreter Thodor in Ragusa ein Segelschiff mit sechs Matrosen in Dienst, um von Shufada aus eine Ladung Getreide in die apulischen Häfen Trani bzw. Barletta zu befördern[187]. Wie zu Ivan Kastriotas Zeiten wurde an der Mündung des Ishmi Holz an Dalmatiner verkauft, etwa an die Kaufleute Radoje Milošević und Antun Radeljić aus dem venezianisch verwalteten Korčula/Curzola[188]. Welch große Summen im Spiel waren, zeigt ein Getreidekauf, den drei Angehörige der Dubrovniker Familie Gondola/Gundulić im Jahren 1464 durch zwei Vertreter abwickeln ließen: Die Summe von 1450 Dukaten floss dabei in Skanderbegs Tasche[189]. Neben Ragusanern liefen auch norditalienische Kaufleute die Stapelplätze Skanderbegs an, etwa ein Baldesar de Rexina aus Mailand, der Weizen, Gerste und Hirse erwarb[190]. Getreide lieferte Skanderbeg auch seinen Verbündeten im kargen Bergland, so dem Fürsten Vladislav von Herzegowina oder seinem Schwager Stefan Crnojević, dem er 140 Tonnen über den venezianischen Hafen von Cattaro senden ließ[191]. Im Kaperkrieg mit Venedig verlor Skanderbeg eine ganze Reihe von Schiffsladungen; so eine Lieferung von 26 Tonnen Getreide, 260 kg Bohnen und 17 Schweinen; andere

Male eine weitere Fuhre von 26 Tonnen Getreide sowie einen Salztransport und eine Getreidesendung von 3,2 Tonnen, die ein Florentiner Kaufmann in Ragusa erworben hatte[192]. Skanderbeg wartete also nicht nur auf die adriatischen Kaufleute, er erwies sich in der Lage, selbst einen aktiven Ausfuhrhandel auf angemieteten Schiffen durchzuführen[193]. Der Aufstandsführer war auch ein umsichtiger Handelsherr. Das galt auch für seine Verwandtschaft: Sein Neffe Ivan Balšić war Teilhaber eines Schiffes, das die albanischen Kaufleute Nikolaus Laleme und Michael Ingieti aus Durazzo für die Ausfuhr von Getreide verwendeten; gegen venezianische Zollvorschriften wollten sie die Ladung nach Dubrovnik bringen, wurden aber vor Korčula von einem venezianischen Polizeischiff aufgebracht und vor Gericht gestellt[194]. Was für Venedig Schmuggel war, bedeutete für Skanderbegs Neffen eine einträgliche Investition. So verfügten die Kastriota nicht nur über militärische Begabung, sondern offenbar auch über einen gut entwickelten Geschäftssinn.

Getreide war der Reichtum Albaniens. Skanderbeg aber beherrschte die Ebenen nicht dauerhaft. Immer wieder brachen die Osmanen tief in sein Herrschaftsgebiet ein und vernichteten die Ernte bzw. verbrauchten das Getreide selbst. Schon für die 1440er-Jahre berichtet Barletius, dass in Kriegsjahren großer Getreidemangel geherrscht habe, der nur durch Schmuggel aus venezianischen Gebieten ausgeglichen werden konnte[195]. Gute Jahre wechselten mit Zeiten der Not, in denen Skanderbeg Getreide aus den venezianischen Bezirken ankaufen musste, was bisweilen auch von den venezianischen Behörden bewilligt wurde[196]. Manchmal aber hielten venezianische Statthalter legale Lieferungen auf, wenn sie die Versorgung ihrer eigenen Städte als gefährdet ansahen[197]. Die Osmanen versuchten auch, die Venezianer von Getreidelieferungen an Skanderbeg abzubringen[198]. So erwies sich seine Kornausfuhr als so unstet wie sein gesamtes Machtsystem. Eine geordnete Wirtschaft entstand unter der dauernden osmanischen Bedrohung nicht.

Was sie im Handel nicht erwerben konnten, holten sich Skanderbegs Gefolgsleute oft mit Gewalt. Viele von ihnen waren Hochlandbauern und -hirten, die Mangel gewohnt waren, die aber auch, altem Brauch folgend, in die Ebenen hinab stiegen, um durch Raub ihre Familien zu versorgen. Diese Sitte hielt sich bis in die Anfänge des 20. Jahrhunderts[199]. Die schnellen Reiter aus den Bergen liebten Plünderzüge, auf denen sie Vieh wegtreiben konnten. Die Überfälle richteten sich vor allem gegen osmanisches Gebiet, aber auch die venezianischen Orte wurden nicht verschont. Wenige Wochen nach Beginn des Aufstands berichteten die Einwohner Alessios, *„ein gewisser Jeorgius Castrioti ... habe mehrere Übergriffe begangen und fahre damit täglich fort, indem er ihr Vieh raubt und sie und ihre Frauen und Kinder gefangennimmt“*[200]. Einen Raubzug führte Skanderbeg auch gegen den Stapelplatz

Pirgo an der Adria, wo venezianische und osmanische Kaufleute Handel trieben; dabei verlor allein der venezianische Patrizier Geronimo Foscolo Tuch im Wert von mehr als 200 Dukaten[201]. Im Osten zog das reiche Ochrid mit seinen Fischzuchten und großen Herden die Streifscharen an; es lockten aber auch die Sommerweiden des Šargebirges[202]. Der Ragusaner Staatskanzler Bartolomeo de Sfondratis berichtete, dass Skanderbeg auf zwei Raubzügen im westlichen Makedonien 2000 Zugtiere (wohl die landesüblichen Büffel) und angeblich 400 000 Stück Groß- und Kleinvieh erbeutet hatte[203]. Auch serbisches Land wurde, glaubt man Demetrio Franco, einmal ausgeraubt[204]. In späteren Jahren betrieben Skanderbegs Männer, wohl unter seinem Neffen Ivan Balšić, auch Piraterie auf der Adria: So wurde etwa ein mit Getreide und Pökelfleisch beladenes Schiff des Ragusaner Staatskanzlers de Sfondratis aus Mailand ausgeraubt, der sich an seinen Landesherrn Francesco Sforza wandte; dieser wiederum verlangte von Skanderbeg die Herausgabe der Beute[205].

Vor allem aber litten die albanischen Untertanen der Markusrepublik. Skanderbeg konnte oder wollte seine Gefolgsleute nicht im Zaume halten, wenn diese die Ebenen bei Durazzo, Alessio und Skutari überfielen[206]. Der Krieg um Dagno bildete nur einen Höhepunkt dieses Konflikts zwischen den Bewohnern der Ebene und der Berge um knappes Acker- und Weideland an der Küste. Als Folge entstanden dauernde Spannungen zwischen Venedig und Skanderbeg[207]. Der Albanerherr nahm diese in Kauf; denn seine Gefolgsleute sahen in den Raubzügen kein Verbrechen, vielmehr gehörten diese zu ihrer Lebensweise und zu ihrem Ideal von Kriegertum und Heldenmut. Die Beute an Tieren glich auch die Verluste aus, die bei osmanischen Angriffen auf albanische Herden entstanden waren.

Der Ausfuhr vor allem von Schafen kam in einer weitgehend auf Tierzucht ausgerichteten Wirtschaft erhebliche Bedeutung zu. Vieh verkaufte der albanische Adel dalmatinischen und italienischen Kaufleuten an den kleinen Stapelplätzen der Adriaküste. Araniti Komino wünschte 1449 die Ausfuhrerlaubnis für 1000 Schafe und 100 Stück Hornvieh, die im venezianischen Durazzo verschifft werden sollten[208]. Um sich eine Vorstellung vom Wert dieser Tiere zu machen, muss – mangels Angaben aus dem albanischen Raum – ein Blick nach Korfu und nach Dalmatien geworfen werden, über deren Häfen die Hirten in Epirus bzw. im dinarischen Gebirge ihre Erzeugnisse verkauften. 1442 wurden in Korfu für 100 Schafshäute 7, 9 Dukaten gezahlt. Skanderbegs Jahrgeld von Venedig, das 1400 Dukaten betrug, entsprach also dem Wert von rund 17 700 Schafshäuten[209]. Derartige Mengen wurden aber kaum verladen. In Šibenik, dem wichtigsten Ausfuhrhafen Dalmatiens für Viehprodukte, verzeichnete das venezianische Zollamt für die Jahre 1441 bis 1443 den Export von rund 13 000 Lammhäuten, 7100 Schafshäuten und 4500

Ziegenhäuten[210]. Diese Zahlenbeispiele belegen, wie schwierig es war, mit Viehwirtschaft größere Kapitalmengen zu erwerben.

Als viel einträglicher erwies sich das Geschäft mit Gefangenen; besonders in den ersten rund 15 Jahren des Aufstands erzielten die Aufständischen mit Lösegeld stattliche Beträge[211]; mit einem Schlag gelangten Summen in die Hände der Krieger, für die sie als Hirten jahrelang hätten arbeiten müssen. So zahlte der Offizier Hamza bey (wohl 1451/52) angeblich 12 000 Goldstücke, und 1464 musste sich ein osmanischer Steuereintreiber bei Ochrid für 11 000 Goldstücke freikaufen[212].

Getreide–, Vieh- und Holzhandel, Zollpacht und Raubzüge allein brachten nicht genügend Geld ein. Skanderbeg war daher schon früh auf Hilfe von außen angewiesen. Dafür wandte er sich an die Staaten Italiens und an Dubrovnik. Die reichste Stadt Dalmatiens durfte es aber nicht wagen, den Albanerherrn offen zu unterstützen. Dubrovnik gehörte zur ungarischen Krone und entrichtete seit 1458 dem Sultan Tribut[213]. Seine Karawanen zogen durch weite Teile des osmanischen Reiches; die kostbaren Warenzüge zu sichern, war oberstes Ziel ragusanischer Staatskunst. Zwar schützten immer gewaltigere Wälle die Stadt, in der etliche Balkanfürsten ihre Schätze hinterlegt hatten, doch wollten die Ratsherren vermeiden, dass die Stärke der Befestigungen jemals auf die Probe gestellt würde. Dubrovnik stand zwischen Abendland und osmanischem Reich, es musste außerdem die unruhigen adligen Herren der Nachbarschaft, in Bosnien, der Herzegowina und Albanien zufriedenstellen, schließlich auch die venezianische Konkurrenz zur See abwehren. Skanderbegs Forderungen nach Geld- und Waffenhilfe brachten die kleine Republik in nicht geringe Verlegenheit[214]. Man wollte die einträglichen Geschäfte in Albanien nicht gefährden, war auch über einen Herrn froh, der die Osmanen bekämpfte, doch fürchtete man die osmanischen Spione in der Stadt und die Gefahr für Leib und Leben der eigenen Landsleute im osmanischen Reich. So unterlag die Haltung Dubrovniks dauernden Schwankungen, die den großen politischen Entwicklungen auf dem Balkan folgten: 1446 und 1447 unterstützte die Republik Skanderbeg mit diplomatischer Vermittlung und Waffen[215]. Als Skanderbeg 1448 ein Darlehen für den Angriff auf das Amselfeld erbat, scheuten die Ratsherren vor einer derartigen Herausforderung des Sultans zurück, gaben aber, um den Albanernherrn nicht ganz zu verprellen, 200 Dukaten[216]. Zwei Jahre später, als die Osmanen Kruja – und damit ragusanische Handelsinteressen an der Adria – bedrohten, schien es den Räten günstig, Skanderbeg mit 500 Dukaten beim Gegenangriff zu helfen[217]. Dann aber überwog wieder Vorsicht, so 1452[218]. Zu einem Jahrgeld und anderen festen finanziellen Verpflichtungen wollte sich Ragusa nie verstehen. Über Dubrovnik verliefen aber die Verhandlungen zwischen Skanderbeg und Johann Hunyadi sowie später mit dem ungarischen König Matthias Corvinus; auch förderte Ragusa Skanderbegs Eingreifen in den neapolitanischen Thronstreit (1461), da König Ferrante ragusanische Kaufleute begünstigte[219]. Schließlich hofften die Patrizier auf Skanderbegs Fürsprache beim König[220]. In besondere Verlegenheit brachte die geschäftstüchtigen Ragusaner das wiederholte Ansinnen der Päpste, die Stadt zu einer Drehscheibe für die Verteilung von Kreuzzugsgeldern auf dem Balkan und damit zu einem Mittelpunkt für Angriffe auf den Sultan machen. Ragusa entzog sich mit einer geschmeidigen Diplomatie, die bald zustimmte, bald ablehnte; die kleine, aber reiche Republik gestattete jedoch, dass in aller Stille innerhalb ihrer Wälle Diplomatie, Waffenhandel und Geldgeschäfte getrieben wurden, alles freilich unter der sorgfältigen Aufsicht der Behörden. Der ragusanische Staat setzte Skanderbeg für seine Zwecke im christlichen Mächtegeflecht der Adria ein, vermied aber eine offene Finanzierung des Osmanenkrieges.

Die Vormacht auf der Adria, die Republik Venedig, stand in einem schwierigen Verhältnis zu Skanderbeg[221]. Von den Grenzzwischenfällen wurde schon gesprochen, ebenso von dem wirtschaftlichen Gegensatz zwischen Venedigs Untertanen und Skanderbegs Gefolgschaft. Die Patrizier der albanischen Küstenstädte wurden in der Regel von ihren venezianischen Standesgenossen unterstützt, die den Reichtum der Ebenen selbst ausbeuten wollten. Venezianische Statthalter und Kaufleute in Albanien übernahmen also von der einheimischen albanischen Elite das Misstrauen gegenüber Skanderbeg und traten diesem meist feindseliger gegenüber als der Senat im fernen Venedig. Zentrale und örtliche Behörden der Signoria handelten oft unterschiedlich, und so ist es falsch, von einer einheitlichen venezianischen Politik zu sprechen. Vielmehr verfolgten Hauptstadt und Provinzbehörden unterschiedliche Strategien im Verhältnis zu dem Albanerherrn. Zu Beginn des Aufstandes hatte Skanderbeg von Venedig vor allem Investitionen in seine Steuerpacht und Asyl für den Notfall verlangt. Als es 1447 zum Krieg kam, hatte er von Durazzo Schutzgeld erhalten[222]. Geld kam dann mit dem Vertrag vom Oktober 1448 ins Spiel. 1400 Dukaten Jahrgeld war den Venezianern der Frieden mit Skanderbeg wert[223]. Wenn man den Jahreslohn eines Hirten, wie berichtet, mit einem Dukaten im Jahr veranschlagt, konnte der Kastriota mit dieser Summe seine übliche Gefolgschaft von rund 1500 Kriegern ein Jahr lang entsolden. Entsprechend hartnäckig drängte er daher auf die tatsächliche Auszahlung dieser Hilfsgelder. Doch war diese dem Auf und Ab der Beziehungen zur Markusrepublik unterworfen. Auf venezianischer Seite bestand zudem ein strukturelles Problem: Auf Anweisung des Senats hatte der Bezirk Alessio das Jahrgeld zu überreichen; die Hauptstadt selbst wollte nichts bezahlen. Alessio – und Durazzo, das ihm beispringen sollte – zeigten sich bald unwillig, bald unfähig, die Summe aufzubringen; Überfälle und Kriege trafen den Salzhandel schwer, aus dessen Gewinnen die Gelder hätten erwirtschaftet werden müssen. Einige Male mussten die venezianischen Statthalter Skanderbegs Pension sogar aus ihrer Privatkasse zahlen[224]. Hinzu traten Kompetenzstreitigkeiten zwischen den venezianischen Bezirken. Schließlich bereicherten sich einzelne venezianische Amtsleute am Jahrgeld: Der Kämmerer von Durazzo versuchte, Skanderbeg zu betrügen, und mit Mühe konnte dieser von einem Angriff auf die Stadt abgehalten werden[225]. Es war nicht immer böser Wille Skanderbeg gegenüber, wenn die Zahlungen ausblieben[226]. Wiederholt aber setzte Venedig das Jahrgeld ein, um Skanderbeg zu politischem Wohlverhalten zu zwingen. Seit der Belagerung Krujas im Jahre 1450 – als venezianische Kaufleute die osmanischen Belagerer mit Lebensmitteln versorgt hatten –, besonders aber seit 1451, als Skanderbeg Vasall von Venedigs Gegner Alfons V. geworden war, standen die beiden Nachbarn wiederholt am Rande eines offenen Krieges[227]. Der Albanerherr benötigte das Geld aber so dringend, dass er seinen neapolitanischen Lehensherrn bat, sich für ihn in Venedig zu verwenden[228]. Venedig hielt jedoch den Druck aufrecht und zwang Skanderbeg einige Monate nach dem Fall Konstantinopels vorübergehend zum Einlenken (September 1453)[229]. Der Albanerherr seinerseits zögerte nicht, die Venezianer zu bedrängen; einmal besetzte er einen venezianischen Ort, wohl bei Dagno, ein andermal versperrte er den Karawanen den Weg nach Alessio (1456)[230]. Nicht nur das Jahrgeld, sondern auch die venezianische Zollpolitik bildete einen steten Quell des Haders[231]. Eine Änderung des gespannten Verhältnisses trat erst ein, nachdem Skanderbegs Schutzherr Alfons V. 1458 gestorben war und als sich abzeichnete, dass Venedig dem Krieg mit dem Sultan nicht mehr ausweichen konnte (1463). 1460 etwa zahlte die Republik nach langem Drängen Skanderbegs; die Finanzverwaltung gab 50 Dukaten frei, die dem Kastriota monatlich zustanden und überreichte die Gelder am 12.9.1460 einem Gesandten aus Albanien[232]. Drei Jahre später drängte sie ihm dann Hilfsgelder gegen die Osmanen förmlich auf[233]. Im Krieg selbst beschloss der venezianische Senat zwar mehrfach die Bereitstellung von Hilfsgeldern, einmal 4000 Dukaten, dann 300, 3000 und nochmals 2000 Dukaten, und zwar zusätzlich zur Pension[234]. Für Venedig, das selbst jeden Monat 60 000 Dukaten für den Türkenkrieg ausgab, waren dies bescheidene Summen[235]. Doch ist unklar, ob alle diese Gelder wirklich in Albanien angelangt sind; sicher ist, dass sie keinesfalls ausreichten, denn Skanderbeg hatte 1467 den venezianischen Offizieren in Albanien 5000 Pfund vorstrecken müssen, über einen Wechselbrief, den der Ragusaner Paladino Gundulić zustande gebracht hatte; von diesem Darlehen erhielt Skanderbeg wenige Wochen vor seinem Tod gerade einmal 140 Dukaten zurückerstattet[236]. Die erhaltenen Quellen erlauben es nicht, die genaue Summe zu berechnen, die dem Kastriota von der Markusrepublik insgesamt überwiesen wurde. Die politische Gegnerschaft der beiden Nachbarn, die nur kurzzeitig von politischen Interessengemeinschaften gegen die Dukagjin und die Osmanen abgelöst wurde, spiegelte sich im Finanzgebaren der Signoria wider. Ihr behagte es nicht, den Vasallen Neapels mit Geldmitteln auszustatten; die Venezianer und ihre albanischen Untertanen werden Skanderbegs Überfälle weder vergessen noch verziehen haben. Im Grunde wünschte Venedig ein christliches Albanien unter eigener Schutzherrschaft, ohne Skanderbeg, und letztlich erreichte es dieses Ziel auch.

Schied Venedig so als zuverlässiger Geldgeber aus, musste sich der Kastriota um andere Subsidien bemühen. Sein Lehensherr Alfons V. ließ zwar wiederholt Nachschubsendungen, Truppen und Mundvorrat von Apulien über die Adria schicken; zu größeren Zahlungen an seinen Vasallen fand er sich nicht bereit[237]. Dies scheint Skanderbeg auch nicht erwartet zu haben; er schätzte die handfeste Unterstützung des Königs wohl mehr als bloße Geldzahlungen. Alfons V. Sohn Ferrante aber musste wegen der Thronwirren nach 1458 jede Hilfe einstellen, vielmehr hatte Skanderbeg in eigener Person dem König gegen dessen Widersacher beizustehen (1461). Als sich seine Stellung gefestigt hatte, wies der Monarch Skanderbeg, der eben seinen Vasalleneid erneuert hatte, zwar ein Jahrgeld von 1200 Dukaten an (1464) – doch kann nicht bestimmt werden, wie viel davon wirklich nach Albanien gesandt wurde[238]. Nur eine Zahlung Ferrantes ist sicher bezeugt, jene 1000 Dukaten, die er seinem Vasallen im Herbst 1467 überreichen ließ[239].

Von den anderen Staaten, die albanische Gesandte aufsuchten – Mailand, Siena und Burgund – kamen bestenfalls aufmunternde Worte, aber weder Geld noch Truppen, die wirklich an der albanischen Küste erschienen wären. So blieb nur eine Macht, die dauerhaft und in großem Umfang den christlichen Aufstand finanzierte: Die katholische Kirche, und zwar sowohl das Papsttum wie die hohe katholische Geistlichkeit in Albanien selbst. Als treibende Kraft des Widerstandes gegen die Osmanen setzten Würdenträger wie Abt Pelinus oder Erzbischof Paul Angelus alle ihre Geldmittel ein; die Osmanen zerstörten 1466 mit gutem Grund die Besitzungen des Erzbischofs in Mittelalbanien[240]. Wieder verunmöglicht der Archivverlust eine genaue Zahlenangabe. Etwas besser bestellt ist es um den Überblick über die Summen, die aus Rom nach Albanien flossen, auch wenn eine Gesamtschau ebenfalls nicht geleistet werden kann. Nikolaus V. (1447–1454), Kalixt III. (1455–1458), Pius II. (1458–1464) und Paul II. (1464–1471) wandten ihre Aufmerksamkeit, freilich in unterschiedlichem Maße, der Rebellion des Herrn von Albanien zu[241]. Dem Vorbild Araniti Kominos folgend, bemühte sich Skanderbeg um Beziehungen zur Kurie, die nach dem Fall Konstantinopels an Bedeutung gewannen. Das Ende von Byzanz zwang den orthodoxen Aufstandsführer, nach Westen zu blicken. Die Belagerung Krujas im Jahre 1450 wirkte auf das Papsttum als Fanal. Im März 1452 wurden in Dubrovnik rund 4900 Hyperpern aus den Einnahmen des Jubeljahrs den Beauftragten Skanderbegs übergeben[242]. Die dalmatinischen Städte aber zeigten sich darüber nicht eben glücklich: Die Bürger von Cattaro, die den Kriegslärm eigentlich beinahe vor ihren Mauern hören konnten, bedrängten ihre Schutzmacht Venedig, diese möge sich beim Papst einsetzen, damit ein Teil der für Skanderbeg vorgesehenen Gelder zum Bau der neuen Kathedrale verwendet werden könnte[243]. Weit reichte die adriatische Solidarität nicht.

Um Papst Nikolaus V. für seine Sache einzunehmen, plante der Kastriota im Dezember 1453 sogar eine Reise nach Rom[244], übergab die Angelegenheit aber jenem Gesandten, der dem Papst die Geschichte von der Vendetta zwischen seinem Herrn und dem Sultan enthüllte. Papst Nikolaus V. zeigte sich trotz dieser ungeschickten Argumentation geneigt zu helfen und gab dem Diplomaten 3000 Dukaten in Gold und Geschenke im Wert von weiteren 1000 Dukaten[245] – ein erheblicher Erfolg für die Aufständischen, konnten doch so rund 4000 Krieger versorgt werden. Den Papst mag ein Teil von Skanderbegs Botschaft besonders berührt haben; denn dieser erklärte, die päpstlichen Gelder nur dann verwenden zu wollen, falls die Osmanen tatsächlich angriffen, ja er schlug vor, der Pontifex solle die Subsidien nur monatlich zahlen; bei einem Ausbleiben des Feindes würde die Summe zurückerstattet[246]. Papst Kalixt III., der Nikolaus V. bald nachfolgte, weihte sein Pontifikat ganz dem Kampf gegen die Osmanen. In seinem Nachlass fand sich ein Schwur, all seine Kräfte für die Rückgewinnung Konstantinopels und die Niederwerfung des Islam einzusetzen. Italienische Kriege aber hinderten ihn, den albanischen Aufstandsführer so mit Geldern auszustatten, wie er es gewünscht hätte; Kalixts III. Schreiben zeugen von der Ungeduld des Papstes, nicht ausreichend helfen zu können. Besonders empörte ihn, dass die Ragusaner für den Kreuzzug bestimmte Gelder zurückhielten und mit der Exkommunikation bedroht werden mussten[247]. Im Februar 1458 wurden immerhin 5000 Gulden nach Albanien gesandt[248].

Pius II. zählte zu den wichtigsten Förderern Skanderbegs überhaupt, wenn auch vorwiegend auf dem Feld der Diplomatie; und Paul II., wiewohl weniger eifrig in der Abwehr der Osmanen als seine Vorgänger, ließ dem Kastriota zwischen April 1466 und September 1467 insgesamt 5000 Dukaten und 7850 Gulden übergeben[249]. Päpstliche Hilfe erschöpfte sich aber nicht in Geldsendungen, Kalixt III. ließ eine Flotte in die Adria ausfahren, und Pius II. trieb zu einem Kreuzzug, dessen Befehl im albanischen Raum Skanderbeg hätte übernehmen sollen. In einer Mischrechnung von tatsächlichen Zahlungen und Aufwendungen für Flotte und Truppen hat ein Gelehrter die päpstliche Unterstützung auf 56 000 Dukaten geschätzt[250]. Doch auch hier lässt man bei absoluten Zahlen besser Vorsicht walten. Sicheren Grund betritt man vielmehr mit der Aussage, dass Skanderbeg zwischen 1451 und 1458 am meisten militärische Hilfe aus Neapel und zwischen 1452 und 1467 die größten Geldsummen aus Rom erhalten hat. Die päpstlichen Gelder wurden wohl im Bergland verteilt, wo sie eine gewisse Wirkung entfaltet haben werden. Für italienische Verhältnisse handelte es sich um bescheidene Summen, die letztlich auch Skanderbegs geringe politische Bedeutung für die italienischen Staatenlenker widerspiegelten. Dem ungarischen König Matthias Corvinus, der als Herrscher eines alten und mächtigen Staates über ein weit größeres Heer verfügte, schickte die Kurie allein im August 1464 40 000 Dukaten[251].

Letztlich muss angesichts der bruchstückhaften Zahlen die Frage offen bleiben, ob Skanderbeg seinen Aufstand aus eigenen Mitteln getragen oder überwiegend aus Hilfsgeldern gezahlt hat; auch hier ist es vorsichtiger anzunehmen, dass er ohne Hilfe von außen nicht überlebt hätte.

RAUM

Skanderbeg herrschte über Menschen, weniger aber über ein festumrissenes Gebiet. Die fast ununterbrochenen osmanischen Angriffe verhinderten die Ausbildung einer dauerhaften Herrschaft im Raum. Vielmehr befand sich Skanderbeg in ständiger Bewegung. Es ist daher angebracht, eher von einem Handlungs- als einem Herrschaftsraum zu sprechen. In diesem Handlungsraum zeichnen sich Zonen verdichteter Machtausübung ab, um die sich Gebiete legten, in denen Skanderbeg Kriegszüge durchführen, aber nicht eine feste Kontrolle ausüben konnte. Giovanni Musachi, der sich in den albanischen Kleinlandschaften vorzüglich auskannte, beschrieb den Kernraum in allen Einzelheiten: Der Kastriota besaß nach ihm *„Dibra, Mati und Kruja bis an das Meer, Deberina, das heißt die Randesia und das Land von Guonimi“*[252]; an einer zweiten Stelle führt er aus: *„Er war Herr nicht nur von Mati, sondern machte sich auch zum Herrn von Kruja, Dibra, Birina, das heißt der Randisia, von Tomorista, von Misia und dem Land von Guonimi bis an die Küste“*[253]. Nicht umsonst zählte er zuerst die Bergländer von Mati und Dibra auf; hier hatte Skanderbegs Vater geherrscht, vor allem aber boten hier die Berge besseren Schutz als die offenstehenden Küstenebenen zwischen Kruja und der Adria. Die anderen Regionen hingegen waren wesentlich kleiner; sie erstreckten sich zwischen dem Bergabhang von Kruja im Osten und der Adriaküste bei Durazzo und Alessio im Westen. Landschaftlich wies dieser Nukleus von Skanderbegs Handlungsraum erhebliche Gegensätze auf: Das flache bis hügelige Küstenland, teils bewaldet, teils als Weideland genützt, wo im Sommer drückende, feuchte Hitze herrschte; dann das östlich anschließende Hügelgebiet, mit besserer Luft; hier erstreckten sich Felder, aber auch Waldungen, hier lagen mehrere kleine Burgen, die die Hauptfestung, das starke Kruja schützten. Östlich von Kruja erhoben sich steile Berge, über die kleine Saumwege in das breite Tal von Mati führten. Diese Beckenlandschaft ist in ihrer Mitte von einem Hügelrücken unterteilt und nach Osten hin von buckligen Bergen begrenzt. Vom Südosten des Matitales leitete ein sich verengendes Tal zur Passstraße, über die man nach Dibra gelangte. Diese Straße verlief östlich der Passhöhe durch ein breites, von hohen Bergen gesäumtes, wasser- und weidereiches Tal namens Valikardhë. Dibra schließlich, neben Mati die zweite Herzkammer von Skanderbegs Machtgebiet, wurde vom Schwarzen Drin durchflossen, der sich von Ochrid her kommend durch ein enges Waldtal zwängt und in das breite Unter-Dibra mit seinen Feldern und Obstgärten durchbricht. Die Berge, die Unter-Dibra nach Osten hin gegen die Landschaft Ober-Dibra abschließen, sind höher und schroffer als das Gebirge zwischen Mati und Unter-Dibra. Doch auch hier ziehen sich Fußpfade über Almen und Felsschründe, die sich im Osten hinab in das dichtbewaldete Tal winden, in dem sich das alte Kloster Sveti Jovan Bigorski erhebt. Von West nach Ost wechseln in diesem Kernraum Ebenen und Berge, Küstenflachland, Almgebiete und innerbalkanische Siedlungskammern. Die Berge streichen von Nordwesten nach Südosten und bilden für den Verkehr ein erhebliches Hindernis, kein unüberwindliches aber, besonders nicht für ausdauernde Hirten, die die Wege kennen.

Im Westen und im Osten schuf die Natur die Grenzen: Das adriatische Meer auf der einen, das Bergland von Mokra auf der anderen Seite. Diese „feuchten“ Berge trennten Skanderbegs Heimat in Dibra von der breiten Ebene des Polog und bildeten im Spätmittelalter auch die Sprachgrenze zwischen dem nach Barletius *„bulgarischen“* Polog und dem mehrheitlich albanischen, aber von serbischen Sprachinseln durchsetzten Unter-Dibra[254].

Polog ist eine der großen, von Bergen umgebenen Siedlungskammern im inneren Balkan. Im Norden wird sie abgeschlossen von dem gewaltigen Massiv des Šar, im Süden von einem Hochland, das Raum für die Passstraße nach Ochrid bietet; im Osten liegt das „trockene Gebirge“ (Suva gora), das Polog von der weiten Vardarebene scheidet. Über den Hauptort des Polog, das am Fuße des Šar kauernde Tetovo, das die Osmanen Kalkandelen nannten, verlief die Heerstraße von Skopje nach Ochrid, einer der wichtigsten Aufmarschwege des Balkans in Richtung Adria. Diese Straße passierte zwischen Skopje und Tetovo eine Klause, den Engpass von Derven, der von der hochgelegenen Burg Sobri bewacht wurde[255]. Von Derven bis in den Polog hatten die Sultane ein Timarlehen nach dem anderen eingerichtet: Das Flachland war Bollwerk und Aufmarschgebiet der Osmanen gegen die Aufständischen Skanderbegs[256].

Skanderbegs nördliche und südliche Grenzen im Küstenland sind dank einem venezianischen Aktenstück auch in Einzelheiten bekannt. Nach Norden hin verengt sich die Küstenebene bei Alessio, dessen kegelförmiger Burgberg schon von Weitem zu sehen ist. Hier verlief auch die feste Gemarkung von Skanderbegs Staat in der Ebene. Dies ist kein Zufall, denn das Schwemmland südlich von Alessio war seit alters her umstritten: Die Berge waren nahe, und viele Herren wollten ihre Tiere auf die Winterweiden treiben, wogegen die Bauern der Ebene ihre Wintersaat schützen mussten. Die Grenze wurde entlang des Matiflusses gezogen, von der Küste über die Furt von Milot bis hin zum Fluss Fani, der aus dem Hochgebirge herabkam. Im Süden beschloss wieder ein Flusssystem, dasjenige des Ishmi, Skanderbegs Staat; wieder verlief die Linie den Wasserlauf entlang in das Hügelland, dem kleinen Weiler St. Maria in Bërar, rund 14 km südöstlich von Kruja[257].

Diesen Kernraum beherrschte Skanderbeg aber nicht dauerhaft, sondern in der Regel nur außerhalb der Feldzugssaison. Wenn im Frühling und Frühsommer osmanische Heere anmarschierten, räumten die Aufständischen die Ebenen und zogen sich in das Bergland zurück[258]. Das Bergmassiv von Tumenisht (heute Mali i Skënderbeut) hinter Kruja[259] und die Mokra, *„tiefe Täler und überall Berge"*[260], bildeten dann eigentliche Waldfestungen, in denen der dichte Baumbestand und das schroffe Gelände hervorragenden Schutz vor gepanzerten Timarioten boten. *„Die Illyrer (Albaner, O. S.) hielten die Höhen, wagten aber nicht, in die Ebenen herabzusteigen"*, schreibt Kritobulos von Imbros[261]. Die Mokra (das heutige Grenzgebirge zwischen Albanien und Makedonien) gehört mit ihren bis über 2700 m aufragenden Gipfeln zu den am schwersten zugänglichen Gebieten des Balkans – und zu den am meist umkämpften Landschaften in Skanderbegs Aufstand[262]. In den Wäldern bewegten sich Skanderbegs leichtbewaffnete Krieger rasch voran. Barletius erzählt, der Wald sei so dicht gewesen, dass die Truppenführer sich kaum einen Überblick verschaffen konnten[263]. Wenn ihnen nicht Verräter den Weg wiesen – wie es nur allzu oft geschah –, mussten die osmanischen Einheiten mit der Plünderung und Verwüstung der Ebenen vorlieb nehmen und aus Mangel an Nahrungsmitteln im Hochsommer den Rückzug antreten. Dann begannen die aufständischen Hirtenkrieger, aus dem Hochgebirge in die Hügelzonen und die Ebenen hinabzusteigen, die Osmanen zu verfolgen und osmanisch beherrschte Dörfer im Polog, den dortigen osmanischen Hauptort

Tetovo sowie im Süden auch Ochrid anzugreifen, bisweilen plünderten sie bis vor die Tore Skopjes[264].

Auf die sommerliche Kontraktionsphase des Handlungsraumes folgte so im Herbst eine starke Ausdehnung. Martinus Segonus aus Novo Brdo behauptete wenige Jahre nach Skanderbegs Tod, der Albanerherr sei *„bis zum Strymon, zu den Grenzen der Makedonen und Thrakiens vorgestoßen“*[265]. Er meint damit den Fluss Struma im heutigen westlichen Bulgarien; keine andere Quelle erwähnt ein derartiges Ausgreifen nach Osten; doch kann nicht ausgeschlossen werden, dass der landeskundige Segonus von einem einmaligen Streifzug vernommen hat, der über die Vardarebene hinaus reichte. Üblicherweise ereigneten sich die Überfälle der Aufständischen aber am Ostabhang der Mokra und auf den Höhen des Šargebirges, wo osmanische Herren im Sommer ihre Herden weiden ließen[266]. Weiter nach Nordosten ist Skanderbeg hingegen kaum gelangt[267]. Im November 1448 war er zwar in die Nähe des Amselfelds gerückt, war aber genötigt umzukehren, bevor er die Ebene erreicht hatte. Sechzehn Jahre später plante er einen Streifzug in das nördliche Kosovo, musste aber davon Abstand nehmen, als er erfuhr, dass Sultan Mehmed II. mit einem starken Heer an dem Fluss Sitnica stand[268]. Die südöstliche Begrenzung des militärischen Handlungsraumes lag vor Ochrid. Diese große und reiche Stadt wurde von einer starken osmanischen Besatzung geschützt. Die am Nordufer des Ochridsees gelegene Ebene (zwischen den Orten Struga und Dibra) stand aber Angriffen der Aufständischen offen, die auch von der Tatsache begünstigt wurden, dass ein Hügelzug den Wachen von Ochrid den Überblick über die gesamte Ebene verdeckte. Das weite Flachland von Oronik, wo heute der Flughafen von Ochrid liegt, war Schauplatz von Scharmützeln[269]. Deutlich wird dies aus einer Erzählung des Barletius (wohl zum Jahr 1462): Der osmanische Feldherr Karaca bey lagerte beim Dorf Livada, nordöstlich von Struga, während Skanderbeg im Hügelland lauerte[270]. Skanderbeg gelang es nicht, das Seeufer oder die Ebene von Polog dauerhaft zu unterwerfen; er machte aber den osmanischen Grenzoffizieren das Leben schwer und schädigte die Einwohner durch dauernde Raubzüge gegen die großen Viehherden.

Die durch diese steten Streifzüge erbitterten Osmanen berannten Jahr für Jahr Skanderbegs Waldfestung in der Mokra. Neben Ochrid hielten sie seit 1448 auch das wichtige Svetigrad in der Hand; zu einem unbekannten Zeitpunkt stürmten sie auch den Adlerhorst von Kodžadžik[271]. Bis zu Mehmeds II. Großoffensiven (1466/67) scheiterten sie aber an der Naturfestung der Aufständischen im Bergland.

Waren die beiden Hochländer das eigentliche Refugium Skanderbegs, wo im Sommer die Gefolgschaft und die Viehherden Zuflucht fanden, so erfüllte die Küstenebene eine andere Aufgabe: Sie lieferte Getreide für die Versorgung der Gefolgschaft, aber auch für die Ausfuhr nach Dalmatien und Italien. Sie war so eine wesentliche Einnahmequelle. Dann aber überwinterten dort die großen Herden Skanderbegs und seiner Gefolgsleute. In der warmen Ebene erholten sich Skanderbegs Männer auch von den Entbehrungen der sommerlichen Kriegssaison. Schutz gewährten in diesen Ebenen die Flüsse: Aus den mittelalbanischen Bergen schieben sich auch heute noch Ishmi, Mati und Erzen in weiten Mäandern zur Adria vor. Im Frühjahr überschwemmten sie, angeschwollen von der Schneeschmelze, große Flächen und verwandelten diese in ungangbare Sümpfe[272]. Im Jahre 1466 blieb ein großes osmanisches Reiterheer in diesem Morast buchstäblich stecken. Schutz versprachen aber auch die weiten Küstenwälder, wegloses feucht-heißes Dickicht in den mediterranen albanischen Sommern, ein Hindernis für schwer bewaffnete osmanische Lehensreiter, zu passieren nur für leicht gerüstete ortskundige Einheimische. Die Ebene stand nach Süden stärker offen als nach Norden: Durchschnitten wurde sie von der Via Egnatia, die aus dem Shkumbintal in die Ebene trat. Hier marschierten auch beinahe jährlich die osmanischen Heere aus dem inneren Balkan auf. Bis 1466 aber mussten die Osmanen die Straße im Herbst und Winter den Aufständischen überlassen, die sich im Bergland von Çermenika, diesem Zentrum der Vlachen im albanischen Raum, verschanzt hielten. Die dauernden osmanischen Angriffe erschöpften aber die alten Adelsgeschlechter in dem breiten Tal, besonders die Araniti. Diese standen aber auch unter Druck von Norden, denn Skanderbeg, der keine Aussicht auf dauerhaften Geländegewinn im Osten besaß, musste seine Macht an der Adria konsolidieren und nach Süden wie nach Norden ausdehnen.

Die albanischen Berge umschließen das Küstenland in einem großzügigen Bogen, der eine weite Ebene schafft, deren Eckpunkte Valona und Alessio bilden. Der südliche Teil dieser Ebene wurde im Wesentlichen von den Osmanen beherrscht, die die Hauptfestungen Berat, Valona und Kanina 1417 erobert hatten. Gegen die Herrschaften von Familien wie den Araniti und Thopia bestand eine unklare Übergangszone. Der Besitz von Burgen entschied letztlich über die Machtverhältnisse. Am Nordrand der Ebene, in Alessio, begann die venezianische Einflusszone, deren Mittelpunkt in Skutari lag, der stärksten Feste des albanischen Nordens. Der so eingeengte Skanderbeg versuchte mehrmals, sich Luft zu verschaffen und seine Herrschaft entlang der Nord-Süd-Achse zu vergrößern. Er focht im Bunde mit seinen südslawischen Nachbarn gegen Venezianisch-Albanien (1447/48) und unterlag. Einen zweiten Anlauf unternahm er als Vasall Neapels (1453 und 1456), wieder vergebens[273]. Da ihm so der Weg in die Ebene von Skutari versperrt blieb, ging er dazu über, seine Macht im östlich gelegenen Bergland auszudehnen, prallte dort aber mit den Dukagjin zusammen, die alle Angriffe zurückschlugen

(1457/58)[274]. Nur für wenige Wochen stieß Skanderbeg bis an den Drin vor; er nahm die alte Burg Satti ein, musste sie aber gleich wieder räumen (Frühling 1459)[275]. Im Norden fand Skanderbeg weder bei den Dukagjin noch bei den albanischen Untertanen der Signoria Unterstützung. Nordalbaniens Ebenen folgten der Markusrepublik, die Berge den alten Adelsfamilien.

Da der Kastriota zudem seine Kräfte nicht im Kampf gegen andere Christen aufreiben durfte, blieb ihm nur noch ein Ausgreifen nach Süden, auf osmanisches Gebiet. Hier jedoch standen die erwähnten Festungen. Angriffe auf den Süden wurden – im Gegensatz zu den Feldzügen im Norden – von den dort ansässigen Familien Araniti und Thopia unterstützt, vor allem aber kamen sie den Interessen von Skanderbegs Lehensherrn Alfons V. von Neapel entgegen. Es ist kein Zufall, dass sich die Offensiven der Aufständischen nach der Katastrophe von 1448 im Jahre 1449 gegen Valona und sechs Jahre später gegen die mächtige Burg Berat richteten. Auch eine vernichtende Niederlage im Juli 1455[276] hinderte Alfons V. und Skanderbeg nicht daran, schon wenige Monate später einen erneuten Feldzug nach Süden zu planen; diesmal war wieder Valona das Ziel[277]. Alfons V. erwog sogar die Entsendung eines der berühmtesten Condottieri der Zeit, Graf Jacomo Piccinino. Der mailändische Gesandte in Neapel schilderte die strategischen Überlegungen des Königs: *„Würde er ihn (Piccinino, O. S.) bald nach Albanien übersetzen lassen und seine Majestät der König bald 16 oder 20 Galeeren gegen Valona an die Grenzen seines Reiches schicken, könnte Graf Jacomo mit der Hilfe des Herrn Skanderbeg, der mit vielen tausend Mann herbeieilen würde, Valona zu Lande und zu Wasser belagern, und noch dieses Jahr würde dies Früchte tragen, vor allem da seine Majestät der König Kunde davon hat, dass der Großtürke beschlossen habe, bald nach Albanien gegen Skanderbeg zu marschieren, und käme er, wie man glaubt, würde er noch bessere Vorbereitungen treffen, da er an die Grenzen Italiens heranrücken würde“*. Skanderbeg war ganz in die Raumstrategie des Monarchen eingebunden, und diese zielte sowohl gegen die Osmanen wie gegen Venedig. Im Schatten Neapels gelang es dem Kastriota immerhin, das Erbe der Thopia, besonders die Burg Petrela, an sich zu ziehen (Herbst 1455)[278]. Ja, er erhielt sogar die Weisung, im äußersten Süden des albanischen Raumes, in der kleinen Herrschaft der Familie Zenebish an der Steilküste von Himara, einzugreifen. Himara lag gegenüber dem wichtigen venezianischen Hafen von Korfu, die Zenebish waren ebenfalls neapolitanische Vasallen. Es ging hier also nicht um Interessen Skanderbegs, vielmehr war dieser nur ein Werkzeug der neapolitanischen Politik (1456)[279]. Nach Alfons' V. Tod blieben jene aragonesischen Söldner aus, ohne die der Kastriota eine Belagerung der osmanischen Festungen nicht wagen durfte. Das bedeutet nicht, dass die Osmanen das flache Land nun unter ihre Kontrolle gebracht hätten. Noch 1464 bildete Valona einen Eckpfeiler in Skanderbegs Raumdenken[280]. Wie im Norden aber hatte der Albanerherr auch im Süden sein Machtgebiet nicht langfristig vergrößern können. Die einzigen Erfolge, die er erzielte, gingen zu Lasten seiner Verbündeten: In Mittelalbanien verdrängte er nach und nach die Balšići, Thopia und schließlich auch die Araniti und stellte so seine Macht wenigstens im Küstenland hinter Durazzo auf feste Füße – dies aber um einen hohen Preis (davon wird im Kapitel „Rivalen" erzählt).

Raumbeherrschung erforderte festen dauerhaften Rückhalt, und diesen boten nicht bewegliche Kriegerverbände im Hochland, sondern Burgen. Skanderbegs Schwäche nach Osten hin lag im frühen Verlust Svetigrads begründet. Östlich des Schwarzen Drins befanden sich fast alle Burgen in osmanischer Hand. Wohl 1451 ließ der Albanerherr daher in aller Eile eine kleine Burg errichten: Modrič (bzw. Modrišta)[281]. Diese lag inmitten *„von weglosen Waldschluchten"* zwischen Dibra und Struga in der Schlucht des Schwarzen Drin[282]. Während er in Dibra außer Kodžadžik keine Burgen sein eigen nannte, hatte er in Mati und an der Küste einige kleinere Festen aus der Zeit seines Vaters übernommen, so Bila kamin (Petralba), den „Weißen Stein", einen eigentlichen Adlerhorst, der Skanderbegs Gattin auch als sichere Sommerfrische diente, und Stellush, das, so Barletius, kaum wegen seiner Größe gelobt werden konnte, wohl aber wegen seiner schönen und sicheren Lage und seiner frischen Bergluft. Beide Burgen liegen derart steil auf hochragenden Felsen, dass sie nur mit größter Mühe zu erklimmen sind[283]. Nicht mehr vorhandene hölzerne Galerien oder Leitern müssen den Eingang in die Burgen erleichtert haben. Von beiden aus ließen sich weite Teile Matis überblicken. Der „weiße Stein" beherrschte zudem die Passstraße, die die adriatische Küstenebene mit dem weiten Matital verband. Stellush war in noch gewagterer Lage erbaut, auf einem unförmigen Felsen im Hochland, der heute ohne gute Bergausrüstung nicht zu besteigen ist. Wälder und Bergmatten umgaben die beiden Burgen. Bila kamin und Stellush waren zwar schwer einnehmbar, boten größeren Einheiten aber kaum Platz; sie stellten Stützpunkte dar, Waffen- und Vorratslager, mehr nicht[284]. Eine ähnliche Aufgabe erfüllte Preza, auf einem Hügel südwestlich von Kruja; Petrela hingegen, das in schwindelnder Höhe auf einem engen, 30 auf 50 Meter messenden Felsplateau das Tal des Erzen überblickte, gehörte bis 1455 nicht Skanderbeg, sondern dessen Nachbarn Muzaki Thopia[285]. Gemeinsam war Bila kamin, Stellush, und Petrela ihre Lage auf engen, steilen Felsspornen. Modrič ganz im Osten schließlich diente mehr als *„Schirm gegen Überfälle und Schutz gegen Streifzüge der Nachbarn"*[286] sowie als Ausgangspunkt für Raubzüge, denn als sicherer Rückzugsort; Barletius erzählt, dass die Burg beim Anmarsch stärkerer osmanischer Verbände geräumt wurde und sich die Besatzung in die Berge oder nach Westen in Skanderbegs Kerngebiet absetzte[287]. Kruja schließlich war, mit einer Fläche von 150 auf 270 Metern, bei weitem die größte Burg; auf einem Felssporn, der vor der steilen Felswand des Tumenisht sich über die Ebene erhebt, war sie im Mittelalter von dichten Wäldern geschützt, die sich offenbar auch den Berghang hochzogen[288]. Von Kruja aus lässt sich ganz Albanien überblicken, vom Berg Tomor bei Berat im Süden bis zu den Gipfeln der montenegrinischen Berge; jedes Schiff, das auf der Adria dahinfuhr, war zu erkennen[289]. Eine bessere Lage gab es an der südöstlichen Adria für eine Burg nicht. Doch die zentrale Stellung der Burg hatte die Osmanen schon früh angelockt. Die Belagerung von 1450 hatte Skanderbeg gelehrt, den Festungskrieg zu vermeiden. Die Übergabe Krujas an die Krone von Aragón und Neapel im Jahre 1451 bedeutete eine wesentliche strategische Entlastung. Skanderbeg besuchte die Burg häufige Male, stellte dort auch Urkunden aus, betrachtete sie bis zum Schluss als seinen Besitz; bewacht und verteidigt wurde sie aber von aragonesischen, später auch venezianischen Söldnern, verstärkt um albanische Krieger[290]. Sie wurde immer mehr zum Zankapfel zwischen den beiden Adriamächten Neapel und Venedig und kann nicht als Hauptort Skanderbegs angesehen werden. Die Bewohner der Hügel und Berge um Kruja hingegen zählten zur Kerngruppe der Aufständischen; von ihnen überlebten nur wenige die osmanische Eroberung[291].

Wie die serbischen Herrscher des 13. und 14. Jahrhunderts besaß Skanderbeg keine feste Residenz; er bewegte sich vielmehr zwischen den genannten Burgen und, besonders bei schweren osmanischen Angriffen, geschützten Bergstellungen. Wenn man überhaupt von einem ortsfesten Zentrum der Kastriotaherrschaft sprechen kann, dann lag dieses nicht am Fuße des Hochlands, sondern am Meer. Dies entsprach dem strategischen Denken Skanderbegs, der schon zu Beginn des Aufstands damit rechnete, ins Ausland fliehen zu müssen[292]; vor allem aber vermochten nur Burgen an der Küste die Versorgung der Aufständischen mit Waffen und Geld aus dem Adriaraum sicherzustellen. Nördlich und südlich von Durazzo bestanden bis nach Alessio bzw. Valona keine größeren Festungen, die Skanderbeg hätte übernehmen können. Während er sich in den Hügeln auf alte Burgen stützte, musste er an der Küste neue erbauen. Als natürliche Stellungen boten sich die in die Adria ragenden Vorgebirge von Laçi, Pali und Rodoni an, deren Zugang leicht zu verteidigen war und die Schiffen Ankermöglichkeiten boten[293]. Da in seiner Herrschaft Geldmittel und vor allem Handwerker fehlten, war der Kastriota bei der Durchführung eines Bauprogramms auf die Hilfe seines Lehensherrn und der Ragusaner angewiesen. Gleich nach Annahme der Vasallität bedrängte Skanderbeg den König, er möge bestehende Burgen ausbessern und an Kap Laçi eine starke Stellung ausbauen lassen, *„damit, wenn der Großtürke kommt* *oder seine Leute ins Feld schickt, alle Dinge repariert und bereit zur Verteidigung"* seien (April 1452)[294]. Alfons V. gab seinem Vizekönig in Albanien entsprechende Anweisungen. Neben Laçi plante der Kastriota eine zweite Burg, die weiter im Norden lag, nahe dem venezianischen Alessio. Kap Rodoni baute er systematisch zu seiner eigentlichen Hauptfestung aus, worüber sich besonders die Ragusaner sorgten, die um die Sicherheit ihrer Schiffe fürchteten – denn die albanischen Vorgebirge hatten stets Piraten beherbergt – und daher den Albanerherrn von seinem Vorhaben abzubringen versuchten (1455)[295]. Rodoni dünkte eine vorzügliche Wahl: Die Burg wurde am äußersten Ende eines Vorgebirges errichtet, das auf dem Landweg auch heute noch nur schwer zu erreichen ist, so stark durchfurchen Täler das hügelige Land, das sich zum Schluss hin bis auf wenige Meter verengt. Die Burg lag hinter diesem Engpass, der zudem auf beiden Seiten von steil abbrechenden Klippen geschützt war. Von Rodoni aus überblickte man die ganze Adria zwischen der Gegend von Durazzo und dem weiten Golf von Alessio und Dulcigno; Venezianisch-Albanien lag offen da, und im Osten herrschte Sichtkontakt zur gut erkennbaren Burg Kruja. Von Land her schien Rodoni uneinnehmbar. Die ganze räumliche Instabilität von Skanderbegs Herrschaft trat aber zutage, als in den Jahren 1456 und 1457 der osmanische Feldherr Ali aus der Familie der Evrenosoğlu Laçi wie Rodoni stürmte und zerstörte. Der Osmane rühmte sich dessen vor dem venezianischen Senat, der in den Burgen vor allem Stützpunkte Neapels an der östlichen Adria sah: *„Er glaube, der Signoria einen Dienst erwiesen zu haben, indem er zwei Orte zerstört habe, die Skanderbeg erbaut und Burghauptleuten übergeben hatte, und zwar einen im Vorjahr und einen in diesem Jahr, diese Burgen hatten sich gegen seinen Herrn und gegen die Signoria gerichtet, und die eine lag diesseits von Durazzo, die andere jenseits, und eine hieß Kap Ragona"*[296]. Doch blieb dem Kastriota, wollte er seine Außenbeziehungen nicht verlieren, keine andere Wahl, als zumindest die geschütztere Festung, jene auf Kap Rodoni, wiederaufzubauen. Neu war sein Plan, auf dem Vorgebirge zahlreiche seiner Gefolgsleute anzusiedeln[297], ein deutliches Zeichen für die Verlagerung seiner Macht aus dem Hochland an das Meer, aber auch eine Folge zahlreicher osmanischer Siege in den Bergen. Die Bauarbeiten ließ Skanderbeg am Vorabend der großen Offensive des Jahres 1463 durchführen. Sein Ragusaner Vertrauter Paulus Marini de Gondola/Gundulić warb im Dezember jenes Jahres Baumeister an, die zusammen mit einigen Maurern für zwei Monate *„in Albanien beim Ort Redoni"* arbeiten sollten: Slawo-dalmatinische Handwerker aus Ragusa errichteten so Skanderbegs letzte Burg. Die Arbeiten zogen sich über Jahre hin, denn noch im Februar 1465 traten Ragusaner Handwerker die Fahrt nach Süden an[298]. Rodoni wurde zum wichtigsten Hafen von Skanderbegs Herrschaft und für einige Monate wohl auch zu seiner Residenz[299]. Die Festung, von der sich Teile der Hafenanlagen erhalten haben, glich den Wällen und Türmen Dubrovniks. In der Kirche St. Maria von Rodoni versammelte Skanderbeg die Führer der katholischen Kirche Albaniens, um über den Kreuzzug zu beraten und den Ritter Martin Muzaki nach Rom zu entsenden (1463)[300]. Als drei Jahre später Mehmed II. in Albanien einfiel, verschanzte sich Skanderbeg in Rodoni, bereit, notfalls nach Apulien zu fliehen[301]. Der Sultan griff sogleich an und eroberte die Burg im Sturm; es war dies einer der schwersten Niederlagen des Kastriota[302]. Auf dem Kap setzte sich dann ein zu den Osmanen übergelaufener Neffe Skanderbegs mit 1300 osmanischen Soldaten fest. Im Juli 1467, ein halbes Jahr vor seinem Tod, überwältigte ihn der Kastriota und schlug ihm eigenhändig den Kopf ab. Sogleich bat er Venedig, beim erneuten Wiederaufbau der Burg zu helfen, und versuchte zugleich, Maurermeister in Ragusa anzuwerben (Oktober 1467)[303]. Beide Republiken gingen auf das Ansuchen des vereinsamten und geschlagenen Herrn nicht ein – mit 30 gegen nur 5 Stimmen beschloss der Senat von Dubrovnik eine höfliche Entschuldigung[304]. Rodoni war so Schauplatz von Skanderbegs letztem Sieg[305]. In der geschichtlichen Erinnerung liegt Rodoni zu Unrecht im Schatten Krujas. Denn die Küstenburg diente als kurzzeitige Residenz, sie wurde von einheimischen Kriegern verteidigt, während Kruja längst Objekt italienischer Machtpolitik und Basis italienischer Söldnertruppen geworden war.

Skanderbegs Bauprogramm beschränkte sich aber nicht auf Burgen in seinem eigenen Herrschaftsgebiet. Trotz der angespannten Beziehungen zur Signoria sah er in den venezianischen Festungsstädten Skutari, Alessio und Durazzo wesentliche Stützen seines strategischen Raumkonzepts. Alessio diente lange Jahre als Ort der Begegnung zwischen den Venezianern und den Herren der Nachbarschaft; seine Statthalter hatten den Auftrag, die Bergwelt zu überwachen und ruhig zu halten. 1440 durch eine Feuersbrunst verwüstet und mit verfallenden Wällen, vermochte die Stadt einem schweren Angriff nicht standzuhalten[306]. Anders verhielt es sich mit Durazzo und Skutari. Zusammen mit seinen Nachbarn Araniti Komino und Muzaki Thopia ging Skanderbeg einig, dass der Hafen Durazzo zu einer starken Festung ausgebaut werden müsse. Das bedeutete aber, dass zunächst das alte Kanalsystem wiederherzurichten war, um so die Malaria, die sich um die Stadt ausgebreitet hatte, zu bekämpfen[307]. Die drei Herren, alle Vasallen der neapolitanischen Krone, zeigten sich bereit, bis zu 8000 Arbeiter aufzubieten (1454), um eine venezianische Festung zu errichten, die auch als Zufluchtsort des regionalen Adels dienen sollte. Venedig bekundete durchaus Interesse und schickte eigene Ingenieure nach Albanien, die in der Lagunenstadt 80 000 Backsteine und Baugerät anforderten und auch einen Plan entwarfen, wonach die venezianischen Bezirke im zweiwöchentlichen Rhythmus verpflichtet werden sollten, jeweils 400 bis 500 Arbeiter zu stellen. Es war eine großartige Vorstellung: Durazzo sollte in eine uneinnehmbare Inselfestung, *„einen Zufluchtsort für ganz Albanien"* (*refugium totius Albanie*)[308], umgewandelt werden, leicht mit Galeeren zu versorgen – dies psychologisch entscheidend für die Venezianer – aber kaum erreichbar für osmanische Reiterheere. Allein, die Sache zog sich hin. Venedig entsandte im März 1455 mit Giovanni Bollani einen tüchtigen Patrizier, die albanischen Herren drängten auf einen baldigen Beginn der Arbeiten: *„Aus der Gesundung der Luft und der Befestigung Durazzos werden alle Herren und Bewohner jener Gebiete viele Vorteile und Sicherheit erlangen"*[309]. Doch starb Bollani kurz darauf, und die drei Herren erlitten im Sommer 1455 bei Berat eine Niederlage, bei der Muzaki Thopia fiel. Zwar versuchte die Markusrepublik im Alleingang, das Vorhaben umzusetzen, nur weigerten sich ihre eigenen Untertanen in Albanien, da sie die Kosten scheuten. Aufgegriffen wurde der Plan im Jahre 1461 durch den Erzbischof Paul Angelus, der angeblich 8000 Arbeiter heranzog und zur Freude des venezianischen Senats Durazzo gut befestigen ließ. Daran hatte aber der albanische Adel keinen sichtbaren Anteil. In Durazzo hielt der Erzbischof mit den Venezianern und Skanderbeg Kriegsrat[310]. Als Mehmed II. Albanien in den Jahren 1466 und 1467 angriff, war zwar Durazzo schwer bedroht, für Skanderbeg, der weiter im Norden kämpfte, schied es als Rückhalt aber aus. Dies lag auch im Misstrauen der Venezianer begründet, die, wohl nicht ganz zu Unrecht, annahmen, dass Skanderbeg das Vorhaben, alle Städte zu überrennen, niemals wirklich aufgegeben hatte. Im April 1458 waren derartige Mutmaßungen von König Alfons und dem Diplomaten der Signoria, Nikolaus Sagundino, ernsthaft besprochen worden. Tatsächlich wurde, nach Warnungen aus Neapel und Cattaro, in Durazzo eine Verschwörung zugunsten Skanderbegs aufgedeckt, Überfälle auf Drivasto und Antivari, dann auf Skutari standen damals offenbar unmittelbar bevor[311].

Ähnlich fest im Griff behielten die Venezianer ihre Bezirke im Norden, insbesondere Skutari. Die Skutariner standen Skanderbeg kaum freundlich gegenüber, der Krieg von 1447/48, Skanderbegs Überfälle von 1450 hatten Spuren hinterlassen; zudem stöhnten die Skutariner unter dem Jahrgeld, das sie an ihren kriegerischen Nachbarn zahlen mussten[312]. Doch wie im Falle Durazzos lag dem Kastriota viel an einem guten Zustand der Festung; nach dem verheerenden Stadtbrand drängte er daher auf einen Wiederaufbau. Die Spannungen aber blieben, und als Skanderbeg im Frühjahr 1462 nach erfolgreichen Kämpfen aus Unteritalien zurückgekehrt war, überfiel er zum wiederholten Mal die venezianische Hauptfestung[313]. Es erstaunt nicht, dass Skanderbeg diese Stadt selbst kaum besuchte. Erst im allgemeinen Zusammenbruch des Frühjahres 1466 öffneten sich Georg Kastriota, der über Rodoni und Dulcigno herbeigeeilt kam, die Tore; lange blieb Skanderbeg nicht, er ritt weiter in das Hochland[314]. Da der venezianische Oberbefehlshaber im Osmanenkrieg in Skutari seinen Stab unterhielt, wurde die Stadt für einige Monate zum Bindeglied mit der Herrschaft Georg Kastriotas. Im Frühling 1467 sammelte Skanderbeg in Skutari die Gefolgschaft, mit der er die Burg Kruja entsetzen wollte[315]. Doch insgesamt bewahrte Skutari, wie auch sonst in seiner langen Geschichte, Fremden gegenüber – und zu diesen zählte in der Sicht der Patrizier auch Georg Kastriota – selbstbewussten Abstand.

Jenseits der Bojana schließlich dünnte sich der Einfluss Skanderbegs ohnehin aus. In den Bergen herrschte Stefan Crnojević, mit dem der Kastriota in gutem Einvernehmen stand. Nur zweimal focht Skanderbeg nördlich der Bojana, einmal im Kriegszug von 1447/48, dann auf der eben erwähnten Flucht vom Frühling 1466; die verängstigten Bürger Dulcignos – Mehmed II. drohte mit einem Angriff – drängten ihn aber zur Weiterreise[316]. In Dulcigno fanden, wohl 1467, auch Skanderbegs Gattin und sein Hofstaat vorübergehend Zuflucht[317]; Barletius berichtet, die Stadt habe in Zeiten der Gefahr Andronika Kastriota Schutz gewährt[318].

Dass Skanderbeg in der Nähe von Alessio starb, war kein Zufall. Im Januar 1468 lag Rodoni in Trümmern, auf Kruja wehte das Markusbanner; die Burgen in Mati waren von den Osmanen eingenommen worden. Der Kastriota besaß keine feste Stellung mehr, sondern vermochte sich nur noch in einer kleinen Zone entlang der venezianischen Grenzen zu halten. Letztlich spiegelt sich in diesem Ausgang des Aufstandes dessen entscheidende Schwäche wider: Es war nicht gelungen, dauerhafte Kontrolle über ein größeres Gebiet zu erringen; es gab nur wenige Landstriche, in welche die Osmanen nicht schon vor der Katastrophe von 1466 vorgedrungen wären. Die Aufständischen waren nicht in der Lage gewesen, selbst ihre Kernräume zu schützen: Allein in den 50er-Jahren rückten die Osmanen gleich mehrfach (1455, 1456 und 1457) tief nach Albanien vor. *„Die Türken haben einen gewaltigen Angriff auf Albanien unternommen und viele Gebiete bis acht Meilen vor Kruja, einer Stadt des Königs (Alfons V., O. S.), erobert"*, schrieb etwa ein mailändischer Diplomat im Herbst 1455[319].

Skanderbegs Eroberungspläne nach Norden und Süden waren allesamt gescheitert, nach Osten hin vermochte er nur Raubzüge durchzuführen. Er hatte nur selten osmanische Burgen eingenommen, die Osmanen aber hatten gleich reihenweise seine Festungen zerstört. Gerade die Tatsache, dass diese Verluste den Aufständischen lange Zeit nur wenig Schaden zufügten, belegt die geringe Bedeutung von Burgen und konventioneller Kriegführung in dem 25-jährigen Ringen. Die Aufständischen hielten sich bis 1466 im Bergland einigermaßen ungefährdet; in den Ebenen widerstanden sie den schweren osmanischen Reitern in offener Schlacht hingegen nicht. Das Gesetz von Berg und Ebene bestimmte über Kampfweise und Erfolg. Nicht in Quadratkilometern, sondern nach Höhenmetern bemaßen sich Macht und Herrschaft: Im Sommer umspülten osmanische Heere die Bergmassive von Tumenisht und Mokra. Im Herbst und Winter stiegen die Aufständischen aus ihren Bergverstecken in die von den Osmanen aus Nachschubmangel geräumten Ebenen hinab. Gelände und Jahreszeiten übten so entscheidenden Einfluss auf die politischen Machtverhältnisse aus[320]. Nicht auf eine feste, räumlich klar abgegrenzte Herrschaft im Flachland oder auf dauerhaft gehaltene Burgen, sondern auf Menschen, die sich im städtelosen Hochland bewegten, auf ein sich je nach Jahreszeit ausdehnendes oder zusammenziehendes Gebiet stützte sich Skanderbegs Macht, die sich dem Lebensrhythmus der Alpwirtschaft treibenden Hirten des Hochlands anpasste. Erst als die Osmanen dies begriffen, im Winter im Lande blieben, die Berge erstürmten und die Gefolgschaft auslöschten, brach der Aufstand zusammen.

RIVALEN

Als um 1500 die Überlebenden von Skanderbegs Aufstand im italienischen Exil die Geschichte der Kämpfe in schriftlicher Form festhielten, bildeten sich zwei verschiedene Erinnerungskulturen heraus. Die beiden in und nahe Venedig wirkenden Pfarrer Marinus Barletius und Demetrio Franco verfassten Lebensbeschreibungen eines idealen Helden, der mit tapferen Mitstreitern für das Christentum gegen den Islam focht. Uneinigkeit und innere Spannungen hatten in dieser Erzählung keinen Platz, die albanische Gesellschaft erscheint als geschlossen und standhaft in der Abwehr osmanischer Angriffe. Ganz anders ist die Sichtweise des im Königreich Neapel lebenden Adligen Giovanni Musachi. Er achtet Skanderbeg als tapferen Heerführer und als Ideal des Kriegertums, auch stellt er ihn als mutiger und fähiger als andere Adlige dar, doch verschweigt er nicht die schweren Zerwürfnisse, die den albanischen Adel zerrissen, und er scheut sich nicht, Skanderbeg als Urheber dieser Gegensätze zu nennen. Denn der Kastriota hatte Standesgenossen gedemütigt, indem er ihnen die Gattin wegnahm, sie im Rang zurücksetzte oder bei Widersetzlichkeit gar in den Kerker werfen ließ[321].

Der Türkenheld, der Vasall Neapels, befehdete lange Jahre seine adligen Standesgenossen, die sich ihm nicht unterordnen wollten. Diese Fehden muten, verglichen mit dem Ringen gegen die Osmanen, kleinlich und verworren an, doch prägen sie das Leben des Kastriota ebenso wie die im Abendland beachteteren Waffentaten. Sie erklären auch, weshalb es ihm letztlich nicht gelungen ist, eine größere stabile Herrschaft zu errichten. Die Erzählung muss daher tief in die Welt der albanischen Berge führen, in eine zerklüftete Landschaft mit kleinen Dörfern, in denen um jedes Stück Land, jedes Dorf erbittert gekämpft wurde. Dabei prallten Stolz und Machthunger regionaler Anführer aufeinander, die über eine treu ergebene Gefolgschaft verfügten. Diese zu ernähren und auszurüsten, war das wichtigste Ziel der Adligen. Weder sie noch ihre Krieger waren bereit, sich einem anderen Herrn unterzuordnen. Rangkämpfe charismatischer Führergestalten sind ein Charakteristikum der albanischen Gesellschaft. Skanderbeg war dies bewusst. Deshalb hatte er im Frühjahr 1444 auch versucht, die Herren im traditionellen Stil eines Kuvend um sich zu scharen. Dies war gelungen, und seine Wahl zum Feldhauptmann bedeutete einen ersten Schritt hin zu einer Bündelung der Gefolgschaften. Doch zeigte sich bald, dass etliche Adlige nicht bereit waren, Skanderbegs Führungsanspruch hinzunehmen und dass sie im Kuvend vielmehr ein Mittel sahen, eigene Gebietsansprüche durchzusetzen. Venezianer und Osmanen hatten die Adelsgeschlechter aus den Städten, aus Skutari, Durazzo, Berat und Gjirokastra, verdrängt. Die Familien wollten diese einträglichen Besitzungen zurückgewinnen. Die südalbanischen Familien Zenebish und Araniti träumten von Gjirokastra, Valona und Berat – *„er (der Sultan, O. S.) hatte uns die Musachia und Belgrad (Berat, O. S.), den Hauptort der Musachia, weggenommen"*, hieß es in der Familientradition der Muzaki[322]; die mittelalbanischen Thopia begehrten Durazzo[323]; im Norden stritten sich Balšići und Kastriota um die Küstenebene hinter Durazzo, die Dukagjin und die Kastriota um den berühmtesten Zankapfel Albaniens, die Zollburg Dagno. Städte boten Schutz und verschafften Einnahmen, denn sie lagen an wichtigen Karawanenwegen, besaßen Häfen und – wie Durazzo – auch Salzgärten. Nicht umsonst fochten die Adligen in den ersten Jahren des Aufstandes (1444–1447) gegen Osten hin nur zurückhaltend; viel lieber überzogen die Dukagjin und Span mit Hilfe Skanderbegs und südslawischer Fürsten die venezianischen Besitzungen mit Krieg: Städte, Getreidefelder, Winterweiden, Salinen zogen sie an.

Schwere Niederlagen gegen Venedig und Osmanen ließen bis 1450 Ernüchterung einkehren. Die Araniti, Thopia und Skanderbeg unterwarfen sich 1451 Neapel, ihnen folgten bald darauf (vor 1454) Gjin Muzaki, Georg Strez und Ivan Strez Balšić, schließlich auch Pal Dukagjin (Oktober 1454)[324]. Einer nach dem anderen, das heißt auch jeder für sich, schwor Alfons V. den Lehenseid. Was sich 1444 als Adelskuvend gebildet hatte, war zehn Jahre später in erheblich verkleinerter Gestalt in ein balkanisches Vasallennetz des Königs von Neapel umgewandelt worden. Neben Skanderbeg waren nur die Thopia,

Muzaki, Balšići und Araniti übriggeblieben. Es fehlten die Geschlechter des Nordens: Die Crnojevići waren durch venezianisches Gebiet von den anderen Herren getrennt und wechselten zwischen der Signoria, dem serbischen Despotat und den Osmanen wiederholt die Fronten; die kleinen Geschlechter der Span und Dušman verharrten in ihrem Bergland; die Dukagjin gingen gänzlich eigene Wege (s. das folgende Kapitel). Vom Kuvend hatte also nur ein Rumpfgebilde auf engem Raum überlebt. Und dieser Raummangel erklärt auch die Fehden, die alsbald offen oder verdeckt ausbrachen. Zwischen den Flüssen Mati und Shkumbin drängten sich zu viele Familien. Skanderbeg benötigte Land für seine Gefolgschaft; dieses konnte er nur seinen Standesgenossen abnehmen. *„Er strebte danach, sich zum Herrn über das ganze Land zu machen"*, klagte Giovanni Musachi[325]. Am wichtigsten war die Landschaft Misia mit Kap Rodoni, wo die Balšići saßen. Vom alten Ruhm ihres Geschlechts, das gegen Ende des 14. Jahrhunderts von der Adria bis zum Amselfeld hin geherrscht hatte, war nur ein winziges Ländchen geblieben. Die Balšići versuchten, den Kopf aus der Schlinge zu ziehen, indem sie sich ebenfalls der Krone von Neapel unterwarfen[326], so erschienen Georg Strez und Ivan Strez Balšić neben Skanderbeg, Muzaki Thopia, Araniti Komino und Gjin Muzaki als *„Ratsherren"* Alfons V.[327]. Ein Teil der Balšići, besonders Ivans Bruder Gojko, wiederum suchte engsten Anschluss an Skanderbeg[328]; die anderen aber wurden von ihm so bedrängt, dass sie sich den Osmanen annäherten; da nahm sie der Kastriota gefangen und deportierte sie nach Süditalien (nach 1458)[329]. Die Misia mit Rodoni kam endgültig in die Hand Skanderbegs. Dieser Gewaltstreich war auch nach Jahrzehnten in albanischen Adelskreisen nicht vergessen. Giovanni Musachi schrieb: *„Er ließ die Brüder Herrn Giovanni und Herrn Coica Balsa gefangennehmen und schickte sie König Ferrante dem Älteren nach Neapel, damit er sie gefangenhalte, und er nahm ihnen ihre Herrschaft, die zwischen Kruja und Alessio lag, ich meine das Land Misia"*[330]. Keine andere altadlige Familie wurde von Skanderbeg so hart behandelt wie die Balšići. Doch zeigten sie sich zäh. Kaum war der große Kastriota gestorben, traten sie vor den venezianischen Senat und forderten das Erbe des Mannes, der ein Vierteljahrhundert zuvor Namen und Ruhm ihres Geschlechtes beansprucht hatte[331].

Der Familie des Adelschronisten, den Muzaki, entriss der Hauptmann des Kuvend das Bergland Tumenisht um Kruja; auch dies wurde nicht vergessen[332]. Die Muzaki und die Thopia kränkte Skanderbeg überdies, weil er das Oberhaupt der Thopia, Muzaki Thopia, zwang, seine erste Frau, eine Muzaki, zu verstoßen und stattdessen Mamica Kastriota zu heiraten[333]. Für eine Familie, von welcher Demetrio Franco berichtet, dass sie sich Karlovići nannten, *„was auf Slawisch ruhmreich heißt, oder Söhne des Karl, weil sie* *von dem französischen Königshaus abstammen"*[334], war dies eine unerhörte Schmach. Der adlige Chronist Musachi klagte: *„Er achtete dabei weder auf Gott noch auf sonst etwas, noch auf die Söhne, die sie hatten"*[335]. Für den Adel verletzte Skanderbeg die göttliche Ordnung und Ehre und Ansehen der alten Geschlechter. Altes Recht stand gegen Unrecht des gewalttätigen *homo novus*.

„Differencie et disensioni" belasteten das Verhältnis der beiden Schwager, und ihr gemeinsamer Lehensherr Alfons V. musste eingreifen, um die beiden Herren an das Ziel des Türkenkrieges zu erinnern (März 1455)[336]. Muzakis letzte Monate legen die Spannungen in der Adelswelt offen: Um sich von Skanderbeg und dessen Schutzherrn Alfons V. abzugrenzen, näherte sich Muzaki Thopia Venedig an. Da die Signoria in Albanien aber nicht aktiv gegen die Osmanen vorging, schloss er sich dem Angriff Neapels und des mittelalbanischen Adels auf die osmanische Festung Berat an, wo er zusammen mit der Mehrzahl seiner Gefolgsleute im Sommer 1455 das Leben verlor. Muzaki war zwischen den adriatischen Mächten und seinem Nachbarn Skanderbeg zerrieben worden. Sein Land wurde teils von den Osmanen erobert, teils von Alfons V. besetzt, der Petrela, die Stammburg der Thopia, Skanderbeg aushändigte. Seine Witwe Mamica floh mit ihrem Sohn Repoš in das venezianische Durazzo: Diese Schwester Skanderbegs hielt also Abstand zu ihrem Bruder und versuchte, ihrem Sohn das Erbe zu bewahren[337]. Der mailändische Gesandte in Neapel berichtete im November 1455 seinem Herrn, Herzog Francesco Sforza, ausführlich von den Schicksalen der Familie: *„Auch haben die Türken die Herrschaft der Söhne des Herrn Musach erobert, der diesen Sommer bei der Niederlage seines Verwandten Skanderbeg getötet worden war; diese Gebiete liegen ungefähr eine Meile vor Durazzo. Die Signoria (Venedig, O. S.) hat die Söhne des besagten Musach aufgenommen, der ihr großer Freund und Schutzbefohlener war, obwohl Skanderbeg ein Feind der Signoria war. Diese Dinge hat uns der Beauftragte Skanderbegs gesagt"*[338]. Sechs Jahre später erschien Repoš vor dem venezianischen Senat, *„der Sohn des verstorbenen Herrn Muzaki Thopia von Albanien, dessen Vorfahren unserem Staat die Stadt Durazzo übergeben hatten, während er selbst uns stets zugetan und ein ausgezeichneter Freund unseres Staates war, auch unserem besagten Ort ein guter Nachbar, der mit seinen Männern zu unseren Gusten diese Stadt verteidigt hatte"*, wie die Ratsherren rühmten[339]. Repoš erhielt zusammen mit seinen Brüdern das Jahrgeld von 300 Dukaten ausgezahlt, das einst sein Vater erhalten hatte. Als venezianischer Pensionär stand er fest im Lager der Signoria, gegen seinen Onkel, den Vasall Neapels. Unter venezianischem Schirm verheiratete Mamica ihren Sohn in Durazzo mit einer

reichen Griechin. Repoš sollte nicht vergessen, dass sein Onkel Skanderbeg seinen Vater beleidigt und sein eigenes Erbe an sich gerissen hatte. Er wartete auf den Augenblick der Rache und wurde 1467 zum Verräter an der Sache der Aufständischen.

Die Araniti schließlich hatten auch unter Skanderbegs Herrschaftswillen zu leiden[340]. Golemi Arenit Comninovich, wie sich Araniti Komino 1452 ansprechen ließ – die slawisierte Form eines byzantinischen Kaisernamens (Komninović) belegt einmal mehr die sich überkreuzenden Kultureinflüsse in der Welt des albanischen Adels – war der Held großer Aufstände gegen den Sultan, geachtet vom Adel und seiner 6000 Mann starken Gefolgschaft, bekannt auch in Italien[341]. Seinen Kindern ließ er an seinem Hof eine hohe Bildung zukommen, die wohl byzantinischen Vorbildern folgte; als sein Sohn 1469 vor Papst Paul II. trat, sprach er dort zum Erstaunen der Kardinäle Albanisch, Slawisch (wohl einen westbulgarischen Dialekt), Italienisch und Latein[342].

Dieser Mann war eine führende Figur auf dem Adelskuvend von Alessio gewesen, hatte dann aber Skanderbeg gegenüber einen immer schwereren

Die Verwandtschaft des Golem Araniti Komninović

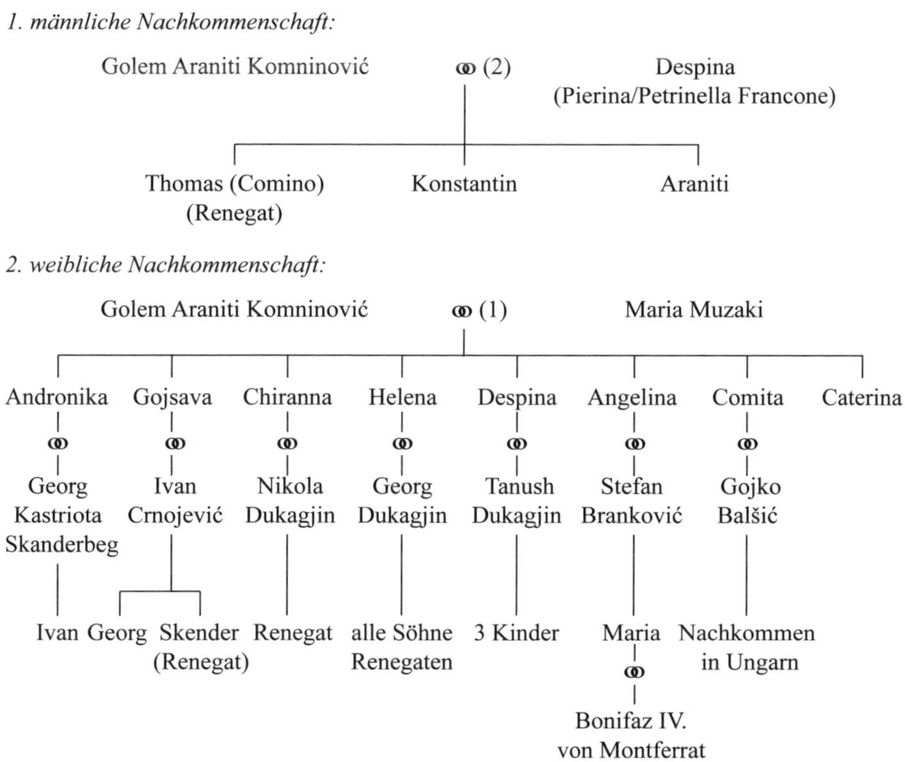

Stand: Sein alter Ruhm verblasste, und gegenüber dem Machtstreben des Jüngeren musste er Schritt für Schritt weichen. Immerhin rühmte ihn der Humanist Francesco Filelfo im Februar 1451 in einem Schreiben an König Karl VII. von Frankreich als *„außerordentlich kriegstüchtigen, den Türken feindlichst gesinnten Mann"*[343]. Wie seine Standesgenossen hielt er nach den Niederlagen des Jahres 1448 Abstand zum Kastriota. Auch er suchte sein Heil in einer italienischen Schutzherrschaft. Von Venedig abgewiesen (1449), schwor er 1451 König Alfons V. die Treue. Mit neapolitanischer Hilfe hoffte er, seine Länder im albanischen Süden zurückzuerobern. Skanderbeg band den alten Kämpen durch einen Ehebund an sich: Andronika Araniti wurde zur *Signora Scanderbecha*. Araniti wurde dann aber mit Muzaki Thopia in den Strudel der Niederlage von 1455 gezogen. Nach diesem Scheitern der neapolitanischen Orientierung – die auch die Politik Skanderbegs war – vollzog Araniti einen Bruch mit seinem Lehensherrn und seinem Schwiegersohn. Im Mai 1456 ging er ins Lager Venedigs über. Der Doge Francesco Foscari ernannte ihn zum *„Hauptmann in den albanischen Landen"* und nahm seine Herrschaft unter venezianischen Schutz. Ihm wurde ein goldgewirktes Markusbanner übergeben, das er aber nur dann entfalten durfte, wenn Venedig im Krieg mit dem Sultan stand. Seine Befehlsgewalt erstreckte sich von Durazzo bis nach Skutari: Mit anderen Worten, Araniti musste sich als Vertreter venezianischer Interessen in diesem Gebiet dem neapolitanischen Hauptmann Skanderbeg entgegenstellen. Er unterstand aber den venezianischen Statthaltern. Wie die Dukagjin legte er Wert darauf, von keinem anderen albanischen Adligen befehligt zu werden. Als Schutzbefohlener übergab er die Kontrolle über seinen Handel den Venezianern, so musste er alle Karawanen nach Durazzo umlenken, seine Gefolgsleute durften Salz nur in venezianischen Bezirken erwerben. Die Signoria bot dafür Schutz, unter Vorbehalt des Friedensvertrages mit den Osmanen; dazu auch Zuflucht für die Familie Araniti. Wie schwach der Herr schon war, zeigt die Bestimmung, dass alle seine Eroberungen an die Republik fallen würden[344]. Araniti hatte freilich keine Wahl: Sein südlicher Nachbar Muzaki Thopia war im Vorjahr gefallen; Skanderbeg in Händel bald mit Venedig, bald mit den Dukagjin verstrickt. Gegen beide wollte Araniti nicht kämpfen. Gewiss machte sich auch sein Alter bemerkbar, er wünschte, sein Erbe zu bestellen, seine Herrschaft weder den Osmanen noch Skanderbeg auszuliefern. Der Status eines venezianischen Hauptmanns genoss in Albanien durchaus Achtung: Im Norden hatte im Jahre 1455 Stefanica Crnojević die gleiche Würde erhalten.

Persönlich blieb Araniti jedoch Süditalien verbunden: In zweiter Ehe hatte er die Tochter eines als Freibeuter und Abenteurer bekannten Adligen namens Oliviero Francone geheiratet: Pierina oder Petrinella Francone muss eine tatkräftige, machtbewusste Frau gewesen sein. In Albanien gab man ihr den ehrenvollen Beinamen *„Despina"*, griechisch für Herrin; hier machte sich der alte byzantinische Einfluss bemerkbar. Griechisch geprägt war auch ein Teil von Aranitis Gefolgschaft, etwa jener Johannes Grammatikos, *„miles albanensis"*, der ihn im April 1458 bei der Kurie vertrat[345]. Ungebrochen blieb auch sein Ansehen in der Balkanwelt: Als 1459 das serbische Despotat von Mehmed II. erobert wurde, floh der Sohn Georg Brankovićs, der blinde Stefan, nach Albanien und ehelichte dort Aranitis Tochter Angelina. Serbische Chroniken vermerken stolz, damit habe Stefan Branković in ein Geschlecht kaiserlichen Geblüts eingeheiratet, in das Geschlecht eines hochberühmten Mannes. Angelina, so berichten dieselben serbischen Quellen, sei eine hochgebildete und kluge Dame gewesen[346] (und damit ihrer Schwester, der Signora Scanderbega, offenbar ähnlich). Araniti starb vor dem Juni 1461 – nicht einmal das genaue Todesjahr des alten Helden ist bekannt[347]. Seine Witwe übernahm die Geschäfte und versuchte zu retten, was noch zu retten war. Ihr Schwiegersohn Skanderbeg nahm kaum Rücksicht auf die Araniti; in seinem Waffenstillstand mit Mehmed II. scheint festgelegt worden zu sein, dass die Söhne der Familie dem Sultan Heerdienst leisten mussten. Andererseits half Skanderbeg bei Despinas Reise nach Venedig. Die Signoria nahm die Witwe und deren drei Söhne wohlwollend auf und setzte Thomas (Comino) Araniti als den Fähigsten in das Erbe des Vaters ein, übrigens auf Fürsprache Skanderbegs[348]. Die Araniti hielten sich, in der Waldlandschaft Çermenika und um Librazhd[349], solange Skanderbeg mit den Osmanen in Frieden lebte (1461–Herbst 1463). Als aber düstere Kriegswolken aufzogen, erwies sich, dass die Männer der Familie schwach waren: Despina eilte im September 1463 nach Venedig. Die Republik blickte ganz auf Skanderbeg und Leka Dukagjin. Thomas Araniti kam als Verbündeter zunächst kaum in Betracht: Die Mutter trat für ihn ein, erwirkte die Nachzahlung des Jahrgelds, bat um Einbeziehung der Familie in einen allfälligen Vertrag Venedigs mit Mehmed II.[350] Im Zuge der venezianischen Offensive des Jahres 1464 wurden dann die drei Söhne Despinas, Thomas, Konstantin und Araniti, in das venezianische Patriziat aufgenommen[351]. Despina unterhielt auch im Folgejahr durch ihren Sohn Thomas, auch Comino genannt, engste Beziehungen zur Signoria[352]. Dann aber kam die Katastrophe: Mehmed II. fiel im Frühling 1466 in das Gebiet der Araniti ein, wo er den Widerstand Skanderbegs und der Familie brach. Despina ergriff die Flucht nach Norden, zuerst nach Skutari, dann, wohl im August 1466, nach Venedig[353]. Mitten im alten Kerngebiet der Araniti errichte Mehmed II. seine wichtigste Zwingburg in Albanien: Elbasan. Wie die Muzaki oder Zenebish spaltete sich unter dem Eindruck der osmanischen Machtentfaltung die Familie Araniti: Thomas/Comino lief zu den Osmanen über und streifte mit osmanischen Reitern im Herbst 1466 vor Durazzo[354]. Seine Mutter wurde unterdessen in Venedig mit allen Ehren empfangen und im Palast des Giovanni Tiepolo im Stadtsechstel Castello reich bewirtet[355]. Der Senat hatte jedes Interesse, die Söhne Despinas rasch nach Albanien zurückzuschicken, damit sie dort gegen ihren Bruder Thomas kämpften, er versprach daher der Familie ein Haus in Skutari, dazu 1000 Dukaten für Rüstungen[356]. Doch war an eine Heimkehr gar nicht zu denken. Despina tat nun einen wichtigen Schritt: Sie machte ihren Einfluss im Bergland geltend und zog eine zahlenstarke Krieger- und Hirtengemeinschaft, die Berisha, auf die Seite Venedigs (Winter 1466/67)[357]. Dies sicherte den Araniti ein Bleiberecht in Venedig und ermöglichte ihnen die Eingliederung in den italienischen Hochadel: Despina knüpfte Beziehungen mit den Sforza von Mailand, den Gonzaga von Mantua, den Este von Ferrara, sie trat vor Kaiser Friedrich III. und vor die Kurie. So ermöglichte sie ihren Söhnen steile Karrieren in Renaissanceitalien – einer befehligte unter Papst Julius II. die Schweizergarde in Rom[358]. Die in Albanien verbliebenen Araniti gingen hingegen ganz zu den Osmanen über, fielen zum Islam ab und stiegen ebenfalls zu hohen Würden auf. Der Renegat Komino aber wurde 1485 von aufständischen christlichen Südalbanern im felsigen Küstenland von Himara erschlagen[359].

Die alte Welt des mittelalbanischen Adels war unter dem Druck Skanderbegs und der Osmanen zerbrochen. Die tief vom byzantinischen Reichs- und Kulturerbe geprägten Herren hatten durch ihren Aufstand im Herbst 1443 versucht, ihre kleinen Fürstentümer wiederherzustellen und den Zugriff des neuen Imperiums abzuschütteln. Sie waren aber nicht bereit, den politischen Preis zu zahlen, der in der Anerkennung eines neuen Anführers bestanden hätte, den sie nicht als gleichrangig betrachteten. Der Kastriota war in ihren Augen ein Emporkömmling. Als er mehr als seine Schuldigkeit – die Vertreibung der Osmanen – tat, wurde er unbequem. Der Krieg hatte aber bereits eine eigene Dynamik entfaltet, die es den Adligen verunmöglichte, Skanderbeg in die Schranken zu weisen. Im Gegenteil, um den Kampf aufrechtzuerhalten, nahm ihnen der Hauptmann des Kuvend ihre Länder weg und drängte sie mit harter Hand in ein Bündnis. Sie folgten ihm in die neapolitanische Vasallität, weil diese eine gewisse Eigenständigkeit sicherte: Sie schworen Alfons V. einen Eid, nicht aber dem Kastriota. Vor dem König waren alle Vasallen gleich; Skanderbeg besaß keine Vorrangstellung. Der Aufstandsführer unterdrückte zwar die meisten Familien für einige Jahre. Doch letztlich trieb er sie in die Arme seiner Gegner, Venedigs oder der Osmanen.

FEINDE IM HOCHLAND

Weder bei den Biografen Barletius und Franco noch in den Erinnerungen Giovanni Musachis wird deutlich, dass gleichzeitig zum Krieg gegen den Sultan im mittelalbanischen Hochland eine Fehde zwischen Skanderbeg und dem großen Geschlecht der Dukagjin geführt wurde. Lange Zeit blieb unklar, welch tiefer Hass Skanderbeg und diese größte Familie des Nordens trennte[360]. Erst venezianische und neapolitanische Urkunden und Akten geben Einblick in jenen inneralbanischen Krieg, der den Aufständischen schwersten Schaden zugefügt hat. Er steht typisch für Denken und Handeln des albanischen Adels. Gerade die verwirrenden Scharmützel, das dauernde Wechseln der Bündnisse und Fronten, die erbitterten Familienfehden, deren Verlauf kaum nachzuvollziehen ist, lassen in geradezu beispielhafter Weise das Verhalten balkanischer Regionalherren in gebirgigen Rückzugsgebieten erkennen. Um einen Einblick in Handeln und Denken dieser mächtigen Hochlanddynastie zu geben, soll von den Kämpfen der Dukagjin ausführlicher erzählt werden.

Die Dukagjin waren eine weitverzweigte Familie: In den 1440er-Jahren traten zwei Hauptrichtungen auf, zum einen die Brüder Pal († 1458) und Leka († nach 1451), zum anderen Nikola Dukagjin († vor 1454). Die jüngere Generation bestand vornehmlich aus Pals Söhnen Leka, einer der machtvollsten Persönlichkeiten Albaniens († nach 1481), Nikola († nach 1481) und Progon († vor 1471) sowie Nikolas Sohn Draga († vor 1462). Diese Herren pflegten nach dem Bericht des Chronisten Musachi eine stolze Familienerinnerung[361]: Sie leiteten sich von den Trojanern ab, erzählten, ein Vorfahr habe den französischen König bei einem Kreuzzug nach Jerusalem begleitet, sei dann nach Italien gelangt und dort zum Herrn von Este und später von Ferrara aufgestiegen; ein zweiter Vertreter der Familie sei nach Albanien gegangen und habe dort mehrere Ländchen in Besitz genommen, nämlich die Zadrima – das Gebiet östlich des Drinunterlaufs – , die Schwarzen Berge bei Dagno, das Bergland um den Fani-Fluß und die Landschaft Pulti (oder Polatum bzw. Pilot) entlang der Drinschlucht östlich von Dagno, wo er auch die Burg Satti erbaut habe. Dieser Stammvater sei mit all seinen Verwandten – mit Ausnahme eines Sohnes – von seiner Gefolgschaft in der Landschaft „Elefanti" (am Fluss Fani) getötet worden, nachdem er den örtlichen Bischof, der sich seiner Frau unzüchtig genähert hatte, erschlagen hatte. Der überlebende Sohn sei von Stefan Progon im Dorf „Calameri" heimlich erzogen worden, habe dann dessen Tochter zur Frau genommen und zahlreiche Nachkommen gezeugt. Die Familie teilte sich, so die Tradition, in verschiedene Zweige auf, die Herren von Zadrima, die Herren von Fani und schließlich diejenigen Dukagjin, die sich als Patrizier in Skutari niederließen[362]. Nach Musachi war der Hauptzweig der

Dukagjin, die *„casa delli veri Ducagini"*, im 15. Jahrhundert ausgestorben: Er meinte damit wohl die Linie von Nikola und Draga. Dieser Zweig war begütert am Flüsschen Dibri (nicht zu verwechseln mit Dibra/Debar) und am Großen Fani[363], eine Kleinlandschaft rund um den 700 m hohen Kalor-Berg, mit der Ebene verbunden durch den Durchbruch des Mati, wo Skanderbegs Grenzen bei den Orten Shullaz und Milot lagen. Der vorherrschende Zweig galt bei den Standesgenossen als weniger vornehm: *„Die anderen Dukagjin sind nicht aus dem richtigen Haus in direkter Abstammung, sondern sind durch das Schicksal erst in letzter Zeit aufgekommen, das heißt durch Pal Dukagjin"*[364]. Diese Unterscheidung, auf die die albanischen Adligen der Zeit größten Wert legten, diese Trennung in die echte, ältere und eine jüngere, weniger prestigereiche Linie erklärt den bitteren Zwist in diesem Geschlecht.

Die Dukagjin waren weitläufig mit den wichtigsten Familien Albaniens verwandt: Pal Dukagjin aus der älteren Linie war durch seine Ehe mit einer Schwester der Signora Scanderbega mit den Araniti verbunden; Pal aus der jüngeren Linie soll zusammen mit Skanderbegs Vater Ivan aufgewachsen sein[365]. Der jüngere Pal genoss hohes Ansehen: Barletius rühmt ihn, verschleiert aber, dass er aus der jüngeren Linie stammte, wenn er sagte, er sei *„in jener hochberühmten Familie geboren, aus der so viele außerordentlich kriegerische Heerführer hervorgegangen waren, vor allem Nikola, Pauls Sohn, der im Kriegsruhm die Ehre seines Vaters und Großvaters bei weitem übertraf"*.[366] In Prizren soll ein Schild ausgestellt gewesen sein, den der Dukagjin mit einem Schlag zerschmettert haben soll[367]. Solche Herren ordneten sich einem Kastriota, dessen Familie keinen alten Adel besaß, nicht unter. Sie verbanden das Ansehen, das tapfere Kriegerführer bei ihrer Gefolgschaft in den Bergen genossen, mit einer Familiengeschichte, die sie in Verbindung mit dem europäischen Hochadel und dem Kreuzzugsgedanken brachte: Prizren und Jerusalem bildeten die Eckpunkte in dieser Vorstellungswelt.

Dieses machtvolle Geschlecht ging seine eigenen Wege, die von außen betrachtet verschlungen erscheinen mögen, jedoch immer einem Ziel folgten: Die Eigenständigkeit im Hochland zu bewahren, gegen die Osmanen, gegen Venedig und vor allem gegen den verhassten Rivalen Skanderbeg. Sowohl der Sultan wie die Markusrepublik, aber auch Alfons V. nahmen die Dukagjin sehr ernst und unternahmen alles, um sie auf ihre Seite zu ziehen. 1459 diente ein Dukagjin den Sultanen als Timarherr in Polog[368], aber es sollte noch etwas dauern, bis die Dukagjin-zade zu einer der berühmten osmanischen Familien aufsteigen sollten.

Zu Lebzeiten Skanderbegs erreichte der Gegensatz zwischen beiden Familienzweigen seinen Höhepunkt. Die Fronten mochten wechseln, das Ziel blieb immer dasselbe: Dagno. Zunächst kämpften Pal aus der jüngeren und

Stammbaum der Dukagjin

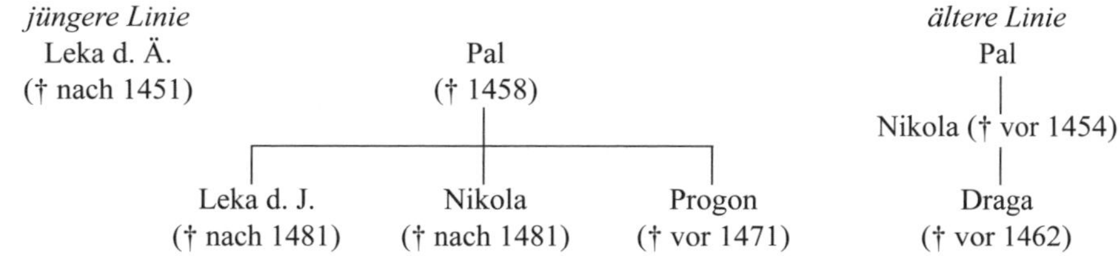

Nikola aus der älteren Linie mit Skanderbeg gegen Venedig und dessen albanische Untertanen (1447/48). Zu jener Zeit wurden im Dogenpalast Stimmen laut, die Dukagjin müssten vernichtet werden; bald aber wurde den Senatoren bewusst, dass es leichter war, die Dukagjin und Skanderbeg gegeneinander auszuspielen und die Gegensätze innerhalb des Geschlechts zu vertiefen. Im Frieden von Alessio vom 4. Oktober 1448 leistete denn auch nur Nikola Dukagjin den Schwur und sagte sich gleichzeitig von Pal los; die Markusrepublik durfte Pal, der venezianische Dörfer besetzt hielt, bekämpfen, ohne dass die ältere Linie in den Krieg eingriff[369]. Die jüngere Linie vergaß dies nie. Der Fehdehandschuh war hingeworfen, Pal und seine Söhne griffen ihn auf. Die ältere Linie schloss sich daraufhin eng an Venedig an, das aber nicht imstande war, seine Verbündeten im Bergland zu schützen. Pals Linie brach in den folgenden Jahren eine Reihe von blutigen Überfällen vom Zaun. Beide Zweige nahmen keinerlei Rücksicht auf die Interessen des Kuvend. Als im Frühjahr 1450 Murad II. Kruja berannte, ritt Nikola Dukagjin durch die Dörfer Merishti und Pistulli und riss auch die Hälfte des an einer Furt des Fani gelegenen Shkjezi an sich – zweieinhalb Dörfer als Gewinn, während wenige Meilen weiter südlich eine der großen Schlachten des Spätmittelalters tobte[370]. Die Bedrohung ihres Nachbarn Skanderbeg machte sie nicht etwa anderen Sinnes; im Gegenteil. Der gewalttätige junge Leka aus der jüngeren Linie griff mit seinem Nachbarn Božidar Dušman das venezianische Drivasto an – Hintergrund waren wohl wieder Händel um die knappen Weiden (März 1451); sein Vater ließ nach Venedig schicken, das aber lieber Frieden erkaufte, als sich mit diesen Herren zu messen: Ab Februar 1452 musste der Statthalter von Alessio Pal Dukagjin Sold bezahlen[371]. Die Markusrepublik tat dies auch, um die Dukagjin nicht an das Lager Neapels zu verlieren. Pal und Nikola fanden bald darauf in ungewohnter Einigkeit Gelegenheit, Skanderbeg mit Krieg zu überziehen (1452)[372]. Die Gefechte gewannen derart an Schärfe, dass die Dukagjin sich den Osmanen anschlossen, also lieber den Sultan ins Land holten, als sich Skanderbeg zu fügen. Diese Nachricht gelangte sogar an die Kurie, wo Papst Nikolaus V. über diesen innerchristlichen Zwist, diesen *„schweren Hass“*, entsetzt war; als apostolischen Nuntius schickte er zu den

Dukagjin einen Bergler, den Bischof Paul Dušman von Drivasto, einen Mann, der mit der Mentalität des Hochlandes vertraut war[373]. Der Hass aber war größer als der Einfluss der Kirche, und wie es scheint, folgte der katholische Klerus im Land der Dukagjin den Interessen der weltlichen Herren mehr als dem Pontifex im fernen Rom. Nikolaus V. musste so den Dukagjin und den Geistlichen im Hochland mit dem Bannfluch drohen; die Dukagjin, so heißt es im päpstlichen Schreiben an die beiden mit der Durchführung dieser Mission betrauten Bischöfe, Andreas von Lis in Mati und Nikolaus von Polatum, beides ebenfalls Söhne des Hochlands, *„hätten, wie berichtet wurde, wegen der schweren Zerwürfnisse und Zwistigkeiten, die zwischen ihm (gemeint ist Nikola, O. S.) und unserem geliebtem Sohn, dem vornehmen Herrn Georg Castrioth Skanderbeg, schon lange herrschen ... für sich, ihre Gefolgsleute, Länder und Plätze den widerlichen Fürsten der ungläubigen Türken unterstützt, seien mit ihm ein Bündnis eingegangen und hätten ihm in vielem geholfen, dem christlichen Glauben aber schweren Schaden zugefügt"*[374] (August 1454). Die Schlichtung zeitigte einen gewissen Erfolg, aber nur, da Nikola im Kampf gefallen war, in Diensten Venedigs, wie sein Sohn Draga acht Jahre später erzählen sollte[375]. Gegen wen Nikola gekämpft hatte, bleibt unklar; als Lohnempfänger Venedigs und Parteigänger der Osmanen hatte er aber im Gegensatz zu Skanderbeg und Neapel gestanden. Inneritalienische Rivalitäten und der Türkenkampf überlagerten sich so im mittelalbanischen Bergland. Im Sommer 1454 schlossen der Kastriota und Pal Dukagjin, nunmehr starker Mann seines Geschlechts, Frieden, im letzten Augenblick offenbar, denn ein osmanisches Heer war gerade drauf und dran, in die Berge einzufallen, musste sich aber auf die Kunde von der inneralbanischen Einigung drei Tagesmärsche zurückziehen[376]. Skanderbeg zog Pal bald darauf in das neapolitanische Lager; im Oktober 1454 legte der Dukagjin durch einen Vertreter in Neapel den Vasalleneid ab; er ließ sich dies mit 300 Dukaten Jahrgeld teuer bezahlen[377]. Mit anderen Worten: Pal war von Neapel gekauft worden; er tat dies, weil seine Pläne gegen Dagno nicht gegen seinen bisherigen Dienstherrn Venedig durchzusetzen waren. Sein Sohn Leka nahm die Eroberung der Burg sogleich in die Hand. Nach außen hin trat Leka der Signoria gegenüber als Freund auf; er bezog venezianischen Sold, und noch im März 1456 kam der Senat seinen Wünschen nach[378]. Im Geheimen knüpfte Leka Verbindungen zu Männern in der Burg; es gelang ihm, einen venezianischen Offizier zu bestechen. Die misstrauischen Venezianer versorgten die Besatzung mit Kriegsgerät, und als ruchbar wurde, dass sich Verschwörer im Städtchen aufhielten, ließ Statthalter Antonio Dolfin acht Verdächtige aufknüpfen. Alle Vorsicht aber war vergebens. In einer dunklen Herbstnacht näherten sich Lekas Männer mit genau abgemessenen Sturmleitern, erkletterten die Mauern und drangen in das Amthaus des Statthalters ein, der im Bett überrascht wurde; Leka ließ ihm den Kopf abschlagen, vergewaltigte die schöne junge Tochter des Patriziers und jagte dann die Frau und die übrigen Kinder Dolfins halbnackt[379] über den Drin nach Skutari (29. Oktober 1456)[380]. Leka Dukagjin nützte den Erfolg aus. Obwohl ihm Skanderbeg jede Hilfe verweigerte[381], überschritt er den Drin und zog gegen Drivasto, dessen kampferprobte Bürger ihn aber zurückschlugen; da erschienen auch die Skutariner auf dem Kampfplatz, drängten Leka zum Drin zurück und fügten ihm eine vernichtende Niederlage zu, 1200 Männer sollen gefallen oder in den Fluten ertrunken sein, Leka entkam mit 60 Gefolgsleuten in die Berge[382]. Als die Nachricht von dem Überfall auf Dagno am 20. November 1456 in Venedig eintraf, herrschte blankes Entsetzen, das bald von größter Empörung abgelöst wurde[383], es entstand aber auch Zorn auf Dolfin, dem man eine Mitschuld zuwies[384]. Hinter dem Anschlag vermutete man die Hand Alfons V.; diese Meinung herrschte auch in Albanien[385]. Wieder also spielte die italienische Politik in albanische Fehden hinein. Diesmal wich die Markusrepublik einem Krieg nicht aus. Sie war in ihrer Ehre gekränkt worden und musste ihr Ansehen wieder herstellen. Die Venezianer wussten, wie man einen Gegner wie Leka Dukagjin zu bekämpfen hatte. Schon um 1420 hatten die Bewohner der Küstenstadt Cattaro geraten, in den Bergen bewirke man *„mit 1000 Dukaten mehr als mit 8000 Kriegern“*[386]. Venedig schrieb auf Leka ein Kopfgeld aus, 1000 Dukaten tot, 1500 lebendig war er der Republik wert; Überläufer wurden mit einer zehnjährigen Steuerbefreiung angelockt[387]. Die Senatoren erinnerten sich auch der Feindschaft Skanderbegs mit den Dukagjin; der treue Abt Pelinus gewann den Kastriota im November 1456 für ein Bündnis[388]. Der Wintereinbruch verschaffte Leka eine Atempause. Im Frühjahr 1457 aber stachen von der Lagunenstadt 200 Reiter und 300 Fußknechte, davon 50 Büchsenschützen, auf drei Schiffen in See, begleitet wurden sie von zwei Galeeren; bald darauf schickte Venedig drei Geschütze nach Albanien; dort wurde der Landsturm aufgeboten; sogar flüchtigen Mördern wurde Gnade versprochen, wenn sie sich den venezianischen Waffen anschlössen[389]. Der derart bedrohte Leka warf sich den Osmanen in die Arme und gab ihnen die Pässe frei: Er war daher dafür verantwortlich, dass ein starkes osmanisches Heer in Skanderbegs Kernland Mati einfallen und dem Kastriota eine schwere Niederlage zufügen konnte[390]. Zum zweiten Mal hatten die Dukagjin den Osmanen entscheidend geholfen. Während Mati in Flammen aufging, rückten venezianische Söldner und nordalbanische Patrizier gegen Dagno vor. Der Kampf wurde mit äußerster Brutalität geführt; einem Patrizier aus Drivasto hatte Leka eigenhändig die Hand abgehackt; ein italienischer Condottiere fiel; nach zahlreichen Scharmützeln auf Weiden und vor der Burg selbst wurde Dagno schließlich gestürmt (Sommer 1457). Mit 16 Mann entkam Leka in die Berge[391]. Die Fehde war auch ein Bruderkampf, denn Draga, Oberhaupt der älteren Linie, hatte ebenfalls gegen Leka und dessen Vater Pal im Feld gestanden. Er hatte gehofft, mit Venedigs Hilfe 32 Dörfer, um die sich die beiden Zweige stritten, zu erobern; im Stillen hatte er wohl erwartet, dass er das begehrte Dagno erringen würde. Die Signoria übergab ihm aber nur das kleine Satti, weiter östlich in den Bergen am Drin gelegen. Da italienische Söldner sich weigerten, in Dagno Dienst zu tun – die Verluste im Kampf hatten Wirkung gezeitigt –, die Venezianer albanischen Kriegern aber nicht vertrauten, drohte ein Machtvakuum[392]. Den zerstrittenen Verbündeten wurde diese Sorge abgenommen: Im August 1457 brachen osmanische Reiter brandschatzend in die Landschaft um Skutari ein, wobei Draga Dukagjin bei Satti hart getroffen wurde[393]. Hätte Skanderbeg nicht kurz darauf einen seiner größten Siege errungen, hätte der Kleinkrieg um Dagno dem christlichen Aufstand schwersten, vielleicht nicht wiedergutzumachenden Schaden zugefügt. Leka und Pal Dukagjin waren zunächst über ihre eigene Niederlage und Skanderbegs Sieg erschrocken und hatten im Herbst 1457 in Venedig um Frieden nachsuchen lassen, wo aber ihren *„Zweideutigkeiten und Listen"*, wie die Senatoren sich ausdrückten, erhebliches Misstrauen entgegenschlug; zu Recht, denn im Winter 1457/58 führte die jüngere Linie der Dukagjin den entscheidenden Streich gegen den älteren Zweig um Draga: Mit osmanischer Hilfe überfielen sie Satti und hausten so schrecklich im Land ihres Verwandten, dass dessen verzweifelte Untertanen über die Adria nach Apulien und in die Marken flohen. Draga blieb mit wenigen Adligen zurück; sein Land sei *„leer und verlassen"*, klagte er den Venezianern im September 1458[394]. Damit war Venedigs Glacis um Dagno zusammengebrochen, und es musste einen Angriff der jüngeren Linie der Dukagjin und der Osmanen fürchten. Unter diesen Umständen blieb der Republik nur ein Ausweg; sie musste Skanderbeg gewinnen. Dieser hatte eben seinen Lehensherrn verloren; Alfons V. war gestorben, als die Signoria sich an den Kastriota wandte. Angesichts der ausbrechenden Thronwirren in Neapel schien es dem Albanerherrn geboten, von der Feindschaft gegen Venedig abzulassen. Er sah die Möglichkeit, sich der Lagunenstadt anzunähern und gleichzeitig die Dukagjin an sich zu binden. Denn er erkannte, dass ihm in Leka Dukagjin ein ebenbürtiger Rivale erwachsen war. Die Vermittlung zwischen Skanderbeg und Venedig übernahm der bewährte Pelinus. Während die Senatoren die *„völlige Vernichtung"* der Dukagjin wünschten, taktierte der Kastriota geschickt. Den alten Pal wollte er schonen, nur in Leka sah er einen Gegner. Für einmal benötigte Venedig Skanderbeg dringender als dieser die Republik. Der Kastriota aber wünschte keine erneute Adelsfehde. Und er behielt die Oberhand.

Nachdem ein von den Dukagjin gefangener italienischer Condottiere ebenfalls als Vermittler verwendet worden war, schickten Pal, Leka und dessen Brüder den Franziskaner Eugen nach Venedig. Wieder hatte die katholische Kirche im Bergland geschlichtet[395]. Die Dukagjin gaben alle Gefangenen frei und baten den Senat um Vergebung für das Vorgefallene. Sie stießen auf offene Ohren: *„In aufrichtigem Geiste nehmen wir sie an und auf und wollen sie als Söhne und liebste Freunde behandeln“*, bestellten die Senatoren dem Franziskanermönch. Venedig war erleichtert über das Ende von Kämpfen, die sehr verlustreich waren und nicht vollständig entschieden schienen, auch kaum zu entscheiden waren. Keine Seite trug einen Sieg davon: Venedig behielt Dagno und seinen alten Bezirk mit der Landschaft Rogamenia (eine kleine Ebene um das Dorf Rrogam, 47 m. ü. M.), es schob sein Gebiet den Drin hinauf bis zur vielumstrittenen Burg Satti, die nun zu schleifen war. Mauerwerk und Bauholz mussten von dem Ort weggeschafft werden. Damit wurde die Grenze entmilitarisiert. Die Dukagjin auf der anderen Seite behielten alles Land jenseits von Satti als Eigenbesitz, als venezianisches Lehen hingegen mehrere Dörfer im östlichen Hügelland der Zadrima[396] sowie drei Dörfer am Flüsschen Gjadri[397]. Die Venezianer hielten die Hand aber auf das große Dorf Troshani, das den Weg nach Alessio entlang des Drin schützte. Beide Seiten durften zufrieden sein: Venedig wahrte die Herrschaft über die wichtigste Burg (Dagno) und die Verkehrswege in der Ebene, die Dukagjin wiederum sicherten sich das Acker- und Weideland vom Drin bei Dagno bis hinab zum Unterlauf des Fani, wo das Kastriotaland begann. Venedig gewann den gewünschten Grenzschutz nach Osten und das Salzmonopol in den Bergen: Denn die Dukagjin erkannten die venezianische Oberherrschaft an, indem sie am Markustag dem Statthalter von Skutari eine zehn Pfund schwere Wachskerze übergaben, vor allem aber, indem sie Salz nur aus den venezianischen Bezirken Albaniens bezogen[398]. Der Senat zeigte sich mit diesen Bestimmungen einverstanden, beriet über die notwendige Befestigung Dagnos, belohnte den Franziskaner mit 25 Dukaten und gab Anweisung, den Frieden vor Ort abzuschließen (Januar 1459)[399].

In Albanien lastete über den Dukagjin die von Papst Pius II. durch die Erzbischöfe von Antivari und Durazzo verkündete Drohung der erneuten Exkommunikation[400]. Von der Kirche, Skanderbeg und Venedig bedrängt, ritten Leka Dukagjin und seine Brüder nach Skutari und schlossen dort mit den Statthaltern Benedetto Soranzo von Skutari, Luca Contarini von Alessio sowie Cresio de Molin von Drivasto einen förmlichen Friedensvertrag (19. Februar 1459)[401]. In diesen wurde ausdrücklich auch Venedigs Anhänger Draga Dukagjin eingeschlossen. Doch kaum hatte sich Leka Dukagjin beruhigt, zeigte sich, dass Skanderbeg, der an den Verhandlungen nicht beteiligt war, das Ergebnis nicht hinnahm. Als seinen Teil bei der Niederringung der Dukagjin nahm er im Handstreich die Burg Satti und dehnte damit kurzzeitig seine Herrschaft keilförmig bis an den Drin aus; nun saß er seinerseits dem venezianischen Dagno im Nacken (wohl März/April 1459)[402]. Der venezianische Senat entsandte seinen Adriaadmiral Lorenzo Moro und den Condottiere de Imola, um Skanderbeg zum Abzug zu bewegen; das Argument, Satti sei doch recht unwichtig, musste freilich nach all den Kämpfen eigenartig klingen. Die Venezianer aber setzten sich durch: Im Vertrag, der am 4. Juni 1459 in Alessio unterzeichnet wurde, brachte Skanderbeg jedoch seinen Unwillen deutlich zum Ausdruck, zugleich auch seine Haltung gegenüber Leka Dukagjin: Dieser sei *„der Feind von Christus und von mir"*[403]. Die Feindschaft blieb, auch wenn sich beide Herren anderen Dingen zuwandten: Skanderbeg focht 1461/62 in Süditalien, Leka Dukagjin aber setzte seine Fehde gegen den älteren Zweig seines Geschlechts fort. Irgendwann vor Juni 1462 fiel Draga Dukagjin diesem Familienstreit zum Opfer. Von seinem Zweig überlebte nur noch sein Neffe Nikola, der mit seiner Gefolgschaft am 11. Juni 1462 in venezianische Solddienste genommen wurde und einige Dörfer in der Zadrima erhielt[404]. Damit hatte sich der jüngere Zweig der Dukagjin durchgesetzt. Leka war zum unbestrittenen Herrn des Berglandes an Drin und Fani und im Hügelland am Gjadri aufgestiegen; er kontrollierte die Karawanenstraße, die über den Bergkamm von Puka verlief; und er sperrte Skanderbeg weiterhin die Herrschaft über diesen wichtigen Teil Albaniens. Leka wird mit Unbehagen verfolgt haben, wie Skanderbeg die anderen altadligen Familien allmählich verdrängte. Beide Männer trennte weiterhin ein Abgrund von Misstrauen. Leka brachte dies am besten zum Ausdruck, als ihn Venedig im Herbst 1463 für den großen Türkenkrieg gewinnen wollte: *„Ich will nicht unter Skanderbeg sein, bin aber zufrieden, unter jedem Statthalter oder Beauftragten eurer Signoria zu dienen und ihm stets gehorsam zu sein. Auch verlange ich, dass, falls Skanderbeg mich mit Krieg überzieht, die erhabenste Signoria mir hilft ..."* Nicht der bedingungslose Kampf gegen den Sultan, sondern die Sorge um das eigene Geschlecht und die eigene Herrschaft überwogen in jener Anweisung, die Leka dem Franziskaner Eugen mitgab: *„Falls die Türken mich aus meinem Land verjagen, möge mir die Signoria einen Ort geben, wo ich mit meinen Söhnen bleiben kann, und sie möge auch für meinen Lebensunterhalt sorgen; macht sie mit dem Türken Frieden, soll ich darin als ihr Schutzbefohlener eingeschlossen sein"*[405]. Kein bedeutender strategischer Denker spricht aus diesen Zeilen, sondern ein harter Mann, der um jedes Dorf ringt und von seinen Bergen aus ohne Unterwürfigkeit mit Großmächten verhandelt.

Die Kämpfe gegen Leka Dukagjin hatten wichtige Kräfte der Aufständischen gebunden. Weder Venedig noch Skanderbeg hatten den brutalen Herrn des Hochlands in die Knie gezwungen. Leka genoss Ruhm und Ansehen bei seinen Gefolgsleuten. Die wichtigste Sammlung des mündlichen Gewohnheitsrechts, der „Kanun des Leka Dukagjin“, wird in der volkstümlichen Tradition mit seinem Namen verbunden[406]. Seine Krieger zogen mit ihrem Herrn gegen dessen Feinde in den Kampf, ob es nun Venezianer, Albaner oder später die Osmanen waren. Skanderbeg war in ihren Augen das Oberhaupt einer feindlichen Herrschaft. Leka und seine Männer überlebten zwischen den Mühlsteinen der Mächtepolitik. Da er zwischen dem Sultan und den italienischen Staaten lavierte, besaß Leka mehr diplomatischen Manövrierraum als Skanderbeg, der in einem schroffen Gegensatz zu den Osmanen stand. Nicht umsonst blieben Name und Macht der Dukagjin über Jahrhunderte bestehen, während die Herrschaft der Kastriota von den Osmanen mit Feuer und Flamme vernichtet wurde.

VERRAT

Skanderbegs Leben lässt sich auch als eine Geschichte von Verrat lesen. Schon die Zeitgenossen beschäftigte, dass wiederholt Verwandte und engste Vertraute von dem Kastriota abfielen und in das Lager des Sultans überliefen. Sie verbanden diese Abkehr von der Sache der Aufständischen mit den Namen dreier Männer: Hamza Kastriota, Moses von Dibra und Balaban Pascha. Diese Männer verkörperten typische Schicksale im Zeitalter der osmanischen Eroberung, und jeder ist daher auf seine Weise in das Reich der Legende eingegangen. In einer Herrschaftsform, in der weder Ämter noch sonstige feste Strukturen bestanden, beruhten Macht und Überleben auf Vertrauen und Treue. Von Lehenseiden der Gefolgschaft an Skanderbeg ist nichts bekannt; das Feudalwesen abendländischer Tradition war in den inneren Balkan auch nie eingedrungen, sondern hatte in Ausläufern nur das Küstenland erreicht. Das Verhältnis zwischen Anführer und Gefolgsmann beruhte auf dem Tausch von Schutz und Belohnung gegen Gehorsam und Kriegsdienst. Persönlicher Umgang, eine dauernde enge Beziehung zwischen Krieger und Herrn erhielt diese Bindung aufrecht. Beute im Krieg, Fürsorge für die Familien bildeten einen starken Kitt. Wenn jemand aus dieser Bindung ausbrach, verletzte er Grundregeln des menschlichen Zusammenlebens im Hochland. Nicht umsonst erzählen die Skanderbegbiografen so ausführlich von den drei Urtypen von Verrätern.

Am schwersten wog der Abfall Hamza Kastriotas. Er war als Neffe mit Skanderbeg blutsverwandt; er hatte im Herbst 1443 mit seinem Onkel den

Aufstand begonnen, zusammen mit diesem Kruja überrumpelt. Was ihn bewog, bleibt unklar; vielleicht hatte er die Hoffnung gehegt, den lange kinderlosen Skanderbeg zu beerben. Die Geburt von Skanderbegs Sohn Ivan im Jahre 1455 machte dies zuschanden. Hamza ging daraufhin zum Sultan und ließ sich von diesem als Gegenherrscher aufstellen. Damit forderte er als einziger albanischer Adliger den großen Kastriota mit einem deutlichen politischen Gegenmodell heraus: Als Vasallenfürst von Sultans Gnaden. Hamza genoss Schutz und Hilfe des mächtigen Ishak Pascha. Im Frühjahr 1457 marschierte er, der vorzügliche Kenner des Landes, in Mati und Dibra ein. Nur mit knapper Not rettete Skanderbeg nach schweren Verlusten seine Herrschaft. Barletius gestaltete aus dieser Geschichte eine Parabel von Gut und Böse: Der Lichtgestalt Skanderbeg, der Seelengröße, Gottvertrauen, die Aura des Glaubenskämpfers zugewiesen werden, stellt er den körperlich und seelisch verkrüppelten Verräter gegenüber, den kleinwüchsigen, intelligenten, aber verschlagenen Hamza[407]. Skanderbegs Sieg ist ein Triumph der rechten Sache: Der Verräter und sein osmanischer Gehilfe werden im Triumph nach Kruja geführt, Hamza dann nach Neapel verschickt. In Italien erregte dies entsprechende Aufmerksamkeit. Kein Geringerer als Papst Pius II. nahm die Geschichte in sein Werk „De Europa“ auf: *„Ein Neffe Skanderbegs, Sohn eines Bruders, neigte den Türken zu, legte dem Onkel einen Hinterhalt, wurde aber von diesem gefangen, zu Alfons geschickt und in den Kerker geworfen“*[408]. Wie Barletius nützt auch der Piccolominipapst den Bericht, um Skanderbegs moralische Überlegenheit hervorzuheben. Nach dem Tod Alfons V. soll Hamza in albanische Ehrenhaft überstellt und dort anderen Sinnes geworden sein; bei dem Versuch, seine beim Sultan als Geisel gehaltene Familie auszulösen, soll ihn dieser vergiftet haben. Barletius lässt den Verräter so späte Reue fühlen und Sühne leisten.

Noch vielfältiger sind die Erzählungen von dem zweiten großen Verrat: Moses von Dibra, mit vollem Namen Moses Golem Araniti, stammte aus Valmi (heute Elbasan) im Shkumbintal. Er war der Neffe des berühmten Araniti Komino und des Vladen Golem Araniti, also des Schwiegervaters bzw. des Schwagers Skanderbegs[409]. Seine Herrschaft lag in Unter-Dibra. Empört über die Zurückdrängung seines Einflusses durch den Kastriota und wohl auch ernüchtert durch die verheerende Niederlage bei Berat (Sommer 1455), setzte er sich in das osmanische Lager ab. Wie Hamza führte er die Osmanen ins Land, wurde aber ebenfalls besiegt. Danach kehrte er zu Skanderbeg zurück, von dem er in Gnaden aufgenommen wurde. Barletius erzählt die Geschichte mit kunstvoller Dramatik[410]. Der Verrat wurde durch Zweifel am Führer ausgelöst, nicht durch Machthunger und innerfamiliäre Rivalität. Für Barletius ist Moses der Urtypus des Verräters, auch seine Geschichte ist in der narrativen Struktur als Lehre für Zweifler angelegt. Die moralische Bewertung des Abfalls ist eindeutig; Verrat hält Skanderbeg für schlimmer als eine Niederlage im Feld[411]. Der Verräter gilt gleichsam als Träger des Bösen: *„Wenn doch mit Moses alle Perfidie und jedes Unglück Epirus verließe!“*, soll Skanderbeg nach Barletius ausgerufen haben[412]. Dibra, die Heimat des Verräters, wurde symbolisch – und auch durch harte Maßnahmen – von den Spuren des Abfalls gereinigt: Die Ältesten versammelten sich und prüften die Männer, durch Ausrufer wurde zur Anzeige von Abtrünnigen geladen. Doch niemand wurde gemeldet. Die Einziehung von Moses' Gütern schloss die Wunde, die der Verräter gerissen hatte. Damit blieb von Moses und seiner Tat keine Spur mehr. Im Gegensatz zu Hamzas Schicksal nimmt die Geschichte dann einen eigenen Lauf: Moses fordert Skanderbeg zum Zweikampf, weicht aber vor Furcht im letzten Augenblick aus. Schon vor dem Waffengang ist der Verräter innerlich gebrochen. Er hält dem Charisma Skanderbegs nicht stand. Der Verräter versagt wie ein ungezogener Sohn vor seinem Vater – so Barletius[413]. Die Osmanen, von Moses ins Land geholt, unterliegen. Moses wagt es nun nicht, dem Sultan vor die Augen zu treten. Er irrt umher und kehrt schließlich zur Vaterfigur Skanderbeg zurück: Die Schlussszene sieht die Aufnahme des demütig knienden, um Gnade flehenden verlorenen Sohnes[414]. Bei Barletius endet die zweite Geschichte von Verrat mit einem militärischen und moralischen Triumph Skanderbegs, im Falle von Moses verstärkt durch das erneute Bekenntnis des Abtrünnigen zum Osmanenkampf. Moses leistet tätige Buße im Kampf und in seinem Tod; von den Osmanen gefangen, wird Moses, der zweimalige Verräter, auf Geheiß des Sultans lebendig gehäutet[415].

Während Barletius den Verrat des Moses zur Verherrlichung Skanderbegs verwendet, gibt Giovanni Musachi eine davon stark abweichende und wesentlich nüchternere Sicht der Dinge wieder: *„Er (Skanderbeg, O. S.) nahm auch dem Herrn Mose Comnino seine Herrschaft, die in Dibra lag; dieser Moses war ein hochherziger und tüchtiger Mann; da er eine solche Gewalttat nicht ertragen konnte, ging er zum Türken, und dieser Türke machte ihn zum Hauptmann eines seiner Heere und schickte ihn gegen Skanderbeg“*[416]. Musachi zeigt Verständnis für seinen von Skanderbeg beleidigten Standesgenossen. Schließlich hatte der Kastriota die Muzaki nicht anders behandelt. Die Schuld liegt nicht beim Verräter, sondern bei Skanderbeg, der einen Adligen schwer gekränkt und gleichsam zur Rache gezwungen hatte. Moses hatte keine andere Wahl, wollte er nicht seine Ehre verlieren. Mehmed II. soll diesen Groll ausgenutzt und Moses beauftragt haben, Skanderbeg zu töten[417]. So hätte er die Aufständischen, unter Ausnutzung von deren eigenem Ehrencodex, vor allem aber von ihrer inneren Zerrissenheit, besiegt. Als dies misslang, war es nicht Moses, der bittflehend zu Skanderbeg zurückkehrte; vielmehr verhielt es sich nach Musachi beinahe umgekehrt: *„er (Skanderbeg, O. S.) ließ ihm bestellen, er möge zurückkehren, er würde ihn wie einen Bruder behandeln; Moses, der wusste, dass er beim Türken nicht in Sicherheit war, aber auch, um dessen (Skanderbeg, O. S.) Macht nicht mit dem Blut von Christen zu vergrößern, kehrte dann zurück"*[418]. Skanderbeg hatte seinen Fehler erkannt, und auch Moses überkam Reue; zugleich fürchtete der Abtrünnige nach dem Misserfolg um seine persönliche Sicherheit. So stimmten die Interessen beider Herren wieder überein; die Beleidigung war vergessen, die Waffenbrüderschaft bis in den Tod – den Moses in grässlicher Weise erlitt – wiederhergestellt. Um den Verrat zu bewältigen, bildeten sich aber zwei Erzähltraditionen heraus, jene, die Skanderbeg als Opfer und jene, die ihn als Schuldigen des Abfalls sieht. Die eine entstammt dem Milieu der katholischen Geistlichkeit Nordalbaniens – Skanderbegs wichtigstem Unterstützer –, die andere dem orthodoxen Adel Mittelalbaniens, der mit dem Kastriota zwar verbündet war, letztlich aber von diesem verdrängt wurde.

Der dritte Verräter schließlich unterscheidet sich von Hamza und Moses gleich in mehrfacher Hinsicht: Balaban Pascha entstammte keiner adligen Familie, sondern war ein Bauernsohn aus dem Dorf Martanesh in Mati und damit ein Untertan von Skanderbegs Vater Ivan. Wie sein Herr und dessen Sohn wechselte er den Glauben und wurde Muslim. 1423 diente er zusammen mit Pir Ömer bey auf der Burg Kruja und errichtete vor dem venezianischen Durazzo ein eigenes Zollamt[419]. Er bekleidete also wie Skanderbeg ein wichtiges Amt in der osmanischen Verwaltung des albanischen Sancak[420]. Der Kastriota und sein ehemaliger Untertan standen im neuen System auf gleicher Stufe. Balaban hatte kein Interesse, den früheren Zustand wiederherzustellen, und blieb im Herbst 1443 dem Sultan treu. Nach zeitgenössischen Berichten soll er eine blendende Karriere im osmanischen Heer durchlaufen und unter anderem im Jahr 1453 als einer der ersten die Wälle Konstantinopels erstürmt haben[421]. Balaban schuf eine eigene sultanstreue Dynastie. Seinen Sohn Ilyas setzte Mehmed II. zum Hauptmann der strategisch so wichtigen Passburg Sobri bei Derven, am Durchgang von Skopje nach Tetovo, ein. Ilyas kam dort, wohl bei Kämpfen, ums Leben[422]. Welche Bedeutung der Sultan dieser islamisierten albanischen Familie beimaß, zeigte sich daran, dass er an Ilyas' Stelle dessen Sohn Hamza zum Kommandant von Sobri machte[423]. Damit trat die dritte Generation des Balaban-Geschlechts in den Krieg gegen Skanderbeg ein. Auch Balabans Neffe Ali beteiligte sich an diesem Ringen[424]. Im Endkampf mit dem Kastriota führte der alte Bauer die entscheidenden Feldzüge, deren Verbissenheit auch mit dem gesellschaftlichen Gegensatz, dem Hass zwischen dem wieder Christ gewordenen Herrn und dem Muslim gebliebenen sozialen Aufsteiger zu erklären ist. Im Sommer 1466 übertrug

Mehmed II. die Belagerung Krujas dem Balaban Pascha. Dieser wurde zu einer auch in Italien beachteten Gestalt; König Ferrante empfing in den ersten Monaten des Jahres 1467 sogar eine Gesandtschaft des Renegaten und erkannte ihn damit als neuen Machthaber in Mittelalbanien faktisch an[425] – dabei war Skanderbeg immer noch neapolitanischer Vasall. Der venezianische Statthalter von Alessio beeilte sich, dem Pascha Geschenke zu senden und um gute Handelsverbindungen zwischen seiner Stadt bzw. Durazzo und Valmi (der neuen osmanischen Stadt Elbasan an der Via Egnatia) zu ersuchen[426]. In Albanien selbst lief ein Neffe Skanderbegs zu Balaban über und gab diesem – Höhepunkt der Schmach für Skanderbeg – seine Tochter zur Frau[427]. Erst im Frühling 1467 gelang es Skanderbeg unter Anspannung aller Kräfte, diesen gefährlichen Feind zu besiegen; Balaban fiel in der Schlacht[428].

Kein anderer Mann aus dem Balkan, weder die osmanischen Grenzfeldherren noch die albanischen Überläufer, hatte Skanderbeg derart existentiell bedroht wie Balaban. Der Schrecken, den er den Aufständischen einflößte, findet in den Erzählungen des Barletius, Francos und Musachis einen starken Widerhall; *„ein tüchtiger und kriegerischer Mann, in der Kriegskunst erfahren und verschlagen“*[429]. Skanderbeg versuchte ihn zu demütigen, indem er ihm eine Hacke, einen Pflug und eine Sichel schicken ließ, die ihn an seine Herkunft erinnern sollten[430]. Denn Balaban hatte gegen das gesellschaftliche wie das religiöse Herkommen verstoßen; für ihn ließ sich keine Entschuldigung finden wie für einen Hamza oder einen Moses, deren adlige Ehrvorstellungen von Skanderbeg verletzt worden waren. Balaban war für Adlige und Geistliche schlicht ein verräterischer Bauer, dessen große Begabung sie tief verstörte. Auch wenn die Biografen die bescheidene Herkunft des Pascha verhöhnen, vermögen sie seine Taten nicht zu verschweigen. Musachi gibt seiner Abscheu über den Bruch aller Kampfregeln Ausdruck, wenn er von einer Episode berichtet, die den Adel ins Mark getroffen hat. Im Herbst 1464 waren Moses von Dibra, Muzaki d'Angelina, Gjin Muzaki, Johann Perlat, Nikola Berisha, Georg Kuka und Johann Manesi, alles wichtige Unterführer Skanderbegs, leichtsinnig in eine osmanische Falle geraten. Üblicherweise hätte sie Skanderbeg auslösen können, doch verweigerte dies Balaban. Die Adligen wurden in Konstantinopel zwei Wochen lang gehäutet[431]. Dieses furchtbare Ende widersprach der traditionellen Denkweise, diente den Osmanen aber zur Verbreitung von Furcht und Schrecken, erfolgte also aus Staatsraison. Die adligen Ideale – Musachi spricht von *„Tapferkeit“* und *„Mannhaftigkeit“*[432] – galten nichts mehr. Das balkanische Rittertum unterlag einer neuen Zeit, in der Begabung und nicht Herkunft zählte und in der alte Regeln beseitigt wurden, im Interesse eines neuen Weltreiches. Balabans Erfolge trugen ihm großen Ruhm ein. Kritobulos, der aus dem Blickwinkel des Sultanshofes erzählt, nennt ihn mit Namen, eine Seltenheit in einem Werk, das ganz dem Lob des Herrschers gewidmet ist. Balaban sei *„einer der besten Männer"* Mehmeds gewesen, *„ein sehr begabter Feldherr"*[433]. Die Legende bemächtigte sich bald dieser beeindruckenden Gestalt: Noch im 20. Jahrhundert wurde berichtet, Balaban solle seinen abgeschlagenen Kopf zur Burg Petrela getragen haben, wo bis 1967 – als der Atheismus und die aus China ins Land geholte „Kulturrevolution" zu wüten begannen – sein Grabmal, eine Türbe, zu sehen war[434].

Was Zeitgenossen und Nachgeborene mit den Namen dieser drei Männer verbanden, beschränkte sich als gesellschaftliche Erscheinung nicht auf einen kleinen Personenkreis. Verrat wiederholte sich vielmehr in den 25 Jahren des Aufstandes. Keine Bevölkerungsschicht, weder der Adel noch die Bauern oder der orthodoxe Klerus, blieb davon unberührt. Nur aus den Reihen der katholischen Geistlichkeit ist kein Fall von Verrat bekannt.

Zu einer ersten massenhaften Abfallbewegung war es beim Anmarsch Murads II. im Jahre 1450 gekommen[435]. Nachdem Skanderbeg neapolitanischer Vasall geworden war, stabilisierte sich die Lage. Die Niederlage bei Berat aber löste eine zweite große Erschütterung aus. Nicht nur Moses von Dibra ging zum Sultan über; vielmehr hatten viele Gefolgsleute das Vertrauen in Skanderbeg verloren, der ihre Sicherheit gegen die Osmanen nicht mehr gewährleisten konnte. Der Kastriota befürchtete, *„dass das ganze Land verloren gehe, weil ... die Männer dieses Landes dem Türken sehr zugetan seien, der ihnen eine gute und milde Herrschaft biete, und da sie keine sichere Hoffnung hätten, würden sie die Last des Krieges und solcher Grausamkeit, wie sie jeden Tag in diesem Land geschehe, nicht mehr ertragen"*[436]. Diese Schlüsselstelle belegt den Erfolg der osmanischen Strategie, die Milde bei freiwilliger Unterwerfung verhieß, aber bei Widerstand äußerste Brutalität androhte. Viele Aufständische werden auch die glänzenden Karrieren ihrer Landsleute im Lager des Sultans beobachtet haben. Genauso wie die islamisierten Kastriota einst die Beziehungen zur Heimat nicht hatten abreißen lassen, werden die Reichtümer der muslimischen Zenebish und Muzaki in Albanien nicht verborgen geblieben sein. Dieser stete Vergleich zwischen Skanderbegs Herrschaft und dem Sultansreich untergrub den Machtanspruch des Kastriota – zwar vermochte er immer wieder Beute aus Raubzügen anzubieten, nicht aber dauerhafte Ruhe und Sicherheit. So stellte schiere Erschöpfung ebenfalls einen Grund zum Verrat dar; zahlreiche Menschen waren des jährlichen Rhythmus' von Flucht, Zerstörung, Kampf und Wiederaufbau des Landes im Herbst schlicht müde. Je heftiger die osmanischen Angriffe wurden, desto größeren Umfang nahm der Verrat an. 1457 berichtete der venezianische Bailo von Durazzo: *„Er ist von allen seinen Hauptleuten verlassen worden, die zum Türken übergegangen sind"*[437]. Neun Jahre später *„zweifelte Skanderbeg bei der Nachricht vom An-*

marsch der Feinde an der Treue seiner Burghauptleute, von denen er wusste, dass sie seinem Neffen ergeben waren; er ließ sie ablösen und durch andere ersetzen, deren Frauen und Söhne er mit ihrem Besitz als Geiseln nach Kalabrien schicken ließ. Die Burghauptleute aber, denen ihre Burgen weggenommen worden waren und die angeblich aus Furcht zu den Türken, die schon ins Land gekommen waren, geflohen waren, ließ der Türke, als er seinen Misserfolg erkannte, hinrichten. Jenen Neffen Skanderbegs, der ihm den Weg gewiesen und ihn beraten hatte, ließ er auf einen Pfahl spießen …"[438] Dieses Schreiben des Agostino Patrizi Piccolomini vom Jahre 1466 deckt auf, wie schwach die Treuebindung besonders des Adels zu Skanderbeg nach über zwei Jahrzehnten Krieg war. Nur durch Geiselnahme und Erpressung sicherte sich der Kastriota Loyalität, mit der Enteignung von Rebellengut wollte er abschreckend wirken[439]. In seiner eigenen Familie aber vermochte er diesen Druck nicht aufrechtzuerhalten. Wieder hatte er einen Verrat eines Mannes aus dem innersten Kreis hinnehmen müssen. Verräter hielten sich in der engsten Umgebung Skanderbegs auf, und dabei spielten typisch albanische Gesellschaftsstrukturen eine erhebliche Rolle. Balaban besaß Blutsverwandte im Lager seines Gegners. Der Kastriota wusste von diesen Verwandtschaftsbeziehungen nichts und schenkte diesen Männern sein Vertrauen[440]. Nicht einmal Skanderbeg fand sich in den Verästelungen der großfamiliären Verwandtschaftsnetzwerke zurecht, die bis heute erhebliche Teile der albanischen Gesellschaft kennzeichnen. Er scheiterte also auch an spezifisch albanischen Verhältnissen: Bei etlichen Gefolgsleuten erwiesen sich Blutsbande zu Verwandten im osmanischen Lager als stärker als die Treue zu einem außerhalb der eigenen Großfamilie stehenden Anführer. Nur der katholische Klerus kannte diese familiären Loyalitätsbande nicht und blieb daher von Verrat verschont. Mehmed II. belohnte Verräter nur im Falle eines Sieges; nicht nur Skanderbegs Neffe wurde für sein Versagen bestraft; im folgenden Jahr, 1467, ließ der Sultan 3000 Bergbewohner deportieren, die ihm die Pässe freigegeben, ihm aber nicht zu einem entscheidenden Sieg verholfen hatten[441].

In den Jahren 1466 und 1467 erreichte die Abfallbewegung schließlich einen umfassenden Charakter: Wer Widerstand leistete, wurde von den Osmanen umgebracht oder verschleppt; zahlreiche Menschen flohen nach Norden oder nach Italien; etliche aber blieben und unterwarfen sich. Es waren jene Männer, die 1467 als Angehörige einer neuen osmanischen Verwaltungsschicht in den Steuerregistern erfasst wurden. So sind ihre Namen bekannt. In Skanderbegs ehemaligem Kerngebiet um Kruja als Dienstleute eingesetzt wurden: Ein Priester namens Peter – er beweist den Verrat auch im (wohl orthodoxen) Klerus; dann Vlk, Bruder des Urana, schließlich christliche Timarioten mit Namen Dragoslav, Lumash, Peter, Mavro, Aleks Ripes, Kalo-

Gjergj, Jonima, Gjergj, Theodor, Kolo Sirodi, Tanush und Izvoniko Perlati – wohl aus der Familie des Verteidigers von Svetigrad stammend[442]. Skanderbegs Festung Bila kamin und der wichtige Ort Klos wurden zu osmanischen Wehrdörfern erhoben, also mit einer privilegierten Stellung versehen[443]; in den Dörfern Klos, Lis – einem katholischen Bischofssitz –, Dirjan und Bejni wurden Christen als voynuk, als osmanische Soldaten, eingesetzt; unter ihnen findet sich auch ein Mark Kastrioti, einer der zahlreichen abtrünnigen Familienmitglieder Skanderbegs[444]. Ein schwerer Schlag muss der Abfall der Familie Vrana gewesen hatte: Vrana Conte hatte in den dreißiger Jahren wie Skanderbeg den Osmanen gedient[445]; 1450 hatte er Kruja verteidigt; ein Vranes – wohl jener Vlk (Wolf, ein slawischer Name) – befehligte siebzehn Jahre später ein Heer von 7000 bis 8000 Osmanen, die vor Skutari plünderten[446]. Strukturen des Abfalls ehemaliger Gefolgsleute lassen sich auch in Dibra anhand von Steuerregistern feststellen: Eine ganze Reihe von Christen wurden 1467 als Timarherren und voynuks in osmanische Dienste genommen[447]. In Ober-Dibra erhielt der Renegat Jakub ein Lehen von 1619 Akçe (Silberlinge)[448]; bescheidene Geldlehen wurden den Christen zugewiesen: Dem Staniša Smrče 1150 Akçe [449], dem Gjergj 338 Akçe[450], dem Jonko Smile und dem Nikola Arbanasi zusammen 108 Akçe[451]; die voynuk wurden aus der sprachlich gemischten Bevölkerung rekrutiert (Progon Lagator; Lazar, Sohn des Rumen; Ġorgi, Sohn des Jani; Staniša Popović; Zotko Evgeni; Dimitri, Sohn des Bogdan; Progon, Sohn des Ġorgo; Nikola Kosarin; Jani Popović)[452].

In Unter-Dibra hingegen ist die Zahl christlicher Timarherren deutlich geringer; hier wurden massiv muslimische Osmanen eingesetzt[453]. Das heißt, dass in diesem Kernland Skanderbegs keine Verräter zu gewinnen waren, osmanische Würdenträger also von außerhalb geholt werden mussten. Ähnliches gilt auch für das Gebiet von Dolgo brdo[454]. Nur die voynuks gehörten dort noch dem Christentum an; sie trugen albanische und serbische Namen (Gjin Lukash mit seinem Bruder Gjon und seinem Sohn Gjon; Tode Leo zusammen mit Đuro, dem Sohn des Gjergj; Nenko Pendavić, Ġorge, Sohn des Papa Radović; dann albanisch – slawische Mischformen wie Kolë Pribić mit seinen Brüdern Ġorgo und Bogoslav)[455]. In Unter-Dibra, Skanderbegs altem Kerngebiet, lässt sich die Ausgestaltung der neuen Reichsgewalt in allen Einzelheiten verfolgen: Osmanisch war nun die alte Grenzburg Modrič, in deren Westen ein bis zu 2084 m hoher Bergkamm als natürliche Grenze diente. Westlich dieses Bergzuges lagen auf über 1000 m die Dörfer Borovë und Steblevë[456], Lehen des Ali Üzgür. Zwei Dörfer waren dort unbewohnt, wohl als Folge der Kämpfe. Im Norden schloss sich das Lehen des Sejdi Hoca an, Gjinovec, das auf einem Saumpfad von Borovë zu erreichen war, sowie jenseits des Bergkamms im Osten, schon im Drintal das Dorf Drenok[457]. Das nächste Dorf, Trebishtë, war dem Lehen des Ahmed bey zugeschlagen, dem wichtigsten Timarioten in Unter-Dibra: Er bezog die Abgaben aus dem Hauptort Piskupija/Peshkopia, dem nahen orthodoxen Kloster, aus den Almdörfern am Abhang des sich im Osten bis zu beinahe 2400 m erhebenden Gebirges (Çerjan, Belovë, Shimsan), und dem Dorf Tren im Süden, zu Füßen des 800 m hohen Mali i Trenit[458].

Nördlich von Trebishtë weitet sich der Drin zu einer kleinen Ebene: Hier wurden gleich mehrere Timarherren eingesetzt: In Topojan und Kovaçicë der Türke Ahmed [459]; in Okshatin ein Hamza[460]; im östlich des Drin, gegenüber Okshatin befindlichen Bllatë der Janitschar Ali[461]. Der nordöstlich anschließende Bergzug und die Dörfer und Almen fielen dem Sancakbey zu (Maqellarë, Kërçishtë, Poçeshtë)[462]. Nördliche Nachbarn waren in Hobok, Unter-Kërçishtë und Kovaçicë der Kadı Mevlana[463], in Herbel und Erebarë Hacı Germiyan (ein Anatolier aus Germiyan)[464]. Den Berghang westlich des Drin, von dem die Kastriota einst herabgestiegen waren, Sinë und Gur, erhielt ein ehemaliger Sklave eines albanischen Feldherrn namens Hızır (zu ihm unten)[465]. Das bitterarme Bergland von Lura, Skanderbegs Bergversteck auf fast 2000 m, übernahm ein Ali aus dem Vardartal[466]. Im Tal unten, auf gleicher Höhe, hielt der çeribaşı Ali Einzug in den Dörfern Belica und Suhodol; er bekam auch die Alm Zagrad hoch über Piskupija[467].

Dieser Gang durch das Tal des Schwarzen Drin, der nicht einmal alle vergebenen Timarlehen aufzählt, macht deutlich, dass die Osmanen auch den letzten Weiler, die letzte Alpweide betreten und steuerlich erfasst hatten. Skanderbegs Gefolgsleute waren hier verdrängt worden. Doch eben die Tatsache, dass im Drintal zwischen Modrič und Piskupija eine erhebliche Zahl von Timarherren stationiert werden mussten, die zu guten Teilen Asiaten aus Anatolien waren, erlaubt es, diese Region mehr noch als Ober-Dibra oder Mati als Herzland Skanderbegs zu bezeichnen[468].

Überläufer und Verräter lassen sich wie die Gefolgschaft nicht in ethnischen Kategorien verstehen, vielmehr gab oft die Landesnatur, die Abgelegenheit eines Tales oder Berggebietes den Ausschlag. Ober-Dibra mit Svetigrad war von den Osmanen bereits 1448 zumindest in den Tälern unterworfen worden, d. h. hier hatten die neuen Herren auch im Winter das Sagen. Der Talgrund von Unter-Dibra hingegen befand sich bis 1466/67 zumindest außerhalb der Kriegssaison unter Skanderbegs Herrschaft. Die Bevölkerung Piskupijas, die serbische Namen trug, und die albanischsprachigen Bewohner der umliegenden Berge blieben Skanderbeg treu, während in Dolgo brdo Männer mit albanischen Namen den Osmanen als voynuk dienten, in Mati und um Kruja Albaner Timarlehen übernahmen und in Ober-Dibra zahlreiche Südslawen neue Ämter erhielten.

Die gefährlichsten Überläufer aber waren alle albanischer Sprache: Hamza Kastriota, Moses von Dibra und Balaban, die islamisierten Muzaki und Zenebish, bis hin zu jenen einfachen Kriegern, die 1464 Skanderbegs Unterführer zum Schafott führten[469]. Die osmanische Eroberung hatte die Bevölkerung des albanischen und makedonischen Raumes in zwei Lager gespalten; die Bruchlinien verliefen aber nicht nach ethnischen Kriterien. Auf der einen Seite standen die muslimischen Osmanen und orthodoxe Christen, die in niederen Rängen und Ämtern dem neuen Reich dienten. Die Aufständischen hingegen zählten nur Christen in ihren Reihen, hinter ihnen stand besonders die katholische Kirche. Ihre Erhebung im Zeichen des byzantinischen Kaiseradlers und später eines päpstlichen Kreuzzuges besaß eine klare religiöse Dimension, die von den geistlichen Führungsschichten stark hervorgehoben wurde. In dieser Sicht stellte der Abfall zum Sultan einen Verrat am christlichen Glauben dar. Die Skanderbegbiografen verurteilten dieses Verhalten am Beispiel einiger weniger hervorragender Gestalten, sie wagten aber nicht das zu berichten, was aus urkundlichen Quellen so deutlich hervorgeht: Dass Skanderbegs Leben von Verrat in großem Stil geprägt war. Der charismatische Führer verlor seine Macht dann, wenn er Niederlagen erlitt, wenn das Versprechen, Schutz und Sieg zu bieten, nicht eingehalten wurde. Und dies geschah nur oft genug.

ZWEI SULTANE

Skanderbegs Aufstand war aus einer Blutfehde mit dem Hause Osman entstanden und hatte sich zu einem balkanischen Flächenbrand ausgeweitet. Er kann nur dann verstanden werden, wenn die osmanische Sichtweise derjenigen der christlichen Rebellen gegenübergestellt wird. Die Erhebung im Zeichen des byzantinischen Kaiseradlers forderte die Sultane in mehrfacher Hinsicht heraus: Skanderbeg war im osmanischen Machtsystem und im Islam aufgewachsen: sein öffentliches Bekenntnis zum Glauben seiner Väter wurde von den Osmanen als doppelter Abfall gesehen, einmal vom Sultan, dann aber, und dies wog schwerer, vom Islam. Kein anderer zum Islam übergetretener christlicher Adliger hatte dies bisher gewagt. Sollte Skanderbeg Erfolg haben, würde dies andere zur Nachahmung einladen. Skanderbeg hatte aber auch gegen eine Grundregel des Islam verstoßen, die den Übertritt zu einem anderen Glauben streng ahndet. Und über allem lag jene geheimnisumwitterte Geschichte der Blutrache, in die nur wenige Personen eingeweiht waren, vielleicht auch Mehmed II.

Aus diesem Grund war Georg Kastriota für die Osmanen ein besonderer Gegner, nicht vergleichbar mit all den christlichen Fürsten, die einer nach dem anderen in die Knie gezwungen wurden. Skanderbeg musste auch aus ideologischen Gründen, als doppelter Verräter, entweder für die eigenen Reihen zurückgewonnen oder beseitigt werden, um die zahlreichen anderen Renegaten im osmanischen Dienst nicht in Versuchung zu führen. Murad II. erkannte diese Gefahr und war daher bereit, in einem Augenblick eigener politischer Schwäche mit Skanderbeg zu verhandeln. Dabei trat auch ein persönliches Moment ins Spiel, denn Skanderbeg hatte am osmanischen Hof hohes Ansehen, vielleicht auch das Vertrauen des Sultans genossen. Dies erschwerte es den Osmanen, kühl mit Georg Kastriota umzugehen. Stets schwang die Vorstellung eines Verrats am Vater mit, dann die Idee eines beinahe brüderlichen Ringens gegen Mehmed II. Murads Werben um Skanderbeg scheiterte; noch verheerender aber wirkte sich aus, dass dem Sultan die militärische Bestrafung des Abtrünnigen misslang. Der Abzug von Kruja und der bald darauf folgende Tod Murads II. bilden eine Einheit. Mehmed II. hatte den Rückschlag als persönliche Schmach empfunden: Der Verräter an seinem Vater hatte sich gegen die geballte Macht des osmanischen Reiches behauptet. Skanderbeg selbst sprach von *„persönlichem Hass"* (odio privato) zwischen ihm und Mehmed II. Zwei starke Herrschergestalten maßen sich, die verschiedener nicht hätten sein können: Der Kastriota stand stets selbst im Feld, führte alle Kriegszüge selbst an, reiste auch nach Dalmatien und Italien; er war die meiste Zeit seines Lebens weniger Jagender denn Gejagter, ein Herr der Berge, der stets in Bewegung war, verehrt von seiner Gefolgschaft und legendenumwoben schon zu Lebzeiten; Mehmed II. hingegen gebot über einen gewaltigen Heeres- und Verwaltungsapparat, über weite Provinzen; die Ebenen des Balkans gehorchten ihm, und nur das Bergland im äußersten Westen der Halbinsel entzog sich dem Zugriff der osmanischen Heere. Mehmed II. erhob das osmanische Reich zu einer Weltmacht, er unterwarf den Balkan und ganz Kleinasien, und so zählt er zu den bedeutendsten Gestalten der Weltgeschichte. Zwar zog er mit seinen Heeren aus, niemals aber sah man ihn wie Skanderbeg an der Spitze einer angreifenden Reitertruppe, nie musste er die Erfahrung von Flucht und Bittreisen ins Ausland machen. Mehmed II. betrachtete seine kämpfenden Truppen aus geschützter Ferne.

Der Eroberer Konstantinopels hatte lange Jahre bedeutendere Ziele verfolgt als die Niederwerfung eines Aufstandes, der nach Hunyadis Niederlage auf dem Amselfeld (1448) den Osmanen zwar lästig war, sie aber nicht ernsthaft bedrohte. Seine Eroberungen in Südosteuropa zogen langsam die Schlinge um das Rebellengebiet enger: Als der Sultan im Jahre 1466 Skanderbeg endlich persönlich angriff, war die ganze alte orthodoxe Staatenwelt, mit der

Georg Kastriota noch aufgewachsen war, in die Brüche gegangen: Von der Morea (1458–1460), Serbien (1455–1459), dem östlichen Teil der Schwarzen Berge (1460) bis nach Bosnien (1463) umklammerte osmanisches Land die Herrschaft des Kastriota.

Dies bedeutete nicht, dass in der Zwischenzeit an der albanischen Grenze Frieden geherrscht hätte. Im Gegenteil, nur führten die osmanischen Granden des Balkans den Kampf gegen die christlichen Aufständischen unter Skanderbeg. Sie taten dies mit starken Kräften, den Aufgeboten aus vielen osmanischen Provinzen, aber nicht unter Einsatz des gesamten sultanischen Militärapparats. Die Konjunkturen sultanischer Feldzüge spiegeln die jeweilige Gefährlichkeit Skanderbegs wider. Einmal bedrohte er beinahe die Existenz des Reiches (1444), zweimal forderte er es ernsthaft heraus (1448, 1464). Zwischen 1444 und 1448 stand der Balkan in Aufruhr: Johann Hunyadi trug seine machtvollsten Offensiven vor, und an seinen Schlägen war auch Skanderbeg beteiligt. Murad II. vermochte dem Ansturm nur durch Anspannung aller Kräfte zu begegnen: Die Angriffe auf Svetigrad (1448) und Kruja (1450) sind in diesem Zusammenhang zu verstehen. Allein hätte Skanderbeg niemals eine derartige Gefahr dargestellt; nur im Verein mit christlichen Herren des Balkans setzte er den Osmanen ernsthaft zu. Zwar musste der Sultan Krujas Eroberung aufgeben, doch hatte er Skanderbeg derart geschwächt, dass dieser – weitgehend ohne starke Verbündete in Südosteuropa – jeden Gedanken an größere Offensivpläne fahren lassen musste. Der Angriff auf Berat (1455), für Skanderbeg ein bedeutender Feldzug, wurde von Mehmed kaum mehr als Nadelstich empfunden, der von seinem Statthalter in Skopje und anderen Gouverneuren abgewehrt wurde. Anders gestaltete sich die Lage in den Jahren nach 1463: Da stand Skanderbeg wieder im Bunde mit mehreren auswärtigen Mächten: Er diente einem päpstlichen Kreuzzug als Feldhauptmann, erhielt Hilfe aus Venedig und Ungarn; in vielen Teilen des Balkans rückten christliche Herren vor, erschienen venezianische Galeeren. Skanderbeg und venezianische Söldner brachen im Polog ein, kamen also den osmanischen Machtzentren am Vardar gefährlich nahe (1464). Mehmed II. entschloss sich, diese Schwächen der osmanischen Kriegführung zu beseitigen (s. Kapitel „Kriegführung“).

Das Verhältnis der Sultane zu Skanderbeg aber war nicht nur von offenem Krieg gekennzeichnet. Eine besondere Nähe der Gegner, die auf der wechselseitigen intimen Kenntnis beruhte, zieht sich durch das Vierteljahrhundert von Skanderbegs Wirken. Am Überlebenswillen des Kastriota, dem Siegesdrang der Osmanen ist dabei nicht zu zweifeln. Nur gestaltete sich die Beziehung subtiler, als ein Schema starrer Feindschaft glauben machen möchte. Dies zeigt sich zum einen an jenem seltsamen *Haraç* (Tribut an den Sultan) von 6000 Dukaten, den Skanderbeg und Araniti Komino Venedig anboten[470]. Mehrere Quellen deuten darauf hin, dass der Kastriota den Sultanen zumindest zeitweise Tribut entrichtet hatte. So verlangte nach dem Bericht des Barletius Murad II. im Jahre 1450, angesichts seines Scheiterns vor Kruja, von Skanderbeg die Zahlung des Haraç[471]. Es war dies ein Versuch des militärisch gedemütigten Sultans, das Gesicht zu wahren: Skanderbeg, der sich in einer verzweifelten Lage befand, zahlte tatsächlich[472]; faktisch hatte er seine Eigenständigkeit bewahrt, der Großherr andererseits seinen Anspruch auf Oberherrschaft vor aller Welt behauptet. Doch kaum hatte Skanderbeg Alfons V. den Lehenseid geschworen, stellte er die Zahlungen sogleich wieder ein[473]. Auch der junge Mehmed II. soll, dem Vorbild seines Vaters folgend, wohl 1452, gezwungen durch bedrohliche Nachrichten aus Kleinasien, die einen osmanischen Angriff behinderten, Tribut gefordert haben[474]. Meldungen über Abgabenleistungen stammen auch von italienischen Diplomaten, so von dem wohlunterrichteten mailändischen Vertreter in Venedig, Gherardo de Collis, sowie, von diesem abhängig, dem mantuanischen Gesandten am mailändischen Hofe (30. Juli 1464): Danach soll Skanderbeg im Sommer 1464 dem Sultan Tribut entrichtet haben. Sollte dies zutreffen, darf darin eine Vorsichtsmaßnahme des Albanerherrn vermutet werden, der vor dem erwarteten Kreuzzug von Papst Pius II. seine Kräfte schonen wollte[475]. Doch de Collis selbst zweifelte am Wahrheitsgehalt der Kunde[476]. Mehmeds Biograf Kritobulos erzählt, aufständische Albaner hätten *„aus Furcht und aus Not eine Übereinkunft gewünscht, einen Boten zum Kaiser (Sultan, O. S.) gesandt und um ein Abkommen gebeten, wobei sie Geiseln und Pfänder oder auch einen jährlichen Tribut anboten, in Gestalt junger Männer und von Vieh"*[477].

Der Hintergrund dieser eigenartigen Stellung Skanderbegs gegenüber dem Sultan ist im militärischen Patt und anderweitigen Interessen, besonders des Sultans, zu suchen: Mehmeds II. balkanische Feldherren vermochten Skanderbeg nicht endgültig zu besiegen, Skanderbeg andererseits benötigte nach Jahren dauernder Angriffe eine Atempause. 1459 fürchtete Papst Pius II., Skanderbeg würde zu einem Waffenstillstand gezwungen sein[478]. Im Jahre 1460 kam es dann zu einem vorübergehenden Interessenausgleich Mehmeds II. und Skanderbegs: Zu einem Waffenstillstand – denn islamisches Recht erlaubte keinen Abschluss eines dauerhaften eigentlichen Friedens mit Nichtmuslimen. Dieser Stillstand, vorerst für sechs Monate abgeschlossen[479], ermöglichte es Mehmed II., die Eroberung Kleinasiens voranzutreiben[480], während Skanderbeg seine Herrschaft in Albanien festigen und eine Expedition nach Süditalien durchführen konnte, wo er Alfons' V. Sohn Ferrante zu Hilfe eilte. Demetrio Franco meint freilich, Mehmed habe nie geglaubt, dass der Kastriota tatsächlich nach Italien ziehen würde[481]. Nur Barletius erzählt vom Inhalt der vorangegangenen Verhandlungen; er gibt einen (fiktiven) Brief Mehmeds II. wieder, der aber in Psychologie und politischem Inhalt das Verhältnis beider Fürsten treffend kennzeichnet: Mehmed II. erinnerte den Kastriota an die gemeinsame Jugend am Sultanshof; *„lange haben wir zusammen ein Leben geführt"*; Skanderbeg habe so viel zur Größe des osmanischen Reiches beigetragen; und nichts wäre dem Sultan lieber, als ihm von Angesicht zu Angesicht zu begegnen. Die letzten osmanischen Überfälle auf Kastriotagebiet seien ohne sein Wissen erfolgt (eine Ausrede, die Mehmed auch gegenüber Venedig benutzte[482]). Dann stellte der Sultan seine Bedingungen: erstens freien Durchmarsch für osmanische Truppen, die gegen Venezianisch–Albanien ziehen; zweitens: Skanderbegs Sohn Ivan solle als Geisel an den Sultanshof gehen; drittens freien Durchzug und Handel für osmanische Kaufleute; und viertens: Skanderbeg solle persönlich am Sultanshof erscheinen, wofür ihm freies Geleit zugesichert werde[483]. Auch wenn das Schreiben selbst wohl unecht ist, gilt dies für seinen Inhalt weniger: Mehmed II. wusste um Skanderbegs Spannungen mit Venedig, und der osmanische Handel, der im südalbanischen Raum lebhaft war[484], interessierte sich auch für die nördlich gelegenen Gebiete. Und wie sein Vater Murad II. wollte er den Rebellen zumindest in symbolische Abhängigkeit bringen. Nach Barletius soll Skanderbeg eine Ratsversammlung einberufen haben, die nur der Freiheit osmanischer Kaufleute zustimmte, dem einzigen Vorschlag, der weder die Ehre des Albanerherrn noch dessen Sicherheit beeinträchtigte[485]. Glaubt man zumindest der inhaltlichen Tendenz des Barletius, traten sich Mehmed II. und Skanderbeg mit wechselseitigem Respekt gegenüber[486]. Der Sultan war, wieder nach Barletius, bereit, den Kastriota als eigenständigen Herrn anzuerkennen[487]. Drei Jahre später, im Frühjahr 1463, schlossen Skanderbeg und Mehmed II. dann einen längerfristigen – jedoch nicht dauerhaften – Frieden. Mehmed II. benötigte freie Hand bei seinem Angriff auf Bosnien, auch in der langsam heraufdräuenden Krise mit dem Papst und Venedig[488]. Skanderbeg hingegen stand nach seiner Rückkehr aus Apulien zu Venedig in einem gespannten Verhältnis; selbstbewusst aufgrund der italienischen Siege, hatte er den Gipfelpunkt von Macht und Ansehen erreicht; da aber keine neuerliche Hilfe aus dem Abendland bereitzustehen schien, zog er es vor, seine Kräfte fürs Erste zu schonen. Wieder gibt Barletius einen – erneut in der Form fiktiven, im Inhalt aber nicht unzutreffenden – Briefwechsel beider Fürsten wieder: Im Mai 1463 rief der Sultan nochmals die gemeinsame Zeit in Adrianopel in Erinnerung, warnte dann aber, Skanderbeg solle sich das Schicksal der Byzantiner, des Kaisers von Trapezunt und der Serben vor Augen führen[489].Beide Seiten waren nicht gesonnen, langfristig ein Auskommen miteinander zu finden.

Skanderbeg brach das Abkommen denn auch schon im Herbst 1463, unter starkem Druck von Papst Pius II. und Venedig, die einen Kreuzzug und umfangreiche Truppen- und Geldsendungen in Aussicht stellten. Dieser – aus osmanischer Sicht – erneute Vertrauensbruch erklärt zum Teil auch die brutale Vorgehensweise Mehmeds II. im darauffolgenden Krieg. Freilich zeichnete sich der Sultan selbst nicht gerade als Herrscher aus, der Abmachungen, die seinen Interessen zuwiderliefen, zu achten pflegte. Skanderbegs Misstrauen war daher berechtigt. Dennoch, selbst mitten im Krieg streckte der Sultan über Skanderbeg Friedensfühler nach Westen aus: Aus zuverlässiger venezianischer Quelle ist der Ablauf der Geheimverhandlungen recht gut bekannt: Mehmed II. befand sich 1463/64 in einer schwierigen Lage und versuchte, das Bündnis seiner christlichen Gegner durch Sonderverhandlungen, so mit Mailand und Neapel, zu sprengen. Über einen *„subaşı"* (Amtmann) trat er auch an Skanderbeg heran und ließ ihm mitteilen, dass er Mailand gegen Venedig aufhetzen, also eine zweite Front in Oberitalien schaffen werde. Skanderbeg zeigte sich unbeeindruckt und entgegnete, er werde nichts unternehmen, da der Sultan alle christlichen Mächte gegen sich habe. Der subaşı berichtete nach Konstantinopel und kehrte mit dem Auftrag zurück, mit Hilfe Skanderbegs einen Sonderfrieden mit Venedig zu schließen; im Gegenzug würde er Skanderbeg *„anerkennen"*[490]. Der venezianische Chronist Malipiero beschrieb Skanderbegs Reaktion: *„Skanderbeg antwortete, dass alle christlichen Fürsten zusammen vereinbart hätten, keinen Sonderfrieden mit dem Türken zu schließen und dass er selbst nichts tun werde"*. Mehmed II. gab aber nicht nach und bedrängte Skanderbeg, er solle vermitteln und zwar zu jenen Bedingungen, die ihm richtig erschienen. Der Albanerherr aber übermittelte den Inhalt der Verhandlungen dem venezianischen Sonderbeauftragten in Albanien, der seinerseits alles an den venezianischen Senat weiterleitete[491]. Bald folgte eine weitere Fühlungnahme, diesmal über den Großwesir[492]. Mehmeds II. Versuch, Skanderbeg, damals auch Generalhauptmann des Kreuzzuges, in Verhandlungen zu kompromittieren und ihn, den gefährlichsten Gegner auf dem Balkan, aus dem Bündnis zu lösen, waren an der Prinzipienfestigkeit des Kastriota gescheitert. Auch drei Jahre später, im Winter 1465/66, misslang ein ähnliches Manöver des Sultans; Skanderbeg unterrichtete Venedig von einem Friedensangebot und warnte davor, diesem Ansinnen Vertrauen zu schenken. *„Die Tücke des Türken ist uns bestens bekannt ... Wir danken Euch dennoch für Euren Hinweis und Eure Meinung, die wir gebührend zu schätzen wissen, da sie von einem äußerst klugen Herrn, unserem liebsten Sohn, stammt"*, antworteten die Senatoren der Markusrepublik[493].

Aus all diesen Einzelheiten ergibt sich ein Bild, das eigentlich nur wenig überrascht: Die Osmanen hatten Skanderbeg wiederholt angeboten, ihn als

Oberhaupt eines Vasallenfürstentums anzuerkennen, ein Modell, das sie auch andernorts angewandt hatten, wenn eine rasche und völlige Eroberung nicht möglich erschien. Doch während etwa Skanderbegs Nachbar Georg Branković auf diesen Vorschlag einging, verweigerte sich der Kastriota, auch wenn er zeitweise Haraç entrichtete. Denn das serbische Vorbild, aber auch das Schicksal vieler anderer Balkanfürsten hatten ihn gelehrt, den Osmanen nicht zu vertrauen. Es erstaunt, dass die Sultane Skanderbegs intimer Kenntnis osmanischer Machtmechanismen nicht besser Rechnung getragen hatten. Letztlich waren sie wohl von ihrem Endsieg zu überzeugt. Skanderbeg hingegen wurde dafür gefeiert, dass er *„alle gewaltigen Geschenke und Versprechungen des Türken stets verächtlich zurückgewiesen hatte"*[494].

Auf dem Höhepunkt seiner Macht – um 1460 – wurde Skanderbeg von Mehmed II. mit Achtung behandelt: Der Eroberersultan musste ihn als den einzigen zumindest als Feldherr und Fürstengestalt ebenbürtigen Widerpart auf dem Balkan empfinden – Vlad Dracul, dem Herrn der Walachei, fehlte der Edelmut, den Zeitgenossen Skanderbeg zuerkannten[495]; alle anderen Fürsten, der letzte bosnische König Stefan Thomas, der letzte serbische Despot Georg Branković, von den zerstrittenen Despoten der Peloponnes, Demetrios und Thomas Palaiologos, oder den kampflos fliehenden Tocco in Epirus ganz zu schweigen, reichten als Krieger im Feld an den Kastriota nicht heran. Im Gegensatz zu seinem Vater aber war Mehmed II. gewillt, das Ringen mit allen Mitteln auszutragen, und entschlossen, auf jeden Fall als Sieger aus dem Kräftemessen hervorzugehen. Mehmed scheute, den Berichten von Skanderbegs Biografen zufolge, kein Mittel, um seinen Gegner aus dem Weg zu räumen; so soll er albanische Meuchler gedungen, ein gewaltiges Kopfgeld auf Skanderbeg und den Erzbischof Paul Angelus von Durazzo ausgesetzt haben[496].

Bei dem Ungleichgewicht der Kräfte stand der Ausgang von vornherein fest. Der Sultan setzte seine Kriegsmaschinerie in Gang, während Skanderbeg mit einer kleinen Gefolgschaft Rückzugsgefechte bestritt, den Untergang seiner Herrschaft aber nicht verhindern konnte.

Das besondere Verhältnis zwischen den Sultanen und ihrem albanischen Gegner spiegelt sich auch in der osmanischen Hofgeschichtsschreibung wider, die orientalischen wie byzantinischen Traditionen folgte und vor allem der Verherrlichung der Monarchen diente, also Misserfolge und Niederlagen verschwieg oder abschwächte. Die Chronisten berichten daher gerne von siegreichen Feldzügen des Sultans, von fliehenden Gegnern, die *„niedrig wie Staub"* waren[497], und von großer Beute an Menschen und beweglichen Gütern[498]. Der hartnäckige Widerstand im albanischen Raum stürzte die Lobredner der Großherren in nicht geringe Verlegenheit; denn immerhin dreimal mussten die Sultane gegen ein vergleichsweise armes und unbedeutendes Gebiet ausziehen, das weniger Glanz und Ruhm für den Eroberer verhieß als Konstantinopel oder die serbischen Silberstädte auf dem Amselfeld. So stellten die osmanischen Geschichtswerke nicht nur die feindlichen Kämpfer, sondern vor allem die Natur als Hindernis für einen raschen Erfolg der Sultane dar. Ein wegloses, bergiges, waldbedecktes Bergland mit tiefen Schluchten und unerklimmbaren Bergen habe sich den Heeren des Großherrn entgegengestellt. Das Unbehagen der osmanischen Elite wird fassbar, einer Elite, die den Krieg in den Ebenen, den Krieg in Schlachtordnung oder vor Festungen gewohnt war und zum ersten Mal einem Feind gegenüberstand, der sich dieser Form des Kampfes entzog und nicht Burgen, sondern den Wald als Rückhalt besaß. Übertreibende Schilderungen Dibras und Matis als zerklüftetes Walddickicht erhöhten aber auch den Ruhm der letztlich siegreichen Großherren[499]. Neben der Natur rückten die Chronisten die Gestalt des Rebellenführers in den Vordergrund. Der zeitnahe Geschichtsschreiber Aşıkpaşazade stellt ihn als ehemaligen Hofpagen dar, dem der Sultan ein Timarlehen verliehen hatte, der dann aber abgefallen war[500]. Der Historiker Tursun bey führt dies weiter aus: Skanderbeg sei von frühester Kindheit an am Sultanshof erzogen worden. Seinen Abfall vom Sultan und vom Islam wertet er als schweren Verrat, für den Skanderbeg die verdiente Strafe erhält[501]. Nicht alle erzählen von ihm in der gleichen Weise: Bisweilen wird sein Name vermieden – die Erinnerung an den Abfall und die schweren Kämpfe wogen bei zeitnahen Geschichtsschreibern sicher nicht gering –, doch findet sich bei späteren Chronisten die gleichsam offizielle Version des osmanischen Hofes, die Geschichte des stattlichen Jünglings, ähnlich Alexander dem Großen, der in das Hofpagenkorps aufgenommen wurde, dem der Sultan das Vatererbe übergab, der aber undankbar die Wohltaten Murads II. vergaß. Für die osmanischen Geschichtsschreiber, aber auch bedeutende türkische Historiker der Neuzeit[502], ist Skanderbeg ein Verräter am Rande des Reiches, ein Rebell, den sich die Sultane nach Erledigung wichtigerer Eroberungspläne ohne weitere Mühe vom Halse schafften.

Die Gefolgschaft Skanderbegs wird als starrköpfig und uneinsichtig beschrieben. Sultan Murad II. bezeichnete die Albaner in einem Siegesschreiben, das er nach der Schlacht von Varna an den Sultan der Schwarzen Hammel in Täbris sandte, als *„schweineköpfig"*[503], was in zweifacher Hinsicht eine besondere Beschimpfung darstellte: Zum einen wegen der Verachtung des Schweins im Islam, zum anderen, weil im selben Schreiben andere Gegner nicht derart verächtlich behandelt werden: Die Vlachen galten dem Großherrn als hinterlistig, die Byzantiner als *„verächtliche Ungläubige"*, die Ungarn als *„Götzendiener, Leugner der heiligen Schriften, Feinde der Religion des Propheten und Leugner von Mohammeds Botschaft"*[504]. Hier tritt die

Erbitterung des Sultans gegen eben jenen Gegner zutage, der im Jahre 1444 nicht unterworfen werden konnte. Von den eigentlichen Kriegsereignissen schildert Aşıkpaşazade kurz die Eroberung Svetigrads und den Feldzug Murads II. gegen Kruja, wobei er den osmanischen Misserfolg übergeht, vielmehr das eroberte Land und die Beute hervorhebt. Nicht Skanderbeg bewirkte den Rückzug des Sultans, sondern die Nachricht von einem Angriff Johann Hunyadis an der Donau[505]. Während Aşıkpaşazade die entscheidenden Feldzüge Mehmeds II. in knappen Worten berichtet[506], breitet Tursun bey ein wahres Historiengemälde aus: Er gibt Mehmeds II. Überlegungen im Krisenjahr 1463 wieder, als sich ein Kreuzzug auf dem Balkan drohend abzeichnete. Mehmed II. hielt, so Tursun, die Albaner für das schwächste Glied in der Kette von Gegnern; der geringste Schlag würde sie erschüttern[507]. Im Frühling 1466, dem Jahr des entscheidenden Feldzugs, herrschte eine erwartungsvolle Stimmung im osmanischen Heer, das von Edirne zur Ebene von Bitola und von dort aus gegen die *„Ungläubigen"* im Albanerland zog. Tursun schwelgt in Bildern von erschlagenen Gegnern, deren Leichname die Täler füllen, zu ganzen Hügeln aufgeschichtet werden; osmanische Truppen dringen in den letzten Winkel der Täler und Berge vor und löschen den Widerstand der *„Ungläubigen"* aus. Die Albaner erscheinen als starrköpfige Verräter, die vom *„rechtgläubigen"* Sultan zur Raison gebracht werden[508]. Mehmed II. errichtet die gewaltige Zwingburg Elbasan, von der aus im Folgejahr 1467 der zweite, noch verheerendere Feldzug gegen Skanderbeg geführt wird. Tursun erzählt, wie der Sultan seinen Gegner *„schachmatt"* gesetzt, dessen ganzes Land erobert und vollständig unterworfen habe[509]. Skanderbeg flieht daher furchterfüllt zum Meer. Tursun verfügte über gute Kenntnisse der albanischen Landschaft, er nennt das Buzurshekgebirge bei Elbasan, das Matital, die Stadt Skutari als Ziele Mehmeds II. Er verschweigt aber das zweimalige Scheitern des Sultans vor Kruja. Andere osmanische Geschichtsschreiber ergänzen dieses Bild nur unwesentlich.

Im Gegensatz zu diesen osmanisch schreibenden Gelehrten zeichnet der Historiker Kritobulos aus Imbros ein viel feineres, literarisch eleganteres Bild: Die ganze Kunst eintausendjähriger byzantinischer Geschichtsschau entfaltet sich zum letzten Mal in seinem Werk, dessen Held nicht mehr der Kaiser von Byzanz, sondern der neue muslimische Herrscher Konstantinopels ist. Kritobulos setzte sich auch mit den Gründen der wiederholten Aufstände auseinander, und zwar jenseits des schlichten Bildes von Abfall und Verrat. Er kam dabei den strukturellen Ursachen von Erhebungen im Bergland sehr nahe, Strukturen, die bis in jüngste Zeit Bestand hatten: *„Die Illyrer (Albaner, O. S.) ... wohnen am ionischen Meer; seit alters her leben sie auf großen, gewaltigen Bergen; sie haben starke und kaum einnehmbare Burgen,* *sowohl im Binnenland wie an der Küste, schwer erreichbare Orte sind dies, schroff gelegen; so sind sie auf allen Seiten geschützt und gesichert; dadurch ermutigt, wollen sie unabhängig (autonomoi) und ganz frei sein, sie wollen weder einen jährlichen Tribut zahlen wie die anderen Untertanen noch Soldaten für die Feldzüge stellen, und zwar weder dem Vater des Kaisers (Murad II., O. S.) noch dem Kaiser selbst (Mehmed II.), und überhaupt wollen sie ihm nicht gehorchen"*[510].

Wohl kein Zeitgenosse[511] hat so gut erfasst, worum es den Aufständischen ging: Es waren stolze Bergler, die keinen Kaiser anerkannten, die den Herren der Ebenen nicht zinsen, nicht in deren Armeen kämpfen wollten. Die Osmanen duldeten die Freiheit der Berge aber nicht. Täler und Berge wollten sie unterwerfen. Es gelang ihnen dies schließlich durch ein furchtbares Blutbad unter den Menschen im Hochland (1466/67). Auf lange Sicht aber mussten sich die Osmanen wieder in die Ebenen zurückziehen. Und als im Jahre 1912 die osmanische Herrschaft auf dem Balkan zusammenbrach, besaß die Verwaltung des Sultans im Hochland kaum mehr Macht als zu Lebzeiten Skanderbegs.

GRENZFELDHERREN, RENEGATEN, ORTHODOXE HILFSVÖLKER: SKANDERBEGS OSMANISCHE GEGNER AUF DEM BALKAN

Über viele Jahre hinweg hatte Skanderbeg nicht gegen den Sultan selbst, sondern gegen die osmanischen Großen auf dem Balkan zu kämpfen. Diese waren nicht irgendwelche Unterführer, sondern machtvolle Persönlichkeiten, oft aus alten Geschlechtern, die entscheidenden Anteil an der Eroberung des Balkans hatten. Sie traten Skanderbeg in jeder Beziehung ebenbürtig gegenüber, oft werden sie über mehr Besitz und Gefolgschaft verfügt haben als Georg Kastriota, und mancher kannte den albanischen Gegner noch aus gemeinsamen Dienstzeiten im Sultansheer.

Der Mittelpunkt der osmanischen Macht auf dem Balkan lag in den Beckenlandschaften Thessaliens und Makedoniens. Von Thessalien aus wurde Epirus und das südliche Albanien unterworfen und im Zaum gehalten. Mit der Eroberung Valonas, Berats und Gjirokastras (zwischen 1417 und 1419) hatten die Osmanen in diesem Raum festen Fuß gefasst. Gjirokastra wurde zum Hauptort des albanischen Sancaks ausgebaut, in dem islamisierte albanische Adlige, aus den Geschlechtern der Muzaki und Zenebish, Karriere machten. Als noch bedeutsamer aber erwiesen sich für Skanderbeg die osmanischen Großen im Vardarbecken. Skopje und Monastir dienten den regionalen osmanischen Aufgeboten, aber auch den Sultansheeren als Aufmarschgebiet[512]. Die dortigen Grenzfeldherren führten aber nicht nur die Eroberung des Balkans durch, sondern schufen auch einen neuen, osmanischen Stadttypus: Cauş bey in Monastir etwa, der im Heerbann Murads II. gegen Skanderbeg gezogen war, hatte mit seiner Kriegsbeute fromme Stiftungen errichtet, eine Moschee in Monastir, dann aber auch Einrichtungen in weit entfernten Zentren des Reiches, in der Hauptstadt Edirne und in Vidin an der Donau[513].

Den eigentlichen Machtschwerpunkt der Osmanen im inneren Balkan bildete Skopje, wo wenige Jahrzehnte zuvor, im Jahre 1346, der serbische König Stefan Dušan zum Zaren gekrönt worden war – Skopje war eine eigentliche Schlüsselstellung an der Heerstraße von Saloniki nach Belgrad und vom Vardarbecken nach Inneralbanien. Martinus Segonus aus Novo Brdo kannte diese Beckenlandschaften aus eigener Anschauung: *„Diese Stadt"*, schrieb er zu Skopje, *„ist fruchtbar und überreich an allen kostbaren Früchten der Erde, voller Reichtümer, ein ganz besonderer Fürstensitz, umspült vom sauberen Vardar, der von den hochragenden Gipfeln des Orbellusberges herabsprudelt und nach Makedonien, zu den Triballern Mysiens, nach Epirus und Dalmatien hineinragt und daher bestens geeignet ist, ein Heer aufzunehmen"*[514]. Eingenommen wurde Skopje im Jahre 1392 von dem auch später in Albanien bekannten Paşa Yığıt, dessen Sohn Ishak bey, sancakbey von Skopje (1413–1443), die regionale Macht seines Geschlechts weiterführte. Diese Familie prägte der Stadt Skopje ihren Stempel auf: 1438/39 ließ Ishak bey die prächtige Bunte Moschee errichten. Es folgte ein regelrechtes Bauprogramm, mit dem er Skopje in eine echt osmanische Stadt umwandelte: 1438/9 entstand ein Armenspeisehaus (Imaret). Zwei Bäder (Hamam), zwei Karawanserails, ein Basar mit 102 Läden wurden einer religiösen Stiftung (vakıf) übergeben[515]. Dieser schenkte Ishak bey auch drei Dörfer, zwei Mühlen am Vardar und drei weitere Mühlen sowie einen Weinberg. Ishak reichte den Stab weiter an seinen Sohn Isa bey, der die Stiftungspolitik seines Vaters fortsetzte: Eine Glaubensschule (Medrese) und ein Imaret ließ er bauen; er nannte ein gemischtes Hamam und 68 Läden sein eigen, auch einen Markt, wo Fleisch von Rindern und Schafen feilgeboten wurde. Den im Vardarbecken so wichtigen Reisanbau förderte er durch die Anlegung von Wasserkanälen. Wie die Turahanoğlu in Thessalien hatten sich die Nachkommen Paşa Yığıts in Makedonien einen eigenen Machtbereich von Sultans Gnaden errichtet. Die Großherren zeigten sich ihren treuen Dienern erkenntlich: Isa bey erhielt 150 Dörfer als Lehen, die ihm 800 000 akçe (Silberlinge) einbrachten (zum Vergleich: Die Gesamteinnahmen des Sultans aus der Kopfsteuer (cizye) für Nichtmuslime betrug im Jahre 1489 32,4 Millionen akçe[516]). Das Einflussgebiet der

Familie reichte in den Kosovo, die Schwarzen Berge und bis hinauf in die Gegend von Sarajevo. Skanderbeg, die Crnojevići und die Ragusaner mussten sie als Gegner fürchten[517].

Begütert war die Familie auch im Polog, das von den Osmanen als vilayet (Bezirk) Kalkandelen, wie das alte Tetovo genannt wurde, organisiert war[518]. Dort, an der Grenze zu Skanderbegs Gebiet, wurde eine ganze Reihe von Timarherren in großen Dörfern eingesetzt: 106 Haushalte gab es in Miladin, 117 in Ponorište, 100 in Čelopek, 80 in Negotin, 129 in Dibrište[519]. Etliche Timarioten gehörten dem Gefolge Isa beys an, darunter einige, die christliche Namen trugen (Pavel, Miladin), die meisten aber hingen dem Islam an (Ibrahim, Hüseyin, Hacı Jusuf, Muhamed, Köpek, Ilyas, Rüstem usw.). Christen saßen in kleineren oder abgelegenen Lehen wie dem Bergdorf Mavrovo am gleichnamigen See, wo Dimitri und Oliver als dienstpflichtige Krieger lebten, die jedes Jahr auf Geheiß des Sultans auszurücken hatten; Oliver trat dann zum Islam über und nahm den Namen Süleyman an, ein typischer Vorgang im Milieu der orthodoxen Gefolgschaft des Sultans[520]. In Tetovo hatte der Sultan als Verwalter (subaşı) einen Albaner aus bekannter Familie eingesetzt, Hasan bey Zenebish[521]; Einkünfte bezog dieser aus den Steuern des Hauptortes Tetovo, der im Jahre 1455 146 christliche und 60 muslimische Häuser zählte und 30 624 Akçe (Silberlinge) an Steuern entrichtete; das stattliche Dorf Gostivar weiter im Süden war ihm ebenfalls zugewiesen. Auch ein Dukagjin wurde 1459 mit Einkünften aus sieben Dörfern, insgesamt 6609 Akçe, bedacht – freilich wurde ihm das Lehen vorübergehend abgenommen, da er nicht zum Kriegsdienst erschienen war[522]. Weitere Gegner Skanderbegs hatte der Sultan entlang der Grenzen mit Geldlehen ausgestattet, so, wie erzählt, den Sohn des berühmten Balaban, Ilyas, *„Spross Balabans des Kleinen"*, wie die Osmanen ihren treuen Gefolgsmann nannten[523]. Großen Reichtum erlangten vor allem die Timarherren in der Ebene, etwa Çokadar Ali bey, der subaşı von Skopje, der allein aus der Stadt mit ihren 925 Haushaltungen 174 982 Akçe einnahm[524]. Zur Gruppe dieser wohlhabenden Lehensritter zählte auch Jakub bey (50 000 Akçe)[525] und Murad bey Köpülu[526].

Die Timarherren des Polog hatten die Hauptlast der Kämpfe gegen Skanderbeg zu tragen, die sich in ihrer unmittelbaren Nachbarschaft abspielten: In den Hügeln und Bergen um Tetovo, der Mokra, an den Pässen nach Ober-Dibra und im Flachland um Ochrid entrichteten sie für den Sultan einen hohen Blutzoll, wie sich aus den dauernden Neuvergaben der Geldlehen ersehen lässt, deren Besitzer gefallen waren. Im Vilayet Kalkandelen sind von der Mitte der 50er- bis zum Ende der 60er-Jahre des 15. Jahrhunderts ein Drittel der osmanischen Timarioten auf diese Weise umgekommen[527]. Im Hauptkampfgebiet in den Tälern und Flussschluchten der Mokra hatten die Osmanen ein

Passwächter(derbend)-Dorf neben dem anderen errichtet: Die privilegierten, oft christlichen Dorfbewohner sollten den Aufständischen die Wege nach Ochrid und in den Polog versperren. Derart bewacht waren die Straße von Gostivar am südlichen Ende der Pologebene nach Dibra (und zwar in den Dörfern Cerovo, Kičinca, Volkovija, Galičnik und Dolno Kosovrasti), der Weg von Gostivar nach Kičevo (Lokavica, Sretkovo), dann die Routen in der stark bewaldeten Berggegend entlang der Passstraße von Kičevo nach Ochrid (Straža-Pass) sowie in besonderer Dichte zwischen Struga am Ochridsee und Dibra, also der Region, aus der Skanderbegs Krieger zu Überfällen gegen Ochrid aus den Bergen hervorbrachen[528]. Besondere Bedeutung hatten dort Wehrdörfer in den steilen Hügeln westlich der Drinschlucht, wie etwa Jablanica. Diese Dörfer waren am Ende von Skanderbegs Aufstand nur noch von wenigen Familien bewohnt. Auch hier hatten die Gefolgsleute der Osmanen schwere Verluste erlitten[529].

Isa bey von Skopje war der gefährlichste Widersacher Skanderbegs, ein reicher Herr, Vertreter des Islams, Förderer des Städtebaus, aber auch Gebieter über ein stattliches Heer von Lehensrittern, ein Herr auch, dessen Familie die Kastriota bestens kannte: Denn Isas Vater Ishak hatte einst Skanderbegs Vater Ivan in die Knie gezwungen[530]. Die bittere Fehde der Väter setzten die Söhne fort. Wirtschaftlich, militärtechnisch und an Mannschaftsstärke war Isa bey Skanderbeg überlegen. Aus osmanischer Sicht kam ihm in den Kämpfen eine Schlüsselrolle zu: 1448 hieß ihn Murad II., die Renner und Brenner (akıncı) zu sammeln und Svetigrad anzugreifen[531]; er entledigte sich dieser Aufgabe mit großem Erfolg[532]. Seine bedeutendste Stunde erlebte Isa bey aber im Sommer 1455: Ihm gelang es, den Angriff Skanderbegs, Araniti Kominos, Muzaki Thopias und der Neapolitaner gegen Berat nicht nur abzuwehren, sondern Skanderbeg vernichtend zu schlagen, ein Sieg, der in Italien und in der byzantinischen Welt Aufsehen erregte[533]. Bei beiden Feldzügen befehligte Isa bey nicht nur seine eigenen Truppen aus dem Vardarbecken; vielmehr hatte er 1448 auch das Kommando über osmanische Aufgebote aus Thessalien inne, 1455 auch aus „Serbien“, also dem Raum, in dem er zahlreiche Geldlehen besaß. Zeitweise diente Isa bey demnach als Mehmeds II. Hauptfeldherr auf dem Balkan. Seine Erfolge bestätigten die Richtigkeit dieser Wahl.

Neben Isa bey errang zur selben Zeit auch Ali, aus der Familie der Evrenossöhne[534], als tüchtiger osmanischer Heerführer wichtige Erfolge. Er nahm an der Belagerung Krujas teil (1450)[535] und kämpfte fünf Jahre später vor Berat, wo er in der Nacht nach dem Sieg zusammen mit der Besatzung feierte[536]. Danach sicherte er Svetigrad gegen albanische Angriffe[537]. Ihm fiel die Aufgabe zu, die gefangenen Christen nach Konstantinopel zu begleiten, wo sie im Triumph durch die neue osmanische Hauptstadt geführt wurden[538]. Evrenosoğlu Alis Machtgebiet lag im albanischen Süden. Dort hatte sich bis 1466 eine feingegliederte osmanische Verwaltung herausgebildet: Im Rahmen der Großprovinz Albanien (sancak Arvanid oder Arnavud-ili) waren Bezirke (vilayet) in Gjirokastra (griech. Argyrokastron), Këlçyra (griech. Kleisura, also Engpass), Kanina, Berat, Skrapar, Pavlo-Kurtik und Çartalloz eingerichtet worden[539].

Evrenosoğlu Ali vertrat die Interessen des Sultans auch Venedig gegenüber, und zwar als Diplomat, der den venezianisch-neapolitanischen Gegensatz in der Adria kannte und seine eigenen Erfolge gegen Alfons'V. Verbündete geschickt als osmanische Wohltat an Venedig darstellte; ja, für die Zerstörung Rodonis forderte er von der Signoria sogar eine Belohnung (1457)[540]. Ihm kam auch die Aufgabe zu, die Zenebish zu unterwerfen[541]. Vor dem venezianischen Senat rühmte er sich, er habe in dem Land, *„das gegen seinen Herrn, den Kaiser, rebelliert habe"*, *„Herren eingesetzt"*[542]. Hier offenbart sich das Selbstbewusstsein eines Grenzfeldherrn, der im Namen des Sultans adlige Überläufer wie Hamza Kastriota zu Vasallenfürsten kürte.

Ein weiterer osmanischer Grande, der sich an der Albanienpolitik des Sultans beteiligte, war Ishak pascha, der den Überläufer Hamza Kastriota zu betreuen hatte[543]. Ishaks Laufbahn ist wie diejenige vieler osmanischer Großwürdenträger nur schemenhaft bekannt. 1456 diente er als Landpfleger von Anatolien (Barletius nennt ihn Pascha von Neu-Rom[544]), zum Großwesir stieg er nach 1471 auf[545]. Weniger erfolgreich als Isa bey focht Mesih paşa, ein islamisierter Spross des byzantinischen Kaiserhauses der Palaiologen: Er hatte nach Berat den Kampf gegen Skanderbeg fortzusetzen und besonders Hamza Kastriota bei dem Versuch zu unterstützen, Mati zu erobern. Bei Albulena wurde er im Herbst 1457 gefangen und musste vom Sultan ausgelöst werden[546].

Ähnlich machtvoll wie Isa bey von Skopje trat hingegen der Großwesir auf, der von 1456 bis 1468 die Geschicke des Reiches maßgeblich mitbestimmte: Mahmud Pascha aus dem Geschlecht der Angelovići. Diese Dynastie, serbisierte Byzantiner, bekleidete am serbischen Despotenhof hohe Ämter. Mahmud verfügte durch seine christlich gebliebene Verwandtschaft über vorzügliche Beziehungen zum orthodoxen Adel des Balkans; auch besaß er beste Kenntnisse von der Denk- und Lebensweise der Menschen, der Gestalt der Landschaft. Es wird daher nicht überraschen, dass Mahmud die osmanische Eroberung der Hämushalbinsel entscheidend vorantrieb[547]. Serbien (1459), Bosnien (1463), die venezianische Morea (1463) sind Siegessäulen auf seinem Weg. Auch in Albanien spielte er eine schicksalshafte Rolle: Der Großwesir betrieb – ob immer mit Wissen des Sultans, war nie ganz klar – seine eigene Außenpolitik, Geheimverhandlungen, mit denen er angeblich Mehmed II. zeitweilig stürzen wollte[548]. Er diente dem Großherrn aber auch als Vermittler zu den Balkanherren und Venedig. Im Herbst 1464 plante Mahmud, die Republik Ragusa zu gewinnen, einen Frieden mit der Markusrepublik auszuhandeln; als die Ragusaner ihm nur *„Worte und Worte"* gaben, *„begann er, diese Sache über Skanderbeg zu versuchen"*[549]. Der Kastriota ging darauf nicht ein, und Mahmud änderte seine Haltung. Vom vermeintlichen Vermittler wandelte er sich zum Zerstörer Albaniens: Im Juni 1467 führte er eine große Heeresabteilung vom belagerten Kruja nach Norden, erschien vor Skutari, legte die Landschaft in Schutt und Asche, überschritt am 17. Juni den Drin in Richtung Süden und bedrängte Dagno, von wo aus er in das Bergland der Dukagjin einfiel[550]. Mahmud Pascha stand über seine serbische Verwandtschaft mit dem nordalbanischen Geschlecht der Span, die ihrerseits wichtige serbische Amtmänner auf dem Amselfeld gewesen waren, in enger Beziehung[551]. An der endgültigen Zerstörung des christlichen Albanien beteiligten sich in jenen Jahren 1466 und 1467 auch Feriz bey (in Ragusa Ferizbegović genannt), Woiwode im serbischen Sitnica und ehemaliger Kamerad Skanderbegs im bulgarischen Nikopolis[552], der Woiwode Serbiens namens Ömer bey und der Woiwode von Dibra[553]. Sinan bey leitete osmanische Soldaten in der Mokra (wohl 1462)[554]. Aus Asien stammte der von Barletius erwähnte Karaca bey, *„ein durch viele Feldzüge berühmter alter Mann, der höchstes Ansehen bei Mehmed wie bei dessen Vater Murad genoss"*[555].

Die großen Feldherren vom Schlage eines Isa bey und Mahmud Pascha leiteten die entscheidenden Angriffe. Es gelang ihnen aber nie, Skanderbeg selbst zu stellen und auszuschalten. Den andauernden Kleinkrieg führten islamisierte Albaner, also Skanderbegs eigene Landsleute: Der erwähnte Hasan bey Zenebish von Tetovo ist jener *„Assambegus"*, von dem Barletius erzählt, er habe Skanderbeg bei Ochrid harte Kämpfe geliefert (wohl 1462)[556]. Den Endkampf gegen Skanderbeg übernahmen dann zwei albanische Familien, die den Kastriota in jahrzehntelangem Hass verbunden waren: Balaban und Hızır bey. Hier tritt ein bislang kaum beachtetes Moment zutage: Persönliche Rivalitäten in der Gruppe der albanischen Renegaten zu Beginn der 30er-Jahre des 15. Jahrhunderts. Hızır bey ist als Befehlshaber von Kruja bereits einmal begegnet. Er wurde in diesem Amt durch Skanderbeg ersetzt und löste diesen seinerseits ab; 1443 wird er vor den Aufständischen nach Osten geflohen sein. Hızır und Balaban zählten zu jenen islamisierten Albanern, die Skanderbeg nicht folgten und nicht zum Christentum zurückkehrten. Sie führten eine jahrzehntelange Fehde gegen ihren Landsmann, die sich nur in den trockenen Notizen osmanischer Steuerregister erschließt. Balabans Familie kämpfte über drei Generationen gegen Skanderbeg; der alte Balaban kam dabei ebenso um wie vor ihm sein Sohn, der die Passburg Sobri befehligt hatte; auch Balabans Enkel zog gegen Skanderbeg aus. Nicht anders verhielt sich der Fall Hızır beys und seiner Familie. Zusammen mit Balaban ist er für die Verwüstung Mittelalbaniens, für Mord und Brandschatzung verantwortlich. Muslimische Albaner verwüsteten so ihre alte Heimat und erstickten den Aufstand ihrer christlichen Landsleute im Blut. Die einzelnen Schritte dieser verbissenen Gefechte lassen sich gut nachvollziehen: Diese Offiziere drängten Skanderbeg immer weiter nach Norden zurück: Wohl 1465 schon focht Jakub Arnaut (wohl ein Muzaki), ebenfalls ein Albaner, bei Kashar, in den Hügeln nordwestlich von Tirana, wurde aber am 28. Oktober 1465 von Skanderbeg schwer geschlagen; Jakub fiel, seine Soldaten wurden von den Umwohnern auf den Feldern und in den Wäldern erschlagen[557]. Die entscheidenden Angriffe führten dann im darauffolgenden Jahr Balaban und Hızır. Ersterer kesselte ab 1466 Kruja ein, während Hızır die Dörfer Skanderbegs aufrollte, die hinter der steilen Bergwand des Tumenisht (heute: Mali i Skënderbeut) lagen. Im Kernland Skanderbegs wurde das schon im Süden Albaniens bewährte Verwaltungssystem eingeführt. Unterteilt wurde das eroberte Land in mehrere Bezirke (vilayet), und zwar Akçehisar (Weißenburg, d. i. Kruja); Uraka benannt nach einem in den Mati mündenden Bach, eine Kleinlandschaft zu Füßen des 2246m hohen Mali i Dejës; weiter Dhimitër Jonima, Benda, Kurbin und Mati. Das Dorf Martanesh – aus dieser Gegend stammte Balaban – wurde von den Steuern befreit, wohl eine Belohnung für das Übergehen zum Sultan. Dörfer mit Gesamtsteuerabgaben von 46 567 Silberlingen wurden dem Sultansgut zugewiesen. Dies betraf die wichtigeren Orte – so Bila kamin, Klos und Lis in Mati. Den Löwenanteil, in der Regel strategisch wichtige Gebiete, erhielten Balaban sowie Hızır bey und ihre Verwandtschaft. So zog Hızır in Skanderbegs alte Burg Stellush ein[558]. Abdullah, sein Sohn, übernahm das Ufergebiet des Mati, das unmittelbar an Skanderbegs Rückzugsgebiet bei Rodoni und Alessio grenzte, nämlich die Dörfer Shullaz, Pedhanë und Zojmen[559]. Behaderi, Hızırs zweiter Sohn, erhielt die Macht in den Dörfern östlich von Skanderbegs ehemaliger Festung Petrela, am Oberlauf des Erzen, in Shën Gjin, Fravesh und Selita[560]. Sein Bruder Mustafa schließlich besorgte die Befriedung der nördlich angrenzenden Weiler um Bashtari[561]. Auch Klienten Hızırs wurden bedacht; besonders demütigend für die Kastriota musste wirken, dass ein ehemaliger Sklave eines albanischen Renegaten ihr Stammdorf Sinë verwaltete[562].

Hızır und seine drei Söhne hatten den Auftrag, ein Gebiet, das sich sichelförmig um Kruja hinzog, für den Sultan zu kontrollieren; den Mittelpunkt bildete dabei die Burg Stellush, wo der Vater saß, während zwei Söhne die Hügelzone hinter jenem Bergzug Tumenisht bewachten, der einst das Rückgrat von Skanderbegs Herrschaft gebildet hatte. Auch sonst wurden die oft ausgebrannten Dörfer und Weiler des Kastriota an Überläufer vergeben: In Uraka an zwei Perlat und einen Vrana (Uraniti)[563]. Im Vilayet Akçehisar an die Brüder Gjergj und Nikola, an Peter Suma, Andreas und Dhimitri Kimiza, den Renegaten Ilyas, an Uğurlu und Mahmud[564]. Drei generationenlange Fehden treten so an den Tag: Ivan Kastriota und sein Sohn Georg fochten gegen das Geschlecht des Grenzfeldherrn Ishak von Skopje, gegen ihre alten Bauern, das Geschlecht Balabans, und gegen Skanderbegs Konkurrenten auf Kruja, Hızır, und dessen Verwandtschaft.

Muslimische Türken, balkanische Renegaten und orthodoxe Christen vollendeten die Unterwerfung von Mati und Dibra. Denn die osmanischen Heere, die gegen Skanderbeg fochten, bestanden, besonders wenn es sich um die Aufgebote aus dem Sancak Albanien, aus Makedonien und Thessalien handelte, aus islamisierten Albanern, Slawen, Griechen und Vlachen sowie aus christlichen Angehörigen dieser Gruppen; von besonderer Gefährlichkeit zeigten sich dabei islamisierte Albaner, Männer, die Skanderbeg über Jahrzehnte als Gegner begleiteten. Es mutet eigentümlich an, aber am Anfang und am Ende von Skanderbegs Kampf begegnen Balaban bey und Hızır bey. Sie bekämpften den Mann, der ihre Reihen, die osmanische Verwaltungselite, verlassen hatte. Am Ende hatten sie ihn mit der geballten Macht des osmanischen Reiches niedergerungen. Offenbar war diesen muslimischen Albanern gleichgültig, dass sie dabei ihre Heimat völlig zerstörten. Die beiden Renegaten, Hasan Zenebish, Jakub Arnaut (Muzaki) und zahlreiche andere ethnische Albaner waren die eigentlichen, die alltäglichen Feinde Skanderbegs. Nichts zeigt dies besser als eine kleine Episode der Kämpfe: Wohl im Herbst 1464 gerieten Skanderbegs beste Unterfeldherren in einen Hinterhalt; sie wurden gefangen und zur Hinrichtung nach Konstantinopel geschleppt. Überwältigt wurde der berühmte Moses von Dibra von einem Soldaten namens Jakub, Muzaki d'Angelina aber von einem Albaner namens Gjon, der diese Tat mit Jusuf, einem Muslim, vollbracht hatte; der Sultan belohnte die beiden, die – osmanischer Christ und Muslim – die neue Ordnung verkörperten, reichlich, dem Jusuf verlieh er ein Lehen in Moses' alter Herrschaft[565].

Die Frontlinien in Skanderbegs Aufstand verliefen zwischen Christen auf der einen, Muslimen und christlichen Gehilfen auf der anderen Seite. Sprache und ethnischer Zugehörigkeit kam keine Bedeutung zu.

KRIEGFÜHRUNG

Skanderbeg verbrachte sein ganzes Leben im Krieg. Während er aber bis 1443 in einem großen Heer einen Offiziersposten bekleidet hatte, lastete seit Beginn des Aufstands die Bürde der Befehlsgewalt für ein Vierteljahrhundert auf seinen Schultern. Es bedurfte einer erstaunlichen Physis, vor allem aber außergewöhnlicher geistiger Spannkraft, um diesem Druck standzuhalten. Krieg führte Skanderbeg an verschiedenen Fronten, gegen verschiedene Feinde: Gegen albanische Adlige wie die Dukagjin, gegen Venedig, vor allem aber gegen die Osmanen. Erwiesen sich im Kräftemessen mit den beiden ersten Kontrahenten die Spieße als ungefähr gleich lang, war der Krieg gegen den Sultan von einer völligen Asymmetrie der Machtmittel geprägt. Das Gefälle zwischen den Ressourcen Skanderbegs und seines osmanischen Widersachers war so gewaltig, dass schon Zeitgenossen das Überleben der Aufständischen beinahe als Wunder erschien. Dabei brauchten die Osmanen nicht einmal ihr gesamtes Heer aufzubieten, um zahlenmäßige Überlegenheit zu erlangen. Allein schon die Einheiten aus den balkanischen Provinzen genügten, um Skanderbegs Gefolgschaft numerisch zu überflügeln. Für das Jahr 1475 listet ein Verzeichnis folgende Truppenstärken auf, die die einzelnen Statthalter an den Grenzen Albaniens zu sammeln hatten: Das ehemalige Serbien: 1900 Reiter; das südliche Makedonien, Gebiet der Familie Evrenosoğlu: 1500 Reiter; Skopje: 1600 Reiter; Südalbanien: 1000 Reiter; Epirus und Mittelgriechenland zwischen Arta und Athen: 1200 Reiter; Monastir mit den beiden Subaşı von Prilep und Ochrid: 1000 Reiter; von letzteren hatte ein Drittel mit schwerem Panzer anzutreten[566]. Gar nicht mitberechnet waren das Fußvolk und insbesondere die Hilfsvölker der Osmanen[567]. Diese Hilfstruppen bestanden aus Bulgaren, Serben, Albanern und Vlachen, teils Christen, teils Renegaten; im Dorf Brvenica bei Tetovo etwa dienten im Jahre 1467 zwei Brüder, der Muslim gewordene Mustafa und sein Christ gebliebener Bruder Rale[568]. Allein im Sancak Küstendil (d. h. das heutige Ostmakedonien und Westbulgarien) hatten im Jahre 1487 2237 Mann (voynuk und yamak) Hilfsdienst zu leisten[569]. Gerade diese christlichen Einheiten machten auf die Aufständischen einen tiefen Eindruck. Barletius erzählt, wie die Sturmangriffe auf Kruja (1450) von ebendiesen Soldaten durchgeführt wurden. *„Dies waren meistenteils Christen, Untertanen des Sultans, welche die Barbaren auf all ihren Feldzügen in gewaltiger Zahl mitführen; dabei sind sie kaum bewaffnet, da ihnen nicht wirklich getraut wird. Sie nehmen alle Beschwernisse des Kriegslebens auf sich, sie holen Wasser, schlagen Holz, bauen Schanzen, Erdwälle und andere Befestigungen; in offener Schlacht aber ... werden sie dem Gegner als Kanonenfutter entgegengeschickt, um dessen Aufmerksamkeit abzulenken und die Kräfte zu erschöpfen. Bei Belagerungen aber schleppen sie die Kriegsmaschinen, sind sie auserwählt, mit ihren Körpern die Burggräben zu füllen"*[570]. Ein Teil dieser Männer musste gewiss zum Kampf gegen Glaubensgenossen und Landsleute gezwungen werden, viele aber werden ihre Pfründe genossen und mit den muslimischen Soldaten die Aussicht auf Sieg und vor allem Beute geteilt haben. Die Begeisterung über die gefangenen Mädchen und Burschen, das erbeutete Vieh, die erwartungsfrohe Stimmung vor dem Feldzug, all dies wird von den bereits angeführten osmanischen Chroniken erzählt.

Mit den Janitscharen verfügte der Sultan über ein straff diszipliniertes Fußvolk, mit den Timarioten über eine überwiegend gepanzerte Reiterei; Leichtbewaffnete folgten diesem Kernheer, das begleitet wurde von zahlreichem Tross. Geschütze wurden aus mitgeführtem Metall an Ort und Stelle gegossen. Schon die balkanischen Provinzaufgebote waren schwere Gegner, einem vom Sultan angeführten Heer aber widerstand auf dem Balkan kein Fürst.

Zwar neigen mittelalterliche Quellen dazu, Zahlenangaben zu übertreiben; doch vermitteln venezianische Berichte eine ungefähre Vorstellung von den Größenverhältnissen: Im November 1466 überfielen 6000 osmanische Reiter Nordalbanien; im darauffolgenden Sommer erschienen 12–15 000 Kavalleristen vor Durazzo und angeblich 60 000 Berittene vor Skutari; Mehmeds Heer im Jahre 1467 wurde auf 200 000 Menschen und 60 000 Wagen geschätzt – selbst wenn nur ein Fünftel dieser Zahl der Wirklichkeit entspricht, stand sie in keinem Verhältnis zu den Möglichkeiten der Aufständischen[571].

Skanderbegs Gefolgschaft auf der anderen Seite hätte unterschiedlicher nicht sein können. Dies begann einmal bei den Mannschaftszahlen: Mit 7000 Mann war Skanderbeg 1447 gegen Antivari gezogen; 1455 hatten Muzaki Thopia 5000, Araniti Komino 6000 und Skanderbeg 1000 Mann gegen Berat geschickt; mehr als 10 000 Krieger wird Skanderbeg aus seiner eigenen Gefolgschaft kaum je auf einmal aufgeboten haben[572]. Seine Schwester Mamica ließ im Juni 1466 nach Neapel berichten, Skanderbeg befehlige rund 15 000 Mann, *„die ihm die erlauchteste Signoria von Venedig aus einem Land namens Xemdra (Zeta, O. S.), eineinhalb Tagesreisen von Skanderbeg entfernt gelegen, geschickt hatte“*[573]. Diese Mannschaft umfasste die Kriegerschar Ivan Crnojevićs und der nordalbanischen Berge, also weit mehr als Skanderbegs eigenes Gefolge aus Mati und Dibra.

In der Regel werden kaum mehr als 1500 bis 2000 Krieger dem Kastriota dauerhaft gefolgt sein. Die Unterlegenheit gegenüber den Osmanen war in der Regel krass. Der venezianische Statthalter von Durazzo schätzt sie im Sommer 1455 – als die Adligen mit 12 000 Mann ein für ihre Verhältnisse großes Heer zusammengestellt hatten – auf eins zu drei; die dreifache osmanische Übermacht bestand aber nur aus Provinztruppen[574]. Rückte der Sultan heran, wird die Relation noch stärker zuungunsten Skanderbegs ausgefallen sein.

Unterlegen waren die Aufständischen auch in der Ausrüstung: Papst Pius II., dessen Feder die beste Beschreibung der albanischen Gefolgschaft Skanderbegs entstammt, erzählt: *„Es war eine leichtbewaffnete Reiterei; schnelle Pferde, Mühen gewohnt, die in einer weiten, flachen Gegend alles* *unsicher machten ... Bestens geeignet war die Truppe für Raub und Überfall, unfähig aber zum Krieg nach italienischer Weise, schutzlos gegen unsere Schwerter und Geschosse*"[575]. Ein anderer Italiener berichtet, die Männer Skanderbegs hätten mit Lanze, Pfeil und Bogen „*und sonst weiter nichts*" gekämpft[576]. Irritiert sprach ein dritter Beobachter von albanischen „*Janitscharen*"[577]. Ein Abendländer konnte Skanderbegs Männer also kaum von Osmanen unterscheiden. Den Aufständischen mangelte es an modernen Waffen wie Armbrüsten, Büchsen und Geschützen; diese wurden, entgegen der Volkslegende, in Albanien nicht hergestellt[578], sondern mussten mühsam im Adriaraum beschafft werden. Auf Adelsburgen besaß man zwar einige Vorräte: Für Dagno etwa hat sich ein Inventar der Waffen- und Vorratskammer aus der Zeit der Familie Zaharia erhalten: 640 staria Getreide (1 venezianisches star wog ca. 65 kg, es befanden sich in Dagno also 41,6 t Getreide), 660 Quart Wein, sieben Bombarden, sechs kleine Bombarden, zwölf Armbrüste, 20 Büchsen, neun Kisten mit Armbrustbolzen, 3000 Pfeile, acht Fässer Geschützpulver waren dort eingelagert[579]. Doch reichten diese Waffenkammern nicht aus.

Der Kastriota hatte auf dem Waffenmarkt zu kaufen, und dieser befand sich in Ragusa, das 1447 wertvolles Pulver nach Albanien lieferte[580]. Skanderbegs Verbindungsleute in der Handelsstadt bemühten sich jahrzehntelang, Kriegstechnologie einzukaufen. Waffenhandel war aber ein politisches Geschäft, und wie bei der Geldhilfe achteten die Ragusaner darauf, den Sultan nicht herauszufordern. 1466 – Skanderbeg drohte zu unterliegen, die Osmanen rückten gefährlich nahe an die Stadt heran – gestand der Rat den Kauf von Pulver zu[581]. Schießpulver schickte auch König Alfons über die Adria[582]. Erst spät verstand sich Venedig zu Waffensendungen: Im März 1466 kehrte der Erzbischof von Durazzo mit vier kleinen Geschützen, 10 Büchsen und 20 Fässern Pulver, die für die Burg Rodoni bestimmt waren, nach Albanien zurück[583]. Großen Wert legte der Kastriota auf Armbrüste bzw. die Anwerbung von Armbrustschützen aus Italien, die auf dem ganzen Balkan äußerst gesucht waren. Die Armbrust erwies sich immer noch als zuverlässigste und durchschlagkräftigste Schusswaffe und flößte auch gepanzerten osmanischen Kriegern Respekt ein. In Venedig baten die Balkanfürsten Jahr für Jahr um die Erlaubnis, sogenannte „*balestrieri*" (Armbrustschützen) in Dienste zu nehmen; ab der Jahrhundertmitte stieg auch die Nachfrage nach Büchsenschützen[584]. Armbrustbolzen waren ein kostbares Gut: Ein Abgesandter Skanderbegs erhielt 1454 in Ragusa die Erlaubnis, 1000 dieser Geschosse zu erwerben[585].

Mit der Lieferung der Waffen war es aber nicht getan, es fehlte auch an ausgebildeten Soldaten. Barletius berichtet, italienische, deutsche, französische und dalmatinische Söldner hätten die Kriegsmaschinen bedient[586]. Briten werden ebenfalls mit Skanderbeg gekämpft haben[587]. Söldner werden oft auch zuverlässiger gewesen sein als einheimische Gefolgsleute, die wiederholt zu den Osmanen überliefen. Der Sold – die französischen Geschützmeister sollen fünf Dukaten im Monat erhalten haben – bedeutete aber eine erhebliche Belastung[588]. 1466 ersuchte Skanderbeg in Ragusa dringend um die Erlaubnis, einen Geschützmeister anwerben zu dürfen, was ihm abgeschlagen wurde[589].

Erst in späten Jahren scheint sich der Kastriota mit der abendländischen Kriegskunst beschäftigt zu haben. Es wird vermutetet, dass er im Besitz einer Handschrift des kriegswissenschaftlichen Traktats „Bellifortis" des Conrad Kyeser aus Eichstätt gewesen ist, einem 1405 abgeschlossenen Werk[590]. Freilich verfügte Skanderbeg wohl kaum über die in der Handschrift beschriebenen Kriegsgeräte; Festungskrieg war seine Sache nicht, und es ist daher kaum anzunehmen, dass er aus Kyesers schönen Zeichnungen wesentlichen Nutzen zog.

Viele der gewünschten Waffensendungen kamen wohl nicht zustande, weil die Adriaanrainer die Aufrüstung Skanderbegs mit Unbehagen sahen. Deutlich wird dies bei den Versuchen des Kastriota, eine eigene kleine Flotte aufzubauen. Für Truppenverschiebungen, für die Außenbeziehungen, für Diplomatie und Handel, letztlich für das Überleben der Aufständischen war das Meer von überragender Bedeutung. Doch weder Neapel noch Venedig oder Ragusa wünschten Schiffe unter der Flagge mit dem Doppeladler auf rotem Grund. Allem Drängen Skanderbegs wurden ausweichende oder ablehnende Antworten gegeben: Von König Alfons V. gleich mehrfach, im Dezember 1447 und im März 1452[591]. Erhebliche Transportprobleme entstanden dann auch bei Skanderbegs größter Flottenoperation, der Verlegung von mehr als 2000 Mann seiner Gefolgschaft nach Apulien: Hierbei lief alles über Ragusa, wo Skanderbeg am 21. Juli 1461 beim Pločetor im Beisein des Stadtkanzlers Xenophon Filelfo, Sohn des berühmten Humanisten Francesco Filelfo[592], für 40 Dukaten eine Fusta (ein Schiffstyp) mit 18 Ruderbänken erwarb[593]. Diese diente wohl seinen persönlichen Zwecken; die Überfahrt musste aber mit Geleitschutz von drei neapolitanischen Galeeren erfolgen, die lange auf sich warten ließen[594]. Daher mietete Skanderbeg ein weiteres Schiff in Ragusa[595]. Die Überfahrt gestaltete sich schließlich aus Mangel an Transportschiffen mühsam[596]. Kaum in Apulien gelandet, ersuchte Skanderbeg König Ferrante um eine eigene Galeere, mit der er seine Männer rasch entlang der apulischen Küste verschieben wollte[597]. Etwas leichter verlief die Rückkehr von Skanderbegs Korps im Frühjahr 1462; Ragusa stellte für den Transport der Pferde ein eigenes Schiff zur Verfügung[598]. Die Episode zeigt, dass selbst unter günstigen politischen Umständen Schiffe nicht in gewünschter Menge zur Verfügung standen. Skanderbeg zog daraus seine Lehren. Als die Venezianer ihn 1463 als Verbündeten zu gewinnen suchten, beharrte er darauf, Galeeren in ausreichender Zahl zu erhalten. Venedig versprach, zwischen April und Juni 1464 mehrere Kriegsschiffe nach Albanien zu entsenden[599]. Für persönliche Zwecke wünschte er zudem eine weitere Galeere und ein Segelschiff[600]. Da Venedig im Winter 1463/64 dieser Bitte wegen der Jahreszeit noch nicht entsprechen konnte, musste Skanderbeg, der im Spätwinter 1464 in Neapel den Vasalleneid ablegen wollte, wieder in Ragusa um eine Galeere nachsuchen[601]. Selbst 1465 – die Beziehungen zu Venedig hatten sich wieder verdüstert – erhielt Skanderbeg das ragusanische Staatsschiff[602]. Noch 1466 heuerte Skanderbegs Gesandter, der knez Stjepan Radojević, in Ragusa zwei aus Budua stammende Schiffe für eine Fahrt nach Šibenik und Split an[603]. Daneben betrieb der Kastriota den Aufbau einer eigenen kleinen Flottille: 1455 wurde ein slawischer Kalfalterer angeworben[604]; der Kanzler Ninac erbat im Oktober 1463 in Ragusa die Erlaubnis, zwei *„barche"* zu erwerben und vier Schiffsbaumeister nach Albanien zu holen – der ragusanische Rat, verängstigt von Mehmeds II. Eroberung Bosniens und voller Hoffnung auf den Kreuzzug, stimmte zu[605]. Am 15. Oktober nahm Skanderbegs Bevollmächtigter, der Patrizier Paladino de Gondola/Gundulić den Zimmermann Andreas Thomasii de Zuppana in Dienste[606].

Der Aufbau einer eigenen Flotte gelang letztlich nicht. Als befestigter Hafen hätte nur Rodoni dienen können, das, wie erzählt, wiederholt das Ziel osmanischer Angriffe bildete. Skanderbeg selbst liebte das Meer und die Schiffe durchaus nicht. *„Dieser Herr fürchtet das Meer sehr"*, wussten die venezianischen Senatoren[607], die sich ihrerseits angesichts von Skanderbegs Bergen unwohl fühlten. Gerade wegen dieser Abneigung des Berglers gegenüber dem Meer ist die Zahl von Skanderbegs Seereisen, besonders in seinen letzten Lebensjahren, auffallend: 1450 nach Ragusa, 1461 und 1464 nach Apulien, 1466 noch einmal nach Italien.

Diese organisatorischen Schwierigkeiten beeinträchtigten auch die Beschaffung von Nachrichten. Die Kommunikation in den Bergen war unregelmäßig und oft genug auch ungenau. Die großen Entfernungen und der unsichere Nachrichtenfluss trugen wesentlich dazu bei, dass wichtige Unternehmen wie etwa die Vereinigung der Heere Hunyadis und Skanderbegs scheiterten. Nachrichten brauchten selbst zur guten Jahreszeit Wochen, um von Venedig oder Ungarn nach Albanien zu gelangen. Um die Pläne der Osmanen in Erfahrung zu bringen, unterhielt Skanderbeg ein weitgespanntes Kundschafternetz[608].

Ausschlaggebend aber war seine eigene Vertrautheit mit dem Gegner. Diese ist ein Schlüssel für das Überleben der Aufständischen. Wie gut der Kastriota über die Vorgänge im ganzen Balkan und im Herzen des osmanischen Reiches unterrichtet war, demonstrierte zum Staunen italienischer Diplomaten ein albanischer Gesandter an der Kurie (1454): „*Ganz wunderbare Dinge sagt er von der Macht des Türken und von den Rüstungen, die dieser für die gute Jahreszeit betreibt. Unter anderem sagt er, dass der Türke es nicht gewohnt gewesen sei, große Galeeren machen zu lassen, weil es ihm an Holz fehlte; aber er sagt, dass er viele Bäume in Konstantinopel habe fällen und nach Adrianopel bringen lassen und jeden Tag dorthin führen lasse und dass er zahlreiche Handwerksmeister habe, unter denen viele Christen seien, und dass er eine gewaltige Zahl Galeeren anfertigen lasse; er sagt auch, dass schon so viele fertiggestellt und nach Konstantinopel gebracht worden seien, dass sie wie ein zweites Konstantinopel zur See erschienen. Er erzählt tausend andere wundersame und erschreckende Ding*e". Skanderbeg war also bestens über osmanische Flottenrüstungen im fernen Stambul im Bilde, selbst die technischen Hindernisse, die sich dem Sultan in den Weg stellten, waren ihm bekannt[609]. Auch in späteren Jahren leitete er Berichte über osmanische Feldzüge in Kleinasien nach Italien weiter: Sein strategischer Blick umspannte – wenn auch nicht kontinuierlich – weite Teil des osmanischen Reiches[610]. Nachrichten erhielt er auch von seinen christlichen Nachbarn an der östlichen Adria, etwa von der Republik Ragusa[611] und wohl auch von dem stets gut unterrichteten Titulardespoten von Arta, dem auf St. Maura (Leukas) vor dem epirotischen Festland residierenden Leonardo III. Tocco[612]. Auch kam es zu Kontakten mit osmanischen Unterführern[613]. Doch erwies sich das Kundschaftersystem wiederholt als zu langsam und ungenau; es versagte im Sommer 1455 in katastrophaler Weise, als Skanderbegs Spähern der osmanische Aufmarsch gegen Berat entging – wobei einige Passwächter bestochen worden waren[614] – und die aufständischen Adligen vom Angriff völlig überrascht wurden.

Geringe Mannschaftsstärke, ungenügende Bewaffnung sowie schlechte Nachrichtenverbindungen waren die strukturellen Schwächen der Aufständischen. In offenem Feld waren ihre Erfolgsaussichten gegen Angriffe schwerer osmanischer Reiterei gering. Der Mangel an Kriegsgerät ließ jede Belagerung wenig aussichtsreich erscheinen. Skanderbeg musste aus der Not eine Tugend machen. Zudem hatte er als ehemaliger osmanischer Offizier nicht nur die Stärken der Osmanen, sondern auch die Fehler ihrer christlichen Gegner beobachtet. Bulgaren, Byzantiner und Serben waren den Osmanen entweder in Feldschlachten oder hinter Festungsmauern gegenübergetreten. Sie hatten jeweils ihre gesamte Streitmacht an einem Ort zusammengezogen, obwohl sie kaum über Reserven verfügten, die nach einer Niederlage die Weiterführung des Krieges ermöglicht hätten. Die Balkanchristen hatten also immer eine Entscheidungsschlacht gewählt, und immer waren sie unterlegen. Ähnlich war es dem Kreuzzug von Varna und dann auch Johann Hunyadi im Jahre 1448 ergangen. Als erster Balkanherr hatte Skanderbeg bei der Belagerung Krujas im Jahre 1450, freilich nur mit knappster Not, einen Festungskrieg überstanden. Die Lehren, die er aus diesen Eindrücken zog, erklären im Wesentlichen sein Überleben: Er nützte die Jahreszeiten und das Gelände, wich großen Schlachten und Belagerungen aus und führte einen dauernden Bewegungskrieg.

Osmanische und byzantinische Geschichtsschreiber berichten übereinstimmend, dass den Sultansheeren die weglose Waldwüste und die zerklüftete Bergwelt schwer zu schaffen gemacht hatten; ein rauhes Bergland sei Albanien, mit vielen Burgen und kleinen Städtchen, dunklen Wäldern und ungangbaren Gegenden, schrieb Kritobulos[615]. Die Mokra, das Bergland von Dibra und von Mati, die Berge um Kruja bieten kleinen, leichtbewaffneten Einheiten ausgezeichnete Möglichkeiten, größere, bessere ausgerüstete Verbände blitzartig zu überfallen. Der Wald war Skanderbegs bester Verbündeter.

Skanderbeg passte sich seinem Gegner zudem geschickt an. Gegen regionale Verbände der Osmanen vermochte sich seine Gefolgschaft häufig durchzusetzen. Die meist aus dem Polog stammenden osmanischen Krieger unternahmen immer wieder Angriffe auf die Mokra und auf Dibra, wo sie plünderten und brandschatzten. Dabei zerstörten die Osmanen gezielt die Ernten und hieben Obstbäume um. Der Krieg ernährte die Osmanen, aber auch Skanderbegs Gefolgschaft. Auf regionaler Ebene führten beide Seiten im Wesentlichen einen Raubkrieg[616].

Anders gestaltete sich die Abwehr großer Angriffe, die vom Sultan persönlich angeführt wurden. Die osmanische Kriegführung folgte aus logistischen Gründen einem festen jahreszeitlichen Rhythmus. Im März wurden die Truppen auf den großen gras- und wasserreichen Ebenen von Edirne, Bitola oder Skopje zusammengezogen. Meist im April erfolgte dann der Marsch auf ein Ziel, das der Sultan lange geheim hielt, um die Gegner im Ungewissen zu lassen. Die Truppensammelplätze erlaubten Feldzüge nach Süden, Westen und Norden; jedes Jahr zitterten daher der ganze Balkan und die adriatischen Anrainerstaaten[617]. Der Aufmarsch eines Sultansheeres am Zielort erstreckte sich über bis zu drei Wochen vom Eintreffen der Vorhut bis zum Erscheinen des Großherrn selbst[618]. Das Giessen der Geschütze nahm weitere zwei Wochen in Anspruch[619]. Kritobulos erzählt, Mehmeds II. Marsch gegen Albanien im Jahre 1466 habe 33 Tage gedauert[620]. Die eigentlichen Kampfhandlungen erfolgten dann in einer sehr knapp bemessenen Zeit, im Mai und Juni, teilweise noch im Juli. Dann begann, erzwungen durch Versorgungsengpässe, der Rückmarsch. Die zahlenmäßige Stärke erwies sich bei längeren Kampfhandlungen als Nachteil. Die Vorräte der angegriffenen Länder wurden von den osmanischen Soldaten rasch erschöpft, vor allem wenn es sich um karge Berggebiete handelte. Der Großherr hatte schließlich auch zu beachten, dass seine Timarherren zur Erntezeit in ihre Heimatorte zurückkehren wollten. Die Kriegssaison beschränkte sich so auf wenige Wochen im Jahr. Selten nur griffen die Osmanen im Herbst an; und dann handelte es sich um Provinzaufgebote, und nicht um das Heer des Sultans. So überfielen osmanische Verbände den ohnehin von der Niederlage bei Berat geschwächten Skanderbeg im Oktober 1455 und zwangen ihn zu einer überstürzten Flucht in die Berge[621].

Für Skanderbeg handelte es sich darum, die entscheidenden Monate zwischen Mai und Juni zu überleben. Zu überstehen hatte er insbesondere den ersten Ansturm eines ausgeruhten und beutehungrigen Gegners, der meist im Mai erfolgte. So anstrengend die Kämpfe in diesem Zeitraum waren, so lange dehnten sich die Monate, in denen sich die Aufständischen erholen konnten. Vom Spätsommer bis in den Frühling herrschte in der Regel im Kern des Aufstandsgebietes Ruhe. Skanderbeg selbst beschrieb diese Regel dem mailändischen Botschafter in Rom (Dezember 1466): *„Er wolle nicht länger als bis Mitte Februar (in Rom) verweilen, weil, wie er sagt, der Türke immer an den Kalenden des März ins Feld ziehe"*[622]. Im Winter wurden die Schäden an den Burgen ausgebessert, Vorräte aufgestockt, Patrouillenritte in den Grenzlandschaften durchgeführt[623]. Bei drohenden Großangriffen setzte im Frühling eine Bewegung ins Hochland ein. Während der kurzen Kampfsaison räumte Skanderbeg die Ebenen und die nur im Winter bestehenden Grenzen[624] und zog sich mit seinen Kriegern in die Berge zurück; die Familien seiner Männer brachte er bald in den venezianischen Hafenfestungen, später aber vor allem in Bergverstecken in Sicherheit. Kritobulos erzählt: *„Die einen waren in festen Burgen, die anderen hatten sich mit ihrem Anführer Alexander in die Berge geflüchtet"*[625]; an anderer Stelle schreibt er: *„Er floh wieder in die festen und schroffen Berge, in seine gewohnten Zufluchtsstätten und Aufenthaltsorte im Hochland"*[626]. Barletius ergänzt: *„Es gibt einige Berge in Epirus, die so mit Wald bedeckt und so schwer zugänglich sind, dass man dort größeren Schutz genießt als in den festesten Burgen"*[627]. Derartige Verstecke lagen im sichersten Teil von Skanderbegs Herrschaft, in Unter-Dibra; da war zum einen das Tal von Valikardha, unweit westlich von Rahovnik (Debar) gelegen, im Norden und im Süden von bis zu 2000 m hohen Bergen geschützt; nach Osten senkte sich das Tal zum Schwarzen Drin, von wo aus Angriffe gegen Ochrid durchgeführt wurden; nach Westen hin bot sich eine Fluchtmöglichkeit nach Mati und weiter zur Adria. Wasser und Weiden standen hier reichlich zur Verfügung; zudem verband das breite Tal die beiden Kerngebiete von Skanderbegs Herrschaft, Mati und Dibra. Es diente im Sommer 1464 auch venezianischen Truppen als Korridor nach Osten[628]. Zum anderen brachte der Kastriota seine Gefolgsleute in Qidhna in Sicherheit, dem Herkunftsort seiner Familie, nur wenige Kilometer in gerader Linie nördlich von Valikardha entfernt. Das Dörfchen Sinë lag auf 1529 m Höhe auf einem weiten Plateau, rund 1000 m über dem nahen Tal des Schwarzen Drin und von dort aus nur über steile Pfade erreichbar. Die sieben Bergseen von Lura boten Wasser, die umliegenden Almen auch genügend Futter für die Tiere[629]. In diesen dicht bewaldeten Tälern und Bergen verschwanden die Aufständischen beim Anmarsch der Osmanen. Diese schienen im Sommer das Flachland, vor allem die Ebene vor Kruja, zu überschwemmen; bei kleineren Feldzügen hatten sie das Polog und die Ebene um Ochrid fest im Griff. Auf Widerstand stießen sie im Flachland selten. Auch vermochten sie wiederholt, die Pässe zu erstürmen, die die Aufständischen versperren wollten. Dabei setzten sie Bogenschützen und Leichtbewaffnete ein, die Skanderbegs Gefolgsleute auseinandersprengten[630]. Es war also nicht so, dass die Osmanen im Hochland gescheitert wären, im Gegenteil, zur Sommerzeit gelangen ihnen immer wieder spektakuläre Erfolge; doch mit ebensolcher Regelmäßigkeit verloren sie diese Geländegewinne wieder. Kritobulos erzählt über Murad II.: *„Kaiser Murad, der Vater des Kaisers (Mehmed II.), griff sie an und besiegte sie, er erstürmte die Pässe, zerstörte einen Gutteil ihres Landes, ließ dort plündern und eroberte einige Burgen, wobei er gewaltige Beute machte. Er vermochte sie aber nicht endgültig zu unterwerfen"*[631]. Oft versprachen die Bewohner der Aufstandsgebiete auf dem Höhepunkt der osmanischen Angriffe Tribut – und vergaßen alle Zusagen, sobald der letzte osmanische Soldat das Land verlassen hatte; der gleiche Kritobulos berichtet ausführlich von der für die Osmanen so frustrierenden Erfahrung: *„Als sie die Verwüstung ihres Landes sahen, schlossen sie einen Vertrag, griffen aber kurz darauf ohne jede Scham das Land des Kaisers an, plünderten und hausten dort auf schlimme Weise"*[632]. In der Tat errang Skanderbeg seine wichtigsten Siege im Spätsommer und Herbst und bewies damit eine bemerkenswerte Überlebensfähigkeit: So gewann er 1450 verlorenes Land zurück, schlug wenige Monate nach der Niederlage von Berat (1455) die Osmanen aufs Haupt und verwandelte die katastrophale Invasion von 1457 bei Albulena in einen Sieg. Wenn im Herbst Skanderbegs Krieger von den Bergen herabstiegen, dort mit ihren Tieren die Winterquartiere und die Winterweiden bezogen, und zwar in Gebieten, in die in der heißen Jahreszeit kein Aufständischer seinen Fuß setzen konnte, waren alle osmanischen Anstrengungen hinfällig. Gleichzeitig begannen die herbstlichen Überfälle auf die osmanischen Grenzgebiete[633].

Dieser Feldzugsrhythmus war im Wesentlichen klimatisch bedingt. Die Berge von Dibra und Mati versinken im Winter im Schnee, und selbst für Einheimische werden die Wege unpassierbar. Schon Mitte September musste Skanderbeg in den Bergen mit einem Wintereinbruch rechnen, berichtete sein venezianischer Verbindungsoffizier aus Valikardha[634]. Schnee und Regen waren wichtige Verbündete der Aufständischen, *„der Winter, der Feind der Kriege"*, wie Barletius schrieb[635]: Dem Karaca bey verendeten nach schweren herbstlichen Niederschlägen die Lasttiere in einem Lager, das er bei Livada, in der Ebene von Struga, nordwestlich von Ochrid aufgeschlagen hatte; hätte er nicht rasch die Zelte in die Hügel verlegt, wären die Verluste noch größer gewesen[636]. Kälte und Nässe trieben die Osmanen aus dem Land in ihre Winterquartiere, die weit von Albanien entfernt im Vardarbecken lagen. Der Winter setzte aber auch den Aufständischen zu und lähmte größere Angriffsunternehmungen: *„Regen, Eis und Schnee hemmen den ruhmdurstigen Krieger"*; warnte Vrana Conte seinen Hauptmann Skanderbeg[637]. Doch auch im Sommer machte das Klima besonders den zahlenstarken und in schweren Rüstungen marschierenden Osmanen zu schaffen; Hitze und Wassermangel plagten sie in den Bergen[638]; hier waren die leichtbewaffneten Krieger Skanderbegs, die als Bergler Entbehrungen gewohnt waren, in ihrer Stoffkleidung im Vorteil. Die Osmanen mussten ihre Marschzeiten nach Möglichkeit auf den frühen Morgen, auf jeden Fall vor die Mittagshitze, legen[639]. Doch auch Skanderbegs Kriegsführung wurde vom Klima diktiert. Hauptsorge im Sommer bildete die Versorgung seiner Gefolgschaft: Wasser- und Vorratsmangel bedrängte ihn etwa im Lager im Bergland bei Valikardha[640]. Auch wenn der Kastriota in guten Jahren seine Ernten nach Ragusa verkaufte, fehlte es zu wiederholten Malen an Korn. Barletius erzählt, dass Verwüstungen, aber auch der Kriegsdienst der Bauern zeitweise dazu geführt hatten, dass Skanderbegs Gefolgschaft Korn für nur drei Monate ernten konnte[641]. Wie erzählt, musste Getreideschmuggel aus venezianischen Gebieten einen Ausgleich schaffen; *„heimlich brachten es Bauern und venezianische Kaufleute"*[642]. In der Tat trafen bis in die 1460er-Jahre die osmanischen Einfälle vor allem die Ebenen, wo die Osmanen gezielt die Felder zerstörten[643]. Die in die Berge geflohenen Bewohner litten derweil Hunger. Am deutlichsten wurde dies im Notjahr 1466, als Skanderbegs Gesandter bei der Kurie dringend bat, keine italienischen Söldner in das verwüstete Land zu senden, das niemanden mehr ernähren könne[644]; im November desselben Jahres lieferte Ragusa eine große Sendung von hartgebackenem Brot an den Kastriota[645]. Immer wieder musste Skanderbeg Getreide in Apulien einkaufen oder als Hilfslieferung erbitten[646]. Bisweilen versorgten ihn Venedig auf legalem Wege, so als im April 1460 600 Staria aus dem staatlichen Getreidespeicher freigegeben wurden. Ein Gesandter Skanderbegs hatte dem Mantuaner Händler Giovanni-Battista da Guazzi lombardisches Getreide abgekauft[647]. In der entscheidenden Phase des Krieges (1466/67) war Skanderbeg schließlich ganz auf Getreideeinfuhr aus Apulien angewiesen[648].

Neben Getreide bildete die Viehwirtschaft die Nahrungsgrundlage der Aufständischen. Die Herden waren verwundbar, feindlichen Angriffen ausgesetzt.

Es war kein einfaches Unterfangen, den jahreszeitlichen Wechsel der Tiere zwischen Winter- und Sommerweide zu sichern. Die albanische Küstenebene bot nicht genügend Raum, da auch die Viehbesitzer in der Ebene, in der Regel venezianische Untertanen, das Grasland beanspruchten. In diesen Zusammenhang gehört der Versuch des Kastriota, die venezianischen Winterweiden von Velipoja und bei Medua an der Adria für seine Herden zu gewinnen[649]. Diese Gebiete waren durch hohe Hügel abgeschirmt und boten Schutz vor osmanischen Streifzügen. Von dort aus konnte im Frühjahr das Vieh auch durch sicheres venezianisches Territorium auf die Sommerweiden getrieben werden.

Die Herden, der Reichtum der Hochländer, wurden durch dauernde Raubzüge in die Nachbargebiete vergrößert. Schädigung des Feindes, Versorgung der Gefolgschaft und die traditionelle Erhöhung des Prestiges durch erfolgreichen Raub gingen Hand in Hand. Außenstehende Beobachter, Byzantiner, Osmanen und Italiener, haben übereinstimmend hervorgehoben, dass Skanderbegs Reiterei sich dadurch auszeichnete, schnell anzugreifen und sich dann zurückzuziehen. Mehmeds II. Gegner in Anatolien, Ibrahim von Karaman, schrieb 1455 an die italienischen Höfe, der Albanerherr würde sich bei Gefahr mit seinem Heer in sichere Stellungen begeben, einer Schlacht ausweichen und nur bei günstiger Gelegenheit zuschlagen[650]. In Italien führte der gefeierte Humanist Francesco Filelfo, dessen Sohn als Ragusaner Kanzler Verbindungen zu Skanderbeg unterhielt, im März 1464 in einem Sendschreiben an den venezianischen Dogen Cristoforo Moro aus: *„Dieser Skander wird der gemeinsamen Sache der Christen nicht wenig nützen, doch eher bei der Ablenkung als bei der Vernichtung der türkischen Heere. Denn er verfügt nicht über ein großes Heer, das mit aufgestellten Feldzeichen in Schlachtordnung mit dem Türken kämpfen wird; vielmehr wird er ihm durch Hinterhalte, blitzartige Überfälle und Angriffe erheblichen Schaden und Verluste zufügen“*[651].

Während diese beiden Beobachter hunderte Kilometer von Albanien entfernt lebten, hat der venezianische Patrizier Gabriele Trevisan, General der Truppen der Signoria in Albanien, Skanderbeg auf einem Feldzug im Sommer 1464 tatsächlich begleitet; sein Bericht an den Dogen ist in Valikardha, dem bereits erwähnten Tal westlich von Dibra, am 16. September 1464 verfasst worden: *„Der Herr Scandarbei hat beschlossen, einen weiteren kühnen Ritt ins Land des Türken zu unternehmen, und am 6. des laufenden Monats ist er mit Männern des Landes und Soldaten Eurer Exzellenz, Italienern wie Albanern, ausgezogen, um nach Serbien zu marschieren, wo er wohl eine große Tat vollbracht hätte; er war bis zur Grenze gelangt, als er von vorausgeschickten Kundschaftern erfuhr, dass der türkische Kaiser in Serbien eingetroffen sei; deswegen beschloss er, sofort umzukehren, und um nicht umsonst ausgezogen zu sein, wandte er sich gegen Alcria (Ochrid, O. S.),* *einen wichtigen Platz des Türken, wohlbevölkert und am Ufer des Sees gelegen, dem der Drinfluss entspringt: Als er bei der Ebene ankam, ließ er die italienische Mannschaft in Schlachtordnung an einem sicheren Ort zurück und überfiel dann mit leichten Reitern seines Landes und Eurer Exzellenz viele Dörfer des besagten Gebiets; er brandschatzte sie und raubte Groß- und Kleinvieh sowie anderes Gut in großer Zahl; als fast das ganze Land den Lärm gehört hatte und die Flammen bis hin zur Stadt gesehen hatte, stürmten zahlreiche wohlgerüstete Türken mit großer Wucht auf die Unsrigen zu; aber der besagte Herr, der die Kampfweise der besagten Türken vollkommen kennt, zog sich zurück, wobei er ihnen dauernd Scharmützel lieferte, indem er sich immer wieder gegen sie wandte, wobei die Italiener in der Reserve blieben; dann ließ er die Albaner die Türken angreifen und schließlich wurden sie geschlagen, viele getötet und etwa 40 gefangen; weil aber dauernd Türken nachrückten und sich ihre große Zahl unaufhörlich vermehrte und die Unsrigen vom langen Ritt erschöpft waren, wollte er sie nicht verfolgen, sondern kehrte mit der ganzen Beute und den Gefangenen ohne Verluste der Unsrigen zurück und langte in diesem Ort (Valikardha, O. S.) an"*[652].

Trevisans Erzählung wird ergänzt durch einen Rapport des Condottiere Antonio da Cosenza, genannt Cimarosta, verfasst am 17. September 1464; er gibt genauere Auskunft über Orte und Wegzeiten. Drei Tage war Skanderbeg bis zur serbischen Grenze marschiert – gemeint war wohl der Passübergang in die Landschaft um Prizren. Der Sultan befand sich auf dem Rückmarsch von der bosnischen Burg Jajce, wo er gegen die Ungarn gekämpft hatte, und lagerte an der Sitnica, 20 Meilen vom Ziel von Skanderbegs geplantem Plünderzug entfernt. Der improvisierte Zug nach Ochrid erwies sich als Gewaltritt von einem Tag und einer Nacht, und zur dritten Morgenstunde war das christliche Heer dann in der Ebene vor der reichen Stadt erschienen[653]. Der Bericht Trevisans veranschaulicht das Zusammenspiel zwischen schwerbewaffneten Italienern und der leichten albanischen Reiterei, wobei neben Skanderbegs Männern auch venezianische Untertanen aus Nord-Albanien beteiligt waren. Während sich Trevisan von dem Streifzug tief beeindruckt zeigte, urteilte ein ebenfalls italienischer Balkankenner über denselben Raubzug wesentlich nüchterner: Der aus der Lombardei stammende Kanzler von Ragusa, Bartolomeo de Sfondratis, merkte in einem Bericht an den Herzog von Mailand an: *„Er hat dem Land großen Schaden zugefügt, selbst aber kaum Nutzen davon"*[654]. Der Kanzler hatte recht: Der Verlust von Viehherden traf einige osmanische Notabeln in Grenzgebieten, er änderte aber nichts am Kriegsverlauf. Wenn Viehraub das einzige Ergebnis des Bündnisses Venedigs mit den Aufständischen war, durfte der Sultan beruhigt gegen Matthias Corvinus ins Feld ziehen. So erwies sich Skanderbegs Fähigkeit, dem Gegner durch Angriffe dauerhaft zu schaden, selbst unter günstigen Umständen als begrenzt.

Skanderbegs Kriegsart geht aus dem Bericht deutlich hervor: Plündern, Brandschatzen, schneller Rückzug bei Sicherung der Beute machen einen gelungenen Angriff aus. Der offene Kampf in Schlachtformation wird vermieden, vielmehr wird der Gegner durch einen raschen Rückzug aus seiner Ordnung herausgelockt, immer wieder in kleine Kämpfe verwickelt und dann mit einem blitzschnellen Übergang von Flucht zum Angriff geschlagen, eine Taktik, die bei den asiatischen Reitervölkern ebenfalls sehr beliebt war und die er vielleicht bei den Osmanen gelernt hatte. Es fällt auch auf, dass die leichten Reiter sogleich den Schutz der Hügel suchten, und auch, dass sie sich auf die gepanzerten Italiener stützten. Schwergerüstete Reiter hatte Skanderbeg wiederholt zur Verfügung: Aragonesische Söldner König Alfons' V. erschienen in stattlicher Zahl: 1200 Fußknechte und 500 Reiter im Jahre 1455[655], gar 1000 Berittene und zusätzlich Infanterie im folgenden Frühling[656]; 1457 bereiteten sich 1000 Kavalleristen und 1000 Mann zu Fuß für einen Einsatz in Albanien vor[657]. Einen Symbolwert, der aber nicht gering zu veranschlagen ist, kam jenen 50 französischen Kreuzrittern zu, die im Jahre 1456 mit Skanderbeg auszogen[658]. Im Mai 1456 hoffte man in Rom sogar auf *„ein mächtiges Zusammenströmen von Kreuzrittern"*[659]. Entscheidende Bedeutung scheinen sie wegen ihrer geringen Zahl nicht erreicht zu haben; für Skanderbeg wird der symbolische Wert überwogen haben: Die Anwesenheit der französischen Ritter bewies den Widerhall seines Ruhmes in Frankreich und Burgund, um deren Interesse Skanderbeg sich freilich auch sehr bemühte.

Trevisans Bericht darf nicht darüber hinwegtäuschen, dass das Zusammenwirken Skanderbegs mit italienischen Söldnern an grundlegenden Unterschieden in Kriegführung und Mentalität scheiterte: Zur kunstvollen Kriegsführung der Italiener stand die Guerillataktik der leichtbewaffneten Aufständischen in diametralem Gegensatz. Zwar hatte Skanderbeg 1463 von Venedig ausdrücklich Truppenhilfe und nicht bloß Sold für seine eigene Gefolgschaft verlangt – vielleicht spielte hier die Furcht vor dem Verrat in den eigenen Reihen mit – doch beklagte sich der venezianische Senat im Jahre 1466, die Söldner der Signoria seien von Skanderbegs Männern schlecht behandelt worden, weswegen sich Italiener nunmehr weigerten, in Albanien zu dienen[660]. Skanderbeg, dem Venedig das Kommando über die Söldner übertragen hatte, erwies sich, wie schon 1455 vor Berat, nicht in der Lage, seine eigenen Krieger und italienische Söldner zu einem schlagkräftigen Heer zu vereinigen.

Die meisten Gefechte bestritten so die Reiter aus Dibra und Mati. Diese Kernmannschaft war hoch motiviert, ihre Kriegführung einfach und hart.

Einem sichtlich schockierten italienischen Diplomaten gegenüber beschrieb Skanderbeg seine Vorstellung vom Krieg: *„Er wolle Krieg auf seine Weise führen, das heißt, jeden töten, der ihm zwischen die Hände gerate, und keine Gefangenen machen"*[661]. Gefangene konnten die armen Berggebiete nicht ernähren; nicht für jeden Osmanen war Lösegeld zu erzielen; vor allem aber kämpften die Aufständischen um ihre Existenz. Der Aufstand gegen den Sultan war auch ein Vernichtungskrieg, den beide Seiten mit zunehmender Erbitterung führten. Im Dezember 1455 erfuhren die Diplomaten am neapolitanischen Königshof, dass die Osmanen nach ihrem Sieg bei Berat in den neueroberten Gebieten alle Männer erschlagen, Frauen und Kinder aber verschleppt hatten[662].

Die Besonderheiten der Kriegführung der Aufständischen fasst ein Militärhandbuch zusammen, das die österreichisch-ungarische Armee mehr als vierhundert Jahre nach Skanderbegs Tod zusammenstellen ließ: *„Als militärische Eigenschaften rühmt man ihre Wildheit im regellosen Kampfe und ihren raschen Entschluss. Ihr Gehorsam gegen die Anführer soll aber nur so lange währen, als sich die Interessen decken. Im Nahgefecht hört jede Disciplin und Leitung auf. Die Albanesen lieben Überfälle und Überraschungen, sind sehr geschickt in der Ausnützung des Terrains und flüchtig in der Bewegung. Sie eröffnen unter großer Munitionsverschwendung das Feuer auf weite Distanzen und suchen den Gegner durch Kriegsgeheul einzuschüchtern. Sie führen den Angriff mit großem Elan aus. Greise, Weiber und Kinder schaffen die Verwundeten zurück, sorgen für Proviant und betheiligen sich mitunter auch an dem Kampfe durch Anwendung von Steinbatterien. Die Albanesen machen wenig Gefangene. Der Sieg wird durch Brennen und Plündern gefeiert. Werden sie aber geworfen, so tritt leicht Deroute ein"*[663]. Skanderbegs Kriegsführung unterschied sich davon kaum. Stärken und Schwächen der Bergkrieger hatten sich über die Jahrhunderte kaum verändert.

Der Aufstand gegen den Sultan war Skanderbegs ganz persönlicher Kampf. Stets stand er selbst an der Spitze seiner Gefolgschaft. Von 1443 bis 1468 ritt er unermüdlich gegen den Sultan aus. Doch war er Realist genug, um den Fall einer Niederlage in seine Pläne einzubeziehen. Im Existenzkampf gegen die Osmanen, das wusste Skanderbeg, gab es für ihn als „Abtrünnigen", allen Lockrufen des Sultans zum Trotz, keine Aussicht auf Pardon. Er hatte Vorsorge zu treffen, für seine Familie, seine Gefolgschaft, sich selbst. Schon etwas mehr als ein Jahr nach Kriegsbeginn baten Staniša und Georg Kastriota in Venedig um Asyl für den Notfall und erhielten dieses, in ihrer Eigenschaft als venezianische Bürger, auch zugesichert (Februar 1445)[664]. Als sich Skanderbeg Alfons V. annäherte (Dezember 1447), brachte er sogleich diese

Frage auf; der König antwortete: „*Die Zuflucht aber, die ihr in unseren Ländern in Apulien besonders für euch, eure Kinder und Gefolgschaft wünscht für den Fall, den Gott verhüte, dass ihr von den Feinden eine Niederlage erleidet, gestehen wir auch liebend gerne zu*“[665]. Im Laufe der Jahre entwickelte Skanderbeg eine zweifache Rückzugsstrategie, die im Wesentlichen dem Vorbild anderer Herren – wie etwa Stefan Vukčićs oder Araniti Kominos[666] – folgte; er versuchte, in benachbarten Festungsstädten Häuser zu kaufen, dann aber auch außerhalb Albaniens, für den Fall einer vollständigen Niederlage, Hab und Gut zu erwerben. 1449 wünschte er, im Sinne der ersten Strategie, von Venedig ein Haus in Skutari[667]. An den italienischen Höfen nahm man die Asylfrage ernst; Papst Pius II. richtete 1460 eine entsprechende Bitte an König Ferrante von Neapel[668]. Der Papst erzählt, der Kastriota, der „*Kämpfer für den Glauben*“, habe ihn auch um Zuflucht im Kirchenstaat gebeten[669]. Skanderbeg bemühte sich nach 1460 besonders um Häuser im südlichen Dalmatien, und zwar sowohl auf ragusanischem wie auf venezianischem Gebiet, eine Strategie, die das Risiko vermindern sollte, bei einem Konflikt mit einer der beiden adriatischen Republiken den Zufluchtsort zu verlieren. Am 4. April 1461 richtete er eine offizielle Anfrage an den Rat von Ragusa; er ersuchte um „*Aufnahme für seine Gefolgschaft auf unseren Inseln, wenn er von den Türken geplagt würde, was Gott verhüte*“[670]. Drei Wochen danach wurde bereits über die Insel Mrkan/Merchana verhandelt, die ihm der ragusanische Senat aber verweigerte[671].

Drängend wurde die Asylfrage bei den Vorbereitungen zum großen Angriff auf Mehmed II. im Herbst 1463; Venedig sagte Skanderbeg ausdrücklich Asyl zu, und zwar auch auf den Inseln Hvar/Lesina und Korčula/Curzola, nördlich von Ragusa gelegen, gleichzeitig leicht von albanischen Häfen aus zu erreichen[672]. Skanderbeg sicherte sich mehrfach ab; 1465 erwirkte er einen weiteren Zufluchtsort, auf der Insel Mljet/Melita, auf ragusanischem Territorium[673].

Solange es nur irgend möglich schien, hielt sich Skanderbeg aber in Albanien auf. Beim Angriff Mehmeds II. hatten sich Skanderbeg und sein Gefolge hinter die Mauern Rodonis zurückgezogen, in Erwartung von Hilfe, aber auch bereit zur Flucht über das Meer (1466)[674]. In Albanien selbst fand seine Familie in höchster Not Zuflucht in den venezianischen Städten Skutari und Dulcigno[675]. Doch als die Stunde der Flucht geschlagen hatte, setzten Skanderbegs Witwe und ihr junger Sohn nach Apulien über, wo, in gerader Linie gegenüber von Dulcigno, König Ferrante den Kastriota ein Lehen übergeben hatte, die Berghänge am Gargano, die Hochfläche von S. Giovanni Rotondo[676]. Sie lebten lieber standesgemäß unter dem süditalienischen Adel als in Häusern, die der Aufsicht misstrauischer Stadtrepubliken unterstanden[677].

Geschickt hatte Skanderbeg das Risiko verteilt: Auf ragusanischem, neapolitanischem und venezianischem Gebiet standen Häuser für den Fall einer Flucht bereit.

Dass bei aller Umsicht und Geschicklichkeit Skanderbegs die Osmanen letztlich siegten, ist das Verdienst des strategischen Genius Mehmeds II. Er erkannte, dass drei Dinge einen Erfolg verhindert hatten: Die jahreszeitliche Beschränkung der Kämpfe; die Ausnützung der Wälder durch den Gegner; und die Rückzugsgebiete der Aufständischen im Hochland. Mehmed schlug Skanderbeg in zwei Feldzügen (1466/67) alle diese Trümpfe aus der Hand. Er durchbrach den jahreszeitlichen Zyklus, indem er im Jahre 1466 beschloss, die Kampfhandlungen auf das ganze Jahr auszudehnen. Dafür benötigte er einen festen Stützpunkt in Albanien und vor allem große Vorratslager zur Verpflegung der Truppen. So ließ er im Hochsommer 1466 im Shkumbintal die gewaltige Zwingburg Elbasan in wenigen Wochen erbauen[678]. Und von da an fanden Skanderbegs Männer keine Ruhe mehr; nach eineinhalb Jahren, Ende 1467, hatten die Osmanen ihr Ziel erreicht; das Wild war gehetzt bis zur Erschöpfung, der Widerstand brach zusammen.

Mehmed aber hatte nicht nur diesen radikalen, gegen alte osmanische Tradition verstoßenden Schritt getan. Er hatte auch den Kampf gegen den zweiten strategischen Vorteil Skanderbegs aufgenommen: Gegen die Berge und die Natur. Nicht Kruja oder Rodoni, sondern der Wald war Skanderbegs eigentliche Festung. Im Wald verlor sich die zahlenmäßige und technische Überlegenheit der Osmanen, hier waren leichtbewaffnete kleine Einheiten im Vorteil – Skanderbeg verfolgte eine Taktik wie nach ihm – bis in jüngste Zeit hinein – balkanische Guerillaverbände[679]. Nur indem er im Wald und im fast weglosen Bergland vorrückte, durfte er Angriffe auf das schwerbefestigte Ochrid wagen[680]. Seine Bauern und Hirten kannten jeden Weg und Steg; sie legten eine ungewöhnliche Ausdauer an den Tag, ähnlich jenen albanischen Stammeskriegern, die um 1900 fast ohne Vorräte tagelang durch das Hochland marschierten. Von diesen Wäldern aus stießen Skanderbegs Krieger zu Plünderzügen in die Ebenen rasch hervor[681]. Dort überraschten sie osmanische Marschkolonnen. Solange die Wälder standen, konnten osmanische Heere, vor allem aber die verwundbaren Nachschubkarawanen nie sicher sein[682]. Sobald die osmanischen Einheiten vom Flachland in das Hügel- und Bergland vorstießen, trafen sie auf erbitterten Widerstand. Wenige Bauern- und Hirtenkrieger genügten, um selbst überlegene osmanische Verbände am Eindringen in die Bergtäler zu hindern[683].

Mehmed II. befahl daher im Jahre 1466, dass entlang des Hauptmarschweges, der Via Egnatia, an Engstellen starke Wachposten aufgerichtet wurden, vor allem aber ließ er das Korps der Holzfäller und einen Teil des

Fußvolks ausschwärmen, um die Bäume entlang des Weges abzuholzen; nun herrschte freie Sicht für die Osmanen, die Aufständischen waren ihrer Verstecke beraubt. Dann ließ der Sultan die Wege verbreitern. Zum ersten Mal zogen die Wagenkolonnen und die Tragtiere unbehindert gegen Mittelalbanien[684]. Der Sultan hatte den Kampf gegen die Natur, Skanderbegs Verbündete, aufgenommen und gewonnen.

Es blieb noch der Krieg gegen die Berge. 1466 und 1467 schickte Mehmed II. Rollkommandos in jedes Tal und hinauf auf jede Alm und ließ Mensch und Tier entweder umbringen oder deportieren. Kritobulos beschreibt, wie zunächst die Plänkler einrückten, dann Bogen- und Büchsenschützen sowie Schleuderer. *„In aller Ruhe und Schritt für Schritt"* folgte das Fußvolk und drängte die Aufständischen zurück, bis diese im Kampf vernichtet wurden. Bergspitze für Bergspitze wurde so eingenommen und die letzten Schlupfwinkel ausgeräuchert. Eine derartige Kriegführung hatten die Osmanen zuvor nie angewandt. Niemals wieder sollten die Osmanen den Bergbewohnern derart den Fuß in den Nacken setzen. Mit einem totalen Krieg hatte Mehmed II. den Sieg errungen. Die osmanischen Steuerregister belegen den Erfolg dieser Taktik, die in Mati und Dibra zu einer eigentlichen demografischen Katastrophe führte[685].

Skanderbeg war nicht der einzige Balkanfürst, der den Osmanen mit unkonventioneller Kriegführung langjährigen Widerstand leistete: Denn in der Walachei, besonders aber in der Moldau fochten ebenfalls leichtbewaffnete Bauernaufgebote gegen die Sultansheere: Die Woiwoden (Fürsten) beider rumänischen Fürstentümer räumten zumeist ihre Festungen und zogen sich in die tiefen Wälder ihrer Länder zurück. Wie Skanderbeg gaben sie im Sommer einen Teil ihrer Gebiete auf, wie Skanderbeg hatten sie aus den Fehlern der griechischen, bulgarischen und serbischen Fürsten, den Niederlagen der Kreuzfahrer bei Nikopolis, Varna und auf dem Amselfeld gelernt. Um die Osmanen zu schlagen, durfte man sich nicht auf ihre Form der Kriegführung einlassen: Vielmehr musste man sie in unwegsames Gelände locken, wo die Timarreiter gegen Berge und Bäume anzukämpfen hatten, bevor sie auf den Gegner trafen, wo sich der Schwung der Janitscharen im Buschwerk brach, wo die Einheimischen ihre Stärke, Wendigkeit und Kenntnis des Geländes, zum Einsatz brachten. Die Moldauer brannten ihre Felder nieder und trieben ihre Tiere in Waldverstecke. Die Osmanen trafen auf verwüstete, menschenleere Landstriche – die Bewohner lauerten indessen in den Wäldern[686]. Wie die orthodoxen Bauern der Walachei und der Moldau errangen auch Skanderbegs schnelle Bauern- und Hirtenkrieger unter diesen Umständen ihre großen Siege. Nicht Söldnerheere – von den Kreuzrittern aus dem Abendland und einzelnen Söldnern einmal abgesehen – sondern Freibauern[687], die ein starkes eigenes Interesse an der Verteidigung ihres Glaubens, ihrer persönlichen Freiheit, ihres eigenen Besitzes hegten und unter dem Befehl charismatischer Anführer fochten, die sie achteten und verehrten, geboten dem osmanischen Vormarsch zumindest zeitweise Einhalt. Diese Gemeinsamkeiten des walachischen, moldauischen und albanischen Widerstands muss man sich stets vor Augen halten; dann wird auch nicht erstaunen, dass den großen Fürstenfiguren, Stefan dem Großen von der Moldau und Skanderbeg, eine gewaltige volkstümliche Verehrung entgegengebracht wurde[688]. Der dauernde Kleinkrieg unter Ausnützung der Landesnatur, geführt von einer kleinen Schar überzeugter Krieger, dies war Skanderbegs Kampfform, und dies erklärt sein Überleben.

III

EIN HELD DER RENAISSANCE

VASALL NEAPELS

„*Wir glauben, dass es Eurer Hoheit nicht verborgen ist, dass wir Vasall und Hauptmann des erlauchtesten Königs von Aragón in jenen Gebieten sind*“, schrieb Skanderbeg am 18. Juli 1456 dem Herzog von Mailand, Francesco Sforza[1]. Damit brachte er seine Stellung gegenüber jenem Monarchen zum Ausdruck, der ihm – im Gegensatz zu Venedig und Ragusa – im Augenblick höchster Not geholfen und ihn in Form eines Lehensverhältnisses unter seinen Schutz genommen hatte. Bis zu seinem Tod blieb Skanderbeg der Krone Neapels treu; und nach seinem Tod wanderten die Kastriota nach Apulien aus. Der Albanerherr war von 1451 bis 1468 der zuverlässigste Vasall der Könige Alfons V. († 1458) und Ferrante I. auf dem Balkan. Er folgte ihnen in den Krieg gegen die Osmanen ebenso wie in den Konflikt mit Venedig. Dass Skanderbeg sich in dieses Ringen zwischen italienischen Staaten, das auf die Hämushalbinsel getragen wurde und dauerhaft die Abwehrkraft der Region gegen die Osmanen schwächte, verwickeln ließ, zeigt seine Abhängigkeit vom Hause Aragón.

Das Vasallitätsverhältnis gestaltete sich nicht einheitlich. Alfons V. plante bis 1453 die Eroberung Konstantinopels und dann einen Kreuzzug in Albanien. Er war bereit, größere Truppenverbände über die Adria zu schicken und gemeinsam mit Skanderbeg die Osmanen anzugreifen. Sein Sohn Ferrante hingegen hatte bis in die Mitte der 60er-Jahre des 15. Jahrhunderts mit einer gefährlichen Adelsfronde zu kämpfen. Danach ließ ihn sein Misstrauen gegen Venedig enge Beziehungen mit dem Sultan eingehen; er besaß weder die Mittel noch den Willen, die Eroberungspolitik seines Vaters fortzuführen.

Skanderbeg war Vasall nicht nur dem Rang nach; er empfand ein tiefes Gefühl der Treue und Dankbarkeit gegenüber Alfons V., ein Gefühl, das er auf Ferrante übertrug[2]. Seine Politik bleibt unverständlich, wenn man diese dauerhafte Anlehnung an Neapel nicht in Betracht zieht. Er war damit aber auch ein Gefangener des harten venezianisch – neapolitanischen Ringens um die Vorherrschaft in der südlichen Adria, dies umso mehr, als seine Versuche, in Ragusa, Mailand oder im fernen Burgund greifbare Hilfe zu erlangen, scheiterten (1451)[3]. Der Kastriota versuchte also durchaus, einen gewissen Spielraum zu bewahren; doch gelang ihm dies nicht.

Der Tod Murads II. hatte den Aufständischen die dringend nötige Atempause verschafft. Der neue Sultan Mehmed II. richtete alle Aufmerksamkeit auf die Vorbereitungen zur Belagerung Konstantinopels. Die Unruhen an seinen westlichen Grenzmarken erschienen nur nebensächlich. Skanderbeg war freilich nicht in der Lage, die Ablenkung der Osmanen zu nützen. Zu geschwächt war er aus den Kämpfen des Jahres 1450 hervorgegangen. Der einzige greifbare Erfolg, den Skanderbeg verzeichnete, war der zügig betriebene Bau einer neuen Grenzburg im Hügelland des westlichen Pologs, schon im slawischen Sprachgebiet, wo die Menschen serbische Namensformen trugen[4]; Modrič wurde in den wenigen Monaten der warmen Jahreszeit errichtet und gleich als Ausgangspunkt für einen Raubzug genützt; da, wie Barletius erzählt, die osmanischen Verteidiger nicht im Lande waren, gelang der Überfall ohne Mühe[5]. Der eben auf den Thron gelangte Mehmed II. hatte in Kleinasien Krieg geführt[6]. Im Lager Skanderbegs selbst war man sich der verpassten Gelegenheit bewusst[7]. In einer Rede, die Barletius seinem Helden in den Mund legt, klagt dieser über das *„leere Geschwätz“* seiner Gefolgsleute, während die Schande des Verlusts von Svetigrad nicht gesühnt sei[8]. Wegen der vorgerückten Jahreszeit unterblieb ein Angriff auf diese Schlüsselstellung[9]. Schon die Zeitgenossen hatten Versäumnis und Versagen erkannt; aus der Rückschau wussten sie, welch hohen Preis die Aufständischen für ihre kleinlichen Fehden zu zahlen hatten.

Während Mehmed II. Konstantinopel einschnürte, verbissen sich Skanderbeg und die Dukagjin in einem fruchtlosen Kleinkrieg in den Bergen[10]. Im Norden war Stefan Crnojević im Gegensatz zum mittelalbanischen Adel nicht zu Neapel übergangen, sondern hatte vielmehr im Februar 1452 vom venezianischen Statthalter von Cattaro ein Markusbanner in Empfang genommen; mit seinen Hirtenkriegern, so versprach er, werde er für die Lagunenrepublik die Pässe gegen Serben und Osmanen verteidigen[11]. Was sich 1444 abgezeichnet hatte, verfestigte sich nun: Die Crnojevići gingen eigene Wege. Die Vereinbarung von Alessio hatte keinerlei Gültigkeit mehr. Stefan Crnojević war den Venezianern zu Dank verpflichtet, weil sie seinen Sohn aus der Geiselhaft des Herzegowiners Stefan Vukčić ausgelöst hatten. Als er dann auch noch 1452 die Serben besiegte, errang er großes Ansehen als mächtigster Herr zwischen Cattaro und Skutari[12].

Skanderbeg konnte dies nur mit einem gewissen Neid beobachten. Im September 1452, also eineinhalb Jahre nach Beginn der neapolitanischen Vasallität, schickte er nach Venedig und *„bot sich aus freien Stücken für unsere Dienste, in eigener Person und mit seinen Männern, ohne Sold"* gegen die Feinde Venedigs an[13]. Die Venezianer dankten; doch hatten sie in Albanien keine Gegner mehr; die Serben waren geschlagen, und mit dem Sultan galt ein Vertrag, der den venezianischen Handel sicherte. Von Skanderbeg wollten sich die Senatoren nicht in einen Krieg gegen die Osmanen verwickeln lassen. Es kam bald zu Spannungen, da die Signoria offenbar die Dukagjin gegen den Kastriota unterstützte; Venedig sperrte das Jahrgeld[14]. Immerhin gelang dem Albanerherrn im Spätsommer 1452 ein Erfolg, von dem Vizekönig Ortafa nach Neapel schrieb[15]. In der Tat war es am Berg Mokra, jenen bewaldeten Höhen westlich der Ebene von Polog, zu einem Gefecht gekommen, bei dem der osmanische Befehlshaber Hamza bey in Gefangenschaft geriet[16]. Skanderbeg bewirtete ihn großzügig und erlangte schließlich ein stattliches Lösegeld. Bald darauf entbrannte in derselben Region ein weiteres Gefecht mit einem osmanischen Offizier, den Barletius „Debereas" (wohl: aus Dibra stammend) nennt[17].

Das Jahr 1453, das den Fall von Byzanz sah, war im westlichen Balkan durch einen unübersichtlichen Kleinkrieg geprägt. Da die Osmanen alle wesentlichen Truppenkräfte am Bosporus zusammengezogen hatten, fiel es Skanderbeg leicht, vorzurücken. In Ragusa hieß es, er habe einen Ort namens „Casii" erobert, gemeint ist vielleicht die Landschaft Has bei Prizren[18]. Alfons V. sah sich außerstande, weitere Hilfe zu schicken; Venedig war feindlich gesinnt[19]. Skanderbeg hielt sich so an seine balkanischen Nachbarn. Der serbische Despot Georg Branković überwies aus Ragusa eine stattliche Summe an den Mann, der wie er Venedig als Gegner ansah (September 1453)[20]. In Ragusa sprachen Gesandte des Kastriota im März, im Juni und im September vor[21]. Über Ragusa knüpfte er Kontakte zu Vladislav, dem Sohn des Stefan Vukčić[22]. All diese diplomatische Tätigkeit erfolgte im Interesse Neapels, mit Herren und Städten, die der Markusrepublik misstrauten. Im Hochsommer 1453 warnte Skanderbeg die Venezianer zwar vor einem osmanischen Angriff, doch ließ er zur selben Zeit mit Männern Alfons' V. Schanzen an der Grenze zu Venezianisch-Albanien aufwerfen. Unter neapolitanischer Fahne marschierte er dann nach Norden, wo das venezianische Provinzaufgebot in Verteidigungsstellung ging[23]. Doch war dies offenbar nur eine Drohgebärde, vielleicht zur Erpressung des Jahrgelds; denn bald darauf begannen Verhandlungen, in denen Skanderbeg seine Vertragstreue bekräftigte und anbot, seine guten Beziehungen zu Georg Branković zur Vermittlung zwischen Venedig und dem Despoten einzusetzen (August 1453)[24]. Ein Abkommen wurde geschlossen, das der Kastriota wünschte, weil er eine Reise nach Neapel und Rom plante, auf die ihn der Statthalter von Alessio, Venedigs Kontaktmann zum Bergland, begleiten sollte[25]. Das Vorhaben zerschlug sich. Dafür focht Skanderbeg gegen osmanische Verbände, so dass König Alfons V. im Oktober 1453 dem Papst berichten konnte, *„dass in den albanischen Landen Georg Castrioti oder auch Skanderbeg und Araniti, sein Gefährte, gegen die Türken Krieg führen ... sie, die von uns unterstützt werden und in unserem Namen und mit unseren Feldzeichen einen großen Teil der von den Türken besetzten Gebiete zurückgewonnen haben und sich täglich mit dem Schwert ihren Weg bahnen und auch nicht aufhören, das übrige Land zu unterwerfen"*[26]. Mehr als die Eroberung einer ungenannten Burg scheint aber bis Dezember nicht gelungen zu sein[27].

So verstrich ein Jahr, das gute Gelegenheit zu einer größeren Offensive geboten hätte, ohne nennenswertes Ergebnis. Wie unsicher die Geländegewinne waren, erwies sich schon im folgenden Frühjahr. Im Januar 1454 schrieben die venezianischen Statthalter und Skanderbeg an den Senat, der Sultan würde *„mit einem gewaltigen Heer ... zur Vernichtung Skanderbegs und zur Eroberung unserer (venezianischen, O. S.) Gebiete und Orte"* heranrücken[28]. Zur gleichen Zeit ging jener Gesandte nach Rom, der Papst Nikolaus V. die wahren Gründe des Aufstandes darlegte. Doch löste sich die venezianische Türkenfurcht recht bald auf: Am 18. April 1454, elf Monate nach dem Fall Konstantinopels, schloss die Signoria mit dem Eroberersultan einen Vertrag, in dem sie für ihre albanischen Orte Tribut versprach[29]. Venedig war nun bestenfalls noch interessiert, Arbeitskräfte des albanischen Adels für die Befestigung von Durazzo zu gewinnen[30]. Sonst aber hielt es zu den Aufständischen vorsichtige Distanz.

In den Bergen glomm die Fehde Skanderbegs mit den Dukagjin weiter; in Mittelalbanien aber ergriff König Alfons V. wieder die Initiative. Aufgeschreckt von den osmanischen Erfolgen, wollte er mit seinen Vasallen in den albanischen Süden vorstoßen, um jede Gefahr für seine apulische Küste zu bannen (Juni 1454)[31]. Er gewann die Dukagjin als Vasallen und wusste nun die Familien Balšić, Kastriota, Muzaki, Thopia und Araniti als Gefolgsleute hinter sich[32]. Zum ersten Mal seit längerer Zeit fanden die Herren wieder zu einem Feldzug zusammen, vereint unter dem Banner Neapels. Es war ihnen sehr ernst mit dem Angriffplan. In Italien war indessen in Lodi ein Landfrieden geschlossen worden, der angesichts der osmanischen Gefahr die inneritalienischen Streitigkeiten beenden sollte. Venedig betrachtete die Vorbereitungen mit Unruhe. Zwar verstärkte es die Baupläne in Durazzo, auch Dagno wurde gesichert[33]. Doch war es froh, dass sich Muzaki Thopia im Februar 1455 aus dem neapolitanischen Einfluss löste[34].

Damit war das benachbarte venezianische Durazzo vor Osmanen wie vor Neapel geschützt.

Alfons V. mobilisierte indes ein Expeditionskorps. Im Mai 1455 schifften sich in Apulien 1200 aragonesische Fußknechte und 500 Reiter ein, die unter dem Befehl des Santo Garillo und des Teseo Savello nach Albanien übersetzten[35]. Dort erwarteten sie Skanderbeg, Araniti Komino und Muzaki Thopia mit ihren Gefolgschaften. Der Großangriff des Königs von Neapel und seiner albanischen Vasallen auf den osmanischen Teil Albaniens hatte begonnen. Der König wollte die wichtigste osmanische Festung in Mittelalbanien erobern lassen, Berat – damals noch *„Belgrad in der Romania* (also im byzantinischen Land, O. S.)" genannt –, eine eigentliche Burgstadt auf einem steil abfallenden Berg, geschützt von noch in byzantinischer Zeit errichteten starken Mauern[36]. Berats Burgberg erhob sich fast 200 m über der Ebene; er lag in einer breiten Senke, die im Westen von bis zu 900 m hohen Mittelgebirgen, im Osten von der fast 2500 m hohen Tomorrica, nach Süden hin von einer Flußschlucht begrenzt war und sich nur nach Norden hin zur Küstenebene verbreiterte. In der Stadt zu Füßen der Burg lebten wohl rund 800 Menschen[37].

Nur ein Zugang führte zu dieser Festung, und dieser war mit mehreren Toren zusätzlich gesichert. Berat war nicht zu erstürmen, nur durch massiven Beschuss oder schlicht durch Aushungern würde die Burg fallen. Welchen Plan die Aragonesen und die aufständischen Adligen verfolgten, ist unklar. Sie waren jedenfalls nicht imstande, die orthodoxe, überwiegend albanischsprachige Bevölkerung der Stadt auf ihre Seite zu bringen; diese wollte Skanderbeg keinesfalls in ihren Mauern dulden, sondern gelobte vielmehr den Osmanen Treue[38].

Während der Hauptharst der christlichen Armee nach Süden marschierte, scheint auch, glaubt man dem Bericht des in seiner Chronologie nicht immer zuverlässigen Chalkokondyles, ein zweiter Vorstoß nach Osten unternommen worden zu sein; Ziel war Svetigrad[39]. Die Offensive wurde gewagt, da Mehmeds II. Hauptheer weit im Norden focht, wo es die Silberstadt Novo Brdo auf dem Amselfeld belagerte und am 1. Juni einnahm. Der aus Novo Brdo stammende Martinus Segonus beschrieb die Stadt: *„Die Stadt Neuenberg, eine Siedlung der Deutschen. Denn von Anfang an haben sie Sachsen bewohnt, die in den Landschaften Mysiens (Serbien, O. S.) Erze und Silber suchten. Wie überreich die Stadt war, soll hier nicht weiter ausgeführt werden"*[40]. Drei Wochen später hielten die Osmanen in Prizren Einzug, einer Stadt, die einst kurzzeitig von Ivan Kastriota beherrscht worden war und die mit den Dukagjin Verbindungen unterhielt[41]. Auf dem Schlachtfeld von 1389 brachte Mehmed II. ein Totenopfer für seinen Vorfahren Murad I. dar und zog dann nach Süden in Richtung Saloniki[42]. Die Osmanen hatten sich in den

Besitz des reichsten Minenorts auf dem Balkan gesetzt. Der Grenzfeldherr Isa von Skopje vermehrte durch neue Geldlehen seinen ohnehin gewaltigen Besitz. Mit der endgültigen Unterwerfung des Kosovo hatte sich die Umklammerung der Aufständischen in Dibra und Mati noch verstärkt; ihre Verbindungen zum serbischen Despotat, das noch vier Jahre an der mittleren Donau bestehen sollte, wurden weitgehend unterbunden. Im venezianischen Skutari herrschte auf die Nachricht vom Fall Novo Brdos helle Aufregung; die Signoria beorderte eine starke Flotte in die südliche Adria, die zwischen Cattaro und Durazzo kreuzen sollte (Juli 1455)[43]. Diese Galeeren hatten aber auch den Auftrag, Alfons V. Truppen nicht zu stark werden zu lassen. Unter dem Vorwand, Schmuggel zu bekämpfen, brachten sie Nachschublieferungen an das Expeditionskorps auf. Am 21. Juli 1455 beklagte sich der König gegenüber dem mailändischen Gesandten in Neapel, Alberico Maletta, bitter über die Feindseligkeit der Markusrepublik: *„Bei diesen Überlegungen begann er, sehr deutlich Schlechtes von den Venezianern zu berichten; es seien Männern von böser und tückischer Art, die nur an ihren Nutzen dächten ... Neulich hätten sie ihm ein Schiff mit Lebensmitteln gekapert, das er nach Albanien zur Unterstützung seiner Gebiete geschickt hatte, er habe aber ihnen derart Bescheid geben lassen, dass sie ihm alles zurückgegeben hätten, aber mit einem kaum mehr zu überbietenden Widerwillen; er sagt, dass sie sagten, dass, falls er Galeeren ausrüsten würde, um gegen den Türken zu ziehen, auch sie rüsten würden und dass sie nicht wollten, dass er das Meer beherrsche; und er sagt, dass es ihm gefalle, noch größere Vorbereitungen gegen den Türken zu treffen“*[44]. Alfons V. seinerseits vermied auch nichts, um die Venezianer zu reizen. Am 16. Juni entsandte er den Johanniter Johannes Claver zu dem südalbanischen Kleinadligen Simon Zenebish[45], der dem König den Vasalleneid schwor. Zenebishs Einbindung in die Schar der albanischen Vasallen erfolgte aber nicht nur mit Blick auf den Türkenkrieg; am 20. August 1455 vertraute Alfons V. dem mailändischen Gesandten vielmehr an: *„Seine (Zenebishs, O. S.) Gebiete liegen 12 Meilen vor Korfu“*[46], dem wichtigsten Hafen Venedigs im ionischen Meer.

Der christliche Feldzug in Albanien stand unter einem schlechten Stern. Neapel und Venedig befanden sich am Rande einer offenen Auseinandersetzung. Und die Osmanen hatten einen entscheidenden Sieg errungen und marschierten bereits wieder nach Süden – und dies zu einem Zeitpunkt, als das christliche Belagerungsheer gegen Berat erst allmählich vorrückte. Diese zeitliche Verschiebung zwischen den beiden Feldzugskalendern sollte sich verheerend auswirken.

Im Juli 1455 hatten die Verbündeten endlich Berat erreicht. Was dann geschah, berichten Augenzeugen wie der Albaner Nicolo Lalimi, dann Teilnehmer an der Schlacht und albanische Söldner in venezianischen Diensten, deren Erlebnisse von dem Statthalter und auch dem Kämmerer von Durazzo aufgezeichnet wurden[47]. Demnach sollen die Belagerer am 26. Juli mittags ihre Stellungen um den Burgberg bezogen haben. Muzaki Thopia und seine Gefolgschaft, insgesamt 5000 Mann, verstärkt um 500 Katalanen, legten sich vor das Haupttor, während Skanderbeg und Araniti Komino ihre Männer ausschickten, um Belagerungsgerät wie Sturmleitern und Bauholz für Kriegsmaschinen zu beschaffen[48]. 6000 Mann des Araniti waren so von der Stadt abgezogen, während Skanderbeg sich auf der anderen Seite des Berges mit Reitern und 1000 Kriegern zu Fuß aufhielt. Von der Burg aus betrachtet, muss sich das Feldlager weit auseinandergezogen haben, wobei die Belagerer wohl in einem Halbkreis nördlich der Stadt standen, wo sich das Tal des Flusses Osum weitet. Niemand aber hatte daran gedacht, die Gebiete im Süden zu sichern, wo der Osum aus den Bergen hervorbricht. Offenbar verließen sich die Adligen ganz auf ihre Kundschafter; und diese versagten. Den Osmanen war der gemächliche Aufmarsch der Aragonesen und der christlichen Adelsverbände nicht entgangen. Mehmed II., der sich bereits auf dem Rückmarsch entlang des Vardars befand, befahl seinen Grenzfeldherren, die Angelegenheit zu bereinigen. Isa bey von Skopje, der Evrenosabkömmling Ali (in den westlichen Quellen als Sebalia oder Sabalia bezeichnet) und Hamza bey sammelten die Aufgebote aus Serbien und dem Vardartal, insgesamt rund 30 000 Mann[49]. Während Skanderbegs Späher im Osten Ausschau hielten, marschierten diese Feldherren in einem weiten Bogen um das Aufstandsgebiet herum in die Region der osmanischen Festung Valona. Von dort aus wählten sie nicht die Küstenebene, sondern schwer gangbare Bergpfade, die ihnen von wegkundigen Einheimischen gewiesen wurden[50]. In drei Tagen, so der venezianische Statthalter von Durazzo, sollen diese Einheiten angeblich 200 Meilen zurückgelegt haben[51]. Auch wenn dies übertrieben ist, hatten die Osmanen eine gewaltige Marschleistung erbracht. Am 25. Juli langten sie unbemerkt im Süden von Berat an und hielten dort einen Tag Rast. Dass die Belagerer immer noch nichts bemerkten, erscheint kaum glaublich. Am Morgen des 26. Juli konnte sowohl das Entsatzheer wie die Garnison von Berat die günstige Gelegenheit deutlich erkennen. Muzaki Thopia mit seinen 5500 Mann stand allein gegen eine sechsfache Übermacht. Da ließen die Belagerten Tamburen und andere Kriegsinstrumente erschallen und gaben damit das Zeichen zum Angriff. Das Entsatzheer fiel in einer großen Reiterattacke von Osten über den Thopia her, und zur gleichen Zeit unternahmen die Belagerten einen Ausfall. Es kam zu einer furchtbaren Schlacht auf dem Bergsattel vor der Burg; Muzaki und seine gesamte Einheit wurden niedergemacht. Araniti und Skanderbeg sahen den Pulverdampf in der Luft und eilten durch die Ebene zum Burgberg hin, doch kamen sie zu spät. Außerdem hatten die Christen fast die Hälfte ihres Heeres schon verloren. So standen Skanderbeg und Araniti auf verlorenem Posten; der Kastriota bewies in der Niederlage eine unerhörte persönliche Tapferkeit und erschlug mit eigener Hand zahlreiche Osmanen, um seinen Männern den Rückzug zu ermöglichen. Diese Absetzbewegung wurde zur Katastrophe; die Schwerbewaffneten flohen, wohl nach Nordosten in die dort ca. 700 m hohen Hügel, sie warfen dabei ihre Waffen und Armbrüste weg. Skanderbeg und Araniti entkamen mit vielen ihrer Krieger; von den Katalanen, die das Gelände weniger gut kannten, überlebten jedoch nur 200 bis 300. Die Verluste der Christen beliefen sich auf 5000 bis 6000 Mann. Viele Überlebende retteten sich, oft schwer verwundet, in das venezianische Durazzo, wo Einwohner und Verwaltung das Schlimmste befürchteten.

Es war dies die größte Niederlage, die die Aufständischen bisher hatten hinnehmen müssen. Die Macht der Thopia, deren Gefolgschaft fast völlig vernichtet worden war, bestand nicht mehr. Als mindestens ebenso schlimm erwies sich der Verlust an Ansehen: Die beiden charismatischen Aufstandsführer Skanderbeg und Araniti hatten ein Desaster sondergleichen zu verantworten. Entsetzt über die Zahl der Toten, empört über Skanderbegs Versagen, begannen viele Aufständische, zu den Osmanen überzulaufen. Besonders in Dibra herrschte Unmut; über Svetigrad floh Moses, der Herr des Dibraner Unterlandes, zu Mehmed II.[52] Die siegreichen Osmanen führten bald darauf ihre gefesselten Gefangenen im Triumph durch Konstantinopel[53]. Es hatte sich erwiesen, dass der Südteil der Landschaft Albanien den Aufständischen keine Gefolgschaft leistete; vielmehr hatten die Osmanen in den Ebenen wie im Bergland die Unterstützung der Einheimischen genossen.

In Neapel traf die Nachricht am 7. August ein[54]; die Niederlage schrieb man der Überrumpelung und der Wucht der osmanischen Reiterei zu. Die Meldung, die Osmanen seien bis zum Meer vorgestoßen, beunruhigte den Hof mindestens ebenso sehr wie die Kunde von Niederlage; *„von dort aus kann man in einer Nacht nach Italien in den Hafen von Brindisi eindringen ... Den ganzen Tag schreien diese Türken, sie wollten nach Brindisi übersetzen. Und wenn die Flotte der Türken, die gegen Rhodos fährt, rasch zu dieser Passage nach Brindisi käme und sich dort mit diesem Heer vereinigte, dann wehe ganz Italien“*, schrieb Alberico Maletta seinem Herzog[55]. Die Einschätzung des Diplomaten stimmte mit derjenigen des Königs überein. Den Monarchen beschäftigte die unerwartete Niederlage derart, dass er am 22. August seinem Vertrauten Maletta zwei Wunder erzählte, die nach der Schlacht geschehen sein sollen: *„Obwohl viele Christen gefallen waren, behauptet man, es seien viel mehr Türken getötet worden; und am Ort der Schlacht, wo die Leichname der Christen und Türken nebeneinander lagen, habe man in der Nacht in aller*

Deutlichkeit ein Leuchten und Glänzen gesehen, das von den Sternen auf die Körper der Christen, nicht aber der Türken herabgekommen sei. Das zweite Wunder: Als die Türken diese Leichname bestatten wollten, fanden sie die meisten Körper der Ihren verwest und von Wölfen und anderen wilden Tieren zerfressen und zerrissen, die Körper der Christen aber waren unversehrt und ohne Geruch; als die Türken dies sahen, sagten diese, die Christen hätten dies durch Zauberei bewirkt. Der König bestätigt, dass dies wahr sei und er davon von vertrauenswürdigen Personen sichere Kunde habe"[56]. In Neapel verlieh man den Gefallenen die Aura von Märtyrern. Doch ließ sich Alfons V. von der Niederlage letztlich nicht beirren, sondern fühlte sich nur noch mehr bestärkt, die Osmanen an der östlichen Adria zu bekämpfen, um sein eigenes Königreich zu schützen. Nur einen Monat nach der Schlacht berichtet Maletta von einer weiteren Unterredung mit dem König, in der dieser seine Strategie darlegte; der Angriff auf Berat hätte den Weg nach Valona öffnen und damit die neapolitanische Einflusszone bis auf 50 Meilen an Korfu heranrücken sollen[57]. Mit anderen Worten: Alfons V. sah sich im Krieg sowohl mit den Osmanen als auch den Venezianern. Es verwundert nicht, dass diese einen Abgesandten des Königs, der im Gebiet der Zenebish das aragonesische Banner hissen wollte, schwer misshandelten[58]. Alfons seinerseits verdächtigte die Signoria, *„dass, sollte er etwas in Albanien unternehmen, größter Zwist und Streit zwischen dem König und den Venezianern entstünde, weil diese nicht wollten, dass der König etwas in Albanien zu schaffen habe, sondern sie es lieber in den Händen der Türken sehen wollten"*[59].

Die geplante aragonesische Offensive im Herbst 1455 erfolgte vor dem Hintergrund des inneritalienischen Gegensatzes, der an Schärfe monatlich gewann. Alfons V. bekundete am 26. August 1455 in einer prunkvollen Zeremonie im Beisein seines Hofstaates und einer vieltausendköpfigen Volksmenge seinen festen Willen, das Kreuz zu nehmen *„zur Verteidigung und Wiederaufrichtung des heiligen Glaubens"*; *„sein Gedanke hat sich stets verfestigt und erweitert"*, so Maletta, *„da er jene so große und harte Bedrückung durch den perfiden Türken erkannt hat und da wir in dieser unglücklichen Zeit zu unserem großen Unglück und Schmach die Ostkirche verloren haben"*[60]. Die Realpolitik aber gestaltete sich weniger pompös: Venedig sicherte sich die Unterstützung Stefan Crnojevićs, dessen slawische und albanische Hirtenkriegerverbände sich am 6. September 1455 in Vranjina am Skutarisee versammelten und der Republik Treue schworen[61]. Ebenso von der Schlacht bei Berat beeindruckt, beeilte sich auch Stefan Vukčić, von Neapel abzurücken und ein Bündnis mit Venedig einzugehen[62]. Damit waren im Norden die Zeta und die Herzegowina fest in venezianischer Hand, während das geschwächte Mittelalbanien und die Zenebish im Süden es weiter mit Neapel hielten. Die ganze südostadriatische Region stand so unter dem unmittelbaren Einfluss der italienischen Politik, alle wesentlichen Adligen hatten Vasalleneide geschworen.

Alfons V. indessen erwog eine Reise auf die iberische Halbinsel, um dort weitere Hilfsmittel aufzubieten. Am 10. Oktober 1455 legte er in der Instruktion für seinen Gesandten beim König von Portugal seine Pläne dar[63]: Sein Kreuzzugsvorhaben würde besonders durch seine Stützpunkte, *„einige Burgen und Länder, die er in Albanien besitzt“*, gesichert. Diese Länder ließ er noch im Herbst 1455 erweitern, und zwar durch Angriffe seines Vasallen Skanderbeg auf venezianische Gebiete; der Kastriota übernahm eine Burg eines – ungenannten – venezianischen Vasallen[64]. Venedig antwortete, indem es im Herbst 1455 den Erzbischof von Durazzo beauftragte, die osmanischen Grenzfeldherren gegen Skanderbeg aufzustacheln[65]. Gleichzeitig verschloss die Signoria die Tore der Hafenstadt vor albanischen Flüchtlingen: *„Viele Christen, die nach Durazzo flohen, wollten die Venezianer nicht einlassen, und die Türken fingen sie bis vor den Toren“*. Die ganzen Pläne des Königs hatten nämlich keinen Einfluss auf den Vormarsch der Osmanen, die das wehrlose Land der Thopia überrannten und bis auf wenige Meilen auf das neapolitanische Kruja heranrückten. Skanderbeg musste viele Bewohner der Burg verbannen, da er Verrat fürchtete; zugleich bat er den König dringend um 500 Söldner[66].

Wohl in der zweiten Oktoberhälfte schlugen die Osmanen noch einmal gegen Skanderbeg los, *„der unter größter Erschöpfung durch das Bergland geflohen ist“*[67]. Doch bewies der Kastriota erneut seine Zähigkeit: Am Neujahrstag 1456 erhielt der Papst ein Schreiben, das von schweren Verlusten der Osmanen im Kampf gegen Skanderbeg berichtete[68].

Angesichts des weitgehenden Zusammenbruchs seines albanischen Vizekönigreichs musste Alfons V. befürchten, dass sich das Lager seiner Vasallen auflöste, durch Abfall zu den Osmanen und zu Venedig. In der Tat schloss sich der enttäuschte Araniti Komino im Frühjahr 1456 Venedig an, flohen die Thopia nach Durazzo. An der Jahreswende 1455/56 waren die letzten Reste des Kuvend auseinandergefallen. Die adligen Familien waren besiegt und geschwächt und suchten ihr Heil bei Skanderbegs Gegnern. Der Kastriota war auf den Stand von 1450 zurückgeworfen: Er war allein, nur Neapel vermochte ihn zu retten. Seine Dankbarkeit gegenüber Alfons V. wuchs noch einmal, da er wieder in höchster Not Hilfe aus Unteritalien erhielt. Der König überlegte im Winter 1455/56, mit Graf Jacobo Piccinino einen der berühmtesten Condottieri der Zeit nach Albanien zu schicken, nicht ohne Hintergedanken freilich, denn der Kriegsunternehmer war vielen italienischen Fürsten unbequem geworden, und man hätte es gerne gesehen, wenn der Graf auf dem gefährlichen albanischen Kriegsschauplatz untergegangen wäre[69]. Piccinino war zu klug, um sich aus Italien entfernen zu lassen.

Der König unterstützte Skanderbeg im Winter 1455/56 auch dabei, seine Hilfegesuche an europäischen Höfen nördlich der Alpen vorzubringen; als Präsent für Herzog Philipp den Guten, dessen Bereitschaft zu einem Kreuzzug bekannt war, aber durch die Furcht vor dem französischen Nachbarn gehemmt wurde, gab Skanderbeg seinem Gesandten Paul Gasulus sechs osmanische Gefangene mit, die beim Empfang der Gesandtschaft in Lille am 15. Mai 1456 ihren Eindruck nicht verfehlten. Der Vertreter des Kastriota – und des serbischen Despoten, *„dispot de Roussie, duc d'Albanie"*, wurde mit Ehren aufgenommen; Jean, der „bâtard de Roisin" führte ihn durch das Land; Gasulus kehrte über Mailand, wo er bei Herzog Francesco Sforza vorstellig wurde, nach Albanien zurück[70]. Tatsächliche Hilfe konnte der Herzog nicht leisten, doch war die Kunde von Skanderbegs Türkenkrieg bis an den prunkvollsten Hof des spätmittelalterlichen Europa gelangt. Der Kastriota bewegte sich ebenfalls im Rahmen von Alfons V. diplomatischer Unterstützung, als er im Juni 1456 Francesco Maramonte als Gesandten an den Hof des Mailänder Herzogs Francesco Sforza schickte, der von *„der schlimmen Lage in seinen (Skanderbegs, O. S.) Gebieten und seiner Not angesichts des Türken"* berichtete[71]. Dieser berühmte Feldherr zollte Skanderbeg zwar Anerkennung, verwies den *„Grafen von Kruja, Herrn Albaniens und Generalkapitän"* des Königs von Neapel aber auf neapolitanische und päpstliche Geldmittel[72]. Wie Burgund griff auch das reiche Mailand nicht in balkanische Händel ein. Skanderbeg ließ sich nicht verdrießen, sondern benützte die Gelegenheit des Hochzeitsbündnisses zwischen den Häusern Aragón und Sforza zu einem Glückwunschschreiben, das am 18. Juli 1456 in Kruja ausgestellt wurde. Als Geschenk sandte er dem Herzog ein edles Pferd, das eben aus osmanischem Gebiet erbeutet worden war[73]. Gewiss hoffte der Albanerherr, nach dem Bündnis der beiden Dynastien würde mehr Hilfe über die Adria geschickt werden. Durch Vermittlung des Königs von Neapel hatte der Kastriota so persönliche Beziehungen, Gesandtschaften und Briefwechsel mit bedeutenden Fürsten des Abendlandes aufgenommen, ein beträchtlicher Erfolg auf dem Feld der Diplomatie, wenn man sich die schweren Rückschläge im Kampf vor Augen führt. Ohne die Fürsprache des Monarchen wäre dies freilich kaum möglich gewesen.

Diese diplomatischen Höflichkeiten erfolgten in einem Jahr, das wieder einen entscheidenden Markstein auf dem scheinbar unaufhaltsamen Weg des osmanischen Sultans bedeutete. Nachdem er das gesamte Tal von Vardar und Morava unter seine Macht gebracht hatte, fehlte Mehmed II. nur noch der Besitz Belgrads, um die alte Heerstraße von der Donau nach Saloniki, dieses Rückgrat jeder Herrschaft über den ganzen Balkan, vollständig zu beherrschen. Im Frühjahr 1456 marschierte er mit großer Heeresmacht nach Norden. Zum Schutze Belgrads hatte sich Johann Hunyadi gerüstet, dessen weit unterlegene Truppen von zahlreichen Freiwilligen und Kreuzfahrern, besonders aus dem deutschen Reich, verstärkt wurden. Der Mönch Giovanni di Capistrano feuerte die Verteidiger an, Kardinal Juan Carvajal, Legat des Papstes auf dem Balkan, unterstützte ihn nach Kräften. Am 14. Juli 1456 kam es zur entscheidenden Schlacht, die mit außerordentlicher Heftigkeit geführt wurde und mit einer schweren Niederlage des Sultans endete. Doch auch die Christen hatten viele Tote zu beklagen, die im Kampf, vor allem aber durch eine bald ausbrechende Seuche dahingerafft wurden, der am 11. August auch Johann Hunyadi und am 23. Oktober der Mönch di Capistrano erlagen. Zwar ließ Papst Kalixt III. in Rom alle Glocken läuten und lud die christlichen Fürsten ein, die Gelegenheit zu nutzen und den Sultan endgültig aus Europa zu verjagen, doch begnügte sich das Abendland, erleichtert aufzuatmen und den Sieg an der fernen Donau zu feiern[74].

Hunyadis Tod beraubte Skanderbeg seines besten Verbündeten auf dem Balkan, jenes Mannes, mit dem er 1443 und 1448 große Angriffsallianzen gegen den Sultan geschmiedet hatte. Als im selben Jahr 1456 auch noch Georg Branković, jener geschmeidige, aber auch hart geprüfte Despot von Serbien, ins Grab sank, da durfte Mehmed II. jubeln: Die neben Skanderbeg prägendsten Gestalten Südosteuropas waren nicht mehr.

Doch bevor der Tod unter den Balkanfürsten seine Ernte hielt, hätte wieder einmal die Ballung osmanischer Truppen fern des westbalkanischen Aufstandsgebietes dem Kastriota eine vorzügliche Möglichkeit geboten, in das Vardartal oder den albanischen Süden vorzustoßen und die Osmanen im Rücken zu bedrängen. Doch was tat Skanderbeg in jenem Jahr 1456? Es zerrann ihm zwischen den Fingern, er verlor sich in kleinräumigen Fehden, gefangen im Spiel der italienischen Mächte. Ein Blick auf die verworrenen Einzelheiten zeigt die Grenzen von Skanderbegs Handlungsmöglichkeiten und zugleich seine Abhängigkeit von Neapel deutlich auf.

Im Mai hatte er 1000 neapolitanische Reiter und 50 französische Kreuzritter empfangen, die über die Adria gekommen waren; am 8. Mai rückten weitere Verstärkungen aus Neapel in Kruja ein[75]. Doch war bereits im April ein Gerücht umgelaufen, das alle Angriffspläne zuschanden machen musste: Stefan Vukčić von der Herzegowina sei von Mehmed II. unter Druck gesetzt worden und rücke mit angeblich 20 000 Mann, darunter vor allem osmanische Soldaten, gegen Skanderbeg[76]. Weit im Norden, in Ofen, hoffte indes Kardinal Carvajal noch im Mai, dass Skanderbeg einen Entlastungsangriff führen würde, mit Kreuzrittern, die angeblich zahlreich nach Albanien strömten[77]. Doch anstatt rasch gegen die Osmanen loszuschlagen, geriet das Unternehmen Skanderbegs in die Fallstricke der neapolitanisch – venezianischen Intrigen. Der Gegensatz der beiden italienischen Mächte wurde – schärfer denn je – auch auf dem Balkan ausgetragen.

Hatte Venedig Araniti und die Thopia auf seine Seite gezogen, so gewann Alfons V. im Mai Peter Span, dessen kleine Herrschaft in den Bergen östlich von Drivasto lag. Auch er führte seine kleinräumige Fehde gegen venezianische Untertanen unter dem Schirm Neapels weiter[78]. Ganz im Süden stärkte der König die Vasallitätsbande mit den Zenebish, die er Skanderbeg besonders anempfahl (August 1456)[79]. Am 19. Juni 1456 ermunterte der König seinen *„lieben Truppenhauptmann und Ratsherrn"* Skanderbeg, er möge mit den ihm geschickten Truppen *„im Dienste unseres Herrgottes einige Dinge gegen die Feinde unternehmen"*[80]. Erfolge gelangen in der Tat, so ein Sieg über den abtrünnigen Moses von Dibra, der bald darauf ins Lager der Aufständischen zurückkehrte (April 1456)[81]. Andererseits zerstörte der osmanische Feldherr Evrenosoğlu Ali eine der beiden neuen Küstenburgen des Kastriota. So sah sich König Alfons V. bald darauf gezwungen, die Befehlsstrukturen seiner Verwaltung in Albanien umzugestalten; neben den Vizekönig d'Ortafa trat als Sonderbevollmächtigter der Mönch Juan Claver (19. 6. 1456), der aber schon wenige Monate später verstarb[82]. So trat das Heer auf der Stelle. Verantwortlich dafür scheint Stefan Vukčić gewesen zu sein, der im Auftrag des Sultans *„große Umtriebe in Albanien zugunsten des Türken anstellt und jeden auffordert und ermuntert, sich dem türkischen Kaiser als dem mächtigsten Herrn der Welt anzuschließen"*[83]. In der Tat schwächten Überläufer auch aus dem hohen Adel die Reihen Skanderbegs, dessen Niederlagen unvergessen waren und der keinen großen Sieg errungen hatte, um diese wettzumachen.

Statt die Osmanen mit Krieg zu überziehen, führten Alfons V. balkanische Satelliten einen Krieg gegen Venedig; und da die Signoria dem Albanerherrn das Jahrgeld verweigert hatte, griff dieser venezianisches Gebiet an (August 1456)[84], während die Zenebish die venezianische Burg Butrint gegenüber Korfu bedrängten (November 1456)[85]. Die Venezianer schlugen zurück und besetzten die Steilküste von Himara[86]. Als Skanderbeg von der Markusrepublik das Durchmarschrecht durch Nordalbanien verlangte, wurde dies verweigert; aus Rache plünderte der Kastriota vor Durazzo und Skutari; die Signoria ihrerseits erwog, das neapolitanische Kruja anzugreifen[87]. Mitten in diesen Kleinkrieg fiel die Nachricht vom Überfall Leka Dukagjins auf das venezianische Dagno. Dies brachte die christlichen Gegner zur Besinnung. Abt Pelinus von Rotezo nützte dies und vermittelte noch im November 1456 einen Stillstand zwischen Venedig und Skanderbeg[88]. Dieser hatte recht verzweifelt versucht, die Osmanen doch noch anzugreifen[89].

Angesichts des kläglichen Ausgangs des Feldzugsjahres schienen die Erfolge, die die Zenebish in einigen Scharmützeln im Süden errungen hatten, derart bedeutend, dass Papst Kalixt III. ihnen überschwängliches Lob spendete, ja sie mit Athleten Christi verglich und zum Aushalten ermunterte[90]. Der Papst hatte eine Flotte nach Osten geschickt, die jedoch wenig ausrichtete. Wiederum mussten die Aufständischen über die Winterpause froh sein. Skanderbeg hoffte, dass trotz zweier Fehlschläge Alfons V. ihn auch ein drittes Mal mit einem Expeditionskorps unterstützen würde. Im Januar 1457 hielt sich sein Gesandter neben vielen anderen Diplomaten, *„aus verschiedenen Teilen Griechenlands und auch des Despoten"*[91], in Sansevero auf, wo der König nach einer Jagdpartie in einem Pavillon ein prächtiges Festmahl veranstaltete[92]. Am 23. Januar hatte der mailändische Gesandte mit Skanderbegs Emissär gesprochen, dessen Herr eben einen schweren osmanischen Angriff überstanden hatte. *„Er sagte mir, seine Majestät der König habe ihm versprochen, ihm bis zum Ende dieses Jahres 1000 Reiter und 1000 Fußknechte zu geben ... doch glaube ich, dass dies nur Worte sind"*[93]. Der Diplomat täuschte sich nicht; Alfons erlaubte Skanderbeg am 11. März 1457 lediglich die Ausfuhr von Getreide aus Apulien und stellte am 19. April seiner Burgstadt Kruja eine Privilegurkunde aus, in welcher der Kastriota mit keiner Silbe erwähnt wurde[94].

Immerhin verbesserte sich Skanderbegs Verhältnis zu Venedig, das freilich keine Hilfe gegen die Osmanen leistete, sondern vielmehr die Unterstützung des Albanerherrn gegen Leka Dukagjin benötigte. Zugleich bereiteten die Venezianer einen Angriff auf die Zenebish, Alfons' V. Vasallen im Süden, vor[95]. Ein weiteres Jahr innerer Kämpfe im albanischen Raum zeichnete sich im Frühling 1457 ab. Wieder lag Verrat in der Luft; Hamza Kastriota war zum Sultan geflohen; Georg Strez Balšić wurde bei einer Verschwörung überrascht und nach Unteritalien deportiert[96].

Papst Kalixt III. trieb wieder zum Kampf gegen die Osmanen; er schrieb an den bosnischen König, befahl die Aushändigung von in Ragusa deponierten Kreuzzugsgeldern, ließ Franziskaner in die albanischen Berge ausschwärmen[97]. Doch vermochte er nicht zu verhindern, dass in Nordalbanien der Krieg zwischen Venedig und den Dukagjin voll entbrannte. Mehmed II., der 1457 der Ruhe pflegte, erkannte die Gelegenheit und ordnete einen Großangriff auf Skanderbeg an. Angeführt wurde der Feldzug wieder von einem Verräter, Skanderbegs Neffen Hamza Kastriota, sowie dem Ishak Pascha[98]. Vor dem gewaltigen Heerbann der Osmanen blieb Skanderbeg nur der Rückzug in Burgen und Berge; von Neapel kam keine Hilfe. Bila kamin nahm die Gattin des Kastriota auf[99]; indessen rückten die Osmanen von Ochrid aus durch Ober-Dibra in Richtung des großen Dorfes Rahovnik vor. Sie trafen auf keinen Widerstand, marschierten durch menschenleere Gebiete, denn Skanderbeg hatte sich in den Raum Alessio begeben, wohl in seine Burg Rodoni[100]. *„Er ist von allen seinen Hauptleuten verlassen worden, die zum Türken übergegangen sind"*[101]. Er hatte daher Dibra und Mati kampflos aufgegeben. Die Osmanen brachen über diese Landschaften herein, drangen also in die innersten Kernräume von Skanderbegs Herrschaft vor, geführt von dem ortskundigen Hamza Kastriota; sogar die serbischen Chroniken berichten von diesem Desaster[102]. Dann stürmten sie zur Küste und erschienen am 29. Juli vor Alessio, wo sie das ganze Land in Schutt und Asche legten. Evrenosoğlu Ali verwüstete eine der beiden Küstenburgen der Aufständischen, wohl Rodoni[103]. Skanderbeg floh, *„um seinen Kopf zu retten"*, berichtete der venezianische Statthalter von Durazzo[104]. Tatsächlich zog sich Skanderbeg in das Bergland zurück, die Neapolitaner werden sich in Kruja verschanzt haben[105]. Der Albanerherr sah sich in einer verzweifelten Lage; er schrieb Papst Kalixt III., er fürchte, den Osmanen nicht mehr standhalten zu können; ein weiterer Bote berichtete von schrecklichen Verheerungen der Landschaft und einer schweren Niederlage Skanderbegs[106]. Der osmanische Druck hielt den ganzen Sommer über an. Skanderbeg schien am Ende. Hamza ließ sich von den Osmanen als Vasallenfürst in Mati einsetzen[107]. Am 2. August 1457 hieß es in Rom, die Osmanen stünden mit 60 000 Mann in Albanien[108].

Da wandte sich das Blatt; massive päpstliche Geld- und Flottenhilfe wurde mobilisiert, vor allem aber hatte Skanderbeg seine Gefolgschaft wieder gesammelt. Bei den „Weißen Wassern" am Berg Tumenisht nahe Kruja[109], im Herzen des Kastriotagebietes schlug das Glück jäh um: Skanderbeg, eben noch gejagt vom Verräter –*„vom Heer der Türken umzingelt und eingekesselt"*[110] – , zwang diesen in sengender Hitze nieder und errang einen seiner wichtigsten Siege (September 1457)[111]. *„Viele hat er über die Klinge springen lassen"*, wie der sienesische Gesandte bei der Kurie erfuhr[112]. In der Tat richteten die Sieger unter den Osmanen ein Gemetzel an, das, wie Barletius erzählt, die Weißen Wasser rot gefärbt habe[113]. Es war dies der größte Sieg, den Skanderbeg je in offenem Feld errungen hatte. Hamza und der Sancakbey Mesih paşa, ein Renegat aus byzantinischem Kaisergeschlecht, wurden nach Kruja geführt. Wieder einmal war es Skanderbeg gelungen, im letzten Augenblick seinen Kopf aus der Schlinge zu ziehen; in die Ecke gedrängt, das erfuhren die Osmanen immer wieder, war er wesentlich gefährlicher, als wenn er selbst angriff.Zur selben Zeit eroberten die Venezianer Dagno und vertrieben Leka Dukagjin in die Berge. Die beiden Kriege hatten weitgehend unabhängig voneinander stattgefunden. Venedig hatte beide Kampfparteien in Mittelalbanien beliefert; Durazzo spielte dabei eine Doppelrolle, wie sieben Jahre zuvor bei der Belagerung Krujas. Als sich der osmanische Feldherr bitter über die

Vorratssendungen an Skanderbeg beklagte, entschuldigte sich der venezianische Senat, die Verwaltung in Durazzo sei von dem Kastriota erpresst worden[114]. Auch weiter im Süden durften die Venezianer mit dem Verlauf der Ereignisse zufrieden sein: Simon Zenebish hatte wieder die Seiten gewechselt und sich im November 1457 der Markusrepublik unterstellt. Er tat dies aus Furcht vor Evrenosoğlu Ali, vor dem ihn Alfons V. nicht zu schützen vermochte[115]. So ging die Signoria als eigentliche Siegerin aus den Kriegen des Jahres 1457 hervor. Ihre Stellung wurde kurz darauf noch stärker.

Denn im Jahre 1458 erwies sich erneut die Abhängigkeit der Aufständischen von der internationalen Politik. Zwei Herrscher, die Skanderbeg tatkräftig unterstützt hatten, starben in jenem Jahr: Papst Kalixt III. und König Alfons V. Der Tod seines Lehensherrn versetzte dem Kastriota einen schweren Schlag[116]. Denn der König von Aragón und Neapel hatte ihm nicht nur leere Worte gegeben, sondern mehrfach massive Truppenverbände über die Adria geschickt. Eine Weiterführung dieser Hilfe aber erschien unmöglich: Die von Alfons V. aus Neapel verdrängten Anjou sahen den Zeitpunkt gekommen, ihren Besitz zurückzugewinnen. 1458 brach ein Thronstreit zwischen Alfons' Sohn Ferrante und René von Anjou aus, der sechs lange Jahre dauern sollte. Neapel schied als Schutzmacht der Aufständischen aus[117]. Glücklicher verlief für Skanderbeg die Wahl eines neuen Papstes (19. August 1458): Der Humanist Aeneas Silvius Piccolomini hatte schon länger Interesse an den Balkanchristen bekundet; er zeigte sich bereit, die Bemühungen seines Vorgängers um einen großangelegten Kreuzzug gegen Mehmed II. fortzuführen – im Frühjahr 1458 kreuzten päpstliche Galeeren in der Adria, die noch Kalixt III. hatte aussenden lassen[118] – und in dieses Unternehmen die christlichen Herren auf der Hämushalbinsel einzubinden; schließlich stellte er sich im neapolitanischen Thronstreit auf die Seite Ferrantes[119]. Im Piccolominipapst fand der Kastriota in den folgenden sechs Jahren seine festeste Stütze.

Der Tod des Monarchen führte aber auch zu einer gewissen Entspannung im Verhältnis zu Venedig, das nun unbestritten die Adria beherrschte und keine neapolitanische Ostpolitik mehr zu fürchten brauchte. Eine erstaunliche Wendung, wenn man bedenkt, dass König Alfons V. wenige Wochen vor seinem Tod dem venezianischen Gesandten Nicolò Sagundino mitgeteilt hatte, Skanderbeg sei daran, Venezianisch – Albanien mit Krieg zu überziehen, und plane Überfälle auf Drivasto, Skutari und Antivari, worauf die Venezianer in Durazzo angebliche Verschwörer hatten verhaften lassen (Frühjahr 1458)[120]. Die Signoria wünschte Ruhe in Nordalbanien und traf sich dabei mit den Zielen Skanderbegs: Beide wollten die Dukagjin zur Raison bringen, die im Winter 1458/59 auch Frieden schlossen[121]. Im Süden räumte die Markusrepublik die Burgen, die ihr Simon Zenebish eben übergeben hatte, ein Schritt, um

Verwicklungen mit den Osmanen zu vermeiden; zudem drohte nicht mehr die Gefahr eines Eingreifens der Aragonesen (ebenfalls August 1458)[122]. Der venezianische Senat hatte wenige Monate nach Alfons' V. Tod seine Stellung im albanischen Raum gefestigt, ohne den Frieden mit dem Sultan zu gefährden. Der Kastriota hatte zwar den Konflikt im Norden entschärft, musste jedoch auf eine großangelegte venedigfeindliche Politik verzichten. Eine stille Feindschaft aber blieb.

Nach Osten hin durfte er von Glück sagen, dass Mehmed II. im Jahre 1458 erfolgreiche Feldzüge gegen den Rest des serbischen Despotats, das er bis auf die Hauptstadt Smederevo an der Donau unterwarf, und gegen die byzantinische Morea (Peloponnes) führte. Mit Skanderbeg beschäftigte sich nur ein regionales Aufgebot, das im Herbst 1458 vor Ochrid ein Lager bezog und von dort aus einen recht harmlosen Streifzug gegen die Mokra und die Burg Modrič unternahm. Skanderbeg und einige Unterführer hielten sich in den Wäldern verborgen, bis der einbrechende Winter die Scharmützel zum Erliegen brachte und ein regionaler Waffenstillstand ausgehandelt wurde[123]. Aufsehen erregte die Rückkehr Hamza Kastriotas aus dem neapolitanischen Kerker; der reumütige Verräter fürchtete aber um das Schicksal von Frau und Kindern, die bei Mehmed II. als Geiseln geblieben waren. Mit Skanderbegs Hilfe täuschte er eine Flucht zum Sultan vor; es gelang ihm aber nicht, mit seiner Familie nach Albanien zurückzukehren; vielmehr starb Skanderbegs engster Gefährte des Herbsts 1443 am Sultanshof; Gerüchte wollten wissen, er sei vergiftet worden[124].

Während die orthodoxen Fürsten Serbiens und der Morea ihrem Untergang entgegenblickten, durfte Skanderbeg dennoch hoffen, dass Hilfe aus Südosteuropa selbst kommen würde. Der junge ungarische König Matthias Corvinus war im Herbst 1458 erstmals in die Fußstapfen seines Vaters Johann Hunyadi getreten und hatte die Osmanen an seiner Reichsgrenze geschlagen[125]. Papst Kalixt III. hatte ihn bei seiner Thronbesteigung in einem Schreiben am 14. März 1458 ermahnt, das Werk Hunyadis fortzusetzen, und dabei ausdrücklich auf *„unseren lieben Sohn, den vornehmen Herrn Skanderbeg in Albanien"* hingewiesen[126]. Matthias ging sogleich auf diese Bitte ein; wieder diente das nominell ungarische Dubrovnik als Drehscheibe. Im Februar 1459 reiste Corvinus Gesandter, der Serbe Stupko aus Belgrad, zu Skanderbeg; der Inhalt der Verhandlungen ist nicht bekannt; der Ragusaner Senat schrieb am 24. Februar seinem Oberherrn lediglich, dass der Diplomat auf einem Dubrovniker Schiff nach Albanien in See gestochen sei[127]. Ein knappes halbes Jahr später unternahm der König eine energische Demarche in Venedig zugunsten Skanderbegs, der sich offensichtlich über die Feindseligkeit der Signoria beklagt hatte. Weiter verlangte der König, die Republik möge den Kastriota in einen Frieden mit dem Sultan einbeziehen. Der Senat versprach zwar keine Hilfe im Türkenkrieg, zeigte sich aber bereit, allfällige Streitigkeiten durch Verhandlungen zu lösen, wie, so erinnerten die Veneziianer den ungarischen Gesandten, dies ja eben geschehen sei[128]. Skanderbeg hatte in Matthias Corvinus einen neuen, wenn auch fernen Schutzherrn gefunden, der für ihn in Italien ein gutes Wort einlegte. Matthias seinerseits strebte danach, seine Südgrenze zu schützen; eine Stärkung Skanderbegs kam ihm dabei gelegen. Eigentliche Truppenhilfe vermochte er nicht zu leisten, zumal er nicht einmal zu verhindern imstande war, dass die Osmanen am 20. Juni 1459 ohne Schwertstreich Smederevo einnahmen und damit das serbische Despotat endgültig beseitigten[129]. Die Sultanstruppen standen erneut bedrohlich vor Belgrad.

Das Ende der Branković erschütterte den Balkan. Im Sommer 1460 erschien als Flüchtling der geblendete Despot Stefan Branković bei Skanderbeg[130]; die beiden werden sich aus alten Zeiten am Hofe Murads II. gekannt haben. Dass Stefan gerade bei dem Kastriota Zuflucht suchte, wird angesichts der wahrscheinlichen Verwandtschaft – und der ebenso anzunehmenden Mitwisserschaft am Kronprinzenmord von 1443 – wenig erstaunen. Der Kastriota nahm den gestürzten Fürsten auf und verheiratete ihn mit seiner Schwägerin Angelina, der Tochter Araniti Kominos; die orthodoxen Adligen auf dem Balkan stützten sich auch in der Not[131].

Skanderbeg erhielt aber auch unmittelbar einen Vorgeschmack auf die Folgen des serbischen Unterganges. Kurz nach dem Fall Smederevos griff Evrenosoğlu Ali die Aufständischen an (Sommer 1459) und brachte sie in derart große Bedrängnis, dass Skanderbeg Friedensverhandlungen erwog – Corvinus' Eingreifen in Venedig und Befürchtungen des Papstes belegen diese Kriegsmüdigkeit[132]. Auch den Venezianern, die den Kastriota heimlich mit Lebensmitteln versorgt hatten, versetzte der Sultan einen Prankenhieb; um Skutari plünderten osmanische Streifscharen[133]. Skanderbegs Not zeigte sich auch daran, dass er von seinem Deposit in Ragusa erhebliche Summen abziehen musste[134]. Das Fehlen auswärtiger Hilfe machte sich schmerzhaft bemerkbar. Dubrovnik, dem der Sultan Tribut abpresste, weigerte sich, den Aufständischen zu helfen[135].

Gegen Ende des Jahres 1459 zeichnete sich ab, dass weder der Sultan noch Skanderbeg an eine kurzfristige Entscheidung im Felde glaubten. Mehmed II. plante die endgültige Unterwerfung der Peloponnes und des Kaiserreichs von Trapezunt an der ostanatolischen Schwarzmeerküste. Skanderbeg seinerseits benötigte dringend eine Atempause. Es wurde deutlich, dass Papst Pius II., der den Aufständischen Unterstützung geben wollte, bei seinen Bemühungen, abendländische Herrscher für diese Unternehmen zu gewinnen, nicht von der Stelle kam. Der Kastriota, der Venedig nicht traute, beschloss daraufhin, auf der Seite Ferrantes in den neapolitanischen Thronstreit einzugreifen, wohl in der Hoffnung, bei einem Sieg von Alfons V. Sohn würden wieder Schiffe mit Truppen und Vorrat aus Apulien über die Adria kommen.

ITALIENISCHE REISE

Mit jedem Jahr des Aufstands hatte sich Skanderbegs Herrschaft dem Abendland angenähert. Erschallten seine Hilferufe zunächst nur in den adriatischen Raum, verhalf ihm seit der Leistung des Vasalleneids sein Lehensherr Alfons V. zu größerer Bekanntheit, indem er Gesandtschaften des Kastriota an die Höfe von Mailand und Burgund förderte. Skanderbegs Sendboten wurden allmählich zu einem vertrauten Anblick in den Ratssälen und Kanzleien der wichtigen süd- und westeuropäischen Staaten. Dennoch vermochte sich wohl niemand so recht eine genauere Vorstellung von jenem Balkanadligen zu machen, der jenseits der Adria beinahe Jahr für Jahr osmanische Angriffe abwehrte. Skanderbeg hatte lediglich Dubrovnik einen Besuch abgestattet; seine anderen Reisepläne nach Westen waren nicht verwirklicht worden. Dies sollte sich im Herbst 1461 ändern, als Skanderbeg über das Meer setzte, um König Ferrante im Kampf um den Thron beizustehen. Er betrat damit die politische Bühne Renaissanceitaliens, dessen Diplomaten und Publizisten das Ringen um Unteritalien mit größter Aufmerksamkeit verfolgten. Für das halbe Jahr, das er in Italien verbrachte (ca. September 1461 bis Anfang Februar 1462), rückt der Historiker Skanderbeg so nahe wie nie zuvor. Die Überlieferung wird dichter, nicht mehr nur Jahr für Jahr, sondern bald halb- und vierteljährlich, dann beinahe täglich lassen sich seine Wege und Taten nachvollziehen. Vieles von seinem späteren Ruhm ist durch diese Reise gefördert worden, denn damals erst verschaffte sich die politische und geistige Elite der Apeninnenhalbinsel ein eigenes Bild von diesem Mann. Er wurde besonders von den mailändischen Diplomaten am Hof Ferrantes genau beobachtet. So eröffnen sich Einblicke in Skanderbegs Charakter, aber auch in die Mentalitätsunterschiede zwischen dem Albanerherrn und den Fürsten der italienischen Renaissance.

Als Skanderbeg nach Apulien übersetzte, befand sich König Ferrante, ein Mann, der seit Jacob Burckhardts Beschreibung als eine der dunklen Gestalten Renaissanceitaliens gilt, in einer schwierigen Lage. René von Anjou, Titularkönig von Jerusalem, Herzog von Anjou, Lothringen und Bar, Graf von Maine und der Provence (1409–1480), hatte als Vertreter seines Hauses seinen Sohn Johann (1424–1470) mit einem Heer nach Süditalien entsandt. Ferrantes Stellung wurde alsbald erschüttert, besonders als der Söldnerführer Jacopo Piccinino ins Lager der Anjou wechselte und es zu einer Erhebung wichtiger Adliger, der sogenannten Verschwörung der Barone, kam. Als mächtigster Bundesgenosse der Anjou trat Giovanni Antonio del Balzo Orsini, Fürst von Tarent, hervor. Der Krieg setzte jenes jahrhundertealte Ringen um Süditalien fort, das mit dem Sturz der Staufer (1266/68) begonnen hatte. Francesco Sforza von Mailand, der ein Eingreifen Frankreichs in seinem lombardischen Staat fürchtete, stellte sich auf die Seite Ferrantes. Sein Neffe Alessandro Sforza, seit 1445 Herr von Pesaro, sollte als Heerführer in den Krieg eingreifen. Venedig blieb im Hintergrund, freundschaftlich waren seine Gefühle gegenüber den Aragonesen jedoch nicht. Florenz hielt es wegen seiner französischen Handelsinteressen eher mit den Anjou, während der spanische Papst Kalixt III. und sein italienischer Nachfolger Pius II. Ferrante unterstützten[136]. Dieser verlor bald weite Teile seines Königreiches, und am 27. Juli 1460 schlug J. Piccinino in den Abruzzen Alessandro Sforza.

Dies alles blieb Skanderbeg nicht verborgen, die apulische Küste lag gleichsam vor seiner Haustüre, und Nachrichten vom Kriegsschauplatz werden Albanien in großer Zahl erreicht haben. Und so fasste er den Entschluss, dem Sohn Alfons V. zu Hilfe zu eilen. Dies erwies sich aber als alles andere als einfach. Denn zuerst musste sich Skanderbeg gegen osmanische Angriffe absichern, dann hatte er die Verlegung eines ganzen Heeres nach Apulien zu bewerkstelligen, eine neuartige Herausforderung für einen Adligen, der bislang nur zu Lande Krieg geführt hatte. Beides, Waffenstillstandsverhandlungen mit Mehmed II. und Vorbereitungen eines Truppentransports nach Apulien, nahm er im Sommer 1460 in die Hand. Er entfaltete dabei eine ausgedehnte diplomatische Tätigkeit. Am 9. Juni 1460 erschien sein Gesandter vor dem Rat von Ragusa und bat um Unterstützung bei der Überfahrt nach Apulien. Skanderbeg trat also nicht an Venedig heran, das eigene Interessen in der Italienpolitik verfolgte, sondern an die Blasiusrepublik, die enge Wirtschaftsbeziehungen mit den Aragonesen verbanden[137]. Der Ritter Martin Muzaki reiste zur selben Zeit nach Rom und eröffnete Papst Pius II. Skanderbegs Italienpläne, von denen der Papst König Ferrante umgehend unterrichtete (18. Juni 1460)[138]. Muzaki hatte auch Skanderbegs Beweggründe dargelegt. Pius schrieb dem bedrängten Monarchen: *„Der Gesandte unseres geliebten Sohnes, des edlen Herrn Georg Kastriota, deines Untertanen, hat seinen Wunsch bekundet ... zu deiner Verteidigung in das Königreich Neapel überzusetzen, und zwar dankbar eingedenk der Verdienste deines Vaters und auch von dir ihm gegenüber. Wir aber glauben, dass sein Kommen deinen Interessen zu großem Nutzen gereichen wird, nicht nur wegen der Treue, für die er* *berühmt ist, sondern auch wegen seiner vorzüglichen Gesinnung, die er im Kriege stets unter Beweis gestellt hat"*[139]. Der Papst schien hin- und her gerissen. Er begrüßte einerseits Skanderbegs Eingreifen für seinen Verbündeten Ferrante, andererseits fürchtete er aber einen Stillstand Skanderbegs mit dem Sultan; so schrieb er dem Albanerherrn am 29. Juni 1460, er könne derartigen Verhandlungen seinen Segen nicht geben, wolle aber Venedig bitten, mit seiner Flotte für den Schutz von Skanderbegs Ländern Sorge zu tragen[140].

Die Befürchtungen des Papstes waren nicht unbegründet. Denn im Sommer 1460 sandte der Sultan angeblich 10 000 Mann gegen Skanderbeg aus, gleichzeitig beunruhigten seine Unterführer die Schwarzen Berge und Venezianisch-Albanien[141]. Im März 1461 vermutete man in Venedig, die Osmanen würden *„durch Serbien und das Gebiet des Herzogs Stefan von Bosnien (Stefan Vukčić, O. S.) gegen Durazzo und von dort aus nach Rom"* ziehen[142]. Unter diesen Umständen konnte Skanderbeg Albanien nicht verlassen. Er entschied sich daher, einen Voraustrupp unter dem Befehl seines Neffen Konstantin zu entsenden. Am 17. September 1460 landete Konstantin in den apulischen Häfen Barletta und Trani, *„ein schöner junger Mann von 22 bis 23 Jahren, mit zwei Schiffen mit Mannschaft und Pferden, eine schöne Truppe mit edlen Pferden"*, wie der Ritter Jacopo Perpinià dem König berichtete[143]. Der Burghauptmann von Trani, Giovanni Antonio de Foxa, und andere Würdenträger bereiteten ihm einen ehrenvollen Empfang und wiesen die Albaner, die 450 Pferde mitgebracht hatten, in ihre Quartiere ein[144].

Der Krieg um die Krone Neapels wurde mit recht kleinen Heeren ausgefochten; an vielen Gefechten nahmen gerade rund hundert Reiter, dazu 400 bis 600 Mann Fußvolk teil; Ferrantes ganzes Heer wurde von einem mantuanischen Gesandten auf 7000 Mann geschätzt[145]. Konstantins 450 Berittene, auch wenn es sich nicht um gepanzerte Kavalleristen handelte, verschoben daher das Kräfteverhältnis. Im Bewegungskrieg der Renaissance kam schnellen Reiteroperationen erhebliche Bedeutung zu[146]. Und dies beunruhigte die Anjou. Diese versuchten, Skanderbeg von einem weiteren Eingreifen abzuhalten. Sie taten dies in propagandistischer Absicht durch ein Schreiben des Fürsten von Tarent an den Albanerherrn. Es entspann sich ein Briefwechsel, der ganz Italien aufhorchen ließ und der unter Beweis stellte, dass Skanderbeg den diplomatischen Künsten des italienischen Hochadels in einer sehr eigenen Weise gewachsen war. Die Sendschreiben sind bekannt aus Kopien, die in das Archiv der Sforza gelangten[147], dann aber durch eine zugespitzte Zusammenfassung in dem berühmten Geschichtswerk Papst Pius' II., den „Commentarii". Ausführlicher sind jedoch die eigentlichen Schreiben: Der Fürst von Tarent führte in seinem am 10. Oktober 1460 ausgestellten Brief dem Kastriota Folgendes vor Augen; als er gehört habe, Skanderbeg habe

„Don Ferrando“ – den Königstitel bestritt der Fürst dem Aragonesen – angeboten, auf aragonesischen Galeeren Männer nach Apulien zu bringen und Brindisi und andere Gebiete zu brandschatzen, habe er dies zunächst kaum glauben wollen; nun aber hätten Skanderbegs Reiter und Fußvolk tatsächlich in Apulien die Länder des Königs René und auch seine eigenen geschädigt, was ihn höchlichst erstaune, da König René Skanderbeg nie etwas Böses angetan hätte; Skanderbeg gebe an, im Andenken an den König von Aragón – wieder wird der Titel eines Königs von Neapel verweigert – zu handeln, doch solle er bedenken, dass der König von Frankreich, zahlreiche andere katholische Fürsten und fast alle Adligen und Untertanen des Königreichs gegen *„diesen Herrn“* (gemeint ist Ferrante) stünden, und dass er mit seinen Albanern *„Don Ferrando“* kaum ausreichend helfen, erst recht aber nicht so mächtigen Herren Schaden zufügen könne; er solle daher von seinem Unternehmen Abstand nehmen und mit dem Herzog von Kalabrien, dem Statthalter König Renés, einen Frieden schließen, der sein Schaden nicht sein solle. Wenn er aber dennoch Krieg führen wolle, solle er dies gegen die Türken tun, gegen die er mehr Ruhm erringen könne als in einem Krieg, in dem ihn kaum Vorteile, sondern nur Gefahren erwarteten[148].

Auf diese geschickte Mischung aus Drohung und Werben antwortete Skanderbeg am 31. Oktober mit einem in Kruja ausgefertigten Sendschreiben, das ebenfalls in Italien gleich zu großer Bekanntheit gelangte. Punkt für Punkt ging der Albanerherr auf die Argumentation seines Gegners ein. Zunächst teilte er dem Fürsten mit, dessen Schreiben und sein Ton hätten ihn mehr erstaunt als verärgert; dann aber: Ja, er habe dem König auf die Nachricht der Rebellion – Skanderbeg bekannte sich also gleich zu Beginn zur Rechtmäßigkeit von Ferrantes Herrschaft – Hilfe angeboten; an König Alfons V. erinnerten er und seine Vasallen sich niemals ohne Tränen, stets gedenke er *„der Ratschläge, Unterstützung, Gunst und heiligen Werke dieses engelsgleichen Königs ... die mich und meine Vasallen vor der Bedrückung und den grausamen Händen der Türken, unserer und des katholischen Glaubens Feinde, gerettet und bewahrt hatten“*; wenn er nun nicht eingriffe, würden die Osmanen zum einen das Königreich bedrohen, vor allem aber würde er sich dem schändlichen Vorwurf der Treulosigkeit und der Undankbarkeit aussetzen; für die Bewahrung von Treue und Glauben habe er schon viele Male ohne zu zögern sein Leben auf Spiel gesetzt; besonders stolz wies er des Fürsten Drohung mit der Macht Frankreichs zurück: *„Ich erkenne ihn (den König von Frankreich) nicht an und will ihn nicht anerkennen, sondern in ihm nur einen Feind sehen; eine Sache sage ich euch: Ich glaube, dass wir Christen in der Taufe alle gleich sind, die Ungläubigen aber achten und fürchten nur die ruhmreichen Banner des Hauses Aragón, für das ich sterben will“*.

Porträt Skanderbegs aus dem 16. Jahrhundert, anonym. – Bibliothek des Albanien-Instituts München.

IIII.

MARINI BARLETII SCODRENSIS SACERDOTIS, DE VITA ET GESTIS Scanderbegi, Epirotarum Principis, Liber Primus.

Lapſus & pene abolitio Ottomanorũ imperij, eiuſdemq́; reſtitutio atq; augmentatio.

POST ANTIQVAtam Turcarum imperij gloriam, & abolitum penè Ottomannum nomen ſuperato in finibus Armeniæ Puiazete ſeniori Scytharũm armis, Amurathes nepos ex eius liberis, qui ita forſan poſcentibus fatis ſeruati Græcorum leuitate tot Chriſtianorum futuris malis fuere, poſt multas ſuorum contentiones, & domeſticum effuſum ſanguinem, primus auorum regnum fœliciter obtinuit, reſtituit fortunã, & uiribus auctis, Turcarum nomen formidabilius q̃ antea unquam fuerat, effecit. Tamen dum nũc in Aſiaticis rebus firmandis, nunc in perſequendis Græcię populis, & extorquendo eorum imperio occupatur, aliquot annis abſtinere à Macedonia & finitimis regionibus eſt coactus.

Origo & genus Caſtriotæ familiæ.

Per id tempus (ne nimis alte exordiendo alienas hiſtorias percenſere uelle uidear) in Epiro inter cæteros regulos principeſq́;, ſatis nobile nomen Iohannis Caſtrioti, tum cæterarum urbium, tum Croię præcipue imperio erat. Et quia neq; latere penitus Scanderbegi genus æquum duco, neq; omnem auorum eius ſeriem perſcribere in animo eſt, illud unum attigiſſe contentus ero, auctores gentis Caſtriotæ ex

Aemathia.

Aemathia nobili ortu fluxiſſe, imperitaſſeq́; pari gloria fortunaq́; in Epiro, eos omnes (ut iam orſus ſum) Iohannes prudentia, grauitate, ac animi inuicti magnitudine, cæteriſq́; deinceps uirtutibus, atq; egregio etiã

Voiſaua uxor.

(ſi quid ad rem facit) corporis decore facile ſuperauit. Vxori Voiſauę nomen erat, non indignam eo uiro, tum pater nobiliſſimus Tribalorum princeps, tum forma moreſq́;, ac inſignis ſuper muliebre ingenium animus faciebat. Poteſt & à prole illi, à quo merito cõmendari fœminę conſueuerunt, non minor fortaſſe fieri acceſſio laudis, nouem nanq; liberos peperiſſe, educaſſeq́; narratur, quinque fœminas, Maram, Iellam, Angelinam, Vlaicam, Mamizã, mares reliquos, Repoſium ſcilicet, Stanisam, Conſtantinum, & Georgium. Minimus natu Georgius fuit, cui poſtmodum apud Barbaros (ut ſuo loco dicemus) Scanderbego nomen inditum eſt.

Vaticinia ſiue prodigia de Scanderbegi natiuitate.

Sed anteq; progrediar ulterius, omittendũ non cenſeo, quod uel prodigijs ipſis oſtenſum, & à pleriſq; uaticinatum de hominis gloria accepi. Licet id antiquis ſimillimum fabulis aſpernaturos plurimos non ignorem

Eine Seite aus der Straßburger Ausgabe der Skanderbegbiografie von Marinus Barletius, 1537. – Bibliothek des Albanien-Instituts München.

Die Berge von Mati (nahe Guri i bardhë), Rückzugsgebiet Skanderbegs bei osmanischen Angriffen.

Der Schwarze Drin in Unter-Dibra, einem Kerngebiet von Skanderbegs Aufstand (heutiges Ost-Albanien).

Im Hochland der Dukagjin, der Rivalen Skanderbegs in der nordalbanischen Bergwelt.

Die Passstraße von Mati nach Dibra, Verbindungsweg zwischen den beiden Kerngebieten des Aufstands.

Blick auf Dagno (heute: Vau e Dejës) und den Beginn der Karawanenstraße von der nordalbanischen Küstenebene nach Prizren auf dem Amselfeld.

Der Berg von Kodžadžik bei Debar/Dibra im heutigen Westmakedonien: Burgruine oder bloßer Fels?

Das von Dubrovniker Baumeistern errichtete Rodoni, die eigentliche Hauptburg Skanderbegs an der Adria.

Der „Weiße Stein", Bila kamin (heute: Guri i bardhë), Skanderbegs wichtigste Burg in Mati (Mittelalbanien). Die auf einem kaum zugänglichen Bergsporn gelegene Burg wurde 1467 von Sultan Mehmed II. erobert.

Das Bergland der Mokra (im heutigen Grenzgebiet von Albanien und Makedonien).

Der Burgfelsen von Stellush in Mati, eine typische Fluchtburg Skanderbegs im mittelalbanischen Bergland. Nach Skanderbegs Niederlage erhielt sein jahrzehntelanger persönlicher Feind Hızır bey die Burg als Lehen.

Die Benediktinerabtei Rotezo bei Antivari (heute: Ratac bei Bar in Montenegro).

Ochrid: die Kirche Sveti Jovan Kaneo und der Blick auf das Nordufer des Sees, Schauplatz von Gefechten Skanderbegs gegen örtliche osmanische Verbände.

Elbasan, die 1466 von Mehmed II. erbaute Zwingburg in Mittelalbanien.

Die osmanische Brücke von Skopje, dem wichtigsten Heerlager des Sultans im zentralen Balkan.

Die Burg von Berat, wo das Heer der Aufständischen im Hochsommer 1455 eine vernichtende Niederlage gegen die Osmanen erlitt.

Skutari (heute: Shkodra), die venezianische Hauptfestung in Nordalbanien.

Drivasto am Eingang zur nordalbanischen Bergwelt lag mit dem nordalbanischen Adel in einer langen Fehde um Weideland und leistete Skanderbeg hartnäckigen Widerstand. Die Stadt wurde 1478 von den Osmanen vollständig zerstört.

Vor Antivari erlitten Skanderbeg und seine serbischen und montenegrinischen Verbündeten im Sommer 1448 eine schwere Niederlage gegen Venedig.

Die venezianische Hafenfestung Dulcigno diente Skanderbegs Gattin Andronika wohl 1467 als Zufluchtsort vor den Osmanen.

Der Skanderbeg zugeschriebene Helm in der Wiener Hofjagd- und Rüstkammer; der untere Teil ist eine Fälschung des 16. Jahrhunderts.

Ein Denkmal des sozialistischen Realismus: das „Skanderbeg-Museum“ in Kruja.

Das 2006 errichtete Skanderbegdenkmal in Skopje (Makedonien).

Dann fällte Skanderbegs ein vernichtendes Urteil, wenn er den Fürsten mit alten Frauen verglich, die zu Huren würden und mit süßen Worten andere in ihr Gewerbe zögen – so habe der Fürst die Barone und die Untertanen wie Schafe zur Schlachtbank geführt. Die osmanische Gefahr betreffend, entgegnete er: *„Bedenkt, um wie viel die Macht des Großtürken die eure und diejenige des Herrn, dem ihr dient, übersteigt; als mir nur die Stadt Kruja geblieben war, die heute dem Haus Aragón und seiner Majestät gehört, und ich dort belagert war, verteidigte und schirmte ich sie gegen eine gewaltige Macht, bis die Türken in Schmach und Schande abzogen und ich dann mit geringer Mannschaft in kurzer Zeit jenes zurück gewann, was viele Feinde in langer Zeit erobert hatten"*. Umso mehr dürfe er daher auf die Wiederaufrichtung von Ferrantes Sache hoffen. Den eigentlichen Höhepunkt des Briefes stellt Skanderbegs stolze Deutung der albanischen Geschichte dar: *„Und weil ihr sagt, dass ich mit Albanern ihm (Ferrante) nicht ausreichend helfen, ihn nicht verteidigen, seine mächtigen Feinde nicht schädigen könne, antworte ich euch, dass ... wenn unsere Chroniken nicht lügen, wir uns Epiroten nennen. Und ihr müsst zur Kenntnis nehmen, dass zu verschiedenen Zeiten unsere Vorgänger in das Land (Unteritalien) gekommen sind, das ihr jetzt besitzt, und mit den Römern große Schlachten ausgetragen haben, und dass wir (darin) finden, dass sie mehr Ruhm als Schmach davongetragen haben"*. Verächtlich schlug er auch des Fürsten Hinweis nieder, gegen die Osmanen könne er mehr Ruhm erlangen: *„Von euch will ich weder Rat noch eine Aufforderung; unsere Leute haben wir nicht geschickt, damit sie schnell wieder zurückkehren, sondern damit sie König Ferrante bis zur Wiederherstellung seines Königreichs dienen, und es sind solche Männer, dass sie, falls nötig, gerne im Dienst seiner Majestät sterben werden"*; nötigenfalls werde er in eigener Person nach Süditalien kommen; er habe genügend Männer, um das ganze entvölkerte Apulien wieder mit Menschen zu füllen. *„Die Nähe der Türken, auf die ihr anspielt, können wir nicht bestreiten, denn wir haben mit ihnen lange Jahre gekämpft, und zwar ohne Schande, wie jeder weiß"*. Jetzt aber habe er einen Stillstand von drei Jahren geschlossen, um den Befehlen seines Königs Folge zu leisten. Skanderbeg schloss den Brief mit der Aufforderung, der Fürst solle das Königreich in Frieden lassen und selbst gegen die Osmanen, nicht aber gegen seinen Herrn kämpfen[149].

Papst Pius II. steigert in seinen „Commentarii" die Dramaturgie, indem er sich ganz auf den gegen Skanderbeg erhobenen Vorwurf der Feigheit konzentriert: Er legt dem Fürsten von Tarent eine Beleidigung in den Mund, die dieser so nie geäußert hatte. Der Fürst, so Pius, habe dem Albanernherrn höhnisch zugerufen, dieser habe wohl gemeint, in Italien gegen weibische Türken und unkriegerische Griechen zu kämpfen. *„Wir kennen euer Volk. Die*

Albaner halten wir für Schafe ... Du bist vor dem Ansturm der Türken davongelaufen, und da du dein eigenes Haus nicht beschützen kannst, wolltest du in jenes eines anderen einbrechen"[150]. Pius II. schmückte auch Skanderbegs Antwort in rhetorischer Form und päpstlichem Sinne aus: Der Fürst sei ein Verräter, schließlich vergebe nicht er, sondern der Papst das Lehen über das Königreich – damit spielt Pius II. auf die Lehensherrschaft des Papsttums über das Königreich Neapel an, von dem Skanderbeg in seinem Brief mit keinem Worte spricht. *„Du bist nicht besser als der Türke, obwohl du getauft bist"*, schleudert Pius' II. Skanderbeg dem Fürsten ins Gesicht; das rot – gelbe Banner Aragóns habe er stets auf den Meeren im Kampf gegen die Osmanen gesehen, niemals aber die französischen Lilien[151].

Dieser machtvolle Brief – und dessen Ausgestaltung durch zeitgenössische Humanisten – verhalf Skanderbeg zu großem Ruhm. Man darf annehmen, dass der damals eben in sein Amt gelangte Erzbischof von Durazzo, Paul Angelus, seinem Herrn die Feder geführt hatte. Es ist ein Meisterwerk an psychologischer Kriegführung, daneben aber auch einer der wenigen Dokumente des politischen Denkens im christlichen Albanien.

Skanderbeg stellte sich als gläubigen Christen, als Kämpfer gegen den Sultan und als treuen Gefolgsmann der Aragonesen dar. Er hob ritterliche Tugenden wie Treue, Glaube und Dankbarkeit hervor. Und er benützte die antike Geschichte als Argument, wenn er den Fürsten von Tarent daran erinnerte, dass einst Pyrrhus von Epirus gegen die Römer in Unteritalien große Siege errungen hatte. Damit fügte sich die Rhetorik Skanderbegs in die antikisierende politische Sprache des humanistischen Italien ein; es deutet sich jenes Programm an, das wenige Jahre später zur Entfaltung gelangen sollte: Die Einbettung des Aufstandes in die Tradition großer Herrscher des antiken Balkans. Skanderbeg sah sich als Nachfolger von Alexander dem Großen und Pyrrhus, die beide Wurzeln in Epirus hatten. Der balkanische Ritter und vom Papst gerühmte Vorkämpfer der Christenheit nahm nun auch den Antikekult der Renaissance in sein politisches Denken auf.

Mit erheblichem Geschick trat der Kastriota in Italien als Sinnbild der Vasallentreue auf. Am 31. Oktober 1461 übergab er dem König eine Kopie des Briefwechsels mit dem Fürsten und legte erneut ein Treuebekenntnis ab: *„Gott schütze Eure Majestät vor Bösem, vor Schaden und Gefahr"*. Und dann fasste er (oder ließ er fassen) sein Ideal in folgende Worte: *„Ich werde stets ein Freund der Tugend und nicht der Fortuna sein"*[152]; im Dienste des Königs wolle er gerne sterben.

Der mailändische Gesandte am neapolitanischen Hof, Antonio da Trezzo, wurde Zeuge der Audienz, die Skanderbegs Gesandter am 12. Juni 1461 bei Ferrante erhielt[153]: *„Weiters ist hier ein Gesandter Skanderbegs mit Beglaubi-*

gungsschreiben an seine Majestät den König eingetroffen; nach deren Vorweisung führte er (den Inhalt) der Gesandtschaft aus: Dass besagter Herr Skanderbeg, seitdem er sich diesem Haus von Aragón unterstellt hatte, sowohl aus der Zuneigung, die er diesem entgegenbringt, als auch um die Wohltaten und die Hilfe, die ihm der Herr König Alfons zu Lebzeiten erwiesen hatte, zu vergelten, den großen Wunsch hege, besagtem allerglücklichstem Andenken des Königs Alfons einen Besuch abzustatten, und er dies hätte tun wollen, wenn die Zeit gereicht hätte, und er auch diesen gegenwärtigen König besuchen wolle, zu dem er gerne in friedlichen Zeiten gekommen wäre; da es aber das Schicksal nicht wolle, dass der König in Frieden lebe, wünsche er in diesen Zeiten nicht weniger zu kommen, weil, wenn er in friedlichen Zeiten gekommen wäre, man hätte meinen können, dass er eher im eigenen Interesse als für den Dienst am König gekommen wäre; aber wenn er jetzt komme, bei der jetzigen Lage der Dinge im Königreich, verstehe man, dass er komme, um jenes zu tun, was er immer gewünscht habe, nämlich seiner Majestät jede mögliche Hilfe und Unterstützung zu leihen, und tatsächlich schloss er (der Gesandte, O. S.), dass er, der Herr Skanderbeg, um seinen Wunsch zu erfüllen, mit dem Türken einen Stillstand für sechs Monate geschlossen habe und er sich anerbiete, in dieser Zeit in eigener Person zum Nutzen des Königs mit 1000 Reitern und 2000 Mann Fußvolk oder Bogenschützen zu kommen, die auf eigene Kosten entsoldet würden, und zwar zusätzlich zu der Mannschaft, die bereits in Apulien sei; und wenn seine Majestät wolle, dass er mit mehr Männern kommen solle, komme er mit mehr; und er ließ auch sagen, dass er die Boote zur Überfahrt bereit halte, jedes Mal, wenn der König sein Kommen wünsche".

Aus den Sendschreiben und dem Vortrag des Gesandten geht hervor, dass es Skanderbeg ernst war. Sein Verhalten erregte in Italien Unverständnis, vor allem, wenn die Beobachter im Lager seiner Gegner standen; andere aber zeigten sich zutiefst beeindruckt[154]. Es erstaunte, dass der Albanerherr offenbar uneigennützig und ohne Not, das heißt, ohne eine unmittelbare Gegenleistung zu verlangen und ohne durch einen Eid an Ferrante gebunden zu sein, auf eigene Kosten in einen Krieg eintrat. Zu den Bewunderern Skanderbegs zählte Papst Pius II.; auch Francesco Sforza, einer der erfolgreichsten Heerführer Italiens, der reiche und mächtige Herzog von Mailand, schätzte in Skanderbeg den tapferen General und Strategen; keiner beherrsche die Feldherrenkunst besser als der Albaner, meinte der Herzog[155]. Er nannte ihn in einem Schreiben vom 26. Oktober 1461 seinen *„liebsten Bruder"*, seinen *„herzlichen und guten Bruder"* und lobte die Gefolgschaft Skanderbegs, *„so viele schöne und nützliche Männer, Munition und Vorrat"*. Achtung brachte er Skanderbegs Haltung entgegen: Es könne kein größeres Zeichen von Treue und heißester Zuneigung zum König geben, als dass man sein eigenes Land verlasse und ihm zu Hilfe eile. Skanderbeg habe unsterblichen Dank verdient; die Sache des Königs habe durch den Schrecken, den Skanderbeg verbreitet habe, eine glückliche Wendung genommen[156]. Gewiss, Sforza war ein enger Verbündeter Ferrantes, doch empfand er offenbar Skanderbeg gegenüber mehr als nur ein Interesse an einem zeitweiligen Bundesgenossen. Er respektierte den Mann, der die eigenen Interessen hintanstellte, um dem Sohn seines verstorbenen Lehensherrn zu Hilfe zu eilen. Dieses Verhalten stand im Gegensatz zum politischen Denken Renaissanceitaliens. Hinzu kam der Eindruck, den Skanderbeg im Gefecht hinterließ. Der Geschichtsschreiber Sabellico berichtet, sein Vater, der an dem neapolitanischen Krieg teilgenommen hatte, habe ihm erzählt, wie Skanderbeg mit entblößtem Arm, mit gezücktem Schwert an der Spitze von 600 Reitern in den Kampf gesprengt sei[157]. Skanderbegs Ruhm ist wesentlich durch diese persönliche Begegnung mit der italienischen Elite zu erklären. Durch seine italienische Reise wurde er zu einem Helden der Renaissance.

Vor diesem Hintergrund scheinen die eigentlichen Kriegsereignisse in ihrer Alltäglichkeit fast zu verblassen. Denn Skanderbeg konnte keineswegs sofort nach Apulien übersetzen; die Osmanen bedrohten die Herzegowina, Stefan Vukčić warnte vor einem Angriff auf Dalmatien und Albanien[158]. Vielmehr dauerte es von dem Zeitpunkt der großen Sendschreiben bis zum tatsächlichen Eintreffen Skanderbegs in Unteritalien fast ein ganzes Jahr (Oktober 1460, September 1461). Vorerst focht Skanderbegs Neffe Konstantin in den reichen, fruchtbaren Ebenen Apuliens; er tat dies auf altbewährte Art, wie König Ferrante dem Herzog von Mailand am 18. Dezember 1460 berichtete: *„In Apulien stürzen die Albaner das Land ganz erheblich in Wirren und plündern alles aus"*[159]. Sie wirkten dabei mit Mannschaften aus Venosa, Barletta und Trani zusammen. Anfang Februar 1461 deckten die leichten albanischen Reiter und Soldaten aus Trani und Barletta den Rücken von Don Alfonso di Davalos, einem spanischen Hauptmann Ferrantes[160]. Im März 1461 gelang Francesco del Balzo, Herzog von Andria, dem aragontreuen Bruder des Fürsten von Tarent, zusammen mit den albanischen Reitern und dem aragonesischen Offizier Bernabò de la Mara ein bedeutsamer Erfolg: Sie besiegten Ercole d'Este (den späteren kunstsinnigen Herzog von Ferrara) am Gargano und überrannten den sogenannten Schafszoll, mit 30 000 Dukaten Einkünften die Haupteinnahmequelle der Anjou, die mit diesen Geldern ihren Condottiere Piccinino entsoldeten[161]. Konstantins Männer müssen sich in ihrem Element gefühlt haben: Der Handstreich auf reiche Schafherden wird sie an die Raubzüge im makedonischen Polog erinnert haben.

Langfristig sollte dieser Sieg Ferrante nützen, doch auf kurze Sicht gestaltete sich seine Lage immer noch ungünstig. Skanderbeg war daher fest entschlossen, persönlich auf dem Kriegsschauplatz zu erscheinen. Im Frühjahr 1461 verhandelte er mit Mehmed II. über einen Stillstand, mit Ragusa über einen Zufluchtsort, mit Pius II. über Geldhilfe und im Juni 1461 trat, wie eben geschildert, sein Gesandter vor König Ferrante[162]. Mitte des Monats war der Stillstand mit Mehmed II. vereinbart worden – den Preis dafür zahlte das Kaiserreich Trapezunt, das im selben Sommer, mehr als ein Vierteljahrtausend nach seiner Begründung, erobert wurde.

Skanderbeg war indessen ganz mit der Aufstellung und Verschiffung seines Heerbannes beschäftigt; rund 3000 Mann zog er zusammen, die er hinauf nach Ragusa führen musste. Dort bemühten sich seine Unterhändler, genügend Schiffsraum für die Überfahrt zu erhalten[163]. In Italien schenkte man diesen Rüstungen große Aufmerksamkeit, denn König Ferrante wartete ungeduldig auf die albanische Hilfe[164]. Voreilig wurde Skanderbegs Ankunft gemeldet; doch zog sich der Aufmarsch hin, wohl auch, weil Skanderbeg seine Männer selbst versorgen wollte und daher große Mengen eigenen Getreides bereitstellen ließ, aber auch, weil es an Schiffen zur Überfahrt gebrach[165].

Ende August erst langten Skanderbeg und sein Heerbann in Ragusa an: Im Gegensatz zu seinem verzweifelten Besuch nach der Belagerung Krujas ritt er nun umjubelt in die Blasiusstadt ein. Die Ragusaner Patrizier öffneten ihm gerne die Tore, denn zum einen wünschten sie Ferrantes Sieg, zum anderen hatten sie eben *„aus Furcht vor den Türken“* um die Ausfuhr von Getreide aus Venezianisch – Albanien gebeten und werden gewiss auch an Skanderbeg herangetreten sein[166]. Die Ratsherren hatten daher frühzeitig Sorge dafür getragen, dass der Albanerherr auch gebührend empfangen würde (17. August 1461)[167]. Ein eigener Ausschuss, bestehend aus den Patriziern Paladino de Lucaris/Lukarević, Paul de Pozza/Pučić und Nicola de Palmota/Palmotić, wurde eingerichtet, *„um den berühmten Herrn Skanderbeg, der, wie es heißt, bald nach Ragusa kommen wird, zu ehren und zu bewirten“*[168]. Das Haus des Patriziers Junius de Gradi/Gradić wurde als Unterkunft Skanderbegs vorbereitet[169]. Staatskanzler Davide Boccaccio hielt eine Begrüßungsrede, in der er das Alexander- und Pyrrhusmotiv aufgegriffen haben soll; Reiterspiele wurden veranstaltet[170]. In Ragusa begegnete Skanderbeg auch Ferrantes Gesandten Perpinià; beide setzten sich beim Rat für die Freilassung des Mörders Nikolaus Rusinović ein; die Hintergründe sind unklar[171]. Während auf den Straßen der Festlärm erklang, wurden im Rektorenpalast Verhandlungen geführt: Ragusa verkaufte Skanderbeg Biscotti (hartgebackenes Brot) zur Versorgung der Gefolgschaft[172]. Zudem wurden Skanderbeg die für den Kreuzzug vorgesehenen Gelder ausgehändigt[173]. Allzu lange verweilte Skanderbeg nicht in der Stadt. Er wusste wohl, dass Ferrante *„stündlich“*[174] auf ihn wartete. In Italien ging man davon aus, dass Skanderbeg und der ebenfalls mit Hilfstruppen heranmarschierende Alessandro Sforza das Blatt zugunsten Ferrantes wenden würden[175]. Nach Barletius zelebrierte der Erzbischof von Durazzo, Paul Angelus, einen feierlichen Gottesdienst. In seinem Gebet soll Skanderbeg besonders den Erzengel Michael, den Schutzpatron des Gargano, angerufen haben[176]. Der gelehrte Skanderbegbiograf versagte sich einen Vergleich mit dem byzantinischen Feldherrn Belisar nicht, der im Jahre 535 auf Geheiß Justinians I. in Unteritalien gegen die Ostgoten an Land gegangen war[177].

Die Überfahrt erfolgte schließlich in zwei Abschnitten. Am 26. August 1461 ging Gojko Balšić mit 1500 Mann zu Fuß und 500 Reitern in Barletta an Land, wo König Ferrante belagert wurde[178]; am 3. September hielt sich Skanderbeg mit weiteren 500 Berittenen und 100 Bogenschützen bereits in Baroli auf[179]. Der italienische Feldzug hatte begonnen. Wohl auf die Nachricht von Skanderbegs Nahen, aber auch wegen des Heranmarsches Alessandros Sforzas hatten sich Jacopo Piccinino und der Fürst von Tarent in eine sichere Stellung acht Meilen vor Barletta in die Weinberge von Andria zurückgezogen[180]. Skanderbeg wurde vom König ehrenvoll empfangen; tatsächlich hatte seine bloße Ankunft die Lage des Monarchen schon verbessert. Während der so entlastete König Barletta verließ, blieben dort Skanderbeg und Alfonso di Davalos zurück (10. 9. 1461)[181]. Kurz darauf kam es zur ersten aufsehenerregenden Tat des Albaners: Alvise Minutolo, Herr der gut befestigten Bergstellung auf dem Monte S. Angelo, wurde gefangengenommen (Anfang Oktober); Skanderbeg wollte ihn nach seinem Brauch gleich erschlagen, woraufhin der eingeschüchterte Adlige seiner Frau und seinen Kindern in der Burg zurief, sie möchten sich ergeben[182]. So kam eine Schlüsselstellung in Ferrantes Hand. Der König wird diese Waffentat nicht vergessen haben – denn drei Jahre später übergab er die Burg Skanderbeg als Lehen.

Francesco Sforza beglückwünschte den König und auch die Königin Isabella zu der Wendung des Kriegsglücks in einem Schreiben vom 12. September 1461. Skanderbeg war in aller Munde; so erwähnte ihn Isabella in ihrer Antwort an den Herzog vom 14. September 1461. Skanderbeg stand damals in Barletta, Davalos war in Andria eingerückt, Pirro del Balzo, Herzog von Venosa, in Minervino; Alessandro Sforza aber war noch nicht eingetroffen. Zur gleichen Zeit brachte ein Schiff aus Pesaro nach Venedig die Nachricht von einem Erfolg Skanderbegs gegen den Condottiere Piccinino; hier war aber der Wunsch Vater des Gedankens[183]. Denn vorerst tat sich nicht viel. Vorsichtiges Taktieren, das Verschieben kleiner Einheiten, Krieg als Schachspiel. Anfang Oktober zeigte sich Skanderbeg dann tätiger: Während Fähnlein der Anjou bei Ascoli verharrten, zog der Albanerherr gegen den Herzog von Tarent aus; was er brieflich angedroht hatte, setzte er nun in die Tat um; unterstützt wurde er mit Geldmitteln des Grafen von San Severino [184]. Am 4. Oktober 1461 beauftragte ihn der König, den reuigen Rebellen Marino Caracciolo, Grafen von S. Angelo, zu überwachen, und zwar zusammen mit dem Herzog von Andria und Alfonso di Davalos[185]. In Italien blickte man mit Interesse auf diese langsamen Verschiebungen der Kräfteverhältnisse. Neben Skanderbeg und Sforza trat ein weiterer Heerführer auf den Plan, Federico von Montefeltro, Herr von Urbino[186]. Papst Pius II. befürwortete einen zügigen Angriff Ferrantes auf die Anjou in Apulien[187]. Den ganzen Oktober hindurch bedrängte Skanderbeg von seinen Stützpunkten bei Barletta und Andria aus zusammen mit Davalos den Fürsten von Tarent, so etwa bei Altamura; gleichzeitig rückten Ferrantes Truppenführer in Kalabrien vor und unterwarfen die Gegend von Cosenza, unter anderem Castrovillari[188] – eine Landschaft, in die bald albanische Flüchtlinge aus dem Balkan einströmen sollten. Ende Oktober lief in Venedig die Kunde von einer Niederlage Skanderbegs gegen den Fürsten um[189]. Doch bestätigte sich dies nicht. Denn der Fürst bat, wie am 26. Oktober bekannt wurde, Skanderbeg vielmehr um Frieden; der Albanerherr leitete dieses Ansinnen an Ferrante weiter, der dem Fürsten aber *„wenig Glauben“* schenkte[190]. Langsam drang Skanderbeg in das Land des Fürsten vor und zog einige Adlige, so den Herzog von San Marco und den Grafen von San Severino, mit sich[191]. Am 27. Oktober meldete Skanderbeg unter anderem die Eroberung von Gisualdo[192]. Kurz vor dem 19. November ritt er in das Lager Ferrantes ein und gab bald darauf eine Probe seines Denkens. Nach dem Bericht des mailändischen Gesandten da Trezzo ließ er dem Grafen J. Piccinino durch einen Gefangenen Folgendes ausrichten (die direkte Rede ist im Gesandtenbericht wiedergegeben): *„Du wirst dem Grafen Jacomo sagen, dass du hier Skanderbeg getroffen hast, der gekommen ist, um sich dieses Lager anzusehen; und dass er morgen kommen wird, um mit seinem Herrn hier zu lagern, und zwar so nahe, dass er sehen wird, wer den härteren Kopf haben wird; und sage ihm, dass ich auf jede Weise versuche, ihn vom Berg, wo er gerade ist, zu verjagen“*[193]. Es ist dies eines der ganz wenigen Zitate aus Skanderbegs Mund, dessen Echtheit kaum bezweifelt werden kann; der Gesandte wird die Szene selbst erlebt haben. Skanderbeg, damals ein Mann von Mitte Fünfzig, erscheint voller Kampfeslust; in ritterlicher Manier fordert er den Gegner heraus.

Anfang Dezember gab er weitere Beispiel seiner Kriegskünste, die die aragonfreundlichen Teile der italienischen Elite begeisterten, einmal, indem er einem Hinterhalt entging, dann, als er den abtrünnig gewordenen Hauptmann von Trani, Giovanni Antonio de Foxa, gefangen nahm; ein Streich, der die Diplomaten entzückte: Es berichteten davon Papst Pius II., der Gesandte da Trezzo, der mantuanische Diplomat B. Bonatto[194] und Königin Isabella von Neapel. Zunächst die Erzählung des päpstlichen Geschichtsschreibers: Foxa hatte sich mit Piccinino und anderen verschworen, Skanderbeg durch eine List in die Hand zu bekommen. Graf Piccinino lud Skanderbeg in falscher Freundschaft zu sich und sicherte ihm freies Geleit zu. Beide trafen, in Begleitung von jeweils zwei Gefolgsleuten, auf halbem Wege zusammen. Skanderbeg warf dem Grafen vor, er habe den König und die Dynastie, der er lange gedient habe, verraten; Piccinino machte Ausflüchte, sprach von der Undankbarkeit des Königs, und während er sich so verteidigte, bewegte er sich langsam, Schritt für Schritt in die Richtung, wo seine Männer warteten. Plötzlich gab er ein Zeichen, doch Skanderbeg war schneller und entkam zu seiner Gefolgschaft[195].

Bald darauf kam es zum zweiten Zwischenfall: Foxa schädigte von Trani aus zu Lande und zu Wasser Ferrantes Interessen. Da erbot sich Skanderbeg dem König an, den Verräter aus dem Wege zu räumen. Skanderbeg ritt gegen Trani und traf dort mit Foxa, der von 16 Reitern begleitet war, zusammen, vorgeblich zu einem Gespräch. Der Albanerherr sah, dass Foxa auf einem schnellen Pferd saß, und griff zu einer List: *„Er gab vor, ihn friere, und er sagte, er wolle vom Pferde steigen und zu Fuß ein paar Schritte tun, um sich aufzuwärmen; und so taten sie es; nach langem Gespräch sagte er zu Foxa, es sei nicht gut, wie er (Foxa, O. S,) lebe, nämlich indem er Barletta bedränge, und dass dies alles dem König schade, dass sie doch den Feinden und nicht den Freunden schaden wollten; er ermunterte ihn, den Stillstand, den er mit dem Fürsten (von Tarent, O. S.) geschlossen habe, zu brechen ... Er aber scheint ihm geantwortet zu haben, dass der König ihm mehrere tausend Dukaten schulde und dass er, bis der König nicht gezahlt habe, gedenke, auf seine Weise zu leben, und dass, falls er nicht zahle, er es (das Geld) sich auf anderem Wege beschaffen werde. Da sagte Skanderbeg: „Da ihr den Willen des Königs nicht befolgt", sprach's und packte ihn bei der Brust, und so wurden alle, die mit ihm waren, gefangen und nach Andria geführt"*[196]:

Wie Skanderbeg wohl oft gegen die Osmanen vorgegangen war, mit persönlichem Einsatz und List, wird hier durch den Bericht eines mailändischen Diplomaten fassbar. Keine zeitgenössische Quelle beschreibt diese Taten in den Bergen des Balkans; hier aber ergötzt sich der Mailänder da Trezzo an dem geschickten Streich. Auch Königin Isabella, die Francesco Sforza unterrichtete, verbreitete die Kunde[197]. Die Episoden zeigen auch, wie Skanderbeg in Renaissanceitalien wahrgenommen wurde: Als Mann, der treu die Sache seines Herrn vertrat, in jedem Gespräch die Rebellen zur Umkehr bewegte, der stets wachsam war und auch listigen Taktikern wie Piccinino und Foxa nicht ins Netz lief. Dieses positive Skanderbegbild ging nicht auf Erfindung und Übertreibung zurück: Vielmehr beeindruckte der Kastriota seine italienischen Standesgenossen, durch seine Geradlinigkeit und seine im Wortsinne zupackende Art.

Skanderbegs List gewann dem König Trani zurück, dessen Vizehauptmann sich beeilte, die aragonesische Fahne aufzuziehen. Der Kastriota setzte als Befehlshaber einen Katalanen ein, der Frau und Kinder in Albanien hatte; albanische Krieger zogen in der Burg ein. Dies erregte das Misstrauen Ferrantes, der aber erst im November 1463 wagte, von der – durch Übergriffe unrühmlich aufgefallenen Besatzung – den Treueid zu verlangen[198].

Die Episode zeigt auch, wie sehr der neapolitanische Thronkampf in Einzelaktionen zerfiel, an denen nur wenige Männer beteiligt waren. Der Kleinkrieg ging weiter. Nach Wochen der Plünderung in Feindesland vereinigten Skanderbeg und die ihn begleitenden aragonesischen Parteigänger ihre Truppen mit dem Heer Alessandro Sforzas (13. Dezember 1461)[199]. Graf Piccinino war nach Norden abgezogen, wo er sich mit 200 Mann des Sigismondo Malatesta von Rimini, wie Montefeltro einer der bekannten Condottiere der Zeit, zu einem Anschlag auf den Kirchenstaat zusammenschließen wollte[200].

Skanderbeg muss diese Art der Kriegführung beinahe erholsam vorgekommen sein; ein paar Streiche, kaum Verluste, Krieg als edles Spiel, einer Jagd vergleichbar. Ferrante erwies ihm große Ehren. In einer Urkunde vom 18. Januar 1462 wurde Skanderbeg „als Generalleutnant des Königs in Apulien“ bezeichnet[201]. Doch dauerte diese Erholungsphase nur kurz. Mehmed II. war aus dem Osten Kleinasiens siegreich zurückgekehrt, und die Anzeichen mehrten sich, dass er den Stillstand brechen würde. Skanderbeg entschloss sich im Januar 1462 zum raschen Aufbruch in die Heimat. Die Reise sollte wieder über Ragusa verlaufen. Der dortige Rat zeigte sich tief beeindruckt von Skanderbegs italienischem Ruhm und beeilte sich, einen gebührenden Empfang vorzubereiten, der prachtvoller ausfallen sollte als im Herbst 1461. Für Skanderbegs Pferde wurde ein Staatsschiff bereitgestellt (1. Februar 1462)[202]. Die Reiseroute auf ragusanischem Gebiet wurde festgelegt; Skanderbeg sollte von Konavlje/Canali bis nach Cavtat freie Durchfahrt erhalten; und zwar würde er von Ragusa aus vom Vizegrafen von Breno mit den Männern von Župa (Bezibis nach Cavtat geleitet werden, wo ihn der Statthalter empfangen und mit 100 Mann, darunter mindestens drei Patrizier, bis zur weiter südlich gelegenen Grenze der Stadtrepublik führen sollte (5. Februar)[203]. Tags darauf änderte der Rat die Pläne ab; Skanderbeg solle in Gesellschaft von drei Patriziern bis nach Luštica oder Budua, also auf venezianisches Gebiet, reisen, wo er dann an Land gehen könne[204]. Kurz darauf traf Skanderbeg in Ragusa ein; die meisten seiner Männer hatte er in Apulien zurückgelassen[205]; in der Blasiusstadt drängte er auf sofortige Weiterfahrt, doch herrschte schlechtes Wetter. Der Ragusaner Rat traf Vorsorge für die Verpflegung; in Cavtat sollte genügend Vorrat auf den Markt gebracht werden; ansonsten würden Biscotti von der Hauptstadt aus geschickt[206]. Während die Winterstürme, die Bora, tobten, unterrichteten die Ratsherren am 9. Februar 1462 Skanderbeg von den Entwicklungen auf dem Balkan. Eben war ein ragusanischer Gesandter von der Pforte zurückgekehrt[207]. Zwei Tage später erbat Skanderbeg die Freilassung von fünf Männern, die in ragusanischen Gewässern gefangen genommen worden waren[208]. Daneben werden die Ragusaner über die Pacht von Skanderbegs Zöllen verhandelt haben, mit Erfolg, wie sich im kommenden Frühjahr erwies[209].

Mit Unruhe wird Skanderbeg die Neuigkeiten vernommen haben; Stefan Vukčić plante einen Anschlag auf die Burg Klis hinter Split, vor allem aber liefen Gerüchte über gewaltige Rüstungen Mehmeds gegen Bosnien und Skanderbeg um[210]. Vielleicht begegnete Skanderbeg noch dem Gesandten, den sein Rivale Leka Dukagjin nach Ragusa geschickt hatte (26. Februar 1462)[211]. Wann der Kastriota wieder in seiner Heimat einlangte, ist nicht bekannt. Aus den Ragusaner Ratsbüchern geht aber hervor, dass er sich noch im Mai 1462 um die Versorgung seiner heimkehrenden Gefolgschaft kümmerte[212]. In Albanien traf er auf eine düstere Lage; Draga Dukagjin war von Leka erschlagen worden, die Streitigkeiten mit den venezianischen Statthaltern hatten kein Ende gefunden.

Mit seiner Abreise aus Ragusa entschwindet Skanderbeg auch wieder dem genauen Blick der Nachwelt. Für ein halbes Jahr war er auf vertrautem Fuße mit dem König von Neapel und dem italienischen Hochadel gestanden, hatte er die Lebensweise von Herzögen und Grafen geteilt, war tief in die Lebenswelt von Renaissanceitalien eingetaucht und Teil von ihr geworden. Ferrante gegenüber empfand Skanderbeg ein Treuegefühl wie einst gegenüber Alfons V.; nur erwiderte der junge König dies weniger als sein Vater. Persönlich schätzte Ferrante seinen albanischen Vasallen hoch; er stellte ihn auf dieselbe Stufe wie *„seinen eigenen Vater“*, wie er selbst bekannte[213]. Politisch aber verfolgte er andere Pläne; die italienischen Ränkespiele gingen ihm über alles, und die Schwächung Venedigs stellte er über den Kampf gegen den Sultan, zu dem er, hinter dem Rücken und auch zum Schaden Skanderbegs, bald seine Gesandten schicken sollte[214].

Über Skanderbegs Bedeutung für den Ausgang des neapolitanischen Krieges – der sich noch bis 1464 hinzog – wurde wiederholt gestritten; entschieden hat er das Ringen nicht, er nahm aber in einem wichtigen Augenblick Einfluss zugunsten Ferrantes. Sein Eingreifen kam in der Folge aber auch den Kastriota zugute: Denn im Frühjahr 1464 empfing Skanderbeg aus des Königs Hand den Monte S. Angelo und S. Giovanni Rotondo als Lehen, also jene Gebiete, in denen er und seine Gefolgsleute sich ausgezeichnet hatten; der Gargano war eine Landschaft, in der sich die Albaner gewiss wohlfühlten, ein Bergland, ein Hirtenland mit reichen Herden, wie auf den Almen von Mati und Dibra, ein Lehen schließlich, von dem aus der Blick über die Adria streifen konnte, hinüber zur alten albanischen Heimat.

GLAUBE

Skanderbegs Aufstand begann und endete mit einem Kreuzzug. Es war der siegreiche Vormarsch Johann Hunyadis, der ihm erst den Anlass zur Erhebung geboten hatte (1443). Genau zwanzig Jahre später, im Herbst 1463, wurde Skanderbeg zum Generalhauptmann eines weiteren Kreuzzugs, des letzten auf balkanischem Boden. Skanderbegs Leben und Kampf ist vor dem Hintergrund des säkularen Kräftemessens zwischen der christlichen Staatenwelt im südlichen und südöstlichen Europa und dem islamischen Reich der Osmanen zu verstehen. Seine Erhebung hatte keinen ethnischen Charakter, denn zum einen fochten Balkanchristen der unterschiedlichsten Sprachzugehörigkeit – Albaner, Serben, Bulgaren, Vlachen –, dann katholische Süd- und Westeuropäer in seinen Reihen, zum anderen zählten ethnische Albaner, ob Muslime, ob Christen, zu seinen erbittertsten Feinden.

Glaube und Konfession bestimmten bis in die Neuzeit hinein den Platz der Menschen auf der Hämushalbinsel, und für das Mittelalter galt dies ganz besonders. Der Einbruch der Osmanen wurde überall in Südosteuropa bekämpft, letztlich ohne Erfolg, doch der Widerstand allein ist schon Ausdruck eines tiefen Gegensatzes. Auch wenn die Osmanen Teile der byzantinischen Reichstradition übernahmen, brachen sie in der religiösen Dimension mit dem Bisherigen. Die Balkanchristen empfanden das osmanische Reich als muslimische Herrschaft.

Skanderbeg brachte diesen Gegensatz zum Ausdruck, als er in höchst symbolischer Weise vom Islam zum christlichen Glauben zurückkehrte. Dieser Akt der doppelten Heimkehr, von der Donau nach Mati und vom Islam zum Christentum, stand am Anfang des Aufstandes, und sie wurde von vielen islamisierten Albanern nachvollzogen.

Dennoch ist bis in jüngste Zeit umstritten, welche Bedeutung dem christlichen Glauben bei Skanderbegs Erhebung zukommt[215]. Die zeitgenössischen Quellen fließen in dieser Frage jedoch reichlich und vermitteln ein differenziertes Bild. Dabei ist zwischen Außenstehenden, Byzantinern wie Abendländern zum einen, zum anderen der spätmittelalterlichen Erinnerungskultur der Aufständischen zu unterscheiden. In der nachbyzantinischen – da nach 1453 entstandenen – Tradition der Geschichtsschreiber Chalkokondyles und Kritobulos wird Religion als Motiv des Aufstands nicht erwähnt; nicht Christen gegen Muslime, sondern freiheitsliebende Bergbewohner gegen den neuen, den osmanischen Kaiser von Konstantinopel stehen gegeneinander. Die Sultane hatten das byzantinische Erbe angetreten, unruhige Gebiete am Rande eines balkanischen Großreiches niederzuwerfen. Von einer orthodoxen Solidarität mit den Aufständischen ist in diesen Werken nichts festzustellen, was bei Kritobulos, dem Lobredner des Sultans, auch kaum verwundert.

Aus dem slawischen Balkan liegen aus jener Zeit kaum verwertbare Zeugnisse vor; die serbischen Kurzchroniken, Randnotizen in Handschriften, fallen wie ihre byzantinischen Gegenstücke viel zu knapp aus und enthalten sich jeder Wertung. Sie lassen höchstens erkennen, dass Nachrichten über den Aufstand in den serbischen Kulturraum drangen[216].

Ganz anders verhielt es sich in der katholischen Welt[217]. Insbesondere die Adriaanrainer Dubrovnik und Neapel trugen zusammen mit dem Papsttum schon wenige Jahre nach Beginn der Erhebung dazu bei, Skanderbeg als christlichen Helden zu verherrlichen.

Dem Albanerherrn wurde die Rolle eines Verteidigers des christlichen Glaubens zugeschrieben. Skanderbegs Lehensherr Alfons V. stellte sich als Kreuzritter dar. In der Instruktion für seinen Vizekönig in Albanien, Ramon d'Ortafa, brachte er deutlich zum Ausdruck, dass sein Eingreifen der Sache des Kreuzes dienen sollte: Zum Schutz der Christusgläubigen solle d'Ortafa wirken, da diese *„von den Übergriffen, Angriffen und Anschlägen der verdammten und aufrührerischen Türken ... von allen Seiten bedrängt werden"*[218]. Der König forderte Skanderbeg im März 1453 ausdrücklich auf, bis zum Letzten für die Glaubenssache einzustehen[219]. Auch Ragusa sah in Skanderbeg den Vorkämpfer für den christlichen Glauben[220]. In einem Sendschreiben aus dem Jahre 1452 rühmten die Patrizier den Albanerherrn für dessen *„unglaubliche Geistesgröße und seine bewährte, hochberühmte Tugend ... in der Verteidigung und Bewahrung des heiligen katholischen Glaubens gegen die wutgeifernden Türken, die Feinde des christlichen Namens"*; Skanderbeg sei *„Spiegel und Vorbild aller Christen, der Fürsten und aller Völker"*, und ewig werde sein Ruhm dauern[221]. Der Rat von Dubrovnik strich mit einer derartigen Rhetorik auch sein eigenes Bekenntnis zum katholischen Glauben heraus, das angesichts der glänzenden Geschäfte Ragusaner Kaufleute im osmanischen Reich leicht ins Zwielicht geraten konnte. Auch Neapel rechtfertigte sein sowohl gegen die Osmanen wie die Republik Venedig gerichtetes Ausgreifen an die Ostküste der Adria mit einer entsprechenden politischen Propaganda. Doch würde man es sich zu einfach machen, jeden Hinweis auf den Kreuzzug als reine Bemäntelung profaner Ziele abzutun: Die Bedrohung durch das osmanische Reich bestand tatsächlich, und gerade Staaten wie Ragusa und Neapel bekamen sie zu spüren. Ein Grenzstaat wie das kleine Dubrovnik mochte mit dem osmanischen Reich Handel treiben, doch gerade dadurch auch seine eigene kulturelle Andersartigkeit noch stärker empfinden. Und König Alfons' Träume vom Kaiserthron in Konstantinopel waren vor 1453 nicht derart abwegig, wie es auf den ersten Blick erscheinen mochte; schließlich gebot er über eine starke Flotte, katalanische Schiffe befuhren jeden Winkel des Mittelmeers, und Byzanz war schwach.

Die unmittelbaren Nachbarn Skanderbegs hatten den Ton vorgegeben. In entfernteren Regionen Italiens herrschte aber noch zehn Jahre nach dem Beginn des Aufstandes Unklarheit über die Religionszugehörigkeit Skanderbegs. Als im Januar 1454 ein Gesandter des Albanerherrn vor Nikolaus V. trat, bezeichneten die Mailänder Gesandten ihn als *„Ungläubigen" (infidele)*, also als Muslim – und nicht als orthodoxen Christen, den sie bestenfalls „Schismatiker" genannt hätten[222]. Es dauerte einige Wochen, bis dieses Missverständnis beseitigt war. Der mailändische Gesandte bei der Kurie erläuterte im Februar 1454 seinem Herrn: *„Dieser Sanderbech, von dem ich Eurer Herrschaft vor kurzem schrieb, ist kein Türke, sondern ein christlicher Albaner. Er heißt Herr Georgio Sanderbech"* [223].

Das Bild vom Vorkämpfer der Christenheit wurde aber im Wesentlichen von den Päpsten Kalixt III. und Pius II. geprägt. Beide Pontifices sahen in den Kriegen auf albanischem Boden einen Kampf für das Kreuz, und beide arbeiteten energisch für die Wiederaufrichtung der von den Osmanen so bedrängten katholischen Kirche Albaniens, ein Werk, das bereits Papst Nikolaus V. begonnen hatte. Am 27. April 1457 erteilte Kalixt III. dem Dominikanerfrater Eugen aus Albanien den Auftrag, in seiner Heimat den christlichen Glauben zu verbreiten. Eugen hatte, so lobte der Papst, bereits viele Jahre *„den Völkern das Wort des Herrn verkündet"*[224]. Sechs Wochen danach wandte sich der Papst unmittelbar an Skanderbeg, der in jener Zeit von schweren osmanischen Angriffen in die Enge getrieben wurde: Kalixt III. ermutigte ihn, *„nicht nur standhaft der Verteidigung des rechten Glaubens zu dienen, sondern diesen auch tapfer zu mehren"*; Skanderbeg möge darauf bauen, dass *„der allmächtige Gott die wilden Anschläge der Barbaren zerschmettern und den Soldaten und Verteidigern des heiligen Glaubens Kraft und Macht geben werde.* [...] *Gott wird sein Volk nicht verlassen, er, der allein schon durch einen Wink seinen Kämpfern den Sieg gegen unzählige Heere zu geben vermag"*. Kalixt III. verwies auf den unerwarteten Erfolg der Christen vor Belgrad im Jahre 1456[225]. Er gab aber nicht nur leere Worte, sondern schickte auch eine päpstliche Flotte in die albanischen Gewässer. Am 11. September 1457 wurde dann in der päpstlichen Kanzlei jenes Schreiben ausgestellt, das Skanderbeg über alle anderen katholischen Fürsten erhob: *„Wir hören, dass du dich wegen deiner hervorragenden Tüchtigkeit und deiner denkwürdigen Taten mehr als alle katholischen Herrscher um den christlichen Glauben und die Religion hochverdient gemacht hast. Du aber sei guten Mutes und bleibe standhaft"*[226]. Die Kunde von Skanderbegs Beispiel, dass er *„vor dem ganzen Furor und der Angriffswucht der rasenden Feinde nicht gewichen sei"*, werde zu allen Gläubigen getragen und diese aufrütteln. Und dann folgte der berühmte Satz: *„Niemand kann so unwissend sein, dass er dich nicht mit* *höchstem Lob in den Himmel hebt und von deinem Adel nicht als demjenigen eines wahren Athleten und Vorkämpfers des christlichen Namens spricht"*[227]. Dem so Gerühmten stellte Kalixt III. nochmals Rüstungen in Aussicht, Hilfe, die über den Winter vorbereitet würde. Er beschwor Skanderbeg, sich von Niederlagen nicht beirren zu lassen. *„Dies sagen wir nicht als leere Worte, sondern Taten bestätigen diese"*; und wieder verwies der Papst auf die Schlacht von Belgrad (1456). *„Als im Vorjahr der verschlagene Türke Ungarn bedrohte, wer hatte da nicht gezittert?"* Doch wie Nebel, der vor den Strahlen der Sonne weicht, wurde *„jenes abscheulichste Ungeheuer zu schändlichster Flucht gezwungen"*. Sein Sendschreiben beschloss der Papst mit dem Aufruf, alle Mächte möchten sich zu Lande und zu Wasser zusammenschließen, *„um diese Pest auszumerzen"*. Der *„unbesiegte Ritter und Athlet Christi"*, Skanderbeg, möge in diesem Geiste ausharren[228].

Die Wirklichkeit sah hingegen eher trüb aus; im September 1457 drängten die päpstlichen Beauftragten Johannes Navarr und Bruder Mariano de Senis, zuletzt mit Androhung des Kirchenbannes, in Ragusa auf die Auszahlung der dort verwahrten Kreuzzugsgelder an Skanderbeg, doch verschleppte der Rat, der mit einem Sieg der Osmanen rechnete, die Übergabe[229]. Brief auf Brief sandte der Papst nach Osten, neben den ragusanischen ließ er Skanderbeg auch die albanischen Kreuzzugsgelder anweisen (19. September 1457)[230]. Über den Winter hinweg ließ sein Drängen nicht nach. Anfang Februar 1458 traten Gesandte Skanderbegs vor den Papst und berichteten ihm von den jüngsten Ereignissen; bei dieser Gelegenheit wurde Skanderbeg ausdrücklich als *„katholischer Fürst" (princeps catholicus)* angesprochen. In einem Schreiben, das den Gesandten mitgegeben wurde, gab der Papst seinem Bedauern Ausdruck, dem Albanerherrn nur 5000 Gulden zukommen lassen zu können. Dafür fand er noch rühmendere Worte für Georg Kastriota: Er danke Gott, dass Skanderbeg wie eine *„feste Mauer"* den Einbruch der Osmanen in die christliche Welt aufhalte, ein Unterfangen, bei dem er sich mit Ruhm bedeckt habe. Würden doch alle katholischen Fürsten seinem Beispiel folgen! Dann müsste sich der Papst weniger um den Schutz des Glaubens sorgen. *„Verbleibe, liebster Sohn, in deiner Treue, deinem heiligen und heilbringenden Vorhaben, denn da du für den Glauben an Christus kämpfst, darfst du hoffen, dass er, dem nichts unmöglich ist, ... dich nicht verlassen, sondern dir einen ruhmvollen Sieg über seine Feinde geben wird"*[231]. Tatsächlich eilte ein päpstliches Geschwader Skanderbeg zu Hilfe, und am 3. Juni 1458 wies der Papst Michele Borgia an, wieder nach Albanien auszufahren[232], doch kurz darauf, am 30. Juni, schloss Kalixt III. für immer die Augen. Er hatte zwar den christlichen Aufständischen weniger materielle Hilfe geleistet, als er selbst gewünscht hatte, doch trug seine Kreuzzugsrhetorik wesentlich zu Skanderbegs Ruhm im Abendland bei.

Kalixt III. hatte nicht umsonst mehrfach auf die Belagerung Belgrads verwiesen, dessen Rettung von der katholischen Kirche als großer Sieg gefeiert worden war. Denn dort war der lange Zeit im Westen berühmtere Türkenheld, Johann Hunyadi, an einer Seuche gestorben. Skanderbeg blieb als einzige Symbolgestalt des christlichen Widerstandes übrig.

Nach dem Tode Kalixts III. wurden diese Überlegungen von seinem Nachfolger, dem Humanistenpapst Pius II. (Piccolomini), ungesäumt weitergeführt. Wie sein spanischer Vorgänger arbeitete Pius II. auf ein Bündnis der christlichen Fürsten hin, mit dem Ziel, die Osmanen aus Europa zu verdrängen. Er umwarb Kaiser, Italien, Frankreich, Burgund, aber auch die balkanischen Herren von Bosnien bis nach Albanien[233]. Doch stieß er auf viele Widerstände; die inneritalienischen Spannungen, der Gegensatz zwischen Ludwig XI. und Burgund, der neu ausbrechende Kampf zwischen Kaiser Friedrich III. und dem jungen ungarischen König Matthias Corvinus, all dies lastete auf dem Plan eines Kreuzzuges[234]. Der Papst berief eine Fürstenkonferenz nach Mantua ein (Frühjahr 1459–Januar 1460), die Teilnahme der Fürsten aber war enttäuschend[235].

In Italien stieg die Türkenangst mit jedem Jahr. Gelehrte und Künstler beschäftigten sich immer eingehender mit der Gefahr aus dem Osten[236], unruhig glitten die Blicke ans andere Ufer der Adria. Unablässig trieb der Papst zum Kreuzzug; er war bereit, mit gutem Beispiel voranzugehen und den Kreuzzug selbst anzuführen. Von Anfang an stand Skanderbeg im Mittelpunkt päpstlicher Überlegungen und Pläne. Es wurde bereits erzählt, mit welcher Enttäuschung Pius II. die Nachricht von Skanderbegs Stillstand mit Mehmed II. im Jahre 1460 aufgenommen, aber auch, dass der Papst das Eingreifen des Albaners zugunsten Ferrantes durchaus begrüßt hatte. Im selben Jahr 1460 hatte der Papst bereits mit Skanderbegs Gesandten, dem Ritter Martin Muzaki, verhandelt[237]. Im Gegensatz zu seinen Vorgängern beschäftigte sich Pius auch mit der Geschichte der Kastriota, mit deren Herkommen und Laufbahn. Der Papst hatte sich schon seit längerem mit den Verhältnissen auf der Balkanhalbinsel auseinandergesetzt, besonders in seiner Schrift „De Europa“. Er wusste, dass ein größeres Heer nur in den albanischen Häfen, besonders in Durazzo, an Land gesetzt werden konnte, dass nur der albanische Raum, nur die Via Egnatia einen raschen Vorstoß ins Innere des osmanischen Reiches erlauben würden. Albanien war ihm als Land mit ruhmreicher Vergangenheit bekannt, die Albaner als Volk mit einer Sprache, *„die weder Griechen noch Illyrern (d. h. Slawen, O. S.) verständlich“* war[238]. Er ging davon aus, dass die Albaner aus dem Kaukasus stammten, eine Meinung, die bis in die Neuzeit immer wieder zu hören war und die auf die Existenz des kaukasischen Königreichs Albanien (Ałwank) zurückgeht[239]. Wie vertraut der päpstliche Geschichtsschreiber mit den Verhältnissen des Geschlechts Kastriota war, zeigt sich, wenn er von Skanderbegs Vater erzählt und bemerkt, dieser habe als Muslim den Namen *„Camusa“* (Hamza) getragen[240]. Skanderbeg beschrieb er als Vorkämpfer des christlichen Namens, dessen Land *„heute größtenteils durch das feindliche Schwert wüstgelegt ist“*[241]. Genau zeigt er sich auch über das Verhältnis zu Alfons V. unterrichtet: *„Oft schickte König Alfons Soldaten nach Albanien und verteidigte die Stadt Kruja, deren Herrschaft er übernommen hatte, gegen die Türken ... Auch der römische Pontifex Kalixt sandte Skanderbeg nicht geringe Geldhilfen“*[242]. Der derart mit albanischen Dingen vertraute Papst nahm Skanderbeg gleich zu Beginn seines Pontifikats in seine politischen Vorhaben auf. Am 3. Mai 1459 schilderte er Herzog Philipp dem Guten von Burgund die Bedrängnis des Kastriota, der *„für Gott und den katholischen Glauben wie ein Schild“* sei[243]. Er wies dem Albaner auch eine Schlüsselstellung im geplanten Kreuzzug zu, zu dessen Vorbereitung umfangreiche Denkschriften angefertigt wurden. Zwei Jahrzehnte nach dem Beginn des Aufstandes verfügte die Kurie über genaue Kenntnis von Skanderbegs Herrschaft. Der Albanerherr war eine feste Größe im politischen Denken der Planer eines Kreuzzugs geworden. Durch diplomatische Sendschreiben aus Neapel und Rom war die Kunde von dem Athleten Christi durch Europa getragen worden. So hatten Skanderbegs westliche Nachbarn ein Bild des Krieges in Albanien geschaffen, der als Auseinandersetzung zwischen (katholischen) Christen und dem muslimischen Sultan verstanden wurde.

Wie aber reagierten Skanderbeg und seine Berater auf diese eindeutige Wahrnehmung ihres Kampfes gegen die Sultane? Über Skanderbegs Charakter liegen nur jene wenigen Anmerkungen mailändischer Diplomaten vor, die teilweise bereits ausgebreitet wurden. Seine weltanschaulichen Beweggründe lassen sich daher am ehesten aus den programmatischen Urkunden und Sendschreiben erschließen, die der Kastriota an westliche Höfe richtete. Diese wurden wohl nicht von dem Albanerherrn selbst, sondern von geübten Stilisten in seinem Umfeld verfasst. Nicht die slawischen Schreiber seiner serbischen Urkunden, vielmehr die gelehrten katholischen Geistlichen aus Drivasto und Durazzo führten ihm die Feder. Eine Schlüsselrolle kam dabei dem Erzbischof der großen Hafenstadt, Paul Angelus, zu. Ihn darf man als Verfasser des Briefes an den Herzog von Tarent, aber auch der Instruktion für Martin Muzaki, den Gesandten an Papst Pius II. (1463), vermuten. Doch auch wenn dieser Kirchenfürst die Redaktion des Textes übernahm, verlieh er doch den politischen Überlegungen des Kastriota selbst Ausdruck. Man darf also in diesen Texten nach Skanderbegs Einstellung zum christlichen Glauben und dem Krieg gegen den Islam fragen. Das christliche Gedankengut kommt zum Ausdruck, wenn er zwischen Christen und Nichtchristen unterscheidet. Die

Osmanen sieht er als *„unsere Feinde und (Feinde) des katholischen Glaubens“* und stellt somit eine Einheit zwischen der Verteidigung seiner Herrschaft und des Christentums her[244]. Noch deutlicher wird das Bekenntnis zum Christentum, wenn der Kastriota ausführt, *„wir sind alle in der Taufe gleichermaßen Christen“*[245]. Die Verbindung von christlicher Geisteshaltung und Türkenkrieg geht auch aus einem Schreiben an Francesco Sforza hervor, in dem Skanderbeg von der Ankunft des landflüchtigen Stefan Branković berichtet, *„der von den wilden und ruchlosen Türken wegen seiner Liebe zur Christenheit aus seinem Reich vertrieben wurde“*[246]. Als der Kastriota 1459 die Burg Satti räumen musste, klagte er, er habe die Burg *„den Händen der Feinde Christi und von mir“* entrissen[247]. Er meinte damit den osmanenfreundlichen Leka Dukagjin. Auch in inneralbanischen Fehden teilte er also die Parteien in Christen und Christenfeinde. Drei Jahre später entwickelte der Albanerherr am Vorabend des Kreuzzuges gegen Mehmed II. ein eigentliches christliches Programm. Im Oktober 1463 kamen Erzbischof Paul Angelus, der Abt von St. Alexander in Mati, Peter Duka, der apostolische Nuntius in Albanien, Bruder Blasius, der auch Prior des Dominikanerkonvents von Skutari war, sowie Skanderbegs treuer Gefolgsmann, der čelnik Rajan, in der Kirche St. Maria auf dem befestigten Kap Rodoni zusammen. Am 29.Oktober 1463 instruierten sie den Gesandten Martin Muzaki, der zu den entscheidenden Verhandlungen nach Rom aufbrechen sollte. Es wird ausgeführt, wie Muzaki schon einmal vor den Papst getreten sei und dieser die katholischen Fürsten zum Kampf gegen *„Machomet, den Tyrannen der Türken“*, der mit seinen *„türkischen Komplizen“* den christlichen Glauben bedrücke, aufgerufen habe. *„Wir Georg Kastriot Skanderbeg, Herr von Albanien, der wir zur Schar der Christusgläubigen gezählt werden wollen“*, hebt die Instruktion an und führt dann das Programm des Krieges aus: *„Zum Ruhm Gottes und zum Vorteil und der Förderung unseres christlichen Glauben*s“ möge Muzaki über einen Feldzug verhandeln, in dem *„wir uns verbindlich verpflichten, unsere Person, all unsere Güter, Länder, Burgen, Dörfer, festen Plätze, bewaffneten Gefolgsleute und unsere Männer teilweise oder auch ganz zur Verteidigung des christlichen Glaubens und zum Angriff auf dessen ... Feinde“* zur Verfügung zu stellen[248]. Diese feierliche Urkunde belegt, dass Skanderbeg zu einem Kreuzzug aufbrach. Auch Skanderbegs Krieger fassten offenbar ihren Kampf auch in religiösen Kategorien; die Legenden um die unversehrten Leichname nach der Schlacht von Berat waren in Albanien entstanden und glorifizierten den Märtyrertod von Christen in einer Schlacht gegen Muslime[249]. Doch nicht nur in Urkunden, auch in einem – der widrigen Zeiten wegen bescheidenen – Kirchenbauprogramm erweist sich Skanderbegs Bekenntnis zum Christentum. In Alessio erinnerte man sich noch nach mehr als zwei Jahrhunderten daran, dass der *„große Skanderbeg"* die Franziskanerkirche St. Maria *„seiner Frömmigkeit entsprechend"* würdig habe errichten lassen[250]. Dass im albanischen Adel, zumindest im italienischen Exil, eine bewusst christliche Deutung der Ereignisse gepflegt wurde, geht aus der Chronik des Muzaki hervor: Nur der Glaube würde die vertriebenen Herren wieder in ihre Heimat zurückführen[251].

Außenwahrnehmung und Selbstwahrnehmung stimmen weitgehend überein. Es bleibt zu fragen, ob die Aufständischen selbst oder die adriatischen Staaten die religiöse Deutung des Krieges geprägt hatten. Der Aufstand hatte im Herbst 1443 mit einem öffentlichen Bekenntnis von Renegaten zum Christentum begonnen. Die Rache am Sultan bildete zwar einen ganz persönlichen Beweggrund Skanderbegs, doch hätte dies nicht ausgereicht, eine breite Bewegung zu entfesseln. Die Freiheit der Bergwelt von Steuern und Lasten eines Imperiums trieb die Krieger an. Doch derartige Unruhen hatte es schon im 14. Jahrhundert gegen das byzantinische Reich gegeben. Im 15. Jahrhundert erfolgte der Aufstand aber nicht nur aus einem Reflex der Abwehr, sondern er wurde überwölbt von einer Idee, dem Kampf gegen das osmanische Imperium, dessen Trägerschicht als muslimisch wahrgenommen wurde. Und diese Vorstellung wurde nicht nur von außen in den Krieg auf dem Balkan hineingelesen. Vielmehr sah sich Georg Kastriota, der charismatische Führer der Erhebung, als Vorkämpfer des Christentums. Die Rückkehr zum christlichen Glauben und die Wahl des byzantinischen Doppeladlers waren nicht von außen in das Aufstandsgebiet getragen worden. Die Aufständischen grenzten sich selbst deutlich von einem Gegner ab, der nicht nur als neues Imperium, sondern auch in der religiösen Dimension abgelehnt wurde. Das Bekenntnis zum Christentum bildete das einigende Band aller Aufständischen. Nicht Sprache oder eine ethnische Zugehörigkeit gaben den Ausschlag, sondern die Religion. Wer mit Skanderbeg kämpfte, bekannte sich zum Christentum. Wer es mit dem Sultan hielt, konnte Muslim oder Christ sein. Kein bekennender Muslim aber focht in den Reihen der Aufständischen. Während diese Trennlinien und das in Urkunden zum Ausdruck gebrachte Denken der politischen Elite fassbar werden, lassen sich über die religiöse Motivation von Skanderbegs nichtgeistlicher Gefolgschaft kaum gesicherte Nachrichten beibringen. Eindeutige Aussagen sind nicht möglich, doch darf angenommen werden, dass die christlichen Bauern- und Hirtenkrieger Skanderbegs den Glauben zumindest als klare Abgrenzung gegenüber ihrem Feind betrachteten; die Wundererzählungen über die Märtyrer von Berat legen nahe, dass auch Vorstellungen über einen Glaubenskrieg in Umlauf waren.

Die päpstliche Unterstützung für Skanderbeg entsprang nicht einem reinen Machtdenken[252]. Der Empfänger der Hilfe sah sich vielmehr als jener

Verteidiger des christlichen Glaubens, als den ihn Kalixt III. gefeiert hatte. Dieses Selbstverständnis wurde in der Erinnerungskultur der Aufständischen im italienischen Exil weiter ausgebaut: Marinus Barletius und Demetrio Franco verherrlichten den Albanerherrn als Helden des christlichen Glaubens[253]. Sie schufen aber keinen christlichen Heroen, sondern setzten nur eine schon zu Lebzeiten Skanderbegs bestehende Tradition fort.

DER KREUZZUG DES NEUEN ALEXANDER

In dem Jahrzehnt nach dem Fall Konstantinopels im Jahre 1453 machten die Päpste die Verteidigung der Balkanchristen und die Rückeroberung der Kaiserstadt zu ihrem obersten Ziel. Kalixt III. und Pius II. ließen es nicht mit anfeuernder Rhetorik bewenden. Der spanische Papst hatte Flotten in das östliche Mittelmeer geschickt. Sein aus Siena stammender Nachfolger ging noch weiter: Er wollte sich selbst an die Spitze eines Feldzuges setzen. In diesem Umfeld fanden Pläneschmiede reichlich Betätigung. Sie führten eine alte Tradition fort, von Traktatschreibern, die einst Wege zur Rückgewinnung Jerusalems oder des 1261 untergegangenen lateinischen Kaiserreichs von Konstantinopel weisen wollten. Der Mittelpunkt derartiger Gedankenspiele war Rom. Unter dem Pontifikat Pius' II. wuchs die Bedeutung, die der albanischen Adriaküste zugewiesen wurde. Man erwog ein Landungsunternehmen, denn, wie es in einer Denkschrift hieß, *„Skanderbeg sieht die italienischen Reiter und Fußknechte gerne"*[254]. Der Name des Kastriota und die günstige Lage seiner Herrschaft waren bald in aller Munde: Herzog Philipp von Burgund ließ im November 1461 durch seinen Gesandten bei der Kurie das Anlanden von Truppen in der Peloponnes und Albanien – *„denn in Albanien sind die Gebiete Skanderbegs"* – erörtern[255].

Skanderbeg wurde auch weit im Osten, im Anatolien des Herrn von Karaman, Ibrahim Bey, Schwager Murads II., als wichtiger Verbündeter genannt; in einer Denkschrift dieses mächtigen Herrn, die er dem Papst und dem König von Neapel im Jahre 1455 vorlegte, wurden sehr eingehende Überlegungen angestellt[256]. Ibrahim bey sah einen ungarischen Angriff zu Lande und einen Flottenangriff auf Saloniki und Konstantinopel vor, während er selbst von Kleinasien aus vormarschieren würde. Dann aber hob er Skanderbegs Stellung hervor: *„Ohne Zweifel muss Skanderbeg, Herr der Albaner, unterstützt werden"*, der zusammen mit italienischen Truppen ausrücken solle. Karaman würde also von Osten, Skanderbeg von Westen aus angreifen. Von allen Seiten bedrängt, würde Mehmed mit seinen 150 000 Mann in erhebliche

Not geraten. Ob er nun mit ganzer Heeresmacht einen der Angreifer bekämpfen oder sein Heer teilen würde, stets träfe Mehmed auf ausgeruhte Gegner, in Europa besonders auf das *„ungarische und das albanische Heer"*; auch ein Feldzug gegen Albanien würde nur den Ungarn den Weg in den Balkan öffnen. Ibrahim bey ging davon aus, dass Mehmed seinen Hauptgegner in Europa in Skanderbeg sehen würde. Er kannte auch Skanderbegs Kampfweise in allen Einzelheiten[257]: Dieser würde sich mit seinem Heer in sichere Stellungen begeben, einer Schlacht ausweichen und nur bei günstiger Gelegenheit zuschlagen. Ibrahim schätzte Skanderbegs Macht auf 30 000 Mann. Für den Fall eines osmanischen Feldzuges nach Griechenland und gegen das ungarische Heer empfahl er einen albanischen Angriff auf Epirus: *„das albanische Heer soll äußerst vorsichtig und in langsamem Vormarsch das ganze Land der Albaner, die dem Türken unterstellt sind, gewinnen, dabei Eroberungen machen, sich vergrößern und alle Orte von Jannina und der Unteren Walachei (Thessalien, O. S.) einnehmen, ein Gebiet, das täglich die Christen herbeiruft, und sie werden so viel fruchtbares Land erobern, dass sie ohne Zweifel an Stärke sich vervielfachen werden, so dass sie, die mit 30 000 Mann aus Albanien aufgebrochen sein werden, an den Grenzen Griechenlands 50 000 zählen werden"*. Der Herr von Karaman hoffte, dass bei diesem Vormarsch zahlreiche Christen aus dem osmanischen Heer überlaufen würden, und zwar auch die zum Islam Abgefallenen. Wenn die Albaner die Grenzen Griechenlands erreicht haben würden, sollten die Ungarn im Norden losschlagen und die Osmanen in die Zange nehmen. Ein weitausgreifender Plan, der aber gute Kenntnis der balkanischen Verhältnisse verrät, auch von der Mentalität der christlichen Bevölkerung unter osmanischer Herrschaft; vor allem aber zeigt er, zu welcher Berühmtheit Skanderbeg auch in Kleinasien gelangt war. Der Albanerherr rückte immer mehr in den Mittelpunkt strategischer Überlegungen im Abendland und in Anatolien. Die Planer stimmten darin überein, dass die Osmanen gleichzeitig an verschiedenen Fronten, an der Donau, an der Adria, in der Ägäis und in Kleinasien angegriffen werden sollten.

Die Stimmung für die Verwirklichung derart ehrgeiziger Pläne schien nach 1453 nicht ungünstig. Im fernen Burgund verpflichteten sich Herzog und Hofstaat in prunkvollen Festen und mit feierlichen Schwüren, gegen die Osmanen auszuziehen. Der Orden vom Goldenen Vlies sollte die Verteidiger des Kreuzes zusammenschließen[258]. Im Gegensatz zu diesem Pomp handelte die Republik Venedig aus praktischen Erwägungen. Seit dem Fall Konstantinopels hatte sie sich Mehmed II. gegenüber nachgiebig gezeigt, war Herausforderungen ausgewichen, hatte zu allen Übergriffen geschwiegen. Doch der Faden der Geduld drohte zu reißen; immer mehr Senatoren sahen nicht nur die Ehre, sondern lebenswichtige Interessen des Staates in Gefahr. In Venedig wandelte sich die allgemeine Stimmung, kriegerische Töne wurden laut. Für Pius II. bot sich nun die Möglichkeit, zwei größere Staaten für seinen Plan zu gewinnen. Doch galt es, die gesamte christliche Staatenwelt gegen den Feind des Glaubens zu vereinen. Denn das Denken der Strategen hatte die Staatenlenker beeinflusst: zu Lande und zu Wasser musste Mehmed II. angegriffen werden. Der Papst, Venedig und Burgund würden eine Flotte mit italienischen und abendländischen Soldaten über die Adria führen und dort mit einheimischen Christen vereinigen; von Norden aber würde König Matthias Corvinus von Ungarn über die Donau setzen und das Moravatal entlang ziehen. Um einen derartigen Plan zu verwirklichen, bedurfte es einer klugen, die europäischen Verwicklungen überblickenden Diplomatie; daneben aber mussten die Verbündeten auf der Hämushalbinsel gestärkt werden.

Im Jahre 1463 wurden in Rom Überlegungen angestellt, wie eine Flotte von 25 Galeeren und zwei größeren Segelschiffen (zum Transport der Geschütze) gerüstet werden könnte, eine Flotte, die mit venezianischer Hilfe auf das Doppelte vergrößert werden sollte[259]. Für den Feldzug zu Lande würden in Albanien 1000 Reiter und 5000 Mann zu Fuß benötigt – deren Sold für vier Monate auf 31 000 Dukaten veranschlagt wurde. Skanderbeg, so wurde berechnet, würde, *„wie gewohnt“*, mit 15 000 Mann ausrücken, für die 15 000 Dukaten vorgesehen waren (ein italienischer Söldner erhielt also eine zweieinhalbmal höhere Bezahlung als ein albanischer Krieger). Die Strategen gingen davon aus, dass *„diese Truppen in wenigen Tagen soviel fruchtbares Land erobern würden, dass sie auch bei einem Feldzug von einem Jahr Vorrat aus dem Land haben werden“*. Unter den italienischen Söldnern sollten mindestens 500 Armbrust- und 500 Büchsenschützen sowie 500 Mann mit langen Spießen dienen[260]. Man hoffte, dass sich der Heerbann durch Zuzug aus Italien und die Erhebung von Einheimischen verdreifachen würde. Der venezianische Gesandte bei der Kurie, Paolo Morosini, war Verfasser eines weiteren, noch ausgreifenderen Planes, der die Eroberung von *„ganz Bulgarien, Serbien, Bosnien, Makedonien, Epirus, Thessalien, Griechenland bzw. Attika und der Peloponnes“* zum Gegenstand hatte[261]. Dafür hielt er nicht weniger als 80–100 000 Mann für erforderlich. Doch sah er auch etliche Hindernisse, die sich dem Vorhaben in den Weg stellten: Das Misstrauen zwischen den christlichen Fürsten, die beschränkten militärischen Machtmittel, der Geldaufwand, die Haltung der Christen im südöstlichen Europa. Morosini empfahl einen Angriff an allen Fronten, vorgetragen von Polen, Böhmen, dem serbischen Despoten Stefan Branković – einem landlosen Herrn –, dem Woiwoden der Walachei, die zusammen über die Donau vorrücken sollten; Ungarn sollte über Serbien und Bosnien marschieren; ein 25 000 Mann starkes italienisches Heer in Albanien und Epirus einfallen, eine Flotte von 50

Galeeren schließlich sollte von See her angreifen. Morosini baute auf die Mithilfe von *„Thessaliern, Griechen, Peloponnesiern, Epiroten und Makedoniern"*. Er bezog aber auch den mächtigsten Gegner Mehmeds II. in Anatolien in seinen Plan ein, Uzun Hasan, Herr der Weißen Hammel, würde mit einem gewaltigen Heer aus Kleinasien heranziehen[262].

Auch Morosinis vorgesetzte Behörde, der venezianische Senat, besprach Kriegspläne; in einer Instruktion für die venezianischen Gesandten zu Ludwig XI. von Frankreich wird von einer tatsächlichen Gefahr ausgegangen: *„Der gemeinsame Feind schläft nicht"*[263], warnten die Senatoren, beeindruckt von traurigen Berichten aus Ungarn. Vor allem aber legten sie dem französischen König die Bedrohung der südlichen Adria dar: Von Valona, dem wichtigsten osmanischen Hafen aus sei Brindisi leicht erreichbar, die *„Eingeweide der Christenheit"* schwebten in Gefahr; auf dem Balkan gestalte sich besonders die Lage des bosnischen Königs und Stefan Vukčićs von der Herzegowina schwierig[264].

Am ausdauerndsten aber bemühte sich Papst Pius II. um einen Feldzug auf dem Balkan. Ihm war die Schlüsselstellung Albaniens bewusst, als Landeplatz und Heimat wichtiger Verbündeter, als Herrschaftsgebiet des besten christlichen Feldherrn auf dem Balkan. Schon 1459 hatte Venedig bei der Kurie die Entsendung eines 10 000 Mann starken italienischen Heeres angeregt[265], und im November 1459 zeigte sich der Pontifex bereit, ein derartiges Korps mit Geldmitteln auszustatten[266]. Pius II. war aber nicht verborgen geblieben, wie schwer die Osmanen dieses Land zwischen 1455 und 1457 verwüstet hatten, wie sehr insbesondere die katholische Kirche, all die Bergpfarren und kleinen Bistümer gelitten hatten. Schließlich gab es nur einen Weg, Skanderbeg zu gewinnen, und dieser verlief über die katholische Geistlichkeit des Landes. In mehrjähriger Arbeit richtete der Papst zusammen mit dem hohen albanischen Klerus die zerrüttete Kirche wieder auf und formte sie in ein schlagkräftiges Instrument des Kreuzzuges um. Als kongenialer Gehilfe erwies sich dabei der neue (seit 1460) Erzbischof von Durazzo, Paul Angelus[267]. Dieser entfaltete eine fieberhafte Reisetätigkeit nach Italien, um den Osmanenkrieg vorzubereiten. Als Sohn der Bergstadt Drivasto sorgte er aber auch für die Gläubigen im Hochland; die von Kalixt III. bestätigten Statuten des Kathedralkapitels seiner Heimatstadt wurden von Pius II. erneuert; vor allem aber berief der Erzbischof im November 1462 eine Synode nach Mati ein, wo die Kirchenordnung dieses von osmanischen Verwüstungen hart getroffenen Gebietes verbessert wurde. Wie groß die Not war, zeigt die Regelung, dass Laien Nottaufen in der Volkssprache vornehmen durften; die in die Akten der Synode aufgenommene Taufformel ist der älteste schriftliche Beleg der albanischen Sprache. Paul Angelus ging also ungewöhnliche Wege. Der Gefolgschaft Skanderbegs galt er als weltweiser Ratgeber, aber auch an der Kurie fand er wertschätzende Beachtung, wie ein Schreiben des Kardinals Ludovico Foscarini an Skanderbeg zeigt[268]. In seinem Erzbistumssitz Durazzo ließ er die Befestigungen erneuern, denn hier sollte das Kreuzzugsheer an Land gehen. Ins Große aber ging sein Plan für Albaniens Zukunft: Wenn Skanderbeg für einen Kreuzzug – das hieß: auch für den Bruch seines Vertrages mit Mehmed II. – gewonnen werden sollte, dann musste ihm der Papst zum Ausgleich für die drohende Gefahr eine Rangerhöhung bieten, vor allem aber das eigenartige staatsrechtliche Provisorium seiner Herrschaft beenden. Die eigentlichen Verhandlungen zwischen Pius II., Paul Angelus und Skanderbeg bleiben weitgehend im Dunkeln: Geführt wurden sie wohl von Ritter Martin Muzaki, der als *„Sondergesandter"* (nuntius specialis) Skanderbegs im November 1463 nach Rom aufbrach[269]. Der Erzbischof selbst reiste im Frühsommer 1464 persönlich nach Italien, wo Papst Pius II. zum Kreuzzug rüstete, der sich wenige Wochen später in Richtung Albanien in Bewegung setzen sollte. Angelus ging, mit einem Empfehlungsschreiben Skanderbegs versehen[270], hinauf bis nach Mailand, wo ihm Herzog Francesco Sforza prunkvolle Rüstungsgegenstände zum Geschenk machte: Vielleicht wird sich darunter auch ein Teil jenes Symbols des albanischen Kreuzzuges – der Helm Skanderbegs – befunden haben, der mit seinen Ziegenhörnern, wie eingangs erzählt, eine Nachbildung der alten makedonischen Königskrone ist[271]: Als neuer makedonischer König, als neuer Alexander sollte Skanderbeg dem Kreuzzug dienen, Albanien zum Königreich der Epiroten erhoben, der Erzbischof zum Kardinal befördert werden[272]. Ein grandioser Plan, ein Plan zweier geistlicher Humanisten. Im Feldzug Skanderbegs sollten sich die klassische Idee des Kreuzzugs und die antikisierende politische Sprache der Renaissance vereinen; Albanien würde seinen Platz unter den Staaten Europas finden, die stets bedrohte Herrschaft Skanderbegs zu einem katholischen Bollwerk in der südlichen Adria werden, zu einem eigentlichen Kreuzfahrerkönigreich. Der Geschichtsschreiber Paolo Giovio schrieb mehr als ein halbes Jahrhundert später, Pius II. habe Skanderbeg *„als König nicht nur von ganz Epirus, sondern auch von Makedonien vorgesehen"*[273]. Dies waren die Hoffnungen, die Erwartungen in jenen fieberheißen Tagen des Sommers 1464.

Bis es aber zur Aufstellung der päpstlichen Flotte in Ancona (Sommer 1464), zur Ausfahrt des venezianischen Geschwaders kam, durchlebten Italien und der Balkan unruhige Zeiten; eine starke Spannung hatte sich der Levante bemächtigt, eine Spannung, die aus den Berichten italienischer Diplomaten selbst nach über fünf Jahrhunderten noch zu spüren ist.

Das Jahr 1462 bildet einen Wendepunkt: Mehmed II. warf sich mit aller Macht auf die Walachei, stieß dort aber auf den heftigen Widerstand Vlads des Pfählers; christliche Siege, so grausam sie auch errungen wurden, waren also möglich; und Ungarn zeigte sich beunruhigt angesichts der osmanischen Angriffe an seinen Grenzen. Skanderbeg war siegreich aus Apulien heimgekehrt; nie hatte sein Ruhm heller gestrahlt, selten war sein Selbstbewusstsein größer gewesen; gegenüber den venezianischen Statthaltern in Albanien zeigte er sich herrisch; der Senat der Lagunenstadt war plötzlich entgegenkommend: Man fürchtete Skanderbeg und ahnte zugleich, dass man ihn bald brauchen würde[274]. Denn außer den treuen Skutariner Patriziern hatte Venedig nur wenige Anhänger in Albanien; Draga Dukagjin war tot, Leka kein Freund. Da der Sultan in der fernen Walachei focht, konnte Skanderbeg nach Belieben schalten. Im Osten wehrte er einige Angriffe ab, die von mehreren osmanischen Offizieren von der Ebene von Polog gegen Mokra geführt wurden; er siegte jedes Mal, so über Sinan bey in einem Engpass der Mokra, über seinen Muslim gewordenen Standesgenossen Hasan bey Zenebish, den Befehlshaber von Tetovo. Auch der alte Karaca bey erzielte von seinem Lager bei Livad in der Ebene von Ochrid keinen Erfolg[275].

In Albanien, wo die Nachrichten aus dem inneren Balkan zusammenliefen, vernahm man aber bald beunruhigende Kunde: Im Herbst 1462 war im Hause des Stefan Vukčić offener Zwist ausgebrochen; Stefan hatte seinem Sohn Vladislav die Braut weggenommen[276], worauf sich der beleidigte Vladislav empörte und zu den Osmanen überging (wohl Oktober 1462)[277]. Es drohte ein osmanischer Vorstoß an die Bucht von Cattaro, in deren Herrschaft sich Venedig und Vukčić geteilt hatten; noch furchteinflößender wirkten die Nachrichten, Mehmed II. werde demnächst gegen Bosnien marschieren, neben dem bereits unterworfenen Serbien der letzte balkanische Flächenstaat, der sich dem osmanischen Zugriff noch entzog. Der bosnische König Thomas wandte sich in Verzweiflung an seine Nachbarn, Ungarn, Venedig und Skanderbeg bat er um Hilfe[278]; dieser und seine adriatischen Nachbarn, die Tocco von St. Maura (Leukas) und Ragusa sandten in der gleichen Sache zu Pius II.[279]. Es herrschte kein Zweifel mehr. Die Schrift stand an der Wand.

Wohl nie zuvor hatten Italien und die Hämushalbinsel eine solche diplomatische Tätigkeit erlebt wie in jenem Jahr 1463. In raschem Rhythmus verließen Schiffe mit Gesandten an Bord Skanderbegs Herrschaft. Skanderbeg spann Fäden weit über den Balkan, hinauf in die Herzegowina und hinein nach Bosnien. Stefan Vukčić und König Thomas erblickten in dem Albanerherrn den wichtigsten Verbündeten in der Region. Mit dem Ragusaner Rat stand Skanderbeg fast ununterbrochen in Beziehung[280]. Mit anderen Worten: Skanderbeg wurde zur Bezugsgestalt des christlichen Adels im Westen der Hämushalbinsel.

Die Familienfehde der Vukčići beschäftigte auch Venedig, das an einem Bündnis Stefans mit Bosnien arbeitete (Februar 1463)[281]. Es war aber Skanderbeg, der Vater und Sohn wieder zusammenführen wollte: Im April 1463 verlangte er von Venedig das Recht, durch Venezianisch-Albanien zu marschieren, um dem Herzegowiner Hilfe zu bringen[282]. Vukčić war in heller Panik; schon im Januar hatte er in Ragusa um Zuflucht gebeten; dorthin wollte er sich mit Gold, Silber, seinen Dukaten, Geschmeide, teurer Kleidung und Waffen retten – eine Liste, die die kundigen Ragusaner Ratsherren mit Behagen erstellten[283]. Im Januar 1463 erschien zu Ragusa auch ein Diplomat des bosnischen Königs, der von Paladino de Gondola/Gundulić, jenem albanienkundigen Patrizier, auf dem Seeweg zu Skanderbeg begleitet wurde[284]. Am 3. März langte derselbe Gesandte auf dem Rückweg wieder in der Blasiusstadt ein, von wo aus er weiter nach Split reiste[285]. Was er mit Skanderbeg besprochen hatte, ist unbekannt; Hilfe vermochte der Kastriota seinem in tödlicher Gefahr schwebenden Standesgenossen nicht zu leisten. Im Gegenteil, er war ganz mit Schanzarbeiten und der Versorgung seiner Gefolgschaft beschäftigt; beides betrieb er mit Hilfe Ragusas, genauer Paladino de Gondolas[286]. Gondola übernahm das ganze Krisenjahr hindurch die ragusanische Diplomatie mit Skanderbeg; im Spätsommer weilte er bei Skanderbeg, und im Oktober erwog der Rat seine erneute Entsendung; Politik und Geschäft gingen Hand in Hand, denn selbst im Kriegslärm vergaßen die Patrizier ihren albanischen Tuchhandel nicht[287].

Lähmendes Entsetzen erfasste den Balkan, als sich Mehmeds II. riesiger Heerbann gegen Bosnien wälzte; eine Abteilung, wohl aus dem albanischen Sancak, marschierte hart an Skutari vorbei und zog dann wohl dem Ostufer des Sees entlang nach Norden, um in der Ebene von Podgorica nach Osten abzuschwenken, an der Burg Medun vorbei ins Innere des Balkans[288]. Diese Verletzung des venezianischen Territoriums hatte System; denn auch in Griechenland hatten osmanische Reiter die Republik herausgefordert[289]. Ragusa zitterte: Anfang Juni warb die kleine Republik in Apulien Söldner, bot den eigenen Landsturm auf, ließ Kirchen und Häuser vor den Wällen niederreißen; gleichzeitig schickte sie dem Großherrn Früchte und Zitronen und bereitete noch viel prunkvollere Geschenke für Mehmed und seine Großen vor[290].

Inzwischen erfüllte sich das Schicksal des bosnischen Königreiches, mit Gewalt und gebrochenen Versprechen gewannen der Sultan und sein Großwesir Mahmud Pascha Angelović die festen Plätze; der letzte König wurde durch eine List gefangen und hingerichtet; seine Gattin floh nach Ragusa, schließlich weiter nach Rom (Juni 1463)[291]. Die Nachricht rief in Italien namenlosen Schrecken hervor. Insbesondere Venedig, dessen dalmatinische Küstenstädte wie Zadar/Zara, Šibenik/Sebenico, Trogir/Traù, Split/Spalato bisher durch das bosnische Königreich geschützt waren, fürchtete zu Recht die unmittelbare Nachbarschaft des Sultans. Der Fall Bosniens und osmanische Grenzverletzungen in Griechenland beschleunigten in Venedig den Sinneswandel der Patrizier: Am 28. Juli 1463 erklärte die Republik dem Sultan den Krieg, voller Hoffnung auf einen Kreuzzug, auf einen Zusammenschluss der christlichen Staaten[292]. Sechzehn Jahre sollte das Ringen dauern und mit einer Niederlage der Signoria enden.

Die Ausgangslage Venedigs erwies sich als schwierig: Auf einer gewaltig ausgedehnten Frontlinie von Dalmatien, über Albanien, Griechenland bis hin zur kleinasiatischen Küste standen sich die Seemacht Venedig und das osmanische Landreich gegenüber; und die Osmanen besaßen den Vorteil der inneren Linie. Denn von ihren Sammelplätzen in Edirne und Skopje aus erreichten sie rasch die Kriegsschauplätze an der Donau, an der Adria, an der Ägäis; für Venedig aber bedeutete dies große Ungewissheit über das Kriegsziel der Gegner und eine mühsame Verlegung der Flotte von der Adria in die Ägäis oder an andere Orte. Um diesen Nachteil wettzumachen, nahm Venedig sofort das Heft in die Hand und eröffnete noch im Herbst 1463 den Angriff. Es wählte die Peloponnes, die erst wenige Jahre zuvor von den Osmanen unterworfen worden war und wo griechische, albanische und vlachische Christen als Hilfstruppen gewonnen werden konnten; die Peloponnes bot auch zahlreiche Ziele, die mit Flottenunternehmungen zu erobern waren. Doch brach sich der Angriffsschwung schon nach wenigen Wochen vor dem riesigen Burghügel von Akrokorinth (Oktober 1463)[293]. Erfolgreicher war die Republik auf dem Felde der Diplomatie: Am 12. September 1463 schloss sie ein Bündnis mit König Matthias Corvinus von Ungarn; und einen Monat später, am 19. Oktober 1463, beschworen Papst Pius II., Herzog Philipp der Gute von Burgund und Venedig einen Waffenbund[294]. Worum Jahre lang gerungen worden war, gelangte nun in wenigen Wochen zur Verwirklichung.

Doch wer annahm, dass sich Skanderbeg ohne zu zögern dieser Vereinigung anschlösse, sah sich getäuscht. Denn wieder einmal erwiesen sich die politischen Verhältnisse auf dem Balkan als verwickelt. Sultan Mehmed II., gewohnt an Siege über verängstigte und schwache Gegner, war nicht wenig bestürzt, als sich die Gefahr eines mächtigen christlichen Bündnisses abzeichnete. Besonders fürchtete er ein Eingreifen Skanderbegs. So umwarb er den Albanerherrn mit dem Angebot eines dauerhaften Friedens. Und Skanderbeg nahm an[295]. In Italien herrschte Verwirrung[296]. Was hatte Skanderbeg zu diesem Schritt bewogen? Es war wohl langjährige Erfahrung im Umgang mit dem Sultan und den italienischen Staaten, besonders Venedig. Er wusste, dass er bei einem Kriegseintritt alles aufs Spiel setzen würde. Bevor er sich dem Angriff auf den Sultan anschloss, musste er harte Verhandlungen führen; ein Abkommen mit dem Sultan übte dabei stärksten Druck auf die venezianische und päpstliche Diplomatie aus. Offenbar waren die Verhandlungen mit

Papst Pius II., der am Donnerstag nach Ostern in seinem Kurort zu Petriolo Gesandte Skanderbegs und Stefan Brankovićs empfangen hatte, nicht nach dem Wunsch des Albanerherrn verlaufen[297]. Venedig trat erst Ende Juli in den offenen Krieg ein. Zuvor aber schien es Skanderbeg geboten, sich gegenüber dem Sultan abzusichern. Dieser wiederum wird durch seine Kundschafter in Italien um die Bündnisverhandlungen gewusst haben; ein Friede würde Skanderbeg vorerst von dem großen Spiel der Mächte fernhalten. Aus diesem Spiel ging der Sultan als Gewinner hervor: Der bosnische König erhielt von Skanderbeg keine Hilfe. Mit der Eroberung Bosniens aber hatte Mehmed II. die Landverbindung zwischen Ungarn und Skanderbegs Herrschaft unterbrochen und damit einen kombinierten christlichen Angriffs beinahe unmöglich gemacht. Mit dem Fall Bosniens war Skanderbeg auf der Balkanhalbinsel weitgehend isoliert. Hilfe konnte fast nur noch über das Meer kommen.

So setzten alle Parteien ihre Schritte sehr vorsichtig, dies galt besonders für Skanderbeg und seine gefährdete Herrschaft. Dass er den Kampf gegen den Sultan weiterführen wollte, kann kaum bezweifelt werden. Er kannte die Osmanen zu gut, um anzunehmen, dass sich Mehmed II. dauerhaft an ein Abkommen halten würde. Zeit zu verhandeln, Zeit zu rüsten – dies hatte der Kastriota im Sinne. Und so schickte er Georg Pelinus im August, wenige Wochen nach dem Friedensschluss mit dem Sultan, nach Venedig; ihm folgte, wohl mit Sonderinstruktionen, Andreas Smachi, und beide erschienen am 20. August 1463 vor dem Senat, also drei Wochen nach Beginn des Krieges. Selten hatten die Patrizier den Albanerherrn so umworben; man sei ihm auf das Beste gewogen und schätze seinen Kampf gegen die Feinde des Glaubens hoch. Alles, was Skanderbeg über die Jahre kaum zu wünschen gewagt hatte, wurde nun angeboten: Verfügung über die venezianischen Garnisonen in Albanien, dazu 500 Reiter und 500 Fußknechte für das Frühjahr 1464; für den Winter 2000 Dukaten; noch wichtiger: Skanderbeg würde General (gubernator) dieser Truppen werden, sein – 1455 geborener – Sohn Ivan[298] Hauptmann, letzteres ein reiner Ehrentitel, da ein achtjähriges Kind wohl kaum einen Heerbann befehligen konnte. Alte Streitfragen galten nichts mehr; die leidigen Konflikte um das Jahrgeld wurden der Zuständigkeit der venezianischen Statthalter entzogen und dem venezianischen Sonderbeauftragten (Provisor) in Albanien zugewiesen. Auch Skanderbegs Wunsch nach Flottenunterstützung wurde schlank gewährt; nicht nur eine, wie erbeten, gleich mehrere Galeeren würden in der üblichen Feldzugszeit der Osmanen, zwischen April und Juni, dem Kastriota zur Verfügung stehen. Venedig bot auch eine Rückversicherung für den Fall einer Niederlage: Der junge Ivan Kastriota sollte in das venezianische Patriziat, damit auch in den Großen Rat (Maggior Consiglio) der Lagunenrepublik aufgenommen werden.

Ein weitreichendes Entgegenkommen der Signoria, die alle Hebel in Bewegung setzte, um Skanderbeg in ihr Lager zu ziehen. Der Kastriota aber zögerte. Kardinal Bessarion, jener aus dem fernen Trapezunt stammende hochgebildete Fürsprecher des Türkenkrieges, schrieb eine Woche nach den Verhandlungen, am 28. August 1463, an Kardinal Ammanati, Skanderbeg habe eingewilligt, gegen ein Geschenk von 4000 Dukaten, Sold für 10 000 eigene Krieger und die erwähnten 1000 italienischen Söldner[299]. Doch war die Hoffnung verfrüht. Am 9. September unterrichtete der Senat Papst Pius II. von den Unterhandlungen und führte aus, man hege die Hoffnung, den Albanerherrn zum Friedensbruch bewogen zu haben; von Gewissheit ist also keine Rede, dafür umso mehr von der strategischen Bedeutung Skanderbegs: Durch ihn, der 30 000 bis 40 000 Männer – eine dem Wunschdenken entsprungene Zahl – aufbieten könne, würde man dem Feind schwersten Schaden zufügen[300]. Der Senat wusste, dass alles von Größe und Schlagkraft des italienischen Söldnerheeres abhing, das Skanderbeg verlangte[301]. Venedig erbrachte dann Schritt für Schritt alle versprochenen Leistungen: Am 25. September 1463 wurde in feierlicher Urkunde Ivan Kastriota in den Großen Rat aufgenommen, am 29. September Gelder für Albanien bereitgestellt, am 17. Oktober der Sonderbeauftragte in Albanien, Gabriele Trevisan, abgefertigt, am 19. Oktober schließlich 2000 Dukaten an Skanderbeg gesandt[302]. Trevisan sollte über den Winter hinweg engen Kontakt zu dem Kastriota halten, ihn zum Kampf für das Kreuz ermuntern, die venezianischen Parteigänger für den Krieg vorbereiten, den Woiwoden Stefan Crnojević treffen und mit Leka Dukagjin einen Frieden schließen[303]. Was den Befehl über die Truppen anbelangte, würde Trevisan im Felde, die Statthalter in den Festungen die Verantwortung tragen. Von einem Kommando Skanderbegs verlautete nichts mehr. Zwei Monate später aber erschien Ritter Paul Gasulus in Venedig und erwirkte eine Abänderung dieser Bestimmung: Venedig übertrug Skanderbeg für die Dauer des Krieges den Befehl, auch über die italienischen Truppen. Gasulus erörterte mit dem Senat auch den möglichen Fortgang des Krieges. Und hier ist die Sorge Skanderbegs vor einem unglücklichen Ausgang deutlich zu spüren, denn Gasulus sprach über Schiffe, Einschluss seines Herrn in einen Frieden, Asyl für Frau und Kind, Rente und Wohnung auf dalmatinischen Inseln. Skanderbeg fürchtete sowohl einen venezianischen Sonderfrieden als auch eine Niederlage; er wollte sich absichern, und wenn er im Falle einer Katastrophe schon sein Land nicht mehr schützen konnte, wünschte er wenigstens für seine Familie Vorkehrungen zu treffen. Die Senatoren beschwichtigten ihn; angesichts der umfassenden Rüstungen müsse er sich nicht sorgen; doch fiel ihnen auf, dass Gasulus kein Wort über die Verteilung der Beute verlor. Unter sich vereinbarten die Senatoren, dass man Skanderbeg doch etwas bieten müsse – nämlich alle Gewinne mit Ausnahme Valonas samt der nahen Burg Kanina und dem Stapelplatz Pirgo. Skanderbeg hätte das Festland erhalten, jedoch keinen einzigen guten Hafen außer Rodoni, das er freilich schon besaß[304]. Entsprechende Weisungen erhielt der venezianische Gesandte am ungarischen Hof, Giovanni Emo, am 31. Dezember 1463[305]. Da am 13. Dezember 1463 Leka Dukagjin sich Venedig unterstellt hatte – auch er mit Zusicherung auf Einschluss in einen allfälligen Frieden –, und Stefanica Crnojević schon im August zu den Waffen gegriffen hatte[306], durfte Venedig nicht ohne Zuversicht das neue Jahr erwarten.

Und Skanderbeg? Er und seine Gefolgschaft setzten ihre Hoffnung ganz auf den Papst und dessen Versprechen. Im Oktober 1463 ging Martin Muzaki über die Adria, um sich zu Pius II. zu begeben. Der albanische Adel erwartete von Pius II. wahre Wunder[307]. Noch ein halbes Jahrhundert später, im venezianischen Exil berichtete Demetrio Franco, damals ein junger Mann, der Skanderbegs Finanzen verwaltete, wie Skanderbeg einem osmanischen Gesandten stolz gedroht habe, er, Skanderbeg, werde den Sultan persönlich aufsuchen, wenn *„der große Priester von Rom“* gelandet sei und den Kreuzzug befehle[308]. Man glaubte, eine Gezeitenwende sei gekommen.

Der Winter bot allen Seiten eine letzte Atempause. Skanderbeg, damals 58 Jahre alt und erfahren genug, wusste Venedig und den Papst hinter sich; doch war er kein Träumer. Er spielte hoch, und aus langer Erfahrung war ihm bekannt, dass die beiden Verbündeten ihm bei einer Niederlage kein standesgemäßes Adelsleben bieten konnten. Dies vermochte nur König Ferrante von Neapel, der Sohn des von Skanderbeg so verehrten Alfons V. So beschloss Skanderbeg, vor dem Beginn der Feldzugssaison an den neapolitanischen Hof zu reisen, um persönlich den Lehenseid abzulegen und damit seiner Familie den Besitz der Lehen am Gargano zu sichern. Am 29. Dezember 1463 ließ er in Ragusa um ein Schiff für die winterliche Reise bitten[309]. Am 14. April 1464 belehnte ihn Ferrante. In Neapel glaubten Diplomaten, Skanderbeg, *„dieses wichtige Glied in diesem heiligen Feldzug“*, werde zu Papst Pius II. weiterreisen[310]. Skanderbeg selbst hatte am 24. März 1464 aus Neapel dem Herzog von Mailand geschrieben, *„der Wunsch habe sich seiner bemächtigt, seine Hoheit aufzusuchen“*, doch würden ihn *„dringende Geschäfte“* von dieser Reise abhalten[311]. So kehrte er nach Albanien zurück, wo die venezianische Hilfstruppe im Frühling erwartet wurde. Ferrante bot Zuflucht in der Not, doch musste Skanderbeg erkennen, dass der König am Kreuzzug nicht teilnehmen würde, ja dass er sogar die Auszahlung des Kreuzzugslegats, das sein Vater hinterlassen hatte, nicht ausführen würde[312]. Feldhauptmann des Papstes, Vasall Neapels, Verbündeter und General Venedigs – mit einer mehrfachen Absicherung trat Skanderbeg in ein Jahr, von dem eine Entscheidung erhofft wurde.

Doch kam es anders: Genau wie sich der venezianische Schwung vor Hochkorinth brach, verlief sich das, was zumindest in der Rhetorik wie eine Sturmflut hätte über den Osmanen zusammenbrechen müssen. Zäh nur gingen die Verhandlungen, die Rüstungen im Abendland vonstatten; Ludwig XI. bedrohte Burgund. Pius II. wusste, wie ernst es Herzog Philipp dem Guten mit einem Kreuzzug war. Doch hinderte Frankreich den Ausmarsch eines größeren Heeres. Als an Pfingsten eine burgundische Kreuzzugsflotte die flandrischen Häfen verließ, stand ein schlechter Stern über dem Vorhaben; bei der langen Fahrt um die iberische Halbinsel und hinein in das westliche Mittelmeer setzten Stürme den Schiffen zu, und schließlich kehrte der Führer des Feldzugs, der „grand batârd" Antoine, ruhmlos nach Hause zurück[313]. Francesco Sforza von Mailand, seit rund 15 Jahren in Briefwechsel mit Skanderbeg stehend, hielt es mit Frankreich; zwar hatte er dem Papst 2000 Reiter und 1000 Fußknechte versprochen, doch ließ er sich Zeit, diese auch in Marsch zu setzen; zu Skanderbeg schickte er im Frühjahr 1464 einen Gesandten, im Juni empfing er selbst Erzbischof Paul Angelus, dem er eine Prunkrüstung für Skanderbeg übergab, doch achtete er gleichzeitig auf die Grenzsicherung gegen Venedig, das seinerseits an seiner westlichen Gemarkung die Truppen verstärkte[314]. Letztlich erging es dem Sforza wie dem Herzog von Burgund; der Wille war da, doch die Furcht vor den Nachbarn größer[315]. Und so schied ein zweiter Staat aus dem Kreuzzugsbündnis aus.

Papst Pius II. hielt an seinen Plänen fest. Den Winter über besprach man an der Kurie ein Landeunternehmen in Albanien: Der mailändische Gesandte Otto de Carreto berichtete am 18. November 1463 aus Rom, der Kardinal von Pavia, Giacomo Ammanati Piccolomini, habe ausgeführt, wie in Albanien oder in Ragusa päpstliche, burgundische und mailändische Truppen vereinigt werden sollten; die Ragusaner, vor allem aber Skanderbeg würden die Pässe im Hinterland sichern. Der Papst, so der Kardinal, fürchte auch einen osmanischen Angriff nicht, denn *„das Land Albanien sei stark"* und man könne dort eine sichere Stellung wählen[316]. Der Papst selbst ließ in einem Breve vom 17. März 1464 den Herzog von Mailand wissen, er werde von Ancona nach Brindisi segeln, *„von wo aus die Überfahrt nach Albanien leicht ist"*[317]. In Ragusa wurden Ende Mai tatsächlich schon alle Vorbereitungen getroffen; Prunkschiffe sollten den Papst und die Kardinäle sowie den Dogen von Venedig einholen, die Straßen mit Rosen, Blumen, wohlriechenden Kräutern bestreut, Häuser und Straßen mit teuren Teppichen geschmückt werden; die Paläste der Patrizier wurden für die hohen Gäste gerüstet, prächtige Festlichkeiten vorbereitet[318]. Doch schleppten sich auch im Kirchenstaat die Rüstungen nur dahin. Im Mai erörterte der Pontifex mit dem mailändischen Gesandten, ob vom Sammelplatz der Flotte in Ancona aus Ragusa oder nicht doch besser Brindisi angelaufen werden sollte. Matthias Corvinus werde sich kaum bis an die Küste Dalmatiens vorkämpfen, meinte der Papst. Seine Kardinäle murrten, in Ragusa herrsche schon die Pest, und außerdem *„ist dort der Herzog Stefan von Bosnien, der kein guter Christ ist, sondern oft mit dem Türken geheime Beziehungen unterhalten hat und Böses ersinnen könnte"*. Die Kirchenfürsten widersetzten sich zäh der Zumutung, nach Ancona und von dort aus an die Front reisen zu müssen. Pius II. drängte zum Aufbruch, denn er fürchtete, die schon kriegsmüden Venezianer könnten mit dem Sultan einen Sonderfrieden abschließen *„und sagen, sie hätten dies gemacht, weil der Papst und der Herzog von Burgund, die versprochen hätten zu kommen, nicht gekommen seien"*[319]. Drei Wochen später zeichnete sich ab, wie ungenügend der Feldzug geplant war. 2000 deutsche Kreuzfahrer warteten in Ancona auf die Überfahrt, doch nichts war zu ihrer Verpflegung am östlichen Adriaufer vorbereitet. Der mailändische Gesandte meinte, die Ernte in Apulien und auf Sizilien stehe bevor und werde reichlich Getreide liefern, zudem sei Skanderbeg wohlgesonnen[320].

So verstrich der Frühling; der Sommer zog herauf und mit ihm die Pest. Am 19. Juli 1464 hielt der Papst Einzug in Ancona, wo die Seuche in brütender Hitze bereits Opfer forderte. Man wartete auf die Flotte des Dogen von Venedig, man wartete auf die Mailänder, die langsam durch die Romagna zogen. Der Papst, *„ein Sieneser Dickschädel"*, wie Mailänder Diplomaten sagten, hatte schon im Juni zu verzagen begonnen, ein Überwintern in Brindisi erwogen. Da erfasste auch ihn die Krankheit. Das Hinscheiden des Papstes in Ancona gehört zu den tragischen Momenten der Renaissance: Am 14. August 1464 war die ersehnte venezianische Flotte, bescheidene zehn Galeeren, in Ancona eingelaufen; in der folgenden Nacht hauchte Pius II. seinen Geist aus[321].

Die Venezianer kehrten heim, so auch die anderen Kontingente. In Albanien löste die Nachricht Erschütterung aus. Skanderbegs Krieger, so Barletius, waren wie vom Donner gerührt[322]. Man wollte es nicht wahrhaben, man sprach von Mord, Gift habe den Wohltäter Skanderbegs aus dem Weg geräumt[323]. Tiefe Niedergeschlagenheit machte sich breit. Der Chronist Muzaki berichtet: *„Als dieser Papst starb, begann er (der albanische Adel, O. S.), die Hoffnung zu verlieren"*[324]. Tatsächlich hätte der Schlag nicht schlimmer sein können: Von dem großen Bündnis, das im Jahre 1463 geschmiedet worden war, blieben nur noch Trümmer; Venedig, das seinen Krieg ausfechten musste, im Norden auch Ungarn. Doch Papst, Burgund und Mailand, dazu Neapel, von den anderen Staaten zu schweigen, würden nicht helfen, wenn Mehmed II. für Skanderbegs Friedensbruch Rache nehmen würde. Nie mehr sollte sich ein Papst so für Skanderbeg einsetzen, wie Pius II. dies getan hatte. Es war ein geringer Trost, dass am 27. August 1464 in Venedig feierlich die Fahnen für den Türkenkrieg geweiht wurden[325]. Skanderbeg stand allein.

IV

TOTALER KRIEG

Skanderbegs letzte Jahre sind ausgefüllt vom Existenzkampf gegen den Sultan. Mehmed II. und sein bedeutendster Widersacher auf dem Balkan stießen in einem Ringen aufeinander, in das die Staaten der Apenninenhalbinsel ebenso verwickelt waren wie das Königreich Ungarn. Obwohl sich Skanderbeg nach allen Seiten, gegenüber dem Papst, Venedig, Neapel, Ragusa und Ungarn abgesichert hatte, wurde er immer mehr zum Spielball der großen Diplomatie, und dies in einem Augenblick, in dem sich das Schicksal seines Aufstands entschied. Skanderbegs Leben endete in einer dramatischen Zuspitzung, einer einzigartigen Verdichtung all jener Stränge, die sich über die spätmittelalterliche Levantewelt spannten. Päpste und Könige, Seefahrerrepubliken, aber auch der osmanische Großherr und Skanderbegs alte albanisch-muslimischen Feinde, sie alle treten in jenen bewegten Jahren als wahre *dramatis personae* auf.[1]

VOR DEM STURM

In Venedig konnte Skanderbegs Reise nach Neapel, der Vasalleneid an König Ferrante, so kurz nach dem Bündnisvertrag mit der Signoria, nur tiefes Befremden auslösen und das alte Misstrauen gegenüber dem selbstbewussten albanischen Fürsten schüren. Nur zu gut erinnerte sich die Markusrepublik an den aragonesischen Vizekönig und die neapolitanische Besatzung, die von König Alfons V. in die Burg Kruja gelegt worden waren und die den venezianischen Hafen Durazzo bedroht, vor allem aber die venezianische Seehoheit auf der Adria in Frage gestellt hatten. Skanderbegs Huldigung ließ den venezianisch-neapolitanischen Gegensatz in der südlichen Adria, den Streit um die Straße von Otranto, die Lebensader der Markusrepublik, wieder aufleben, und dies in einem Augenblick, da die christlichen Mächte mehr denn je eines stärkeren Zusammenhalts gegen die Osmanen bedurft hätten. Schon im Frühjahr 1464 warf die italienische Politik ihre düsteren Schatten auf die albanischen Verhältnisse. Während man in Venedig Truppen für den albanischen Kriegsschauplatz musterte und deren Befehlshaber Antonio da Cosenza, genannt Cimarosta, vom Senat eingeschärft wurde, dass er Skanderbeg als Generalkapitän (*capitanio zeneral*) unterstellt sei[2] und gemeinsam mit diesem und Leka Dukagjin gegen die Osmanen ausrücken solle, reisten Skanderbegs Gesandte, der Durazziner Erzbischof Paul Angelus und Alessio Albanese, an den Hof des wichtigsten Gegenspielers Venedigs in Norditalien, des Herzogs Francesco Sforza von Mailand. Sforza empfing die Gesandtschaft ehrenvoll und schickte sie mit prächtigen Geschenken im Juni nach Albanien zurück[3]. Politisch bindende Zusagen gab der Herzog mit Rücksicht auf die Spannungen mit Venedig nicht. Es zeigte sich der Primat der italienischen Politik über den Türkenkrieg, ein Grundzug der gesamten politischen Lage bis zum Tode Mehmeds II., der allzu oft bei der Darstellung südosteuropäischer Verhältnisse aus dem Blick geraten ist. Die Fülle der italienischen Quellen zur osmanischen Bedrohung darf nicht vergessen machen, dass selbst während der schwersten Kämpfe vor den Toren Italiens die Staatenlenker der fünf italienischen Großmächte sich um das Schicksal kleiner Grenzstädte in der Romagna mehr sorgten als um den osmanischen Vormarsch. Skanderbeg und seinen kirchlichen Ratgebern blieb dies gewiss nicht verborgen, und deswegen versuchten sie, ihre Außenbeziehungen nicht auf eine Macht zu beschränken. Von allen Mächten sprach – wenigstens nach den vorliegenden Quellenzeugnissen zu schließen – Skanderbeg einzig Florenz nicht an, vielleicht weil dessen osmanenfreundliche Haltung und geringer Einfluss in der Adria jedes Hilfeersuchen sinnlos erscheinen ließen[4].

Aus Neapel nach Albanien zurückgekehrt, vereinigte Skanderbeg seine Kämpfer mit den Söldnern Cimarostas und eröffnete die Feindseligkeiten gegen die Osmanen. Im Hochsommer 1464 liefen über die Kriegshandlungen in Venedig bald zahlreiche Gerüchte um, die Skanderbeg nichts Geringeres vorwarfen, als ein doppeltes Spiel zu treiben, es insgeheim mit dem Sultan zu halten, ja diesem sogar Tribut zu zahlen. Skanderbeg versuche, so hieß es in einem ausdrucksstarken Bild, *„einen Fuß in zwei Schuhen zu haben“*[5]. Doch war dem wirklich so? Skanderbeg hatte in langen Jahren überwiegend schlechte Erfahrungen mit venezianischen Beamten und Soldaten in Albanien gesammelt, und auch Antonio da Cosenza schien nicht der geeignete Mann an der Seite des albanischen Feldherrn. Vor allem aber wartete Skanderbeg noch im Hochsommer 1464 vergeblich auf das päpstliche Kreuzfahrtsheer. Die venezianische Flotte war noch nicht ausgelaufen, die mailändischen

Truppen am Sammelplatz in Ancona nicht eingetroffen, vom versprochenen burgundischen Flottenaufgebot fehlte jede Spur. Venedig zögerte, da es Mailand fürchtete. Die Berichte des mailändischen Residenten in Venedig, Gherardo de Collis, vermitteln ein anschauliches Bild der Desinformationspolitik der Signoria gegenüber ihren italienischen Nachbarn[6]. Dem erfahrenen de Collis war klar, dass Venedig seine Schwierigkeiten in der Levante herunterspielte, um Mailand nicht den Eindruck von Schwäche zu vermitteln, was die Sforza zu einem Angriff in Oberitalien hätte verleiten können.

Wie unzutreffend die in Venedig verbreiteten Gerüchte über Skanderbegs angeblich zu osmanenfreundliche Haltung waren, zeigt ein Brief des Condottiere Cimarosta von Mitte September 1464 aus Valikardha, von wo aus italienische Söldner und Männer Skanderbegs einen erfolgreichen Plünderzug in der Nähe des Ochridsees ausgeführt hatten[7]. Ermutigt von diesem Erfolg, setzte Skanderbeg die Taktik der schnellen Überfälle fort; zunächst gelang ihm auch ein Sieg, bei dem mehr als 700 Osmanen gefangen wurden (wohl im Juli 1464)[8]. Doch dann stellte Mehmed II. den albanischen Renegaten Balaban an die Spitze seines regionalen Aufgebots. Und sogleich wendete sich das Blatt. Der ortskundige Überläufer legte seine Truppen auf die Anhöhen, die das Tal von Valkardhi nach Osten hin überragen; Skanderbeg hatte sein Lager weiter oben im Tal[9]. Bei einem Gefecht verfolgten die Krieger des Kastriota ihre osmanischen Gegner bis zu einem Engpass in dem steilen Tal. Dabei wurden die wichtigsten Unterführer des Albanerherrn – Moses von Dibra, Gjurica Vladen, Muzaki d'Angelina, Gjin Muzaki, Johann Perlat, Nikola Berisha, Georg Kuka und Gjin Manesi – von albanischen Soldaten des Sultans gefangen, nach Konstantinopel verbracht und dort, wie erzählt, zu Tode gemartert[10]. Skanderbeg wurde von diesem Schlag hart getroffen[11]. Er trug eine Mitschuld an der Katastrophe, denn er hatte nicht bemerkt, dass einer seiner Späher mit Balaban verwandt war und die Aufklärung von Balabans Stellung sabotiert hatte[12]. Welche Rolle Cimarosta bei dieser schweren Niederlage spielte, ist unklar. Doch diese Schlappe und ein vergeblicher Angriff auf Ochrid[13] hatten wahrscheinlich das Verhältnis zwischen Skanderbeg und Cimarosta zerrüttet. Außerdem war es zu Reibereien zwischen den italienischen Söldnern und den Gefolgsleuten Skanderbegs gekommen. Cimarosta, ohnehin kränkelnd, zog sich an die Küste in den Schutz der venezianischen Stellungen zurück, wo er wohl im Frühjahr (vor Juni) 1465 starb[14]. Seine Söldnertruppen zerstreuten sich. Der venezianisch-albanische Angriffskrieg hatte damit in einem völligen Fehlschlag geendet. Das alte Misstrauen auf beiden Seiten erwachte wieder; denn Skanderbeg hatte sich im August 1464, also wohl während der Kämpfe zwischen Ochrid und Tetovo, an Ragusa gewandt und vorgeschlagen, selbst in die Blasiusstadt zu kommen[15]. Dies kann kaum anders denn als Rückversicherung verstanden werden, zudem auch als Vorbereitung von Verhandlungen mit dem ungarischen König Matthias Corvinus, der in Bosnien gegen das osmanische Heer kämpfte. Schon nach wenigen Monaten sah Skanderbeg das Bündnis mit Venedig als gescheitert an. Der Sohn seines alten Waffengefährten Johann Hunyadi erschien ihm ein weit stärkerer Bundesgenosse, der in der Lage war, mit seinem Landheer tief nach Bosnien vorzustoßen. Im Gegensatz zu den Venezianern erzielten die Ungarn in den Bergen des Balkans Erfolge. Im Dezember 1463 hatten sie die Osmanen aus der alten bosnischen Königsburg Jajce vertrieben und, was noch viel größeren Eindruck hervorrief, diese im August 1464 gegen einen Angriff, den Mehmed II. persönlich anführte, behauptet. Ein Vorstoß gegen Zvornik aber scheiterte, und König Matthias musste weite Teile des gewonnenen Gebietes wieder räumen[16]. Damit zerschlugen sich hochfliegende Pläne, denn im Oktober 1463 hatten die Ragusaner Skanderbeg den Einmarsch des Königs in Bosnien gemeldet, und Anfang September 1464 hatte Matthias Corvinus aus seinem Feldlager zu Gara in Slawonien Skanderbeg geschrieben und eine Wiederholung jenes Zangenangriffes vorgeschlagen, den 16 Jahre zuvor schon sein Vater Johann Hunyadi geplant hatte[17].

Sowohl Venedig wie Mehmed II. reagierten auf die Entwicklungen in Albanien. Venedig beauftragte Giovanni Emo, seinen Gesandten beim ungarischen König Matthias Corvinus, auf einen ungarischen Vorstoß nach Süden und eine Vereinigung der ungarischen Truppen mit Skanderbeg zu drängen[18]. Damit sollten auch die venezianischen Truppen in der Morea entlastet werden, die nach schnellen Anfangserfolgen schon bald in ernste Bedrängnis geraten waren. Mehmed II. hingegen, der nicht zu Unrecht auch nach dem Tode Pius' II. einen größeren Angriff aus dem Westen fürchtete und dem in Kleinasien von Venedig aufgestachelte Gegner im Nacken saßen, machte sich Skanderbegs Ernüchterung zunutze und ließ diesem mitteilen, dass er Frieden mit Venedig wünsche[19]. Die Fühlungnahme verlief zunächst über Ragusa, dann über Skanderbeg[20]. Damit begann jene eigenartige Folge von venezianisch-osmanischen Friedensverhandlungen[21], die schon kurz nach Beginn der Kampfhandlungen einsetzten und sich, mit Unterbrechungen, bis zum Zusammenbruch Venedigs 16 Jahre später hinziehen sollten und die zunächst die Verunsicherung des Sultans, bald schon aber die Friedensehnsucht der Signoria verrieten, die nicht in der Lage war, den Krieg entschlossen zu führen. Je deutlicher die Senatoren, die den Gewinnen aus dem Orienthandel nachtrauerten, nach Frieden schielten, desto mehr trieb der Sultan sein Spiel mit ihnen. Skanderbeg, der die Osmanen besser kannte als die Herren am Rialto, warnte in Italien vergebens vor den trügerischen Friedensangeboten des Großherrn. In Venedig glaubte man zu gern an das, was man wahrhaben wollte. Im Spätherbst 1464 standen Skanderbeg und Venedig aber noch nicht so geschwächt da wie zwei Jahre später; und beide gingen auf das osmanische Anerbieten ein. Der venezianische Provisor in Albanien, Gabriele Trevisan, der schon die Bündnisse mit Skanderbeg und Leka Dukagjin zustande gebracht hatte, hielt sich wohl für den Mann, der auch einen Frieden mit dem Sultan einleiten könnte. Sein Kanzler besuchte Skanderbeg und besprach sich mit diesem. Von seinem osmanischen Gewährsmann, einem subaşı, hatte Skanderbeg erfahren, dass der Sultan der Republik die Insel Lesbos anbiete und auch sonst *„sehr gute Bedingungen"* zu gewähren bereit sei[22]. In Venedig nahm man Skanderbeg als Vermittler sehr ernst und lud ihn im Dezember 1464 ein, trotz der winterlichen Jahreszeit nach Venedig zu kommen. Skanderbeg zögerte aber und wollte nur in Begleitung Trevisans die Reise antreten. Offenbar war bei dieser Entscheidung auch ein gewisses Maß an Misstrauen gegenüber der Signoria mit im Spiel[23]. In der Tat verschlechterten sich die Beziehungen Skanderbegs zu Venedig in den kommenden Monaten[24]. Es kam aber noch schlimmer: Die alten Gegensätze zwischen Skanderbeg und der venezianischen Provinzverwaltung in Albanien brachen wieder auf[25]. Skanderbeg erhielt die vertraglich zugesagte Pension nicht, ebenso wurden ihm die versprochenen Schiffe verweigert, mit denen er seine Männer an der albanischen Küste verschieben wollte. Dazu unterbanden venezianische Beamte den Handel Skanderbegs in den nordalbanischen Häfen[26].

Wenn Skanderbeg also die Beziehungen zu Mehmed II. nicht ganz abreißen ließ, so handelte er dabei als Realpolitiker und unterschied sich damit kaum von anderen albanischen Adligen, die nur zu gut um die Wankelmütigkeit der italienischen Verbündeten und besonders deren Vorliebe für die Händel der Apenninenhalbinsel wussten, als dass sie sich ganz deren Sache verschrieben hätten[27]. Dabei änderte sich jedoch an der Grundlinie von Skanderbegs politischem Handeln nichts; dies erkannten die Venezianer jedoch nicht, sondern hielten Skanderbegs Taktieren für Verrat, ein Vorwurf, mit dem die Herren am Rialto schnell bei der Hand waren, wenn sie ihre Interessen verletzt sahen, während sie umgekehrt nur wenig später Skanderbegs Hilfsbegehren beim Papst hintertreiben sollten und dabei kaum Gewissensbisse empfunden haben werden.

Mit Pius II. war nicht nur der Plan eines Kreuzzuges ins Grab gesunken: Wenige Monate nach dem Tod des Papstes herrschte an der von Venedig nur halbherzig eröffneten Balkanfront weitgehend Ruhe. Zu erklären ist dies mit der unsicheren Lage in Italien und dem Stillhalten Mehmeds II., das die italienischen Staatenlenker mit Schwäche verwechselten. Dass als wichtigstes Ergebnis des Jahres 1465 in Albanien die Versöhnung Skanderbegs und Venedigs durch den Erzbischof von Durazzo, Paul Angelus, zu gelten hat, zeigt, wie wenig von der Angriffslust der Serenissima vom Herbst 1463 übriggeblieben war[28]. Denn die Venezianer meinten, Skanderbeg vernachlässigen und sich stattdessen in der Hoffnung auf einen baldigen Frieden wiegen zu dürfen. Im April 1465 waren nämlich in der Markusstadt auf Vermittlung des venezianischen Bailo von Konstantinopel und des aus beneventanischem Adel stammenden Herrn von Santa Maura (Leukas), Leonardo III. Tocco – einem der umtriebigsten diplomatischen Vermittler der damaligen Levantewelt – erneut ernsthafte Verhandlungen mit Mehmed II. beschlossen worden, um sich von den lästigen und vor allem teuren Kriegspflichten zu lösen und freie Hand für gewinnbringende Unternehmungen in Italien zu erlangen[29].

Skanderbeg blieb gewiss nicht verborgen, dass Venedigs Unterstützung nicht mehr als nur lau war; da er selbst sein Abkommen mit Mehmed II. in der Hoffnung auf den Kreuzzug gebrochen hatte und er zudem trotz seiner Tätigkeit als Vermittler von den Osmanen keine Garantien für sein mittelalbanisches Machtgebiet erhalten hatte, bemühte er sich um eine Absicherung seiner gefährdeten Lage. Im Dezember 1464 führte er mit Helena Branković Verhandlungen über die Heirat seines neunjährigen Sohnes Ivan mit der achtjährigen Jerina[30]. Besonders enge Beziehungen unterhielt er zu Ragusa, das ihm im Februar 1465 Bauleute zur Fertigstellung seiner Fluchtburg bei Kap Rodoni gewährte[31], und zu König Matthias Corvinus von Ungarn. Dieser schickte im Hochsommer 1465 den Frater Alexander als Botschafter zu Skanderbeg; Ragusa unterstützte diese Gesandtschaft und beauftragte am 12. August 1465 den Patrizier Paladino de Luccari/Lukarević, den Mönch auf einem ragusanischen Schiff nach Albanien zu geleiten[32]. Am 15. Dezember desselben Jahres befand sich der Bruder wieder in Ragusa[33]. Über den Inhalt seiner Gesandtschaft ist nichts bekannt. Aus den ragusanischen Ratsbüchern geht aber hervor, dass die Blasiusrepublik der Bitte Skanderbegs stattgab, den Patrizier Paladino Gondola/Gundulić als Gesandten des Albanerfürsten zu Matthias Corvinus zu schicken (13. November 1465)[34]. Man darf annehmen, dass es bei diesen Gesandtschaften auch um die Friedensfühler ging, die Mehmed II. zum ungarischen König ausstreckte und dass Matthias im Andenken an die Waffenbrüderschaft seines Vaters Johann Hunyadi mit Skanderbeg diesen in den geplanten Waffenstillstand mit einschließen wollte. Die christlichen Verbündeten hatten sich freilich darauf festgelegt, auf Separatfrieden mit dem Sultan zu verzichten. Die Verhandlungen mit Matthias Corvinus hatten Mehmed II. jedoch nicht daran gehindert, gegen ungarische Interessen in Bosnien vorzugehen und so den Druck auf den König zu erhöhen, für den der Kampf gegen die Osmanen nie zu den vorrangigen Zielen seiner Herrschaft zählte[35].

Zwielichtig schien die Haltung von Skanderbegs Lehensherrn Ferrante. So wusste man im Oktober 1464 in Rom, dass sich im osmanischen Valona Botschafter des Großherrn bereithielten, um die Überfahrt in das nahe Gebiet des neapolitanischen Königs anzutreten[36]. König Ferrante beteuerte zwar, ohne Zustimmung des Papstes keine Verhandlungen zu beginnen, und wollte sie nicht einmal an Land gehen lassen[37]. Doch berichtete der mailändische Gesandte in Neapel im Februar 1465, dass der osmanische Botschafter mit großen Ehren begrüßt worden sei und dass Mehmed dem König ein Heiratsbündnis vorgeschlagen habe; als Ferrante zögerte, seinen Sohn mit der muslimischen Tochter des Sultans zu vermählen, brachte Mehmed den christlichen Bruder sowie die Schwester des Großwesirs Mahmud Pascha Angelović ins Spiel und lockte mit dem Hinweis auf dessen Jahreseinkünfte von angeblich 150 000 Dukaten[38]. Herrliche Geschenke, 14 Pferde, 20 edle Hunde, Goldtücher, gold- und silbergewirkte Seidenstoffe hatte der Gesandte mitgebracht[39]. So zählte Skanderbegs Lehensherr nicht eben zur Schar der Unterstützer eines Türkenkrieges.

Vom Plan des Sultans, mit italienischen Fürsten in nähere Verbindung zu treten, erfuhr Venedig von Skanderbeg, der im Herbst 1464 selbst in Unterhandlungen mit einem osmanischen subaşı in Albanien stand[40]. Dieser versuchte nicht nur, Skanderbeg zum Friedensschluss zu bewegen, sondern teilte ihm auch mit, dass Mehmed II. den wohl kretischen („greco") Renegaten Nicolò Corner, der in Neapel als osmanischer Dolmetsch gewirkt hatte, zu Herzog Francesco Sforza nach Mailand schickte, um im Rücken Venedigs mit osmanischen Hilfsgeldern eine zweite Front zu eröffnen. Auch wurde dem Albanerherrn angeboten, der Sultan würde ihn *„anerkennen"*. Skanderbeg gab dem Osmanen im Gespräch zu verstehen, dass sich die italienischen Staaten gemäß den von Pius II. erreichten Abkommen nicht zu getrennten Verhandlungen herbeilassen würden[41]. Weitere Mittlerdienste lehnte er ab und benachrichtigte sogleich Gabriele Trevisan.

Doch täuschte sich Skanderbeg in der Standfestigkeit der italienischen Fürsten, insbesondere Ferrantes. Denn die neapolitanisch-osmanische Berührung blieb keine Episode, sondern sie legte den Grundstein zu der doppelgleisigen Strategie des neapolitanischen Königs, in dessen Denken sich südosteuropäische und italienische Politik aufs Engste verbanden: Er wollte eine venezianische Vormachtstellung in Mittelalbanien, also vor den Toren seines Reichs verhindern, und setzte damit die Politik seines Vaters fort, der einst Skanderbeg benutzt hatte, um die Serenissima in Schach zu halten. Ein Mindestmaß an Unterstützung musste Ferrante dem Albanerherrn also gewähren. Zum anderen bot er Venedig Paroli, indem er mit dem Gedanken an ein osmanisches Bündnis spielte. Dadurch schüchterte er auch den Papst ein. Da die Florentiner ebenfalls keine Scheu gegenüber dem Sultan zeigten, hatte diese Haltung kaum etwas Neuartiges an sich. Andererseits war Ferrante – und den anderen Herren Italiens – daran gelegen, Venedig im Krieg gegen den Sultan zu halten und zu verhindern, dass die Markusrepublik nach einem möglichen Rückzug aus der Levante in Italien ihr Gewicht in die Waagschale werfen würde[42]. Man täte Ferrante Unrecht, wenn man ihn wegen dieser Politik besonders hervorheben würde: Denn auch Venedig betrieb eine doppelte Politik und durchschaute im Übrigen die Beweggründe seiner vermeintlich hilfsbereiten Nachbarn, wie der mailändische Gesandte Gherardo de Collis der Herzogin Bianca Maria Sforza im Mai 1466 berichtete: Sein venezianischer Gewährsmann erklärte ihm, weshalb Venedig selbst im Angesicht der schwersten Bedrohung durch Mehmed II. sich lieber auf seine eigenen Kräfte verließ und Hilfsangebote Dritter ablehnte:

„Diese Angelegenheit sei mehrfach im Senat beraten wurden, dennoch habe man beschlossen, den Vorschlag nicht anzunehmen, und zwar aus folgendem Grunde: Wir sehen, dass die Florentiner und die Genuesen auch nicht einen Groschen ausgeben wollen, dass sie sich vielmehr an unserem Unglück weiden. Auch der Papst ... will nicht viel ausgeben. Es bleiben nur der König und der Herzog von Mailand. Der König wird uns Hilfe in Form von Galeeren oder von Geld geben. Flottenhilfe brauchen wir nicht, denn Schiffe haben wir genug, zudem werden die Besatzungen der königlichen Schiffe zum Dienst gezwungen, und daher können sie nicht an Land gesetzt oder zu Landunternehmungen verwendet werden, so dass eine solche Hilfe nutzlos ist. Wenn wir ihn um Geld bitten, wird er antworten, dass sein Land durch die letzten Kriege zerstört sei und es ihm an Geld mangle. Zudem wissen wir, dass er nicht gerne Geld ausgibt, und wenn er 25 000 oder 30 000 Dukaten im Jahr beiträgt, wird dies eine große Sache sein. Und dann wird er seinen Teil von den Eroberungen einfordern ... Die (Mailänder, O. S.) Hilfe schätzen sie nicht allzu hoch ein, da sie die Geldnot (der Mailänder, O. S.) kennen ... Das heißt, dass sie folgenden Schluss ziehen: Geben wir 600 000 Dukaten im Jahr für dieses Unternehmen aus und erhalten dazu 40 000 Dukaten an Hilfsgeldern, wird man sagen, dass wir ohne diese Unterstützung nichts ausgerichtet hätten. Es ist daher besser, dass sie das Unternehmen allein durchführen, ohne fremde Hilfe, um so ihre große Macht unter Beweis zu stellen“[43].

Dieses Denken bewegte die italienischen Politiker im Zeitalter des Untergangs von Skanderbegs Herrschaft. Und so wird auch deutlich, wie der „sacro egoismo“ der italienischen Staaten die Sache der Aufständischen zum Scheitern verurteilt hatte. Zwar waren die Beziehungen zwischen dem Kastriota und den Fürsten der Apenninenhalbinsel nie so eng wie in den Jahren 1463 bis 1468, doch bedeutete dies ebenfalls eine einseitige Abhängigkeit Skanderbegs, der keine Möglichkeit zur Einflussnahme auf seine Unterstützer besaß. Ohne eigene Druckmittel, zudem ohne eine derart fein ausgebildete Diplomatie, wie sie in Italien verbreitet war, sondern noch auf das System von einzelnen Gesandtschaften angewiesen, die in der Regel von Angehörigen der katholischen Geistlichkeit in Albanien übernommen wurden, vermochte Skanderbeg bei diesem großen politischen Spiel nicht mitzuhalten. Daher erhielt er die Beziehungen zur osmanischen Elite in Albanien aufrecht, versuchte er, Zeit zu gewinnen und sich nicht ganz an die Seite der italienischen Staaten drängen zu lassen. Diese Politik hatte jedoch nur so lange Erfolg, wie Skanderbeg kleineren osmanischen Heerführern gegenüberstand. Als Mehmed II. sich zur endgültigen Lösung der albanischen Frage entschloss, sah sich Skanderbeg auf seine bescheidenen eigenen Machtmittel beschränkt, zumal die Gesandtschaft seines wichtigsten Beraters, Erzbischof Paul Angelus von Durazzo, in Venedig nur wenig greifbare Ergebnisse gezeitigt hatte (September 1465). Während Skanderbeg nämlich, den osmanischen Angriff ahnend, um die Aufstellung eines neuen venezianischen Expeditionskorps bat, war es dem Senat vielmehr um neue Friedensverhandlungen mit dem Sultan zu tun[44]. Der Senat wollte den teuren Krieg beenden: *„Es war ein Jammer, die Tränen und Seufzer von jedermann zu sehen; man sagt insgeheim, dass diese Stadt niemals zuvor in derartiger Not und Existenzangst gewesen sei, weder in der Zeit Friedrich Barbarossas noch zur Zeit, als der Genuese in Chioggia war“*, berichtete der mailändische Gesandte über die Stimmung in Venedig[45]. Da musste es den Senatoren mehr als unangenehm sein, dass der neue Herr der Zeta (Montenegro), Ivan Crnojević, den Venedig einst aus Geiselhaft ausgelöst hatte, im Sommer 1465 plötzlich die Waffen gegen die venezianischen Städte an der nahegelegenen Adriaküste, besonders Cattaro und Budua (Budva), erhob. Außerdem war Leka Dukagjin, der nur unter großen Mühen für das Bündnis gegen die Osmanen gewonnen worden war, wieder abtrünnig geworden, da er wohl am Beispiel Skanderbegs ersah, wie wenig Früchte das Zusammengehen mit den Italienern einbrachte. Dies blieb übrigens in jenen Monaten seine einzige Gemeinsamkeit mit Georg Kastriota, denn die alte Feindschaft zwischen beiden Rivalen war neu entflammt. Zwar schickte die Markusrepublik im August 1465 als Nachfolger des glücklosen Gabriele Trevisan den tüchtigen Josafat Barbaro als neuen Provisor nach Albanien; doch mehr als nur gute Worte für die erzürnten albanischen Herren brachte dieser Patrizier nicht mit[46]. Wenn nicht der Durazziner Erzbischof Paul Angelus eingegriffen hätte, wäre die venezianische Glacis in Albanien zusammengebrochen. In Venedig war man sich dieser Gefahr und auch deren Ursachen wohl bewusst, wie die Instruktion für Barbaro zeigt; zu den bereits oben bei der Gesandtschaft des Erzbischofs in Venedig erwähnten Streitgründen kam noch das nunmehr abgrundtiefe Misstrauen Skanderbegs gegen italienische Condottieri, von dem unlösbaren Zwist mit den venezianischen Statthaltern an der albanischen Küste ganz zu schweigen[47]. Der Kastriota hatte seinerseits im August einen Gesandten nach Venedig geschickt, um die von der Signoria versprochenen 500 Reiter und 500 Fußknechte einzufordern; der mailändische Gesandte schätzte die Lage nüchtern ein: *„Man glaubt, man werde ihm gute Worte und nichts anderes geben, da er keinen Nutzen mehr bringt"*[48]. Venedig hatte den Albanerherrn abgeschrieben.

Immerhin war Skanderbeg in der Lage, sich selbst zu helfen. Er hatte es vor allem mit muslimischen Albanern zu tun, Jakub bey Muzaki und Balaban. Letzterer hatte sein Hauptquartier in Ochrid. Er versuchte mit allen Mitteln – durch Bestechung und gedungene Meuchler – den verhassten Kastriota zu besiegen. Die beiden beschlossen, Skanderbeg gleichzeitig von Osten und Süden aus anzugreifen. Jakub bey marschierte von Berat, der alten Heimat seines Geschlechts, aus; Balaban drang in das Tal von Valikardhë ein. Wieder halfen ihm seine Verwandten in Skanderbegs Heer; der Kastriota geriet mit fünf Begleitern bei einem Erkundungsritt in einen Hinterhalt. Vier Gefolgsleute fielen, und der Albanerherr selbst floh allein durch das Walddickicht nach Mati zur Burg Bila kamin; am Schluss jagte ihm nur noch ein Osmane nach; diesen erschlug Skanderbeg. In Bila kamin lagerte sein Hauptharst[49]. Er zog sogleich durch das selbe Tal nach Osten und schlug Balaban zurück; doch entkam dieser. An eine Verfolgung war nicht zu denken, denn Skanderbegs Schwester Mamica, die Witwe Muzaki Thopias, schickte aus der Küstenebene einen Hilferuf. Jakub bey rückte heran. In den Hügeln von Kashar, in der Küstenebene vor Kruja, schlug Skanderbeg am 28. Oktober 1465 das osmanische Heer und ließ zahlreiche Gegner niedermetzeln; unter den Toten war auch Jakub Muzaki[50]. Die Siege täuschten aber nicht darüber hinweg, dass es um Skanderbeg schlecht stand. Landeskundige muslimische Albaner bedrängten ihn von den Festungen Berat und Ochrid aus. Der Kastriota war nicht in der Lage, diese Burgen auszuschalten; im Gegenteil, die Osmanen drangen tief in sein Kernland vor. Nicht einmal mehr in Valikardhë durfte sich der Kastriota sicher fühlen. Wenn schon die osmanischen Provinzaufgebote die Aufständischen derart in Bedrängnis brachten, was sollte erst geschehen, wenn Mehmed II. selbst anmarschieren würde?

Das Jahr 1465 hatte also eine weitere Verwirrung der politischen Verhältnisse gebracht: In Albanien stand Skanderbeg gegen Leka Dukagjin in offenem, gegen Venedig in kaum verdecktem Streit, an der Nordflanke der venezianischen Provinz Albanien herrschte Krieg zwischen der Signoria und Ivan Crnojević. Venedig und Neapel verhandelten getrennt mit dem Sultan, Skanderbeg suchte in Ragusa und vor allem in Ungarn Rat und Unterstützung. Die übrigen Staaten Italiens hielten sich von der scheinbar beruhigten adriatischen Frage fern. In Konstantinopel hingegen nützte der Sultan sein Ruhejahr für umfassende Rüstungen, von denen Gerüchte, die sich bald ahnungsvoll verdichteten, in den ersten Monaten des Jahres 1466 nach Westen drangen[51].

DAS ALBANISCHE SCHICKSALSJAHR

Im März 1466 rückten osmanische Truppen in Skanderbegs Stammland ein. Eine führende Rolle nahm wieder Balaban ein. Doch nicht er, sondern Sultan Mehmed II. persönlich befehligte das Heer, das sich im Spätwinter in Sofia gesammelt hatte und von dort aus nach Skopje gezogen war, wo weitere Einheiten zum Hauptharst stießen[52]. Der osmanische Großwesir Mahmud Pascha ließ Skanderbeg wissen, dass der Sultan ihn noch vor Mitte April heimsuchen werde[53]. Dies war nicht übertrieben. Denn bereits im März 1466 müssen starke osmanische Verbände über das Shkumbintal Mittelalbanien erreicht und den Widerstand im Gebiet der Araniti weitgehend, mit Ausnahme der Berge von Buzurshek, gebrochen haben[54]. Die meisten Mitglieder der Familie flohen nach Venedig[55]. Ein zweiter Heeresverband war nach Nordalbanien vorgestoßen und hatte die osmanenfeindlichen Dukagjin unter Leka überwunden. Am 23. März 1466 erschien der Neffe des Großwesirs vor Dagno am Drindurchbruch, musste jedoch – wie einst Skanderbeg – erfolglos abziehen, freilich nicht ohne zuvor die Landschaft furchtbar verheert zu haben[56]. Bis vor Skutari streiften diese Verbände offenbar nicht, dabei war die Stadt nicht im besten Zustand, denn eben erst, im Februar 1466, hatte der venezianische Senat die Ausbesserung der Befestigungen angeordnet[57]. Die osmanischen Truppen werden sich nach Süden gewandt und mit den dortigen Einheiten vereinigt haben. Noch galt der Hauptstoß nicht dem albanischen Norden. Vielmehr überrannten die Osmanen Skanderbegs Herrschaftsgebiet. Dabei war Verrat im Spiel. Skanderbeg hatte vorsorglich zahlreiche Festungshauptleute abgesetzt und mit ihren Familien nach Süditalien verschicken lassen[58]. Doch nicht alle hatten ihre Entmachtung hingenommen; vielmehr öffneten einige von ihnen den Osmanen die Tore und schlossen sich damit einer Bewegung an, die in kurzer Zeit Skanderbegs Herrschaftsgefüge zum Einsturz brachte; denn einer seiner Neffen – der Name ist nicht bekannt – sowie der Bischof von Kruja waren zum Sultan übergegangen und hatten ihm einen leichten Sieg versprochen[59]. Es ist zudem nicht bekannt, wie stark der Widerstand der Araniti, die die wichtigsten Pässe kontrollierten, wirklich war. Der schnelle Durchmarsch der Osmanen durch die bislang so schwer bezwingbare Bergwelt wird so verständlich. In einem Schreiben nach Venedig berichtete Skanderbeg, dass Mehmed II. am 12. April nur noch sechs Meilen von seinen Grenzen entfernt war[60]. Skanderbeg selbst musste einsehen, dass offener Widerstand kaum Aussicht auf Erfolg hatte. Schon kurz nach Beginn der Kampfhandlungen schickte er seine Familie, vor allem seinen Sohn Ivan, seine Gattin und seine Schwester Mamica, sowie seinen beweglichen Besitz in das Königreich Neapel[61]. Er entsandte im April einen Boten nach Ragusa und bat vorsichtshalber um Zuflucht auf einer der Stadt vorgelagerten Insel[62]. Seine Burg Kruja übergab er dem Venezianer Baldassare Perduzzi, einem albanienerfahrenen Offizier, den auch Barletius sehr lobte[63]. Ende Mai 1466 waren 100 venezianische Infanteristen in die gut mit Lebensmitteln versehene Burg eingerückt. Am 29. Mai langten 200 neapolitanische Schützen, die sich am 24. des selben Monats in Trani eingeschifft hatten, im venezianischen Hafen Dulcigno ein, vermochten aber zunächst nicht nach Kruja zu ziehen, da osmanische Streifscharen bereits um die Burg schwärmten. Schließlich gelang es Skanderbeg doch, die Neapolitaner durch die osmanischen Linien zu bringen[64].

Die alte Stammburg Skanderbegs wurde so nicht nur von venezianischen, sondern auch von neapolitanischen Soldaten verteidigt, zu denen 1500 Männer Skanderbegs stießen[65]. Die Wege von Skanderbeg selbst kann man im Frühjahr 1466 nur mit Mühe nachverfolgen: Zuerst zog er sich offenbar in die jüngst erbaute Küstenburg an Kap Rodoni zurück, wo er, wie es in Italien hieß, rasch die Flucht über die Adria antreten könnte[66]. Bei Rodoni ist es zu Gefechten gekommen, bei denen Skanderbeg eine vernichtende Niederlage hinnehmen musste[67]. Dabei ging auch die wichtige Feste verloren[68]. Da Kruja vom Sultansheer belagert wurde, blieb Skanderbeg nur der Rückzug auf venezianisches Gebiet. Alessio, wo er sich gerne aufzuhalten pflegte, schien wegen der Nähe zum Kriegsschauplatz und auch wegen seiner schwachen Befestigungsanlagen zu unsicher, weshalb er zunächst den Hafen Dulcigno besuchte, wo ihn, wohl im Mai, einige Albaner sahen, die am 29. Mai von dort aus nach Apulien aufbrachen[69]. Vielleicht hoffte Skanderbeg, in Dulcigno mit der venezianischen Flottenführung in Kontakt zu treten, deren Oberhaupt, der Generalkapitän des Meeres Vettore Capello, in den letzten Apriltagen den Auftrag erhalten hatte, in den Gewässern vor Albanien zu kreuzen[70]. Skanderbegs Aufenthalt in Dulcigno blieb dem Sultan nicht verborgen, und die eingeschüchterten Bürger baten in Venedig um Schutz[71]. In Dulcigno konnte Skanderbeg nicht bleiben, und so ging er in die venezianische Hauptfestung Skutari[72]. Von dort aus zog er sich in die Berge zurück, wo er Mannschaften zum Entsatz der Burg Kruja sammelte, die seit dem 24. Mai von Mehmed II., der am 10. Mai albanischen Boden betreten hatte, schwer bedrängt wurde[73]. Aus den bisher bekannten osmanischen und westlichen Quellen geht kaum hervor, was Skanderbeg während der Belagerung Krujas unternahm. Nach der Niederlage im Küstenland musste es ihm vornehmlich darum zu tun sein, versprengte Gefolgsleute um sich zu scharen und die Unterstützung der beiden mächtigsten christlichen Herren in den Bergen des Nordens, Ivan Crnojevićs und Leka Dukagjins, zu gewinnen[74]; denn im übrigen Albanien waren die alten Familien von ihm abgefallen oder sahen sich außerstande, ihm zu Hilfe zu eilen. Ein Entsatz Krujas war so lange unmöglich, wie der Sultan persönlich in Mittelalbanien lag. Skanderbeg beschränkte sich deshalb darauf, die zahllosen Flüchtlinge in den Bergen zu schützen und auf den Abzug des Sultans zu warten[75]. Daneben unterhielt er rege Beziehungen zu den italienischen Staaten. Im Norden Albaniens jedoch, wo die osmanischen Truppen in geringerer Zahl vertreten waren, schlug er zu: Wohl in der zweiten Maihälfte vereinigte er sich mit Kriegern Ivan Crnojevićs– angeblich 15 000 Mann –, die von Venedig aufgeboten worden waren, und besiegte eine osmanische Einheit, die eine Brücke über den Drin schlagen wollte; dies geschah gewiss am Unterlauf des Flusses, also unterhalb der Burg Dagno. Die Brücke sollte einem Angriff gegen Skutari dienen, zu dem es 1466 aber noch nicht kam. Weiter südlich focht Leka Dukagjin in seinen Bergen gegen die Osmanen mit einigem Erfolg[76]. Während Skanderbeg in den Bergen lauerte, ging das albanische Flach- und Hügelland in Flammen auf. Die italienisch-albanische Besatzung von Kruja wies alle Stürme ab. Ebenso scheiterte der Angriff der Osmanen auf die venezianische Festung Durazzo, deren Bewohner nach Apulien geflohen waren; hier lag eine starke venezianische Flotte unter Jacobo Loredan, hier hatte Erzbischof Paul Angelus die wehrfähigen Bürger zu den 4000 venezianischen Söldnern auf die Wälle geschickt[77]. Der Großherr musste Anfang Juni erkennen, dass er die Festungen nicht nehmen würde; zudem machte sich ein Mangel an Nahrung in dem zerstörten Land bemerkbar[78]; bereits am 2. Juni waren deshalb in Brindisi Gerüchte im Umlauf, er plane den Abzug[79].

Tatsächlich setzte Mehmed II. die Mehrzahl seiner Truppen kurz darauf in Bewegung und marschierte Richtung Süden ab[80]. Vor Kruja ließ er ein Belagerungsheer unter dem Befehl Balabans zurück. Auf dem Wege belohnte Mehmed II. die albanischen Verräter auf seine Weise: Der albanische Bischof, der ihm Kruja hatte in die Hände spielen wollen, und ein Neffe Skanderbegs wurden gepfählt; ebenso wurden die treulosen Burghauptleute hingerichtet[81]. Dann wandte er sich in das Bergland von Buzurshek, das dem Geschlecht der Araniti gehörte[82]. Diese Landschaft beherrschte den wichtigen Aufmarschweg am Fluss Shkumbin, die alte Via Egnatia, die Mehmed II. ganz unter seine Kontrolle bringen musste, wenn er den Druck auf Kruja und Nordalbanien aufrecht erhalten wollte. Zwar scheiterte Mehmed II. in dem dichten Waldland[83], doch zog er Lehren aus seiner Niederlage, die für Albanien schwerwiegende Folgen haben sollten. Auf dem Rückmarsch schickte er dann eine Heereseinheit in das Tal des Schwarzen Drin. Bei Qidhna, der alten Heimat der Kastriota, zeigte ein Verräter den Osmanen ein abgelegenes Gebiet, in dem Skanderbeg mehrere tausend Menschen, vor allem Angehörige seiner Gefolgschaft, in eine, wie sich nun erwies, trügerische Sicherheit gebracht hatte. Das Versteck wurde zur Falle. Die Osmanen richteten ein furchtbares Blutbad an, als Rache für das Scheitern ihres Feldzuges. Viele der treuesten Anhänger Skanderbegs werden in dem Gemetzel umgekommen sein oder Frauen, Kinder und Verwandte verloren haben[84]. Ihr Herr übte an den abziehenden Osmanen Vergeltung, den Verlust so vieler treuer Menschen glich dies aber nicht aus[85]. Noch mehr als zwei Jahrhunderte später erinnerten sich die Menschen an die Bedeutung Qidhnas für Skanderbeg[86]. Die Volkssage wollte wissen, der Kastriota habe auf der Flucht vor den Osmanen Zuflucht in einer Höhle gefunden, deren Eingang von einer Spinne mit ihrem Netz bedeckt worden sei, weswegen die Osmanen dort nicht suchten; seitdem würden die Bewohner Qidhnas keine Spinnen mehr töten[87].

DIE GRÄUEL DER VERWÜSTUNG

Der Abzug des Sultans bedeutete nicht einen Sieg Skanderbegs. Denn der Feldzug von 1466 hat Gesellschaft und Siedlungsnetz seiner Herrschaft zerstört und gleichzeitig die Grundlagen für die über viereinhalb Jahrhunderte währende osmanische Herrschaft gelegt. Den eigentlichen Einschnitt in den gesellschaftlichen Verhältnissen stellte die beispiellose Massenflucht dar, die im Februar/März 1466 einsetzte. Der venezianische Statthalter von Dagno, Antonio Erizzo, erzählt, dass bereits im März 1466 die Mehrzahl der Einwohner in seinem Machtbereich – dem Drindurchbruch – ihre Dörfer *„aus Furcht vor dem Türken"* verlassen hätten[88]. Der Kaufmann Piero Zane sah die Flüchtlinge an der Küste, wo sie verzweifelt auf eine Überfahrt nach Italien warteten. Viele hatten auch ihr Vieh an das Meeresufer getrieben; als sie feststellten, dass schon für die Menschen kaum genügend Schiffsraum zur Verfügung stand, schlachteten sie in ihrer Not die Tiere, wobei sie hofften, zumindest Häute und Fleisch verkaufen zu können.[89] Die Augenzeugenberichte geben Einblick in die Tragödie, die sich an den Stränden Albaniens im Frühjahr 1466 abspielte. Zane erlebte diese Szenen wohl noch vor dem Fall von Skanderbegs Burg Rodoni, der den Menschen den Weg zur Küste abschnitt. Eine zweite Bewegung setzte daher in Richtung der nahen Berge ein, wohin sich die osmanischen Truppen noch nicht wagten und wo Skanderbeg mit seinen 1500 Kriegern Schutz bot. Diese Flucht in die Berge sollte bleibende Folgen zeitigen, da sie zu einer Verstärkung von Stammesstrukturen im Hochland führte, die sich seit dem 14. Jahrhundert zurückgebildet hatten. Die nordalbanische Stammesgesellschaft ist auch ein Ergebnis von Mehmeds II. rücksichtsloser Kriegführung[90]. Süditalien sah sich einer ungekannten Flüchtlingswelle gegenüber; *„ganz Albanien flieht mit Gut und Familien nach Apulien"*, schrieb der mailändische Resident in Venedig bereits am 8. Mai 1466[91]. Das Königreich Neapel war mit der Versorgung der Flüchtlinge überfordert[92]. So schlimm sich das Elend der Fliehenden ausnahm, so entgingen sie doch dem Schicksal zahlloser Landsleute, die sich weder auf Schiffe noch in die Berge retten konnten. Die Zahlen über die Getöteten und Verschleppten gehen auseinander. So sollen ungefähr 14 000 Menschen nach dem Zusammenbruch von Skanderbegs Widerstand im Küstenland erschlagen worden sein[93]. Skanderbeg selbst schätzte in einem Schreiben an Papst Paul II. die Anzahl der Verschleppten auf rund 30 000[94]. Die Osmanen richteten für die eroberten Gebiete eine neue Provinz, den Sancak von Dibra, ein, dessen Zentrum die von Mehmed II. in wenigen Wochen aufgeführte Burg Elbasan bildete[95]. Wohl noch im Spätjahr 1466 unternahmen osmanische Steuerbeamte den Versuch, die steuerpflichtigen Bewohner der unterworfenen Dörfer zu erfassen und sie den verschiedenen Nutznießern des neuen Systems zuzuweisen. Durchgeführt wurden diese Zählungen in Gebieten, die noch vor Kurzem zum Kernland Skanderbegs gehört hatten, nämlich in Ober- und Unter-Dibra, in Dolgo brdo, im Gebiet am Matifluss, in Urakë, in Pedhanë (einst das Land der Familie Jonima) und dann auch in nächster Nähe von Kruja, im Bergland von Benda und um Kruja selbst (als Vilayet Akçehisar)[96]. Die Angaben des Registers lassen auf den ersten Blick darauf schließen, dass die Osmanen schon wenige Monate nach Ende der Kämpfe – das Register wurde im März 1467 abgeschlossen – die volle Herrschaft über Skanderbegs Herrschaftsgebiet durchgesetzt hätten. Doch ist das Bild nicht so einfarbig: Im Süden des erfassten Landes war der Widerstand in der Tat weitgehend zusammengebrochen; mochte auch Buzurshek noch einmal den Osmanen widerstanden haben, so hatten die Osmanen das einstige Stammland der Araniti, die Çermenika, tatsächlich in Besitz genommen – die Flucht von Despina Araniti und ihren Söhnen nach Venedig im Hochsommer 1466 ist der beste Beleg für den Zusammenbruch der alten Adelsherrschaft[97]. Ebenfalls fest in der Hand der Osmanen befanden sich alte Burgen Skanderbegs, so Stellush. Das osmanische Machtgebiet reichte bis vor die Tore des belagerten Kruja, lediglich die Landschaften westlich der Burg, also zur Küste in Richtung Durazzo hin, und nördlich, bereits im venezianischen Einflussbereich, wurden nicht im Register erfasst.

Aus einem Brief Skanderbegs geht hervor, dass die meisten Bewohner der eroberten Ebenen und Talschaften in die Berge geflohen waren und sich dort um ihren Führer geschart hatten[98]. Trotz des Verrats verfügte Skanderbeg also noch über einen gewissen Rückhalt beim einfachen Volk und einigen Vornehmen, die auf Rache an den Osmanen brannten.

Skanderbegs Kernland war aber verwüstet und weitgehend entvölkert, wichtige Familien waren zu den Osmanen übergegangen, die öden oder halbleeren Dörfer in osmanischen Besitz gelangt, ihre Einkünfte teilweise an osmanische Gefolgsleute vergeben.

Doch gefestigt war die neue Herrschaft nicht. Dies zeigen die Ereignisse nach dem Abzug Mehmeds II., aber auch die Zerstörung der landwirtschaftlichen Infrastruktur in Mittelalbanien. Der Sultan fürchtete die Rückkehr Skanderbegs und wollte ihm mit einer Strategie der verbrannten Erde jede Möglichkeit zur Wiederaufnahme der guerillaartigen Kampftaktik entziehen. Am besten bringt ein stark verstümmelter mailändischer Bericht aus Venedig die wirtschaftlichen Folgen des Feldzuges von 1466 zum Ausdruck: Das osmanische Heer habe Albanien buchstäblich kahl gefressen, man habe das noch grüne Getreide geerntet, ja sogar die Blätter der Bäume verzehrt; bis hinauf nach Skutari sei die Hoffnung auf eine Ernte dahin, und der Sultan selbst habe wegen des Mangels an Mundvorrat den Rückzug nach Süden antreten müssen[99]. Dass zahllose Stück Vieh entweder an Ort und Stelle geschlachtet oder von den Osmanen beim Abmarsch hinweggeführt wurden, verstärkte noch den Rückgang des albanischen Tierbestandes, der bereits durch die Flucht vieler Bauern an die Küste eingeleitet worden war[100]. Mittelalbanien war systematisch verwüstet worden, Felder und Haine niedergebrannt. Doch ging der Sultan noch weiter: Um die guerillaartigen Angriffe auf die osmanischen Nachschubwege abzustellen und den Aufmarsch für das kommende Jahr zu sichern, befahl er die Abholzung der Wälder entlang der wichtigsten Straßen; dafür wurden Holzfäller und Teile des Fußvolks eingesetzt[101]. Es entstand eine breite, von kleinen Schanzen gesicherte Heerstraße. Das Schicksal des verwüsteten Albaniens rief nicht nur im Abendland Jammer und Bestürzung hervor – wenn auch die Tränen, die der Türkenfreund Piero de' Medici in Florenz vergoss, doch recht geheuchelt wirken[102] –, auch die osmanischen Chronisten und Kritobulos verzeichneten mit ehrfürchtigem Staunen die Brandschatzung eines ganzen Landes[103]. Quellen aus West und Ost bestätigen demnach den trostlosen Zustand des Landes. Doch noch war Albanien nicht ganz unterworfen, noch harrten Skanderbeg und sein Gefolge in den Bergen aus.

Um dem zu erwartenden Gegenstoß der Aufständischen[104] die Spitze zu nehmen, beschloss der Sultan, an zentralem Ort eine mächtige Zwingburg zu errichten, die künftig die Heerstraße am Shkumbin bewachen, osmanische Truppen mit Nachschub versorgen und selbst Ausgangspunkt von Streifzügen in das christliche Restalbanien sein würde, das nach bewährter osmanischer Strategie durch dauernden militärischen Druck zermürbt werden sollte. Der Bau Elbasans besiegelte denn auch zusammen mit der Zerstörung der wirtschaftlichen Grundlagen Mittelalbaniens den Untergang Skanderbegs. Schon Anfang Juni 1466 waren in Rom Einzelheiten über die osmanischen Anstrengungen bekannt: 3000 Handwerker und 10 000 Arbeiter würden an der Stelle der Ruinenstadt Valmi in Windeseile eine riesige Festung errichten[105]. Zwei Monate später, Mitte August, war die neue Burg weitgehend fertig gestellt[106]. Erzbischof Paul Angelus von Durazzo führte zur selben Zeit im Auftrage Skanderbegs dem venezianischen Senat die Gefahren vor Augen, die von Elbasan ausgingen[107]. Venedig zeigte sich denn auch bereit, einen Angriff Skanderbegs auf die Festung zu unterstützen[108]. Dass Skanderbeg bei diesem Unternehmen scheiterte, verhieß für Albanien das Schlimmste[109]. Zweifellos war es ihm gelungen, mit neapolitanischer Truppenhilfe Teile seines ehemaligen Machtgebietes zurückzugewinnen[110], er vermochte sogar bis zum Shkumbin vorzustoßen. Erleichtert wurde dies durch die Rückkehr von Flüchtlingen, darunter nicht wenige Adlige aus Süditalien[111]. Doch blieb Kruja belagert von den rund 5000 Mann starken Truppen Balabans[112], die sich wie ein Riegel in die Ebene zwischen dem Felsennest und dem venezianischen Durazzo legten[113]. Weiter geschwächt wurde Skanderbeg außerdem durch einen weiteren Verrat: Ein ungenannter Neffe – wahrscheinlich Repoš Thopia, der Sohn der Mamica – verheiratete seine Tochter mit Balaban und bereitete sich so für die Zeit nach dem Tode seines Onkels vor[114]. Balaban gelang es denn auch im Herbst 1466, Skanderbeg fast vollständig wieder aus seinem Stammland zu verdrängen[115]. Dass Skanderbeg nach der vorübergehenden Rückeroberung seiner Herrschaft nun die Kontrolle verloren hatte, bezeugen auch die Streifzüge, die osmanische Einheiten und ihre albanischen Parteigänger ungestraft unternahmen: Von Elbasan aus durcheilte Herr Komino (Araniti) mit osmanischen Scharen Mittelalbanien und erschien vor Durazzo, das die erschreckten Venezianer sogleich stärker befestigen ließen (September 1466)[116]. In Nordalbanien ging Balaban mit Osmanen, christlichen Serben und Überläufern aus Skanderbegs Herrschaftsgebiet gegen das venezianische Albanien vor und überfiel am 24. Oktober die Burg Dagno. Die letzten unversehrten Dörfer in diesem Gebiet wurden gebrandschatzt[117]. Am 12. Dezember 1466 folgte der nächste Überfall, den Feriz ağa nicht mehr nur gegen das kleine, aber wehrhafte Dagno führte, sondern auch gegen das stark befestigte Skutari; wieder wurden die Siedlungen niedergebrannt, Menschen und Vieh verschleppt[118]. Ebenfalls in das Jahr 1466 sind zu setzen der Angriff Sinan Beys auf Venezianisch-Albanien und der Plünderzug Ömer Beys, des *„Woiwoden von Serbien“*; schließlich fiel auch Progon Dukagjin aus seinen Bergen über Skutari her[119]. Skanderbeg hatte Albanien im Oktober 1466 verlassen. Außerhalb der venezianischen Burgen und des auch von Neapolitanern verteidigten Kruja wurde kein Widerstand mehr geleistet[120]. Die Liste der Streifzüge lässt vielmehr auf eine andere Entwicklung schließen: Zwei führende Geschlechter Albaniens hatten sich gespalten. Die ohnehin weitverzweigten Dukagjin hatten in Progon wieder einen Führer der osmanenfreundlichen Richtung gefunden. Und bei den Araniti hatten die nicht nach Venedig geflohenen Mitglieder des Adelshauses ebenfalls den Anschluss an den Sultan gesucht[121]. Am Ende des Jahres 1466 schien jede Hoffnung auf Rettung verloren. Dass es zu der gewaltigen Niederlage Skanderbegs überhaupt kommen konnte, lag aber nicht nur an der Stärke des Sultansheeres und am Verrat guter Teile des albanischen Adels; vielmehr wurde Skanderbeg auch ein Opfer seiner Abhängigkeit von der italienischen Politik, die während des Überlebenskampfes Albaniens eigene Wege ging.

IN DER HAND DER MÄCHTE

Das Verhalten der italienischen Staaten angesichts des sultanischen Feldzuges, der auch die Apenninenhalbinsel bedrohte, ist nur vor dem Hintergrund der inneritalienischen Verhältnisse zu verstehen. Die Staaten Italiens hatten Skanderbeg aus recht kurzfristigen Eigeninteressen im Stich gelassen. Skanderbegs Sache war schon verloren, als noch kaum ein osmanischer Soldat den Fuß auf albanischen Boden gesetzt hatte. Denn der unerwartete Tod des Mailänder Herzogs Francesco Sforza im März 1466 hatte das italienische Mächtegleichgewicht erschüttert. Er hatte 1464 Genua erworben und damit besonders in den Augen Venedigs den Gedanken der italienischen Liga verletzt. Der Gegensatz zwischen dem ehrgeizigen Erben Galeazzo Maria Sforza und seiner Mutter Bianca Maria beschäftigte Italien während langer Monate und lähmte die mailändische Außenpolitik, die sich in den letzten Jahren Francesco Sforzas um engere Beziehungen auch zu Skanderbeg bemüht hatte. Venedig, ohnehin Hauptrivale Mailands in Oberitalien, sah sich dadurch in seinem Ansinnen bestärkt, unabhängig vom Mächtekonzert eigene Wege zu gehen[122]. Dies verschlechterte die bereits gespannten Beziehungen zu Papst Paul II., der, obwohl selbst Venezianer, seiner Vaterstadt mit herzlicher Abneigung begegnete. König Ferrante hatte den Machtantritt Galeazzo Maria Sforzas zunächst in der Hoffnung begrüßt, das alte Bündnis zwischen Mailand und Neapel weiterzuführen. Doch sah er sich bald enttäuscht[123]. Florenz selbst litt noch unter einer innenpolitischen Krise. Für Skanderbeg erwiesen sich der neapolitanisch-venezianische Gegensatz in der südlichen Adria und die feindselige Haltung des Papstes gegenüber Venedig als besonders verhängnisvoll. Denn die drei Staaten, die ihm in früheren Jahren – freilich in unterschiedlichem Maße – Hilfe geleistet hatten, blockierten sich nun wechselseitig. Es ist kaum übertrieben, wenn man behauptet, dass die drei Staaten das Schicksal Albaniens ausschließlich in Beziehung zur italienischen Machtpolitik setzten. Skanderbeg durfte nur auf Unterstützung hoffen, wenn sich eine Schutzmacht davon Vorteile im italienischen Machtkampf versprach. Venedig, das in Albanien ausgedehnte Besitzungen sein Eigen nannte, verfolgte eine kühle Kabinettspolitik: Die Friedensverhandlungen mit dem Sultan wurden selbst dann für wichtiger gehalten, als man eigene Galeeren zur Verteidigung der Festung Durazzo in die südliche Adria entsenden musste und als osmanische Scharen an die Tore von Kruja, Dagno und Skutari hämmerten. In den Jahren 1466 und 1467 setzten die venezianischen Rüstungen erst spät im Frühjahr ein. Und sie erfolgten unwillig. Skanderbegs Warnungen und Hilferufe waren bereits im März am Rialto bekannt[124]. Doch der Senat handelte erst, als Ende April die Kampfhandlungen bereits ihren Höhepunkt überschritten hatten. Skanderbeg war schon geschlagen, als in Venedig gerade beschlossen wurde, 1200 Söldner anzuwerben[125]. Alle weiteren Maßnahmen Venedigs waren rein defensiver Natur. Mochte auch die Staatsspitze dem mailändischen Gesandten gegenüber Verzweiflung ob der osmanischen Erfolge bekunden[126], so stieß doch kein einziger Söldner zu Skanderbegs Kriegern. Im Gegenteil, unter dem – nicht unberechtigten – Vorwand, italienische Söldner seien unwillig, nach Albanien zu gehen – denn dort wurde gestorben, und nicht nur gefochten wie in Italien – bot man Skanderbeg im Februar 1466 Gelder zur Werbung albanischer Kämpfer an. Dieser schöne Plan wurde freilich nicht umgesetzt, was nichts anderes bedeutet, als dass Skanderbeg keine Hilfsgelder erhielt[127]. Die Signoria schützte Skutari; ihr Flottenadmiral Vettore Capello gab Skanderbeg auf Anweisung des Senats nur gute Worte[128]. Durazzo verteidigte man allein[129]. Und Kruja hielt man zusammen mit den ungeliebten Söldnern König Ferrantes. Wie wenig Venedig an Albanien lag, zeigt der Senatsbeschluss vom 4. Juni 1466 – die Nachricht vom Abzug Mehmeds II. war wohl kaum eingetroffen –, keine weiteren Galeeren nach Albanien zu schicken[130]. Der Senat bevorzugte wohlfeile Aufforderungen an Ferrante und den Papst: Diese sollten dem verzweifelten Skanderbeg Hilfe gewähren[131]. Giovanni Matteo Contarini, neuer Statthalter von Skutari, wurde im Juni 1466 beauftragt, Skanderbeg zu trösten und jenen 2000 Dukaten nachzuforschen, die einst für die Werbung von albanischen Truppen bestimmt waren. Dass die venezianischen Statthalter in Albanien, die seit Jahrzehnten Skanderbeg auf alle möglichen Weisen behinderten – bisweilen auch gegen die Weisungen der Mutterstadt – auch hier ihre Finger im Spiel hatten, ist kaum zu bezweifeln. Bedürfte es noch eines weiteren Beweises, so würde es ausreichen, jenen Text anzuführen, der den venezianischen Rektor von Alessio im Winter 1466/67 im besten Einvernehmen mit Balaban zeigt und erwähnt, dass venezianische Kaufleute aus Alessio und Durazzo in Elbasan

Handel trieben und osmanische Händler die venezianischen Märkte besuchten[132]. Es erstaunt daher nicht, dass Venedig Skanderbegs Angriff auf Elbasan nur mit frommen Wünschen unterstützte. Wie Skanderbeg auf seiner Flucht nach Venezianisch-Albanien von den Behörden der Signoria behandelt wurde, ist nicht bekannt; doch hielt es ihn nicht eben lange in Dulcigno und in Skutari. Die eigensüchtige Haltung Venedigs trat Skanderbeg auf das Schmerzlichste ins Bewusstsein. Hilfe durfte er von der Markusstadt, die ihn drei Jahre zuvor in den Krieg getrieben hatte, nicht erhoffen. Vielmehr musste er feststellen, dass Venedig die Lage nach dem Abzug Mehmeds II. ausnützte, um seine eigene Macht auszudehnen; denn nicht anders ist die freundliche Aufnahme der Familie Araniti in der Lagunenstadt zu erklären. Die Gastfreundschaft übertraf alles, was Skanderbegs Gesandten je zuteil geworden ist[133]. Despina Araniti vermittelte den Übertritt des Berishastammes mit seinen zahlreichen Kriegern auf die Seite Venedigs[134]. Nur zögernd gab der Senat hingegen die beschlagnahmten Güter von Skanderbegs wichtigstem Ratgeber, Erzbischof Paul Angelus, heraus[135]. In Kruja schließlich verdrängten venezianische Soldaten den neapolitanischen Teil der Besatzung. Am Ende des Jahres 1466 hatte sich Venedig, allen osmanischen Streifzügen zum Trotz, seinen Teil aus den Trümmern der albanischen Adelsherrschaften gesichert. Daneben führte es die Verhandlungen mit Mehmed II. weiter. Frieden im Osten sollte der Markusrepublik freie Hand im italienischen Mächtespiel geben. Während der Sultan in Albanien stand, beschäftigte sich der Senat mit den vermeintlichen oder echten Friedensfühlern, die der Großherr über den Kanzler des ehemaligen venezianischen Bailo in Konstantinopel und über den kretischen Juden David ausstreckte (April 1466)[136]. Im Winter 1466/67, zur der Zeit, als Skanderbeg in Italien verzweifelt Unterstützung suchte, reiste ein venezianischer Gesandter an den Sultanshof; dass er dort an florentinischen Intrigen scheiterte, zeigt ebenso die Bedeutung italienischer Politik für die Levante, wie das Vorgehen der Signoria, die allen Bekundungen zum Trotz die christlichen Bewohner der östlichen Adriaküste im Stich ließ[137]. Wie sinnlos es ist, Venedig wegen seiner Haltung zu tadeln, belegt ein Blick auf die päpstliche Politik. Zweifellos ließ Paul II. dem ungarischen König Matthias Corvinus im Jahre 1465 bedeutende Summen zukommen[138]. Doch im Folgejahr schoben der Kirchenfürst und sein Konsistorium die osmanischen Angelegenheiten auf die lange Bank. Mit Ferrante stritt sich der Papst um die Anerkennung der päpstlichen Oberhoheit über das süditalienische Königtum, mit Venedig unter anderem um die Stadt Cervia. Dass diese dem Nachfolger Petri wichtiger erschien als das Schicksal Albaniens, dürfte keine Verzeichnung der Lage darstellen. Am 11. Mai 1466 wurden die Hilferufe aus Albanien im Konsistorium besprochen[139]. Fünf

Tage später drängte der venezianische Gesandte beim Heiligen Stuhl, Bernardo Giustiniani, auf ein Eingreifen des Papstes[140]. Was auf den ersten Blick als verständliche Mahnung Venedigs erscheint, bedeutete für den Papst jedoch die größte Zumutung: Er argwöhnte, die Signoria wolle sich die Verteidigung ihrer albanischen Provinzen durch päpstliche – und neapolitanische – Gelder bezahlen lassen und zudem im Windschatten des Krieges neue Gebiete in Norditalien an sich bringen. Der Feldzug des Sultans vertiefte so die Kluft zwischen Paul II. und der Markusrepublik. Der Papst wurde so misstrauisch, dass er seine Schätze für den befürchteten Waffengang in Italien zurückhielt und selbst den ungarischen Gesandten mit einem Zehntel der versprochenen 100 000 Dukaten Türkenhilfe nach Hause schickte[141]. Der Papst rührte für Venedig keinen Finger. Als die Signoria im Mai 1466 eine Flotte vor Durazzo legte, fühlte sich Paul II. bestätigt. Er stellte offen einen Zusammenhang zwischen der albanischen Frage und der venezianischen Politik in Italien her: Er forderte Cervia und bot dafür Truppenhilfe. Der venezianische Gesandte mochte sich noch so empören; es half nichts. Sein mailändischer Kollege wusste zudem, dass die Kurie überhaupt nichts unternehmen würde, da Neapel und Venedig die Burg Kruja ohnehin verteidigen müssten[142]. Es gewährt einen tiefen Einblick in das Denken des Papstes, dessen Vorgänger noch für den Kreuzzug geworben hatten, wenn der mailändische Gesandte berichtet, wie sehr Paul II. mit Fragen von Cervia, Cesena und Rimini beschäftigt war – den albanischen Flüchtlingen gegenüber aber gleichgültig blieb, denn schließlich sei dies eine Angelegenheit Neapels[143]. Im Juni 1466 langten in Rom Gesandte Venedigs, Skanderbegs und Neapels[144] ein und zwangen den Papst, zur albanischen Frage Stellung zu nehmen. Der Papst gab Skanderbeg 2000 Dukaten und rief die venezianischen Geistlichen Roms zusammen, denen er vom Türkenkrieg sprach[145]. Dies vermochte die Signoria jedoch kaum zu befriedigen. Der Gegensatz gewann vielmehr an Schärfe. Der Papst ließ verbreiten, Venedig stehe ohnehin in Verhandlungen mit dem Sultan, brauche also keine weitere Hilfe. Der venezianische Gesandte in Rom sprach offen aus, was man am Rialto dachte: Papst Barbo wolle sich an seiner Heimatstadt rächen. Lang war die Liste der Streitpunkte, immer wieder Cervia, dann der Zehnte, die Stellung des Patriarchats von Aquileia[146]. In diesen Streitigkeiten ging ein weiterer Hilferuf Skanderbegs beinahe unter: Ein Franziskanermönch berichtete dem Papst Mitte Juni 1466 von den Nöten Albaniens und bat um Geld. Der Papst hingegen, immer auf die öffentliche Wirkung seiner Schritte bedacht, hatte großtönend ein 8000 Mann starkes Expeditionskorps aller italienischen Staaten in Aussicht gestellt. Dabei wusste er, dass dies ein Wunschtraum bleiben würde; dass Skanderbeg dringend darum bat, keine Truppen in das ausgehungerte und verwüstete Land zu schicken, dafür Geld und Wirtschaftshilfe, würde, so der kluge mailändische Gesandte, der Papst zum Anlass nehmen, den Kriegsplan aufzugeben und gar nichts mehr zu tun[147]. In Italien und auch in Albanien sprach man nur verächtlich von den angeblich 1000 Mann, die auf Kosten des Papstes und unter dem Befehl des Matteo da Canal nach Albanien gehen sollten. Skanderbeg bat nochmals dringlich um Geld und wies auf die Versorgungslage in seinem Land hin[148]. Der Papst ging darauf nicht ein, nahm auch keine Stellung zu Skanderbegs Plan, die verlorenen Gebiete zurückzugewinnen, sondern schob die Angelegenheit auf das nächste Jahr: Am 1. Juli schon kündigte er an, eine Zusammenkunft aller italienischen Staaten einzuberufen, um das weitere Vorgehen zu beraten[149]. Damit erschöpfte sich der päpstliche Beitrag zur Hilfe an Albanien.

König Ferrante von Neapel war neben Venedig vom osmanischen Vormarsch am unmittelbarsten betroffen. Die Spannungen mit Venedig und dem Kirchenstaat sowie die Schwäche seines Reiches nach den Thronwirren schränkten seinen Spielraum erheblich ein. Um sich abzusichern, schickte er zwei Hundertschaften nach Kruja. Denn die Burg schützte die apulische Küste. Dies schürte jedoch das venezianische Misstrauen. Und die venezianisch-neapolitanische Feindschaft wurde so mitten in die albanischen Kriegswirren getragen. Ferrante nahm Skanderbegs Familie auf; die Kastriota waren seine Lehensleute am Gargano, und der König hatte Skanderbegs Hilfe nicht vergessen. Die Kastriota übermittelten ihm jeweils Neuigkeiten aus Albanien. Sein Reich wurde von albanischen Flüchtlingen überflutet[150]. Allein wollte der König jedoch nicht eingreifen. Deshalb schickte er Meldungen über die Ereignisse in Albanien an die italienischen Höfe, um diese auf die Not jenseits der Adria aufmerksam zu machen. Anfang Juni 1466 schließlich beauftragte er seinen Gesandten in Rom, Druck auf den Papst auszuüben[151]. Im Juni empfing er auch Skanderbegs Gesandten Martin Muzaki[152], doch wartete er den Abzug Mehmeds II. ab, bis er selbst eigene Schritte tat. Anfang Juli plante er, sich persönlich nach Apulien zu begeben, um die Absendung von Hilfstruppen nach Albanien zu überwachen[153]. Diese Truppen setzten tatsächlich über die Adria und halfen Skanderbeg bei seinen kurzfristigen Erfolgen im Spätsommer 1466[154]. Das Zusammenwirken Skanderbegs mit Ferrante wird jedoch nur Venedig noch misstrauischer gestimmt haben. In Venedig hieß es, Ferrante plane einen Überfall auf die herzegowinische Hafenburg Castelnuovo/Novi an der Einfahrt in die venezianische Bucht von Cattaro – und Skanderbeg solle den Befehl über das Schloss übernehmen[155]. Die oben geschilderte Arrondierung Venezianisch-Albaniens war daher vor allem gegen den neapolitanischen Einfluss gerichtet.

In seiner Verzweiflung wandte sich Skanderbeg auch wieder an den Sohn seines alten Verbündeten Johann Hunyadi. Seit dem Beginn des Krieges hatte zwischen König Matthias Corvinus und Skanderbeg ein reger Gesandtenverkehr geherrscht; nach dem gescheiterten Vorstoß in Bosnien hatte sich der ungarische Monarch aber zurückgehalten. Im Herbst 1466 machte sich im Auftrag Skanderbegs der treue Ragusaner Paladino de Gondola/ Gundulić auf den Weg nach Norden. Der Rat seiner Republik beschied ihm, er habe aus Dubrovnik selbst nichts auszurichten. Ragusa hatte Skanderbeg verloren gegeben, unterstützte jedoch im Geheimen private Hilfsaktionen Ragusaner Patrizier. Auch dem Knezen Stjepan Radojević, einem weiteren Gesandten des Kastriota, erlaubte man die Reise nach Šibenik oder Split, von wo aus er sich wohl zu Corvinus begeben wollte[156]. Zu erwarten war von Ungarn nicht viel.

Im Herbst 1466 gestaltete sich die Lage des Kastriota denkbar ungünstig: Der Papst stand gegen Venedig und betrieb, den Blick ganz auf Italien gerichtet, in der Frage des Türkenkrieges eine hinhaltende Politik; Venedig hegte Skanderbeg gegenüber eine nicht sehr freundliche Gesinnung; und König Ferrante unterhielt zu beiden Staaten gespannte Beziehungen. Florenz, Vertrauter des Großherrn, und das mit dynastischen Machtkämpfen beschäftigte Mailand schieden als Schutzmächte aus. So entschloss sich Skanderbeg, in eigener Person nach Italien zu reisen, um in höchster Not um Hilfe zu bitten. Er hoffte wohl, dass sein Ansehen und sein Ruhm, die Macht seiner Persönlichkeit die italienischen Staatenlenker so beeindrucken würden wie im Jahre 1461. Auch sandte er auch seinen jungen Sohn Ivan, ein elfjähriges Kind, nach Italien: Der junge venezianische Patrizier sollte die Signoria um Unterstützung bitten. Hinter sich ließ Skanderbeg ein zerstörtes Land, das von seinen Gegnern, den Osmanen, abtrünnigen albanischen Adligen und Venedig beherrscht wurde.

Im Oktober 1466 stachen die Kastriota die See. Skanderbegs Sohn Ivan erschien bereits am 9. Oktober vor dem Senat in Venedig. Die erschöpften Venezianer werden nichts geben, berichtete der Mailänder Resident an seinen Herzog[157]. Venedig schob die Verantwortung auf den Papst und forderte diesen auf, den Albanern zu helfen[158]. Wenn Skanderbeg selbst im selben Monat eine venezianische Galeere bestieg, um an den italienischen Höfen als Bittsteller aufzutreten, so verriet dies nichts als schiere Verzweiflung[159]. Die Furcht des Herrn der Berge vor dem Meer war dabei das Geringste[160], denn er ahnte wohl, dass er nirgends willkommen, überall aber lästig war. Die erste Demütigung erlebte er in Ragusa. Dort war er vor seiner letzten Fahrt nach Italien, als er Ferrante Hilfe gebracht hatte, noch stürmisch gefeiert worden (Herbst 1461)[161]. Nun baten ihn die Ratsherren, er möge die Stadt nicht betreten. Für den geschlagenen Türkenkämpfer wollte Ragusa seinen gewinnträchtigen Balkanhandel, das Wohl seiner Kaufleute in osmanischen

Städten nicht opfern[162]. Dass Skanderbeg in Apulien an Land gegangen war, wusste man in Rom am 27. November[163]. Eine Quelle aus dem Archiv der Markgrafen von Mantua zeigt, dass Skanderbeg nicht sogleich nach Rom eilte[164]. Dies wäre angesichts der alten Beziehungen zum aragonesischen Königshaus von Neapel, dem Vasallenverhältnis zu König Ferrante, der jüngsten Truppenhilfe aus Neapel auch eigentümlich gewesen. Skanderbeg begab sich vielmehr an den Hof des Königs. Er eröffnete ihm, dass er seine Sache verloren geben müsse, wenn nicht innert sechs Monaten Hilfe geschickt würde für die beiden Burgen, die er noch verteidige. Die Gesandten des Markgrafen von Mantua berichteten: *„Dieser Tage ist der Herr Skanderbeg hier gewesen und hat dem Herrn König zu verstehen gegeben, dass seine Sache auf einem solchen Tiefpunkt angelangt sei, dass es nicht mehr lange gehen werde;... den ganzen Rest hat er verloren, und auch die anderen würden aus Mangel an Mundvorrat verloren gehen"*[165]. Ferrante versprach zwar Unterstützung, wies aber auf die schwebenden Verhältnisse Italiens hin[166]. Skanderbeg setzte seine Reise nach Rom fort. Nun wusste er, dass von Neapel kaum etwas zu erwarten war. Am 12. Dezember traf er in der Ewigen Stadt ein[167]. Begrüßt wurden er und sein Gefolge – 50 düster wirkende Reiter (*„hässliche Leute mit hässlichen Gesichtern"*, wie der Mailänder Gesandte schrieb)[168] – mit großem Pomp. Der mailändische Gesandte schilderte die Szene: *„Gestern langte Skanderbeg ein, dem seine Heiligkeit beim Einzug große Ehre erweisen ließ, indem er ihm alle Kardinalshaushalte, denjenigen seines eigenen Hauses und vieler anderer Prälaten und Höflinge entgegenschickte; gleichermaßen ehrten und geleiteten ihn auch wir Botschafter"*[169]. Den Römern fiel auf, dass der Türkenkämpfer ein alter Mann war[170]. Zunächst schien es, als ob Skanderbegs Hoffnungen sich erfüllen würden: Ferrante hatte seinen Vertreter in Rom, Graciabetes, angewiesen, dem Kastriota jede Ehre zu erweisen, *„ihn stets zu begleiten und nie zu verlassen"*; die Mailänder und die Florentiner Gesandten machten ihm ihre Aufwartung, und Skanderbeg dankte den Mailändern für deren freundliche Worte (*careze*) *„mit tausend Dankesbekundungen"*[171]. Der Papst sprach zwei Tage später bei einer Versammlung der italienischen Gesandten von der Notwendigkeit, Skanderbeg und Matthias Corvinus zu unterstützen[172]. Doch musste Skanderbeg bald feststellen, dass jede Beteiligung des Papstes am Türkenkrieg ganz von der Bereinigung italienischer Fragen abhing. Der Papst wollte einen Landfrieden, eine Neubefestigung der italienischen Liga[173]. Skanderbeg vermochte hierzu nichts beizutragen. Also wartete er auf einen Entschluss des Konsistoriums. Er hatte die mailändischen Gesandten beim Heiligen Stuhl, Lorenzo de Pesaro und Augustino de Rubeis, schon am 13. Dezember zu einem Höflichkeitsbesuch empfangen[174]. Die beiden Diplomaten verfassten ein Protokoll dieses Gesprächs. Es ist dies das einzige Mal, dass Skanderbegs Gedankengänge von Zeitgenossen aufgezeichnet worden sind: *„Er sagt, dass wenn er nur vier- oder fünftausend Mann vor Mitte Februar erhielte, er guten Mutes wäre, dem Türken in jenem Land sehr gut zu widerstehen und rasch alles Verlorene zurückzugewinnen. Er wolle nicht länger als bis Mitte Februar verweilen, weil er sagt, dass es Brauch des Türken sei, immer an den Kalenden des März ins Feld zu ziehen; und sollte er gegen Albanien marschieren, würde er ohne weiteres auch Dalmatien und Sklavonien (das südslawische Hinterland, O. S.) erobern. Kruja würde noch gehalten, auch wenn es bedrängt sei; dieser Skanderbeg besitzt außer dieser Burg nichts mehr in Albanien. Außerdem sagt er, dass der Türke zwei Burgen oberhalb von zwei Flussmündungen anlegen lasse, die auf der einen Uferseite die Venezianer, auf der anderen die Türken hielten; so werde er ohne Widerstand hunderte von Galeeren in See stechen lassen; denn in jener Stadt, die der Türke dort habe befestigen lassen, habe er Vorräte an Holz, Eisen und allen anderen Dingen, um zahlreiche Galeeren bauen zu lassen ... Dann klagt der selbe Skanderbeg des langen und breiten über die Venezianer und berichtet nur Schlechtes von ihnen, weil sie das, was sie ihm versprochen hatten, nicht einhielten. Denn, sagt er, sie hätten ihm 500 Reiter und 500 Fußknechte unterhalten müssen, mit denen er sich gut gehalten hätte und nicht in solche Not geraten wäre wie jetzt. Er sagt, dass sie ihm nur ab und zu kleine Einheiten, einmal 30, einmal 40, dann 50 Fußknechte geschickt hätten, das gleiche gelte für die Reiter, so dass er insgesamt nie 200 Reiter bzw. ebenso viele Fußknechte gehabt hätte. Und dieses hat er sehr gut begriffen, dass nämlich die Signoria von Venedig dies nur getan habe, um ihn zu zermürben und ganz langsam in eine derartige Verzweiflung zu treiben, dass er gezwungen wäre, ihnen Kruja, das sie liebend gern besitzen würden, und seine anderen Besitzungen zu übergeben. Er sagt aber, er habe diese Absicht durchschaut und werde eher alles niederbrennen und es tausendmal lieber den Türken geben als ihnen“*[175]. Zorn und Bitterkeit hatten Skanderbeg erfüllt. Seine Warnungen, seine Einschätzung der Lage trafen zu: Die Osmanen drängten von Elbasan zur Adria; die Venezianer warteten nur auf eine Gelegenheit, um Kruja an sich zu reißen. Der Kastriota und seine verbliebene Gefolgschaft würden zwischen den Großmächten zerrieben. Den Preis würde Italien zahlen, das den Angriffen des Sultans unmittelbar ausgesetzt war. Am Ende seines Lebens flammte der alte Zorn gegenüber der Markusrepublik auf, die immer wieder gegen ihn intrigiert und seine Absichten hintertrieben hatte. Nicht zu Unrecht, denn, wie die Mailänder Diplomaten bemerkten, *„reden die Venezianer von Skanderbeg nur Schlechtes, nämlich dass er türkischer als die Türken sei. Einige dieser Venezianer hier am Hofe* *flüstern auch, dass er als Kundschafter und Spion des Türken gekommen sei"*[176]. Selten hatten sich die Intrigen der italienischen Höfe in so tödlicher Form um den Kastriota geschlungen.

Über die Gunst des Papstes hingegen machte sich Skanderbeg noch Illusionen. Die Bücher der päpstlichen Finanzverwaltung sprechen aber eine nüchterne Sprache: Dem albanischen Bittsteller wurden zunächst die Kosten für den Lebensunterhalt, nicht aber wirkliche Hilfsgelder ausgezahlt[177]. An Weihnachten schenkte ihm der Papst einen Hut und ein Prunkschwert, das ein Florentiner Goldschmied hergestellt hatte[178]. Wenn Skanderbeg an diese Ehrbezeugung Hoffnungen auf tatkräftige Hilfe geknüpft hatte[179], wurde er bitter enttäuscht. Der junge Kardinal Francesco Gonzaga aus Mantua legt in Berichten an seinen Vater die tatsächliche Politik des Papstes dar. Am 7. Januar 1467 trat das Konsistorium zu einer Sitzung zusammen, um über Skanderbegs Anliegen zu beraten. Der Papst wollte ihm 5000 Dukaten geben, mehr nicht, denn in Italien sei die Lage unsicher. Als ein Kardinal widersprach, erhitzte sich der Papst, sprach von der neapolitanischen Gefahr[180]. Fünf Tage später, am 12. Januar, beschloss das Konsistorium eine Türkenhilfe von 5000 Dukaten. Skanderbeg müsse sich anderweitig behelfen, meinte der Papst[181]. Skanderbeg mochte wohl kaum glauben, dass er vom Heiligen Stuhl derart behandelt wurde. Seine Hoffnung schlug in Verzweiflung um. Denn Kruja stand vor dem Fall, und er vermochte nichts auszurichten[182]. Dass nicht nur die vermeintliche Furcht Pauls II. vor Neapel die Haltung des Konsistoriums bestimmte, war den mailändischen Diplomaten schon im Januar 1467 deutlich. Denn Venedigs Botschafter beim Heiligen Stuhl, Paolo Contarini, intrigierte mit großem Erfolg gegen Skanderbeg, der so für die Hilfe büßen musste, die ihm Neapel im Herbst 1466 gewährt, die Markusrepublik aber verweigert hatte. Contarini erklärte dem Papst, Kruja sei nun venezianisch, päpstliche Hilfe also unnötig[183]. So versuchte Venedig, Skanderbeg aus dem politischen Spiel zu entfernen. Um Skanderbeg wurde es einsam. In Albanien erweiterte Venedig sein Gebiet auf Kosten des Kastriota. In Rom und Neapel gab es kaum Hoffnung auf Hilfe. In dieser Aussichtslosigkeit wusste er wohl kaum noch, wohin er sich wenden sollte. So blieb er bis zum 13. Februar in Rom, immer auf einen Sinneswandel der Kardinäle hoffend. Es kam aber noch schlimmer. Der Papst gedachte, das Hilfsgeld aus dem neapolitanischen Kirchenzehnten zu zahlen. Doch weigerte sich Ferrante, diesen nach Rom zu entrichten; eine alte Streitfrage übrigens[184], was zeigt, dass Paul II. eigentlich überhaupt nicht zahlen wollte[185]. Einige Kardinäle setzten sich für Skanderbeg ein, redeten ihm zu, zu bleiben[186]. Ihre Appelle an den Nachfolger Petri verhallten aber im Konsistorium vom 13. Februar 1467. Die Kardinäle mögen aus eigener Tasche zahlen, meinte der Papst. *„Und so geschah nichts"*, merkte der mailändische Gesandte trocken an[187]. Skanderbegs Empörung kannte keine Grenzen. Die versprochene Zahlung sei ein Luftgebilde, rief er aus[188]. Im Zorn reiste er ab. In Rom fürchtete man, er werde nun ein Einvernehmen mit dem Sultan suchen[189]. Nichts zeigt besser, wie falsch die italienischen Diplomaten Skanderbeg einschätzten. Sie hielten ihn für einen wendigen Condottiere und verstanden nicht, dass es ihm mit dem Türkenkrieg ernst war. Skanderbegs Abreise geschah unter den unrühmlichsten Umständen. Während die Kardinäle und der Papst auf kleinliche Weise um Hilfsgelder für den Albaner schacherten, vermochte dieser nicht einmal seine Unterkunft zu bezahlen; ein Kardinal gab ihm dafür das Almosen von 200 Dukaten, der dadurch beschämte Papst schließlich deren 300[190]. Skanderbeg wandte sich nach Neapel. Zu König Ferrante ging Skanderbeg auch, weil er von dort am 3. Februar 1467 benachrichtigt wurde, dass ihm seine Gattin über sein Lehen am Monte S. Angelo hatte wichtige Briefschaften zukommen lassen; sie berichteten wohl von der Not Albaniens[191]. In Neapel erwartete Skanderbeg jedoch die nächste Enttäuschung. Denn König Ferrante hatte Ende Februar 1467 eine Gesandtschaft Balabans empfangen[192]. Der König musste angesichts der osmanischen Erfolge jedes Interesse haben, sich mit dem Sultansreich gut zu stellen und so seine apulischen Küstengebiete zu schützen. Er beauftragte daher seinen Diplomaten Bernardo Lopez, Balaban und auch den Sultan aufzusuchen[193]. Ferrante tat dies umso lieber, als in Italien mittlerweile bekannt war, dass die Gesandtschaft des Venezianers Jacobo Venier zu Mehmed II. gescheitert war und der Großherr vielmehr wieder einen Schlag gegen Albanien plante. Die Venezianer änderten daher ihre Haltung. Eben hatten sie in Rom noch gegen Skanderbeg gewühlt, nun empfahlen sie ihn dem Papst mit warmen Worten[194]. Gerade noch hatte der enttäuschte Gesandte Skanderbegs in Venedig um Entlassung gebeten (23. Januar 1467), da wurde sein Dienstherr wieder zu einem wertvollen Verbündeten der Signoria[195]. Erzbischof Paul Angelus von Durazzo wurden vom Senat 2000 Dukaten ausgehändigt[196]. In wenigen Monaten hatte sich die diplomatische Lage völlig verändert: Im Herbst 1466 hatte sich Venedig gegen Skanderbeg gewandt, weil es ihn neapolitanischer Freundschaften verdächtigte und selbst Frieden mit dem Sultan schließen wollte; im Frühling 1467 hoffte Ferrante auf einen Separatfrieden mit den Osmanen und ließ dafür Skanderbeg fallen. Der Albaner war nur noch ein Spielball der großen Politik, zwischen den italienischen Mächten und dem osmanischen Reich. Ferrante schrieb am 26. März 1467 nach Rom und rühmte sich seiner Hilfe für Skanderbeg, 1000 Dukaten in barer Münze – und nicht nur als Versprechen –, einige Getreideladungen, den Sold und Nachschub für die Söldner auf Kruja[197]: Skanderbeg kehrte mit leeren Händen nach Albanien zurück.

SKANDERBEGS LETZTER SIEG

Im Januar 1467 jagten sich in Italien die Nachrichten über die Bedrängnis Krujas, über die angebliche Eroberung der venezianischen Festung Alessio durch Balaban[198]. Das von Venezianern verteidigte Kruja hielt jedoch aus. Die Streifzüge der Osmanen, vor allem aber die Verwüstungen vom Vorjahr hatten den Widerstandsgeist nicht gebrochen. Denn kaum war Skanderbeg in Albanien an Land gegangen, trafen in Italien bereits die ersten Meldungen von albanischen Siegen gegen die Osmanen ein[199]. Offenbar übte Skanderbeg allein durch seine Rückkehr, seine erneute Gegenwart im Lande auf viele Menschen eine gewaltige Anziehungskraft aus. Denn sie strömten ihm zu. Skanderbeg ging zunächst nach Venezianisch-Albanien, wo er nach dem diplomatischen Revirement in Italien nun Unterstützung fand[200]. Er hatte nur ein Ziel: Die Entsetzung Krujas, die Vernichtung Balabans. Ende April berichtete ein Ragusaner, der von der Mündung des Flusses Bojana nahe Skutari nach Apulien gereist war, dass sich bereits 16 000 Mann um Skanderbeg geschart hätten und ihre Zahl täglich wachse[201]. Demetrio Franco macht recht glaubwürdige Angaben, wenn er schreibt, es seien insgesamt 13 400 Mann auf dem Sammelplatz erschienen, darunter 400 Reiter und 400 vorzügliche Fußknechte; 100 schwerbewaffnete Panzerreiter; 500 italienische Söldner aus Skutari; 1000 Reiter und 3000 Mann zu Fuß des Landsturms aus ganz Venezianisch-Albanien, aus Skutari, Drivasto, Antivari, Alessio und Durazzo seien auf der weiten Ebene im Angesicht des sattelförmigen Burgbergs von Rosafa zusammengezogen worden[202]. Der Skutariner Woiwode Nikola Moneta, ein reicher Patrizier und Parteigänger Venedigs, sowie Leka und Nikola Dukagjin schlossen sich Skanderbeg an. Gemeinsam marschierten sie durch die weite Mündungsebene des Mati und bahnten sich ihren Weg durch die Wälder von Jonima bis hart an die Grenzen Krujas[203]. Skanderbeg erstieg die steile Bergeshöhe des Mali i Krujës hinter der Burg. Die anderen Truppen lauerten in Waldverstecken. Auf das Donnern einer Bombarde brachen sie los zur entscheidenden Schlacht zwischen Skanderbeg und der Sippe Balabans[204]. Zunächst schlug Skanderbeg mit 1500 Mann Balabans Bruder, der nach Barletius Jonima hieß[205]. Kurz darauf, am Georgstag (22. April 1467), überrannte er, wohl im Verein mit einigen venezianischen Truppen[206], das osmanische Feldlager vor Kruja. Balaban wurde durch einen Pfeilschuss in die Kehle schwer verwundet und starb noch am Tage der Schlacht. Kruja war gerettet. Skanderbeg hielt in der Burg Einzug und versorgte sie mit Mundvorrat[207]. In Windeseile gelangte die Kunde nach Venedig, wo am 8. Mai 1467 Jubelfeiern zum Sieg vor Kruja veranstaltet wurden[208]. In ihrer Begeisterung sahen die Venezianer Albanien bereits als natürliche Festung gegen den Sultan: Leka Dukagjin werde die Pässe sperren, dem Großherrn den Zugang zur Adria verriegeln[209]. Denn die Anzeichen mehrten sich, dass Mehmed II. sein Werk vom Vorjahr vollenden wollte. Diesmal nahm Venedig eine völlig andere Haltung ein; denn im Jahre 1467 waren es die Neapolitaner, die mit dem Sultan verhandelten: Der Gesandte Bernardo Lopez hielt sich im Mai 1467 zu Unterhandlungen im osmanischen Valona auf. Er kehrte erst am 27. Juni zu seinem Herrn zurück, mit leeren Händen. Die Venezianer hatten zudem sein Schiff auf hoher See aufgebracht[210]. Während im Vorjahr Ferrante den Papst bedrängt hatte, Skanderbeg zu helfen, fertigte nun Venedig Anfang April zwei Sonderbotschafter mit einem ähnlichen Auftrag an den Heiligen Stuhl ab[211].

Doch wäre es verfehlt anzunehmen, dass Venedig nun plötzlich sein Augenmerk ganz auf die Verteidigung Albaniens gerichtet und den Primat der italienischen Angelegenheiten aufgegeben hätte. Im Gegenteil; Venedigs aggressives Verhalten hatte seine Nachbarn so eingeschüchtert, dass am 4. Januar 1467 Mailand, Florenz und Neapel in Rom ein Bündnis abschlossen, das der Form nach zwar auch der Markusrepublik offen stand, doch kaum verhohlen gegen sie gerichtet war. Venedig antwortete, indem es den Condottiere Bartolomeo Colleoni in die Romagna und die Toskana schickte und Mailands Gegner Savoyen unterstützte. Colleoni wurde im Juli 1467 geschlagen, doch kam es erst am 25. April 1468 zu einem italienischen Frieden[212]. Der Papst war zwar förmlich nicht in das Bündnis einbezogen, doch hielten es die Venezianern für nötig, ihm mit Geheimverhandlungen zu drohen, die die genannten jüdischen Mittelsleute mit Mehmed II. immer noch führten[213]. Der Sultan wusste die venezianische Politik geschickt zu parieren. Er bot dem ungarischen König Matthias Corvinus durch einen ragusanischen Gesandten einen Sonderfrieden an[214].

Corvinus ging auf das Anerbieten ein und schickte einen Botschafter nach Sofia, wo der Sultan Truppen für seinen Albanienfeldzug sammelte[215]. So hielt der Großherr sich den Rücken frei. Seine Widersacher im Abendland waren zerstritten oder durch geschickte Diplomatie ausgespielt. Der Weg nach Albanien stand offen.

ERSCHÖPFUNG UND TOD

Skanderbegs Sieg vor Kruja hatte den Großherrn in Wut versetzt[216]. Er war entschlossen, Albanien endgültig niederzuwerfen, auch wenn dies die völlige Verwüstung und Entvölkerung des Landes bedeutete. Aus den bisherigen Feldzügen hatte er die Erfahrung gewonnen, dass nicht ein rascher Vorstoß nach Kruja zum Ziel führte. Vielmehr musste er Skanderbegs Herrschaftsgebiet, vor allem die unzugänglichen Wald- und Berggebiete, langsam vorrückend durchkämmen. Um dem Widerstand die Grundlage zu entziehen, hatte er die gesamte Bevölkerung, nicht nur die Kämpfer, sowie deren Lebensgrundlage zu vernichten. Es war ein schrecklicher Plan, und nicht zu Unrecht nannte man in Italien Mehmed II. den neuen Attila[217]. Der Feldzug von 1467 war besser geplant als das Unternehmen vom Vorjahr. Widerstandsnester im Rücken der Front sollten ausgemerzt werden. Dem Mangel an Nachschub und Mundvorrat, der den Sultan im Jahre 1466 zum Rückzug gezwungen hatte, wurde mit weitreichenden Maßnahmen begegnet: Gleich nach Ankunft des Heeres wurde Albanien ausgeplündert, Getreide und andere Nahrung nach Elbasan geführt, dessen unschätzbarer Wert sich nun erwies. Ende Juni 1467, so meinte man in Venedig zu wissen, bot Elbasan den Anblick eines von Betriebsamkeit wimmelnden Heerlagers; 200 000 Menschen sollten dort lagern, 60 000 Wagen für die Beförderung von Material und Nahrung bereitstehen; Geschütze wurden gegossen[218]. Diesmal sollte auch Venezianisch-Albanien nicht geschont werden. Denn selbst bei gespannten Beziehungen zur Signoria fand Skanderbeg im venezianischen Teil Albaniens, besonders in Alessio und dem festen Skutari, Zuflucht und Hilfe. Zu beseitigen war auch die Venezianerherrschaft in Durazzo, von dem aus die Belagerung Krujas gestört werden konnte. Der Großherr ließ sich Zeit. Er selbst erschien erst im Mai 1467 in Albanien. Auch Venedig wartete bis zum Ende dieses Monats, bis es eine 15 Galeeren umfassende Flotte in die Gewässer vor Durazzo schickte[219]. Das Schicksal Skanderbegs entschied sich aber nicht an der Küste, sondern im Bergland am Shkumbin, in jener Landschaft Buzurshek, wo Mehmed II. bei seinem Abzug im Vorjahr eine Niederlage erlitten hatte. Die Quellen werfen kein Licht auf die Vorbereitungen der Aufständischen, erzählen nicht, wer mit Skanderbeg die Pässe schützte. Doch erlitt Skanderbeg dort die entscheidende Niederlage; seine Verluste müssen groß gewesen sein[220]. Wieder war Verrat im Spiel, wieder waren albanische Nachahmer des Ephialtes am Werk gewesen[221]. Doch teilten die Verräter das Schicksal der Verratenen: 3000 Bewohner von Passgebieten, die zum Sultan übergegangen waren, wurden von den Osmanen verschleppt[222]. Was nun folgte, glich den Ereignissen des Vorjahres, nur erreichte das Grauen einen noch höheren Grad: *„Er ließ plündern, brandschatzen, verwüsten, vernichten und auslöschen“*[223]. Brand, Tod, Verschleppung, Angriff auf Kruja, auf Durazzo und Skutari: finis Albaniae.

Trotz seines Sieges bei Buzurshek hatte der Sultan die Herrschaft über die Berge noch nicht errungen. Offenbar hatten sich wieder zahlreiche Gefolgsleute Skanderbegs mit ihren Familien in schwer zugängliche Gegenden geflüchtet; *„er ertrug den Anblick des Heeres nicht, als ob es ein Gorgonen-*

haupt gewesen wäre"[224]. Zunächst wandte sich Mehmed II. wieder gegen Kruja, das aber von 1000 Kriegern Skanderbegs und venezianischen Söldnern unter Einsatz von Feuerwaffen entschlossen verteidigt wurde[225]. Der Sultan sah die Vergeblichkeit der Belagerung bald ein. Kruja, befehligt von Baldassare Perduzzi, konnte nicht genommen, es musste ausgehungert werden[226]. Also wurde ein Graben vor der Burg gezogen, die Einschließung auf lange Frist ins Werk gesetzt[227]. Wichtig war nun, den venezianischen Hafen Durazzo zu nehmen und die Berggebiete zu unterwerfen, aus denen Skanderbeg Entsatz heranführen konnte. Der erste Schlag traf Durazzo. Die Einwohner hatten den Angriff nicht abgewartet, sondern sich mit Hab und Gut nach Apulien geflüchtet; sogar die Kirchenglocken, aus denen Geschütze gegossen werden konnten, nahmen sie mit. Die Adria zwischen Durazzo und Brindisi war voll von Flüchtlingsbooten, die stündlich in See stachen. Verschlossene Stadttore, Elend und Seuchen erwarteten die Fliehenden in Apulien[228]. Angesichts der Gefahr zeigte Venedig, dass es zu entschlossenem Widerstand fähig war. 18 Galeeren wurden vor Durazzo zusammengezogen, die Wälle mit italienischen Söldnern bemannt[229]. Am 3. Juli lagerte der Großherr am Erzen, rund fünf Meilen von Durazzo entfernt. Doch stellte sich die Natur gegen den Sultan. Der Fluss trat über die Ufer und verwandelte das ohnehin sumpfige, von Salinen durchzogene Land in einen Morast, in dem die 12–15 000 osmanischen Reiter steckenblieben[230]. Nach diesem Fehlschlag galt es, den Widerstand in den Bergen zu brechen. Dies sollte durch eine völlige Entvölkerung geschehen. Dadurch erhielt die osmanische Kriegsführung in Südosteuropa eine neue Dimension. Das osmanische Heer gebrauchte eine Kriegslist – es täuschte den Abzug vor –, um die Menschen aus ihren Verstecken, besonders nördlich und nordöstlich von Kruja[231], zu locken. Kaum waren sie in ihren Dörfern angelangt, fielen osmanische Truppen in einer einzigen Nacht über sie her und *„nahmen sie fast alle gefangen"*[232]. Zugleich durchstreiften leichtbewaffnete Einheiten auch die entlegensten Almen und stöberten die dort verbliebenen Menschen auf. Kritobulos erzählt, wie Vögel seien die Osmanen auf den letzten Felssporn gelangt; Berge, Täler, Schluchten, Höhlen und jeden Schlupfwinkel hätten sie durchkämmt; nichts sei ihnen verborgen geblieben; in zwei Wochen vollbrachten sie ein Werk der Vernichtung[233]. In Venedig hieß es, rund 50 000 Menschen hätten sich in den Bergen verborgen gehalten, der Sultan habe alle, deren er habhaft wurde, *„über die Klinge springen lassen"*[234]. Zahllose Sklaven wurden in das osmanische Lager geschleppt. Skanderbeg jagte in wilder Flucht durch die Berge nach Norden[235]. Der Großherr selbst marschierte im Kernland Skanderbegs, dem Matital, bis Bila kamin und legte alles in Schutt und Asche[236]. Bila kamin ist wohl jene angeblich uneinnehmbare Festung, die der Sultan im Bergland erstürmt haben soll. Weiter nach Norden drang der Sultan selbst nicht vor. Dafür schickte er am 14. Juli 1467 seinen Großwesir Mahmud Pascha mit 60 000 Reitern nach Norden[237]. Ziel war Skutari. Um nicht an den Flüssen Drin und Bojana zu scheitern, hatten die Osmanen dort im Juni Brücken schlagen und diese mit Schanzen befestigen lassen, diesmal mit Erfolg; kein Skanderbeg hinderte sie mehr daran[238]. Drei Tage lang verwüsteten die Osmanen den reichen Bezirk Skutari, wobei sie große Mengen Vieh erbeuteten. *„Der Feind streifte durch die Ebenen und die Berge ..., so dass im Umkreis vieler Meilen ... kein Haus mehr steht, kein Mensch mehr lebt"*[239]. Skutari selbst wurde angegriffen; es kam zu einem Gefecht mit den Skutarinern, bei dem die Unterstadt in Flammen aufging[240]. Am 17. Juli setzten osmanische Truppen über den Drin und erschienen vor Dagno. Von dort aus zogen sie weiter in die Berge Leka Dukagjins. Dann vereinigte Mahmud Pascha sich mit dem Hauptheer des Sultans, das vom Matital aus wieder vor Kruja gerückt war[241]. Das Ziel der Unternehmung gegen Venezianisch-Albanien lag auf der Hand: Zum einen sollten die Bewohner dieser Provinz und ihre Herren in der Lagunenstadt eingeschüchtert werden, zum anderen dienten die Raubzüge der Versorgung des riesigen Sultansheeres – von angeblich 200–300 000 Mann –, das aus dem Land leben musste. Bedeutsam ist auch der Angriff auf Leka Dukagjin. Auch er focht seinen Türkenkampf, und auch er zahlte einen hohen Preis: Progon und nun auch Nikola Dukagjin kämpften auf Seiten der Osmanen, und so standen nicht nur in der ehemaligen Herrschaft Skanderbegs, sondern auch im Bergland von Dukagjin Albaner gegen Albaner. Weit im Osten, außerhalb des Gesichtskreises der italienischen Quellen, wurde auch in Dibra der Endkampf ausgetragen: *„Es kam Zar Mehmedbey ins Land Debar"*, hielt eine slawische Kurzchronik fest, eine andere ergänzt, er habe dort gegen die Albaner (Arbanasi) und deren Anführer *„Skenderbeg Ivanović"* gefochten[242]. Skanderbegs Kernland wurde vollkommen verwüstet, die Dörfer niedergebrannt, die Bevölkerung zu großen Teilen getötet oder verschleppt. Zahlreiche Menschen entleibten sich selbst, um nicht den Osmanen in die Hände zu fallen[243].

Ende Juli oder Anfang August trat Mehmed II. den Rückzug an. Er konnte mit dem Feldzug zufrieden sein. Albanien war ausgeplündert, ausgebrannt, ausgemordet. Der Sultan marschierte nach Süden und hielt sich in der zweiten Oktoberhälfte in der Nähe des wichtigen südalbanischen Hafens Valona auf[244]. Osmanische Verbände belagerten Kruja, osmanische Unterfeldherren und ihre albanischen Gefolgsleute hielten sich zu Streifzügen bereit. Skanderbeg und den Venezianern sollte nach den schweren Kämpfen keine Atempause gegeben werden. In die Hände spielte dem Sultan auch wieder der italienische Hader: Dem neapolitanischen Gesandten hatte Mehmed II. Ende

Juli gesagt, wie sehr er Venedig hasse[245]. So träufelte er diplomatisches Gift in italienische Wunden. Der Erfolg stellte sich sogleich ein.

Skanderbeg nahm Hilfe, woher er sie bekam. Als eine neapolitanische Einheit von 200 Mann in Albanien an Land ging, um die Verteidiger Krujas zu verstärken, setzte sich Skanderbeg an ihre Spitze. Dass er Ferrantes doppeltes Spiel unterstützte, musste ihm gleichgültig sein. Der venezianische Platzkommandant von Kruja hielt die Tore aber verschlossen. Verzweifelt wandte sich Skanderbeg in das venezianische Alessio. In Venedig glaubte man nämlich zu wissen, dass Ferrante bereits ein Bündnis mit Mehmed II. abgeschlossen habe – und dass Skanderbeg im Auftrag des Königs die Burg Kruja den Osmanen übergeben würde (wohl zweite Julihälfte 1467)[246]. Dieses Misstrauen war, was Skanderbeg betraf, durch nichts gerechtfertigt, denn kurz vor dieser Demütigung hatte Skanderbeg an den Senat der Markusrepublik geschrieben und um Truppenhilfe zur Rückeroberung des Verlorenen gebeten[247]. Die Venezianer, gebannt auf Colleonis Feldzug in die Toskana blickend, verspürten keine Lust zu einer umfassenden Gegenoffensive. Wie im Vorjahr hatten sie ihre Stellung gewahrt: Zwar waren die venezianischen Dörfer zwischen Dagno und Skutari zerstört worden, doch war kein fester Platz verloren gegangen. Im Gegenteil: Wegen des angeblich drohenden Verrats ließ der venezianische Platzkommandant von Kruja, Baldassare Perduzzi, die neapolitanischen Söldner teils erschlagen, teils verjagen. Offiziell behauptete Venedig, es verteidige Kruja für den jungen Ivan Kastriota, Mitglied des Großen Rates der Markusrepublik. In Tat und Wahrheit war das eingetreten, was Skanderbeg den mailändischen Diplomaten in Rom im Dezember 1466 vorausgesagt hatte. Nach 15 Jahren waren die Aragonesen aus Kruja vertrieben. Venedig triumphierte vor dem Hintergrund des entvölkerten und eingeäscherten Albanien[248].

Venezianisch-Albanien hatte für die Republik die Bedeutung einer Festung angenommen, die die Seewege auf der Adria deckte. Das Schicksal der Einwohner wurde vornehmlich im Hinblick auf diesen Zweck gesehen. Venedig hielt auch Kruja und war nicht bereit, es Skanderbeg auszuhändigen. Schon früh traf der venezianische Senat Vorsorge: Am 12. September 1467, also kurz nach Abzug Mehmeds II., wurde dem venezianischen Admiral der Adriaflotte, Jacobo Venier, befohlen, eine Galeere nach Apulien zu schicken und dort für 500 Dukaten Getreide, Pökelfleisch, Essig und Gemüse zu kaufen, die dann sogleich nach Kruja geschafft werden sollten. Im darauffolgenden Frühjahr bewilligte der Senat 1650 Dukaten für den Unterhalt von Burg und Besatzung[249].

Der geschwächte Albanerfürst wurde aber noch gebraucht, um die lästigen osmanischen Überfälle abzustellen. So wirkten venezianische Galeeren Ende

Juli mit Skanderbeg zusammen, um dessen Neffen, der sich mit 1300 osmanischen Reitern an Kap Rodoni – also gefährlich nahe an den Routen der venezianischen Galeeren – eingenistet hatte, auszuschalten[250]. Der Großteil der venezianischen Flotte hatte Albanien bereits Ende Juli verlassen, der Generalissimus zu Lande, Josafat Barbaro, wurde im September abgezogen[251].

Ohne Rückhalt in einer starken Festung war Skanderbeg im Herbst 1467 nicht einmal mehr Herr über das verwüstete, weitgehend entvölkerte Land: *„Er hat seine ganze Herrschaft verloren, teils an seine türkischen Feinde, teils an Freunde und Verbündete"*[252]. Der Erfolg bei Rodoni verblasste angesichts der allgemeinen Not. Mehr denn je war Skanderbeg auch ein Opfer der venezianisch-neapolitanischen Gegensätze. Zwischen beiden Mächten zerrieben, hatte er alles verloren. Was vermochte er noch zu tun, als einen Botschafter an die dritte italienische Macht zu schicken, die ihm in früheren Zeiten eine helfende Hand gewährt hatte? Doch der Papst zeigte dem Gesandten des Albaners Ende August 1467 nur die kalte Schulter; Skanderbeg, verarmt, geschlagen, war für Paul II. bedeutungslos geworden[253]. Nach dieser Absage setzte Skanderbeg alle Hoffnung auf Venedig. Die Signoria wurde in ihren albanischen Besitzungen von den Osmanen unter schweren Druck gesetzt: Nach dem Abzug des Sultans wurde die Skutariner Ebene zweimal von Sinan bey, dann auch von Feriz bey, Nikola Dukagjin und dem osmanischen Woiwoden von Dibra überfallen und geplündert[254]. Am 26. Oktober 1467 traten der Erzbischof von Durazzo und Skanderbegs Sohn Ivan vor den Senat und baten um die Versorgung Krujas und Unterstützung bei der Befestigung Rodonis, wo sich Skanderbeg verschanzt hatte. Mit Hinweis auf die Jahreszeit vertrösteten die Senatoren die beiden Bittsteller[255]. Vielleicht werden diese in Erfahrung gebracht haben, dass nur vier Tage später der Albanienkenner Leonardo Boldù Venedig in Richtung des albanischen Hafens St. Sergius bei Skutari verließ. Denn die Markusrepublik, in Italien beschäftigt, vom albanischen Krieg, der große Summen verschlang, erschöpft, hoffte wieder einmal auf Frieden. Mehmed II. trieb die Signoria vor sich her, er ließ ihre albanische Provinz bedrohen und bot ihr gleichzeitig Verhandlungen an. Mit Letzteren wird es ihm kaum ernst gewesen sein. Vielmehr wollte er wohl in Erfahrung bringen, wie stark Venedigs Friedenssehnsucht wirklich war[256]. Seine Fühler streckte er wieder aus, indem er einen albanischen Herrn einschaltete, nicht mehr Skanderbeg – nunmehr vernachlässigbar im großen Spiel –, sondern Alexius Span, Herrn im Kirital in den Bergen nördlich von Skutari[257]. Wie im Vorjahr scheiterten die Verhandlungen[258]. Also stieg die Bedeutung Skanderbegs wieder, und seine Beschwerden gegen die venezianischen Statthalter von Alessio und Durazzo wurden ernster genommen. Schon im September hatte der kluge Mailänder Resident erkannt, dass die Signoria Skanderbeg

„ein wenig Geld geben wird, damit er sich über eine kleine Sache (coseta) freut und sich nicht beklagt“[259]. Der am 30. Oktober 1467 neu gewählte Statthalter für Venezianisch-Albanien, Francesco Capello, sollte genau diese Linie verfolgen. Er hatte Skanderbegs Klagen anzuhören, ihm auch bei der Rückgewinnung seiner Länder zu helfen; wobei Kruja, wohlverstanden, venezianisch blieb. Skanderbeg sollte also eine festungslose Glacis um die venezianischen Besitzungen Durazzo, Kruja und Alessio aufbauen. Dass Skanderbeg von Venedig nicht einmal mehr als Führer des zusammengeschmolzenen albanischen Adels angesehen wurde, zeigt die Anweisung, dass Capello neben ihm auch Leka Dukagjin und andere Herren in die Verwaltung Mittelalbaniens einbeziehen sollte[260].

Doch so weit kam es nicht mehr. Skanderbeg, 63 Jahre alt, gezeichnet von einem Vierteljahrhundert rastloser Kämpfe, wurde im Januar 1468 von einem Fieber ergriffen[261]. Musachi erzählt, Skanderbeg sei von all den Feinden erschöpft gewesen und habe nur noch geringe Hoffnung gehegt[262]. Einer der letzten, die den Kastriota lebend sahen, war der Kalfalterer Blasius, der mit seinem Schiff den Albanerherrn auf die Drininsel bei Alessio befördern sollte; der Seemann sprach von *„Skanderbeg von Alessio“*; mit Kruja brachte ihn nicht einmal mehr ein einfacher Mann in Verbindung[263].

Dennoch, als Skanderbeg die Nachricht von einem osmanischen Streifzug erhielt, wollte er noch einmal ausreiten. Da raffte ihn die Krankheit in drei Tagen dahin (17. Januar 1468). In Ragusa erzählte man unrichtigerweise, ein Pfeilschuss habe den Helden getötet[264], während der auf Korfu lebende ehemalige Vertraute des letzten Kaisers von Byzanz, Georg Sphrantzes, von einem *„natürlichen Tod“* berichtet[265]. Beigesetzt wurde Georg Kastriotas sterbliche Hülle in der Kirche St. Nikolaus zu Alessio[266]. *„Ihr könnt euch vorstellen, in welchem Zustand das Land zurückblieb, das einen so großen Hauptmann verloren hatte. Wenige Söhne der Herren waren übriggeblieben, die nicht in den so langen und grausamen Kriegen umgekommen waren. Die Alten waren fast alle gestorben, aus Altersschwäche oder aus Gram“*[267]. Die Prüfung eines dritten sultanischen Angriffs blieb Skanderbeg und seinem Land erspart.

V

FAMA PERENNIS

DANACH

Wie ein einziger Klageruf, der von den albanischen Bergen widerhallt, erscheint noch nach Zeiten die Kunde von Skanderbegs Tod. Ganz Albanien sei in Aufruhr und Verzweiflung, meldete man aus Durazzo nach Venedig[1]. Die Großen Albaniens strömten zusammen, um ihren Helden zu betrauern. Die Klage stimmte Leka Dukagjin an, der am Leichnam seines alten Rivalen stand, mit dem er zum Schluss gemeinsam gegen Kruja gezogen war. Nach Franco, der wohl Augenzeuge war, rief Leka: *„Oh Skanderbeg, unser König, guter, heiliger, unser ganzer Trost, unser Bruder, unser Schirm, wie konntest du uns wie Waisen zurücklassen, wie Schafe ohne Hirten? Wie sollen wir nun den Händen der ungläubigen Türken, unseren so mächtigen Feinden, entrinnen? Weh unseren armen Völkerschaften! Wehe Groß und Klein! Wehe Albanien"*[2]. Überall auf dem Balkan, von Korfu bis nach Dalmatien, nahmen die Christen die Kunde mit Trauer auf. In Albanien bemächtigten sich Lied und Legende des Helden. Die Klagegesänge, die Sabellicos Vater kannte, erklangen. Man erzählte, Skanderbegs treues Schlachtross, das niemanden als seinen Herrn geduldet hätte, habe Tränen vergossen, Tag und Nacht habe es gestampft und ausgeschlagen und sei dann erschöpft zu Boden gesunken, um sich nicht mehr zu erheben[3].

Während Skanderbeg endgültig in das Reich der Sage einging, hatten die Hinterbliebenen zu handeln. Wie gering Skanderbegs Macht in seinen letzten Monaten gewesen war, belegt ein Blick auf die Reaktionen der in Albanien maßgeblichen Kräfte. Sein Sohn Ivan war wohl eben aus Venedig zurückgekehrt[4]. Am 26. Februar 1468 lud König Ferrante Andronika Kastriota mit warmen Worten in sein Reich ein; dem lebenden Skanderbeg hatte er nach Maßgabe seiner eigenen politischen Interessen Hilfe gewährt. Dem toten

Kastriota wahrte er ein ehrendes Andenken[5]. Der König schrieb der Witwe: *„Erlauchteste Dame und liebste Mutter! Nicht ohne größten Schmerz haben wir vernommen, dass der erlauchteste Skanderbeg, euer Gatte und uns lieb wie ein zweiter Vater, nach Gottes Willen gestorben ist. Dieser Todesfall hat uns nicht weniger in Trauer gestürzt als derjenige unseres verehrten Vaters, König Alfons unsterblichen Andenkens"*[6].

Ferrantes Beauftragter G. Carvigno war zwei Tage zuvor nach Albanien aufgebrochen, um Witwe und Sohn des Verstorbenen aufzusuchen und ihnen mitzuteilen, dass sie in Apulien *„empfangen würden, wie man eine Mutter und einen Sohn empfängt, und dass der König ihnen nicht nur jenes überlässt, was er ihnen bereits geschenkt hat, sondern bereit ist, ihnen, falls nötig, weitere Güter zu geben"*[7]. Ivan Kastriota und seine Mutter Andronika entschlossen sich ohne langes Zögern, nach Unteritalien zu gehen. Begleitet wurden sie auf der Fahrt nach Apulien von zahlreichen Witwen gefallener Adliger[8]. Die Kastriota hatten so nur wenige Wochen nach Skanderbegs Tod Albanien verlassen.

Dort übernahm Venedig nun ganz förmlich die Macht. Den nach dem Kastriota angesehensten Albaner, den Erzbischof Paul Angelus, der im Gegensatz zu Ivan Kastriota in der Lagunenstadt geblieben war, schickte der Senat eilends nach Durazzo. Man brauchte das Ansehen von Skanderbegs engstem Ratgeber, *„einem sehr klugen Mann"*, wie ein venezianischer Statthalter meinte[9], um die eigene Macht zu festigen. Angelus genoss *„Glauben und Ansehen bei Gattin und Sohn, der Gefolgschaft und den Untertanen des verstorbenen Herrn Skanderbeg"*[10]. Doch folgte der wohl gebrochene Mann seinem Herrn schon bald ins Grab (vor März 1469)[11].

Die Venezianer sorgten sich vor allem um die Zukunft von Skanderbegs Herrschaft; Kruja besaßen sie schon, die Sicherung der Matiebene und der Waldgegend um Kruja lag ihnen nun besonders am Herzen. Im Frühjahr und im Sommer 1468 schickten sie daher einige Hundert Söldner nach Albanien[12]. Zugleich unternahmen sie einen erneuten Versuch, mit Mehmed II. zu einem Frieden zu gelangen. Der Großherr aber verlangte neben der Morea ganz Albanien und namentlich Kruja[13]. Mehmed II. war entschlossen, die Schmach zu rächen, die seinem Vater einmal, ihm selbst aber gleich dreimal vor dieser Burg widerfahren war.

Es konnte der Signoria also nur darum gehen, die Festung zu verstärken und eine tüchtige Besatzung hineinzulegen. In den ersten Monaten hatte Baldassare Perduzzi weiterhin die Befehlsgewalt inne. Da er Kruja mehrfach gegen osmanische Angriffe verteidigt, sich auf dem Posten also bewährt hatte, bestand zunächst kein Grund, ihn abzulösen. Erst als Perduzzi – wohl im Herbst 1469 – starb, entschloss sich der Senat, Kruja formell in das Verwaltungsgefüge der Republik einzugliedern. Hatte Perduzzi nur den inoffiziellen Titel eines „governador“ getragen, schuf der Senat nun das Amt eines Statthalters (Provisor) von Kruja; der Bedeutung dieses Amtes und auch der Gefährdung des vom Großen Rat (Maggior Consiglio) zu wählenden Amtsträgers entsprechend, wurde das Gehalt mit 800 Dukaten hoch angesetzt. Während in Venedig noch über die Verwaltung Krujas beraten wurde, hatte nach dem Tod Perduzzis der in Alessio weilende Patrizier Jacomo da Mosto auf Befehl des venezianischen Statthalters von Skutari, der im Krieg in Albanien das Oberkommando über alle venezianischen Orte der Provinz innehatte, sich eilends nach Kruja verfügt und dort acht Monate lang (September 1469 – April 1470) ohne Gehalt und mit großer Hingabe die Verteidigung geleitet. Erst im Dezember 1470 schritt der Große Rat schließlich zur Wahl eines ordentlichen Provisors: Die Wahl fiel auf den Patrizier Nicolò Basegio; bis dieser Venedig verließ, dauerte es freilich noch sechs Monate[14].

Doch Kruja war nicht zu halten ohne die Hilfe der benachbarten albanischen Adligen. Der Chronist Muzaki fasste deren Lage zusammen: „*Die jungen Herren Albaniens waren fast alle tot. Geblieben waren diese Herren, nämlich Herr Araniti Komino, Herr Gojko Balsa, die Herren Nikola und Pal Dukagjin, Herr Gjin Muzaki, mein Vater, Herr Andrea Thopia und Herr Peter Span; all diese waren alt und hatten Kraft und Herrschaft weitgehend verloren, wie ich schon erzählt habe. Dennoch verteidigten wir uns so gut wie möglich, obwohl wir viel Land verloren hatten*“[15]. Die mittelalbanischen Adligen durften kaum mehr hoffen. Der Bau Elbasans hatte ihr Schicksal besiegelt; die Araniti wanderten nach Italien aus[16] oder gingen zum Islam über. Den Muzaki blieb auch nur die Überfahrt nach Apulien. Repoš Thopia wiederum, Skanderbegs Neffe, fiel zum Islam ab und versuchte, als osmanischer Dienstmann in der entvölkerten Landschaft die Herrschaft zu übernehmen[17]. Die Venezianer versuchten ihn zu gewinnen, doch gleichzeitig ordnete der Senat an, Mamica, Repošs Mutter, sei aus Gründen der Sicherheit des Staates aus Durazzo zu entfernen[18].

Weiter im Norden aber, im Schatten der venezianischen Festungen Kruja und Alessio, regte sich wieder Leben. Die Balšići, von Skanderbeg so hart beseitegedrängt, traten wieder hervor. Ivan Balšić, den Skanderbeg eingekerkert hatte[19], verlangte am 24. März 1469 vor dem venezianischen Senat Skanderbegs Erbe. Und Venedig stimmte zu; Ivan erhielt einen Teil von Skanderbegs Jahrgeld, den alten Bezirk Kruja ohne die Burg, ein Haus in Dulcigno, Zusage eines Asyls – dafür gelobte er, gegen die Osmanen und deren Anhänger zu kämpfen[20]. In Ivan lebte der alte unbeugsame Geist der Balšići weiter; 1470 wurde sein Ton fordernder, nicht zuletzt, da Venedig mit der Auszahlung des Jahrgelds säumte[21]. Dies löste dann auch das gewaltsame Ende Ivans aus: Um die Zahlung zu erzwingen, sperrte er die Versorgung Krujas. Den mit einem albanischen Aufgebot heraneilenden Statthalter von Skutari wollte er bei einem Treffen erschlagen; allein, in einem wilden Handgemenge wurde er selbst getötet; die Venezianer warfen den im Hinterhalt liegenden Männern Ivans den Kopf ihres Herrn vor die Füße und brachen nach Kruja durch (Winter 1472/73)[22]. Das Bündnis mit den Balšići wurde nach Ivans Tod auch auf Gojko Strez Balšić ausgedehnt (1476), und selbst nach dem Tode beider Herren setzte Venedig die Zahlungen an deren Söhne fort[23].

Glücklicher gestalteten sich die venezianischen Besitzungen zu den Woiwoden Skanderbegs im Bergland oberhalb Krujas. Gestützt auf die venezianische Besatzung, hatten sich dort einige dieser Männer gegen die osmanischen Angriffe gehalten, so Vuk Skura in *„den Bergen von Benda ob Kruja"*[24]. Seine Hilfe war besonders wichtig, denn ab 1470 wurde Kruja von den Osmanen unter dauernder Belagerung gehalten.

Schwankend wie immer zeigten sich die Dukagjin: Um sie zufriedenzustellen, hatte der albanienkundige Patrizier Leonardo Boldù, der im Frühjahr 1468 von erfolglosen Verhandlungen mit Mehmed II. nach Skutari gereist war und das Amt des Statthalters in Skutari übernommen hatte, die verfeindeten Familienteile versöhnt: Denn im Bergland hatten Leka und Nikola ihren Bruder Progon festgenommen und nach Skutari in Kerkerhaft überstellt. Progon aber war entkommen und zum Islam übergetreten; danach hatte er mit osmanischer Hilfe seine beiden Brüder verjagt. Wenige Wochen nach Skanderbegs Tod brachte Boldù ein Abkommen zustande, und so konnte er am 29. März 1468 feierlichen Einzug in Skutari halten[25]. Bald aber brach die Fehde wieder aus, und erneut musste ein venezianischer Patrizier, diesmal Josafat Barbaro, vermitteln (Frühjahr 1469). Progon kehrte ins christliche Lager zurück; er starb vor 1471. Daraufhin begannen sich aber Leka und Nikola zu bekämpfen; Leka rief die Osmanen herbei, wurde aber, wie schon eineinhalb Jahrzehnte zuvor, am Drin, bei den Schwarzen Bergen von Dagno von Nikola Dukagjin und Josafat Barbaro besiegt; zahlreiche Osmanen kamen dabei um[26]. Nikola muss dann aber wieder von Venedig abgefallen sein, denn im Jahre 1471 bot er der Signoria an, den Willen zur Rückkehr dadurch unter Beweis zu stellen, dass er eine osmanische Einheit in eine Falle lockte und niedermachte. Es wird kaum erstaunen, dass Leka zwei Jahre später wieder im Lager der Osmanen zu finden ist. Leonardo Boldù verfolgte ihn mit seinen Skutarinern bis in die Berge und brannte die Getreidefelder nieder (1473)[27].

Das ermüdende Hin und Her zwischen Osmanen und Christen, das seit Jahrzehnten die Geschichte der Dukagjin gekennzeichnet hatte, setzte sich so nach Skanderbegs Tod fort. Möglich war dieses Schwanken nur, da der Großherr Ziele fernab von den albanischen Bergen verfolgte. Zwischen 1474 und

1479 aber erfüllte sich dann das Schicksal der christlichen Gebiete des Landes. Im Frühsommer 1474 überstand Skutari mit knapper Not eine äußerst harte Belagerung durch den Landpfleger von Rumelien. Ivan Crnojević war von seinen Bergen herabgestiegen und hatte mit seinen Hirtenkriegern die Osmanen besiegt. Drei Jahre später endete aber der Versuch der Venezianer, das ausgehungerte Kruja zu entsetzen mit einer Katastrophe ähnlich derjenigen der Aragonesen vor Berat, zwei Jahrzehnte zuvor. 1478 schließlich öffneten die erschöpften Verteidiger Krujas die Tore. Der Sultan nahm an ihnen die Rache, nach der er seit dem Jahre 1450 gedürstet hatte. Dann umlagerte sein Heer den Burgberg Rosafa von Skutari. Die Festung hielt aus. Die Republik Venedig aber gab den sechzehnjährigen Kampf gegen die Osmanen kurz darauf auf. Skutari wurde dem Sultan übergeben. In langen Kolonnen kamen die Skutariner unter Mitführung der Reliquien vom Burgberg herab und bestiegen die Galeeren, die sie in ihre neue Heimat, nach Venedig und ins Friaul brachten. Drivasto war zuvor gestürmt worden, seine so katholische Bevölkerung wurde niedergemacht; auch fielen die Burgen der Crnojevići am Skutarisee.

Alessio hingegen wurde von den Venezianern bei der Kunde des osmanischen Anmarsches überstürzt geräumt. Die Osmanen setzten den Fliehenden nach und enterten deren Schiffe in den seichten Wassern des Drin[28]. Die Kunde eilte durch den Balkan; in der fernen Walachei ließ der Woiwode (Fürst) den Bürgern der jenseits der Karpaten gelegenen siebenbürgischen Handelsstadt Kronstadt den Fall der christlichen Burgen im Norden Albaniens mitteilen[29]. Die Eroberer Alessios stürmten zur Kirche St. Nikolaus und erbrachen Skanderbegs Grabmal: Die Gebeine des toten Helden verteilten die osmanischen Krieger als Amulett, das, um den Hals gehängt, unbesiegbar machen sollte[30]. Über seinen Tod hinaus übte der Held auf seine Gegner einen unheimlichen Einfluss aus, übermenschliche Kräfte, magische Energie wurde ihm von den Muslimen zugeschrieben.

Mit der Flucht und der Auswanderung der Verteidiger Skutaris und Alessios endete die Geschichte des alten Albanien. Seine Gesellschaft war vollkommen umgewälzt, seine wichtigsten Städte zerstört, entvölkert oder stark geschwächt worden. Ein tiefer kultureller Bruch trennt das albanische christliche Mittelalter von der nun anhebenden osmanischen Periode, die bis 1912 dauern sollte. Während sich zahlreiche albanischsprachige orthodoxe Christen nach Unteritalien begaben und dort die bis heute bestehende Gruppe der Arbëreshen bildeten, andere, vor allem Katholiken, sich nach Venedig und Friaul wandten[31], zogen sich viele Menschen in die nordalbanischen Berge zurück, wo sie sich in Form von Stämmen neu organisierten, das heißt in gesellschaftlichen Verbänden, die sich auf einen gemeinsamen Gründungsvater zurückführen, Verwandtschaft nur über die männliche Linie bestimmen

(Patrilinearität) und nur Frauen von außerhalb des eigenen Verwandtschaftsverbandes heiraten (Exogamie). Als zu Beginn des 20. Jahrhunderts die nur mündlich überlieferten Stammbäume erfasst wurden, die von Generation zu Generation weitergegeben worden waren, um zu verhindern, dass blutsverwandte Frauen in die Gruppe einheirateten, erwies sich, dass keine Tradition über das Jahr 1500 zurückreichte, dass also die Stämme sich als Folge der osmanischen Eroberung gebildet hatten[32]. Vor allem aber zeigte sich der tiefe Einschnitt in der mündlichen Erinnerung. Vor dem Eindringen der Osmanen, vor der Erhebung Skanderbegs hatte eine ganz andere Welt bestanden, die weitgehend der Vergessenheit anheim gefallen war. Nichts belegt die tiefe Erschütterung einer ganzen Gesellschaft besser als der Wechsel des Volksnamens: Im Mittelalter hatten sich die Albaner mit einem Begriff bezeichnet, dessen Stamm „arb“ oder „alb“ lautete, weswegen die umliegenden Völker sie bis heute als „Albanoi“ (griechisch), „Albanci“ (serbisch), „Arnavud“ (türkisch) oder „Albanesi“ (italienisch) bezeichnen[33]. In der frühen Neuzeit aber erscheint die neue Eigenbezeichnung „Shqiptar“, das im Mittelalter nur als Familienname in Drivasto belegt ist[34]. Die christlichen Albaner, die vor oder während der osmanischen Eroberung nach Griechenland und Italien ausgewandert waren, haben hingegen bis heute die alte Eigenbezeichnung „Arvanite“ bzw. „Arbëresh“ behalten. So hatte die osmanische Herrschaft eine völlige Veränderung von Gesellschaft und Selbstverständnis der Überlebenden bewirkt. Der alte Volksname, der mit dem christlichen Albanien Skanderbegs, an das sich besonders die Arbëreshen noch jahrhundertelang erinnern sollten, verbunden war, wurde in einer Region, die ab dem 17. Jahrhundert immer stärker islamisiert wurde, verdrängt: „Shqiptar“ (das als nunmehr veraltete Form „Skipetare“ zeitweise auch ins Deutsche Eingang gefunden hat, im neueren serbischen Sprachgebrauch als „Šiptar“ jedoch einen verächtlich-rassistischen Beigeschmack aufweist) kennzeichnet eine neue, ganz auf das osmanische Reich und dessen islamische Reichsreligion ausgerichtete Identität. Die demografische Katastrophe der osmanischen Eroberung hatte Albanien wie kaum eine andere Landschaft auf dem Balkan verändert.

Was aber war mit den Kastriota geschehen? Für einige Jahre verschwinden sie aus der Geschichte. Der 1455 geborene Ivan war zu jung, um selbst in den Kampf eingreifen zu können. Seine Mutter wird froh gewesen sein, die Einkünfte ihrer Lehen zu verzehren. Sie lebte nicht im Hochland des Gargano, sondern in der Hafenstadt Manfredonia. Dies gelangte auch Sultan Mehmed II. zu Ohren. Im Winter 1473/74 erfuhr Vlatko, der neue Herzog von St. Sava, der Großherr plane, 30 000 Mann nach Manfredonia auszusenden, um diesen Zufluchtsort der Kastriota einzunehmen. Warnend schrieb der Herzegowiner im März 1474 nach Venedig[35]. Dieser Brief zeigt auch, dass die Kastriota mit ihren slawischen Nachbarn auf dem Balkan weiterhin in Verbindung standen. Auch aus Albanien erhielten sie fortlaufend Nachrichten. Als die Not Krujas am größten war, bot Ivan Kastriota, nun dreiundzwanzigjährig, der Signoria an, den Belagerungsring zu sprengen (Januar 1478)[36]. Wenig später aber fiel die Burg. Nach dem venezianisch-osmanischen Frieden wurde dann Wirklichkeit, was in Italien seit Jahrzehnten befürchtet worden war: Eine osmanische Flotte segelte von Valona zu dem in Sichtweite liegenden apulischen Hafen Otranto und erstürmte diesen unter großem Blutvergießen (August 1480)[37]. Auf dem Balkan war für die christlichen Herren kein Bleiben mehr; Leka Dukagjin und Ivan Crnojević flohen nach Apulien, wo so viele ihrer Standesgenossen schon lebten. Ivan Kastriota ritt derweil mit dem Heerbann seines Königs in den Sporn Apuliens[38].

Da traf eine Nachricht ein, die wie einst die Kunde von Skanderbegs Tod alles in Aufregung versetzte: Mehmed II. war tot, gestorben am 3. Mai 1481. Um die Nachfolge stritten sich die Söhne Bayezit und Cem, die Janitscharen standen in Aufruhr[39]. Im kaum unterworfenen Albanien griffen die Christen zu den Waffen; sie sandten nach Unteritalien und riefen nach Skanderbegs Sohn. Nikola und Leka Dukagjin, mit ihnen Ivan Crnojević, bestiegen die Schiffe und eilten in ihre Berge. Auch Ivan Kastriota schickte sich an, sein Vatererbe zurückzugewinnen. Ihm zu Hilfe eilten albanische Stradioten aus der Morea, jene leichten Reiter, die Venedig gegen die Osmanen einsetzte; sie kamen nach Albanien herauf unter ihrem Befehlshaber Kladas. In Durazzo ging das kleine Heer an Land. Ivan Kastriota ritt im Lande seines Vaters ein, umjubelt von den alten Gefolgsleuten. Zunächst schien das Kriegsglück dem jungen Prinzen gewogen: Wohl im August nahm er, begleitet von 4600 Mann, die Burg Stellush, eroberte Gebiete außerhalb der Herrschaft seines Vaters. Doch am 25. September 1481 scheiterte sein Versuch, sich Krujas zu bemächtigen[40]. Der Aufstand hatte mittlerweile auch den Süden Albaniens erfasst, besonders die stets unruhigen Dörfer an der Steilküste von Himara. Kladas landete dort mit vier Galeeren an und erstürmte die Burg. Mit seinen Armbrustschützen schlug er im zerklüfteten Felsland osmanischen Entsatz zurück. Im Norden behauptete sich Ivan Crnojević gegen ähnliche Angriffe[41].

Unterdessen hatten sich die Osmanen wieder gefangen: Der Beylerbey von Rumelien hatte die Besatzung von Skutari verstärkt und den Sancakbey von Valona in Marsch gesetzt. Dieser durchbrach eine albanische Passsperre und jagte Ivan Kastriota einen solchen Schrecken ein, dass dieser den Kampfplatz räumen wollte[42]. In der Tat bestand für eine Wiederaufrichtung der Kastriotaherrschaft keine Grundlage mehr; Mittelalbanien hatte sich von den Verwüstungen unter Mehmed II. noch nicht erholt, zudem war das osmanische Heer im Lande den Aufständischen weit überlegen. Dies musste nicht nur

Ivan Kastriota einsehen, sondern auch Ivan Crnojević und die Himarioten. Die Zeit des Osmanenkrieges war vorbei.

So verlief Ivans weiteres Leben im Rahmen der neapolitanischen Geschichte. Nach Apulien zurückgekehrt, befestigte er 1483 die *marina della montagna* in Vieste zu Füßen des Gargano und tauschte im Jahre 1485 sein Lehen am Gargano und bei S. Giovanni Rotondo gegen die Grafschaft Soleto und S. Pietro in Galatina, ein Gebiet, das einst Skanderbegs Gegner, dem Fürsten von Tarent, gehört hatte[43]. Mit dieser Verleihung war eine Rangerhöhung zum Herzog verbunden. Das inmitten von Olivenhainen gelegene neue Lehen war von byzantinischer Kultur geprägt, die Einkünfte von 1800 Dukaten im Jahr ermöglichten Ivan das Leben eines wohlhabenden Provinzadligen, der sich vom Königshof fernhielt[44]. Aus den Listen des venezianischen Großen Rates wurde der Vasall Neapels stillschweigend getilgt. Ivan und seine Gattin Irene Branković zeichneten sich in Unteritalien kaum als Beschützer der Orthodoxie aus. Vielmehr focht er an der Spitze albanischer Stradioten gegen Frankreich (1494), während seine Gattin sich in eine Fehde mit den Bewohnern Galatinas verstrickte. Wohl um 1505 ist Ivan II. Kastriota gestorben. Er folgte seiner Mutter, deren Grabmal im spanischen Valencia liegt[45]. Skanderbegs Enkel nahmen ganz unterschiedliche Lebenswege: Konstantin, Bischof von Isernia, verstarb in jungen Jahren; Georg, Ivans Erstgeborener, diente dem König von Neapel als Gesandter zu Mehmeds II. Sohn Bayezit II. Um 1500 erwog Venedig, das damals mit den Osmanen im Krieg lag, ihn nach Albanien zu schicken, um dort einen Aufstand zu entfesseln. Tatsächlich folgte Georg dem Beispiel seines Vaters und setzte zusammen mit einem Dukagjin über die Adria. Einige christliche Krieger im osmanischen Heer liefen zu ihm über, auch gelang die Eroberung Alessios; und wieder erhob sich die Himara. Sonst aber rührte sich kaum Unterstützung für den Enkel Skanderbegs. Dieser kehrte aber nicht wie sein Vater nach Italien zurück, sondern trat zum Islam über (1506)[46]. Haupterbe Ivans war Ferdinando, benannt nach Skanderbegs Wohltäter Ferrante. Als tüchtigem Feldherrn gelang es ihm, seine schöne Tochter mit Pier Antonio Sanseverino, dem Fürst von Bisignano, Witwer einer Nichte Papst Julius II., zu vermählen. 1554 vertrat er den Adel des Salento vor König Philipp II.[47] So gingen die Kastriota im weitgespannten mittelmeerischen Reich der spanischen Habsburger auf, und allmählich gerieten sie in Vergessenheit. Erst als vier Jahrhunderte nach Skanderbegs Tod die osmanische Herrschaft im albanischen Raum sich ihrem Ende zuneigte und in den europäischen Außenministerien Ausschau nach möglichen Kandidaten für einen zu schaffenden albanischen Thron gehalten wurde, traten wieder zahlreiche echte oder angebliche Abkömmlinge der einst so berühmten Familie auf. Was in der Wahrnehmung der Zeitgenossen als balkanisches Heldenepos begonnen hatte, endete so in einer mediterranen „Operette“[48].

ERINNERN, VERGESSEN, WIEDERERINNERN

Schon zu Lebzeiten war Skanderbeg auf dem Balkan und im Abendland von Legenden umwoben. Nach seinem Tod aber wuchs sein Ruhm so stark, dass es wohl kaum ein Land Europas gab, in dem man seinen Namen nicht kannte. Die Erinnerung an den Helden aber breitete sich nicht in gleichförmiger Bewegung aus. Über die Jahrhunderte nahm sie eigene Wege: Vom Balkan gelangte sie nach Westen, getragen von den albanischen Flüchtlingen. In Albanien selbst hingegen verlor sich mit dem Erstarken des Islam das Gedenken an einen christlichen Helden. Nur die albanischen Katholiken, deren Zahl in der frühen Neuzeit ständig sank, hielten an ihrem Helden fest. Als in Europa die Verehrung des Türkenkämpfers in Blüte stand, verkümmerte sie in dessen alter Heimat. Doch als Europa nach 1800 Skanderbeg vergaß, weil es die Osmanen nicht mehr fürchten musste, erinnerten sich seiner die christlichen Balkanvölker, die die drückende Sultansherrschaft abschütteln wollten. Spät erst, am Ende des 19. Jahrhunderts, kehrte Skanderbeg dann in seine mittlerweile mehrheitlich islamisch gewordene Heimat zurück, wo er in den folgenden eineinhalb Jahrhunderten, bis auf unsere Tage, zum unumstrittenen Nationalsymbol der Albaner wurde.

Diesen Kreislauf von Erinnern, Vergessen und Wiedererinnern lohnt es sich, genauer zu verfolgen. Denn in ihm spiegelt sich auch das kulturelle Verhältnis von Abendland und Balkan in der Neuzeit wider.

Eine eigentliche Erinnerungskultur entstand um 1500 zum einen in Renaissanceeuropa, zum anderen auf dem Balkan. Dabei ist zwischen einer gelehrten und einer volkstümlichen Überlieferung zu unterscheiden. Die gelehrte Überlieferung wurde von einem stark katholisch geprägten albanischen Exulantenmilieu in Venedig geprägt. Katholische Priester aus Nordalbanien, Barletius und Franco, vermittelten der Welt der Humanisten Skanderbegs Ruhm. Das neue Medium des Buchdrucks trug ebenso zur Verbreitung bei wie das geschliffene Humanistenlatein des Skutariner Priesters, dessen Anleihen bei Livius und auch bei Plutarch auf den Leser der Zeit anziehend wirkten[49]. Vor allem aber kam Barletius dem Verlangen seines abendländischen Publikums entgegen, Mut und Zuversicht im Abwehrkampf gegen die vordringenden Osmanen zu verbreiten, indem das Epos eines christlichen Helden erzählt wird.

Die betont christliche Deutung Skanderbegs entspricht zum einen weitgehend dessen Wahrnehmung durch die zeitgenössische italienische Öffentlichkeit, vor allem aber ist sie auf den prägenden Einfluss zurückzuführen, den die Familie Angelus, Angehörige des katholischen Erzbischofs von Durazzo und eigentlichen spiritus rectors von Skanderbegs Wirken in den

1460er-Jahren, auf die Abfassung biografischer Werke über den Helden ausübte[50]. Der Bruder des Erzbischofs, Peter Angelus, war nach einem abenteuerlichen Leben und mutigen Kriegstaten gegen die Osmanen schließlich nach Venedig gelangt[51]. Geschickt ließen die Angeli ihre eigene Familiengeschichte in die Erzählungen über Skanderbeg einweben und schufen sich so eine Begründung für ihren Anspruch auf eine herausgehobene Stellung im italienischen Exil[52]. Ihre Eingliederung in die venezianische Gesellschaft forderte aber einen historiografischen Preis, den die Exulanten zu entrichten bereit waren: Sie verherrlichten die Rolle der Markusrepublik als Beschützerin des Kastriota, rühmten die Eintracht zwischen dem Albanerherrn und der Signoria und stellten sich damit bewusst in Gegensatz zur geschichtlichen Wirklichkeit, an die sie sich selbst gewiss nur allzu gut erinnerten[53]. Die jahrzehntelange Feindschaft, die Verbitterung Skanderbegs, die gewaltsame Übernahme Krujas – all dies wird mit keinem Wort erwähnt[54].

In Venedig nahm man diesen Denkstrang gerne auf. In den Chroniken venezianischer Patrizier wird die Gestalt Skanderbegs kaum hervorgehoben; die Selbstdarstellung der Republik zum einen, die Ablehnung gegenüber dem Kastriota zum anderen gaben hier den Ausschlag[55]. Nach Skanderbegs Tod aber, als die Serenissima die Last des Türkenkriegs allein zu tragen hatte und keine albanische Fehde mehr drohte, verklärte sich allmählich die Erinnerung an den Herrn von Albanien. Nur so lässt sich die Aufnahme seines Standbildes in den Bucintoro erklären. Geliebt hatten die Venezianer Skanderbeg aber nie. Nicht sie, sondern balkanische Flüchtlinge in der Markusstadt verbreiteten den Ruhm des Türkenhelden. Dies fiel ihnen auch deswegen nicht allzu schwer, weil Skanderbegs Name – im Gegensatz zu den meisten anderen südosteuropäischen Fürsten, mit Ausnahme Hunyadis – durch die päpstliche Rhetorik, fürstliche Sendschreiben und albanische Gesandtschaften an europäische Höfe in Süd- und Westeuropa bereits erhebliche Bekanntheit bei den Männern erlangt hatte, die humanistische Schriften lasen. Skanderbeg wurde durch die Bemühungen des Angelikreises zu einer geradezu klassischen Gestalt der europäischen Renaissance, zum Symbol des Türkenkampfes, das bis in das 18. Jahrhundert in ganz Europa in weiteren Biografien, Theaterstücken auf großen und kleineren – z. B. bayerischen und Tiroler – Bühnen und auch einer Vivaldioper gefeiert wurde[56]. Von Italien bis nach Schweden, von Großbritannien bis nach Russland wurde Skanderbeg zum Gemeingut gebildeter Europäer. Erst mit dem Nachlassen der osmanischen Gefahr um 1800 sank das Interesse an Skanderbeg als Sinnbild des christlich-islamischen Gegensatzes. Eine Skanderbegschrift Benjamin Disrealis[57] aus dem Jahre 1833 gehört bereits in einen anderen Zusammenhang, der Albanienschwärmerei, die sich aus Gedichten Lord Byrons speiste, der die heroischmännliche Welt albanischer Krieger besang. Das veränderte Verhältnis zum muslimischen Reich der Osmanen brachte Camille Paganel zum Ausdruck, dessen Skanderbegbiografie 1856 ins Deutsche übersetzt wurde. Der Eindruck des Krimkrieges, als das osmanische Reich von Großbritannien und Frankreich gegen Russland verteidigt worden war, ist unverkennbar: *„Im 15. Jahrhundert war der Islamismus, von Eroberung zu Eroberung fortschreitend, eine stete Drohung, eine allgemeine Gefahr. Im 19. Jahrhundert ist die Gegenwart der Türken eine Schutzwehr, eine Bedingung des allgemeinen Gleichgewichts geworden; und das Kreuz beschützt den Halbmond ... Alte Feindschaften, Jahrhunderte lange Rivalitäten sind verschwunden“*[58].

Skanderbeg wurde im Abendland des 19. Jahrhunderts zum Gegensatz rein wissenschaftlichen Interesses, zum Forschungsobjekt weniger Spezialisten, unter denen klingende Namen sind: Die erste Biografie mit wissenschaftlichem Anspruch schrieb mit eleganter Feder der Tiroler Jakob Philipp Fallmerayer, der bedeutendste Byzantinist der ersten Jahrhunderthälfte; ihm folgte bald Karl Hopf, der Geschichtsschreiber Griechenlands im Mittelalter, der eng mit dem Begründer der modernen Albanerforschung, dem österreichischen Konsul im epirotischen Joannina, Johann Georg von Hahn, zusammenarbeitete[59].

Neben dieser hochkulturellen Erinnerung, die weit über das albanische Milieu hinausreichte und als gesamteuropäisches Phänomen bezeichnet werden kann, entstand in Süditalien eine volkstümliche Erinnerungskultur, ebenfalls getragen von albanischen Flüchtlingen, die aus der Peloponnes und dem albanischen Raum in das Königreich Neapel gelangt waren und sich dort in dünn besiedelten Regionen niederließen, wo sie die bis heute bestehende Gruppe der Arbëreshen bilden[60]. Diese brachten ihren Kampf gegen die Osmanen als Gründungsmythos nach Italien mit, den sie in mündlicher Überlieferung, in Liedern und Legenden wach hielten, und zwar in einer ausgeprägt christlichen Interpretation von Skanderbegs Kampf[61]. Skanderbegs Name hielt sich in der Erinnerung auch als Vorname[62]. Über Jahrhunderte erinnerten sich die Albaner in den Bergdörfern der Basilicata, den Tälern und Hügeln Kalabriens, auf den Hochebenen hinter Palermo der „Großen Zeit“ (Moti i madh) Skanderbegs[63]; an Ostern feierten sie auch das Gedenken an ihren Helden[64].

Ein zweiter Strang volkstümlicher Überlieferung hielt sich besonders bei den katholischen Albanern auf dem Balkan, für die Skanderbegs Kampf einen wichtigen Bezugspunkt ihrer konfessionellen Identität in der frühen Neuzeit darstellte[65]. Bei den Katholiken bestand sowohl eine mündliche, im Lied tradierte Überlieferung[66] wie auch eine gelehrte, von der kleinen Schicht der katholischen Geistlichkeit getragene Tradition, die ihrerseits wieder in Verbindung zu den beiden Strängen der Skanderbegerinnerung in Italien stand.

Franciscus Blancus, albanisch Frang Bardhi, katholischer Bischof von Sappa, Sarda und Pulti, den Diözesen am Mittellauf des Schwarzen Drin, rühmte in seinem 1635 in Rom gedruckten lateinisch-albanischen Wörterbuch, dem „Dictionarium latino epiroticum", den Kastriota als Schrecken der Türken und veröffentlichte im Folgejahr eine Lebensbeschreibung des Helden, in welcher er vehement die albanische Herkunft der Kastriota verteidigte[67]. Zum ersten Mal taucht die Frage nach der ethnischen Zugehörigkeit auf, die besonders seit dem 19. Jahrhundert bis auf unsere Tage die Gemüter bewegt.

Während die gedruckten Biografien nur einer verschwindend geringen Zahl von Lesekundigen zugänglich waren, lebte Skanderbeg in der volkstümlichen Überlieferung, in Legenden und Liedern weiter. Man erzählte von den Kirchenbauten Skanderbegs – so, dass die Kathedrale von Alessio in eine Moschee umgewandelt worden sei, weil sich eben dort die Grablege des Helden befunden habe. Vor allem aber beriefen sich jene christlichen Albaner auf Georg Kastriota, die die Osmanenherrschaft nicht hinnehmen wollten: Um 1600, als die Habsburger mit dem Sultan im Krieg lagen, blickten viele Albaner hoffnungsvoll auf das spanische Königreich Neapel, aus dem sie, wie einst zu Alfons' V. Zeiten, Hilfe erwarteten. Geschichten wurden erzählt von *„dem Beispiel des neuzeitlichen Fürsten Georg Kastriota genannt Skanderbeg, der einen so kleinen Teil Albaniens beherrschte ... und mit einem kleinen Heer das Lager der Türken, das mehr als 200 000 Personen zählte, so viele Male besiegt hatte"*. Verschwörer gegen die Osmanen verwiesen den spanisch-unteritalienischen Adel darauf, dass allein der Tod Skanderbegs den Osmanen die Eroberung des westlichen Balkans ermöglicht hätte[68].

Die sehr wahrscheinliche Wechselwirkung zwischen hochkultureller Erinnerung im Stile eines Barletius und Blancus und der mündlichen Tradition im katholischen Milieu sind von der Forschung als Problem erkannt, aber noch nicht zufriedenstellend analysiert worden[69]. Diese Erinnerung war besonders stark bei den mittel- und nordalbanischen Katholiken.

Freilich wurde diese konfessionelle Erinnerung durch die zunehmende Islamisierung ausgedünnt. Eine im 18. und endgültig im 19. Jahrhundert mehrheitlich muslimische, sultanstreue Bevölkerung pflegte einen anderen Umgang mit einer Gestalt, die von katholischen Albanern als Symbol des Glaubenskampfes eben gegen jene beiden Bezugsgrößen der konvertierten Albaner wahrgenommen wurde. Mahmut pasha Bushatlliu, der in den letzten Jahren des 18. Jahrhunderts um Skutari eine eigene Regionalherrschaft errichtete, bezeichnete sich als „Erbe Skanderbegs" und meinte damit die politische – nicht die religiöse – Distanz zum Sultan in Istanbul[70].

Spätestens um die Mitte des 19. Jahrhunderts kann aber davon ausgegangen werden, dass die Erinnerung an Skanderbeg stark zurückgegangen und im Wesentlichen an Teile der katholischen Bevölkerung gebunden war. Im muslimischen Mittelalbanien, Skanderbegs einstigem Herrschaftszentrum, waren um 1850 kaum noch Spuren der popularen Erinnerung nachweisen[71]. Nur wenige Skanderbeglieder lassen sich tatsächlich in die Frühe Neuzeit zurückführen[72].

Hinzu kam, dass die osmanische Eroberung einen eigentlichen Bruch in der Erinnerungskultur Nord- und Mittelalbaniens bedeutete. Die enormen Bevölkerungsverluste durch Tod, Flucht und Verschleppung wirkten sich hier aus. Im nordalbanischen Stammessystem bezieht sich die mündliche Überlieferung auf Verwandtschaftsverhältnisse, die auf einen mythischen Urvater des Stammes zurückgeführt werden. Nicht zu diesem Verband gehörende Personen spielten in diesem Denken keine Rolle, blieben als Objekt der Erinnerung folglich ausgeschlossen[73]. Religiöser und sozialer Wandel schränkte das Potential einer breit verankerten Erinnerung an den mittelalterlichen Helden erheblich ein.

Der Rückgang des Gedenkens an Skanderbeg wirkt umso erstaunlicher, wenn man sich vor Augen hält, welche Breitenwirkung der Skanderbegmythos im 20. Jahrhundert erreichen sollte. Die Erinnerung an die Symbolgestalt der im letzten Viertel des 19. Jahrhunderts einsetzenden albanischen Nationalbewegung war nur wenige Jahrzehnte zuvor alles andere als ein einigendes, identitätsstiftendes Element im albanischsprachigen Westbalkan[74].

Die Wiederentdeckung Skanderbegs erfolgte im Zuge der bei den Albanern im regionalen Vergleich spät einsetzenden Nationalbewegung[75]. Eine katalysatorische Funktion nahm die Große Orientkrise (1875–1878) ein, die die bis dahin ganz in das osmanische System integrierte muslimische Mehrheit zu defensiven Aktionen gegen die Nachbarstaaten Griechenland und Serbien zwang; wesentliche ideelle Anstöße erhielt aber die Nationalbewegung von den Arbëreshen Unteritaliens, von denen viele das italienische Risorgimento und insbesondere Garibaldis Bewegung unterstützt hatten[76].

In diesem Kontext veröffentlichte der aus Kalabrien stammende Italo-Albaner Vincenzo Dorsa im Jahre 1847 in Neapel eine Schrift „Su gli Albanesi. Ricerche e pensieri“ (Über die Albaner. Forschungen und Gedanken), in der Skanderbeg als *„Held von Kruja“* und *„genialer Krieger“* gefeiert wurde[77]. Wesentlich größere Verbreiterung fand, allein schon wegen der Gattung, das Skanderbegepos eines weiteren Arbëreshen, Jeronim de Rada, eines Weggefährten Mazzinis – und dadurch vertraut mit dem radikalen und nationalen Gedankengut Italiens vor 1848[78]. Seine Verse sprachen auch ein analphabetisches Publikum an, das sich gebundene Rede leichter einzuprägen vermochte als trockene Prosa. Sie sind Ausdruck einer kulturellen Kontinuität bei den Arbëreshen, die den Mythos Skanderbeg in neuer, nicht nur religiöser, sondern nationaler Form in den Balkan gleichsam zurückführten[79]. Während bei den Arbëreshen Skanderbeg im Zeichen der nationalen Romantik aus der volkstümlichen Überlieferung in die hochkulturelle Sphäre übertragen und in modernem ethnonationalem Sinne umgeformt wurde, fehlte in weiten Teilen des albanischen Siedlungsgebiets auf dem Balkan eine derartige kontinuierliche mündliche Tradition. Auf dem Balkan wuchs die Erinnerung also nicht gleichsam aus breiten Bevölkerungsschichten heraus, vielmehr wurde sie von oben durch Intellektuelle wiederbelebt bzw. neu geschaffen und in einem jahrzehntelangen Prozess wieder im kollektiven Gedächtnis verankert. Daneben haben sich in Teilregionen einheimische mündliche Überlieferungen gehalten, doch im Wesentlichen ist der Skanderbegkult der Nationalbewegung von den Arbëreshen Süditaliens und einer kleinen Gruppe national gesinnter Intellektueller belebt worden. Letztere bezogen Anregungen sowohl aus der entstehenden abendländischen Albanerforschung wie aus der balkanischen Skanderbegerinnerung besonders bei den Griechen[80]. Das Lied verbreitete als entscheidendes Medium die Erinnerung an den Helden erneut in Bevölkerungskreisen, die ihn schon längst vergessen hatten[81]. Eine Trennung der hochkulturellen und der volkstümlichen Elemente, die zum modernen Nationalkult beitrugen, ist schwierig und letztlich auch künstlich. Wenn ein französischer Besatzungsoffizier in Albanien während des ersten Weltkrieges beobachtete, dass Muslime vor Skanderbegs Bild Kerzen anzündeten, zeigt sich die ganze Komplexität der Fragestellung – denn es ist kaum anzunehmen, dass es sich um alte Bilder Skanderbegs handelte, sondern um Abbildungen, die selbst – oder deren Vorbilder – von außen in die Gesellschaft Albaniens getragen worden waren[82].

Schaffung von neuen Denkmustern und deren Verarbeitung in der mündlichen Kultur sowie Reste einer aus dem Spätmittelalter stammenden Erinnerung trafen aufeinander und verbanden sich im Zeitalter des Übergangs von religiösen zu ethnischen Identitäten in produktiver Weise. Dabei kam der Skanderbegüberlieferung bei den orthodoxen Nachbarvölkern erhebliche Bedeutung zu. Es ist kein Zufall, dass der südalbanische orthodoxe Publizist Jani Vreto am berühmten griechischen Gymnasium von Joannina, der Zosimea, an der im 19. Jahrhundert zahlreiche albanische Eliteangehörige ausgebildet wurden, durch Schulkameraden auf den Kastriota aufmerksam gemacht wurde. Sein 1847 verfasstes Gedicht zu Skanderbeg entstand durch eine Anregung aus dem griechischen Kulturmilieu, das entscheidenden Einfluss auf den entstehenden albanischen Nationalkult nahm[83].

Es sollte aber noch fast ein halbes Jahrhundert dauern, bis Vertreter der zahlenmäßig kleinen, meist außerhalb des Balkans tätigen albanischen Nationalbewegung das Skanderbegmotiv so ausarbeiteten, dass der Kastriota zur eigentlichen Symbolfigur einer neuen ethnonationalen Identität und des Anspruchs auf einen eigenen Staat erhoben wurde.

Insbesondere Naim Frashëris Skanderbegepos markiert diese Erhöhung Skanderbegs (1898)[84]. Frashëri war Bektashi, also kein Christ, und zusammen mit anderen führenden Vertretern der Nationalbewegung propagierte er die Vorstellung eines über den Religionen und Konfessionen stehenden albanischen Nationalgefühls, das Pashko Vasa in die Formel *„Die Religion des Albaners ist das Albanertum"* komprimierte, ein Schlagwort, das ein Ziel vorgab, nicht aber die soziokulturelle Wirklichkeit widerspiegelte, ein Schlagwort aber, das nationale Eliten zur Schaffung entsprechender Realitäten anspornte. In dieser Perspektive durfte das Symbol des Albanertums keine religiöse Komponente aufweisen. Skanderbegs Kampf gegen die muslimischen Osmanen wurde am Ende des 19. Jahrhunderts in einen Befreiungskrieg gegen die Sultane umgedeutet, bar jeder religiöser Konnotation. Damit entsprach diese intellektuelle Deutung des Helden Teilen der ausgedünnten Volksüberlieferung auf dem Balkan, die in Skanderbeg die Verkörperung des heldischen Ideals sah, seine Gegner aber in einem eigenartigen Halbdunkel beließ und nicht angab, gegen wen der Held eigentlich kämpfte. Skanderbeg wurde damit zu einer Projektionsfläche nationaler Wünsche, zur Inkarnation nationaler Tugenden; gleichzeitig wurde zunehmend von der historischen Figur abstrahiert. Die Wahl Skanderbegs als Symbolfigur sollte den Zusammenhalt innerhalb der eigenen Gruppe stärken und zugleich den europäischen Eliten gegenüber kulturelle Kontinuität und insbesondere eine politische Westorientierung der mehrheitlich muslimischen Albaner signalisieren: Skanderbeg verkörperte auch den Anspruch auf die Wiederanknüpfung einer durch die osmanische Herrschaft unterbrochenen Zugehörigkeit zu Europa und damit die historische Legitimierung des politischen Wunsches nach Autonomie oder Unabhängigkeit[85]. Skanderbeg wurde als Verteidiger der europäischen Zivilisation gesehen, in einer albanischen Variante des Bildes vom Schutzwall der Christenheit, das auch im albanischen Falle verbunden war mit einem Opfermythos der Albaner, die für die Rettung der italienischen Renaissance gekämpft hätten und dann vergessen worden wären. Europa schulde den Albanern also Dank – und habe dem durch politische Hilfe Ausdruck zu verleihen – ein Gedanke, der auch heute noch lebendig ist[86]. Diese Bilder, von denen viele im 20. Jahrhundert umgedeutet oder verstärkt hervorgehoben wurden, finden sich in der berühmten Denkschrift Sami Frashëris „Albanien, was es war, was es ist und was es sein wird", die das Bild der Albaner als Retter Europas, die von dessen Herrschern verraten und im Stich gelassen werden, entwirft[87]. Frashëri sah in Skanderbeg den Gründer eines albanischen Nationalstaates: Der Adelskuvend von Alessio im Frühling 1444 wurde uminterpretiert in einen Staatsgründungsakt, wobei ein bis heute wirksamer Mythos geschaffen wurde[88]. Bemerkenswert ist, dass im muslimischen Milieu die Bektashi nicht nur eine ethnonationale Deutung vornahmen, sondern Skanderbeg auch in ihren eigenen religiösen Kontext einbauten. Kruja, bereits vor Skanderbeg eine muslimische Festung und eng mit dem Kult um Sari Saltık verbunden[89], gleichzeitig aber Symbol von Skanderbegs Kampf, verkörperte diese Bektashi-Deutung: In der Tekke wurde das Andenken Skanderbegs geehrt, noch im 20. Jahrhundert berichteten Bektashi, Skanderbeg sei vor seinem Übertritt zum katholischen Glauben kein Sunnit, sondern Bektashi gewesen[90]. So wurde er in der konfessionell geprägten Erinnerung der Bektashi zu einem Vorläufer eines ethnisch konnotierten, regional begrenzten heterodoxen Islams.

Die Wahl Skanderbegs ist aber auch wie die gesamte albanische Nationalbewegung ein defensiver Akt gewesen, denn im 19. Jh. betrachteten ihn sowohl Griechen, Mazedo-Bulgaren wie Serben als wichtige Gestalt im eigenen nationalen Pantheon[91]. Diese Skanderbegrezeption bei den Balkanvölkern ist gut erforscht und hat gezeigt, dass eine eigentliche volkstümliche Überlieferung kaum bestand[92]. Am ältesten war die Tradition bei den kroatischen Schriftstellern Dalmatiens, die in der Frühen Neuzeit den Türkenkampf und dessen Helden, darunter als Randgestalt auch Skanderbeg, besangen. 1849 schrieb der in Klagenfurt und Laibach wirkende Arzt Juro Matić Šporer eine fünfaktige Tragödie „Kastriota Skenderbeg", in der er den Helden in einem rein slawischen Milieu situierte, was vor dem Hintergrund der Slawenschwärmerei der frühen kroatischen Nationalbewegung zu verstehen ist[93].

Im Wesentlichen aber gewann Skanderbeg erst in den antiosmanischen Aufständen der orthodoxen Balkanchristen nach 1800 an Bedeutung. Das griechische Beispiel ist hier typisch: Das Interesse an Skanderbeg folgte der politischen Konjunktur des 19. Jahrhunderts[94]: Die Philike Hetaireia, eine 1814 in Odessa gegründete Geheimgesellschaft, bereitete die Erhebung gegen das osmanische Reich vor und benötigte einen erfolgreichen christlichen Helden im Türkenkampf zur propagandistischen Untermauerung ihrer Vorhaben. Der junge griechische Nationalstaat träumte von einer Gebietsausdehnung nach Norden, in das von Griechen und Albanern besiedelte Epirus, und konstruierte eine enge geschichtliche Verwandtschaft beider Völker, die durch den orthodoxen Glauben verbunden seien. Örtliche Aufstände gegen die Osmanen, etwa in Folge des Krimkrieges (1854), oder Geheimverhandlungen des griechischen Ministerpräsidenten Ioannis Kolettis mit toskischen Muslimen wurden von griechischen Skanderbegschriften begleitet, die jeweils einen historischen Deutungsrahmen der Ereignisse bildeten. Besonders in der zweiten Hälfte des 19. Jahrhunderts wurde die griechische Auseinandersetzung mit Skanderbeg immer mehr zum Spiegel des sich wandelnden Verhältnisses zu den Albanern und griechischer Expansionspläne nach Norden. Ab den 1860er-Jahren wurde die griechische Herkunft Skanderbegs unterstrichen, vor allem mit Verweis auf seinen griechisch klingenden Namen Kastriota (griechisch: Kastriotis, albanisch: Kastrioti). Als in den 1880er-Jahren der griechische Ministerpräsident Charilaos Trikupis Pläne für einen griechisch-albanischen Staat nach dem Vorbild der österreichisch-ungarischen Doppelmonarchie schmiedete, bot sich Skanderbeg als Symbolfigur ebenso an wie gegen Ende des 19. Jahrhunderts, als sich die ethnonationalen Gegensätze zwischen Griechen und Albanern in Epirus verschärften. Noch 1904 wurde er als Verkörperung eines „griechisch-arvanitischen Königreichs" gefeiert, eine Idee, die spätestens mit den Balkankriegen und der Gründung eines unabhängigen albanischen Staates (1912) ein Ende fand. Wie erklärt sich diese Beliebtheit des Kastriota in der neugriechischen Publizistik? Im Gegensatz etwa zum letzten byzantinischen Kaiser stand Skanderbeg dem jungen griechischen Staat allein räumlich näher, er symbolisierte militärischen Erfolg gegen die Osmanen und das historische Naheverhältnis von orthodoxen Griechen und Albanern, das im 19. Jahrhundert viel stärker empfunden wurde als im 20. Jahrhundert[95].

Während nach 1900 die griechische Bezugnahme auf Skanderbeg an Bedeutung verlor, benützten serbische Propagandisten in durchaus widersprüchlichen Strategien zum einen Skanderbeg als Symbol eines serbisch-(nord-) albanischen Zusammengehens (1866), zum anderen, vierzig Jahre später und unter veränderten politischen Umständen, die ausgedünnte Skanderbeg-Erinnerung bei weiten Teilen der albanischen Bevölkerung als Beleg für ein mangelndes ethnisches Identitätsgefühl und sogar für das angebliche Serbentum des mittelalterlichen Helden[96]. Der als Propagandist der serbischen Expansion auf dem osmanischen Balkan wirkende Publizist Spiridon Gopčević etwa behauptete, alle Nordalbaner seien eigentlich Serben und Skanderbeg habe aus verletztem serbischem Nationalgefühl heraus gehandelt[97]. In Montenegro, dessen Stammesstrukturen eng mit nordalbanischen Verhältnissen verwandt waren, woraus sich eine mentale Nähe ergab, wurde Skanderbeg als Ideal heldischer Männlichkeit gefeiert[98], als slawischer Krieger und Verkörperung einer politischen Ausdehnung Montenegros nach Nordalbanien. Gegen Ende des 19. Jahrhunderts fanden im heutigen albanisch-montenegrinischen Grenzgebiet kleine Druckschriften regen Absatz, die Skanderbeg als slawischen Heroen darstellten[99], eine Interpretation, die noch in den 80er-Jahren des 20. Jahrhunderts weiterlebte, also im Rahmen der heraufziehenden Kosovokrise serbische Propagandisten Skanderbeg als *„Ivans Sohn, Djordje Kastriot, den serbischen Ritter von Albanien"* bejubelten[100].

Die Erhöhung Skanderbegs durch die albanische Nationalbewegung sollte im balkanischen Rahmen die albanische Deutungshoheit über diese Figur herstellen, die von christlichen Balkanvölkern als christlicher Balkanheld wahrgenommen wurde.

Bis etwa 1880 überwog diese Deutung Skanderbegs, da albanische Gegenpositionen noch kaum ausformuliert waren. Ab etwa 1900 aber ist Skanderbeg in einen albanisch-nationalen Kontext eingeordnet. Besonders tat sich der in Brüssel lebende Südalbaner Faik Konica hervor, dessen Zeitung „Albania" vom österreichisch-ungarischen Außenministerium finanziert wurde[101]. Österreich-Ungarn schuf im Wesentlichen das moderne albanische Geschichtsbild: Der geschichtlich interessierte k. u. k. Konsul in Skutari, Theodor Ippen, drängte 1897 darauf, dass Skanderbeg eine herausragende Rolle in einer zu planenden Geschichte der Albaner einnehmen müsste; und dies geschah auch in der ersten umfangreicheren albanischsprachigen Nationalgeschichte, die unter dem Namen eines Albaners gedruckt wurde, deren eigentlicher Verfasser aber der beste Kenner des albanischen Mittelalters, der magyarisierte Ungarndeutsche Ludwig von Thallóczy (eigentlich: Strommer) war[102]. Ippen war es auch, der Wert darauf legte, dass Skanderbegs Kampf an sich hervorgehoben würde, weniger aber sein Widerstand gegen die Osmanen – denn dies erschien dem Diplomaten wenig opportun. Damit trug er zu jenem eigenartigen Bild des Gegners bei, der im (neugeschaffenen) Lied und in der Publizistik seltsam vage blieb und lediglich einen Hintergrund für Skanderbegs Heldentaten darstellte, die den Albanern um 1900 nationalen Stolz einflößen sollte[103]. Etliche albanische Eliteangehörige studierten vor 1918 und in der Zwischenkriegszeit in Österreich und verfestigten nach ihrer Rückkehr dieses neue nationale Geschichtsbild[104].

Wie stark Skanderbeg als Symbolfigur flächendeckend im gesamten albanischen Siedlungsgebiet angenommen wurde, ist nur schwer feststellbar. Es ist aber davon auszugehen, dass er wie andere moderne Helden Eingang in das kollektive Gedächtnis breiterer Bevölkerungsgruppen fand. Die dabei maßgeblichen Mechanismen in einer mündlich geprägten Gesellschaft sind nicht einfach zu bestimmen. Man darf aber vermuten, dass die intellektuelle Umformung Skanderbegs durch Volkslieder auch in bildungsfernen Bevölkerungsgruppen verankert wurde, der Mythos wieder – oder neu – zu einem Teil volkstümlicher Erinnerung wurde. Die gestiegene Bedeutung des Helden lässt sich auch an den Versuchen auswärtiger Mächte ablesen, die Erinnerung an die Kastriota politisch auszunützen. Dies gilt – neben Österreich-Ungarn – in erster Linie für Italien, woher ohnehin wesentliche Elemente des neuen Skanderbegbildes stammten und das in einem zunehmenden Gegensatz zur Donaumonarchie um die Vorherrschaft auf der Adria stand. Schon um 1880 ging die italienische Diplomatie daran, angebliche oder echte Nachfahren der 1468 nach Apulien geflohenen Familie Kastriota ausfindig zu machen und als Thronkandidaten zu portieren[105]. Zu Beginn des 20. Jahrhunderts traten in privater Initiative mehrere vermeintliche Kastriota aus Italien und Spanien auf, die zumindest teilweise in der Lage waren, kurzfristig Unterstützung im albanischen Raum zu gewinnen[106].

Die Ausschließlichkeit des Kults um Skanderbeg, neben den keine weitere Identifikationsgestalt trat, ist mit der komplexen gesellschaftlichen und kulturellen Schichtung der Albaner auf dem Balkan zu erklären: In der Frühen Neuzeit waren alle bekannteren Figuren albanischer Herkunft zumeist osmanische Würdenträger und Offiziere, die sich wegen ihrer Zugehörigkeit zur Elite des Reiches, welches die Nationalbewegung bekämpfte, und ihres muslimischen Glaubens schwerlich als Identifikationsobjekte eigneten, noch weniger für die Begründung des Anspruchs auf Eigenstaatlichkeit in einem christlich geprägten Europa. Der Rückgriff auf die vorosmanische Zeit folgte Denkmustern der südosteuropäischen Nachbarvölker, die ebenfalls mittelalterliche Reiche in den Mittelpunkt ihrer neu geschaffenen Geschichtsbilder stellten. Im albanischen Fall trat aber hinzu, dass nicht nur wegen der religiösen Unterschiede personale Symbole fehlten. Einen gesamtalbanischen Kommunikationsraum hatte es bislang nicht gegeben, und in der nordalbanischen Stammesstruktur und großfamiliären Verhältnissen kam, wie gezeigt, herausragenden Persönlichkeiten, die nicht dem eigenen Verband angehörten, nur eine sehr eingeschränkte Bedeutung zu – über Stammesgrenzen hinausreichende Identifikationsgestalten mit überregionaler Ausstrahlung, jedoch ohne osmanische oder wahrnehmbare religiöse Prägung standen nicht zur Verfügung.

Eine eigentlich breite Propagierung Skanderbegs setzte allmählich in der Zwischenkriegszeit ein, also nach der Einrichtung eines unabhängigen albanischen Nationalstaates (1912), dessen Schulwesen nationale Geschichtsbilder flächendeckend zu verbreiten begann. Freilich bestand zu Beginn des albanischen staatlichen Schulwesens noch kein Konsens, der Skanderbeg in den Mittelpunkt des Unterrichts gestellt hätte; im Gegenteil, frühe Lesebücher erwähnen ihn mit keiner Silbe, erzählen aber ausführlich von weit weniger bedeutenden christlichen Adligen des Spätmittelalters[107]. Ab der Mitte der 20er-Jahre erscheint Skanderbeg dann gehäufter in den Schulbüchern, freilich ist noch keine ganz einheitliche Deutung festzustellen. In einem Schulbuch von 1924 etwa wird die osmanische Herrschaft des 15. Jahrhunderts vor dem Hintergrund der jüngsten albanischen Erfahrungen mit dem Osmanenstaat geschildert und als Motivation Skanderbeg das Begriffspaar „atdhé“ (Vaterland) und „komsí“ (Nationalität) hervorgehoben[108]. Ein Schulbuch aus der Frühzeit des Präsidenten und späteren Königs Ahmet Zogu hingegen legt mehr Gewicht auf Skanderbeg als – auch in seiner physischen Erscheinung – Verkörperung des heldischen Ideals und die Schutzwall-Funktion Albaniens für Europa[109]. Von der zunehmenden, staatlich geförderten Skanderbegverehrung ausgenommen blieb die albanische Bevölkerung im Königreich der Serben, Kroaten und Slowenen (sog. SHS-Staat, ab 1929: Jugoslawien)[110].

Einen neuen Impuls erhielt das Skanderbegbild durch die erste Biografie mit wissenschaftlichem Anspruch, die von einem Albaner vorgelegt wurde: Der Verfasser, Stilian Fan Noli, gehört zu den schillerndsten Gestalten der neueren albanischen Geschichte; als Mitbegründer der autokephalen orthodoxen Kirche Albaniens, Sozialist – daher auch als „Roter Bischof" bekannt –, Regierungschef im Jahre 1924, Opfer eines von Ahmet Zogu mit Hilfe des SHS-Staates durchgeführten Putsches und schließlich Exilintellektueller spielte er eine bedeutende Rolle in der albanischen Geistesgeschichte des 20. Jahrhunderts, auch, weil er nach 1945 wegen seines sozialistischen Gedankengutes vom kommunistischen System vereinnahmt werden konnte. Noli setzt Denkstränge, die bereits im Werk der Frashëri angelegt waren, fort, spinnt aber an der Legende von Skanderbegs Königstitel weiter und führt eine neue Dimension – Skanderbeg als Erneuerer der Gesellschaft – ein, die den Einfluss der russischen Ereignisse nach 1917 verrät: Noli feierte Skanderbeg als eine Gestalt, *„heilig wie Ludwig der Heilige, ein Diplomat wie Talleyrand, ein Held wie Alexander der Große"*[111]. Nolis Werk wurde auch im kommunistischen Albanien nachgedruckt und hat mit seinen nationalistischen Denkmustern das albanische Skanderbegbild wohl mehr als jede andere Biografie geprägt.

Doch nicht Noli, sondern sein Widersacher Ahmet Zogu aus dem Matigebiet bestimmte die Entwicklung Albaniens bis 1939. Unter Zogus autoritärer Königsdiktatur (seit 1928) erfuhr Skanderbeg eine weitere Umdeutung, die als Anpassung an die Erfordernisse des Regimes zu werten ist: Skanderbeg galt nun, im Anschluss an Ideen Sami Frashëris – und unausgesprochen: auch Nolis – [112], als erster albanischer König, somit als Vorläufer und legitimierende Gestalt für Zogus Herrschaftssystem: Skanderbeg wurde in die neu entstehende staatlich geförderte nationale Ikonografie eingefügt und damit auch visuell im Land präsent. Freilich blieb dem Regime der Zugriff auf Helm und Schwert Skanderbegs versagt, da Österreich, das die Gegenstände aus habsburgischen Sammlungen übernommen hatte, mit Verweis auf die Verpfändung dieser Gegenstände deren Auslieferung verweigerte[113]. Zogus Lobredner sahen den neuen König und Skanderbeg in einer Reihe mit als albanisch verstandenen antiken Herrschern wie Alexander dem Großen und Pyrrhus. Der Skanderbegkult Zogus nahm bizarre Formen an, als der König sich als Urenkel des Helden und als Skanderbeg III. (nach Skanderbegs Sohn Ivan Kastriota) feiern lassen wollte; er ließ Skanderbegs Helm kopieren und setzte ihn sich als Krone, ergänzt mit einem „AZ" (für Ahmet Zogu) aufs Haupt[114]; doch fand er bei der Bevölkerung damit kaum Anklang[115], nicht nur weil die Peinlichkeit zutage lag, sondern auch, weil ein überwiegend muslimisches Volk eben erst begonnen hatte, sich an den Skanderbegkult zu gewöhnen.

Der Mythos des nationalen, religiös „entleerten" Helden wurde nun mit einer monarchischen Dimension überformt. Daran konnte das italienische Besatzungsregime von 1939 bis 1943 beinahe nahtlos anschließen: Vittorio Emanuele III. als König von Albanien erbte diese monarchische Deutung Skanderbegs. Er ließ sich von einer albanischen Delegation die „Krone Skanderbegs" aufsetzen, den Skanderbeghelm in die Nationalflagge Albaniens einfügen; Skanderbeg diente als Namenspatron für ein italienisch-albanisches Wissenschaftsinstitut und einen literarischen Zirkel[116]. Gleichzeitig wurde Skanderbeg als Symbol der engen Verbundenheit Italiens und Albaniens gefeiert, wobei auf Skanderbegs Beziehungen zu Venedig, Neapel und dem Papsttum verwiesen wurde[117]. *„Am 16. April 1939, im Jahr XVII des Impero, erstrahlten in Italien und in Albanien die Trikolore und das rote Banner mit dem schwarzen Adler Skanderbegs nebeneinander in der Frühlingssonne. Dies ist eine geschichtliche Tatsache. Das Schicksal des albanischen Volkes, das Skanderbeg in seinem Kampf für die Freiheit gegen den gemeinsamen Feind an der Seite Italiens sehen wollte, verbindet sich heute mit dem glorreichen Schicksal des italienischen Impero. Vittorio Emanuele III., König von Italien und Albanien, wird beide Völker zu noch größerem Ruhm und noch größerer Macht führen"*, bejubelte ein italienischer Autor die Invasion Mussolinis in Albanien[118]. In den Erinnerungen von Mussolinis Statthalter F. Jacomoni etwa stellt Skanderbeg eine entscheidende kulturelle Bezugsfigur dar. Der Jesuit Fulvio Cordignano, einer der wichtigsten Mediävisten im nordalbanischen Shkodra, schrieb 1941 in der „Rivista d'Albania": *„Mehr als nur tüchtiger Organisator der nationalen Kräfte zur Rettung und Wiedererhebung eines Volkes, war Skanderbeg der Hauptmann par excellence, der Könige von Neapel, der römischen Päpste und der Republik Venedig in einer antiislamischen Aktion von europäischer Dimension; das ganze Zeitalter seiner Taten verschmolz schließlich mit der europäischen Idee des Kreuzzuges und des venezianischen Widerstands in den adriatischen Besitzungen (Venedigs, O. S.)"*[119] Auch die katholische Komponente erfuhr also eine Aufwertung, die aber mit Rücksicht auf die muslimischen Albaner letztlich nicht zu offensiv erfolgte[120]. Doch wirkten nordalbanische Katholiken bei der Ausarbeitung eines faschistischen Geschichtsbilds nachdrücklich mit. Auch das 3. Reich benützte den Skanderbegmythos, v. a. mit dem Ziel, eine gleichnamige SS-Division im Kosovo aufzustellen: Das rassisch-heroische Element wurde in den Vordergrund geschoben, um Albaner für den Kriegseinsatz zu mobilisieren[121].

Nicht nur die Achsenmächte und mit ihnen verbündete albanische Politiker, auch die Partisanen, Kommunisten wie Antikommunisten, beschworen Skanderbeg als Symbol ihrer Bewegung[122].

Die Instrumentalisierung Skanderbegs durch Königsdiktatur und Faschismus diskreditierte den Mythos aber nicht. Vielmehr wurde die Figur vom kommunistischen Regime Enver Hoxhas in Albanien übernommen und nach seinen Bedürfnissen umgeformt. Für diejenigen Albaner, die aus dem kurzlebigen Groß-Albanien wieder in ein nun kommunistisches Jugoslawien eingegliedert wurden, erhielt Skanderbeg die Funktion eines Symbols der grenzüberschreitenden kulturellen und ethnonationalen Einheit aller Albaner besonders angesichts der bis 1966 anhaltenden staatlichen Repression. Die Erinnerungskultur nahm aber aufgrund der unterschiedlichen Staatszugehörigkeit der Albaner keinen einheitlichen Verlauf.

Im Albanien Enver Hoxhas wurde der Mythos Skanderbeg um neue Dimensionen ergänzt: Nicht nur als Staatsgründer wurde er gedeutet, sondern neu auch als Sozialrevolutionär, als Führer der Massen[123], als Partisanengeneral[124] – diese sozialistische Lesart wurde den mehrfachen Richtungsänderungen des Regimes angepasst[125]. Besonders in der aus China importierten albanischen Variante der „Kulturrevolution" wurde der Nationalheld nachhaltig instrumentalisiert[126]. 1968 wurde dabei zu einem eigentlichen Schlüsseljahr: In einem äußerst aufwendig veranstalteten Kongress zum 500. Todestag Skanderbegs wurde ein Jahr nach Einführung des Atheismus Skanderbeg von der Führung der albanischen KP und Spitzenvertretern der jungen albanischen Geschichtswissenschaft als zentrale Gestalt einer kommunistischen Zivilreligion propagiert[127]. Die angebliche religiöse Indifferenz der Albaner als zentrales Ideologem der Nationalbewegung wurde mit der kommunistischen Religionsfeindlichkeit verbunden und als Ersatz für die spirituelle Leere der von der Bevölkerung verehrte Nationalheld zusätzlich überhöht. Neu wurde Skanderbeg auch als Symbol für die zunehmende Isolation des Regimes instrumentalisiert: Es wurde das Bild des von Feinden umzingelten heldenhaften und einsamen Volkes unter Führung eines klugen, energischen Führers entworfen. Von da war es nur ein kleiner Schritt zur Ausarbeitung eines teleologischen Geschichtsbildes, das in Skanderbeg eine wichtige Stufe zur Vollendung der historischen Sendung des albanischen Volkes in Gestalt des Diktators Enver Hoxha sah.

Je stärker Skanderbeg ideologisiert, sein Bild manipulativ umgestaltet wurde, desto schwächer wurde die wissenschaftliche Auseinandersetzung mit der realen Gestalt, die das ideologische Konstrukt nur gefährdet hätte. An dieser Interpretation wirkten die Spitzen von Staat und Partei, so der Diktator Enver Hoxha, sein Stellvertreter Mehmet Shehu und besonders der Vordenker dieses national-stalinistischen Geschichtsbildes, der spätere Gründungspräsident der albanischen Akademie der Wissenschaften, Aleks Buda, mit. Enver Hoxha gab die Leitlinie vor:

„Mit unserem Nationalhelden Georg Kastriota Skanderbeg an der Spitze kämpfte unser Volk mit hervorragendem Heldenmut ein Vierteljahrhundert lang. Es ging immer als Sieger über die Horden des osmanischen Reiches hervor, weil es für die Freiheit, die Unabhängigkeit und den Boden kämpfte ... Das albanische Volk hat seinen Weg in der Geschichte mit dem Schwert in der Hand gebahnt"[128]. M. Shehu sekundierte: *„Unsere Partei hat als marxistisch-leninistische Partei die patriotischen, demokratischen und revolutionären Traditionen unseres Volkes, die Traditionen der legendären bewaffneten Kämpfe für Freiheit und Unabhängigkeit gegen fremde Mächte und (die Traditionen) der revolutionären Bewegungen für die Befreiung und den gesellschaftlichen Fortschritt immer richtig gewürdigt. Meisterhaft hat die Partei die größten fortschrittlichen Kampftraditionen des Volkes verwendet und auf ein noch höheres Niveau gehoben zur Erziehung der Arbeitenden im erhabenen Geist der Vaterlandsliebe, der Freiheit und des Fortschritts, der Entschlossenheit bis zur Selbstverleugnung zur Verteidigung der Freiheit und der Unabhängigkeit des Vaterlands, zur Verteidigung der Interessen des Volkes gegen jeden Feind und unter allen Umständen, sie hat diese als inspirierenden Faktor zur Mobilisierung der Volksmassen im Kampfe für die Befreiung des Vaterlands vom nazi-faschistischen Joch und im Kampfe zum Aufbau einer sozialistischen Gesellschaft eingesetzt ... Eben in diesen nicht nur für das albanische Volk, sondern für alle Völker Europas kritischen und tragischen Umständen hat unser Volk, das kleinste Volk der Balkanhalbinsel und Europas, unter der Führung Georg Kastriota Skanderbegs darauf die historische Verantwortung übernommen, das Land zu befreien und dem Vormarsch der Osmanen Widerstand zu leisten und ihn auf albanischem Boden, an den Pforten Europas, aufzuhalten . Es hat diese historische Pflicht ruhmvoll während 25 Jahren ununterbrochen erfüllt, in der ganzen Zeit, als es Skanderbeg an der Spitze hatte. Viele Historiker fragen und haben noch nicht verstanden, wie das kleine albanische Volk, geführt von Georg Kastriota Skanderbeg, es vermochte, sich mit den Waffen in der Hand gegen das größte und mächtigste Reich jener Zeit zu erheben, 25 Jahre lang einen Kampf auszufechten, einen titanischen Kampf, und glänzende Siege zu erringen, die die Welt in Erstaunen versetzt haben. Wir Marxisten-Leninisten verstehen sehr deutlich, welche die Ursachen dieses „Wunders" unserer Urahnen waren, des albanischen Volkes unter der Führung Skanderbegs. Der entscheidende Faktor und die einzige Quelle des heldenhaften Widerstands und der Siege in diesem langen und ungleichen Kampf waren die Volksmassen, vor allem die Bauernschaft.*

Die Volksmassen bildeten das Gegengewicht zur Wankelmütigkeit und dem Verrat der Feudalherren, sie ergriffen die Initiative zum allgemeinen Aufstand, sie hielten in diesem blutigen Kampf ungebeugt stand, ihnen gebührt in erster Linie der Ruhm der Siege, sie gaben der albanischen Geschichte jenen Glanz, der über Jahrhunderte hinweg strahlte. Die Volksmassen unseres Landes, geführt von Skanderbeg im Kampf gegen die Macht der Osmanen im 15. Jahrhundert, haben die Grundlagen jenes Erbes wertvoller Moral gelegt, das spätere Generationen zu ihren patriotischen und revolutionären Traditionen entwickelten und das unsere Partei auf ein noch viel höheres Niveau gehoben hat; es entstand so eine kolossale Kraft der Bewegung zur Erreichung ihrer Ziele: Zur Befreiung des Landes von der fremden Macht, zum Sturz der Ausbeuterklassen, zum Aufbau des Sozialismus und zur Verteidigung der historischen Siege des Volkes gegen jeden Feind. Die Volksmassen zur Zeit Skanderbegs stürzten sich ohne Vorbehalte in den Kampf um ihre unabhängige wirtschaftliche, gesellschaftliche und kulturelle Entwicklung, um Freiheit und Unabhängigkeit des Landes zu verteidigen, die von ihm geschaffenen materiellen und geistigen Werte, die nationalen Werte zu verteidigen. Im Kampf gegen die Macht der Osmanen haben sich unter Führung Skanderbegs alle beteiligt: Männer, Frauen, Kinder"[129]. Der Geschichtsideologe Buda setzte sich von den Parteipolitikern höchstens durch eine etwas geschliffenere Rhetorik ab: *„Skanderbeg ist, um es bildlich auszudrücken, eine jener riesenhaften Gebirgseichen, die man aus einer gewissen Entfernung betrachten muss, um zu bemerken, wie sehr sie ihre Umgebung überragen ... Skanderbeg und der große Kampf gegen die osmanische Invasion Albaniens im 15. Jahrhundert können nur erfasst werden, wenn unser Held in Zusammenhang mit der wechselseitigen Abhängigkeit von den Volksmassen gesetzt wird, aus denen er hervorgegangen ist, mit denen er gelebt und gekämpft hat ... Sie (die Epoche Skanderbegs, O. S.) stellt den Ausdruck der Tugenden und der Lebenskraft dar, die das albanische Volk zu jeder Zeit in allen Jahrhunderten unter Beweis gestellt hat. Inmitten großer aggressiver Reiche und unter dem Assimilierungsdruck der Zivilisationen, die sie repräsentierten, haben die Albaner im Mittelalter einen schwierigen geschichtlichen Weg zurückgelegt, um ihr Dasein, ihre Sprache und Kultur zu verteidigen. Sie haben ihre Lebenskraft und außergewöhnliche Energie unter Beweis gestellt, sie haben jeden Versuch zunichte gemacht, sie von ihren fruchtbaren Gebieten im Flachland, von den Hauptverkehrsachsen, von der Küste zu vertreiben und sie isoliert, wie fossile Überreste, in der Schale einer primitiven Wirtschaft und Gesellschaft zu halten, sie zur Auffüllung der Legionen der Cäsaren, der byzantinischen Kaiser und der serbischen Könige zu verwenden. Mit dem Schwert in der Hand, wie es der Genosse Enver Hoxha in bril-*

lanter Weise zusammengefasst und damit die vielhundertjährige Tradition unserer Ahnen vertreten hat, musste das albanische Volk seinen Weg zum wirtschaftlichen, sozialen, politischen und kulturellen Fortschritt bahnen, um den Platz zu erlangen, der ihm unter den anderen Völkern der Halbinsel zustand ... Unter diesen Bedingungen nahm der Krieg den Charakter eines typischen Volkskampfes an“[130].

Der bedeutende Albanienkenner Giuseppe Valentini bezeichnete diese Deutung als *„nationalistisches Konzept... mit rassistischen Zügen*“[131]. Skanderbeg wurde zum Sinnbild eines isolationistischen, atheistischen, paranoiden und xenophoben Regimes, dessen Erbe noch heute auf der albanischen Gesellschaft lastet.

Dieser Skanderbegkult war unproduktiv und erstarrte bald in inhaltsleeren Ritualen, die der Stabilisierung eines nach Hoxhas Tod 1985 rasch erodierenden Systems dienten. Bizarr wirkten die unter Hoxhas Nachfolger Ramiz Alia veranstalteten Gedenkfeiern zum 517., 519. und 521. Todestag des Nationalhelden und zum 544. Jahrestag der Liga von Alessio[132]. Eine staatlich forcierte Denkmalskultur, die ihren Niederschlag u. a. in Standbildern und dem Nationalmuseum in Kruja fand[133], sorgte im Verein mit dem Bildungssystem für eine flächendeckende Verbreitung des Mythos und dessen Verankerung im kollektiven Bewusstsein der Bevölkerung.

Anders stellte sich die Lage bei den Albanern im nunmehr kommunistischen Jugoslawien dar: Für sie war Skanderbeg ein zentrales Symbol ihrer ethnischen Identität und besonders der politischen Liberalisierung nach 1966, als nach dem Sturz von Titos Innenminister Aleksandar Ranković eine mehr als zwei Jahrzehnte dauernde schwere Repression gegen die albanische Bevölkerung beendet wurde. Zeitgleich zur Gewährung politischer Autonomie wurde den Albanern auch die Verwendung nationaler Symbole gestattet: Ausdruck dieser Haltung war ein im Jahre 1968 veranstalteter Skanderbegkongress in Priština/Prishtina, der in der Presse größte Beachtung erfuhr: Kosovoalbanische und serbische Historiker sollten bei der Behandlung Skanderbegs die Staatsideologie von *„Brüderlichkeit und Einheit“* demonstrieren; die Anwesenheit einer großen Delegation aus Albanien die verbesserten Beziehungen der Nachbarstaaten dokumentieren. Als Ergebnis war aber vor allem der Import der republikalbanischen Skanderbegdeutung festzustellen[134], wie überhaupt der intellektuelle Einfluss Albaniens auf die sich herausbildende kosovoalbanische Intelligencija sehr stark war. Diese wiederum bildete an der Universität Prishtina zahlreiche albanische Studenten aus Makedonien aus, wodurch eine stufenmäßige intellektuelle Abhängigkeit im albanischsprachigen Balkan von der Volksrepublik Albanien zu Kosovo und von Kosovo zu Makedonien entstand.

Skanderbeg wurde als ethnonationaler Held gedeutet, während die sozialrevolutionäre Komponente zurücktrat; völlig unbeachtet blieb in einer traditionell muslimischen und oberflächlich sozialistisch überschichteten Gesellschaft die religiöse Dimension eines christlichen Helden[135]. Wie in Albanien unterblieb auch im Kosovo eine eigentliche wissenschaftliche Auseinandersetzung mit Skanderbeg, vielmehr wurden in der Volksrepublik Albanien geprägte Denkmuster übernommen. Skanderbegfeiern fanden in wesentlich bescheidenerem Rahmen auch in der jugoslawischen Teilrepublik Makedonien statt, wo im Vergleich zum Kosovo jedoch kaum eine intellektuelle albanische Elite bestand[136]. Am Ende der 80er-Jahre war der Skanderbegkult zwar im albanischen Siedlungsgebiet verankert, doch war die reale Gestalt kaum bekannt. Skanderbeg war eine Projektionsfläche nationaler Wünsche und gesellschaftlicher Ideen und Ideale; gleichzeitig wurde er durch Benennung von Schulen, Vereinen und einer Kognakmarke als weitgehend inhaltsleeres Symbol im Alltagsleben verfestigt.

Den Zusammenbruch des kommunistischen Systems in Albanien überlebte die Skanderbegverehrung wie einst den Umsturz von 1944/45, wenngleich in der chaotischen Transitionsphase weniger Ressourcen für eine staatlich gelenkte Heldenverehrung zur Verfügung standen. In den albanischen Siedlungsgebieten Jugoslawiens hingegen bewahrte Skanderbeg gerade in der Krisenzeit der 1990er eine wichtige Stellung. Er diente den Kosovoalbanern als wichtiges Symbol für Kampf und Widerstand gegen die serbische Regierung[137]. Auch die Untergrundarmee UÇK („Befreiungsarmee von Kosovo") verwendete den Skanderbegmythos – auch wenn die wesentlichen Bezugsfiguren aus der kosovarischen Geschichte des 20. Jahrhunderts entnommen wurden – [138], ein Vorbild, das radikale Albaner, die 2001 in Makedonien einen bewaffneten Aufstand unternahmen, in ihrer politischen Selbstdarstellung nachahmten.[139]

Der Untergang der kommunistischen Systeme bewirkte auch das Ende der Deutungshoheit der Eliten: Medienvielfalt, vor allem aber das Internet schufen eine neue Öffentlichkeit und eine neue Meinungspluralität. Die laizistischen Eliten betrachteten Skanderbeg weiterhin als zentrale Symbolfigur[140]: Deutlich wurde dies bei der Aufstellung einer Skanderbegstatue in Prishtina, die 2001 die veränderten Machtverhältnisse ebenso demonstrierte wie die intellektuelle Ausrichtung nach Tirana: Das Denkmal in Prishtina ist eine Kopie eines republikalbanischen Monuments in Kruja[141]. Auch in Makedonien wird Skanderbeg als Symbol der albanischen Bevölkerung empfunden: Im November 2006 wurde ein ebenfalls in Albanien von dem Bildhauer Thoma Thomai im Auftrag der albanisch verwalteten Skopioter Teilgemeinde Čair geschaffenes Denkmal in einem eigentlichen Triumphzug von der albanischen Grenze durch die albanischen Siedlungsgebiete Westmakedoniens in die makedonische Hauptstadt geführt. Die Einweihung des Denkmals wurde von makedo-albanischen Parteipolitikern zu ihrer Positionierung innerhalb der in zwei Parteien gespaltenen albanischsprachigen Gemeinschaft des Landes benützt – das Standbild sendet also nicht nur ein Signal an die slawomakedonische Mehrheitsbevölkerung aus, sondern nimmt auch eine besondere Konnotierung für albanischsprachigen Bürger Makedoniens an[142].

Skanderbegs Symbolfunktion für die politische Emanzipation der Albaner des ehemaligen Jugoslawien wurde Herbst 2005 durch Kongresse in Prishtina und Skopje hervorgehoben. Die Präsenz der politischen Elite und das Medieninteresse belegten die politische Dimension der Veranstaltungen[143]. Die Deutungen waren jedoch nicht einheitlich. Im Kosovo wird Skanderbeg primär als Symbol für staatliche Unabhängigkeit und Freiheitskampf gesehen, was die derzeitige politische Interessenlage der Kosovoalbaner widerspiegelt. In Makedonien feiern albanische Publizisten Skanderbeg als Symbol ethnonationaler Identität und albanischer Überlegenheit. Die in Skopje erscheinende Zeitung „Fakti" verlieh am 26./27. November 2005 auf ihrer Titelseite diesem Denken Ausdruck: *„Es ist eine auf der ganzen Welt bekannte Tatsache, dass G.K. (Georg Kastriota, O. S.) Skanderbeg in allen Dokumenten und Quellen aus erster Hand bestätigt und schreibt, dass er der Herr von Epirus, Makedonien und Albanien sei, und er formuliert so eine historische Wahrheit, dass diese Gebiete in ungebrochener Kontinuität von der Zeit der Illyrer bis auf seine Zeit von Albanern bewohnt worden seien und er Herr dieser Regionen sei, wo die Makedonier zumeist Diener oder einfache Söldner waren, die keine wichtige Rolle in seinem Staat, seinem Heer und seiner Regierung spielten. Sie waren nie Konationale Skanderbegs in Blut und Sprache"*[144]. Diese Blut- und Boden-Rhetorik ist vor dem Hintergrund der bürgerkriegsähnlichen Auseinandersetzungen in Makedonien zu sehen, stellt aber im Wesentlichen ein gedankliches Produkt albanischer Skanderbegdeutung durch Fan Noli und die hoxhaalbanische Historiografie dar. Freilich gibt es auch auf makedonischer Seite unqualifizierte Äußerungen wie diejenige eines Publizisten, der den Albanern die Fähigkeit zur Staatsbildung absprach. Nur wurde dieser nichtzünftige Historiker von einem führenden makedonischen Osmanisten in der Zeitschrift des „Instituts für Nationalgeschichte" in Skopje deutlich in die Schranken verwiesen, während auf makedo-albanischer Seite keine selbstkritischen Stimmen zu vernehmen waren[145]. Im Sinne einer Aussöhnungspolitik zwischen den beiden ethnischen Gemeinschaften ist schließlich die Bestrebung zu verstehen, Skanderbeg in ein überethnisches makedonisches Geschichtsbild mit europäischer Dimension einzubauen[146] und ihn neben die in Skopje geborene Mutter Teresa zu stellen[147].

Nichtzünftige albanische Historiker im ehemaligen Jugoslawien versuchen auch, Skanderbeg als Gegen zu definieren, der nicht aus Albanien, sondern aus dem Kosovo und Makedonien stammte, ein bemerkenswerter Versuch, Tirana die Deutungshoheit über den Nationalhelden streitig zu machen, zugleich Ausdruck eines gestiegenen kulturellen Selbstbewusstseins der Jugoslawienalbaner im Verhältnis zum Mutterland[148]. Spannungen zwischen toskischen Südalbanern und den nordalbanischen Gegen lassen sich auch im Umgang mit Skanderbeg feststellen[149]. Es ist wohl kein Zufall, dass die Akademie in Tirana den chronologisch letzten der drei Kongresse veranstaltete (im Dezember 2005): Die Historiker in Tirana sehen sich zunehmend einer pluralen Interpretation der Nationalgeschichte ausgesetzt, deren Zentren in Prishtina und im makedonischen Tetovo liegen, wo in jüngster Zeit gleich zwei Universitäten entstanden sind. Auffallend ist, dass in Albanien die europäische Dimension Skanderbegs von den Veranstaltern zumindest im Kongresstitel am stärksten betont wurde, Ausdruck einer engeren Einbindung Albaniens in einen mediterranen-europäischen Kontext, die sich in den Vorträgen freilich kaum niederschlug. Auf allen Tagungen fand eine wissenschaftliche Diskussion kaum statt. Eine wirkliche historiografiekritische Auseinandersetzung mit Interpretationsmustern wurde nur von einem Tiranaer Osmanisten geleistet[150]. Diese mangelnde Reflexion erklärt im Wesentlichen den wissenschaftlichen Stillstand.

Skanderbeg ist aber nicht nur Spiegelbild nationaler Einheitsbestrebungen. Vielmehr werden im Umgang mit dem Helden Bruchlinien innerhalb der albanischsprachigen Gesellschaft sichtbar. Das Selbstbewusstsein der Albaner im ehemaligen Jugoslawien gegenüber dem „Mutterland“ Albanien tritt ebenso zutage wie die erwähnten Spannungen zwischen Tosken und Gegen. Weniger entlang regionalen und dialektalen, sondern an weltanschaulichen Unterschieden orientieren sich die Fronten in jener heftigen kulturpolitischen Debatte, die seit 2006 auf dem Balkan über die kulturelle Orientierung eines mehrheitlich muslimischen Volkes in Europa geführt wird. Dabei kommt der Bewertung der vorosmanischen Epoche in der albanischen Geschichte und besonders der Einschätzung Skanderbegs eine Schlüsselstellung zu. Es geht um zwei Thesen: Zum einen, dass die Albaner vor der osmanischen Eroberung ein europäisches Volk wie alle anderen gewesen seien, das durch die osmanische Eroberung aus einem organischen Entwicklungsgang, d. h. aus einem christlich-europäischen Kontext, gerissen worden sei. Skanderbeg kann dabei – je nach Perspektive – als Vorkämpfer für ein vereintes christliches Europa interpretiert werden – man ging sogar soweit, den Kreuzzugsführer Pius II. als Vorläufer der NATO anzusehen[151]. Die Gegenthese sieht in der Annahme des Islam einen positiven Schritt, da sich die Albaner so vor einer durch die orthodoxe Kirche betriebenen Serbisierung bzw. Gräzisierung gerettet hätten[152]. Es erheben sich so Stimmen, die von dem nationalen Konsens, den Kastriota kritiklos als Helden zu betrachten, abweichen. Eine Gruppe jüngerer Intellektueller in Tirana zieht die Theorien Edward Saids heran, um Publizisten, die das christliche Erbe Albaniens betonen, „Orientalismus", eine *„Flucht aus dem Orient",* vorzuwerfen, also eine Abkehr von – in dieser Sichtweise – gewachsenen Strukturen eines überwiegend muslimischen Volkes[153].

Damit ist eine Dimension berührt, die die im Kommunismus ausgebildeten Historiker ganz überwiegend meiden oder als nebensächlich bewerten, nämlich die Frage des religiösen Charakters von Skanderbegs Aufstand. Dies ist Ausdruck einer größeren religiösen Dynamik der albanischsprachigen Bevölkerung auf dem Balkan: Während christliche Albaner Skanderbeg als Vorkämpfer für das christliche Element empfinden, beharren sozialistisch geprägte, oft agnostische Albaner aus muslimischen Familien sowie religiös empfindende Muslime auf Skanderbegs rein ethnonationaler Rolle; bisweilen wird auch behauptet, Muslime hätten mit dem Kastriota gekämpft[154]. Vereinzelt sind Wortmeldungen zu beobachten, die einen Christen als zentralen Mythos eines mehrheitlich muslimischen Volkes nicht hinnehmen wollen[155]. Am deutlichsten hat bisher der Politikwissenschafter Hysamedin Feraj eine neue Interpretation gefordert: In den Anhängern Skanderbegs und deren balkanischen Verbindungen mit den südslawischen und griechischen Nachbarn sieht er Vorläufer pro-griechischer bzw. pro-slawischer Tendenzen im 19. und 20. Jahrhundert, während die „Vasallisten", also Albaner, die sich dem osmanischen Reich unterstellen wollten, in eine Traditionslinie mit den positiv bewerteten Vordenkern der albanischen Nationalbewegung des späten 19. Jahrhunderts gestellt werden[156]. In dieser Sicht wird aus dem Nationalhelden ein Kollaborateur mit Mächten, die aus nationalalbanischer Sicht in den letzten 150 Jahren als gefährliche Gegner empfunden wurden. Gleichzeitig wird auch die durch Skanderbeg eröffnete balkanische Perspektive gegenüber der ethnonationalen als negativ bewertet. Dem Kastriota wird vorgeworfen, er habe durch sein Zusammenwirken mit orthodoxen Balkanfürsten nichtalbanischer Herkunft dem geschadet, was heute als nationales Interesse definiert wird. Moderne ethnonationale Konflikte zwischen Albanern und Serben sowie Makedoniern werden in die mittelalterliche Geschichte hineingelesen. Die Zeitung der albanischen Armee ging so weit, zu fragen, ob der Renegat Balaban als Nationalheld nicht geeigneter gewesen wäre[157].

Die Vielfalt derzeitiger Deutungen ist ein Spiegelbild einer sich in raschem Umbruch befindenden Gesellschaft, die ihren Platz zwischen Europa und dem Nahen Osten sucht und die durch das Internet zum ersten Mal zu einer Kommunikationsgemeinschaft zusammenwächst, auf die die große Diaspora in Mittel- und Nordeuropa sowie in Übersee stark einwirkt. Die Masse an Stellungnahmen steht dabei in einem deutlichen Gegensatz zum tatsächlichen Erkenntnisgewinn albanischsprachiger Historiker, die, von wenigen Ausnahmen abgesehen, im Wesentlichen Bekanntes wiederholen und alten Denkmustern verhaftet bleiben. Der Skanderbeg-Mythos ist aber nicht nur ein albanisches, sondern auch ein gesamtbalkanisches und gesamteuropäisches Phänomen mit einem erheblichen migratorischen Potential. Erst mit der Rückkehr des Heldenkults in den albanischsprachigen Westbalkan im späten 19. Jahrhundert wurde er in jene exklusiv albanische Erscheinung umgewandelt, die gegenwärtig vorherrschend ist und die sich weit von der historischen Gestalt entfernt hat.

EIN AUFSTAND UND SEIN ANFÜHRER – VERSUCH EINER DEUTUNG

Fünfundzwanzig Jahre eines Aufstands, ein Wirbel an Kämpfen, schwer zu überblickende diplomatische Ränke standen im Mittelpunkt der Erzählung von Skanderbegs Leben. Die Erhebung des Kastriota stellte die Osmanen bei der Unterwerfung des Balkans vor die wohl größte Herausforderung. Doch darf die Darstellung es nicht bei der bloßen Schilderung der Ereignisse belassen. Sie muss versuchen, zu einer Deutung zu gelangen, welche die Erhebung in weitere Zusammenhänge einordnet, nach ihrem Wesen fragt. Zwei Dimensionen zeichnen sich dabei ab: einmal die eingangs erwähnte „Anatomie eines Aufstandes", eine Interpretation der Bewegung gegen den Sultan. Zum anderen die Gestalt Skanderbegs selbst – denn sein Gedenken überdauerte die Jahrhunderte, seine Person wurde auf dem Balkan und im Abendland noch lange nach seinem Tod verehrt. Die Erhebung und ihr Anführer sind kaum zu trennen.

Jedes Verständnis jener gewaltigen Verwerfungen in den Wäldern und Bergen des westlichen Balkan muss daher von der Frage ausgehen, wer die Empörer gegen den Sultan waren und was sie antrieb; aber auch, wer ihnen nicht folgte.

Denn nur so wird deutlich, dass auf beiden Seiten, bei den Aufständischen wie unter den Gefolgsleuten des Sultans, die Bruchlinien nicht entlang klaren räumlichen, gesellschaftlichen und sprachlichen Grenzen verliefen, sondern der Aufstand vielmehr den Raum zwischen der Adria und den Berghängen des Polog zutiefst gespalten hatte, in Anhänger und Gegner einer neuen imperialen Ordnung auf dem Balkan. Gräben wurden aufgerissen zwischen Stadt und Land. Die Städte im Norden unterstanden venezianischer Herrschaft. Sie verweigerten Skanderbeg nicht nur jede Gefolgschaft, sondern bekämpften ihn wiederholte Male. Dem Kastriota gelang es nicht, die Bürgerschaften von Venedig abzutrennen, auch nicht mit Krieg und Gewalt. Gleichermaßen erfolglos war er im osmanisch beherrschten Süden: Berat, Valona und Gjirokastra lagen außerhalb seiner Reichweite. Stadtbürger und Aufständische sprachen zwar die gleiche Sprache, doch kam dem keinerlei Bedeutung zu: hinter den Wällen rührte sich hier kaum jemand für die Rebellen, im Gegenteil, sie wurden vor Berat besiegt und zurückgeschlagen. Auch im Osten blieben die Tore der großen Städte Ochrid und Skopje verschlossen. Die Stadtbewohner verteidigten ihre Interessen, freie Handelswege, Felder und Weiden gegen die Ansprüche der rebellischen Adligen und deren Gefolgsleute. Skanderbeg führte Bergbauern und Hirten in die Ebenen, die dort plünderten und raubten. Bergland stand gegen Tiefland, die Bergbewohner holten sich, woran es in ihrer kargen Heimat mangelte. Dies zog die Städter kaum auf die Seite Skanderbegs. Die Osmanen und Venedig hielten die Festungsstädte fest im Griff, denn sie boten den Stadtbewohnern Schutz.

Skanderbeg blieb die Landschaft und deren kleine Burgstädtchen. Doch auch hier gelang es ihm nicht, die Bevölkerung in großem Stile an sich zu binden. Die Städter lehnten die Herrschaft der Adligen des Hinterlandes ab, sie bevorzugten die wohlgeordneten Verwaltungen der Venezianer und Osmanen, und dies taten auch viele Bauern. Venedig wie die Osmanen hatten in den Ebenen eine Schicht von Dorfnotabeln und Lehensreitern aufgebaut, Menschen, die viel zu verlieren hatten, wenn die Adligen aus dem Hinterland die Macht an sich rissen: Skutariner Patrizier und Dorfhauptleute fochten gegen die Aufständischen daher ebenso wie die privilegierten orthodoxen Dorfbewohner im westlichen Makedonien und südlichen Albanien oder die gut besoldeten muslimischen und orthodoxen Timarreiter. Aber auch in höheren Lagen versagten sich viele Männer den Aufständischen: Das Bergland der Dukagjin leistete den Unterwerfungsversuchen Skanderbegs anhaltenden und erfolgreichen Widerstand. Das Gesetz von Berg und Ebene, der gesellschaftliche, wirtschaftliche und kulturelle Gegensatz von Stadt und Land tritt hier zutage, ein Modell, das aber zusätzlich verfeinert werden muss, da Skanderbeg eben weder die ganze Bergwelt noch die ganze dörfliche Gesellschaft an sich gebunden hatte.

Es blieb den Aufständischen also ein recht schmaler städteloser Streifen um Kruja, im Matital und in Dibra sowie im nördlichen Teil Mittelalbaniens, im Hinterland von Durazzo und entlang dem Shkumbinfluss. Dieses Gebiet mit seinen nach Süden hin ausfransenden Grenzen bestand aus den Herrschaften der Familien Araniti, Balšić, Thopia und Kastriota. Es war beinahe ununterbrochen Ziel osmanischer Angriffe, die zum Abfall bzw. der militärischen Auslöschung der Geschlechter führte.

Bei einem Blick auf den gesellschaftlichen Aufbau der Rebellenbewegung wird der Riss, der quer durch den albanischen Raum verlief, noch deutlicher: Wesentliche Teile der regionalen osmanischen Elite setzten sich aus Albanern zusammen, die zum Islam übergetreten waren, seien es Vertreter alter Familien wie der Muzaki, Zenebish und Dukagjin, seien es soziale Aufsteiger, die dem Sultan alles verdankten. Feldherren, Unterführer, einfache Soldaten – die Heere, die gegen Skanderbeg kämpften, bestanden aus der einheimischen Bevölkerung, aus Albanern, Bulgaren, Serben, Vlachen. Im großen Heerbann des Sultans fochten auch türkische Muslime, und diese besaßen auch Timarlehen im westlichen Balkan. Dennoch ist eindeutig, dass hier keine „fremden" Invasoren die Rebellen bekämpften, sondern Einheimische, die dem neuen Imperium folgten, gingen gegen ihre Landsleute vor, die sich nach der vorosmanischen Zeit zurücksehnten. Viele Albaner hatten gute Gründe, sich der Rebellion nicht anzuschließen. Weder die Sprache noch die Zugehörigkeit zu einer ethnischen Gemeinschaft sind Triebkräfte der Bewegung gewesen.

Eher ließe sich Religion als Element der Abgrenzung verstehen, doch auch hier ist Vorsicht geboten: Auf Seiten der Aufständischen war das Bekenntnis zum Christentum eindeutig, weniger aber das Bekenntnis zu einer bestimmten Konfession: Orthodoxie und Katholizismus überlagerten sich im albanischen Raum; eine Klärung der konfessionellen Ausrichtung nach Rom fand erst mit der Zeit statt und erreichte nach 1460 ihren Höhepunkt. Das christliche Bekenntnis ist aber vor allem als Zeichen der Zugehörigkeit bzw. Gegnerschaft zu verstehen. Die Erhebung wurde wesentlich von Konvertiten vorbereitet, die ihren Abfall vom Sultan durch ihre öffentliche Rückkehr zum christlichen Glauben kundtaten. Alle Aufständischen waren Christen oder Renegaten, die öffentlich ihre ursprüngliche Religion wieder angenommen hatten. Muslime kämpften nicht in ihren Reihen. Doch hatte der Aufstand weite Teile der christlichen Bevölkerung im albanischen Raum nicht erfasst. Die Katholiken in Venezianisch-Albanien, aber auch viele orthodoxe Untertanen im albanischen Süden oder im Westen des makedonischen Raumes waren ferngeblieben. Ein Teil der christlichen Amtleute war dem Sultan treu geblieben, christliche Timarherren, christliche Passwächter, schließlich die große Zahl christlicher Hilfstruppen trugen zur Niederwerfung des Aufstands bei. Gewiss, die Kerntruppen der Osmanen bestanden aus Muslimen; religiöse Einheitlichkeit herrschte auf osmanischer Seite aber nicht. Skanderbegs Aufstand ist als christlich zu bezeichnen, weil er von Christen getragen wurde, es handelte sich aber nicht um einen allgemeinen Aufstand der Christen.

Noch schwieriger ist die Frage nach dem religiösen Charakter der Erhebung zu beantworten, wenn darunter eine metaphysische Dimension verstanden wird. Dass viele Menschen in den Kategorien von „Christ" gegen „Muslim“ dachten, darf vermutet werden, was sie aber genau damit meinten, ist nicht einfach zu klären: War der „Muslim“ vor allem ein Gefolgsmann des Sultans, der durch seinen Glauben seine Zugehörigkeit zu einer neuen imperialen Elite zum Ausdruck brachte? Oder bekämpften die Rebellen nicht nur die Gefolgschaft des Sultans, sondern auch prinzipiell dessen Glauben? Dem westlichen Blick schienen die Verhältnisse eindeutig: Die päpstliche Rhetorik, aber auch die politische Sprache der katholischen Adriaanrainer feierte Skanderbeg als „Athleten Christi“ und Schirmer des Glaubens. Es wäre billig, dahinter nur Machtkalkül zu erblicken und den Zeitgenossen jedes religiöse Gefühl abzusprechen – die Rückprojektion von modernem Agnostizismus ist ebenso problematisch wie die kritiklose Annahme, Skanderbeg habe einen reinen Glaubenskrieg ausgetragen. Quellen aus Skanderbegs Umfeld zeigen, dass der Rebellenführer in religiösen Kategorien dachte, wenn er Freund und Feind in „Christen“ und „Christenfeinde“ unterteilte – zu Letzteren zählte er auch Christen wie seinen Widersacher Leka Dukagjin. Gewiss ist auch, dass Skanderbeg in seinem letzten Lebensjahrzehnt eine christliche Rhetorik verwendete, die ihm wohl von seinen geistlichen Ratgebern nahegebracht worden ist. Doch auch hier würde man es sich zu einfach machen, Skanderbegs Bekenntnis zum Christentum als reine Einflussnahme der albanischen katholischen Geistlichkeit abzutun. Skanderbeg besaß einen starken politischen Willen und wird in der Lage gewesen sein, auch die programmatische Richtung seines Wirkens selbst zu bestimmen. Zu einigen Päpsten wie Kalixt III. und Pius II. pflegte er ein sehr enges, zu Pius II. wohl ein vertrauensvolles Verhältnis. Auch wenn sich dies unter dem Pontifikat des an Albanien weniger interessierten Paul II. ändern sollte, so blieben die Beziehungen zur katholischen Kirche in Albanien stets außerordentlich wichtig. Die katholische Kirche in Mittel- und Nordalbanien bildete spätestens seit 1450 die eigentliche Stütze des Aufstands, die im Gegensatz zu allen anderen Verbündeten und Gefolgsleuten nie durch Verrat erschüttert wurde.

Skanderbegs Gefolgschaft stellte weder eine gesellschaftlich einheitliche noch eine stabile Gemeinschaft dar: Zuerst ist zu unterscheiden zwischen seinen adligen Verbündeten, die sich im Frühjahr 1444 mit ihm zu einem Kriegsbund gegen die Osmanen zusammengeschlossen hatten, und jenem Personenverband, der auf Treue und persönlicher Beziehung beruhte, also der Gefolgschaft im engeren Sinne. Die Gruppe der Adligen sah in dem Bündnis kein Mittel zur Schaffung einer neuen ausgedehnteren Herrschaft an der südöstlichen Adria: Vielmehr ging es ihnen darum, den weitgehend anarchischen Zustand wiederherzustellen, der im Zeitraum zwischen dem Zusammenbruch der serbischen Oberhoheit im albanischen Raum (in den 1370er-Jahren) und der Durchsetzung der osmanischen Herrschaft (endgültig um 1430) geherrscht hatte. Sie weigerten sich, dem neuen Imperium Steuern zu zahlen, dessen Gesetze anzuerkennen und ihm ihre Gefolgschaften zu Verfügung zu stellen. Unter „Freiheit“ verstanden sie die Kontrolle über Gefolgschaftsverbände und die kleinräumigen Herrschaften, die sie Ende des 14. Jahrhunderts aus jedweder Oberherrschaft gelöst hatten. Ein Programm, das etwas Neues anstelle der osmanischen Macht gesetzt hätte, besaßen sie nicht. Vielmehr verfolgten sie mit dem Bündnis das Ziel, nach der Vertreibung der Osmanen eigene kleinräumige Fehden weiterzuführen, besonders gegen die Bürger der venezianisch verwalteten Städte Skutari und Drivasto. Die meisten Herren stützten sich auf eine schmale Machtbasis, vor allem aber waren sie zu keinem Zeitpunkt bereit, sich Skanderbeg, den sie 1444 zu ihrem Hauptmann gewählt hatten, wirklich unterzuordnen. Soweit aus den Quellen erkennbar ist, hat keiner der Herren die Befehlsgewalt über seine Gefolgsleute aus der Hand gegeben. Zu bedenken ist dabei auch, dass die Gefolgsleute eine Treuebindung an ihren unmittelbaren Herrn besaßen, der für sie sorgte, und nicht an Skanderbeg, der als Oberhaupt eines konkurrierenden Gefolgschaftsverbandes erschien. Im besten Fall handelten die Adligen miteinander, doch bleibt fraglich, ob Skanderbeg tatsächlich die Stellung eines Ersten unter Gleichen erreicht hatte, oder ob er nicht nur Gleicher unter Gleichen geblieben war. Das Adelsbündnis verbrauchte seine Kräfte in Fehden gegen Venedig und die nordalbanischen Städte, Kämpfe, die es gemeinsam mit dem serbischen Despoten und dem Herrn der Schwarzen Berge im Interesse des Königreichs Neapel austrug. 1450 brach es beim Anmarsch des Sultans auseinander; nur der harte Kern um Skanderbeg und Araniti Komino setzte den Kampf fort. Es zeigte sich, dass die schwachen Herrschaften ihr Fähnlein nach dem Wind hängten und sich den jeweiligen Machtverhältnissen schnell anpassten. Stand der Sultan im Land, liefen sie zu ihm über, zog er ab, überdachten sie ihre Haltung und schlossen sich wieder Skanderbeg an. Da die Adligen zudem weite Teile des ohnehin knappen Acker- und Weidelands der Ebenen in Besitz hatten, prallten auch hier ihre Interessen mit denen Skanderbegs aufeinander: Denn der Kastriota war auf Getreide- und Salzausfuhr angewiesen, um mit dem dadurch erworbenen Kapital seine Mannschaft zu entsolden und Waffen zu kaufen. Die Weigerung, sich unterzuordnen, Gefolgschaft und Land dem Aufstand zur Verfügung zu stellen, musste zu einem heftigen Gegensatz führen: Wer ihm nicht folgte, den zwang Skanderbeg mit harter Hand nieder. Es verwundert nicht, dass viele Adlige sich an auswärtige Großmächte anlehnten: Das osmanische Reich, Venedig und Neapel nahmen die von Skanderbeg gedemütigten und bedrängten Herren gerne auf. Und so fielen sie alle – wenn auch zu unterschiedlichen Zeiten – von Skanderbeg ab: Sein Schwiegervater Araniti Komino und sein Verwandter Stefan Crnojević beendeten ihre Laufbahn als venezianische Hauptleute; die Balšići wurden verjagt oder nach Italien deportiert; das Land der Thopia, deren Gefolgschaft bei Berat im Jahre 1455 untergegangen war, hatte sich der Kastriota einverleibt; die Muzaki mit ihrer nahe an der osmanischen Grenze gelegenen Herrschaft spielten kaum noch eine Rolle; Moses von Dibra schließlich ließ sich zeitweise von den Osmanen als Gegenherrscher aufstellen. Dem Sog von Skanderbegs Herrschaftswillen entzogen sich nur die Dukagjin. Was als Erhebung des Adels begonnen hatte, endete als einsamer Kampf Skanderbegs. Trieb der Aufstand so einen Keil in den ohnehin wenig einigen Adel, so spaltete er die Familie Skanderbegs beinahe noch tiefer: Auf seine Blutsverwandtschaft, der in der Gesellschaft des westlichen Balkan durch die Jahrhunderte eine zentrale Bedeutung zukam, durfte er sich nur bedingt verlassen. Seine Brüder waren entweder vor Beginn des Aufstands gestorben oder traten kaum in Erscheinung. Seine Schwäger unterstützten ihn nur lau. Die Neffen aber standen in einem schwierigen Verhältnis zu ihrem übermächtigen Onkel: Die einen folgten ihm bis in den Tod, andere aber, deren Väter von Skanderbeg zurückgesetzt worden waren (so die Thopia), oder die sich wohl die Nachfolge erhofften (Hamza Kastriota), verweigerten nicht nur die Unterordnung, sondern gingen wiederholt zu den Osmanen über. Es ist kein Zufall, dass Repoš Thopia, Sohn des 1455 gefallenen Muzaki, dessen Land Skanderbeg an sich gerissen hatte, beim Tode seines Onkels mit osmanischer Hilfe sein Land zurückerobern wollte, es ist kein Zufall, dass der gefährlichste Überläufer zu den Osmanen Hamza Kastriota war, einer der Gefährten der ersten Stunde.

Zu Skanderbeg hielten aus dem Adel vor allem Angehörige der jüngeren Generation, oft aus Familien, die an Macht stark eingebüßt hatten oder von den Osmanen unmittelbar bedroht waren; dann aber auch Dorfhauptleute und – wohl überwiegend orthodoxe – Dorfpriester aus den Hügel- und Berggebieten von Tumenisht (um Kruja), Mati und Dibra. Ihr Anhang bestand aus Bauern und Hirten, die gerne ihre kargen Hochländer zu Überfällen in die reichen Ebenen verließen – was sie auch noch bis zu Beginn des 20. Jahrhunderts tun sollten. Viele dieser Männer empfanden eine Treuebindung zu Skanderbegs Vater, die sie auf den Sohn übertrugen, dessen Waffentaten im osmanischen Heer sie achteten und dessen Rachebedürfnis sie teilten.

Der Quellenmangel erschwert es außerordentlich, den Kern von Skanderbegs Gefolgschaft in Einzelheiten zu erfassen. Deutlich wird aber, dass es sich um Gesellschaftsstrukturen handelt, die auch in der frühen Neuzeit balkanische Hochländer kennzeichnen: Eine städtelose dörfliche Gesellschaft in einem dichtbewaldeten zerklüfteten Hügel- und Bergland, in dem die Menschen in tieferen Lagen von Acker- und Obstbau lebten und wo auf den Höhen Almwirtschaft (v. a. mit Schafen) betrieben wurde. Die Wanderbewegung von den Sommerweiden in den Bergen zu den Winterweiden im Flachland prägte bis in das 20. Jahrhundert den Lebensrhythmus eines wichtigen Teils der Balkanbewohner. Zumal die Hirten zeichneten sich durch Beweglichkeit, Anspruchslosigkeit, Ausdauer und Geländekenntnis aus. Da die Berggebiete starke Kriegerverbände kaum zu ernähren vermochten, zählte die Gefolgschaft Skanderbegs im Regelfall nicht mehr als 2000 bis 3000 Mann, oft wohl auch weniger. Diese bewegliche Schar wurde von Skanderbeg mit Beute, Einnahmen aus dem Handel und Hilfsgeldern aus Italien entlohnt; der Anführer sorgte auch für Schutz und Unterhalt der Familien – nicht ein feudales System mit festen Einrichtungen also, sondern Treue und eine enge persönliche Bindung an den Anführer, der seine Männer buchstäblich aus Notlagen heraushaute, charakterisieren diese Gemeinschaft. Zum innersten Kreis der Gefolgschaft zählten einige Kanzlisten, dalmatinische Kaufleute und Kleriker sowie Angehörige der katholischen Geistlichkeit in Mittel- und Nordalbanien, Äbte, Mönche, Erzbischöfe und Bischöfe. Ihnen war es zu verdanken, dass ihr Herr im Abendland zu Berühmtheit gelangte und nicht nur ein wenig bekannter Rebellenführer in den fernen Bergen des Balkans blieb. Sie traten vor fremde Herrscher und Räte, sie besorgten Gelder, kauften Waffen. Sprachlich war diese Gruppe gemischt, es handelte sich um albanische Geistliche, Ragusaner Patrizier und slawo-dalmatinische Mittelsmänner, wobei Letztere oft eigene Geschäftsinteressen in Skanderbegs Herrschaftsraum verfolgten. So wenige Männer zu diesem Kern gehörten, so unbedeutend Ämter und Würden auch waren, so geschmeidig und handlungsfähig erwiesen sie sich; vor allem aber entgingen sie den Angriffen der Osmanen eher als die Kanzleien und Hofstaaten der orthodoxen Balkanreiche.

Skanderbegs Erhebung verlief nicht als eindimensionaler Kampf gegen die Osmanen. Vielmehr focht er fast ununterbrochen an mehreren Fronten. Andauernd trug er Fehden mit christlichen Gegnern aus. Um Weiden und Felder stritten er und seine adligen Standesgenossen mit den Bürgern der nordalbanischen Städte. Geradezu hasserfüllt tobte das Ringen mit einem Zweig der Dukagjin. Nimmt man den Zwist im Hause Kastriota hinzu, wird deutlich, dass christliche Albaner in der unmittelbaren Nachbarschaft den Aufstandsführer beinahe pausenlos in Bedrängnis brachten.

Auf einer zweiten Ebene wurde Skanderbeg in das Ringen hineingezogen, das Venedig und Neapel um die Vorherrschaft auf der Adria austrugen. Die albanische Küste hatte seit Jahrhunderten derartigen Hegemoniekämpfen als Schauplatz gedient. Diesem gleichsam geographischen Zwang entging auch der große Kastriota nicht. Früh schon hatte er sich nach Neapel gewandt und 1451 den Vasalleneid geschworen – dieser trug ihm Schutz und Schirm des Königs Alfons V. ein, zugleich wurde aber Skanderbeg Partei in dessen Krieg gegen die Markusrepublik. Wie sein Lehensherr focht er an zwei Fronten, gegen die Osmanen und gegen die Signoria. Dabei bildete seine Herrschaft nur ein Glied in einem weitgespannten System von neapolitanischen Vasallen auf dem Balkan, gegen welches Venedig ein eigenes Netz von besoldeten Regionalfürsten aufgebaut hatte. So wurden auf dem Balkan italienische Stellvertreterkriege ausgetragen, denen Skanderbeg am Ende seines Lebens zum Opfer fallen sollte. Denn als Venedig 1467 die Neapolitaner aus Mittelalbanien verdrängte, ging der Stern des Kastriota endgültig unter. Die von Neapel zumindest beeinflusste Feindschaft mit Venedig hatte dem Aufstandsführer einen Schlag versetzt, der ihm beinahe das Genick brach.

Doch nicht die Serenissima, sondern die Osmanen warfen Skanderbeg nach jahrzehntelangen Kämpfen schließlich nieder. Der Kastriota hatte zumeist nicht dem Sultan, sondern dessen mächtigen Grenzfeldherren im Vardarbecken und in Thessalien gegenübergestanden, Herren, die osmanischen Kriegerdynastien entstammten, über erheblichen Reichtum und eine starke militärische Gefolgschaft verfügten, begabte Feldherren, Skanderbeg ebenbürtig, mit dem sie vor 1443 gemeinsam gegen die Feinde des Sultans gekämpft hatten. Sie kannten sich also, die alten Veteranen des Sultansheeres, die einander nun in den Wäldern des westlichen Balkans mit Krieg überzogen. Skanderbeg wurde dadurch begünstigt, dass der Sultan mit seinem Hauptheer jahrelang andere Kriegsziele verfolgte und die Bekämpfung des Aufstandes in den Bergen des Westens seinen Unterführern überließ. Griff der Sultan selbst an, brachte allein das Erscheinen seines in jeder Hinsicht überlegenen Heerbannes die Aufständischen in äußerste Not, wie Murads II. Angriff auf Kruja (1450) gezeigt hatte, der zwar gescheitert war, Skanderbeg aber an den Rand des Untergangs getrieben hatte. Sobald sich der Sultan entschlossen hatte, mit allen Mitteln die Rebellen zu vernichten, gelang ihm dies, wenn auch zum Preis eines gewaltigen Blutbades und der weitgehenden Zerstörung und Entvölkerung des feindlichen Gebietes. Mehmeds II. Feldzüge im nördlichen Balkan und Kleinasien hatten wesentlich dazu beigetragen, dass die Flamme des Aufstands nicht viel früher ausgetreten wurde. Gegen das Sultansheer selbst hatte Skanderbeg, der 1466 und 1467 auf seine eigene Machtbasis zurückgeworfen war, letztlich nicht den Hauch einer Überlebenschance.

Dies hatte der Kastriota schon vor Beginn seiner Erhebung erkannt und seine Pläne entsprechend angelegt. Nie hatte ihm nur die Errichtung einer kleinen Herrschaft am Rande des osmanischen Reiches vorgeschwebt – das Schicksal des serbischen Despotats und der Walachei war ihm, dem Grenzfeldherrn in Nikopol an der Donau, warnend vor Augen gestanden. Von Beginn an war er aufs Ganze gegangen, die Vernichtung des osmanischen Reiches in einem gewaltigen Zangenangriff von allen Seiten war sein Ziel.

Dreimal unternahm er den Versuch, mit Verbündeten diesen ehrgeizigen Plan umzusetzen. Und so gering war die Aussicht auf Erfolg nicht. 1443 marschierten von Osten Ibrahim von Karaman, von Norden Johann Hunyadi mit Georg Branković, von Westen näherten sich burgundische und venezianische Schiffe, auf dem Balkan erhoben sich Christen im albanischen Raum, im Pindosgebirge, auf der Peloponnes, in Serbien und Bulgarien – das Unternehmen scheiterte an den überlangen Kommunikationslinien, die eine zeitliche Feinabstimmung verhinderten. Das osmanische Reich aber wurde in eine existenzielle Krise gestürzt. Eine Schlüsselrolle nahmen jene islamisierten Balkanadligen ein, die im entscheidenden Augenblick den osmanischen Widerstand im Moravatal durch ihre Desertion schwächten. Fünf Jahre später, erstaunlich schnell nach der verheerenden Niederlage der Ungarn bei Varna (November 1444), wurde die Strategie wieder aufgegriffen: Erneut rückte Johann Hunyadi von Norden vor, Skanderbeg – zu spät – von Westen. Wieder verliefen die Kämpfe hart, stand das Überleben des osmanischen Reiches nicht von Beginn an fest. Die dritte Kraftanstrengung unternahmen 1463/64 Papst Pius II., Venedig und Matthias Corvinus. Der Tod des Papstes, die Westpolitik des jungen Ungarnkönigs verhinderten einen Erfolg. Klar tritt bei allen drei Offensiven eine Verbindung zutage: Skanderbegs Freundschaft mit dem Haus Hunyadi, dem entschlossenen Gegner der Osmanen und ungarischen Reichsverweser Johann Hunyadi und dann dessen Sohn Matthias Corvinus. Dies zeigt, dass Skanderbeg sich den Sieg nicht von italienischer Hilfe versprach, sondern von der größten christlichen Landmacht in Südosteuropa: Die ungarischen Panzerreiter, die waffenstarrenden Wagenburgen, die sich die Morava hinabwälzten, schienen siegversprechender als die kleinen, im Balkankrieg ungeübten, oft verängstigten italienischen Condottieri. Johann Hunyadi und Skanderbeg werden sich wohl bei Skanderbegs Einfall in Siebenbürgen, damals noch im Gefolge eines osmanischen Heeres, zu Beginn der 40er-Jahre kennengelernt haben. Beide waren entschlossen, die Osmanen nicht nur zu besiegen, sondern zu vernichten; beide waren charismatische Kriegerführer, und sie werden sich gegenseitig geachtet haben. Zwei Jahrzehnte lang durfte Skanderbeg auf die Ungarn bauen. Als sich Matthias Corvinus nach seinem Scheitern in Bosnien (1464) dem Westen, seiner Fehde mit Kaiser Friedrich III., zuwandte, wich der Druck, der von der Donau stets auf den Osmanen gelastet hatte: Ihr Weg an die Adria stand frei. So zahlte Skanderbeg den Preis für die österreichischen und böhmischen Träume des Corvinen.

Das Königreich Ungarn war aber nicht der einzige südosteuropäische Nachbar, auf den sich der Kastriota stützte. Mindestens ebenso eng verwoben war sein Aufstand mit den Herrschaften seiner byzantinischen und südslawischen Nachbarn. Der orthodoxe balkanische Hochadel war durch zahlreiche

Heiraten so eng miteinander verbunden, dass er als einheitliche Gruppe angesehen werden kann, geeint durch das byzantinische Erbe und den orthodoxen Glauben. Der ethnischen Herkunft kam kaum Bedeutung zu, wenn Griechen, Südslawen und Albaner ihre Ehebündnisse schlossen. Auch durch diese Elite verlief ein tiefer Riss: Die meisten alten Geschlechter teilten sich in einen osmanenfreundlichen und einen osmanenfeindlichen Zweig, wobei die Verbindungen zwischen beiden Richtungen nicht zwangsläufig unterbrochen waren. Die Oberschicht des Balkans war angesichts des osmanischen Vormarsches zutiefst uneins. Hilfe gegen das neue Imperium war nur vom katholischen Abendland zu erwarten, das die meisten orthodoxen Fürsten aus tiefster Glaubensüberzeugung ablehnten. Viele, so in Serbien und der Herzegowina – wo die häretische bosnische Kirche einflussreich war –, versuchten sich zwischen dem Sultan und den katholischen Fürsten des Westens zu halten, die Großmächte gegeneinander auszuspielen. Dies erforderte hohe diplomatische Kunst, Wendigkeit und Geschmeidigkeit, denn von West und Ost wuchs der Druck, sich endlich zu bekennen, von Jahr zu Jahr. Die Kastriota zählten zwar nicht zum alten Adel, der zupackende Ivan und sein berühmter Sohn Georg erwarben sich aber rasch hohes Ansehen, Grundlage für ihre weitgespannte Heiratspolitik mit wichtigeren albanischen Geschlechtern. Seit jeher eng gestalteten sich die Beziehungen zum serbischen Fürstengeschlecht der Brankovići. Hier bestand wohl eine Blutsverwandtschaft schon zur Zeit von Skanderbegs Vater; sicher ist die Verbindung für die jüngere Generation der Kastriota: Skanderbegs Sohn Ivan heiratete Irene Branković, deren Mutter eine byzantinische Prinzessin kaiserlichen Geblüts war. Die beiden Familien, die alte, ruhmreiche der Brankovići und die junge, aufstrebende der Kastriota, stützten sich wechselseitig; die Kastriota nahmen die landflüchtigen Brankovići auf und stärkten durch Heiraten die gemeinsamen Bande. Dies bedeutete nicht, dass die Führer der beiden Familien dieselben politischen Überzeugungen geteilt hätten: Georg Branković sah sich als orthodoxen Fürsten und nahm deshalb das Angebot des Sultans an, sein Despotat als osmanisches Vasallenfürstentum zu regieren. Skanderbeg, ebenfalls ursprünglich ein orthodoxer Christ, lehnte die Vasallität entschieden ab und wählte im Gegensatz zum serbischen Fürsten die eindeutige Anlehnung an den katholischen Westen. Als einziger orthodoxer Herr des Balkans entschied er sich konsequent für die Orientierung am Abendland. Überall überwog sonst die Ablehnung gegenüber der katholischen Kirche und den „Lateinern", in Serbien, in Byzanz, in der Peloponnes. Skanderbegs Westwendung ist daher eine Entwicklung von größter Bedeutung gewesen. Sie löste ihn aus dem Zusammenhang des orthodoxen Balkans und machte ihn an europäischen Höfen bündnisfähig, denn mit dem politischen war auch ein konfessioneller Wechsel verbunden. Aus dem orthodoxen wurde ein katholischer Christ – auch das ein einzigartiger Schritt. Diese Hinwendung zum Abendland bedeutete aber nicht, dass Skanderbeg mit seinen orthodoxen Nachbarn gebrochen hätte. Orthodox waren alle Herren in Albanien, die Crnojevići in den Schwarzen Bergen, die griechische Verwandtschaft (die Ralles und Palaiologen) in der Peloponnes. Die ganze südöstliche Adria stand mit Skanderbeg in verwandtschaftlicher oder politischer Beziehung. Doch auch im Binnenland genoss der Kastriota hohes Ansehen. Der Archivverlust verbietet auch hier ein genaues Bild. Aber die Herren Bosniens und der Herzegowina hatten nicht nur von den Kriegstaten Skanderbegs gehört, sie tauschten mit ihm Gesandte, trieben mit ihm Handel – und erhofften von ihm Zuzug in der Not des Jahres 1463. Skanderbeg wurde so von den mächtigen Männern des spätmittelalterlichen Balkans, vom bosnischen König, von Stefan Vukčić von der Herzegowina und dem serbischen Despoten Georg Branković als einer der Ihren anerkannt, eine Ehre, die in Albanien wohl nur dem alten Araniti Komino zuteil wurde. Tatsächliche Hilfe vermochten einander die Herren freilich nicht zu leisten: Dem stand schon die Natur entgegen; gewaltige Gebirge behindern den Austausch von Nachrichten, vor allem aber von Kriegern zwischen dem südslawischen und dem albanischen Balkan; vor allem aber waren Bosnier, Herzegowiner und Serben selbst andauernd bedroht, oft auch von inneren Fehden gelähmt und so außerstande, zum Angriff überzugehen. Dass aber ein Gefühl der Zusammengehörigkeit, des wechselseitigen Beistands bestanden hat, kann kaum bezweifelt werden: Serbische Geldsendungen, albanische Getreideschiffe und bosnische Hilferufe bringen dies an den Tag.

Gleichsam als nächste Weiterung von Skanderbegs Wirken ist die Haltung der westlichen Adriaanrainer zu betrachten. Die feste Bindung an den königlichen Lehensherrn in Süditalien, die Kampfgemeinschaft mit dem Geschlecht der Hunyadi im Norden, aber auch die Beziehungen zur südslawischen Nachbarschaft stützten seine Herrschaft, die sich im albanischen Raum selbst kaum auf die adligen Herren verlassen durfte. Mit Hilfe Alfons V. richtete der Kastriota seine Hilferufe an das westliche Abendland – Mitteleuropa, das deutsche Reich hingegen trat nicht in sein Blickfeld. Zwar vermochten ihm kleinere Staaten wie Siena kaum zu helfen, waren größere wie Mailand selbst bedroht. Doch verhallten die Rufe aus dem Balkan nicht gänzlich, im Gegenteil: Selbst im fernen Burgund wurde zweimal, 1444 und 1464, zum Kreuzzug gerüstet, gewiss nicht allein wegen Skanderbegs Ersuchen, aber im Rahmen von Kreuzzügen, in die der Kastriota eingebunden war. Von den abendländischen Mächten setzte sich das Papsttum am stärksten für die christlichen Aufständischen in Albanien ein. Für Kalixt III. und Pius II., die beide Angriffe gegen die Osmanen vorbereiteten, zählte Skanderbeg zu den wichtigsten Bundesgenossen bei einem Landeunternehmen, für welches zeitgenössische Strategen die albanische Küste ausgewählt hatten. Kalixt III. feierte Skanderbeg als leuchtendes Beispiel für die Fürsten des Westens, als Athleta Christi; er und sein Nachfolger Pius II. schufen damit die Grundlagen jenes Bildes vom heldenhaften Glaubenskämpfer, das über Jahrhunderte in Europa verbreitet war. Dies war nicht bloße Kreuzzugsrhetorik, die beiden Pontifices meinten es ernst. Der Ruhm, den die Päpste verbreiteten, eröffnete Skanderbeg auch handfeste politische Vorteile: Ein Anschluss an das Papsttum bot ihm einen Ausweg aus der Abhängigkeit von Neapel und der damit verbundenen Feindschaft mit Venedig. Das Angebot Pius' II., Skanderbeg zum König zu krönen, schien so verlockend, weil das Papsttum gleichsam als dritte Macht das venezianisch-neapolitanische Patt an der östlichen Adria aufgelöst hätte. Die Schaffung eines katholischen Königreichs der „Epiroten und Makedonier", wie es in der Sprache des Humanismus bezeichnet werden sollte, war weniger phantastisch, als man vermuten würde: Seit dem Hochmittelalter hatten Päpste südosteuropäischen Herrschern Kronen in Aussicht gestellt oder verliehen. Skanderbeg stellte sich in die Tradition bedeutender serbischer und bulgarischer Herrscher, wenn er auf diesen Plan einging, der seine junge und ungesicherte Herrschaft mit der stärkstmöglichen Legimitation ausgestattet hätte. Das Scheitern dieses Vorhabens, das an Skanderbegs Angriff auf den Sultan gebunden war, stürzte Skanderbeg schließlich in den Untergang. Er hatte Hohes erstrebt, alles gewagt und hatte verloren.

Seine politische Strategie, nach Möglichkeit stets selbst anzugreifen und die Defensive zu vermeiden, war aus der Erfahrung früherer Aufstände, aus den Eindrücken im osmanischen Heerdienst erwachsen. Alle Offensiven aber misslangen: 1444, 1448 und 1464 erwies es sich als unmöglich, den Vormarsch der Bundesgenossen aus fast ganz Europa und aus Kleinasien zeitlich aufeinander abzustimmen. Stets besaßen die Osmanen den Vorteil der inneren Linie, der kürzeren Kommunikationswege. Doch im Gegensatz zu vielen Planspielen an westlichen Höfen waren diese Angriffe tatsächlich zustandegekommen. Gewiss, Skanderbeg mit seinen leichtbewaffneten Gefolgsleuten stand nie im Mittelpunkt der weit ausgreifenden Strategien, er bildete aber ein wichtiges Glied zwischen dem Adriaraum und dem Balkan: Der Kastriota würde zwar den Sultan nicht niederzwingen, ihm aber schwer zusetzen. Das Ende seines Kampfes bestätigte die Richtigkeit der Angriffsstrategie: Dem Hauptheer des Sultans vermochte Skanderbeg nicht standzuhalten.

Ohne Skanderbeg wäre der große christliche Aufstand wohl nicht ausgebrochen, und ohne ihn hätte er nie fünfundzwanzig Jahre gedauert. Der Aufstand bleibt unverständlich, wenn nicht der Versuch unternommen wird, die persönliche, die biografische Dimension wenigstens in Ansätzen zu erfassen; in Ansätzen, denn mehr erlaubt die dürftige Quellenlage kaum. Skanderbegs Taten lassen sich einigermaßen rekonstruieren, seine Gedanken und Pläne bleiben weitgehend im Dunkel. Sie sind zu deuten, abzuleiten aus seinen Handlungen. Aus dem Wenigen soll ein Charakterbild entworfen werden, das Bild eines Mannes, der an einer Zeitenwende in verschiedenen Kulturen lebte.

Geprägt war er durch Vielsprachigkeit, aber auch dadurch, dass er vielen auf dem Balkan vertretenen Spielarten der beiden Weltreligionen, des Christentums und des Islams, angehörte. Die Beherrschung mehrerer Sprachen war unter dem Balkanadel nichts Ungewöhnliches; nur wenige Herren aber werden so viele Sprachen gesprochen haben wie der weitgereiste Skanderbeg. Was ihn jedoch noch deutlicher von seinen Standesgenossen unterschied, war der mehrfache Glaubenswechsel: Viele orthodoxe Adelssöhne waren zum Islam übergetreten, kaum einer aber zur Religion seiner Vorfahren zurückgekehrt. Skanderbeg war nicht nur Muslim geworden, er hatte den Glaubenswechsel wohl im Milieu der Derwische vollzogen, die in einem teilweise gespannten Verhältnis zum sunnitischen Glauben der Sultane standen. Als orthodoxer Christ erzogen, von Derwischen bekehrt, wird er sich nach außen hin als sunnitischer Muslim dargestellt haben. 1443 kehrte er öffentlich wieder zum Christentum zurück. Es bleibt aber unklar, ob er sich zum Christentum orthodoxer Prägung bekannte – was nahe liegt, oder ob er schon begonnen hatte, sich dem katholischen Glauben anzunähern. In der Frühphase des Aufstandes verwendete er orthodoxe Symbole – den Doppeladler, und die Hinwendung zur römischen Kirche erfolgte erst, als er wichtige Gebiete im Osten verloren hatte und – besonders nach 1450 – dringend auf die Hilfe der katholischen Geistlichkeit, sowohl in Albanien als auch in Rom, angewiesen war. Die neapolitanische Vasallität rückte ihn ebenfalls näher an die katholische Welt. Damit vollzog Skanderbeg die bereits erwähnte Westwendung, die ihn von allen anderen Balkanfürsten unterschied. Während diese politische Dimension von Religion in den Quellen fassbar wird – das Glaubensbekenntnis gleichsam als politische Botschaft verstanden – , ist die Frage nach Skanderbegs persönlicher Religiosität nur schwer zu beantworten. Dass er sich als christlicher Herrscher verstand, legen die wenigen Briefe und Urkunden aus seiner Kanzlei nahe; ein konfessionelles Bekenntnis findet sich dort aber nur insofern, als er 1463 den gemeinsamen Kampf mit dem Papst begrüßte. Welche Spuren die jahrelange Verstellung am osmanischen Hof, der mehrfache Glaubenswechsel in seiner Psyche hinterlassen haben, kann nur Gegenstand von Spekulation sein. In den wenigen Berichten von Männern, die ihm persönlich begegnet sind, kommt der Religion kaum Bedeutung zu. Andere Charaktereigenschaften werden aber hervorgehoben: Ein Treueverständnis, besonders dem Haus Aragón gegenüber, das sich nicht in feudalen Maßstäben erfassen lässt, da es über den Tod des Lehensherrn hinaus und ohne eidliche Bindung auf dessen Sohn übertragen wurde; ein ausgeprägtes Ehrgefühl, Stolz im Umgang mit dem Sultan, aber auch adriatischen Mächten, persönliche Tapferkeit und Mut, ausgeprägte List und Geschicklichkeit – man denke an die Hinterhalte im apulischen Krieg – , ein klares strategisches Denken, wie aus dem Gesprächsprotokoll der Mailänder Diplomaten hervorgeht. Skanderbeg wurde von den Zeitgenossen als außergewöhnliche Gestalt empfunden, zum einen, da er Erwartungen entsprach – so dem balkanischen Heldenideal – , zum anderen, weil er dies eben nicht tat: So erstaunte seine uneigennützige Waffenhilfe für Ferrante die italienischen Staatenlenker, in deren politischem Denken unbedingte Treue, zumal zum Preis hoher eigener Opfer, stark an Bedeutung verloren hatte.

In den Quellen tritt der Kastriota so als Balkanadliger und als Gestalt der Renaissance hervor. Den Kern bildete wohl der Mann aus dem inneren Balkan: Skanderbeg bewegte sich in einer Gesellschaft, die deutliche Vorstellungen von einer Führergestalt pflegte, die in der mündlich überlieferten Liedtradition den heroischen Kämpfer feierte. Skanderbeg ist im Rahmen einer in Teilen bis auf die neueste Zeit fortdauernden „heroischen Lebensform“ (G. Gesemann) zu betrachten, die einem deutschsprachigen Leser nach den Erfahrungen des Zweiten Weltkriegs fremd erscheinen muss. Die Verwendung des Heldenbegriffs bei der Interpretation Skanderbegs ist daher vor einer südosteuropäischen Tradition zu sehen: Die Bedeutung des Kastriota bei vielen Balkanvölkern ist dadurch zu erklären, dass er dem heroischen Ideal der Hochlandbewohner entsprach, wie es in den albanischen und serbischen Volksliedern zum Ausdruck kam. Seine Taten im Feld verhalfen ihm zu Ruhm bei Freund wie Feind. Er gehorchte nicht der traditionellen Herrschaftsweise eines südosteuropäischen Monarchen, der in Palästen, umgeben von einem großen Hofstaat, von Kanzlisten und Gelehrten residierte. Vielmehr erschien er als Mann der Berge und des Kampfes, ein Krieger aus Beruf und Berufung, der eine ungewöhnliche persönliche Spannkraft bewies: Rund vierzig Jahre zählte er bei Beginn des Aufstands, ein reifer Mann also für mittelalterliche Verhältnisse. Noch als Fünfzigjähriger hieb er, wie ein venezianischer Patrizier schildert, in der Schlacht von Berat seinen Männern den Fluchtweg frei. Als beinahe Sechzigjähriger nahm er eigenhändig einen italienischen Adligen gefangen und warf ihn zum Erstaunen italienischer Beobachter wie ein Bündel auf sein Pferd. Als er 1467 Kruja entsetzte, stand er im zweiundsechzigsten Lebensjahr. In ganz Europa gab es kaum einen Adligen, der in so hohem Alter noch persönlich an vorderster Front kämpfte. Dabei zeichnete er sich nicht nur im Waffenhandwerk aus, sondern vor allem als Anführer. Im osmanischen Heerdienst, in Anatolien, auf dem Balkan, in

Siebenbürgen, hatte er reiche Erfahrung gesammelt, die Kampfweise der Osmanen und ihrer Gegner studiert, Janitscharen, hussitische Wagenburgen, anatolische Reiterschwärme – alles hatte er gesehen. Die genaue Kenntnis des Gegners, die Vertrautheit mit der Mentalität seiner Gefolgsleute, aber auch mit der Landesnatur ermöglichten ihm, seine Kriegführung auf das beste den Gegebenheiten anzupassen. Seine Krieger, ohne Harnisch, leicht bewaffnet, waren für osmanische Panzerreiter und Janitscharen in offener Feldschlacht kaum ein ernstzunehmender Gegner; furchtbar aber erschienen sie den in den Tälern vorrückenden Osmanen, wenn sie blitzschnell aus den Wäldern, von den Höhen hervorbrachen, wenn sie nachts zuschlugen, rasch im unwegsamen Gelände vorrückten. Skanderbeg erschien als Inbegriff des balkanischen Guerillaführers, der Wald und Berge als treueste Verbündete betrachtet. Immer wieder mobilisierte dieses besondere Charisma Anhänger aus dem Hochland. Feldschlachten und Festungskampf vermieden er und seine Krieger, dafür waren sie nicht ausgerüstet, zudem hatten sie 1450 in Kruja erlebt, wie gefährlich es war, sich von einem überlegenen Gegner an einem Ort einschließen zu lassen. Auf osmanischer Seite erweckte Skanderbeg Bewunderung. Auch dort hatte er schon früh als Ideal des Kriegers gegolten – sein Beiname Iskender bey ist Ausdruck dieser Wertschätzung. Diese schlug um in Furcht, als die Osmanen in die Waldschluchten Dibras vorrückten. Sie schrieben Skanderbeg magische Kräfte zu. Auch der Tod setzte dieser Ausstrahlung kein Ende: Die Gebeine des Kastriota galten als siegbringendes und schützendes Amulett. Die Vorstellungswelt osmanischer Krieger, die sonst aus Quellenmangel verschlossen ist, wird hier in Ansätzen fassbar: Der Schrecken, den die Bergwelt den Osmanen einflößte, wurde noch verstärkt durch den zaubermächtigen Anführer der Aufständischen.

Von dieser balkanischen Seite Skanderbegs werden italienische Beobachter nur wenig wahrgenommen haben: Sie schufen sich ihr Heldenbild aus ganz anderen Vorstellungen. Der Kreuzzugsgedanke und der in Blüte stehende Humanismus prägten jenes Zwiegesicht Skanderbegs im Abendland, den Athleta Christi und den neuen Alexander. Päpstliche Rhetorik und humanistisch beeinflusste Staatsschreiben feierten Skanderbeg schon zu einer Zeit, als dieser noch eine unbekannte, ferne Gestalt in den Bergen des Balkans war. Als der Kastriota dann selbst mehrfach in Italien erschien, wurde er als Teil der politischen Welt der Renaissance empfunden, als exotische Erscheinung jedoch, ein Kriegerfürst, der nicht nur befehligt, sondern selbst an vorderster Front steht; ein harter Mann, der tötet, statt zu verhandeln; der Anführer einer düster und unheimlich wirkenden Gefolgschaft, die aus einer fremden Welt stammte, in der Krieg nicht Kunst, sondern brutaler Kampf um das Überleben war. Skanderbeg trat nicht nur als Türkenkämpfer auf, sondern er griff auch, wenn auch nur für kurze Zeit, in das inneritalienische Geschehen ein: Dies verhalf ihm zu Jubel und Lob seiner zeitweiligen Verbündeten, schützte ihn aber nicht vor der Mechanik des italienischen Mächtesystems. Die Tugenden, die seine königlichen und fürstlichen Lobredner feierten – Uneigennützigkeit, selbstlose Treue –, schadeten dem Kastriota schon bald darauf. Exotisch wirkte er nicht nur durch seine Kriegstaten, sondern auch durch seine Denkweise, mit der er in einer neuen Zeit scheitern musste.

Was Skanderbeg vor allen anderen Balkanadligen auszeichnete, war sein unbedingter Kampfwille. Im Gegensatz zu seinen Nachbarn wollte er nicht nur sein politisches Überleben sichern, zwischen den Großmächten lavieren, sondern er strebte die Vernichtung der osmanischen Herrschaft in Europa an. Sein Antrieb war stark und persönlich, Rache für seinen Vater. Diesem Motiv kommt eine entscheidende Bedeutung zu. Es erklärt die Hartnäckigkeit des Kastriota, der sich im Gegensatz zu anderen Balkanadligen nicht zu einem Ausgleich mit dem Sultan verstehen wollte. Weder Religion noch große Politik standen am Anfang einer Erhebung, die bald europageschichtliche Ausmaße erreichen sollte; vielmehr verteidigte der Kastriota seine verletzte Ehre und folgte dabei Vorstellungen, die in späterer Zeit im albanischen Gewohnheitsrecht eine kaum zu überschätzende Stellung einnehmen sollten. Er handelte der Tradition gemäß, den Erwartungen seiner Herkunftsgesellschaft gehorchend. Der Aufstand war so auch – aber nicht nur – eine Fehde mit dem Haus Osman, ein Kräftemessen mit zwei Sultanen, Murad II. und dessen Sohn Mehmed II. Die Beziehung der Gegner wird sich wohl nie ganz ergründen lassen, da die Geheimnisse des Jahres 1443 weitgehend im Dunkeln liegen – der Rachedurst des Kastriota, der Machthunger des jungen Prinzen Mehmed, im Hintergrund die rätselhafte Gestalt der Sultana Mara Branković, der Mord an dem osmanischen Kronprinzen schufen wohl eine Komplizenschaft zwischen den machtbewusstesten Charakteren des Balkans jener Zeit, eine Komplizenschaft, die umschlug in einen Kampf bis aufs Messer, nur kurz unterbrochen von Verhandlungen und Waffenruhen, ohne Aussicht auf dauerhafte Verständigung; eine Fehde, die nur mit Sieg oder Niederlage enden konnte.

Da Skanderbeg diesen Weg bis zum Ende gehen wollte, hatte er den Aufstand gut vorbereitet. In den rund sechs Jahren zwischen dem Tod seines Vaters und dem Aufstand, jenen Jahren, über die so wenig bekannt ist, bildeten sich jene Beziehungsgeflechte heraus, die prägend sein sollten für das folgende Vierteljahrhundert. Denn was auf höchster Ebene die Rebellion kennzeichnet – eine beinahe intime Vertrautheit der Gegner, setzt sich auf unterer Stufe fort. Da waren zum einen Rivalitäten unter islamisierten Balkanchristen, ehemaligen christlichen Adligen und Bauern. Die Feindschaft mit Hızır bey entbrannte um die Burghauptmannschaft von Kruja; sie erstreckte sich über mehr als dreißig Jahre. Hızır beys Familie focht in drei Generationen gegen den Kastriota, am Ende eroberten sie dessen Stammland zurück. Eine zweite Fehde entzweite Skanderbeg und den ehemaligen Gefolgsmann seines Vaters, Balaban; auch dieser setzte seine Familie im Kampf gegen Skanderbeg ein. Tiefer persönlicher Hass gegen den Sultan und gegen dessen albanische Gefolgsleute standen am Anfang von Skanderbegs Erhebung. Er focht auch gegen islamisierte Standesgenossen, Jakub bey Muzaki oder den Statthalter von Tetovo aus dem Geschlecht der Zenebish. Überall sind enge Bindungen vorauszusetzen, persönliche Feindschaften. Eine derartige Gegnerschaft bestand auch mit dem Statthalter von Skopje, Isa bey, dessen Vater Skanderbegs Vater Ivan unterworfen hatte – auch hier, Fehde und Hass über Generationen, auch hier enge Vertrautheit. Gleiches galt für Skanderbegs Verbündete der ersten Stunde, Johann Hunyadi, wohl auch Georg Branković, später für die Nachbarfürsten in den Schwarzen Bergen, in der Herzegowina und Bosnien. Auf Seiten der Osmanen und ihrer christlichen Gegner kämpften Männer, die miteinander verwandt waren oder aus der gleichen gesellschaftlichen Schicht, der gleichen Region stammten. Gerade diese Nähe machte das Ringen so verbissen, es spaltete Familien und kleinräumige Gesellschaften. Viele zum Islam konvertierte Adlige hatten keinen Grund, Skanderbeg zu folgen – und es muss offen bleiben, ob dieser sich jemals erhoben hätte, wenn der Sultan seinen Vater nicht getötet hätte.

Auffallend ist, welche Räume und gesellschaftlichen Bereiche außerhalb von Skanderbegs Beziehungssystem lagen, es waren dies vor allem die Städte und die erwähnten patrizischen und dörflichen Eliten des Flachlands. Der Kastriota blieb zeit seines Lebens ein Hochländer; er fürchtete das Meer, liebte aber die Berge. Sein Charakter zeigt sich darin, dass er die Angst vor der See mehrfach überwand und Reisen nach Dalmatien und Italien unternahm. Dem Dienst an seinem Kampf ordnete er auch dieses Unbehagen unter.

Skanderbeg war angetreten, eine alte Welt wiederzuerrichten, indem er das neue Imperium auf dem Balkan zerstören wollte. Er sah sich als neuen Balša III., dachte also zunächst auch in kleinregionalen Traditionen, wohl auch, um seine adligen Standesgenossen nicht zu verschrecken. Als diese ihm die Gefolgschaft verweigerten, betrieb er die Schaffung einer eigenen größeren Herrschaft unter neapolitanischer Vasallität, die er zu einem Königreich von päpstlichen Gnaden zu erheben hoffte. Er übernahm die Vorstellung, ein neuer Alexander zu sein, ein Held des Okzidents gegen den Orient, Gründer eines neuen Reiches auf dem Balkan: so hochfliegend die Pläne waren, so tief folgte der Sturz. Bei seinem Tod hinterließ Skanderbeg ein zerstörtes, entvölkertes Land. Zum Schluss stand er ganz allein, die Gefolgsleute tot oder erschlagen, von vielen Adligen, selbst Männern aus der engsten Verwandtschaft verraten, ein Opfer der italienischen Mächtekonkurrenz.

Auch wenn sich dergestalt Grundzüge der aufständischen Gesellschaft bestimmen lassen, fällt die Klärung der eigentlichen Motive Skanderbegs und seiner Gefolgsleute dennoch schwer. Einen Grund, der alles erklärt, kann man nicht ausmachen, zu verschieden waren die einzelnen Gruppen, die sich der Erhebung anschlossen, zu stark die zeitliche Dynamik eines Krieges, der sich über ein Vierteljahrhundert erstreckte. Verschiedene Motivschichten sind freizulegen: Zum einen der Anführer, Skanderbeg, zunächst beseelt von persönlicher Rache, die ihn aber nicht blind machte, sondern antrieb, an einer weitgespannten Verschwörung gegen das osmanische Reich teilzunehmen, in die weite Teile des südosteuropäischen Adels verwickelt waren. Er sollte durch Desertion das osmanische Heer schwächen. Dafür benötigte er Verbündete in der osmanischen Elite und die Unterstützung unzufriedener Untertanen des Sultans. Beides fand er: Im Kreise der neukonvertierten ehemaligen Balkanchristen muss es zu Spannungen gekommen sein, die offenbar meist persönlicher, nicht gesellschaftlicher Natur waren, denn ein Teil der jungen Adligen blieb dem Sultan treu, ein anderer fiel von ihm ab. Nur mit einigen rebellischen Offizieren hätte sich Skanderbeg niemals lange gehalten: Die Bewohner von Dibra, Mati und dem Land von Kruja griffen zu den Waffen. Diese Dorfgesellschaften wollten ihre „alte Freiheit“ zurückgewinnen, das heißt, dass sie das osmanische Reich und dessen neue Ordnung, Steuern und Rechtswesen, ablehnten, dass sie keine fremden Richter wünschten, keinen Zugriff eines fernen Herrschers auf ihre örtlichen Angelegenheiten. Die abgelegenen Berggebiete widersetzten sich dem neuen Imperium. Zeitgenössische Beobachter sprachen von der besonderen Mentalität der Bergbewohner. Dann bot diesen ein Krieg auch Gelegenheit, aus ihren kargen Hochländern in die reichen Ebenen hinabzusteigen, um dort in osmanischen und venezianischen Gebieten zu plündern. Ähnliche Motive bewegten die zahlreichen adligen Herren des südwestlichen Balkans: Sie hatten ihre Länder teils an die Osmanen bereits verloren, teils fürchteten sie die Absetzung durch den Sultan; auch sie erhofften die Rückkehr zur „alten Freiheit“, eine ungebundene Herrschaft ohne starken Kaiser, ohne Abgaben und Heerdienst. Die katholische Kirche schließlich verteidigte eine blühende Provinz, den südöstlichsten Ausläufer des römischen Ritus auf dem balkanischen Festland, uralte Erzbistümer, Bistümer und Klöster gegen das Vordringen der muslimischen Osmanen. Ein ganzes Bündel von Motiven tritt zutage, die von einander nur schwer zu trennen sind, besonders wenn man die gewaltige Beschleunigung betrachtet, die der Aufstand durch Krieg, Verrat, Flucht, durch die wiederholte Neugliederung der Rebellenschar annahm. Die Zugehörigkeit zum Christentum wirkte als identitätsstiftendes Element gegen einen muslimischen Widersacher. Die Religion bildete nicht die alleinige Triebkraft des Aufstands, sie war aber auch nicht eine bloße Nebenerscheinung. Das Selbstverständnis der Aufständischen und ihre Wahrnehmung im Abendland standen in Wechselwirkung; diese erreichte ihren Höhepunkt, als Skanderbeg in weitgespannte Kreuzzugspläne der Päpste miteinbezogen wurde. Der Freiheitsdrang der Bergbewohner im südwestlichen Balkan vermochte ohne Hilfe aus dem südlichen und westlichen Europa nicht zu überleben. Doch auch mit der wiederholt gewährten Unterstützung waren die Aussichten der Rebellen von Beginn an gering. Die armen, städtelosen Landschaften Tumenisht, Mati und Dibra waren außerstande, auf lange Sicht die Last des Krieges zu tragen. Skanderbegs Leben war daher kein Siegeszug, sondern vielmehr geprägt von einem dauernden Überlebenskampf, von Niederlagen, ausweglos scheinenden Situationen, aber auch oft genug jähen Wendungen des Schicksals. Ohne den Willen des Anführers wären die erschöpften Gefolgsleute den Osmanen schon früh unterlegen. Doch gerade der Siegeswille des Kastriota riss die Hochländer letztlich in den Untergang. Er hatte sie überfordert, seinem bedingungslosen Kampf gegen die Osmanen untergeordnet. Auf die unerhörte Herausforderung ihres abtrünnigen Offiziers hatten die Sultane mit ungekannter Härte geantwortet.

So ist Skanderbegs Leben und Aufstand zur Tragödie seines Herkunftsgebiets geworden, das wie keine andere Landschaft auf dem Balkan von den Osmanen verwüstet und entvölkert wurde. Skanderbegs Einsamkeit in seinen letzten Tagen ist geradezu sinnbildlich: Der Rächer seines Vaters, der Widersacher zweier Sultane, der Athlet Christi, der neue Alexander stand allein auf den Trümmern seines Werks. Um ihn herum war eine ganze Welt ins Grab gesunken, Päpste und Herrscher, die ihm Hilfe versprochen und geschickt hatten, seine christlichen Nachbarn im slawischen und griechischen Balkan, viele seiner Standesgenossen in Albanien, vor allem aber seine kleine, treue Gefolgschaft. Die Nachwelt wollte von dieser Tragik nichts wissen, sie sehnte sich nach einem siegbringenden Helden im Überlebenskampf gegen das osmanische Reich. So lebte der große Kastriota als strahlender Heros im Gedächtnis der Christen auf dem Balkan und im Abendland fort, und man vergaß, dass er eigentlich die tragische Gestalt einer Zeitenwende war.

ANHANG

AUS DER WERKSTATT DES HISTORIKERS

Zu den Quellen

Jede Untersuchung zu Skanderbeg hat sich mit den frühen Biografien, jenen des Marinus Barletius, des Demetrio Franco und des von G. M. Biemmi veröffentlichten sogenannten Anonymus antivarinus, auseinanderzusetzen. Die Meinungen der Historiker sind geteilt. *„Er fand lang nach seinem Tode mehrere Lebensbeschreiber, von denen der eine ein Fabler (gemeint ist Barletius, O. S.), der andere ein gerissener Schwindler (Biemmi) war"*, schrieb Franz Babinger[1] und nimmt damit die eine Extremhaltung ein: Er verweist diese erzählenden Texte weitgehend in das Reich der Phantasie. Auf der anderen Seite stehen überwiegend albanische Historiker, beginnend mit Fan Noli und hin zu Kristo Frashëri, die den Biografien volles Vertrauen schenken, wenn auch Frashëri in seiner Einleitung gewisse Vorbehalte einräumt, die er aber dann in seiner Darstellung nicht beachtet[2]. Unzweifelhaft ist, dass sich die gesamte Skanderbegtradition im Abendland und auf dem Balkan auf Barletius zurückführt, weshalb die Frage nach seinem Quellenwert von entscheidender Bedeutung ist. Nach Jahrhunderten unbedenklicher Übernahme seines Werks hat sich die wissenschaftliche Forschung des 20. Jahrhunderts dem Skutariner Priester gegenüber reserviert gezeigt. Die gründlichste Studie erstellte der Klausenburger Historiker Francisc Pall, der herausarbeitete, wie stark Barletius antike Klassiker, insbesondere Titus Livius, als Vorbilder heranzog[3]. Zu Recht wies Pall darauf hin, dass die zahlreichen in die Erzählung eingeschobenen Reden, ein Stilmittel der Geschichtsschreibung des Altertums, fiktiven Charakter aufweisen, und dass die ebenfalls bei Barletius wiedergegebenen Staatsschreiben keine Originale darstellen. Ebenfalls wies er Barletius chronologische Ungenauigkeiten nach. Seit Pall kurz vor dem Zweiten Weltkrieg seine Ergebnisse vorgelegt hat, sind aber zahlreiche neue Quellen gefunden worden, die eine andere Bewertung erlauben. Ohne hier den gesamten Text des Barletius kommentieren zu wollen – eine kritische Ausgabe mit historischen Anmerkungen ist ein Desiderat der Forschung –, kann festgehalten werden: Wo Parallelquellen, in der Regel italienische und dalmatinische Aktenstücke, vorliegen, bestätigen diese den Bericht des Barletius. Man darf daher annehmen, dass seine Darstellung auch dort übernommen werden kann, wo keine ergänzenden Zeugnisse verfügbar sind. Daher wird in vorliegendem Buch Barletius als Hauptquelle herangezogen, im Gegensatz zur frühen Skanderbegforschung, etwa eines Fallmerayer, wird die Erzählung aber nicht um seine „Vita" herum konstruiert. So wird versucht, die Mitte zwischen den beiden geschilderten Extremen in der Bewertung des Barletius zu halten.

Dieser ist also keineswegs ein „Fabler". Vielmehr bietet er einen – außer in der Chronologie – zuverlässigen Bericht, freilich im Gewande der humanistischen Historiographie. Der gewaltige Erfolg des Barletius beruhte nicht nur auf der brennenden Aktualität seines Gegenstandes, sondern auch auf seiner schriftstellerischen Meisterschaft: Mit seinen Verweisen auf antike Vorbilder, dem Einsatz klassischer Stilmittel, schlug er die Leserschaft in seinen Bann. Dies hinderte ihn nicht, insbesondere die mündliche Tradition von Skanderbegs Gefolgsleuten genau aufzuzeichnen, ob es sich um die Erinnerung an den Übertritt zum Islam im Derwischmilieu handelte oder die Beschreibung von Landschaften und Sprachgruppen. Seinen weiten Blick über den Balkan hinaus bewies er bei der Schilderung der slawischen Welt: Polen und die Hussiten waren ihm ein Begriff. Barletius war ein belesener, hochkultivierter Mann, in dessen Werk die mündliche Heldentradition des Balkans mit der Kultur des klassischen Altertums und der Renaissance verschmolz. Dass er Skanderbeg als christlichen Helden bewertete, entsprach, wie gezeigt, seiner eigenen weltanschaulichen Haltung, spiegelte jedoch vor allem das Selbstbild Georg Kastriotas wider. Nur in der Darstellung der Rolle Venedigs verfälschte Barletius den Verlauf der Dinge: Hier hatte er Rücksicht zu nehmen auf jenen Staat, der ihm und zahlreichen anderen christlichen Flüchtlingen Asyl bot; vermutlich aber empfand Barletius Venedig gegenüber, das er auch in seinem Frühwerk „Von der Belagerung Skutaris" (De Scodrensi obsidione) (zur Belagerung von 1474) rühmte, eine aufrichtige Treue.

Von Barletius weitgehend abhängig ist der wesentlich kürzere Bericht des Demetrio Franco, der nicht Latein, sondern Italienisch schrieb. Wie Barletius diente Franco, der aus Drivasto stammte, als katholischer Priester im Veneto (in S. Giovanni Battista di Briana bei Treviso); sein Lebenslauf, den ebenfalls F. Pall untersuchte, ist freilich besser bekannt[4]. Franco bringt nur wenige Ergänzungen zur Biografie des Skutariners. Er gibt an, in seiner Jugend Skanderbegs Finanzen verwaltet zu haben. Seine Erzählung greift ebenfalls mündliche Überlieferungen legendenhafter Art auf; dafür halten sich antike Reminiszenzen in engen Grenzen.

Wesentlich umstrittener als Barletius und Franco ist der Quellenwert des sogenannten Anonymus aus Antivari. Im Jahre 1742 legte der in Brescia wirkende Priester Gian Maria Biemmi eine Skanderbegbiografie vor, die er angeblich einem Wiegendruck des Erhard Radolt aus dem Jahre 1480 entnommen hatte, einem Werk, dessen Anfang und Schluss nach Biemmi verlorengegangen sein sollen[5]. Dieser frühe Druck soll von einem aus Antivari stammenden Zeitgenossen verfasst worden sein und die früheste Biografie darstellen. Es dauerte 200 Jahre, bis Kurt Ohly und Franz Babinger dieses Buch als äußerst geschickte Fälschung entlarvten, als Machwerk eines Mannes, der im 18. Jahrhundert auch andere Werke erfunden hatte[6]. Doch hatte Biemmi im 19. und frühen 20. Jahrhundert zahlreichen Historikern als glaubwürdige Quelle gedient, und ein nicht geringer Teil der auch staatlich geförderten Skanderbegtradition in Albanien stützt sich auf diese Fälschung. Generationen albanischer Historiker von Athanase Gegaj über Fan Noli bis auf Vertreter der jüngsten Zeit haben Biemmi immer wieder in Schutz genommen und weiter verwendet. Die Haltung Kristo Frashëris, der sich der Fälschung zwar bewusst ist, sie aber dennoch heranzieht, da sie wesentliche Elemente einer liebgewonnenen Tradition enthält, kennzeichnet den Charakter wichtiger Teile der albanischen Forschung. Als einziger ist dem Kasem Biçoku entgegengetreten, der in seiner Skanderbegbibliographie von 1997 unmissverständlich von einer Fälschung sprach und in seiner eigenen Skanderbegbiografie Biemmi nicht berücksichtigt hat[7]. Das Schicksal von Biemmis Fälschung zeigt auf eigentümliche Weise, welche Macht Erzählungen ausüben können, wenn ein politischer und kultureller Wille vorhanden ist, ihnen zu glauben. Auch wenn die Berufshistoriker auf dem Balkan von Biemmi abrücken, werden in breiteren Bevölkerungsschichten, aber auch in der staatlichen Erinnerungskultur (etwa den Museen von Kruja und Lezha) die Phantasien des begabten lombardischen Priesters als historische Tatsachen weiterleben.

Einfacher gestaltet sich die Quellenkritik beim Umgang mit anderen zeitgenössischen Erzählungen von aus der Region stammenden Autoren. Was sich erhalten hat, ist im italienischen Exil entstanden. Zu nennen ist die kurze, aber wichtige Lebensbeschreibung Skanderbegs aus der Feder des Bischofs von Dulcigno, Martinus Segonus[8]. Dieser war in Novo Brdo geboren, der Minenstadt im Kosovo. Er erwarb in Padua den Doktortitel und trieb zeit seines Lebens zum Kampf gegen die Osmanen. So verfasste er eine landeskundliche Abhandlung zuhanden von Papst Sixtus IV., die zu den zuverlässigsten geographischen Texten über die Region gehört. Als Einheimischer verfügte er über gute mündliche Quellen besonders zu den frühen Jahren Skanderbegs. Segonus verdankt man Details zu Skanderbegs Brüdern und besonders zu dem Feldzug nach Siebenbürgen; damit wird die Verbindung des Kastriota zu Johann Hunyadi erst richtig fassbar.

Ebenfalls von einem Mann aus der Region verfasst sind die Erinnerungen des Giovanni Musachi, der zu Beginn des 16. Jahrhunderts in Unteritalien lebte[9]. Ihr Wert beruht auf zwei Elementen: Zum einen vermittelt das Werk zahlreiche unbekannte Einzelheiten, zum anderen – und dies ist wesentlich wichtiger – bietet es im Gegensatz zu Barletius kein Heldenlied, sondern die kritische Sichtweise des albanischen Adels auf einen Mann, der zwar für seine überragenden Fähigkeiten bewundert wurde, der aber gleichzeitig als Feind und Verderber des albanischen Adelsstandes galt. Unter diesem Gesichtspunkt wurde Musachi aber bisher kaum ausgewertet, da besonders die albanische Geschichtsforschung Wert auf die nationale Einheit der Akteure legte.

Barletius und Musachi wurden entscheidend von der Familie des Durazziner Erzbischofs Paul Angelus beeinflusst, die im ausgehenden 15. und im 16. Jahrhundert durch eine geschickt betriebene Erinnerungspolitik eine herausgehobene Stellung in der Gesellschaft ihrer neuen Heimat erwarb[10]. Der Bruder des 1469 verstorbenen Kirchenfürsten, Peter Angelus, gelangte nach 1479 in Venedig zu Ansehen. In ihrem Gepäck hatten die Angeli aus ihrer Heimat Drivasto ein Handschriftenkonvolut nach Italien gebracht, in dem echte Urkunden und Fälschungen ein schwer entwirrbares Ganzes bilden. Dieser Bestand liegt heute zum Teil in der Bibliothek des Museo Correr in Venedig, zum Teil in der Biblioteca laurenziana in Florenz. Die Florentiner Handschrift Ms. Ashburnham 1184, die unter anderem die bereits erwähnte albanische Taufformel enthält, kann als Hauptwerk dieser katholisch-nordalbanischen Erinnerungskultur gelten, die die Familie Angelus als Nachkommen der gleichnamigen byzantinischen Kaiserdynastie (am Ende des 12. Jahrhunderts) und damit als hochadliges Geschlecht darstellt, das mit allen wichtigen aristokratischen Häusern des Balkans verwandtschaftlich verbunden gewesen sei. Auch bei Barletius wird das Lob der Familie gesungen, was auf die Einwirkung der Venezianer Angeli auf den Biografen zurückzuführen ist. Angehörige der Familie unterhielten auch enge Beziehungen zum zweiten Biografen des Helden, Demetrio Franco, dessen Tante die Mutter des großen Erzbischofs Paul und dessen 1512 gestorbenen Bruders Peter gewesen sein soll[11]. Die Urkunden- und Handschriftensammlung der Angeli wirft ein Licht auf die Geisteswelt jener Kreise, die um 1464 ein katholisches Königreich Albanien errichten wollten, wobei, wie erzählt, der Erzbischof den Kardinalshut erhalten hätte. Nicht alle Dokumente sind freilich gefälscht; einige belegen die tatsächliche Stellung der Familie als einflussreiche Patrizier in Drivasto.

An erzählenden Quellen aus dem Balkan sind als nächstes die spät- bzw. nachbyzantinischen Geschichtsschreiber und ihre osmanischen Pendants zu nennen. Ihr Quellenwert wurde oben analysiert. Besonders die byzantinischen Autoren Chalkokondyles und Sphrantzes wurden seit Langem herangezogen, während der wesentlich inhaltsreichere Kritobulos eigenartigerweise keine derartige Beliebtheit genoss. Seine Bedeutung für die Militär- und Umweltgeschichte, seine feine Analyse der Aufstandsmotive ist jedoch kaum übertroffen. An einheimischen christlichen Quellen liegen einige wenige Randnotizen serbischer und byzantinischer Handschriftenschreiber vor – sogenannte Kurzchroniken, die im Wesentlichen nur dürre Angaben zu Kriegszügen bieten. Immerhin belegen sie die Bekanntheit Skanderbegs außerhalb seines engeren Machtbereichs.

Die osmanischen Quellen wurden demgegenüber erst im 20. Jahrhundert aufgearbeitet; es liegt eine serbische Übersetzung der einschlägigen Passagen aus der Feder des Skopioter Osmanisten der Zwischenkriegszeit, Gliša Elezović, vor, die ergänzt wird um ein drei Jahrzehnte später veröffentlichtes Sammelwerk des wichtigsten albanischen Osmanisten der Hoxha-Zeit, Selami Pulaha[12]. Ebenso bedeutsam sind die Untersuchungen des in Prishtina wirkenden kosovoalbanischen Orientalisten Hasan Kaleshi. Die ragusanischen Chroniken hingegen, die ebenfalls regionale Quellen darstellen, bieten recht wenig (vor allem das Werk des Junius Resti/Restić). Verstreutes findet sich im Geschichtswerk des Antonio Bonfini zu Ungarn im 15. Jahrhundert.

Von den italienischen Autoren des 15. Jahrhunderts ist Papst Pius II. als erster zu nennen, dann der Venezianer Sabellico. Die Verfasser des 16. Jahrhunderts schöpften bereits aus einer von Barletius geprägten Tradition. Während Pius II. ein echtes Interesse am Balkan bekundete, nicht zuletzt mit Blick auf einen geplanten Kreuzzug, erschien den anderen Gelehrten diese Welt doch recht fremd. Sie trugen aber wesentlich zum Ruhm Skanderbegs im Abendland bei. Die venezianischen Chroniken, deren Verfasser oft Zugang zu heute verlorenem Aktenmaterial hatten, schrieben zum Ruhm ihrer Republik und widmeten einer Gestalt, die zumeist als Gegner Venedigs auftrat, nur wenig Raum. Allein die ungeordnete Materialsammlung des Stefano Magno, die sich aus Abschriften von Akten und anderen Chroniken zusammensetzt, bietet wertvolles Material[13].

Außerhalb Italiens entstanden keine erzählenden Werke, die nicht auf Barletius zurückgehen; ihr Quellenwert ist daher äußerst gering.

Die Hauptfragen von Skanderbegs Leben sind aber nur anhand von urkundlichem Material zu klären, das in großer Fülle und Einseitigkeit vorliegt. Mit Ausnahme ganz weniger Stücke, die zumeist in Dubrovnik aufbewahrt liegen, hat sich aus Skanderbegs Kanzlei nichts erhalten[14]. Dies zwingt dazu, den Kastriota von außen zu betrachten, da eine Schau von innen beinahe unmöglich ist. Die überwiegende Zahl der Akten und Urkunden stammt aus italienischen Beständen und beleuchtet naturgemäß die Beziehungen Skanderbegs mit den Staaten der Apenninenhalbinsel. Bruchstücke liegen auch für das Verhältnis zu Burgund vor. Der Quellenverlust ist auch hier außerordentlich groß[15]. Mehrere Archivtragödien haben weite Teile des zeitgenössischen Aktenverkehrs vernichtet. Am verheerendsten wirken sich auf die Skanderbegforschung die beiden Feuersbrünste im Dogenpalast von Venedig in den 70er-Jahren des 16. Jahrhunderts aus. Dabei wurde diejenige Abteilung des Archivs, welche die aus Südosteuropa einlangenden Briefschaften venezianischer Behörden enthielt, vollständig zerstört. Hätte sich dieser Bestand erhalten, könnte man Skanderbegs Wege Tag für Tag verfolgen. Überstanden hat diese Katastrophe diejenige Abteilung des Archivs, in der die ausgehende Korrespondenz, also Weisungen und Beschlüsse der venezianischen Zentralbehörden, aufbewahrt wurden. Da die Beschlussfassung jeweils begründet wurde, bieten diese Texte gleichsam ein Echo der verlorenen Berichte aus Südosteuropa. Eine Vorstellung von der Reichhaltigkeit dieser Behördenberichte vermitteln einzelne Abschriften, die sich besonders im Staatsarchiv von Mailand erhalten haben[16]. Die Herzogsdynastie der Sforza begründete in der zweiten Hälfte des 15. Jahrhunderts die Einrichtung ständiger diplomatischer Vertreter an auswärtigen Höfen. Diese Residenten berichteten ihren Herren fortlaufend über politische Entwicklungen und analysierten diese oft sehr eingehend. Die mailändischen Residenten in Venedig, Neapel und Rom, also Staaten, die starke Interessen auf dem Balkan verfolgten, bezogen daher Skanderbeg in ihre Berichterstattung ein. Bisweilen legten sie ihren „dispacci" Kopien des offiziellen Schriftwechsels zwischen den venezianischen Behörden in Albanien und dem Dogen bei, die sie teils vom Dogen überreicht erhalten, teils auch durch Spionage erworben hatten. Die Schlacht von Berat ist aus derartigen kopierten Berichten in allen Einzelheiten bekannt. Die Mailänder „dispacci" gehören so zu den wichtigsten Quellen überhaupt. Auch die Familie der Gonzaga in Mantua unterhielt einen derartigen Nachrichtendienst, der aber weniger umfassend war als derjenige ihrer viel reicheren und mächtigeren nördlichen Nachbarn, der Sforza.

Reste des venezianischen Behördenverkehrs befinden sich auch im Staatsarchiv von Zadar, besonders im Bestand des Archivs der Insel Korčula. Hier liegen Kopien des amtlichen Schriftverkehrs des venezianischen Statthalters mit den Dogen, die einige ergänzende Nachrichten enthalten. Korčula war ein wichtiger Transithafen auf dem Weg nach Venedig. Da mit der Berichterstattung über Albanien vor allem die Statthalter in Venezianisch-Albanien beauftragt waren, erfolgten die Nachrichten zu Skanderbeg aus Korčula jedoch nur sporadisch.

Insgesamt bietet der in Venedig bzw. im venezianischen Machtsystem entstandene Nachrichtenfundus zu Skanderbeg wegen der Quellenverluste stark die Sicht der venezianischen Zentralbehörden.

Noch verheerender ist der Quellenverlust für das Königreich Neapel, dessen Archiv 1943 bei Kampfhandlungen völlig niedergebrannt ist. Überlebt haben nur jene Urkunden, die vor diesem Datum von Historikern transkribiert worden waren. Überhaupt ist die Zahl der in Süditalien aufbewahrten Quellen im Vergleich zu den venezianischen Beständen sehr bescheiden. Vielleicht könnten Forschungen in lokalen apulischen Archiven noch einzelne ergänzende Stücke liefern. Doch auch in den Notarsarchiven ist mit erheblichem Quellenverlust zu rechnen. Rom als drittes großes Nachrichtenzentrum erlitt im Sacco di Roma von 1527 ebenfalls eine enorme Schädigung seiner Archivbestände. Deshalb enthalten die vatikanischen Bestände, die von zahlreichen Historikern seit dem 19. Jahrhundert erforscht worden sind, ebenfalls nur eine erstaunlich kleine Zahl von Quellenstücken. Diese sind oft mehrfach herausgegeben worden. Der Quellenverlust erschwert besonders die Untersuchung von Einzelheiten der Verhandlungen zwischen Skanderbeg und den Päpsten. Auch hier muss auf Mailänder und Mantuaner Dispacci zurückgegriffen werden, um die päpstliche Haltung gegenüber den Aufständischen zu rekonstruieren.

Das Dubrovniker Archiv ist seit dem ausgehenden 19. Jahrhundert außerordentlich gründlich ausgewertet worden. Die Akten des Großen und des Kleinen Rates enthalten in der Regel nur knappe Beschlüsse und sind weit weniger inhaltsreich als die venezianischen Senatsentscheide. Aus den kurzen und dürren Angaben lässt sich der diplomatische Verkehr ablesen, nicht aber dessen Inhalt. Bedeutend sind die verschiedenen Serien von Notarsakten: Sie bieten Angaben zum Handel von Ragusaner Kaufleuten in Skanderbegs Machtgebiet. Das Archiv des zu Venezianisch-Albanien gehörenden Kotor stellt ebenfalls Angaben zur Handelsgeschichte zur Verfügung, kaum aber zu Skanderbeg selbst. Erstmals für die Skanderbegforschung fruchtbar gemacht werden in der vorliegenden Arbeit die Notarsbestände des in Zadar aufbewahrten Archivs von Korčula. Die Albanien benachbarten süddalmatinischen Inseln führten erhebliche Mengen albanischen Getreides ein und unterhielten enge Beziehungen zum albanischen Adel und den großen venezianischen Häfen Alessio und Durazzo. Die Handelsstrukturen glichen denen von Dubrovnik und Kotor. Das Archiv von Korfu, wo die wichtigste venezianische Festung im ionischen Meer lag, ist bei der Belagerung von 1540 schwer beschädigt worden. Ob sich dort möglicherweise einzelne Stücke mit Bezug auf Skanderbeg erhalten haben, konnte noch nicht abgeklärt werden. Die regionalen Archive (Dubrovnik, Zadar, Kotor) bieten einen ganz anderen Blickwinkel als die großen italienischen Bestände: Sie erweitern aber den Zugang zu Wirtschaft, zum Teil auch Gesellschaft des Aufstandesgebietes, und zwar jenseits eines heroisierten Kriegsgeschehens, wie es in den erzählenden Quellen vorgestellt wird. Das Alltagsgeschäft von Getreide- und Waffenhandel tritt hier zutage, zudem auch die mühsame Beschaffung von Kapital durch die Aufständischen.

Bei der starken Konzentration auf die Quellen zur diplomatischen Geschichte, die alle aus westeuropäischen Archiven stammen, läuft die Forschung Gefahr, die Außenbeziehungen Skanderbegs gegenüber seinem Verhältnis zu seinen balkanischen Nachbarn und seinem Kampf gegen regionale osmanische Würdenträger zu vernachlässigen. Die italienischen Quellen sehen nur die großen Protagonisten, das heißt vor allem den Kastriota und seinen Widersacher, den Sultan. Sie beschränken ihren Blick auf die albanische Küste. Die Berge und das Innere des Balkans liegen außerhalb ihrer Reichweite. Die balkanische Seite von Skanderbegs Kampf – mit anderen Worten: der eigentliche Kern seines Lebens – ist aus einheimischen Urkunden und osmanischen Steuerregistern herauszulesen. Das Urkundenwesen Bosniens, der Herzegowina und des serbischen Despotats ist weitgehend verloren. Die Beziehungen der südslawischen Fürstentümer zu Skanderbeg lassen sich nur mit Quellenmaterial aus Ragusa untersuchen. Einen bescheidenen Ersatz bieten byzantinische und serbische Kurzchroniken[17]. Aus Ochrid und den griechisch-byzantinisch geprägten Städten in Epirus liegen kaum überlieferte Texte vor. Der Blick orthodoxer Christen aus der Region lässt sich nicht rekonstruieren – die bereits angesprochene nachbyzantinische Geschichtsschreibung ist – mit Ausnahme des Georgios Sphrantzes, der auf Korfu seinen Lebensabend verbrachte – weit entfernt vom inneren Balkan entstanden.

Osmanische Steuerregister wurden erst nach der osmanischen Eroberung erstellt und spiegeln demnach den Zustand nach den verheerenden Zerstörungen wider, die den Erfolg des Sultans erst ermöglicht hatten. Rückschlüsse auf die vorosmanische Zeit werden durch Bevölkerungsverlust (durch Mord, Flucht und Deportation) erschwert; dennoch gehen Namensformen, konfessionelle Zugehörigkeit, gesellschaftliche Schichtung und besonders Formen der Landwirtschaft (Getreidearten, Viehwirtschaft, Mühlen) aus den sonst dürren Notizen hervor. Diese Steuerregister wurden im Wesentlichen von der makedonischen Osmanistik der Forschung zugänglich gemacht (durch M. Sokoloski und A. Stojanovski)[18]. In jüngerer Zeit hat sich besonders D. Ǵorǵiev mit der Interpretation der sozialgeschichtlich bedeutsamen Angaben beschäftigt. Von albanischer Seite hat Selami Pulaha einen Teil des Defters von 1467 erschlossen[19]. Die Steuerregister bieten auch entscheidende Anhaltspunkte für die Analyse von Gefolgsleuten und Gegnern Skanderbegs; sie erst zeigen, dass die Bruchlinien quer durch die regionale Gesellschaft verliefen, und zwar nicht entlang ethnischer Linien, sondern durch die Sprachgemeinschaften hindurch.

Die Zahl der Skanderbegbiografen ist Legion, doch entspricht die Menge der Lebensbeschreibungen in keiner Weise ihrer wissenschaftlichen Qualität, erst recht nicht kann man davon ausgehen, dass neuere Werke gegenüber ihren Vorgängern jeweils Fortschritte im Erkenntnisgewinn bieten. Bis zur Mitte des 19. Jahrhunderts stützte sich die in vielen europäischen Sprachen verfasste Skanderbegpublizistik fast ganz auf Marinus Barletius. Die erste Darstellung mit wissenschaftlichem Anspruch legte Jakob Philipp Fallmerayer vor, der zwar auch Barletius als Hauptquelle verwendete, aber auch die zu seiner Zeit erschlossenen byzantinischen und osmanischen Geschichtsschreiber heranzog[20]. Archivmaterial hingegen hatte er nicht erforscht. Fallmerayers Werk bleibt, obwohl es inhaltlich in vielen Teilen überholt ist, ohne Zweifel die stilistisch glänzendste Biografie, die in unvergleichlicher Weise den heroischen Charakter Skanderbegs erfasst. Den Übergang zur breiten Untersuchung von Archivmaterial vollzog der große Historiker des mittelalterlichen Griechenlands, Karl Hopf[21]. In fast allen oben erwähnten Archiven hatte er umfangreiche Forschungen unternommen. In seiner „Geschichte Griechenlands im Mittelalter" behandelte er den albanischen Raum mit. Dieses Werk ist die erste wissenschaftliche Darstellung der albanischen Adelswelt. Hopf gelang auch die Entdeckung der Chronik des Giovanni Musachi, die er gemeinsam mit dem Albanienkenner Johann Georg von Hahn auswertete. Die von Hahn und Hopf vorgelegte Untersuchung zählt zu den – zu Unrecht vergessenen – Grundlagenwerken über den albanischen Adel. Etwas nach Hopf begann der Russe Vinkentij Makušev umfassende Arbeiten in italienischen Archiven; zwar ging es ihm zunächst um Quellen zu den Slawen im Mittelalter, er stieß aber besonders in Mailand und Mantua auch auf bedeutsame Urkunden zur Geschichte der Albaner. Makušev kam das große Verdienst zu, die Dispacci des Mailänder Archivs erstmals benützt zu haben[22]. Nach Hopf und Makušev flachte das Niveau aber ab.

Der österreichisch-ungarische Konsul in Joannina, Julius Pisko, veröffentlichte 1894 ein schmales Bändchen, in dem er auch Mailänder Archivmaterial heranzog[23]. Verheerend wirkte sich Piskos Vertrauen in den Fälscher Biemmi aus. Da sich immer mehr erwies, dass beinahe jeder Skanderbegbiograf von seinem Vorgänger abschrieb, oft ohne diesen zu zitieren oder sich kritisch mit dessen Quellenarbeit auseinanderzusetzen, wurden Irrtümer von Buch zu Buch weitertradiert. Dies galt nicht für die albanienkundlichen Arbeiten Ludwig von Thallóczys, Milan von Šufflays und Konstantin Jirečeks – nur konzentrierten sich diese österreichisch-ungarischen Gelehrten auf die Erforschung der Zeit vor Skanderbeg. Šufflay wurde 1931 vom serbischen Geheimdienst ermordet. Das Archivmaterial, das er und Thallóczy in jahrelanger Arbeit zusammengetragen hatten, wurde 1941 von Jirečeks Schüler, dem bedeutenden serbischen Historiker (und Vertreter eines großserbischen Nationalismus) Jovan Radonić, veröffentlicht. Dieses Quellenwerk ist bis heute eine wesentliche Grundlage für jede Arbeit zu Skanderbeg: In großem Stile werden Akten aus Dubrovnik, darunter auch die serbischen Urkunden der Kastriota, daneben aber auch Material aus Venedig, Rom, Mailand und Mantua sowie – besonders bedeutsam – aus Barcelona abgedruckt; in Barcelona liegen wichtige Teile des Archivs von Skanderbegs Lehensherrn Alfons V.

In der Zwischenkriegszeit erlebte die Skanderbegforschung eine Blüte: Biografien legten die Albaner Fan Noli und Athanase Gegaj sowie der Italiener Alessandro Cutolo vor[24]. Alle drei Biografen folgten dem Fälscher Biemmi und trugen wesentlich zur Verbreitung von dessen Erfindungen bei[25]. Nolis ideologisch bedingte Einschätzung Skanderbegs wurde bereits angesprochen. Gegaj sah den Kastriota als *„vollkommenen Heerführer. Von eindrücklichem Äußerem, von seltener Körperkraft, ein Feind von Luxus und Ausschweifung, fromm und sehr rücksichtsvoll gegenüber den Schwachen"* (162). Er habe Albanien zwar den Osmanen nicht entreißen können, doch: *„Indem er die osmanische Flut, die Italien zu überschwemmen drohte, aufhielt, haben Skanderbeg und sein Volk nachhaltig dazu beigetragen, die westliche Zivilisation zu retten"* (163). Gegaj ist also ein Vertreter der antemurale-christianitatis-Deutung Skanderbegs. Cutolo schrieb in Teilen schlicht Nolis Biografie aus[26].

Wertvoller als diese Versuche von Gesamtdarstellungen waren die Einzelstudien von Francisc Pall und Constantin Marinescu, zwei rumänischen Historikern. Marinescu erforschte insbesondere das reiche Kronarchiv von Aragón und legte eine bis heute gültige Geschichte der Ostpolitik Alfons' V. vor[27]. Palls Verdienste bei der Quellenkritik wurden bereits erwähnt. Er tat sich auch bei der Erschließung von Mailänder Material und als kritischer Betrachter der Skanderbeghistoriographie hervor[28]. Pall setzte seine Forschungen auch nach dem zweiten Weltkrieg fort, konzentrierte sich aber immer mehr auf Themen der rumänischen Geschichte.

Nach 1945 entstanden in Albanien erstmals wissenschaftliche Einrichtungen, die im Dienste der Partei eine sozialistisch geprägte Nationalgeschichte zu entwickeln hatten. Während die zahlenmäßig kleine Gründergeneration oft noch im west- und mitteleuropäischen Ausland (Österreich, Frankreich) studiert hatte, wurde die Nachkriegsgeneration bis in die frühen 60er-Jahre in Moskau ausgebildet. Nach dem Bruch des Diktators Enver Hoxha mit der Sowjetunion bildete sich jener Isolationismus aus, der das wissenschaftliche Leben in nationalistische und oft fremdenfeindliche Enge trieb, aus der es sich heute nur mühsam befreit. Mit den Machtmitteln des totalitären Staates verbreitete das kommunistische Albanien sein Skanderbegbild. Von den späten 60er-Jahren bis heute bestimmen im Wesentlichen dieselben Historiker die Deutung des Nationalhelden. Erst in jüngster Zeit zeichnen sich erste zaghafte Anzeichen einer Wissenschaftskritik ab. Obwohl Skanderbeg vom Regime, wie gezeigt, gezielt als Symbol einer Zivilreligion instrumentalisiert wurde, kamen die Forschungen zur historischen Gestalt, die stark von dem offiziellen Geschichtsbild abwich, kaum voran. Es entstand die etwas paradoxe Situation, dass Skanderbeg in den albanischsprachigen Gesellschaften immer präsenter wurde, dass man aber zugleich außer stereotypen Formeln und festen Narrativen kaum etwas über seine tatsächlichen Lebensumstände wusste. Skanderbeg wurde zum Denkmal, zu jener unbeweglich ehernen Gestalt, die von den Monumenten auf den großen Plätzen und im Empfangssaal des Präsidentenpalais düster hinabblickt.

Außerhalb Albaniens schritt die Beschäftigung mit dem Thema fort. Giuseppe Valentini, ein Jesuit, der vor dem Krieg in Shkodra gewirkt hatte, gab seine gewaltige Sammlung venezianischer Quellen heraus, die bis heute Grundlage jeder Arbeit zum Thema ist[29]. Auch in den vatikanischen Archiven wurden mit Hinblick auf das Jubiläumsjahr 1968 neue Quellenfunde ans Licht gezogen und v. a. von Valentini und Ignazio Parrino zugänglich gemacht[30]. Alain Ducellier erschloss die Archive von Dubrovnik und Kotor; zeitgleich mit ihm arbeitete der serbische Historiker Bogumil Hrabak zur Handelsgeschichte. Ivan Božić untersuchte die ländliche Gesellschaft Nordalbaniens und Montenegros und legte eine Synthese der albanischen Geschichte im Mittelalter vor. Momčilo Spremić setzte sich mit der venezianischen Herrschaft und der Kirchengeschichte auseinander. Berücksichtigung fand Skanderbeg auch in Überblicksdarstellungen zu den späten Kreuzzügen, bei K. M. Setton etwa und bei N. Housley. Obwohl lebhaft geschrieben, bietet das posthum veröffentlichte Buch des britischen Spions (und Untergebenen Ian Flemings) Harry Hodgkinson zur Quellenlage kaum Neues. Sein Wert liegt in der Kenntnis des Autors von Landschaft und Mentalität, besonders der Bergbewohner, unter denen der Verfasser im Zweiten Weltkrieg seiner Tätigkeit nachgegangen war[31].

Zehn Jahre nach dem Ende des kommunistischen Albanien erschienen dann fast gleichzeitig zwei Skanderbegbiografien aus der Feder bekannter albanischer Historiker[32]. Wesentlich Neues bot v. a. das Werk Kasem Biçokus. Zum einen, weil er die von makedonischen Osmanisten veröffentlichten osmanischen Steuerregister heranzog und damit stärker den Gegner Skanderbegs in den Mittelpunkt des Interesses stellte, zum anderen weil er, ebenfalls erstmals, die historische Geografie durch systematische Geländebereisung als Quelle erschloss. Dabei entwickelte er die These, dass der Handlungsraum Skanderbegs weit nach Osten zu verlegen sei, tief in das Territorium der heutigen Republik Makedonien. Eckpunkt der Argumentation ist die oben besprochene Lokalisierung Svetigrads in der Region von Demir hisar, von Modrič im Tal der Treska vor Skopje. Diese These ist nicht unumstritten und kann sich angesichts des Quellenmangels nur auf eine unsichere Basis stützen[33]. Auch wenn man mit Biçoku in dieser Frage nicht einig geht, bleibt sein Verdienst einer wichtigen methodischen Bereicherung der Skanderbegforschung, die, wie erwähnt, den zahlreichen Gedenktagungen zum Trotz, im Wesentlichen stagniert. Wie der zweite Biograf, Kristo Frashëri, einer der führenden Vertreter der kommunistischen Historiografie, vermag er aber den nationalgeschichtlichen Rahmen und damit eine ethnonationale Deutung nicht zu verlassen. Die Rückprojizierung moderner ethnischer Identitäten in das Mittelalter wird bis heute in der albanischen Forschung kaum hinterfragt, moderne Theorien zur Nationenbildung kaum zur Kenntnis genommen. Methodische Überlegungen haben neben dem mehrfach erwähnten Geschichtsideologen Aleks Buda mehrere Historiker außerhalb Albaniens angestellt, die aber von der Forschung, besonders in Albanien, kaum wahrgenommen worden sind. Francisc Pall, der ostdeutsche Historiker Willy Steltner, Giuseppe Ghetti und besonders Giuseppe Valentini haben Versuche unternommen, Quellen und besonders die Historiographie kritisch zu bewerten und methodische Leitlinien im Umgang mit der Skanderbegproblematik zu stellen[34]. Valentini hob das Spannungsverhältnis zwischen Schriftquellen und mündlicher Tradition hervor, auch die Gefahr, die heroische Dimension Skanderbegs, d. h. seine Wahrnehmung als Held durch die Gesellschaft des albanischen Raumes, durch eine einseitige Konzentration auf die zumeist außerhalb des Balkans entstandenen Dokumente zu vernachlässigen. Kritisch setzte er sich dann auseinander mit dem Skanderbegbild im kommunistischen Albanien, wo er historischen Materialismus und Nationalismus im Widerstreit sah. Von der Wahrnehmung besonders bei den Italo-Albanern hebt er als Grundelemente das heroische Ideal, die Erinnerung an Albanien als Heimatland und den christlichen Glauben hervor.

Einen wesentlichen Erkenntnisfortschritt ermöglichte nach 1945 die Arbeit der Osmanisten in der Türkei, in Makedonien und Albanien: Chroniken, v. a. aber die wichtigen Steuerregister liegen in Editionen und Übersetzungen vor und ermöglichen eine genauere Analyse gesellschaftlicher und wirtschaftlicher Strukturen. Gleiches gilt für die in den letzten Jahren veröffentlichen Mailänder Dispacci vom neapolitanischen Königshof[35].

Ob sich die Quellenbasis nochmals bedeutend erweitern lässt, ist nur schwer abzuschätzen. Eine systematische Suche ist in vielen Fällen methodisch kaum zielführend, da sie viel zu aufwendig ist. Zudem sind aus dem vatikanischen Archiv angesichts der schieren Quellenmenge eher Zufallsfunde zu erwarten; ebenso in Venedig, wo in den Notaren, Testamenten oder dem Bestand der Procuratori di S. Marco das eine oder andere noch zu finden sein dürfte. Bisher enttäuschend waren die Quellen, die aus süditalienischen Archiven zugänglich gemacht wurden. Insgesamt aber handelt es sich um Materialbestände, die nur in langjähriger Arbeit auf Scanderbegiana durchforscht werden können, eine Aufgabe, die einheimische Historiker wesentlich besser durchzuführen imstande sind als Auswärtige.

BEMERKUNGEN ZUR BEGRIFFLICHKEIT VON SPRACHGRUPPEN UND RÄUMEN SOWIE ZU ORTS- UND PERSONENNAMEN

Die Begrifflichkeit von Räumen, Orten und Menschen stellt in der südosteuropäischen Geschichte insofern ein methodisches Problem dar, als in modernen gesellschaftlichen und politischen Diskussionen Versatzstücke aus der Geschichte oft als Argumente herangezogen werden und Unklarheit beim Umgang mit der entsprechenden Terminologie Missverständnissen Vorschub leisten kann. Daher sei in einiger Ausführlichkeit die Vorgehensweise in diesem Buch erklärt.

Raumbegrifflichkeit

Der zentrale Raumterminus ist „Albanien". Dieser kennzeichnet aber weder einen Staat noch einen festumrissenen Raum. Vielmehr gehört „Albanien" zu jenen sehr instabilen Raumbegriffen des mittelalterlichen Balkans (wie etwa „Makedonien" oder die „Sclavonia"), die im Laufe der Zeit sehr unterschiedliche Räume bezeichnen konnten. Der Raumbegriff „Albanien" ist an die Existenz von Sprechern des Albanischen geknüpft, was aber nicht bedeutet, dass diese tatsächlich in allen im Mittelalter jemals als „Albanien" bezeichneten Gebieten eine Mehrheit gestellt hätten. Als isolierte Sprache innerhalb der indogermanischen Sprachgruppe fielen Sprecher des Albanischen in einem griechischen, slawischen oder italienischen Milieu auf. Im Spätmittelalter dehnte sich das albanische Sprachgebiet durch Wanderungsbewegungen aus dem heutigen Mittelalbanien stark aus. So stammt der erste schriftliche Beleg von der Existenz der Sprache aus dem Hinterland von Dubrovnik (1282), wo kaum ein geschlossenes Sprachgebiet bestand. Um 1400 bezeichnete ein italienischer Pilger die epirotische Küste gegenüber dem Hafen von Patras als „Albanien", da sich damals eine albanischsprachige Adelsfamilie dort festgesetzt hatte und albanischsprachige Krieger, Bauern und Hirten als Neueinwanderer besonders ins

Auge stachen. Nach 1400 wanderte der Raumbegriff „Albanien“ nach Norden und reichte bis in die Bucht von Cattaro/Boka kotorska im heutigen Montenegro. Dies ist weniger auf eine albanische Bevölkerungsmehrheit, die dort nicht bestand, zurückzuführen, sondern auf die Verwaltungsbegrifflichkeit der Republik Venedig, die ihre Besitzungen zwischen Cattaro und Durazzo unter dem Terminus „Albanien“ zusammenfasste. In diesem venezianischen Albanien lebten Albaner, Slawen, städtische Balkanromanen und Vlachen nebeneinander. Es bildete also keine sprachliche Einheit. Noch unklarer ist die Abgrenzung nach Osten: heutige albanische Siedlungsgebiete im Kosovo und im westlichen Makedonien wurden im Mittelalter nicht als „Albanien“ bezeichnet. Es handelt sich bei „Albanien“ um einen rein geografischen, räumlich und zeitlich starken Schwankungen unterworfenen Raumbegriff, der nicht deckungsgleich ist mit einem geschlossenen Sprachgebiet, sondern – bei aller Vorsicht – als Wahrnehmungsraum zu verstehen ist, d. h. als Raum, in dem eine auffallende Präsenz der albanischen Sprache festgestellt wurde. Im spätmittelalterlichen Sprachgebrauch traten neben „Albanien“ auch die antikisierenden Raumbegriffe „Epirus“ und „Makedonien“. Der Skanderbegbiograf Barletius meint mit „Epirus“ den albanischen Sprachraum, den er von „Bulgarien“ abgrenzt; er gibt auch an, wo im Wesentlichen die Sprachgrenze verlief, nämlich im Bereich der modernen Staatsgrenze zwischen den Republiken Albanien und Makedonien; über den nördlich anschließenden Abschnitt, die heutige Grenze zwischen Albanien und Kosovo, spricht er hingegen nicht[36]. Doch auch den Begriff Makedonien verwendet er, wie andere Zeitgenossen auch, bisweilen für das, was andere Quellen als „Albanien“ bezeichnen. „Makedonien“ kann bald das Vardartal, das Kerngebiet der heutigen Republik Makedonien, meinen, oder in Anlehnung an antikes Raumverständnis auch Teile des heutigen Albanien.

Ethnonyme

Ethnonyme wie „Albaner“, „Slawe“, „Serbe“, „Bulgare“, „Vlache“ und „Türke“ erscheinen häufig in den mittelalterlichen Quellen. Es ist aber unzulässig, sie mit Angehörigen heutiger ethnonational definierter Gruppen gleichzusetzen. Grundsätzlich kann davon ausgegangen werden, dass es sich um Sprecher einer bestimmten Sprache handelt. Sprachliche Unterschiede wurden von den Bewohnern des spätmittelalterlichen Balkans wahrgenommen und führten zur Ausbildung einer entsprechenden Einteilung von Menschen nach Sprachgemeinschaften. Bestimmte Ethnonyme weisen aber noch weitere Begriffsebenen auf: ein „Vlache“ kann Sprecher einer balkanromanischen Sprache sein, die mit dem heutigen Rumänisch verwandt ist, er muss es aber nicht. Denn als „Vlachen“ wurden Transhumanz (Wanderweidewirtschaft) betreibende Hirten bezeichnet. Im osmanischen Sprachgebrauch bildeten die „Vlachen“ eine Steuerkategorie[37]. Der Begriff ist im breiteren Sinne als sozioökonomisch zu verstehen, und erst in zweiter Linie auf eine bestimmte Sprachgruppe bezogen. „Türke“ kann einen Sprecher einer Turksprache bezeichnen, meint aber in der Regel einen Muslim, ohne jede ethnische Konnotation. „Albaner“ schließlich kann 1. einen Sprecher des Albanischen bezeichnen; 2. einen Menschen, der, ungeachtet seiner sprachlichen Zugehörigkeit, aus „Albanien“ stammt; oder 3. einen Bauern bzw. Hirten im Gegensatz zu einem Stadtbürger. Ähnliches gilt in bestimmten Umständen auch für den Begriff „Slawe“: das Stadtrecht von Cattaro, einer slawischsprachigen Stadt, unterschied zwischen „Bürgern“ und „Slawen“, letztere waren slawischsprachige Bewohner des Hinterlandes ohne Stadtbürgerrecht[38]. Ethnonyme sind aus diesen Gründen mit erheblicher Vorsicht zu verwenden.

Wie bei den Raumbegriffen verwenden auch hier einige Quellen eine altertümelnde Terminologie. Barletius spricht von „Epiroten“ (Albanern) und Triballern (Slawen); Papst Pius II. auch von Illyrern, womit Slawen gemeint waren[39].

Ortsnamen

Die mittelalterlichen Quellen – italienische, osmanische, griechische und slawische – bieten oft voneinander abweichende Formen, von denen keine „richtig“ oder „falsch“ ist. Hinzu kommt, dass einzelne Ortsnamen im Laufe der Zeit ihre Gestalt wechselten: als die Osmanen 1466/67 im Matigebiet ein Steuerregister erstellten, verzeichneten sie eine wichtige Burg Skanderbegs als „Bila kamin“[40]. Barletius nennt den Ort Petralba. Heute gilt die albanische Form „Guri i bardhë“, was jeweils „weißer Stein“ bedeutet. In diesem Fall wird die Form „Bila kamin“ verwendet, da es sich bei Barletius' „Petralba“ um eine humanistische Latinisierung, bei „Guri i bardhë“ um eine erst später belegte albanische Form handelt – wobei natürlich nicht ausgeschlossen werden kann, dass die albanische Form bereits im Mittelalter existiert hatte. Nur fehlen dazu Quellenbelege.

Die heutigen offiziellen Ortsnamen zu verwenden, wirft andere Probleme auf. Die Grenze zwischen der Republik Albanien und ihren Nachbarstaaten im Osten wurde erst 1912 gezogen. Im Mittelalter bestand in derselben Region ein breiter Übergangsraum mit sprachlich stark gemischter Bevölkerung. Eine Trennlinie zu ziehen, ist daher künstlich und wird den geschichtlichen Gegebenheiten nicht gerecht. Hinzu kommt, dass besonders im heutigen Dibra viele Ortsnamen albanisierte Formen slawischer Toponyme darstellen[41]. Der Unterschied zwischen dem slawischen Borovo (wohl von „bor“, Kiefer) und dem albanischen Borovë (oder in der bestimmten Form: Borova) ist äußerlicher Natur[42]. Auch größere Landschaften in Albanien trugen slawischstämmige Namen, wie etwa die Çermenika (slav. Čermenika, vielleicht aus slav. červen, rot – mit Bezug auf die rötliche Erde in dieser Region)[43]. Der Anteil slawischer Ortsnamen in den heute ostalbanischen Bezirken, also dem Debar/Dibra Skanderbegs, ist recht hoch: er beträgt in Gora am Schwarzen Drin 76,3 %, in Ober-Dibra 56,8 %, in Unter-Dibra 48,6 %, in Dolgo (oder Golo) brdo/alb. Gollobordë 79 %, weiter im Süden in der Çermenika 45,9 %. Demgegenüber ist der slawische Einfluss auf die Ortsnamen in Zentralalbanien um Kruja (8,7 %) und dem Einzugsgebiet von Mati (Mirdita 11,1 %, Fandi 5,2 %) sehr gering[44].

Seit dem Mittelalter ist das Slawische (ob in seiner makedo-bulgarischen oder seiner serbischen Form) nach Osten zurückgewichen. Die slawischen Ortsnamen sind zum Teil[45] geblieben als Reminiszenz an eine andere sprachliche Schichtung der Bevölkerung im Mittelalter. Die Toponyme im inneren Balkan (Mati, Dibra) wurden im 15. Jahrhundert auch von osmanischen Beamten aufgezeichnet, die die Namen der türkischen Aussprache anpassten. In modernen Editionen albanischer und makedonischer Historiker wurden diese Formen in den jeweiligen modernen Landessprachen wiedergegeben, teilweise ohne die osmanische Variante anzugeben.

Welches System der Wiedergabe nun auch gewählt wird: es läuft Gefahr, inkonsequent oder ahistorisch zu sein. In diesem Buch wird als Versuch einer salomonischen Lösung folgendermaßen verfahren: es gilt für die kleineren Orte des Binnenlandes die heute gültige amtliche Schreibweise, also makedonische Formen für Orte im heutigen Westmakedonien mit mehrheitlich albanischer Bevölkerung (also Tetovo und nicht Tetova), dafür albanische Formen für slawische Toponyme auf heute albanischem Territorium.

Die großen Orte an der ostadriatischen Küste hingegen werden mit ihren bis ins frühe 20. Jahrhundert verwendeten italienischen Namen bezeichnet (Alessio, nicht Lezha, Skutari, nicht Shkodra). Damit soll auf den kulturellen Mischcharakter dieser im Süden griechisch-albanischen, im Norden romanisch-albanisch-slawischen Städte hingewiesen werden. Für die auf heute kroatischem Territorium liegenden Städte werden wechselweise die slawische und die italienische Form verwendet (Dubrovnik – Ragusa; Split – Spalato).

Personenennamen

Ebenso schwierig ist die Wiedergabe der Personennamen. Wie andere europäische Historiografien hat sich die albanische angewöhnt, Personennamen dem modernen Sprachgebrauch anzupassen. Skanderbegs Vater und Sohn werden als „Gjon“ (Johann) bezeichnet. Diese Form ist aber in keiner mittelalterlichen Quelle erwähnt. Vielmehr erscheinen die beiden Kastriota auch in lateinischen, italienischen und griechischen (chalkokondyles) Texten als „Ivan“, „Ivanus“ bzw. „Ivanis“. Da italienische Kanzlisten keinen Grund hatten, einen christlichen Taufnamen zu slawisieren – wenn überhaupt hätten sie ihn latinisiert (Johannes) oder ins Venezianische übertragen (Zuan) – darf man davon ausgehen, dass die Kastriota die slawische Namensform selbst verwendet haben. Auch die Osmanen sprachen nicht von „Gjons Land“, sondern von „Yuvan-ili“, wobei sie die serbische Namensvariante „Jovan“ anwendeten[46]. Daher kommt auch im Folgenden die slawische Variante zur Geltung. Es kann aber nicht genügend hervorgehoben werden, dass ein Personenname keinen Rückschluss auf die ethnische bzw. sprachliche Zugehörigkeit eines Menschen erlaubt. Ablesen lassen sich freilich kulturelle Einflüsse. Dies lässt sich auch am Beispiel des ethnisch gemischten Adels im albanischen Raum aufzeigen: slawische Endungen auf -ić galten offenbar als vornehm. Die nicht slawischstämmige Familie der Thopia in Mittelalbanien nannte sich nach ihrem berühmtesten Vertreter die Karlovići (Karlssöhne)[47]. Die große Dynastie des Nordens erscheint unter den Formen „Balsa“ und Balšići. Ihre ethnische Zugehörigkeit – ob Albaner, Slawen oder balkanromanische Vlachen – ist nicht zu bestimmen. Skanderbegs Neffe ließ sich in den Akten der venezianischen Kanzlei jeweils als Ivan Balšić (*Balsich* in den Texten) ansprechen[48]. Es ist nicht zulässig, den Namen in ein albanisiertes „Gjon Balsha“ zu verändern, wenn dies nicht deutlich als Abweichung vom quellensprachlichen Gebrauch gekennzeichnet wird.

Christliche Namen aus osmanischen Steuerregistern werden in der Regel in der Form wiedergegeben, wie sie von den makedonischen bzw. albanischen Herausgebern verwendet werden.

Nicht unproblematisch ist auch die Wiedergabe muslimischer Eigennamen, für die türkische, albanische und makedonische Formen bestehen. Hier wird der türkischen Variante der Vorzug gegeben, da es sich entweder um türkischsprachige muslimische Osmanen oder um zum Islam konvertierte Balkanchristen handelte, die auch die osmanische Kultur annahmen. Dieser Kulturwechsel soll durch den Gebrauch der türkischen Formen (die zur Vereinfachung in modern-türkischer Rechtschreibung geboten werden) zum Ausdruck kommen. Welche Sprache diese Konvertiten anwendeten, geht aus den Quellen nicht hervor. Im mündlichen Umgang werden sie ihre Muttersprache weitgehend beibehalten, im Schriftverkehr das Osmanische als neue Reichssprache verwendet haben.

Insgesamt soll dieses – letztlich nicht ohne Inkonsequenzen verfahrende – System die Mitte zwischen historisch belegten Formen, die die spezifische sprachliche und kulturelle Mischung im Spätmittelalter veranschaulichen, und einer Ausrichtung an modernen Namensformen halten, die besonders bei Ortsnamen die Orientierung erleichtern. Auf jeden Fall soll unterstrichen werden, dass aus dem Gebrauch von Namen im folgenden Text keinerlei ethnonationale Interpretation spätmittelalterlicher Verhältnisse abgelesen werden darf.

Konkordanz der Orts- und Geländenamen

Im Text verwendete Form	Albanisch	Serbisch/ Kroatisch	andere
Alessio	Lezha	Lješ	
Antivari	Tivari	Bar	
Bojana	Buna		
Budua		Budva	
Cattaro		Kotor	
Curzola		Korčula	
Dagno	Vau e Dejës/ Danja	Danj	
Dibra			Debar (maked.)
Drivasto	Drishti	Drivast	
Dulcigno	Ulqini	Ulcinj	
Durazzo	Durrësi	Drač	
Gjirokastra			Argyrokastro (gr.)
Joannina	Jannina		
Lepanto			Naupaktos (gr.)
Lesina		Hvar	
Medua	Shën Gjin		
Pago		Pag	
Ragusa		Dubrovnik	
Rotezo		Ratac	
Šibenik			Sebenico (it.)
Skopje	Shkupi		Üsküp (osman.)
Skutari	Shkodra	Skadar	
Split			Spalato (it.)
St. Sergius	Shirgji	Sveti Srdj	
Tetovo	Tetova		Kalkandelen (osman.)
Zadar			Zara (it.)

ÜBERSICHTSKARTE

Der südwestliche Balkan im Zeitalter Skanderbegs

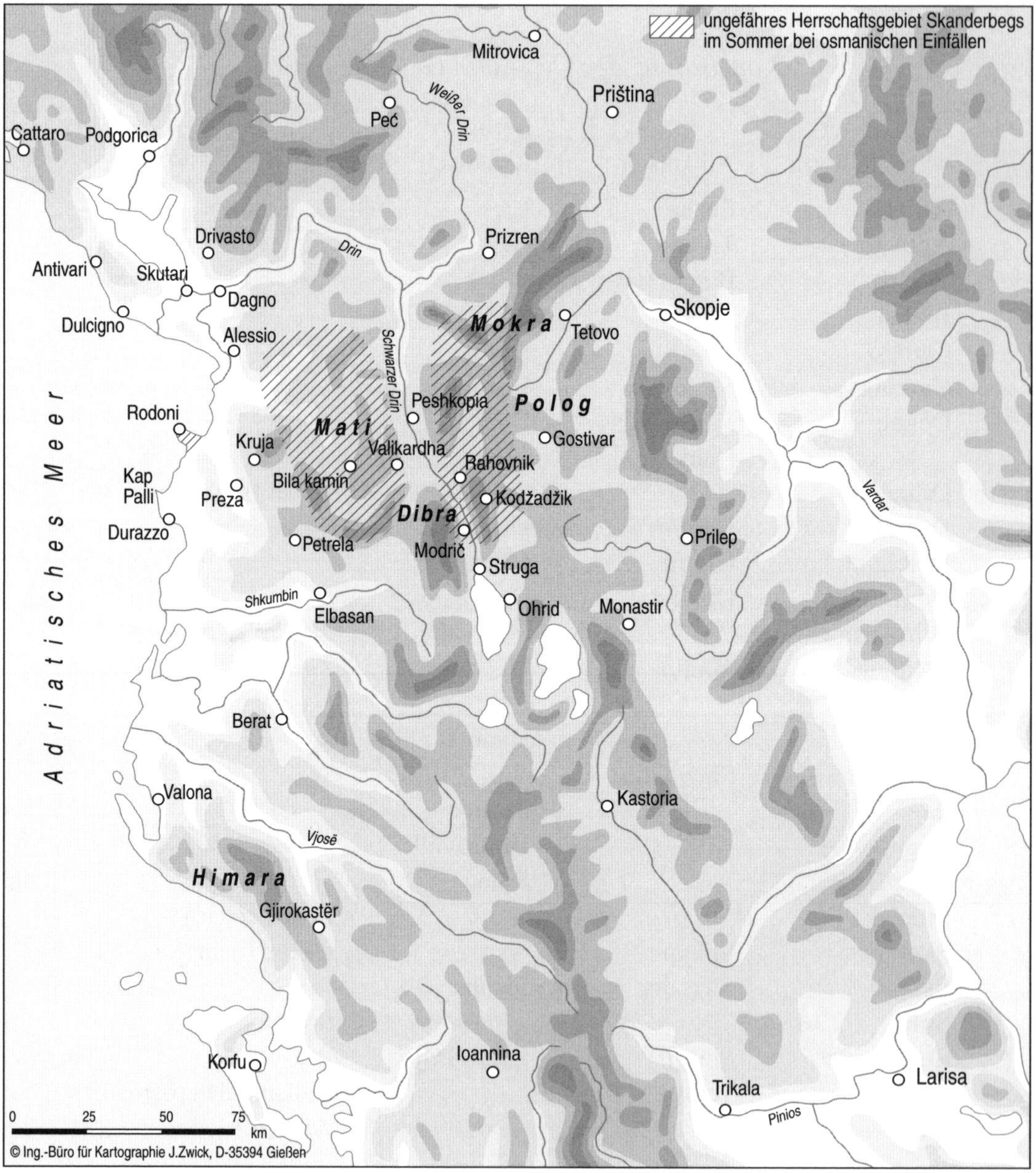

ANMERKUNGEN

Anmerkungen zum Kapitel „Der neue Alexander“ (Seite 13–16)

1 Barletius 4–5.

2 Zu ihm immer noch am besten F. Pall, Marino Barlezio, uno storico umanista. *Mélanges d'histoire générale* 2. Klausenburg 1938.

3 Barletius 1.

4 Pall, Barlezio 18ff.

5 Eine Zusammenstellung von Skanderbegdrucken bei K. Bicoku – J. Kastrati, Gjergj Kastrioti Skënderbeu. Bibliografi 1454–1835. Tirana 1997, 72f.; die deutsche Ausgabe wurde in Frankfurt a. M. 1561 nachgedruckt (zur Skanderbegbibliografie s. die kritische Besprechung durch M. Schmidt-Neke in *Südost-Forschungen* 57 (1998) 480–482).

6 ebd. 87, 91.

7 Pall, Barlezio 21, die polnische Übersetzung wurde 1587 nachgedruckt.

8 Pall, Barlezio 22ff. Eine portugiesische Übersetzung wurde 1567 gedruckt; Jacques de Lavardin gab 1576 eine französische Fassung heraus, 1588 erschien die spanische, 1596 die englische Übersetzung. Adaptionen des Textes wurden in den Druck gegeben: 1592 im siebenbürgischen Klausenburg (Koloszvár, Cluj), nachgedruckt im ungarischen Debrecen (1597), 1609 in Hannover, 1709 in Paris (die Histoire de Scanderbeg, roy d'Albanie des Père Jean-Nicolas Duponcet); im 19. Jahrhundert folgte der Siegeszug der Biografie des Barletius bei den Vordenkern der balkanischen Nationalbewegung; zusammenfassend dazu: O. J. Schmitt, Skanderbeg reitet wieder. Wiederfindung und Erfindung eines Nationalhelden, in: U. Brunnbauer – A. Helmedach – S. Troebst (Hrsg.), Schnittstellen. Gesellschaft, Nation, Konflikt und Erinnerung in Südosteuropa. Festschrift H. Sundhaussen. München 2007, 401–419.

9 Commentario del le cose de Turchi, et del S. Giorgio Scanderbeg, principe di Epyrro, con la sua vita, et le uittorie per lui fatte. Con l'aiuto de l'altissimo Dio, et le inestimabili forze & uirtu di quello, degne di memoria. M.D.XXXIX.; dazu F. Pall, Di nuovo sulle biografie scanderbegiane del XVI secolo. *Revue des études sud-est européennes* 9/1 (1971) S. 91–106; Biçoku – Kastrati. 76.

10 V. Malaj, L'Opera „Scanderbeg“ dell'-Abate Vivaldi. *Shêjzat/Le Pleiadi* 12 (1968) 40–43

11 B. Heinz – R. Wunderlich (Hrsg.), Thomas Coryate, Beschreibung von Venedig 1608. Heidelberg 1988, 109 (Hinweis von Sabine Engel, Berlin).

12 G. B. Marino, La Galeria del Cavalier Marino. Distinta in Pitture & Sculture. Venedig 1620, unter „Ritratti“: (123) „Per virtù sol di mie robuste braccia/d'altro Alessandro insuperbisce l'Epiro./ In battaglia il guerrier, la fera in caccia/prodigioso il mio valor sentirò./ Dal terror sol del nome, e dela faccia/ intimoriti i Barbari fuggirò/ e senza trattar spada, ò vibrar dardo/ spesso più che la man, n'uccise il guardo.“ (Hinweis S. Engel, Berlin).

13 Dazu ausführlich unten.

14 S. Lexikon des Mittelalters Bd. 1, Sp. 354–366 s.v. Alexander d.Gr. in Kunst und Literatur. Zum Alexanderbild speziell bei den Albanern s. K. Biçoku, Aleksandri i Madh në kujtesën historike të Skënderbeut e të Shqiptarëve. *Studime historike* 2005/1–2, 7–30.

15 Dazu ausführlich O. J. Schmitt, Skanderbeg als neuer Alexander: Antikerezeption im spätmittelalterlichen Albanien. *Pirckheimer-Jahrbuch* 20 (2005) 123–144.

16 Schmitt, Skanderbeg als neuer Alexander 143; die Interpretation ist dem Münchner Althistoriker Peter Robert Franke zu verdanken. Wie unten auszuführen sein wird, kann nur der obere Teil des Helms, d. h. die beiden Ziegenhörner, wohl als echt gelten.

Anmerkungen zu Kapitel I „Der Mann aus Dibra“ (Seite 17–79)

1 D. M. Nicol, The Last Centuries of Byzantium 1261–1453. Cambridge 1993; Angeliki E. Laiou-Thomadakis, Peasant society in the Late Byzantine Empire. Princeton 1977; I. Telelis, Medieval Warm period and the beginning of the Little Ice Age in the Eastern Mediterranean. An approach of physical and anthropogenic evidence, in: Byzanz als Raum. Wien 2000, 223–243; I. Teleles, Μετεωρολογικά φαινόμενα και κλίμα στο Βυζάντιο. 2 Bde. Athen 2004; T. Raukar, Hrvatsko srednjovjekovle. Zagreb 1997, 402–404; die Quellen zur Pest an der östlichen Adria fließen selbst für die besser als Albanien dokumentierten Städte Dubrovnik und Split recht spärlich.

2 Grundlegend für das Folgende ist I. Beldiceanu-Steinherr, L'installation des Ottomans, in:

B. Geyer – J. Lefort (Hrsg.), La Bithynie au Moyen Âge. Paris 2003, 351–374; H. W. Lowry, The Nature of the Early Ottoman State. Albany 2003 (dazu die Besprechung von St. Ihrig in *Südost-Forschungen* 63/64 (2004/2005) 683–685); C. Imber, The Ottoman Empire 1300–1481. Istanbul 1990; quellenreich, aber nicht immer zuverlässig: N. Jorga, Geschichte des osmanischen Reiches Bd. 1. Gotha 1908. Neuere Überblicksdarstellung: K. Kreiser – Chr. Neumann, Kleine Geschichte der Türkei. Stuttgart 2003, 76ff.; H. Inalcık, An Economic and Social History of the Ottoman Empire Volume One 1300–1600. Cambridge 1997.

3 G. Schirò, Cronaca dei Tocco di Cefalonia di anonimo (*Corpus fontium historiae byzantinae* 10). Rom 1975, V. 3738.

4 S. Reinert, From Niš to Kosovo polje. Reflections on Murad I's final years, in: E. Zachariadou (Hrsg.), The Ottoman Emirate (1300–1389). Rethymnon 1993, 169–211.

5 M. Kiel, Das türkische Thessalien. Etabliertes Geschichtsbild versus osmanische Quellen, in: R. Lauer – P. Schreiner (Hrsg.), Die Kultur Griechenlands in Mittelalter und Neuzeit. Göttingen 1996, 109–196; ders., Art and Society of Bulgaria in the Turkish Period. Assen/Maastricht 1985; A. Pertusi, Martino Segono di Novo Brdo vescovo di Dulcigno. Un umanista serbo-dalmata del tardo Quattrocento (*Istituto storico italiano per il medio evo. Studi storici Fasc.*128–130). Rom 1981, 94, „haec civitas est fertilis et abundans omnibus preciosis terrae fructibus, plena divitiis, diversiorum peculiare principis, irrigua salubri flumine Vardaro scaturiente ex iugis altissimis Orbelli montis ... oportuna ad comportandum exercitum".

6 N. Housley, The Later Crusades. From Lyons to Alcazar 1274–1580. Oxford 1992; K.M. Setton, The Papacy and the Levant Bd. 1–2. Philadelphia 1979; L. von Pastor, Geschichte der Päpste seit dem Ausgang des Mittelalters. (3. und 4. Aufl.) Bd. 2. Freiburg im Breisgau 1904.

7 K. P. Matschke, Die Schlacht von Ankara. Weimar 1981.

8 Lowry, Nature 95.

9 F. Babinger, Die Aufzeichnungen des Genuesen Iacobo de Promontorio-de Campis über den Osmanenstaat um 1475 (*Bayerische Akademie der Wissenschaften. Phil.-hist. Klasse Sitzungsberichte* 1956/8). München 1957, 36.

10 Kreiser – Neumann 92f. Eine frühe Beschreibung bei Segono 83, der ihre Zahl mit 12 000 angibt; I. Ursu (ed.), Donado da Lezze, Historia turchesca (1300–1514). Bukarest 1909 (zitiert als Angiolello), hier 144, zählt ihrer 10 000.

11 N. Beldiceanu, Le timar dans l'État ottoman (début XIVe–début XVIe siècle). Wiesbaden 1980.

12 Kreiser – Neumann 93.

13 Babinger, Promontorio 55.

14 Lowry, Nature 52.

15 Kreiser – Neumann 93.

16 Segono 82 nennt 60 000 Akıncı und (83) 40 000 Asapen; (84) zu den christlichen Hilfsmannschaften.

17 Lowry, Nature 95f.

18 Lowry, Nature 96.

19 E. Raduschev, Das „belagerte" Gebirge. *Bulgarian Historical Review* 33/3–4 (2005) 17–58; I. Mélikoff, Les voies de pénétration de l'hétérodoxie islamique en Thrace et dans les Balkans aux XIVe – Xve siècles, in: E. Zachariadou (Hrsg.), The Via Egnatia. Rethymnon 1996, 159–170, H. Inalcık, Ottoman Methods of Conquest. *Studia Islamica* 2 (1964) 103 –129; V. Gjuzelev, Il Mar nero ed il suo litorale nella storia del medioevo bulgaro, in: ders., Medieval Bulgaria – Byzantine Empire – Black Sea – Venice – Genoa. Villach 1988, 263–276.

20 H. Inalcık, Timariotes chrétiens en Albanie au XVe siècle d'après un registre de timars ottoman. *Mitteilungen des österreichischen Staatsarchivs* 4 (1951) 118–138; N. Beldiceanu, Timariotes chrétiens en Thessalie (1454/55). *Südost-Forschungen* 44 (1985) 45–81; N. Beldiceanu – P. Năsturel, La Thessalie entre 1454/55 et 1506. *Byzantion* 53 (1983) 104–156.

21 Lowry, Nature 102.

22 E. Grozdanova-St. Andreev, Reisanbau und Reisgewinner (*çeltükçi*) im mittleren und östlichen Teil des Balkans. *Bulgarian Historical Review* 31/3–4 (2003) 54–76; S. Andreev – Elena Grozdanova, Iz istorijata na rudarstvoto i metulurgijata v bălgarskite zemi prez XV– XIX vek. Sofia 1993; B. Cvetkova, Le service des celep et le ravitaillement en bétail dans l'Empire ottoman (XVe–XVIIIe s.). *Études historiques* 1966/3, 145–172; dies., Les Celep et leur rôle dans la vie économique des Balkans à l'époque ottomane (XVe–XVIIIe s.), in: Studies in the Economic History of the Middle East. London 1972, 172–192; ausgezeichnet ist die Studie von A. Stojanovski, Raja so specijalni zadolženija vo Makedonija (vojnuci, sokolari, orizari i solari). Skopje 1990.

23 Beldiceanu, Timariotes chrétiens en Thessalie; H. Inalcık, Rice Cultivation and the Celtükci re'âyâ System in the Ottoman Empire. *Turcica*

14 (1982) 69–141; E. Grozdanova, Bergleute (madenci), Salzgewinner (tuzcu) und Celeps als Bevölkerungsgruppen mit Sonderpflichten und Sonderstatus im osmanischen Reich. Versuch einer vergleichenden Analyse. *Südost-Forschungen* 56 (1997) 105–121.

24 Inalcık, Social and economic history 26.

25 Ausführlich: Kiel, Das türkische Thessalien.

26 Angiolello, 133f.: erwähnt einen Palaiologen, einen Groß-Komnenen aus Trapezunt, einen Kotromanić aus Bosnien, letzteren als Spielgenossen des späteren Mehmeds II.; viel Material bei F. Babinger, Mehmed der Eroberer. Nachdruck München – Zürich 1987; jüngst ausführlich Lowry, Nature 115ff.

27 M. Popović, Mara Branković – Leben und Wirken einer Frau an der kulturellen Schnittstelle zwischen Serben, Byzantinern und Osmanen. Phil. Diss. Wien 2005.

28 Babinger, Promontorio 48ff.

29 R. Gradeva, Administrative system and provincial government in the Central Balkan territories of the Ottoman empire, 15th century, in: dies., Rumeli under the Ottomans 15th–18th Centuries: Institutions and Communities. Istanbul 2004, 23–51.

30 Gradeva 29.

31 H. Inalcık, Arnawutluk, in: Encyclopédie de l'Islam. Nouvelle édition Bd. 1. Leiden – Paris 1960, 670–678, hier 674.

32 D. Egro, Christianity versus Islam in the early stages of the Ottoman conquest in Albanian lands (14th–16th centuries). Ph. D. Dissertation Bilkent University. Ankara 2003, 180; A. Gallotta, Ilyas bey, i *mütevelli* e le origini di Corizza (Korçë/Görice), in: Zachariadou, The via Egnatia 113–122.

33 Egro, Christianity 175.

34 Inalcık, Arnawutluk 674f.; H. Inalcık, Timariotes chrétiens; K. Biçoku, Skënderbeu dhe Shqipëria në kohën e tij. Tirana 2005, 54ff.

35 F. Duka, Muzakajt-lidhja e fuqishme midis kohëve paraosmane dhe osmane. *Studime historike* 2004/1–2, 7–17, hier 13.

36 Ebd. 14f.; F. Duka, Profili i një qyteti shqiptar të kohës osmane: Gjirokastra gjatë shek. XV–XVI. *Studime historike* 2002/1–2, 7–28, 8f.

37 A. Stojanovski, Demografskite promeni vo Debarskata kaza (15–16 vek). *Glasnik na Institutot za nacionalna istorija* 45/1 (2001) 69–85; D. Gjorgiev, Islamisierung im makedonisch-albanischen Grenzgebiet in den ersten Jahrhunderten der osmanischen Herrschaft (15. und 16. Jahrhundert). *Wiener Zeitschrift zur Geschichte der Neuzeit* 5 (2005) 7–14; B. Gjuzelev, Die bulgarisch-albanische ethnische Grenze während des Mittelalters. *Études balkaniques* 1991/3, 78–92.

38 Barletius 17.

39 ebd.

40 M. Sokoloski, Turski dokumenti za istorijata na makedonskiot narod. Opširen popisen defter od XV vek. Bd. 2. Skopje 1973, 315f.; s. auch K. Biçoku, Dibra dhe Koxhaxhiku në kohën e Skënderbeut, in: ders., Për Skënderbeun. Tirana 2005, 104–133; der selbe Autor aber revidierte kurz darauf seine Lokalisierung und geht nun davon aus, Svetigrad sei mit dem westmakedonischen Demir hisar zu identifizieren; K. Biçoku, Shtrirja lindore e zotërimeve të Kastriotëve, in: F. Duka (Hrsg.), Skënderbeu dhe Evropa, 61–82. Zum Charakter der Region als ethnisches Übergangsgebiet s. D. Gjorgiev, Islamisierung im makedonisch-albanischen Grenzgebiet in den ersten Jahrhunderten der osmanischen Herrschaft (15.–16. Jahrhundert). *Wiener Zeitschrift zur Geschichte der Neuzeit* 5/2 (2005) 7–14; ders., Die Bevölkerung im makedonisch-albanischen Grenzgebiet im 15. und 16. Jahrhundert nach osmanischen Quellen. *Südost-Forschungen* 65/66 (2006/07), 117–136.

41 Sokoloski 323: Albanische Namensformen: Pop Ġerġ, Gon Sope. Bulgarische Namensformen: Dimitri Petkov, dessen Bruder Dapče, Neno Stanislav, Dapče Bogoslav, Petko Košničani, Serbische Namensformen: Stepko Peković, Miloš Žitovar, Voin P..dović (Lücke im Original), dessen Vater Prado, Bojo Stanišić, Đurica Stanišić, Ivče Janković, dessen Bruder Pano, Đuro Solović, dessen Bruder Dimitri, Ivče Dančulović, Dejan Kartović, Pano Rubanić, Miho Trajković, dessen Bruder Stojko, Milovan, dessen Brüder Petko und Stanče, Petar Janković, Neno Tihanović. Weitere Namen: pop Nikola, Nikola Likatin, dessen Bruder Stanče, Nikola Protuger, Mino Sohn des Kovač. Eine Liste albanischer Namensformen bei J. G. von Hahn, Albanesische Studien. Bd. 1. Wien 1853, 116ff.

42 Sokoloski 324.

43 Biçoku, Dibra 114ff.; nach Ch. Hopf, Chroniques gréco-romanes inédites ou peu connues. Berlin 1873 (Darin: Giovanni Musachi, Despoto d'Epiro, Historia della casa Musachia, 270–340; zitiert als Musachi), hier 290, zählt Ochrid zu Dibra. Der byzantinische Bezirk (Thema) Debrai ist im 13. Jahrhundert belegt, s. G. Prinzing, Demetrios Chomatenos, Ponemata diaphora. Das Aktenkorpus des Ohrider Erzbischofs Demetrios Chomatenos. Berlin – New York 2002, 392. Ähnliches gilt auch für die

Landschaft Mokra. Heute wird mit Mokra eine Region westlich des Ochridsees (bei der zu Albanien gehörenden Stadt Pogradec) bezeichnet; in dieser Form verwendeten auch die Osmanen den Begriff. Bei Barletius aber ist eine andere, weiter im Nordwesten gelegene Region gemeint, die er als dicht besiedelt und „zu den Tribalern" (Serben) hin gelegen beschreibt (Barletius 34). Ausführliche Auflistung der Quellenstellen bei Biçoku, Shtrirja 71f. Vgl. auch T. Filiposki, The Ochrida-Debra region and the region of Arbanon (Albanon) in the XIIIth century, in: F. Duka (Hrsg.), Skënderbeu dhe Evropa, 18–33.

44 Belege aus dem 13. Jahrhundert bei Demetrios Chomatenos Textteil 327 (albanische Namensformen: Giones = Gjon; Tanuses = Tanush, Gines = Gjin).

45 Ġorgiev, Bevölkerung 119; 1467 wurden nach schweren Kämpfen rund 11 000 Menschen gezählt; nach einer starken demografischen Erholung 1537/39 rund viermal mehr; hier wird davon ausgegangen, dass dies in etwa den Zuständen vor der osmanischen Eroberung entspricht.

46 Grundlegend ist A. Matkovski, Nomadskoto stočarstvo vo Makedonija od XIV do XIX vek. Skopje 1996. Eine besonders starke vlachische Bevölkerung wird für die angrenzende Landschaft Çermenika im heutigen Ostmittelalbanien angenommen; Stojanovski, Raja 45.

47 Im Folgenden wird aus stilistischen Gründen von „Albanern", „Slawen" bzw. „Serben" und „Bulgaren" gesprochen. Es sei auch hier nochmals ausdrücklich darauf hingewiesen, dass damit in erster Linie ausschließlich Träger albanischer, serbischer usw. Namen gemeint sind, die in der Regel, aber eben nicht immer, die entsprechende Sprache verwendeten, und *nicht* Angehörige ethnonationaler Gruppen im modernen Sinne.

48 Barletius 208; s. die ältere, aber reiche Monografie von A.M. Seliščev, Polog i ego bolgarskoe naselenie. Sofia 1929.

49 Barletius 139f. „superior Debar montuosa est, & aspera, ferax tamen, & Macedoniam tum ipsa loci vicinitate, tum simi-litudine morum contingens". Zur Bedeutung der Wahrnehmung von und des Umgangs mit sprachlichen Unterschieden im europäischen, vor allem deutschen Humanismus s. C. Hirschi, Der Wettkampf der Nationen. Konstruktionen einer deutschen Ehrgemeinschaft an der Wende vom Mittelalter zur Neuzeit. Göttingen 2005.

50 Barletius 139.

51 Barletius 139.

52 Barletius 139.

53 Musachi 290.

54 Musachi 290.

55 D. Evyenidou – I. Kanonidis – Th. Papazotos, The Monuments of Prespa. Athen 1991, 26ff. Wesentliche Ausgrabungen wurden von N. Mutsopulos durchgeführt, s. dessen Abhandlung: Anaskaphe tes basilikes tu Hagiu Achilleiu. *EEPS Aristoteleion panepistemion Thessalonikes* 5 (1971–1972) 47–461.

56 A. Ducellier, La façade maritime de l'Albanie au moyen âge. Durazzo et Valona du XIe au XVe siècle. Saloniki 1981, 522.

57 Musachi schrieb zu Beginn des 16. Jahrhunderts im italienischen Exil in italienischer Sprache; er gehörte zum Milieu des italienisierten albanischen Diasporaadels. Deshalb wird hier jene Namensform benützt, die der Autor selbst in seiner Chronik verwendete. Die in albanischen wissenschaftlichen Arbeiten angeführte Form „Gjon Muzaka" ist quellenmässig nicht belegt. Wird hingegen von der im Albanien des 15. Jahrhunderts wirkenden Adelsfamilie dieses Namens gesprochen, wird zur Unterscheidung der beiden Handlungsmilieus die Form „Muzaki" verwendet.

58 Musachi 295.

59 Für einen anderen Ursprung, nämlich aus der Region Has bei Prizren, tritt Kasem Biçoku (Skënderbeu 75ff.) ein; er stützt sich dabei vor allem auf die 1636 veröffentliche Skanderbegschrift von Frang Bardhi. Zwar bekundet Musachi den Kastriota gegenüber tatsächlich Vorbehalte, doch im Topografischen ist er sonst stets sehr genau. Es besteht daher kein Grund, seinen Ausführungen zum Ursprung der Kastriota keinen Glauben zu schenken.

60 Maßgebend sind die eingehenden Ausführungen von K. Frashëri, Skënderbeu. Jeta dhe vepra. Tirana 2002, 54ff.

61 P. Bartl, Quellen und Forschungen zur albanischen Geschichte im 17. und 18. Jahrhundert (*Albanische Forschungen* 20). München 1979, 110–112.

62 O.J. Schmitt, Skanderbeg reitet wieder. Wiederfindung und Erfindung eines Nationalhelden, in: U. Brunnbauer – A. Helmedach – S. Troebst (Hrsg.), Schnittstellen. Gesellschaft, Nation, Konflikt und Erinnerung in Südosteuropa. Festschrift für Holm Sundhaussen zum 65. Geburtstag. München 2007, 401–418.

63 S. ausführlich das abschließende Kapitel. Im 17. Jahrhundert verteidigte der nordalbanische katholische Geistliche Franciscus Blancus/ Frang Bardhi Skanderbegs albanische Herkunft.

64 B. Petrovski, Voisava Tribalda, in: Ġerġ Kastrioti Skenderbeg. Skopje 2006, 67–78. Als „Voisava sua moglie e figlia del principe de Tribali“ in einer anonymen Biografie des 16. Jahrhunderts: Siena Biblioteca Comunale. Ms. K IX 33 f. 46–61v „Vita et fatti di Giorgio Scanderbeg Albanese“ f. 46r. (diese Handschrift, die im Wesentlichen Barletius folgt, wurde von Claudia Märtl, München entdeckt, der ich herzlich für die Überlassung einer Abschrift danke). L. Malltezi, Një dokument i ri për Skënderbeun. *ekskluzive* (in Prishtina veröffentlichtes Magazin; O.S.) 20 (2001) 61–64; in diesem Stück erscheint Ivan Kastriotas Witwe unter dem Namen Jella; dies widerspricht der Meinung der erzählenden Quellen (alle aufgeführt bei Petrovski). Eine Erklärung des Widerspruchs ist schwierig.

65 Musachi 334 „Scanderbeg huomo valente e per natura Serviano, le virtù del quale furno tante ch'era estimato non solum dall'Albanesi, ma anco da ogn'altra natione“.

66 V. Petković, „Arbanaški pirg“ u Hilandaru. *Arhiv za arbanasku starinu, jezik i etnologiju* 1 (1923) 196–197; A. Fotić, Sveta Gora i Hilandar u Osmanskom Carstvu XV–XVII vek. Belgrad 2000, 247f. mit Abbildung des Turms auf einer Zeichnung aus dem Jahr 1757.

67 A. Ducellier, La façade maritime de la principauté des Kastriote de la fin du XIVe siècle à la mort de Skanderbeg, in: ders., L'Albanie Teil VII, 119–136; F. Duka, Tokat e Kastriotëve: zona Krujë – Dibër (shek. XV – gjysma e parë e shek. XVI), in: ders., Skënderbeu dhe Evropa, 34–47; S. Pulaha, Les Kastriote devant la conquête ottomane des années 1420–1430. *SA* 8/1 (1971) 103–127; D. Radeshi, Principata e Kastriotëve. *Buletin i Universitetit Shtetëror të Tiranës. Seria e shkencave shoqërore* 15/4 (1961) 27–41.

68 AAV 3169.

69 AAV 1505.

70 Ducellier, Façade maritime des Kastriote 126f.

71 AAV 2658, 2667.

72 AAV 2702; Schmitt, Das venezianische Albanien 280.

73 L. Malltezi, Rreth historisë së Kështjellës së Krujës dhe zonës së saj në vitet 1392–1415. *Studime historike* 1989/2, 157–177; AAV 2017, 2779.

74 In dieser Reihenfolge bei Musachi 295.

75 Musachi 295; Frashëri, Skënderbeu 72.

76 Frashëri, Skënderbeu 80.

77 AAV 3169, Radonić Nr. 2, L.v. Thallóczy – K. Jireček, Zwei Urkunden aus Nordalbanien, in: L. von Thallóczy (Hrsg.), Illyrisch-albanische Forschungen Bd. 1. Leipzig – München 1916, 125–167, 142f.

78 Ducellier, Façade maritime des Kastriote; AAV 3169.

79 AAV 2944, 3169, 3562.

80 AAV 3169.

81 Radonić Nr. 3, 4. P.Hr. Ilievski, Manastir Sveti Jovan Bigorski. Skopje 1994; V. Petković, Pregled crkvenih spomenika kroz povesnicu srpskog naroda. Belgrad 1950, 24f.; C. Marjanović, Manastir Sv. Jovana Bigorskog kod Debra. Belgrad 1924. Diese Hinweise verdanke ich M. Popović, Wien; vgl. Stojanovski – Ġorgiev 185, 223.

82 Vgl. jüngst B. Bojović, Mont Athos, les princes roumains, Jean Castriot et la Tour albanaise (Arbanaški pirg), dépendance de Chilandar. *Balcanica* 37 (2006) 81–87.

83 Barletius 17.

84 Musachi 295.

85 Pertusi, Segono 125: „Stanissam, maximum natu, paucis ante annis cum plerisque adolescentibus Castriotus Amurato miserat“.

86 AAV 3169.

87 AAV 3169.

88 AAV 3169.

89 AAV 3169 „Juras e Cenovici“.

90 AAV 3169.

91 Imber, Ottoman Empire 114f.; S. Pulaha, Les Kastriote 105ff., S. Pulaha, Lufta shqiptaro-turke në shek. XV. Burime osmane. Tirana 1968, 43; Jireček – Thallóczy, Zwei Urkunden, 139ff.; Frashëri, Skënderbeu 96ff.; M. Spremić, Despot Đurađ Branković i njegovo doba. Belgrad 1994, 142ff.

92 So berichtet Papst Pius II. in seiner Schrift „De Europa“: A. van Heck, Enee Silvii Piccolominei postea Pii papae II De Europa. Vatikan 2001, 93.

93 Imber, Ottoman Empire 114f.; Jireček, Geschichte Bd. 2, 171f.; Spremić, Despot 168ff.

94 K. Jireček, Staat und Gesellschaft im mittelalterlichen Serbien. Studien zur Kulturgeschichte des 13.–15. Jahrhunderts Bd. 4. Wien 1919, 37; N. Jorga, Notes et extraits pour servir à l'histoire des croisades au XV siècle. 5 Bde. Paris– Bukarest 1899– 1915, hier Bd. 2, 322 Fn.1; ders., Geschichte Bd. 2, 412ff.; S. Dimitrov, O missii bolgarskogo knjaza Fružina v Albanii v 1435 g. *Studia albanica* 1968/2, 103–109.

95 S. Pulaha, La paysannerie, force motrice de la lutte pour la liberté, dans les années 1420–1430, in: Deuxième conférence des études albanologiques à l'occasion du 5e centenaire de la mort de Georges Kastriote Skanderbeg. 3 Bde. Tirana 1969–1970, Bd. 1, 51– 59, 54ff.; Imber, Ot-

toman Empire 115; J. V. A. Fine Jr., The Later Medieval Balkans. Ann Arbor 1987, 535; AAV 3574, 3575, 3579 (zu Nikola Dukagjin), 3508 (Schlepper), 3592, 3623; zu den Kämpfen: J. Gelcich – L. Thallóczy, Diplomatarium relationum Reipublicae Ragusanae cum Regno Hungariae. Budapest 1887, Nr. 236, 237, 238 und 240 nach Aktenstücken aus dem Ragusaner Archiv; osmanischer Prätendent: ebd. Nr. 244, 245; osmanische Chroniken: S. Pulaha, Lufta shqiptaro-turke në shek. XV. Burime osmane. Tirana 1968, 43 und 257; Aranitis Eid: Setton, Papacy Bd. 2, 88.

96 I. Dujčev, Georgi Kastrioti Skenderbeg v slavjanskata literatura ot XV–XVII v., in: Georges Kastriote Scanderbeg 1468–1968. Sofia 1970, 79–110, hier 91.

97 Musachi 299: „visse circa anni sissanta tre".

98 Jireček, Staat II 28f.; eine Liste mittelalterlicher Namen in Polog bei Seliščev 101f.

99 Radonić Nr. 4; Fotić, Sveta Gora 247f.

100 Pertusi, Segonus 125 löst eine lange Forschungskontroverse um die genaue Datierung; vgl. Biçoku, Skënderbeu 90ff. und, anderer Meinung, Frashëri, Skënderbeu 74ff.

101 AAV 3169.

102 Barletius 6. Zum Konversionsritus ausführlich B. und L. Bennassar, Les Chrétiens d'Allah. 3. Auflage. Paris 2006, 369.

103 Freundliche Mitteilung von Irène Beldiceanu-Steinherr.

104 I. Beldiceanu-Steinherr, Seyyid Ali Sultan d'après les registres ottomans. L'installation de l'islam hétérodoxe en Thrace, in: E. Zachariadou (Hrsg.), The Via Egnatia under Ottoman Ruke (1380–1699). Rethymnon 1996, 45–66; S. Părveva, Intercultural Contact and Interaction in the Ottoman Period: the Zaviye Kavak Baba and the Church of the Holy Forty Martyrs in the Real and Imaginery World of Christians and Moslems in the Town of Veliko Tărnovo. *Bulgarian Historical Review* 30/1–2 (2002) 13–54; S. Raduschev, Demografische und ethnografische Prozesse in den Westrhodopen im XV. – XVIII. Jh. *Bulgarian Historical Review* 30/3–4 (2002) 3–49.

105 A. Baldacci, Itinerari albanesi (1892–1902). Rom 1917, 300; J. Swire, King Zog's Albania. London 1937, 242f.

106 M. Kiel, Ottoman Architecture in Albania 1385–1912. Istanbul 1990, 174f. vermag den Beginn der Derwischorden in Kruja nicht zu datieren; vgl. H. Kaleshi, Albanische Legenden um Sari Saltık. In: Actes du premier Congrès international des études balkaniques et sud-est européennes. Sofia 1971, 815–828; M. Kiel, A Note on the Date of the establishment of the Bektashi Order in Albania, in: A. Popovich – G. Veinstein (Hrsg.), Bektachiyya. Études sur l'ordre mystique des Bektachis et les groupes relevant de Hadji bektach. Istanbul 1995, 265f. Laut mündlicher Überlieferung sollen zur Zeit Mehmeds II. Bektashimönche im makedonischen Kozani und im epirotischen Konitsa/alb. Konica gewirkt haben.

107 Barletius 8ff.

108 Die Seneser Biografie f. 47r – v; Giovio bei J. Radonić, Đurađ Kastriot Skenderbeg i Albanija u XV veku (*Srpska Kraljevska Akademija. Spomenik XCV. Drugi razred*). Belgrad 1942, 233.

109 Barletius 7.

110 Wie oben erwähnt, überschnitten sich serbische und bulgarische Einflüsse im Gebiet der Kastriota.

111 O. J. Schmitt, Skanderbegs letzte Jahre – Westöstliches Wechselspiel von Diplomatie und Krieg (1464–1468). *Südost-Forschungen* 63/64 (2004/2005) 56–123, Quellenanhang, Ergänzung Text 2, 122: „intende et parla bene italiano como cascuno de noy".

112 Barletius 6; die Seneser Biografie f.46v; Giovio bei Radonić 233; vgl. auch D. Egro, Skënderbej: identitet i ndryshuar apo titulaturë turko-osmane, in: F. Duka (Hrsg.), Skënderbeu dhe Evropa, 113–124.

113 Bei Radonić 233.

114 Archivio di Stato di Milano. Archivio visconteo – sforzesco B. 640. Copia del conseio overo parer del Signor Caraman circha le provixion bixogna volendo cazar Turchi della Grezia & anche seguitar l'in Axia mandato alla Sanctità del Summo Pontifice & alla Maiestà del Illustrissimo Re de Ragona. (o. D.).

115 AAV 3169.

116 Duka, Tokat 39; Pulaha, Force motrice 121.

117 Duka, Tokat 36.

118 Duka, Tokat 39.

119 Pulaha, Les Kastriote 120ff.; Duka, Tokat 40. Zur Misia s. K. Biçoku, Pozita administrative e politike e krahinës së Misjës dhe rëndësia e saj në veprimtarinë e Gjon Kastriotit e të Skënderbeut gjatë viteve 30 të shek. XV, in: Studime për epokën e Skënderbeut Bd. 2, 325–358.

120 N. Todorov – B. Nedkov, Turski izvori za bălgarskata istorija. Serija XV – XVI/2. Sofia 1966, 161. Das Verzeichnis wird von den Herausgebern in die Mitte des 15. Jahrhunderts datiert. Zu Nikopolis s. R. P. Kovačev, Opis na Nikopolskija sandžak ot 80-te godini na XV vek. Sofia 1997; E. Radoušev, Ottoman Border Periphery (*serhad*) in the Nikopol Vilayet, First half of the 16th century. *Études balkaniques*

1995/3–4, 140–160; E. Răždavička, Situation ethnodémographique et processus religieux à Nikopol au début du XVIe siècle. *Études balkaniques* 2004/2, 88–108; Pulaha, Les Kastriote 123. Eine eingehende Diskussion der Frage auch bei L. Malltezi, Një dokument i ri për Skënderbeun; das von ihm veröffentlichte Stück bietet aber keinen Beweis für einen Aufenthalt Skanderbegs in Albanien nach 1438.

121 Barletius 13; vgl. Spremić, Despot 215ff. Vielleicht nahm Iskender auch an der entscheidenden Schlacht bei Tripolje auf dem Kosovo teil, bei dem die Einwohner der Bergbaustadt Novo Brdo den Osmanen im Hochsommer 1439 unterlagen.

122 Barletius 15; AAV 2667.

123 Der Chronist Piero Venier in den Annalen des Stefano Magno, s. O. J. Schmitt, Die Venezianischen Jahrbücher des Stefano Magno als Quelle für die albanische und epirotische Geschichte (1433–1477), in: K. Clewing – O. J. Schmitt (Hrsg.), Südosteuropa. Von vormoderner Vielfalt und nationalstaatlicher Vereinheitlichung. München 2005, 133–182, 137. E. C. Antoche – G. Işiksel, Les batailles de Sibiu (22 mars 1442) et de la rivière de Ialomiţa (2 septembre 1442). Essai de reconstitution d'après les sources de l'époque, in: A. Dumitran – L. Mádly – A. Simon (Hrsg.), Extincta est lucerna orbis: John Hunyadi and his time. Cluj-Napoca 2009, 405–426.

124 M. Cazacu, Dracula. Paris 2004, 71f.; E. C. Antoche, La bataille de la rivière de Ialomiţa (2 septembre 1442), une victoire majeure de la Chrétienté face aux armées ottomanes. *Cahiers du Centre d'études d'histoire de la défense* 9 (1999) 61–88; ders., Le rayonnement de l'art militaire hussite dans l'Europe orientale et le Moyen Orient (XVe – XVIIe siècles). *Revista istorică* 14/5–6 (2003) 87–109, hier 97ff.; P. Engel, János Hunyadi – the decisive years of his career 1440–1444, in: J. M. Bak – B. Kiraly (Hrsg.), From Hunyadi to Rákóczi. War and Society in Late Medieval and Early Modern Hungary. Brooklyn 1982, 102–123.

125 All dies bestätigt die Angabe von Barletius (11), Skanderbeg habe „gegen Christen, bald Griechen, bald Ungarn" gekämpft. Die Erzählung des Chronisten Oruç in: M. Guboglu – M. Mehmet, Cronici turceşti privind Ţările române. Bd. 1. Bukarest 1966, 53f.

126 Skanderbegs Teilnahme am Angriff auf Siebenbürgen bezeugt Martinus Segonus (Pertusi, Segono 128): „Giorgio Scanderbech, essendo stato rotto nella Transilvania Mesitbech, sotto di cui allhora militava"; Babinger, Mehmed 18.

127 Franco 4r–v.

128 Archivio di Stato di Milano. Archivio visconteo – sforzesco B. 41 Bericht der Diplomaten Sceva de Curte und Jacobo Trivulzio an Herzog Francesco Sforza. Rom 10. 1. 1454. „Qua è gionto uno cavalero ambasatore d'uno Signore chi dice de Grecia e chi de Albania chiamato quel Signor Xandrebech et è infidele ... per hodio privato ha cum el Turcho, lo quale Turcho fece morire lo padre de quel tal Signor e questo tal Signore ha facto morire uno fratello del Turcho". Die Nachricht, Skanderbeg sei ein Ungläubiger, verbesserte der mailändische Gesandte kurz darauf (Radonić Nr. 76); nicht korrigiert wurde aber die Meldung von den Mordtaten.

129 AAV 3826. Diese Bitten beantwortete der Senat Ende März 1438, also ein Jahr nach dem in serbischen Quellen angegebenen Todesdatum. Gleich, ob nun Ivans Tod in das Frühjahr 1437 oder 1438 zu setzen ist, jedenfalls ging sein Sohn Georg von einem Mord aus. L. Malltezi, Një dokument i ri për Skënderbeun. *ekskluzive* 20 (2001) 61–64, hier 64 fasst die Diskussion darüber zusammen, dass Skanderbegs Name im entsprechenden Aktenstück gestrichen ist; doch gerade dies spricht für die Auffassung, die vom Bericht über die Ermordung Ivan Kastriotas gestützt wird, dass nämlich Skanderbeg im Frühjahr 1438 aus Albanien an die Donau versetzt worden ist.

130 AAV 3826.

131 Barletius 11 spricht davon, Skanderbeg habe die Trauer um den Vater verborgen; Giovio bei Radonić 233; der Sieneser Biograph f. 48r–v.

132 C. Imber, The Crusade of Varna, 1443–1445. Aldershot 2006, 11ff. Zu den Verbindungen nach Ungarn s. Barletius 16.

133 Angiolello bei Radonić 228; Barletius 14.

134 Imber, Crusade 16.

135 Babinger, Mehmed 21f.; B. Cvetkova, La bataille mémorable des peuples. Le Sud-est européen et la conquête ottomane, fin XIVe–première moitié du XVe s. Sofia 1971, 274.

136 Babinger, Mehmed 22f.

137 Š. Ljubić, Listine odnošajih izmedju južnoga slavenstva i Mletačke republike (*Monumenta Slavorum meridionalium* Bd. 1–5; 9; 12; 17; 21; 22). Zagreb 1868–189, hier Bd. 8, 212; AAV 2667. Sein Vater Ivan hatte ihn dorthin geschickt. Es ist nicht klar, um welchen Sohn es sich handelte; anzunehmen ist, dass Staniša als der älteste diesen Weg angetreten hat.

138 Radonić Nr. 70–71; Popović 132f.; Spremić, Despot 646.

139 S. die Biografie von Popović.

140 Vereinfacht nach dem Stammbaum bei M. Spremić, Đurađ Branković. Belgrad 2006, 239.

141 Barletius 318.

142 Jireček, Geschichte Bd. 2, 173ff.; Spremić, Despot 206ff.; S. Ćirković, Archiepiscopus Craynensis. *Istorijski zapisi* 73/ 1–2 (2000) 47–54.

143 S. Ćirković, Stefan Vukčić Kosača i njegovo doba. Belgrad 1964. 41ff.; Spremić, Despot 242ff.

144 F. Cerone, La politica orientale di Alfonso d'Aragona. *ASPN* 27 (1902) 3–93; 380–456; 556–634; 774–852 und 28 (1903) 154–212; C. Marinesco, Alphonse V, roi d'Aragon et de Naples, et l'Albanie de Skanderbeg. *Mélanges de l'Ecole Roumaine en France* 1 (1923) 1–135; C. Marinescu, La politique orientale d'Alfonse V d'Aragon, roi de Naples (1416–1458). Barcelona 1994. S. nun La Corona d'Aragona ai tempi di Alfonso II el Magnanimo, 2 Bde. Neapel 2000, darin: M. M. Costa, Relacions entre Alfons el Magnànim i els Paisos Balcànics. Testimonis documentals, 199–211, v. a. 206 f.; M. Spremić, Alfonso il Magnanimo e la sua politica nei Balcani, 741–753.

145 Pall, Skanderbeg et Janco de Hunedoara. *Studia albanica* 1968/1, 103–117, 106 kann dies nicht einordnen, da er – zu Recht – den bei Barletius wiedergegebenen angeblichen Briefwechsel zwischen Ladislaus und Skanderbeg für falsch hält. Dies trifft in der Form sicher zu – Pall hat eine diplomatische Analyse vorgenommen –, doch hat Barletius wahrscheinlich einen wirklich existierenden Austausch von Schreiben wiedergegeben.

146 Imber, Crusade 184.

147 Imber, Crusade 12ff.; Setton, Papacy II 67ff.; F. Pall, Le condizioni e gli echi internazionali della lotta antiottomana del 1442–1443, condotta da Giovanni di Hunedoara. *Revue des études sud-est européennes* 3 (1965) 433–463; Cvetkova, La bataille 271ff. vgl. auch A. Hohlweg, Der Kreuzzug des Jahres 1444: Versuch einer christlichen Allianz zur Vertreibung der Türken aus Europa, in: K. – D. Grothusen (Hrsg.), Die Türkei in Europa. Göttingen 1979, 20–37; F. Babinger, Von Amurath zu Amurath, in: ders., Aufsätze und Abhandlungen zur Geschichte Südosteuropas und der Levante Bd. 1. München 1960, 128–157, hier 128ff.; Spremić, Branković 278f.; K.P. Matschke, Italiener, Griechen und Türken im Umfeld des Kreuzzuges von 1444. *Il Mar nero* 3 (1997/98) 159–177.

148 Der polnische Geschichtssschreiber Jan Długosz zitiert bei Imber, Crusade 17.

149 Schon im Mai 1443 sprach der byzantinische Gesandte in Venedig von der Vertreibung der Osmanen aus Griechenland; AAV 4807.

150 Jireček, Geschichte II 183; Pall, Skanderbeg et Ianco 7.

151 AAV 4892.

152 Barletius 37 (in freier Wiedergabe).

153 So der osmanische Chronist Oruç bei Pulaha, Lufta 45.

154 Schmitt, Jahrbücher 137.

155 Barletius 16 „multi dicunt ... Huniademque prius de singulis latenter per nuncios ab eo instructum, atque accersitum maximo studio cum copiis."

156 Barletius 15f.; Angiolello bei Radonić 228.

157 Musachi 274; vgl. auch T. Gemil, Românii şi Otomanii în secolele XV–XVI. Bukarest 1991, 120.

158 Barletius 17.

159 Duka, Tokat 35.

160 Barletius 17.

161 So der Seneser Biograph f. 49v–50r.

162 Musachi 274, Venier bei Magno, Schmitt, Jahrbücher 137; Franco 5r.

163 Der Seneser Biograph f. 50r.

164 Musachi 274.

165 Barletius 24f.

166 AAV 4892.

167 Babinger, Amurath 131; zum Folgenden Imber, Crusade 18ff.; Spremić, Branković 328ff.

168 Cvetkova, Bataille 295.

169 Babinger, Amurath 136ff.

170 Babinger, Amurath 138; Cvetkova, Bataille 306; Setton, Papacy II 78ff.

171 J. Paviot, Les Ducs de Bourgogne, la croisade et l'Orient (fin XIVe siècle–XVe siècle). Paris 2003, 94ff.

172 Cvetkova, Bataille 306.

173 Babinger, Amurath 145ff.

174 Babinger, Amurath 150f.

175 Barletius 30.

176 Barletius 20f. und nach ihm der Seneser Biograph f. 50r.

177 Barletius 22 und nach ihm der Seneser Biograph 50r–v.

178 Musachi 299.

179 Wichtige, zu wenig beachtete Bemerkungen bei I. Božić, O Dukađinima, in: ders., Nemirno pomorje. Belgrad 1979, 332–384, hier 363.

180 Barletius 37f.

181 Barletius 38; zu ihnen I. Božić, Spani – Španje. *Glas SANU* 32/2 (1980) 37–60.

182 Franco 8r.

183 Barletius.

184 AAV 5009.

185 AAV 5062.

186 AAV 5009.
187 Venezianische Berichte, die sicher von den Statthaltern in Alessio, Durazzo und Skutari verfasst worden waren, sind in den beiden Bränden des Dogenpalasts in den 70er-Jahren des 16. Jahrhunderts untergegangen. Bis jetzt ist keine Abschrift dieser Berichte in anderen Archiven entdeckt worden.
188 Musachi 274f.
189 Franco 8r.
190 Schmitt, Jahrbücher 137.
191 Franco 8r.
192 Chalkokondyles (220 bei Radonić) und Kritobulos bei Radonić 224
193 Barletius 30.
194 Grundlegend ist M. Spremić, Vazali kralja Alfonsa Aragonskog. *ZFFB* 12 (1974) 455–469, hier 455ff. Wichtige Bemerkungen zu den Jahren 1448/49 bei Imber, Ottoman Empire 139ff.
195 AAV 4493, 5003.
196 AAV 5062, 5064.
197 AAV 5069.
198 AAV 5113, 5136–5139.
199 S. die Überlegungen von Pall, Skanderbeg et Ianco de Hunedoara 5–9, der vermutet, nicht Skanderbeg, sondern Araniti Komino sei von Hunyadi stärker beachtet worden; Marinescu, Politique 140.
200 Jorga, Notes Bd. 1, 2e série, 25.; Bd. 1, 44.
201 Marinescu, Politique 156.
202 AAV 5053.
203 Spremić, Branković (Ausgabe Banja Luka) 495; ders., Kruševac u XIV i XV veku, in: ders. Prekinut uspon 107–125; Imber, Varna 81.
204 Barletius 70ff. Vgl. Duka, Tokat 39 Fn. 17 nach dem Chronisten Neşri; freilich ist unklar, ob sich dessen Bericht auf die frühen Jahre des Aufstandes bezieht. Der osmanische Geschichtsschreiber Oruç, in Radonić 253.
205 Barletius 65ff.; Franco 9r–v.
206 So der Geschichtsschreiber Antonio Bonfini bei Radonić 229.
207 AAV 5396.
208 Dies alles nach Pall, Skanderbeg et Ianco de Hunedoara 10, der als Quellen die Ragusaner Ratsakten, sowie die Geschichtsschreiber Chalkokondyles und Antonio Bonfini verwendet.
209 Ausführlich Spremić, Đurađ Branković 394ff.
210 Barletius 38; D. Dhamo, Kisha e Shën Mërisë në Vaun e Dejës. *Studime historike* 1964, 53–175; G. Saraçi, Të dhëna të reja për kishat e Danjës. *Iliria* 1989/1, 241–252.
211 Barletius 90f.; Eindrücke von einer Bereisung im Juli 2007.
212 V. Novak – M. Šufflay, Statuta et ordinationes capituli ecclesiae cathedralis Drivastensis. Belgrad 1927, in der Einleitung bietet Šufflay die beste Darstellung der Stadtgeschichte; vgl. die klassische Darstellung der Ruinen bei Th. Ippen, Skutari und die nordalbanische Küstenebene. Sarajevo 1907. Dazu jüngst Antonović, Grad 57ff., 244ff.; 265ff. Vgl. auch Irmgard Mahnken, Beziehungen zwischen Ragusanern und Albanern während des Mittelalters, in: Beiträge zur Südosteuropaforschung anlässlich des I. internationalen Balkanologenkongresses in Sofia. München 1966, 339–390; B. Krekić, Albanians in the Adriatic cities: observations on some ragusan, venetian and dalmatian sources for the history of the Albanians in the late middle ages, in: The Medieval Albanians 209–233.
213 Schmitt, Venezianische Jahrbücher 139f.; Schmitt, Das venezianische Albanien 300; Božić, O Dukađinima, in: ders., Nemirno pomorje 332–384, hier 364ff.; AAV 5297, 5303.
214 Radonić Nr. 16.
215 Selbst Barletius glaubt nicht richtig an diese Begründung, wenn er schreibt „Pactum nanque apparebat inter eum & Zachariam olim confectum" (72).
216 AAV 5347.
217 Schmitt, Das venezianische Albanien 479. Zu den schönen Fresken der Kirche Sancta Veneranda/alb. Shën Prendë in Balldren s. nun G. Hoxha – L. Përzhita – F. Cavallini, Monumente historike të kultit të krishterë në dioqezën e Lezhës/Monumenti storici di culto cristiano della diocesi di Lezha. Lezhë 2007, 130ff.
218 AAV 5357; Marinescu, Politique 156.
219 Zu ihm J. Kolanović, Šibenik u kasnome srednjem vijeku. Zagreb 1995, 63, 91, 218f.; L. Čoralić, Šibenčani u Mlecima. Šibenik 2003, 63f. Jurić kämpfte für Venedig auch in der Lombardei
220 Barletius 85ff.
221 AAV 5361; Barletius 76ff.; Schmitt, Das venezianische Albanien 302; AAV 5362, 5374, 5375; Schmitt, Jahrbücher 141ff. Details zur Deportation in Državni arhiv u Zadru. Arhiv Korčule 12 Umschlag 19 Heft 1 Korčulanski knezovi Francesco Lombardo. Korespondencija 1448–1450 f. 11r. 28. Oktober 1448 Doge Fr. Foscari an den comes Francesco Lombardo.
222 Vgl. Barletius 84.
223 AAV 5357, 5361.
224 AAV 5375.
225 Ausführliche Diskussion der Frage bei Schmitt, Skanderbeg und die Slawen im makedonischen Raum (im Druck); s. die weitere Spezialliteratur K. Biçoku, Dibra dhe Koxhaxhiku në kohën e Skënderbeut. *Studime historike* 2003/1–2, 7–29; derselbe Autor revidierte aber kurz dar-

auf seine Lokalisierung und geht nun davon aus, Svetigrad sei mit der genannten Burg nahe dem westmakedonischen Demir hisar zu identifizieren. Vgl. auch T. Tomoski, Pitanje Kodžadžika (prilog istoriji Debra i susednih predala u doba Skenderbega), in: Simpozijum o Skenderbegu, 195–200; S. Antoljak, Kade bil Svetigrad? *Glasnik na Institutot za nacionalna istorija* 1977/2–3, 6–92; ders., Ku gjendej Sfetigrad? *Gjurmime albanologjike* 8 (1978) 47–72 (ausgezeichnete und wohl beste Diskussion der Forschungsfrage); A. Stojanovski, Obid da se otfrli pretpostavkata deka Svetigrad e Kodžadžik. *Glasnik na Institutot za nacionalna istorija* 1978/1–2, 225–237. Für Kodžadžik tritt ein, freilich ohne überzeugende Argumente, M. Bislimi, Svetigrad, lokalizacija, hronologija i osvojuvanjeto ot strana na Osmanlite, in: Ǵerǵ Kastrioti Skenderbeg. Skopje 2006, 45–53 (die S. 53 veröffentlichten Fotos sind wenig aussagekräftig. Bei den Grabsteinen handelt es sich um den alten osmanisch-türkischen Friedhof, nicht um einen „Heldenfriedhof" von Skanderbegs Gefolgsleuten). Hingegen plädiert Biçoku für die Burgruine Kale nördlich des Dorfes Dervenik (bzw. Drevenik). Der heute Kale genannte Burgberg befindet sich auf 1404 m, direkt östlich von Demir hisar. Kërçishtë erwähnt Fan Noli in seiner Skanderbegbiografie: Historia e Skenderbeut (Gjerq Kastriotit) Mbretit te Shqiperise 1412–1468 prej Peshkpit Theofan. Boston 1921, 59 Fn. 5.

226 Biçoku, Shtrirja lindore e zotërimeve të Kastriotëve, in: F. Duka (Hrsg.), Skënderbeu dhe Evropa, 61–82.

227 AAV 5375.

228 Franco 16r.

229 Chalkokondyles bei Radonić 220.

230 Magno bei Schmitt, Jahrbücher 144, im Original „Belca".

231 Bei Radonić 220.

232 Barletius 236.

233 Guboglu – Mehmet 57 (aus Oruç).

234 Radonić 255.

235 Radonić Nr. 27.

236 Radonić Nr. 243, 253.

237 Državni arhiv u Zadru. Arhiv Korčule 12 Umschlag 19 Heft 1 Korčulanski knezovi Francesco Lombardo. Korespondencija 1448–1450, f. 7v: Bericht des comes an den Dogen Francesco Foscari vom 24. September 1448: „... ob exercitum quem Scandarbegus inimicissimus dominii vestri preparabat, vocabat ipsam galeam ad dictum vestrum locum Durachii pro conservatione illius quapropter ego confestim expedivi barcham unam pro eundo ad inveniendum dictum Petrum" (gemeint ist der aus Candia/Herakleion auf Kreta herbeigeeilte Vizekapitän des Golfs (d. h. der Adriaflotte), Pietro Mocenigo.

238 AAV 5399, 5427.

239 Radonić Nr. 24, 25.

240 Pertusi, Segono 91.

241 ebd. 92.

242 Bonfini bei Radonić 229.

243 Segono, Pertusi 129.

244 Pall, Skanderbeg et Ianco de Hunedoara 13, nach Bonfini; M. Cazacu, La Valachie et la bataille de Kosovo (1448). *Revue des études sud-est européennes* 9 (1971) 131–139.

245 Georg Branković warb schon wenige Monate später um Skanderbeg als Verbündeten gegen Venedig; er hätte dies wohl kaum getan, wenn er ihn kurz zuvor bekämpft hätte; vgl. AAV 5500: Venedig dankte im Oktober 1449 Skanderbeg für seine – abschlägigen – Antworten an Alfons V. und Georg Branković. Državni arhiv u Zadru. Arhiv Korčule 12 Umschlag 19 Heft 1 Korčulanski knezovi Francesco Lombardo. Korespondencija 1448–1450 f. 15v. 15. März 1449. Der comes Francesco Lombardo warnt den Dogen Francesco Foscari vor einem drohenden serbischen Angriff auf Venezianisch-Albanien.

246 AAV 5500.

247 AAV 5468.

248 AAV 5467.

249 AAV 5467, 5491.

250 Državni arhiv u Zadru. Arhiv Korčule 12 Umschlag 19 Heft 1 Korčulanski knezovi Francesco Lombardo. Korespondencija 1448–1450 f. 26v o. D. (aber Juli 1449) comes Francesco Lombardo an den Dogen: „(...) Secundo questa ho habudo una letera da Durazo de 6 de questo da ser Marco Malipiero, el qual me avixa ali 3 de questo lì a Durazo azonse do ambasarie, una de Scandarbego e una de Araniti, che dal Re de Ragona vegnia e che subito zonti ai suo signori refferitoge la sua ambassada de presente quelli per el suo paexe fexe far comandamento che tuto homo può portar arme siano presti e dise far per andar sopra la Valona e ch'el Re ha mandà per mar molte galee per haver quello e che più presto el se dubita non vadano a Durazo che in altro luogo, el qual luogo me avixa in tuto esser deffacendo e de homeni e de vitoarie et altri bixogni da deffenderse."

251 Barletius 150ff.

252 Barletius 159.

253 AAV 5500; Državni arhiv u Dubrovniku. Consilium rogatorum 3/11 f. 154v.

254 Pertusi, Segono 130; Aşıkpaşazade bei Radonić 243.

255 Državni arhiv u Zadru. Arhiv Korčule 12 Umschlag 19 Heft 1 Korčulanski knezovi Francesco Lombardo. Korespondencija 1448–1450 f. 62r: Korčula 6. Juli 1450 comes Francesco Lombardo an den Dogen: „(...) Item Dominationi vestre intimo per navigium quoddam vestrum Scutarense quod huc applicuit isto die habui certe quod in partibus venerat maxima quantitas Teucrorum et est ipse Imperator Teucrorum in destructionem Scandarebegi et Areniti et quod imposterum habebo Dominationi vestre quamprimum notificabo." Radonić Nr. 36.

256 Schmitt, Jahrbücher 147.

257 Državni arhiv u Zadru. Arhiv Korčule 12 Umschlag 19 Heft 1 Korčulanski knezovi. Francesco Lombardo. Korespondencija 1448–1450 f. 64r: Korčula 22. August 1450 comes Francesco Lombardo an den Dogen: „(...) Preterea notam reddo Dominationi Vestre qualiter sicuti habeo per litteras mihi emanatas a Dirachio datas ibidem primo presentis et similiter per litteras vestri potestatis Budue datas xviiii instantis Teucer cum toto eius exercitu erat circum Croiam quam civitatem pugnabat, sed dicitur tamen locus ille esse quodammodo inexpugnabilis nichil ei nocere posse. Verum omnes illi parvi domini Albanenses se coinquinaverunt ipsi Teucro qui eis facit optimam societatem. Ceterum prout habeo per ipsas litteras a Dirachio et Budua idem Teucer cum recedet a Croia, intendit ire Dagnum et illud omnino obtinere ..."

258 Chalkokondyles bei Radonić 220f.

259 Angiolello spricht von 800 Verteidigern, davon 400 Italienern; Radonić 228; Pall, Barlezio 75.

260 S. Masci, Le relazioni italo-albanesi al tempo di Giorgio Castriota Scanderbeg. *Rivista d'Albania* 2 (1941) 163–173, hier 163.

261 Quellen zur Belagerung: Radonić Nr. 31 und 36; Chalkokondyles bei Radonić 220–221; Angiolello bei Radonić 228; Schmitt, Jahrbücher 146–147; AAV 5586.

262 E. Bulletti, Un autografo di Scanderbeg alla Signoria di Siena. *Bollettino Senese di Storia patria* 1/9 (1940) 77–78.

263 Zur Belagerung s. Babinger, Mehmed 63f.; K. Biçoku, Skënderbeu. Tirana 2005, 122–127, Frashëri, Skënderbeu 162–163.

264 Barletius 168f.

265 Diese Einzelheiten bei Angiolello bei Radonić 228.

266 Barletius 170f.

267 Barletius 171.

268 AAV 5586.

269 Schmitt, Jahrbücher 147.

270 Državni arhiv u Zadru. Arhiv Korčule 12 Umschlag 19 Heft 1 Korčulanski knezovi. Francesco Lombardo. Korespondencija 1448–1450 f. 64r: Korčula 22. August 1450 comes Francesco Lombardo an den Dogen. Man befürchtete einen Angriff auf das wichtige Dagno.

271 AAV 5599.

272 AAV 5568.

273 Spremić, Branković 410ff.; Schmitt, Jahrbücher 146f.

273 AAV 5546.

275 Schmitt, Jahrbücher 146.

276 Babinger, Mehmed 63, wohl nach Barletius.

277 Dies berichten, drei Jahre nach Skanderbegs Tod, insbesondere mailändische Diplomaten aus Venedig: Archivio di Stato di Milano. Archivio Sforzesco. Busta 357. Bericht des Hercules de Mayno vom 3. Januar 1471: „vorà cum effecto Croya, cità de Albania, la quale altre volte fo tiranizata da Scanderbech suo rebelle, de la quale ha facto continuo gran caso". Sehr ähnlich auch der Bericht des Gherardo de Collis vom 3. August 1471 über venezianisch-osmanische Friedensverhandlungen, im Rahmen derer Mehmed II. auf der Abtretung Krujas besteht: „... ma Croya qual fu de Scanderbeg, lo patre de questo Turcho li viene a campo dove li steti più de mesi cinque con le bonbarde et re infecta como desperato si partì et tornando in camino morì. Questo Turcho mo ho sia per quella religion de la morte del patre ho sia per che la sia forte de sito ..." (es folgt eine Beschreibung des Baus der osmanischen Festung Elbasan).

278 Schmitt, Jahrbücher 147. Alle Quellenstellen zu dem angeblichen Tod Murads vor Kruja bespricht Pall, Barlezio 90.

279 Schmitt, Jahrbücher 147.

280 Pertusi, Segono 130.

281 Babinger Mehmed 64.

282 Radonić Nr. 36.

283 Radonić Nr. 36.

284 AAV 5634; Radonić Nr. 36.

285 AAV 5634.

286 Radonić Nr. 32–34.

287 Radonić Nr. 36.

288 Radonić Nr. 37.

289 Paviot 127; Pall, Rapporti 126.

290 Pertusi, Segono 130.

291 Radonić Nr. 36.

292 Radonić Nr. 38.

293 Pall, Rapporti Nr. 4, wo sich Skanderbeg selbst sich fünf Jahre später als „Vasall und Hauptmann" des Königs bezeichnet. Albanische Geschichtsforscher haben bis in jüngste Zeit in diesem Abkommen einen Vertrag zwischen Gleichberechtigten sehen wollen: Biçoku,

Skënderbeu 127f.; Frashëri, Skënderbeu 309ff.

294 F. Storti, Dispacci sforzeschi da Napoli Bd. 4 (1o gennaio–26 dicembre 1461). Neapel 1998, Nr. 130.

295 Radonić Nr. 43–44.

296 Radonić Nr. 45–46. Am 29. Mai 1451 unterrichtete König Alfons V. seinen Vasallen Stefan Vukčić: „ mittimus in presentiarum ad partes istas Albanie duos nostros comestabulos cum centum peditibus in subsidium et adiutorium spectabilis et magnifici Georgii Castrioti domini Croye adversus Theucros". Er bittet den Herrn der Herzegowina, die Beziehungen Bernardo Vaquers mit Johann Hunyadi zu erleichtern („provideatis de tuto transitu"); L. v. Thallóczy, Studien zur Geschichte Bosniens und Serbiens im Mittelalter. München – Leipzig 1914, 387.

297 Radonić Nr. 48.

298 L. v. Thallóczy, Studien 396.

299 So Marinescu, Politique 165.

300 Radonić Nr. 48; Marinescu, Politique 172ff.

301 Radonić Nr. 48.

Anmerkungen zu Kapitel II „Anatomie eines Aufstands" (Seite 80–186)

1 Max Weber, Wirtschaft und Gesellschaft. Tübingen 1972, 655.

2 Wichtige Bemerkungen zum Verhältnis von volkstümlicher Überlieferung und den Schriftquellen bei G. Valentini, Problemi storiografici castriotani. *Shêjzat/ Le Pleiadi* 10/1–2 (1966) 77–82.

3 Pertusi, Segono 103; vgl. aus der reichen Forschungsliteratur: G. Gesemann, Heroische Lebensform. Zur Literatur und Wesenskunde der balkanischen Patriarchalität. Berlin 1943, vor allem zu Montenegro; mit neueren anthropologischen Fragestellungen K. Kaser, Hirten, Kämpfer, Stammeshelden. Ursprünge und Gegenwart der balkanischen Patriarchalität. Wien – Köln – Weimar 1992.

4 Pall, Barlezio 46; vgl. auch Barletius 237ff.

5 G. Schirò, Visita a Scutari di Michele Apostolio nel 1467. *Zeitschrift für Balkanologie* 2 (1964) 145–166; Io. M. Sabellici Historiae rerum Venetarum ab urbe condita libri XXXIII. Basel 1556, 922.

6 Die beste Erörterung bei Pall, Barlezio 46ff.; neuerdings auch aus philologischer Sicht M. Skafte Jensen, A Heroic Tale: Marin Barleti's Scanderbeg between orality and literacy. http://miqesia.dk/Barleti-Scanderbeg.htm (dänische Fassung in: O. B. Andersen u. a. (Hrsg.), Fortælling og erfaring. Aarhus 1988, 135–158).

7 G. Schirò, Cronaca dei Tocco di Cefalonia di anonimo (*Corpus fontium historiae byzantinae* 10). Rom 1975. Zum kulturellen und politischen Hintergrund s. L. Maksimović, Der Despotenhof in Epirus im 14. und 15. Jahrhundert, in: R. Lauer – H.G. Schreiner (Hrsg.), Höfische Kultur in Südosteuropa (*Abhandlungen der Akademie der Wissenschaften in Göttingen. Phil.-hist. Klasse Dritte Folge* 203). Göttingen 1994, 86–105; E. Chrysos (Hrsg.), Πρακτικά Διεθνούς Συμποσίου για το Δεσποτάτο της Ηπείρου. Arta 1990; Sp. N. Asonites, Το Νότιο Ιόνιο κατά τον Όψιμο Μεσαίωνα. Athen 2005; eine wichtige Analyse der Chronika bei Vaso Psimule, Σούλι και Σουλιώτες. 3. Auflage Athen 2005, 48ff.

8 Cronaca Vers 1118ff.

9 Cronaca Vers 515.

10 Cronaca V. 230f.; 244ff.; 254ff., 261ff.

11 Cronaca V. 341, 346, 230f., 344f., 348.

12 Cronaca V. 149.

13 Cronaca V. 1387.

14 Cronaca V. 1398ff.

15 Cronaca V. 372ff. und V. 954ff.

16 Cronaca V. 775ff., 785ff., 968ff.

17 Cronaca V. 463, 817, 718, 840ff., 877ff.

18 Cronaca V. 733f., 961, 1083ff., 1155.

19 Cronaca V. 1500ff., 1542ff., 1559ff., 1580ff.

20 Cronaca V. 422ff.

21 Cronaca V. 2028ff.

22 Cronaca V. 1425.

23 Cronaca V. 249, 791.

24 Cronaca V. 1449.

25 Pall, Barlezio 133; Barletius 8f. „Et simul aetas, simul pulchritudo ipsa corporis, ac decor membrorum subiectus, oculis multum & pietatis & favoris excitaverant. Statura celsa, proceraque/ brachia in homine pulchriora non visa, collum robustum obstippumque, ut laudatur in Athletis, humerorum mira latitudo color candidus, latenti velut purpura suffusus. Aspectus oculorum non torvus, non vanus, sed gratissimus".

26 Franco 12r.

27 Franco 25v, 6r, 12r, 8r.

28 Franco 36r, 44v.

29 Pall, Barlezio 134.

30 Musachi (in der Reihenfolge der Zitate) 275, 274, 299, 300, 299.

31 Franco 45r

32 Franco 45r.

33 Franco 44r.

34 Franco 12r.

35 Franco 12r; Barletius 160.

36 Franco 12r.

37 Franco 25v.
38 Barletius 237.
39 Dies galt auch für Skanderbegs Nachbarn; der Herr der Schwarzen Berge, Stefan Crnojević, stieg mit seinen Hirtenkriegern regelmäßig in die Herzegowina hinab, um dort zu plündern (Ljubić, Listine Bd. 10, 74); derartige Raubzüge führten die Montenegriner bis tief in das 19. Jahrhundert durch.
40 Franco 30r.
41 Franco 214r, 25v.
42 S. die alte Sammlung von M. Sirdani, Skanderbegu mbas gojëdhânash. Shkodra 1926.
43 G. Marlekaj, Scanderbeg nelle tradizioni popolari albanesi, in: Convegno. 221–238, hier 229ff. Zu den „drangue" s. v. Hahn, Albanesische Studien 163.
44 G. Valentini, Un curioso documento sulla statura di Scanderbeg. Shêjzat/Le Pleiadi 15 (1971) 7–8; auf der Grundlage eines venezianischen Tuchgeschenkes von 18 Ellen Stoff (1 Elle = 0,58 m) für zwei Prunkgewänder. Giovio abgedruckt bei Radonić 234.
45 Franco 45v; s. die Abbildungen bei Frashëri, Skënderbeu.
46 Valentini, Un curioso documento, sowie Masci 168.
47 Pall, Rapporti Nr. 2; vgl. die ausgezeichneten Ausführungen von Pall, Barlezio 76ff.
48 Sabellico, 922.
49 Alle Belege im Kapitel „Italienische Reise".
50 Schmitt, Skanderbegs letzte Jahre, Quellenanhang, Ergänzung Text 1.
51 Archivio di Stato di Milano. Archivio visconteo – sforzesco B. 342. Antonio Guidobono an Francesco Sforza. Venedig 7. Mai 1455: „Questa Illustrissima Signoria mandò per me domenegha passata et disseme che in quella hora uno Signore chiamato Schanderbech de Albania gli haveva mandato dui belli astori de quello paexe et dui livreri Turchi quali me volevano dare acio li mandasse ad la Excellentia Vostra più presto ch'io poteva. Io gli acceptay cum bone et grate parolle circha ciò conveniente sempre regratiandolli et holli in caxa et facione tignire bon acura. Fra quali gli è uno de li astori judicato bellissimo et hame dicto uno Abbate (wohl Georg Pelinus, O. S.) de quello paixe che è dicto astore el miglore che may fosse veduto et che pigla perdice, anedre salvatiche, oche salvatiche et tra fine ad li capriolli. L'altro ancora è pur bello, ma non tanto …"
52 Državni arhiv u Dubrovniku. Consilium rogatorum 3/18 f. 150v.
53 F. Ilia, Kanuni i Skanderbeut mbledhe e kodifikue nga Imzot Frano Ilia. Shkodra 1993; K. Frashëri, Mbi kanunin e Skënderbeut. *Studime historike* 1977/2, 125–143; vgl. auch den Aufsatz von M. Schmidt-Neke, Der Kanun der albanischen Berge: Hintergrund der nordalbanischen Lebensweise, in: R. Elsie, Der Kanun. Pejë 2001, 11–34; L. v. Thallóczy, Kanuni i Lekës. Ein Beitrag zum albanischen Gewohnheitsrecht, in: Ders., Illyrisch-albanische Forschungen Bd. 1, 409–462.
54 Lucia Nadin – Gh. Ortalli (Hrsg.), Statuti di Scutari (Corpus statutario delle Venezie 15). Rom 2002; A. Pertusi, Per la storia di Dulcigno nei secoli XIV–XV e dei suoi statuti cittadini. *Studi veneziani* 15 (1973) 213–271.
55 Mündliche Auskunft von Dr. Matthias Pfaffenbichler, Hofjagd- und Rüstkammer des Kunsthistorischen Museums Wien, vom 19. September 2007. Dass Helm und Schwert in der albanischen Gesellschaft des 20. Jahrhunderts eine derart bedeutende Funktion erhielten, ist unter anderem der ersten albanischen Geschichte in albanischer Sprache zuzuschreiben, die von dem ungarländischen Historiker Ludwig von Thallóczy verfasst und von dem Albaner Stefan Curani übersetzt worden ist; dazu die Neuausgabe mit umfangreicher Einleitung von Raim Beluli: Ludwig von Thallóczy, Të ndodhunat e Shqypnís prej nji Gege që don vendin e vet. Përktheu nga gjermanishtja Stefan Curani.
56 G. Zippel, Le vite di Paolo II di Gaspare da Verona e Michele Canensi. Città di Castello 1904, 149 Fn.1.
57 P. Bartl, Albania sacra. Bd.1. Wiesbaden 2007, 137.
58 S. die Biografien von Biçoku und Frashëri sowie insbesondere die verfassungsgeschichtlichen Arbeiten von K. Krisafi – Z. Ballanica – A. Luarasi – G. Gjika , Historia e shtetit dhe e së drejtës në Shqipëri. Bd. 1. Tiranë 1997, sowie A. Luarasi, Shteti dhe e drejta shqiptare në epokën e Skënderbeut. Tiranë 1998.
59 Radonić Nr. 199: „Georgius Castrioctus, alias Scanderbego" (1460); Nr. 200 „Servitore et vassallo de Vostra Maestà Georgio Castrioto decto Scanderbego" (1460); „Georgius Castrioto alias Scanderbeg, Herr der Provinzen Albaniens" (1456) (Pall Nr. 4), „Ausgezeichneter, prächtiger und mächtiger Herr Georgius Castriot, auch Skanderbeg genannt, Herr *in* Albanien" (1460) (AAV 6993); drei Jahre später dann als „Herr *von* Albanien" (Archivio Segreto Vaticano. Camera Apostolica. Diversa cameralia 30 f. 134r–v. (Freundlicher Hinweis von Claudia Märtl). Die Siegelkunde, die ebenfalls nur über wenige Originale verfügt, hilft kaum weiter: Georgius Castriotius Scendarbic liest man,

dazu eine Abkürzung des Titels „dominus Albaniae". Vgl. Biçoku, Skënderbeu 160f.; D. Egro, Skënderbej: Identitet i ndryshuar apo titulaturë turko – osmane, in: F. Duka (Hrsg.), Skënderbeu dhe Evropa, 113–124; T. Geci, Mbi sfragjistikën e Kastriotëve, in: Simpoziumi për Skënderbeun – Simpozijum o Skenderbegu 9–12 maj 1969. Prishtina/ Priština 1969, 229–247.

60 Skanderbegs allmähliche Wendung nach Westen und die Unterstellung unter die neapolitanische Krone brachten auch keinen Wechsel in der Herrschertitulatur. Die frühesten Belege für Skanderbegs Titel stammen aus Schreiben abendländischer Fürsten: Alfons V. sprach ihn im Dezember 1447 als „berühmten und mächtigen Herrn Georgius Castriotus alias Squenderbech, Herrn von Kruja und der Provinzen von Arbania, unseren liebsten Freund" an (Radonić Nr. 16: „Illustri et potenti viro Georgio Castrioto alias Squenderbech, domino Croie provinciarumque Albanie"). Auffallend ist die wichtige Stellung, die die Herrschaft über Kruja einnimmt, während die weitere räumliche Umschreibung, die „Provinzen von Albania", vage ausfällt. Als die Verbindungen im Rahmen der Verhandlungen von 1451 enger wurden, ließen die Neapolitaner den Zusatz fallen und sprachen nur noch von „Georgius Castrioti, Herr von Kruja" (Etwa Radonić 43, 44). Für Alfons V. als Lehensherrn ist Skanderbeg schon 1452 nicht mehr Herr von Kruja, sondern nur noch „der prächtige Herr Scandarberch, unser geliebter treuer und ergebener (scil. wohl Vasall)" (Radonić Nr. 55); im Jahr 1454 der „prächtige und tüchtige (strenuus als übliches Attribut für Söldnerführer in Renaissanceitalien; O. S.) Georgius Castrioti, genannt Scandarbech, Generalkapitän unserer Truppen in den albanischen Landen und treuer Ratsherr" (Radonić Nr. 79 „magnifico et strenuo viro Georgio Castrioti dicto Scandarbech gentium armorum nostrorum in partibus Albanie generali capitaneo consiliario fideli"). Einheitlich aber war der Sprachgebrauch der Kanzlei nicht; denn im selben Jahr wurde Skanderbeg sehr wohl der Titel „Herr in den albanischen Landen" zugestanden (Radonić Nr. 85), 1456 aber wieder weggelassen (Radonić Nr. 117); 1457 hieß es gar nur „Georgius, genannt Scandarbeh", ohne jeden Titel (Radonić Nr. 134) – obwohl hiefür kein politisches Motiv auszumachen ist. Die Venezianer, denen die neapolitanische Übernahme Krujas stets ein Dorn im Auge war, bezeichneten Skanderbeg in offiziellen Schreiben gerne als „Herrn von Kruja" (AAV 6067 „magnificus et potens dominus Georgius Castriota Croye"); sie brachten damit indirekt ihre Vorbehalte gegenüber der Albanienpolitik König Alfons' V. zum Ausdruck (So auch 1453, als es zu venezianisch-neapolitanischen Scharmützeln kam; Radonić Nr. 72). Die päpstliche Kurie verwendete die Bezeichnung „Georgius Castriotti Scandarbech, Herr von Albanien" (1457) (Radonić Nr. 151, 153, 168 [für 1458]). Räumlich fernerstehende Fürsten wie der Mailänder Herzog Francesco Sforza sahen in Skanderbeg den „Herrn von Albanien" (September 1451) bzw. „Herrn der Provinzen Albaniens" (Oktober 1456) (Radonić Nr. 49; 125), dann aber, nach der Gewöhnung an die enge Bindung Skanderbegs an Neapel auch den neapolitanischen Generalissimus jenseits der Adria – wie unklar die Raumvorstellungen in der Lombardei dabei waren, zeigt der Zusatz „in den griechischen Landen" –, der gleichzeitig auch Herr Albaniens war (1461) (Radonić Nr. 206: „Domino Albanie et generali capitaneo regie Maiestatis in partibus Grecie"). Im Gegensatz dazu verwendeten die benachbarten, diplomatisch stets vorsichtigen Ragusaner bisweilen gar keinen Titel, nicht einmal „Herr", sondern sprachen nur von „Skenderbeg", in direkter Anrede auch von „Prächtiger und mächtiger, gleichsam unser Bruder und liebster Freund" (1452) (Radonić Nr. 60; s. auch Nr. 65, 66, 68, 70). Die jeweilige politische Lage bestimmte den Grad der Höflichkeit. In dieser Außenwahrnehmung wurde nur selten ein klarer Unterschied zwischen dem christlichen Namen, Georg Kastriota, und dem osmanischen nom de guerre, Skanderbeg – häufig auch in der dem Türkischen nahen Form „Skenderbeg" (etwa Radonić Nr. 25–28, 30 aus dem venezianischen und ragusanischen Schriftverkehr) – getroffen. Einzig die neapolitanische Kanzlei gab zur Zeit Alfons' V. der Form Georg Kastrioti den Vorzug (Radonić Nr. 37, 38, 42, 43, 44, 45, 46). Dabei fällt die dem Albanischen (aber auch dem Griechischen) nahestehende Endung auf -i auf. Skanderbeg selbst bevorzugte die Form „Kastriot" bzw. „Castriot".

61 Franco 7v: „Aquila nera con duoi capi in campo rosso". Albanische Historiker deuten die Flagge hingegen als nationales Symbol, so bei Frashëri, Skënderbeu Kap. XII. Die Familie Kastriota pflegte in der frühen Neuzeit Anspielungen auf eine kaiserliche Herkunft: K. Biçoku, Aleksandri i Madh në kujtesën historike të Skënderbeut e të Shqiptarëve. *Studime historike* 2005/1–2, 7–29, hier 14f.

62 Valentini, Un curioso documento.

63 Tafel VII bei Radonić.

64 Stojanovski, Raja 44ff. zu „primikur" und „lagator".

65 D. Ǵorgiev, Die Bevölkerung im makedonisch-albanischen Grenzgebiet im 15. und 16. Jahrhundert nach osmanischen Quellen. *Südost-Forschungen* 65/66 (2006/07) 117–136. Erfasst sind die Landschaften Çermenika, Golo (Dolgo) Brdo, Reka, Ober- und Unter-Dibra.

66 In Venedig schätzte man die Bevölkerung, die sich im Sommer 1467 in die Berge zurückgezogen hatte, auf rund 50 000 Personen; Schmitt, Skanderbegs letzte Jahre Quellenteil Nr. 49; die gleiche Zahl bei Radonić Nr. 371.

67 Barletius 256: „Optimates und nobiliores, accurrebant & alij plerique voluntarij, atque iuventus armata ex omnibus locis solo praedae (ut assolet) studio, atque sic confectus extemplo est non ignobilis exercitus".

68 Storti, Dispacci sforzeschi Bd. 4 Nr. 140, 152; Pall, Rapporti Nr. 27; Radonić Nr. 216.

69 Radonić Nr. 250.

70 Pall, Rapporti Nr. 2: Araniti Komino stand 1455 mit 6000, Muzaki Thopia mit 5000 Mann vor Berat.

71 Sokoloski 310 und passim.

72 Sokoloski 300.

73 Sokoloski 306, 309.

74 Sokoloski 304, 311.

75 Ausführliches zu ihnen im Kapitel „Verrat".

76 Stojanovski, Raja 45 erwähnt das Amt für die Landschaften Reka und Çermenika. Im Dorf Prisojnica amtete Progon, ein Mann mit albanischem Namen.

77 Stojanovski, Raja 44ff.

78 Barletius 236.

79 Franco 34v. Barletius 338: 1464 traten als Unterführer vor Svetigrad auf: Skanderbegs Neffe Gojko Strez Balšić, Tanush Dukagjin, ein Muzaki, Paul Manesi, Peicus Manueli, Demetrius Berisha und Rajan Kuka; ebd. 345: Werden Tanush Thopia und Zacharias Gropa erwähnt.

80 Franco 44v.

81 Barletius 193.

82 Musachi 274.

83 Musachi 275.

84 Franco 34r.

85 I. Parrino, Nuovi contributi alla conoscenza di Scanderbeg nel quadro della Crociata. *Bollettino della Badia greca di Grottaferrata* n.s. 23 (1969) 77–144, 134; Martin Musachi oder sein familiaris Johannes Jacobi erhalten 20fl. Archivio di Stato di Roma Camerale I Mandati vol. 837 f.225r; am 26. 10. erhält Musachi 50fl.; ebd. f.231r. Erhalten hat sich auch Skanderbegs Beglaubigungsschreiben für seinen Gesandten: Archivio Segreto Vaticano. Camera apostolica. Diversa cameralia 30 f. 134r–v; für all diese Quellenangaben danke ich Claudia Märtl. A. Greve – E. Lebailly sous la direction de W. Paravicini, Comptes de l'argentier de Charles le Téméraire, duc de Bourgogne. Bd.1 Paris 2001, 241 Nr. 1012 Juli 1468.

86 Egro, Christianity 192f.

87 K. Giakumis, Kisha e Shën Gjergjit në Kështjellën e Krujës dhe tradita bizantine, in: F. Duka (Hrsg.), Skënderbeu dhe Europa 218–235.

88 F. Senatore, Dispacci sforzeschi da Napoli I (1444–2 luglio 1458). Neapel 1997 Nr. 115.

89 Archivio di Stato di Milano. Archivio visconteo-sforzesco Busta 59 Bericht aus Rom 24. Juni 1466: „Fece impallare uno Vescovo albanese, parente del Vescovo de Ancroya, qual pare fusse stato casone de condurlo in quel paese con prometerli certamente de darli Ancroya ne le mane. Unde non gli essendo reuscito el pensiero gli fece fare el servicio, como è dicto"; G. Soranzo (ed.), Cronaca di anonimo veronese 1446–1488. *Monumenti storici pubblicati dalla Reale Diputazione Veneta di storia patria ser. III. Cronache e Diari* Bd. 4 Venedig 1915, 235.

90 H. Gelzer, Der Patriarchat von Achrida. Leipzig 1902, 21f.

91 K. Beduli, Un ouvrage hagiographique du XVIe siècle et ses données sur l'époque de Skanderbeg, in: Deuxième conférence des études albanologiques à l'occasion du 5e centenaire de la mort de Georges Kastriote – Skanderbeg, Tirana 12–18 janvier 1968. 3 Bde. Tirana 1969–1970, hier Bd. 1, 773f.

92 Radonić Nr. 24, 51.

93 Archivio Segreto Vaticano. Camera Apostolica. Diversa cameralia 30 f. 134r–v. Freundlicher Hinweis von Claudia Märtl.

94 Acta Albaniae Vaticana Nr. 204.

95 Radonić Nr. 184, 185.

96 Schmitt, Skanderbegs letzte Jahre 67.

97 Archivio di Stato di Milano. Archivio Sforzesco Busta 59: 16. Juni 1466: Augustino de Rubeis an Bianca Maria und Galeazzo Maria Sforza = Schmitt, Skanderbegs letzte Jahre Nr. 19.

98 Archivio Segreto Vaticano. Camera Apostolica. Diversa cameralia 30 f. 134r–v. Freundlicher Hinweis von Claudia Märtl.

99 Reiches Material zu ihm bei M. Spremić, Ratačka opatija kod Bara. *Zbornik filozofskog fakulteta u Beogradu* 8 (1964) 191–215. Pelinus stammt aus einem ethnischen Übergangsgebiet; unter seiner zahlreichen Verwandtschaft finden sich Männer mit albanischen und slawischen (AAV 5243 ein Neffe „sclavus natione")

Namen. Eine slawische Form seines Namens wird in einem Notariatsakt aus der nahen Stadt Cattaro/Kotor bezeugt, d. h. dass der Abt in seinem Umfeld auch in lateinischen Urkunden die serbische Namensendung verwendete, ist nichts Ungewöhnliches, wenn man an ähnliche Erscheinungen beim mittelalbanischen Adel (Balšići, Thopia als Karlovići) denkt. Der Beleg bei S. Marković, Benediktinska opatija Sv. Marije Ratačke kod Bara. Acta et diplomata iuridica. *Croatica Christiana Periodica* 53 (2004) 151–202, hier 196 Urkunde vom 21. November 1436 „Georgius Pellinouich“.

100 AAV 5117.

101 AAV 6680.

102 AAV 5117.

103 AAV 5076, 5213, 5240, 5301.

104 AAV 5441.

105 AAV 5563, 5570, 5741.

106 Državni arhiv u Dubrovniku. Consilium minus 5/15 f.171r (1461).

107 AAV 6680.

108 AAV 6541.

109 AAV 5741, 6473, 6540, 6541, 6543, 6553, Liber brevium Nr. 298, AAV 6676, 6680, 6683, 6683, 6694, 6932, 7132, 7207, 7214, 7449.

110 Zu ihm: Schmitt, Paul Angelus; ders., Skanderbeg als neuer Alexander. Dort auch sämtliche Belege für das Untenstehende.

111 Bibliothèque nationale de France. Manuscrits italiens 1587 f. 117r Schreiben Skanderbegs aus Alessio, 8. April 1456 (unterschrieben mit „Georgius Castrioth alias Scanderbegh Dominus in Albania“).

112 Schmitt, Skanderbeg als neuer Alexander 131 Fn. 37.

113 Bibliothèque nationale de France. Manuscrits italiens 1590. Schreiben Skanderbegs (Georgius Castriot aliter Schenderbeg Albanie Dominus) an Francesco Sforza; Neapel 24. 3. 1464.

114 Die beste Arbeit hierzu R. Mihaljčić, Slovenska kancelarija arbanaške vlastele, in: Simpoziumi për Skënderbeun – Simpozijum o Skenderbegu (9–12 maj 1968). Prishtina/Priština 1968, 219–227; zu den Kanzleiverhältnissen in Serbien s. L. Maksimović, Das Kanzleiwesen der serbischen Herrscher, in: Ch. Hannick (Hrsg.), Kanzleiwesen und Kanzleisprachen im östlichen Europa. Köln – Weimar – Wien 1999, 25–53; und zum nahen Raguse s. K. Jireček, Die mittelalterliche Kanzlei der Ragusaner. *Archiv für slavische Philologie* 25 (1903) 501–521 und 26 (1904) 161–214; B.I. Bojović, Raguse et l'empire ottoman (1430–1520). Paris 1998. Eine diplomatische Untersuchung zum mittelalterlichen albanischen Raum steht noch aus.

115 AAV 6993. Er stammte wohl aus dem Dorf Smaka in Kurbin. Andreas Smachi begleitete den Abt Pelinus 1463 nach Venedig. 7449.

116 Radonić Nr. 178. Državni arhiv u Dubrovniku. Consilium rogatorum 3/16, f. 26v, 51r–v, wo er als „nuncius“ Skanderbegs erwähnt wird.

117 Radonić Nr. 180

118 Radonić Nr. 180.

119 Državni arhiv u Dubrovniku. Procurae de notaria 30/3 f. 215r: „publico instrumento manu Radicii de Hilihis notarii in 1461 indictione x die xxvi aprilis sigillato solito sigillo dicti domini Georgii …“

120 Belegt ist er 1459 und 1463. Radonić Nr. 178, 180, 181, 182; Archivio Segreto Vaticano. Camera Apostolica. Diversa cameralia 30 f. 134r–v. Freundlicher Hinweis von Claudia Märtl.

121 Državni arhiv u Dubrovniku. Diversa Notariae. 26/36 f.88r; AAV 6993; Archivio Segreto Vaticano. Camera Apostolica. Diversa cameralia 30 f. 134r–v. Freundlicher Hinweis von Claudia Märtl.

122 Dies geht auch aus den Ragusaner Ratsbüchern hervor: Državni arhiv u Dubrovniku. Consilium rogatorum 3/16 1458–1461 f. 25v.

123 Radonić Nr. 40. J. Tadić, Johannes Gazulus, dubrovački humanist XV veka. *ZFFB* 8 (1964) 429–454.

124 Radonić Nr. 40

125 Radonić Nr. 41.

126 Državni arhiv u Dubrovniku. Diversa notariae 26/36: 18. 3. 1452.

127 Državni arhiv u Dubrovniku. Consilium rogatorum 3/14 f. 87v, 24. 9. 1454: „Prima pars est de dando libertatem domino Rectori et minori consilio offerendi magistro Johanni Gazulo ambassiatori Schenderbechi usque ad unum milliare veretonorum a balestra et etiam dando libertatem domino Rectori et minori consilio respondendi in residuo ambassiate dicto magistro Johanni Gazulo ambassiatori predicto et se excusando prout domino Rectori et minori consilio melius videbitur. Pro omnes videlicet 29“.

128 Državni arhiv u Dubrovniku. Consilium rogatorum 3/14 f.240v, 19. 2. 1455: „Prima pars est de dando libertatem domino Rectori et suo minori consilio faciendi … Magistro Johanni Gazulo Ambassiatori Schanderbeg iuxta intentiones Consilii rogatorum dissuadendo sibi quod faciat oppidum ad Redonos …“ S. auch A. Ducellier, La façade maritime de la principauté des Kastriote de la fin du XIVe siècle à la mort de Skanderbeg, in: Ders., L'Albanie Teil VII, 119–136.

129 Državni arhiv u Dubrovniku. Diversa cancellariae 25/5 f. 133r, 16. 12. 1455: „Venerabilis vir dominus magister Johannes de Gazulis nomine

ac vice Magnifici et potentis domini domini Schanderbechi conduxit et accordavit Blasium Ostoich calafatum presentem et acceptantem qui Blasius promisit et se obligavit ad omnem voluntatem et requisitionem dicti domini magistri Johannis ire et se transferire in Albaniam expensis tamen ipsius domini magistri Johannis et ibi in Albania laborare et fideliter ac sollicite servire de arte sua calafati et marangoni prefato Magnifico ac potenti domino Schanderbegho a mensibus quinque infra quantum ipse dominus voluerit et per ipsum dominum sibi mandabitur. et versa vice dictus dominus magister Johannes nomine prelibati domini promisit ipsum Blasium traducere in Albaniam expensis suis et sibi dare et solvere pro eius mercede et salario omni mense et rationes mensis ducatos quatuor et panem et vinum pro usu ipsius Blasii et terminus salarii debeat incipere a de qua ipse Blasius hunc recedet petiturus in Albaniam …"

130 Gelcich – Thallóczy, Diplomatarium 745.

131 Das wichtigste Material zusammengetragen bei Pall, Rapporti 160 Fn. 154.

132 Radonić Nr. 77.

133 Masci 167; Državni arhiv u Dubrovniku. Consilium rogatorum 3/15 f. 222v 1.5. 1458: „Prima pars est de acceptando a Raian Celnicho et domino Paulo de Gazulis nunciis Illustris domini Georgi Castriott dicti Schenderbegh in depositum in comune nostrum ducatos auri duo milia quadringentos prout ipsis videbitur, non dando ipsis nunciis aliquam scripturam, sed faciendo scripturas opportunas in notaria nostra, pro xxii contra i ."

134 Archivio di Stato di Roma. Camerale I. Mandati vol. 834 f. 96r: „spectabili viro domino Paulo Gazulo militi albanensi … pro suis expensis in eundo et redeundo ad partes Albanie …" Freundlicher Hinweis von Claudia Märtl.

135 Archivio di Stato di Roma. Camerale I. Mandati vol. 836 f. 157r. Freundlicher Hinweis von Claudia Märtl.

136 Alle Belege bei Pall, Rapporti 160 Fn. 154.

137 Državni arhiv u Dubrovniku. Consilium rogatorum 3/15 f.100r : 26. 2. 1457: „Prima pars est de dando … respondendi Andree Gazulo ambassiatori Despoti Amoree dando sibi verba …"; Consilium rogatorum 3/17 f. 46v.

138 Radonić Nr. 62; 76.

139 Pall, Rapporti Nr. 3; Archivio di Stato di Roma. Camerale I. Depositeria della Crociata vol. 1235 f. 134v. Freundlicher Hinweis von Claudia Märtl.

140 Državni arhiv u Dubrovniku. Consilium rogatorum 3/15 f. 184r; ebd. Diversa cancellariae 25/68 f. 102r.

141 Acta Albaniae Vaticana Nr. 307; Archivio di Stato di Milano. Archivio visconteo – sforzesco B. 46. 11. 2. 1458: „Quel Cavaliero Inghilese che fu hora l'anno a Milano per armarsi, si trova qui ambasciatore di Scandarbech et richiede subsidio al Papa per resistere al Turco. Nostro Signore non ha molto bona informatione di lui. Credo si tornerà cum le trombe nel sacho".

142 Archivio di Stato di Roma. Camerale I. tesoreria segreta vol. 1288 f.73r. Freundlicher Hinweis von Claudia Märtl.

143 AAV 6973, 6993 dort als „maistro Zorzi quondam Alegreto de Raguxi orexe chomo chomesso de miser Don Zorzi Polloni abate de Santa Maria de Rotezo"; s. auch 7045.

144 Državni arhiv u Dubrovniku. Diversa Notariae 26/49 f. 142v–143r.

145 Archivio di Stato di Milano. Archivio visconteo – sforzesco B. 353: 22. Juni 1466, Auszug aus einem Bittschreiben des Ruscus Theodori aus Cattaro.

146 Gelcich – Thallóczy, Diplomatarium 756, 758, Radonić Nr. 254, 260, 262.

147 Državni arhiv u Dubrovniku. Consilium minus 5/15 f. 228v, 1. 1. 1462: „Ser Bartolus de Goze, ser Jacobus Marini de Gondola, ser Michael de Volto electi fuerunt officiales ad cortizandum Schenderbegh si in reditu suo de Appulea appellet Ragusium"; Consilium rogatorum 3/17 f. 51r, 4.2. 1462: „Prima pars est de committendo domino Jacobo de Gondola et sociis officialibus ad cortizandum Illustrem dominum Schenderbeg quod ire debeant ex parte dominii nostri ad ipsum dominum et eum rogare ut faciat unam litteram patentem munitam sua bulla revocatoriam retractatoriam et annullatoriam protestus ex parte domini prefati facti contra galleas nostras et dominium nostrum. pro xxxiii contra iii".

148 Državni arhiv u Dubrovniku. Diversa notariae 26/48 f. 34r, 5. 4. 1464: „… condur in porto de Rausa stara duamiliaseptecento cinquanta de grano bono novo de Albania de logi del Signor Schenderbego li quali siando carigati dieno vignir a Ragusi …"

149 Državni arhiv u Dubrovniku. Consilium rogatorum 3/17, f. 85r, 3.4. 1462: „Prima pars est de faciendo tres qui debeant ordinare et ordinatas in scriptis portare presenti Consilio litteras scribendas Schenderbecho. ser Jacobo de Bona. pro xxx contra iiii"; Consilium rogatorum 3/18 f. 203r, 18. 8. 1465 „Electio unius oratoris ad Schenderbegh loco ser Paladini de Lucharis qui refutavit. ser Marinus … de Bona"; f.219r–v, 224 r–v; ebd. Consilium rogatorum 5/15 f. 201v; Consilium rogatorum 3/17 f. 46v, 22. 1. 1462: „Prima pars

est de mittendo pro ser Paulo de Pozza qui fuit patronus unius ex galeis nostris ut det informationem nostro consilio de pretextu facto per Andream Gazulum nomine Illustris domini Schenderbegh. pro xxviii contra i."

150 Barletius 171.

151 Radonić Nr. 112.

152 Kritobulos bei Radonić 225.

153 Schmitt, Skanderbegs letzte Jahre Nr. 10, 21, 22; Pulaha, Lufta 47 und 159 (Oruç und Bitlisi).

154 Kritobulos 199.

155 Alle Zahlen, erarbeitet aus osmanischen Steuerregistern, bei Ǵorgiev, Bevölkerung. Vgl. die ältere Arbeit von Sk. Rizaj, Transferimet, deportimet dhe dyndjet e Shqiptarëvet në kohën e Skënderbeut, in: Simpoziumi për Skënderbeun – Simpozijum o Skenderbegu 9–12 maj 1969. Prishtina/ Priština 1969, 145–153, der das Ausmaß der demografischen Veränderungen aber nicht quantifiziert.

156 Musachi 334.

157 A. von Godin, Das albanische Gewohnheitsrecht. *Zeitschrift für vergleichende Rechtswissenschaft* 56 (1953) 1–46; 57 (1954) 5–73; 58 (1955/56) 121–198; F. Baron Nopcsa, Die Bergstämme Nordalbaniens und ihr Gewohnheitsrecht, in: F. Baxhaku – K. Kaser, Die Stammesgesellschaften Nordalbaniens. Berichte und Forschungen österreichischer Konsuln und Gelehrter (1861–1917). Wien – Köln – Weimar 1996, 205–428; S. Pulaha, Mbi gjallërimin e lidhjeve farefisnore dhe krijimin e fisëve në Shqipërinë e veriut në shek. XVI–XVII. *Studime historike* 1975/2, 121–145; S. Pulaha, Formation des régions de selfgouvernement dans les Malessies du sandjak de Shkodër aux XVe–XVIIe siècles. *Studia albanica* 1976, 173–179; K. Kaser, Hirten, Kämpfer, Stammeshelden. Ursprünge und Gegenwart der balkanischen Patriarchalität. Wien – Köln – Weimar 1992.

158 S. die Stammbäume im Anhang von Ch. Hopf, Chroniques, hier Tafel 9.

159 Državni arhiv u Dubrovniku. Consilium rogatorum 3/17 f. 93r, 25. 5. 1462: „Prima pars est de dando libertatem domino Rectori et suo minori Consilio respondendi Dimitrio nuntio Ivani Balsich nepotis domini Schendribech pro eo quod querit contra ser Paulum m. Johannis de Pozza pro incantu grani offerendo sibi iusticiam et rescribendi dicto Ivano. Pro omnes".

160 Radonić Nr. 216, Pall, Rapporti Nr. 27; Storti, Dispacci sforzeschi Bd. 4, Nr. 170.

161 Pall, Rapporti 148; es ist unklar, ob Konstantin und Gojko identisch sind; Pall vermutet dies.

162 Storti, Dispacci sforzeschi Bd. 4, Nr. 170 „Andretto, nepote de Scanderbech".

163 Archivio di Stato di Milano. Archivio Visconteo – sforzesco Busta 353 Venedig 22. November 1466. Gherardo de Collis an Galeazzo Maria Sforza.

164 Schmitt, Skanderbegs letzte Jahre Nr. 22.

165 Bibliothèque nationale de France. Manuscrits italiens 1590 f. 429r Francesco Sforza an Bartolomeo de Sfondratis: „Havemo inteso che la donna del quondam Signor Dispoto de Servia ha una fiola ala quale monstra volere dare XV o XX^{M} ducati in dote et ulterius comprarli tante possessione et terre che ascendano ala soma de ducati C^{M}".

166 Bibliothèque nationale de France. Manuscrits italiens 1590 f.523: „Della conditione della Illustre Madona Helena vasilissa de Servia che quello che so io perchè non solum ho noticia de essa, sed etiam cum quella ho familiarità ... Ne ha etiam una terza per nome Jerina de anni circa VII per la qual è stata in pratica per desponsarla ad uno figliolo del Signor Scanderbegh, ma non sono remasti d'achordio ... Et in la pratica ch'el haveva cum Schanderbegh, la qual me passò per mane el nome della dote era ducati VI^{M} omnibus computatis".

167 Th. Ganchou, La famille Koumousès (Κουμούσης) à Constantinople et Négrepont avant et après 1453, in: Βενετία – Εύβοια. Από το Έγριπο στο Νεγροπόντε. Athen 2006, 45–107, hier 79 Fn. 82.

168 Ediert in Schmitt, Das venezianische Albanien 599 Fn. 14.

169 Ljubić, Listine Bd. 10, 469; R. Maisano, Giorgio Sfranze, Cronaca. Rom 1990, 176.

170 Kritobulos bei Radonić 223.

171 Državni u Zadru. Arhiv Šibenika Notar Antonio Campolongo 1440–1443 f. 119r.

172 AAV 6683.

173 AAV 6543, 6553.

174 Schmitt, Das venezianische Albanien 389.

175 Schmitt, Das venezianische Albanien 360.

176 Zur Handelsgeschichte liegen zahlreiche Arbeiten vor: A. Ducellier, La façade maritime de la principauté des Kastriote de la fin du XIVe siècle à la mort de Skanderbeg, in: Ders., L'Albanie Teil VII, 119–136; ders., Les échelles de l'Adriatique méridionale aux XIVe et XVe siècles, produits et victimes des douanes, in: N. G. Moschonas (Hrsg)., Money and markets in the Paleologan era. Athen 2003, 25–48; B. Hrabak, Dubrovnikasit dhe Gjergj Kastrioti Skënderbeu. *Përparimi* 1967/1, 125–168 und 1968/2, 304–309; ders., Privreda Albanije u XIV i XV veku, in: Simpoziumi për Skënderbeun-Simpo-

zijum o Skenderbegu 9–12 maj 1969. Prishtina/Priština 1969, 67–82; ders., Eksportimi i drithërave nga Shqipëria në shej. XIII, XIV e XV. *Gjurmime albanologjike* 1– 2 (1970) 23–90; ders., Trgovina arbanaskom i krfskom solju u XIII, XIV i XV stoleću. *Balcanica* 3 (1972) 237–272; ders., Arbanaško drvo u Dubrovniku. *Historijski zbornik* 37/1 (1984) 61–86; ders., Poslovanje pomoraca i trgovaca iz Boke kotorske u Albaniji do 1600. Godine. *Spomenik SANU. Odeljenje istorijskih nauka* 5 (1986) 9–47; ders., Italijanski privrednici u Albaniji (1280–1500). *Univerzitetska misao. Društvene nauke* 1 (1993) 5–11; L. Malltezi, Konflikte për tregjet e kripës në kohën e Skënderbeut, in: Gjergj Kastrioti-Skënderbeu në historinë e Shqiptarëve, 84–96.

177 AAV 5009.

178 AAV 5009, 5062.

179 Državni arhiv u Dubrovniku. Diversa notariae 26/48 f. 3v–4r.

180 AAV 7205.

181 Državni arhiv u Dubrovniku Consilium rogatorum 3/18 133v f. 150r.

182 Državni arhiv u Dubrovniku. Consilium rogatorum 3/18 f. 266v.

183 Državni arhiv u Dubrovniku Consilium rogatorum 3/17 290r und 296r–v; 3/18 f. 39r der Tuchhändler Božić Pavlović darf Tuch nur in Skanderbegs Gebiet verkaufen (1463); vgl. Ć. Truhelka, Dubrovačke vijesti o godini 1463. *Glasnik zemaljskog muzeja u Bosni i Hercegovini* 22 (1910) 1–24, 23.

184 AAV 5871: Cattaro liess 1452 den Hirtenhäuptlingen („stipani") Tuch senden.

185 Državni arhiv u Dubrovniku Consilium rogatorum 3/18 133v f.150r; Acta Albaniae Vaticana Nr. 305; Državni arhiv u Dubrovniku. Diversa cancellariae 46 f. 78r, 10. 7. 1462: Berto Belfradelli aus Florenz, Faktor des Hauses Albizzi und Strozzi in Barletta klagt gegen Stefan de Natala de Rauxa overo de Malfo ditto Morgenovich, Kapitän, es geht um „charichar in Albania de legname da fuocho andate adrettura a Barleta con dette legne segondo a forma del nolizato fatto". ebda, Diversa notariae 26 f. 129r. Zu den Florentiner Banken in Dalmatien s. T. Raukar, Firentinci u Dalmaciji u XIV. stoljeću, in: ders., Studije o Dalmaciji u srednjem vijeku. Split 2007, 53–68.

186 Državni arhiv u Dubrovniku. Consilium rogatorum 15 f. 214v 28. 3. 1458: „Prima pars est … loquendi aut loqui faciendi cum Martino Chierin mercatore florentino pro facto ducatorum quos habet solvere Schanderbegho per litteram cambii in ipsum directam per societatem de Pazis de nostra curia et dandi rursum Raiano Ceonucho ambassiatori dicti Schanderbeghi"; Radonić Nr. 77.

187 Državni arhiv u Dubrovniku. Diversa notariae 36/47 f.22r. Zu diesem Stapelplatz s. K. Biçoku, Rrugët nëpër vilajetin e Krujës në shek. XV dhe lokalizimi i Shufadasë. *Mon.* 1982/1, 41–62.

188 Državni arhiv u Dubrovniku. Diversa notariae 36/47 f. 32r.

189 Državni arhiv u Dubrovniku. Diversa notariae 36/48 34r.

190 Državni arhiv u Dubrovniku. Diversa notariae 26/48 f. 3v–4r.

191 O. J. Schmitt (unter Mitarbeit von G. Saint-Guillain), Actes inédits concernant Venise, ses possessions albanaises et Skanderbeg (1464–1468). *Turcica* 31 (1999) 247–312, Nr. 1; Ljubić Bd. 10, 335.

192 Ljubić, Listine Bd. 10, 335f.

193 Der Briefwechsel des venezianischen Statthalters von Korčula enthält ebenfalls Daten zur Getreideausfuhr über die venezianischen Häfen Durazzo und Alessio; es ist anzunehmen, dass es sich dabei um Ankäufe im Gebiet der albanischen Adligen handelte. Državni arhiv u Zadru. Arhiv Korčule 16 Umschlag 31 Heft 1 Korčulanski knezovi Domenico Morosini. Korespondencija 1461–1463 f.12r (alle Beispiele aus dem Jahr 1463): Der Venezianer Kaufmann Dominicus Laguri führt aus Durazzo 500 staria Getreide aus; Ambrosius Pantaleonis aus Alessio 170 staria Getreide; ebenfalls 500 staria transportierte Blasius de Durachio mit Erlaubnis des venezianischen Statthalters von Skutari (ebd. f.13r).

194 Državni arhiv u Zadru. Arhiv Korčule 16 Umschlag 30 Heft 9 f. 13v–14r „Ivanus nepos domini Scanderbegi".

195 Barletius 159.

196 AAV 6906.

197 AAV 7570.

198 AAV 6602.

199 Bartl, Albania sacra, 63, 92, 137 mit Quellenbeispielen aus der Frühen Neuzeit.

200 AAV 5009.

201 AAV 6545, vor Juli 1457.

202 Neşri bei Pulaha, Lufta 92; Kritobulos ed. Reinsch 196f.; Schmitt, Skanderbegs letzte Jahre, Quellenanteil, Ergänzung Text 2.

203 Bibliothèque nationale de France. Manuscrits italiens 1590 f. 523r vom 14. 12. 1464.

204 Franco 8v–9r; Barletius 53.

205 Radonić Nr. 160, 161.

206 Franco 14r; Radonić 126.

207 Radonić Nr. 110: 1456 verlangte Venedig von Skanderbeg allein für den Schaden, den der Pa-

trizier Geronimo Foscolo erlitten hatte, 200 Dukaten.

208 AAV 5468. Zum Viehbesitz balkanischer Magnaten in den Ebenen s. G. Weiss, Joannes Kantakuzenos – Staatsmann, Kaiser und Mönch – in der Gesellschaftsentwicklung von Byzanz im 14. Jahrhundert. Wiesbaden 1969, 21f.

209 R. Mueller, A Venetian Commercial Enterprise in Corfu, 1440–1442, in: N. G. Moschonas (Hrsg). Money and markets in the Paleologan era. Athen 2003, 81–95, hier 91f.

210 J. Kolanović, Izvori za povijest trgovine i pomorstva srednjevjekovnih dalmatinskih gradova s osobitim osvrtom na Šibenik. *Adriatica maritima* 3 (1979) 63–150, 119.

211 Barletius 307: „Multi ex Barbaris, qui vivi capti fuere, pecuniis redempti sunt, quas Scanderbegus simul cum reliquis spoliis & impedimentis militibus suis donavit".

212 Barletius 206f., 331.

213 Bojović 21ff.; allgemein s. I. Božić, Dubrovnik i Turska u XIV i XV veku. Belgrad 1952.

214 Božić, Dubrovnik i Turska 145ff.

215 Radonić Nr. 3, 14.

216 Radonić Nr. 24; Bojović 27.

217 Radonić Nr. 34.

218 Radonić Nr. 57, 60: Rhetorisch wurde Skanderbeg freilich großes Lob gespendet.

219 Dazu M. Spremić, Dubrovnik i Aragonci (1442–1495). Belgrad 1971.

220 Državni arhiv u Dubrovniku. Consilium rogatorum 3/17 f.173v (20. Januar 1463).

221 Dazu die unterschiedlichen Einschätzungen von P. Bartl, Relazioni fra Scanderbeg e Venezia, in: V convegno internazionale di studi albanesi. Atti IX. Palermo 1968, 161–175 und K. Biçoku, Quelques aspects des rapports entre Skanderbeg et Venise, in: Deuxième conférence Bd. 1, 77–86.

222 AAV 5396.

223 AAV 5396, vgl. auch 5375.

224 So 1458 Marco Salamon und 1460 Bartolomeo Taiapetra; AAV 6664, 6938.

225 AAV 6304. Dem Kämmerer, Bartolomeo Camuccio, wurde dann wegen dieser und anderer Vergehen der Prozess gemacht.

226 Z. B. AAV 5537; vgl. Schmitt, Das venezianische Albanien 361ff.

227 Radonić Nr. 63.

228 AAV 5964.

229 Radonić Nr. 67, AAV 6064, 6056, 6067.

230 AAV 6398; 6540

231 AAV 6411.

232 Masci 460.

233 AAV 6903, 7449.

234 Schmitt, Actes Nr. 17, 18, 20, 21, 45.

235 Archivio di Stato di Milano. Archivio visconteo – sforzesco B. 351 Gh. de Collis an Francesco Sforza 24. Mai 1464: „Me dichano molti gentilhomeni che do poy hano principiata questa guerra del Turcho, computando l'uno mese con l'altro hano hauto de spesa meglio che lx.M ducati lo mese".

236 Schmitt, Actes Nr. 59, 60.

237 Radonić Nr. 37, 47.

238 Pall, Rapporti 132f.

239 Schmitt, Skanderbegs letzte Jahre 89.

240 Schmitt, Actes Nr. 36.

241 G. Capra, Skanderbeg nel quadro della politica pontificia. *Bollettino della Badia greca di Grottaferrata* N.S. 22 (1968) 71–84.

242 Radonić Nr. 36, 40, 41, 51.

243 Ljubić, Listine Bd. 9, 407.

244 Radonić Nr. 72.

245 Radonić Nr. 76.

246 Archivio di Stato di Milano. Archivio visconteo – sforzesco B. 41 Bericht der Diplomaten Sceva de Curte und Jacobo Trivulzio an Herzog Francesco Sforza. Rom 10. 1. 1454. „... e volese obligare e fare bona cautione de dare tanto a fare al Turcho havendo questo tal provedimento che non usirà lo Turcho contra Christiani per terra ni per mare in questo anno a venire, e non volle tochare denari, ma è contento siano pagati a mese per mese secondo lo suo servire, e farà bona cautione de restituire el tuto s'el Turcho veramente (ein Wort unleserlich)".

247 Acta Albaniae Vaticana Nr. 305, 306. M. Sciambra – G. Valentini – I. Parrino, Il „liber brevium" di Callisto III. La crociata, l'Albania e Skanderbeg. Palermo 1968; J. Gill, Pope Callistus III and Scanderbeg the Albanian. *Orientalia Christiana Periodica* 33 (1967) 534–562.

248 ebd. Nr. 306.

249 Am 19. April 1466 2000 Gulden, am 7. Juni 1466 2050 Gulden; im Herbst 1466 5000 Dukaten, eine Summe, die etliche Kardinäle als viel zu bescheiden betrachteten; am 17. April 1467 2700 Gulden und am 1. September 1467 weitere 1100 Gulden, also insgesamt 5000 Dukaten und 7850 Gulden. Archivio di Stato di Roma. Camerale I. Depositeria della Crociata. Bd. 1235: f. 126v, 134v, 140r, 141r, 143v, 148v. Für diese Angaben danke ich Claudia Märtl. S. auch Schmitt, Skanderbegs letzte Jahre 86ff.

250 I. Parrino, Skanderbeg nell'azione pontificia di difesa europea, in: V convegno internazionale di studi albanesi. Palermo 1969, 119–160, 160.

251 Archivio di Stato di Milano. Archivio visconteo – sforzesco B. 351 Gh. de Collis an F. Sforza 27. 8. 1464.

252 Musachi 284.

253 Musachi 298f.
254 Barletius 276f.
255 Biçoku, Dibra und ders, Shtrirja; die Quellen bei H. Šabanović, Krajište Isa-bega Ishakovića. Zbirni katastarski popis iz 1455. godine. Sarajevo 1964, 95f.
256 Barletius 208f. Grundlegend ist Seliščev, Polog; Barletius 276f. und passim hebt hervor, dass Mokra den östlichen Rand von Skanderbegs Herrschaft gebildet habe („tamen Epiroticum imperium ab hostium agris distinguunt"); Polog gehörte eindeutig nicht zum Aufstandsgebiet.
257 Schmitt, Actes Nr. 67.
258 Radonić Nr. 149: im August 1457 hatten die Osmanen das Flachland besetzt, während sich Skanderbeg in Felsnestern verschanzt hatte.
259 Barletius 276f.
260 Barletius 277.
261 Kritobulos bei Radonić 223.
262 Barletius 208ff.
263 Barletius 307.
264 Barletius 308; Pulaha, Lufta 257 (zu Tetovo).
265 Pertusi, Segono 108.
266 Der osmanische Chronist Neşri bei Pulaha, Burime 92.
267 Barletius 310 spricht (wohl zu 1462) von „per Dibras in Triballorum usque fines", aber eben nicht von einem Betreten des Gebietes der Triballer (Serben).
268 Schmitt, Skanderbegs letzte Jahre, Ergänzungen zum Quellenteil Text 1; Pall, Rapporti Nr. 62. Skanderbeg hatte vorgehabt, einen 20 Meilen von der Sitnica entfernten Ort anzugreifen. Damit kann am ehesten das minenreiche Gebiet von Trepča bei Mitrovica gemeint sein.
269 Barletius 277.
270 Barletius 310 nennt den Ort „Livad"; s. Stojanovski – Ǵorgiev 129.
271 Stojanovski – Ǵorgiev 97.
272 Interessante militärtechnische Bemerkungen in einem österreichisch-ungarischen Handbuch: Militär-Geographie. Macedonisches Becken mit dem albanischem Küstengebiete. Wien 1886, 71ff.
273 AAV 6019, 6472, Radonić Nr. 126.
274 AAV 6473, 6784, 6792.
275 AAV 6784.
276 Pall, Rapporti Nr. 2.
277 Archivio di Stato di Milano. Archivio visconteo-sforzesco. B. 195 Alberico Malletta an F. Sforza. Neapel 8. 10. 1455: Diceno però molti che s'el Papa se accordase col conte Jacomo e lo facesse passare a questo bon tempo in Albania che mandando la Maestà del Re xvi o xx galee a questo bon tempo contra la Valona ale confine de questo suo regname che el conte Jacomo cum lo adiutorio del Signor Scanderbech el qualle gli vegnerià cum molte migliara de persone se poterià metere campo ala Valona per terra e per aqua e anchora questo anno se gli farià bono fruto et maxime perchè la Maestà del Re ha aviso ch'el Gran Turco ha deliberato de venire in Albania a questo bon tempo contra Scanderbech e s'el gli vegnerà como se crede, el ne farà più soliciti ale provisione per che vegnerà ale confine de Italia. E questi dì passati siando mi ala presentia de la Maestà del Re el capitaneo dele galee diceva che da la terra de qua lo regname e la terra de là del Turcho non li sono più de xlv in xlviii miga de pasagio, ma da le habitatione de terra deta perfine ala Valona glene sono lx.ta.
278 Archivio di Stato di Milano. Archivio visconteo – sforzesco B. 342. Joachim Castiglione an Francesco Sforza, Venedig 18. September 1455.
279 Archivio de la Corona de Aragón. Cancelleria reg. 2662 f. 22r Schreiben Alfons' V. vom 26. August 1456 an Skanderbeg; freundlicher Hinweis von Daniel Duran i Duelt; AAV 6466.
280 Schmitt, Skanderbegs letzte Jahre, Quellenanhang Ergänzung Text 2.
281 Barletius 201; 210 spricht er von den benachbarten Tälern von Mokra und „Modrissum".
282 Barletius 209. A. Stojanovski, Dervendžistvoto vo Makedonija. Skopje 1974, 244f. Die Lokalisierung geht aus Barletius (276) hervor, der beschreibt, wie die Osmanen durch Polog gegen Modrič marschieren, das den Zugang zu Mokra und Ober-Dibra sperrte. Die Lage der Burg hat eine Diskussion hervorgerufen, da drei Orte dieses Namens im westlichen Makedonien bestehen. Neben 1) Modrič an der Treska, nordöstlich von Kičevo, 2) Modrič südlich von Dibra in der Landschaft Dolgo brdo, sowie 3) Modrišta oder Modrič südwestlich von Tetovo. Letzterer Ort trägt auch den griechischen Namen „Pirgos" (Turm). Frashëri, Skënderbeu 320 setzt die Burg in das Drintal. K. Biçoku hingegen (s. dessen Skënderbeu 127) lokalisiert Modrič weiter im Osten, an der Treska. Modrič ist aber in die Region des Schwarzen Drin zu verlegen. Denn die Stelle bei Barletius (276) schließt eine Verlegung der Burg östlich der Pologebene aus. Eine Bereisung von Pirok (Pirgos) im Juli 2007 hat keine Hinweise auf eine Ruine ergeben; eine solche lag im nahen, südlicher gelegenen Ort Gradec. Freilich ist dort für das 15. Jahrhundert in den osmanischen Registern keine Burg verzeichnet; Stojanovski – Ǵorgiev 58.

283 Ein Besuch erfolgte im Juli 2007; für die kundige Führung danke ich Muharrem Dezhgiu, Institut für Geschichte der albanischen Akademie, und selbst aus der Region stammend, sehr herzlich. Barletius 25.

284 Barletius 25; G. Saraçi, Kalaja e fshehtë e Skënderbeut pranë fshatit Daulë (rrethi i Krujës). *Iliria* 1987/1, 203–220; G. Karaiskaj, Elementet arkitektonike në fortifikimet mesjetare shqiptare dhe vendi i tyre në arkitekturën ushtarake të kohës. *Monumentet* 1990/1, 5–34; D. Komata, Petrele – une forteresse avancée de Krujë durant les guerres de Skanderbeg, in: Deuxième conférence Bd. 1, 349–375; Schmitt, Das venezianische Albanien 198ff.

285 Archivio di Stato di Milano. Archivio visconteo – sforzesco B. 342. Joachim Castiglione an Francesco Sforza, Venedig 18. September 1455.

286 Barletius 201.

287 Barletius 201.

288 O. J. Schmitt, „El cuor nostro" – Untersuchungen zur Geschichte Krujas unter der venezianischen Verwaltung, in: Ders. (Hrsg.), Festschrift für Peter Bartl (im Druck).

289 Ausführlich dazu: G. Prinzing, Elissos (Lezha) oder Kroai (Kruja)? Zu Anna Komnenes problematischer Beschreibung der mittelalterlichen Küstenregion zwischen Elissos und Dyrrhachion (Durrës) um 1107, in: K. Belke – E. Kislinger – A. Külzer – M. Stassinopoulou (Hrsg.), Byzantina mediterranea. Festschrift für Johannes Koder zum 65. Geburtstag. Wien – Köln – Weimar 2007, 503–515.

290 Interessant ist, die Ausstellungsorte von Skanderbegs Urkunden zu verfolgen; 1461, als nach Alfons' V. Tod und mitten im neapolitanischen Thronstreit der aragonesische Einfluss in Mittelalbanien einen Tiefpunkt erreicht hatte, stellte Skanderbeg am 31.10.1460 eine Urkunde in Kruja (Radonić Nr. 200) und am 17.2.1461 eine weitere Urkunde im venezianischen Alessio aus (Radonić Nr. 202), sein Gast, der landflüchtige Stefan Branković aber, schrieb gleichentags aus Kruja an Francesco Sforza (Radonić Nr. 201).

291 Ġorgiev, Bevölkerung.

292 AAV 5062.

293 Bei Laçi gingen 1462 die aus Apulien heimkehrenden Krieger Skanderbegs an Land; Barletius 306.

294 Radonić Nr. 56.

295 Državni arhiv u Dubrovniku. Consilium rogatorum 3/14 f. 240r.

296 Radonić Nr. 158.

297 Chalkokondyles bei Radonić 221.

298 Radonić Nr. 291

299 Državni arhiv u Dubrovniku. Diversa notariae 26/49 f. 43r: Ragusaner Holzhandel bei Rodoni (noch kurz vor Mehmeds Angriff im März 1466).

300 Archivio Segreto Vaticano. Camera Apostolica. Diversa cameralia 30 f. 134r–v. Freundlicher Hinweis von Claudia Märtl.

301 Archivio di Stato di Milano. Archivio Visconteo – sforzesco. B. 59: Rom 6. Juni 1466. Augustino de Rubeis an Bianca Maria und Galeazzo Maria Sforza. „Ma con la persona sua et con la famiglia s'era reducto ad uno suo porto de mare molto forte chiamato Rondon per stare a vedere li progressi del Turcho et che soccorso potesse havere da le potentie Christiane, et anche pur quando vedesse el periculo de poterese transfectare ad salvamento in Puglia".

302 Schmitt, Skanderbegs letzte Jahre 72.

303 Državni arhiv u Dubrovniku. Consilium rogatorum 3/19 f. 266v.

304 ebd.

305 Radonić Nr. 380.

306 V. V. Makušev, Monumenta historica slavorum meridionalium vicinorumque populorum deprompta e tabulariis e bibliothecis italicis. 2 Bde. Warschau 1874 – Belgrad 1882, Bd.2, 29–30; AAV 5798, 6517, 6940.

307 Zum folgenden Schmitt, Das venezianische Albanien 537ff.

308 AAV 6108.

309 AAV 6295.

310 Schmitt, Actes Nr. 16.

311 AAV 6637, 6639.

312 AAV 5701.

313 AAV 7213.

314 Schmitt, Skanderbegs letzte Jahre 73.

315 Schmitt, ebd.

316 Schmitt, ebd.

317 Schmitt, Actes Nr. 66.

318 Barletius 204.

319 Senatore, Dispacci sforzeschi Bd. 1 Nr. 121.

320 Schmitt, Skanderbegs letzte Jahre Quellenteil Ergänzung Text 2. Im September 1464 etwa ritten italienische Condottieri zur Inspektion aus; bevorzugt war das Flachland zwischen Kruja und Durazzo, Wachen wurden gegen Svetigrad und Valona aufgestellt.

321 Musachi 296, 300. Die beste Darstellung ist P. Petta, Despoti d'Epiro, Principi di Macedonia. Lecce 1999.

322 Musachi 275.

323 AAV 5383.

324 Radonić Nr. 54, 79, 84, 85.

325 Musachi 300.

326 Radonić Nr. 54.

327 Radonić Nr. 79
328 1456 kämpften sie in Dibra gegen den abtrünnigen Moses, Barletius 247f.
329 Musachi 300: „Fè prigione il Signor Giovanni e il Signor Coica Balsa fratelli li mandò al Rè Ferrante vecchio in Napoli, che li tenesse prigioni, e li tolse il stato loro ch'era trà Croia et Alesio, dico il paese della Misia".
330 Musachi 300.
331 Schmitt, Actes Nr. 67, 68, 69.
332 Musachi 296.
333 ebd.
334 Franco 8r.
335 Musachi 298.
336 Radonić Nr. 91, 92.
337 Radonić Nr. 96. Nach Barletius 232 fiel dort auch ein Georg Thopia. Die Zahl von 3000 Gefallenen ist nicht ganz unmöglich, wenn man sich vor Augen hält, dass Muzaki Thopia den Venezianern zwischen 3000 und 8000 Arbeiter anbieten konnte; Archivio di Stato di Milano. Archivio visconteo – sforzesco B. 342. Joachim Castiglione an Francesco Sforza, Venedig 18. September 1455; Senatore, Dispacci sforzeschi Bd. 1, Nr. 121.
338 Senatore, Dispacci sforzeschi Bd. 1, Nr. 121.
339 AAV 7040.
340 F. Babinger, Arianiti Comneno, Schwiegervater Skanderbegs. *SA* 1964/1, 138–147; F. Babinger, Das Ende der Arianiten (*Bayerische Akademie der Wissenschaften. Phil.-hist. Klasse Sitzungsberichte* 1960/4). München 1960; D. S. Shuteriqi, Les relations entre Skanderbeg et Georges Aranite dans les années 1449–1450, in: Deuxième conférence Bd. 1, 105–116; D. S. Shuteriqi, Arianiti, emri dhe gjenealogjia, in: Studime për epokën Bd. 2, 37–83; D. S. Shuteriqi, Aranitët. Zotërimet, in: Studime për epokën Bd. 2, 84–119; D. S. Shuteriqi, Aranitia në vitin 1467. *Studime historike* 1981/1, 133–141; Petta, Despoti 137ff.
341 Radonić Nr. 54.
342 S. Ćirković, Tradition interchanged: Albanians in the serbian, Serbs in the albanian late medieval texts, in: The Medieval Albanians 195–208, hier 196f.; zu den Sprachkenntnissen s. einen in Vorbereitung befindlichen Aufsatz von Claudia Märtl und Oliver Jens Schmitt.
343 Zitiert bei Pall, Rapporti 142 Fn. 77.
344 AAV 6432.
345 Archivio segreto vaticano. Introitus et exitus Bd. 438 f.76v. Freundlicher Hinweis von Claudia Märtl.
346 Ćirković, Tradition interchanged 196f.
347 Noch 1459 hatte er einen Gesandten nach Venedig geschickt und um sein Jahrgeld gebeten; Archivio di Stato di Venezia. Senato Mar. Reg. 6 f. 137r
348 AAV 7042, 7043, 7449.
349 Musachi 287.
350 AAV 7467, 7469.
351 Babinger, Ende 27, Schmitt, Jahrbücher 156.
352 Schmitt, Actes Nr. 13.
353 Schmitt, Actes Nr. 38.
354 Schmitt, Actes Nr. 40.
355 Schmitt, Actes Nr. 37.
356 Schmitt, Actes Nr. 40.
357 Schmitt, Actes Nr. 43.
358 Babinger, Ende; zu Despina in Italien s. einen in Vorbereitung befindlichen Aufsatz von Claudia Märtl und Oliver Jens Schmitt.
359 Babinger, Ende 19 Fn. 2.
360 Hervorragend ist I. Božić, O Dukađinima, in: Ders., Nemirno pomorje 332–384; vgl. nun auch L. Malltezi, Dukagjinët dhe Skënderbeu, in: F. Duka (Hrsg.), Skënderbeu dhe Evropa, 83–102.
361 Musachi 292.
362 Zu den Skutariner Dukagjin s. Schmitt, Das venezianische Albanien Index s.v.
363 AAV 6695.
364 Musachi 300.
365 ebd.
366 Barletius 49.
367 Barletius 49.
368 ebd. 91.
369 AAV 5375, 5396, 5399.
370 AAV 5554.
371 AAV 5659, 5770, 5798.
372 Radonić Nr. 58.
373 J. Gill, Pope Callistus III and Scanderbeg the Albanian. *Orientalia Christiana Periodica* 33 (1967) 534–562, hier 550f.
374 Radonić Nr. 138.
375 AAV 7164.
376 Archivio di Stato di Milano. Archivio visconteo – sforzesco B. 41. Rom 8. August 1454: „Scanderbecho ha scripto como ha facto pace con uno Signore de Albania col quale havea grande guerra, il che sentendo il Turcho s'è ritratto tre giornate indrietto, lo qual Tu (Lücke; wohl: Turcho) era intrato già in Albania, che havemo per bona novella".
377 Radonić Nr. 84, 85.
378 AAV 6379, 6388, 6390.
379 AAV 6508.
380 AAV 6388, 6508; s. die Chronik des venezianischen Albanienkenners Piero Venier in Magno Jahrbüchern, Schmitt, Jahrbücher 148f.; Radonić Nr. 127, 128: In Mailand meinte man, Skanderbeg sei hinter dem Anschlag gestanden; doch fehlen Hinweise dafür in venezianischen

Quellen. Das Bündnis Skanderbegs mit Venedig widerlegt diese Vemutung auch in eindeutiger Weise.

381 Radonić Nr. 174.

382 ebd.

383 ebd.

384 AAV 6508.

385 AAV 6475.

386 Schmitt, Das venezianische Albanien 272.

387 AAV 6481.

388 AAV 6473.

389 AAV 6481, 6484, 6505, 6520.

390 AAV 6677, der Zeitpunkt der Vasallität ist nicht zu bestimmen. Man darf annehmen, dass Leka nach der Niederlage gegen Drivastiner und Skutariner im Dezember 1456 kaum eine andere Wahl blieb.

391 AAV 6606, 6650; Schmitt, Jahrbücher 150.

392 AAV 6695, 6569.

393 AAV 6572, 6583.

394 AAV 6599, 6695.

395 AAV 6676, Radonić Nr. 174.

396 AAV 6717: Palatium; Aimelle = Hajmel; Petra rubea; Scaramanum = Shkaraman; S. Martinus; Fontanella; Chimechichi; Jansi; Craglianum; Fista = Fishta; Chermixi; Caxonglini; Stephanbergum.

397 ebd. Cotarri = Kotërr; Clarei; Cruti.

398 AAV 6717.

399 AAV 6727, 6743.

400 Radonić Nr. 174.

401 AAV 6761.

402 AAV 6784.

403 AAV 6792.

404 AAV 7164, 7172, 7633.

405 Beide Zitate AAV 7633.

406 Beachtenswert ist aber der Einwand K. Biçokus, der „Kanun des Leka" könnte vielmehr in Verbindung mit der im albanischen Raum sehr lebendigen Erinnerung an Alexander den Großen gebracht werden, für die Biçoku eine Fülle von Belegen zusammenträgt in: Ders., Aleksandri i Madh në kujtesën historike të Skënderbeut e të Shqiptarëve. *Studime historike* 2005/1–2, 7–29.

407 Barletius 253f.; Pall, Barlezio 78; Stavrides 64f.

408 Bei Radonić 227.

409 Barletius 211.

410 Barletius 237.

411 Barletius 237.

412 ebd.

413 Barletius 243.

414 Barletius 245–251.

415 Der Osmane, der ihn gefangen nahm, Jakub mit Namen, erhielt dafür als Lohn ein Timarlehen in Moses' alter Herrschaft; gleiches gilt für den Albaner Gjon und den Jusuf, die Muzaki d'Angelino überwältigt hatten; G. Palikruševa – A. Stojanovski, Debarska oblast u šezdesetim godinama XV veka, in: Simpoziumi për Skënderbeun-Simpozijum o Skenderbegu 9–12 maj 1969. Prishtina/ Priština 1969, 181–194, hier 190.

416 Musachi 300.

417 Barletius 215.

418 Musachi 300.

419 AAV 2779.

420 Duka, Tokat 40.

421 Franco 34r.

422 Biçoku, Dibra und ders, Shtrirja; die Quellen bei H. Šabanović, Krajište Isa – bega Ishakovića, 95f. Balabans Sohn, Burghauptmann von Modrič, starb im Jahr der Hedschra 866 (21.2.1461–2.3.1462). Ginge man davon aus, dass er im Kampf gefallen ist und dass dies bei der Verteidigung Sobris geschah, könnte man Skanderbegs Handlungsraum bis nach Derven ausdehnen. Doch geht aus der von Šabanović übersetzten Quelle nicht hervor, wo Ilyas, Sohn des Balaban, umgekommen ist.

423 Šabanović 95.

424 Schmitt, Skanderbegs letzte Jahre 77.

425 Schmitt, Skanderbegs letzte Jahre 89.

426 Archivio di Stato di Milano. Archivio Visconteo – sforzesco Busta 353 Venedig 31. Dezember 1467. Gherardo de Collis an Bianca Maria und Galeazzo Maria Sforza: „... In Albania lo rector de Alexio ha mandato a presentare alcune cosse a Balabanbeg, capitano del Turcho, e dice che l'a veduto voluntieri et concesso che quelli de Alexio et da Durazo possano andare et traficare ad Valma, quella nova cità è nel paese del Turcho, et e conversso."

427 Archivio di Stato di Milano. Archivio Visconteo – sforzesco Busta 353 Venedig 22. November 1466. Gherardo de Collis an Galeazzo Maria Sforza.

428 Schmitt, Skanderbegs letzte Jahre 90.

429 Barletius 333.

430 Barletius 334; Franco 36r spricht auch von „simili doni li rimando indireto sumtuosi presenti di uilla, doue Ballaban era nato, cioe sacchi di miglio & altri grani di più pretio".

431 Musachi 297, Franco 34r.

432 ebd. „animosamente", „virilmente".

433 Kritobulos bei Radonić 226.

434 J.Swire, King Zog's Albania. London 1937, 213; Frashëri, Skënderbeu 454 Fn.1.

435 Dazu s.o.

436 Senatore, Dispacci sforzeschi Nr. 121.

437 Radonić Nr. 142.

438 Schmitt, Skanderbegs letzte Jahre Quellenteil Nr. 22.
439 Ljubić Bd. 10, 363: Viele Rebellen hatten ihren Besitz nach Venezianisch-Albanien in Sicherheit gebracht; 1466 verlangte Skanderbeg die Herausgabe dieser Güter.
440 Franco 35v: „Onde con molta pecunia corruppe la guardia che staua fuori dell'esercito di scanderbeg nellaquale erano alcuni Albanesi suoi consanguinei, neliquali Scanderbeg assai si fidaua, non sapendo che fussero di quel pessimo sangue".
441 Schmitt, Skanderbegs letzte Jahre 92.
442 Pulaha, Lufta 326ff.; vorzügliche Analyse bei Palikruševa – Stojanovski 189ff.
443 Pulaha, Lufta 326.
444 ebd. 362.
445 Duka, Tokat 39.
446 Schmitt, Das venezianische Albanien 644. Derselbe Vlk (Vuk) erscheint 1475 als Gesandter des Sancakbey Sinan von Herzegowina in Ragusa; Bojović, Raguse 39.
447 Stojanovski, Raja 30ff.
448 Sokoloski, Turski dokumenti 301.
449 ebd. 313.
450 ebd.
451 ebd. 314.
452 ebd. 317–318.
453 ebd. 323ff.
454 ebd. 365ff.; Stojanovski, Raja 83.
455 Sokoloski, Turski dokumenti 387.
456 Sokoloski, Turski dokumenti 382.
457 ebd. 372f.
458 ebd. 323–328.
459 ebd. 304f.
460 ebd. 306.
461 ebd. 307.
462 ebd. 289ff.
463 ebd. 294.
464 ebd. 303.
465 ebd. 340.
466 ebd. 338.
467 ebd. 330ff.
468 Dies bestätigt die Aussage des Barletius, wonach sich Skanderbeg mehrheitlich in Dibra aufgehalten habe; freilich bezieht dies der Biograf auf das Oberland (Barletius 204).
469 Palikruševa – Stojanovski, Debarska oblast 190.
470 Dazu M. Spremić, Harač Skenderbega. *Zbornik filozofskog fakulteta u Beogradu* 10/1 (1968) 251–258.
471 Barletius 186; Spremić, Harač 253.
472 Darauf weist insbesondere Kritobulos bei Radonić 223 hin.
473 Kritobulos bei Radonić 223.
474 Barletius 201.
475 Spremić, Harač 256. Archivio di Stato di Mantova. Archivio Gonzaga B. 1622. Mailand 30. 7. 1464: „Havendo (scil. der Sultan, O. S.) mandato altre gente in Albania contro Scanderbego, l'haveva stretto a mandarli el tributo per il che se tiene sia d'acordo".
476 Spremić, Harač 256.
477 Kritobulos bei Radonić 223 (frei übersetzt).
478 Acta Albaniae Vaticana Nr. 412. Pius Commentarii, 2382: Zustandegekommen war der Stillstand nach dem Bericht Papst Pius'II., da Skanderbeg von einem osmanischen Aufmarsch bei Skopje überrascht worden war; ob es sich hier um eine Schutzbehauptung des Albanerfürsten gegenüber dem Pontifex handelte, ist ungewiss. Papst Pius II. zeigte sich unglücklich, brachte aber Skanderbegs Verhalten ein gewisses Verständnis entgegen, da der osmanische Druck zu stark geworden war.
479 Storti, Dispacci sforzeschi Bd. 4, 130.
480 Dies beobachtet schon Franco 25v–26r.
481 Franco 25v–26r.
482 Schmitt, Jahrbücher 154.
483 Barletius 310–311; datiert ist dieses angebliche Schreiben auf Mai 1461.
484 Jüngst dazu Ducellier, Les échelles de l'Adriatique méridionale.
485 Barletius 312 (ein wohl ebenfalls fiktiver Brief von Juni 1461).
486 Barletius 311–313; jedenfalls fehlt dem Briefwechsel jede Gehässigkeit.
487 Barletius 313.
488 AAV 7469.
489 Barletius 322f.
490 D. Malipiero, Annali Veneti dall'anno 1457 al 1500. *Archivio storico italiano* 7 (1843) 36: „E quando esso Scanderbec voglia interponerse, promette de recognoscerlo".
491 ebd. 36–37.
492 Bibliothèque nationale de France. Manuscrits italiens 1590 f.523r ff.
493 Ljubić, Listine Bd. 10, 359.
494 Segonus bei Pertusi 108.
495 S. für Belege das Kapitel „Italienische Reise".
496 Franco 30r; 35r–v: „Vedendo Ballaban non poter pacificarsi occultamente con Scanderbeg accio sotto mane potesse fargli qualche assassinamen–/ to all'improuiso & meno sperando mai poter uincerlo palesamente si ingegno ricercar modo & uia di poter eseguire la sua intentione per superare l'esercito di Scanderbeg. Onde con molta pecunia corruppe la guardia che staua fuori dell'esercito di Scanderbeg nellaquale erano alcuno Albanesi suoi consanguinei, neliquali Scanderbeg assai si fidaua, non

sapendo che fussero di quel pessimo sangue“; Barletius 351f.

497 Dies ist ein stets wiederkehrendes Attribut für christliche Gegner der Osmanen in der anonymen Chronik „Die heiligen Kriege des Sultan Murad, Sohn von Sultan Mehmed Chan“, die Colin Imber übersetzt hat; Imber, Crusade 41–106.

498 B. Atsız, Das Albanerbild der Türken nach osmanischen Chroniken des 15.–16. Jahrhunderts. *Münchner Zeitschrift für Balkankunde* 1 (1978) 15–25; H. Kaleshi, Luftat shqiptaro turke në shekullin XIV– XV simbas tre kronikave turke. *Përparimi numri jubilar* 2 (1968) 267–303; ders., Alcuni dati delle cronache ottomane sulle guerre albano-turche del XV secolo, in: V convegno internazionale di studi albanesi. Palermo 1969, 203–220.

499 Elezović bei Radonić 248.

500 Elezović bei Radonić 243

501 Elezović bei Radonić 249. Dass die Osmanen Skanderbeg als Rebellen ansahen, geht aus dem Vortrag eines osmanischen Gesandten in Venedig hervor: „El payse ha rebella al so Signor lo Imperador“ (mit dem „Kaiser“ gemeint ist Mehmed II.).

502 H. Inalcık, Iskender Bey, in: Encyclopédie de l'Islam. Nouvelle édition Bd. 4. Leiden – Paris 1973, 138–140.

503 Imber, Crusade 190.

504 ebd.

505 Elezović bei Radonić 243.

506 ebd. 244.

507 ebd. 247.

508 ebd. 249f.

509 ebd. 250

510 Kritobulos bei Radonić 224 (frei übersetzt).

511 Chalkokondyles (220 bei Radonić) wies freilich ebenfalls, doch kürzer, darauf hin, dass die Aufständischen „*dem Sultan weder Tribut zahlten noch selber zur Pforte kamen oder gehorchen wollten*“.

512 Das Folgende nach: Sokoloski, Turski dokumenti 7ff.; H. Šabanović, Krajište Isa-bega Ishakovića; Biçoku, Dibra.

513 H. Kaleši, Najstariji vakufski dokumenti u Jugoslaviji na arapskom jeziku. Priština 1972, 65f.

514 Pertusi, Segono 94.

515 Kaleši, Vakufski dokumenti 89ff.

516 Inalcık, Social and economic history 25.

517 Bojović, Raguse 27.

518 Šabanović 69ff.

519 ebd. 66–68.

520 ebd. 87.

521 ebd. 85ff.

522 ebd. 91.

523 ebd. 95.

524 ebd. 97.

525 ebd. 103. Wohl jener Jakub der Albaner, von dem Franco spricht 36v: „Il capitano Iagup Arnauth ualentissimo, che uol dir Iagup Albanese“.

526 ebd. 104.

527 Biçoku, Dibra in ders., Për Skënderbeun 125. Einige Beispiel (aus Šabanović 70ff.): Das Dorf Hvalište (heute: Falište), südöstlich von Tetovo, erhielt 1463, 1464, 1466 und 1469 einen neuen Herrn. Gorni Turčani (heute: Veliko Turčane, südöstlich von Gostivar) wurde 1463 dem Kasım Dukagjin zugewiesen und 1466 einem vlachischstämmigen Janitscharen, der 1468 versetzt wurde.

528 Ausführliche Darstellung mit detaillierter Karte bei Stojanovski, Dervendžistvoto vo Makedonija.

529 Stojanovski, Dervendžistvoto 170 (Volkovija), 173 (Galičnik war 1466/67 unbewohnt), 174 (Garje, ebenfalls unbewohnt), 204 (Jablanica). 208 Janborja (Kodžadžik), 210 (Kičinca), 244f. (Modrič).

530 N. Jorga, Notes et extraits pour servir à l'histoire des croisades au XV siècle. 5 Bde. Paris – Bukarest 1899–1915, hier Bd. 1 2e série 284f.

531 Aşıkpaşazade bei Elezović (in Radonić) 243; Sadeddin spricht von einem Einsatz bereits 1438, ebd. 272.

532 Chalkokondyles bei Radonić 221.

533 Pall, Rapporti Nr. 2; Chalkokondyles bei Radonić 222.

534 Barletius 175 nennt ihn „Sebalias Ieurensius“.

535 Barletius 175.

536 Barletius 233.

537 Barletius 236.

538 Barletius 240.

539 H. Inalcık, Arnawutluk, in: Encyclopédie de l'Islam. Nouvelle édition Bd. 1. Leiden – Paris 1960, 670–678, hier 676.

540 AAV 6602.

541 AAV 6603; zu Evrenosoğlu Ali s. Pall, Rapporti 156 Fn. 146.

542 AAV 6602.

543 Barletius 256.

544 ebd.

545 Stavrides 63.

546 Barletius 270, 273; Stavrides 62. Er kam 1478 bei der Belagerung Skutaris wieder zu einem Albanieneinsatz; Babinger, Mehmed 398f.

547 S. die ausführliche Biografie von Stavrides 104ff.

548 Ausführlich dazu Stavrides, etwa 164ff.

549 Bibliothèque nationale de France. Manuscrits

italiens 1590f. 523r und 525v „Intendemo perho ch'el dicto Bassa vedendo che non gli succede el suo intento per via de Ragusi, ha comenzato de tentar questo facto per la via de Schenderbegh. Non sapiamo como habia ad seguir questo facto".

550 Schmitt, Das venezianische Albanien 644ff.

551 Stavrides 220ff.

552 Spremić, Despot Đurađ Branković 495, 508; Archivio di Stato di Milano. Archivio visconteo–sforzesco B. 647. Bericht aus Ragusa vom 20. 8. 1454,

553 Schmitt, Das venezianische Albanien 644ff.

554 Barletius 307. Ein Sinan saß 1467 als Burghauptmann in Skanderbegs alter Festung Modrič, Sokoloski, Turski dokumenti 380.

555 Barletius 309. Zu Karaca bey und seinen Diensten im Heer Murads II. s. Oruç (bei Guboglu–Mehmet 57f.). Ein Beylerbey von Anatolien mit Namen Karaca fiel 1444 in der Schlacht von Varna (Imber, Crusade 96); dieser kann kaum gemeint sein. Ein Karadža ist bei Šabanović 26 als Timarherr in den Dörfern Doljani und Bulgari bei Mitrovica auf dem Amselfeld erwähnt; ihm folgte 1463 in Doljani sein Sohn Bekluci; er besaß auch ein Geldlehen in Kravić bei Raška (ebd. 30), wo ihm 1463 sein Sohn Timur nachfolgte. Vielleicht vermengt Barletius hier den berühmten Beylerbey und einen anderen Kommandanten gleichen Namens.

556 Barletius 306.

557 Archivio di Stato di Milano. Archivio visconteo – sforzesco B. 351. Gh. de Collis an Francesco Sforza. Venedig 25. 11. 1465: „... e cusì Scanderbeg ali xxviii del passato ha dato alcuna rotta ad uno capitanio del Turcho e na tagliato a peze molti"; Barletius 348.

558 Pulaha, Lufta 364.

559 Pulaha, Lufta 364.

560 ebd. 372.

561 ebd. 370.

562 Sokoloski 300 (der Freigelassene Behidar im Drintal), Karagöz in Sinë 339.

563 Pulaha, Lufta 362.

564 ebd. 366.

565 Palikruševa – Stojanovski, Debarska oblast 190.

566 Babinger, Promontorio 51–54.

567 Sokoloski, Turski dokumenti 301ff.

568 Stojanovski, Raja 39.

569 Stojanovski, Raja 76.

570 Barletius 170f.

571 Schmitt, Skanderbegs letzte Jahre Quellenteil Nr. 28, Radonić Nr. 367, 369, 375, 376; Stavrides 163f.

572 Schmitt, Jahrbücher 141, 144; Radonić Nr. 250; AAV 7475; Pall, Rapporti Nr. 2.

573 Schmitt, Skanderbegs letzte Jahre Quellenteil Nr. 10.

574 Pall, Rapporti Nr. 2.

575 Pius II., Commentarii 1160.

576 Radonić Nr. 222.

577 Storti, Dispacci sforzeschi Bd. 4, 236.

578 Marlekaj, 236.

579 Radonić Nr. 58. Vgl. G. Škrivanić, Oružje u srednjovekovnoj Srbiji, Bosni i Dubrovniku (*SAN Posebna izdanja Knjiga 292. Odeljenje društvenih nauka Knjiga 24*). Belgrad 1957; R. Drishti, L'utilisation des armes à feu par les troupes de Skanderbeg, in: Deuxième conférence 2, 217–220.

580 Radonić Nr. 14.

581 Državni arhiv u Dubrovniku. Consilium rogatorum 3/19. f. 42v. 11.Mai 1466: „Prima pars est de adiuvando Illustrem dominum Schenderbegh cum pulvere de bombarda aut de salnitrio et sulphore pro xxxiii contra iiii. Prima pars est de dando sibi tantum salnitrii et sulphieris ... pro faciendo unum milliare pulveris pro xx contra xvi".

582 Radonić Nr. 47.

583 Ljubić, Listine Bd. 10, 359.

584 AAV 4921 (1444 will der bosnische König 200 Armbrustschützen in Dalmatien anwerben), 5467; Ljubić, Listine Bd. 10, 347; Schmitt, Skanderbegs letzte Jahre Nr. 17.

585 Državni arhiv u Dubrovniku. Consilium rogatorum 3/14 f. 87v.

586 Barletius 159–160. Ein Thomas Theutonicus diente in den venezianischen Einheiten in Albanien; AAV 6991.

587 Masci 167.

588 Barletius 160.

589 Državni arhiv u Dubrovniku. Consilium rogatorum 3/19 f. 3r : 15. 2. 1466: „Prima pars est de concedendo unum bombarderium domino Schenderbech expensis suis. (gestrichen) secunda pars est de excusando nos. pro xxiiii contra x".

590 M. Zeqo, Codex Scanderbeg (sic) – Libri i Skënderbeut. Tirana 2005; bei diesem Buch handelt es sich weitgehend um den Abdruck von Fotografien der Handschrift; die Einleitung hat kaum wissenschaftlichen Charakter; Robert Elsie, The Bellifortis Text and Early Albanian. *Zeitschrift für Balkanologie* 22 (1986) 158–162, vermutete, dass es sich bei einigen schwer interpretierbaren Wörtern um altalbanische Begriffe handelte.

591 Radonić Nr. 16, 62.

592 Archivio di Stato di Milano. Archivio visconteo – sforzesco. B. 46. 28. 10. 1457.

593 Državni arhiv u Dubrovniku. Diversa Notariae 26/45 f.96v.
594 Storti, Dispacci Sforzeschi Bd. 4, Nr. 130.
595 Državni arhiv u Dubrovniku. Diversa Notariae 26/44 f.137v.
596 Pall, Rapporti Nr. 25
597 Storti, Dispacci Sforzeschi Bd. 4, Nr. 162
598 Radonić Nr. 229.
599 AAV 7449.
600 AAV 7634.
601 Državni arhiv u Dubrovniku. Consilium rogatorum 3/18 f.7v vom 29.12.1463.
602 Državni arhiv u Dubrovniku. Consilium rogatorum 3/18 f. 133v vom 24.3.1465.
603 Državni arhiv u Dubrovniku. Diversa notariae 26/49 142v–143r: 26.9.1466: „Chenese Stepan Radoevich orator ut dixit illustris domini Scanderbegi conduxit et naulizavit duas barchas de Budua impresentiarum existentes in portu Ragusii quarum unius est patronus Vuchaz Glavich de Budua et alterius est patronus Vuchaz Bubich …"
604 Državni arhiv u Dubrovniku. Diversa Cancellariae 25/65 f. 133r: Blasius Ostojić.
605 Truhelka 21.
606 Radonić Nr. 254.
607 Schmitt, Actes Nr. 10.
608 Barletius 251, 276 „spectatorum genus"; vgl. Schmitt, Das venezianische Albanien 493f.
609 Archivio di Stato di Milano. Archivio visconteo – sforzesco B. 41 Bericht der Diplomaten Sceva de Curte und Jacobo Trivulzio an Herzog Francesco Sforza. Rom 10.1.1454. „Dice cose mirabilissime dela potentia del Turcho et delo apparato fa per questo bon tempo. Fra l'altre cose dice ch'el Turcho non era uxato poter fare galee grosse, perche non havea li legni, mo dice ha facto tagliare tanti legni a Constantinopoli e facti conducere ad Andronopoli et ogni dì ne fa conducere et ha tanti mestri in li quali etiam ve sonno molti Christiani che fa far lo mundo de galee. E già dice esserve facte tante e conducere a Constantinopoli che parano un' altro Constantinopoli in mare. Et dice mille altre cosse maraviglioxe et da impaurire altruy".
610 Österreichische Nationalbibliothek Cod. 6216 f.107r: Skanderbeg berichtet von einer osmanischen Niederlage in Kleinasien, 30.7.1461.
611 Državni arhiv u Dubrovniku. Consilium rogatorum 3/17 f. 33r.
612 Dieser unterrichtete die Republik Venedig über Vorgänge auf dem Balkan; selbst aus der Walachei verfügte er über genaue Nachrichten, s. z.B. Archivio di Stato di Milano. Archivio visconteo – sforzesco B. 647. Schreiben aus St. Maura (Leukas) vom 29. September 1459, vom 26. Mai 1462, vom 10. Januar 1475 und vom 31. Juli 1475. Leonardos Herrschaft lag tatsächlich „im Schlund dieses schrecklichen türkischen Drachen" (so im ersten Schreiben), und nur durch geschicktes Taktieren überlebte er, bis schließlich die venezianische Niederlage gegen Mehmed II. (1479) auch sein Ende besiegelte.
613 Malipiero 36; Schmitt, Actes Nr. 9.
614 Franco 18r– 19r.
615 Deutlich bei Chalkokondyles bei Radonić 223f.; Kritobulos ed. Reinsch 136f.
616 Barletius 70ff.
617 Die mailändischen Gesandtenberichte sind Jahr für Jahr voll von Gerüchten über Mehmeds II. mögliche Ziele, Gerüchte, die meist schon im Januar oder Februar auftraten; s. O. J. Schmitt, Der „tragische Untergang" Negropontes im Spiegel italienischer Diplomatenberichte der Renaissance, in: K. Belke – E. Kislinger – A. Külzer – M.A. Stassinopoulou (Hrsg.), Byzantina Mediterranea. Festschrift für Johannes Koder zum 65. Geburtstag. Wien – Köln – Weimar 2007, 569–580.
618 Barletius 164.
619 Barletius 165.
620 Kritobulos bei Radonić 223.
621 Senatore, Dispacci sforzeschi Bd. 1, 110.
622 Schmitt, Skanderbegs letzte Jahre Quellenteil Ergänzung Text 2.
623 Barletius 161.
624 Barletius 162.
625 Kritobulos bei Radonić 225.
626 ebd.
627 Barletius 264.
628 Schmitt, Skanderbegs letzte Jahre Quellenanhang Ergänzung Text 2.
629 Zu Erinnerungen an Skanderbeg in Lura s. Marlekaj 230.
630 Kritobulos ed. Reinsch 136f.; Radonić Nr. 145 zur Freigabe der Pässe im Jahre 1457.
631 Kritobulos bei Radonić 223.
632 Kritobulos bei Radonić 223, und 224 (frei übersetzt).
633 Kritobulos bei Radonić 223f.
634 Schmitt, Skanderbegs letzte Jahre Quellenanhang Ergänzung Text 1.
635 Barletius 277.
636 Barletius 310.
637 Barletius 203. Wie sehr die Kälte in den Bergen Aufgeboten aus dem Flachland zusetzte, zeigte der Rückzug eines Heerbanns aus Cattaro, der im Hochland der Schwarzen Berge die Pässe schützen sollte; AAV 6910.
638 Barletius 264.
639 Barletius 265.

640 Schmitt, Skanderbegs letzte Jahre Quellenteil Ergänzung Text 1.
641 Barletius 159.
642 Barletius 159.
643 Kritobulos bei Radonić 223.
644 Schmitt, Skanderbegs letzte Jahre Nr. 21.
645 Gelcich – Thallóczy 789.
646 Radonić Nr. 134; AAV 7570.
647 AAV 6906, 6907: 1460 wurden 600 staria (39 Tonnen) geliefert.
648 Schmitt, Skanderbegs letzte Jahre Nr. 21, 23, 30.
649 AAV 5500.
650 Archivio di Stato di Milano. Archivio visconteo – sforzesco B. 640. „Copia del conseio overo parer del Signor Caraman circha le provixion bixogna volendo cazar Turchi della Grezia & anche seguitar l'in Axia mandato alla Sanctità del Summo Pontifice & alla Maiestà del Illustrissimo Re de Ragona. (o. D.). Deliberandose pur lui personaliter con tuti suo exerziti andar in Albania & trovarse insieme intro el paese de Albania, nui intendemo che andando lui personaliter con tuto el suo exerzito che allora el Signor Scandarbech con lo suo exerzito christiano se reducha in locho abele segondo sonno in quelle parti de l'Albania a tal modo che non li parendo non piglia bataglia con el dicto Turcho & parendoli avantazo prenda partito".
651 Zitiert bei Pall, Rapporti 131.
652 Schmitt, Skanderbegs letzte Jahre Quellenteil Ergänzung Text 1.
653 Pall, Rapporti Nr. 62.
654 Bibliothèque nationale de France. Manuscrits italiens 1590 f.523. „al paese ha facto grande danno, et ad se puocho utile".
655 Archivio di Stato di Milano. Archivio visconteo – sforzesco B. 41 Bericht des Giovanni Pietro Missalia an Herzog Francesco Sforza. Neapel 23. Mai 1455: „La Maestà del Re questa Pascha mandoe Palermo al Schanderbech in Albania a proveder quel payxe et per intender come fosse apto e sufficiente a sostentatione de gentedarme, mo è ritornato et hami caricato che di questo ne scrivesse ad Vostra Signoria recommendandose a quella et significandola che la prelibata Maestà ha deliberato remandarlo al prefato Scanderbech cum fanti mille ducento et il Signor Texeo Savello et Sancto Garillo cum cavallo cinquecento".
656 Radonić Nr. 112 –115.
657 Senatore, Dispacci sforzeschi Bd. 1 Nr. 186.
658 Radonić Nr. 112; Müller 84; J. Paviot, Les Ducs de Bourgogne, la croisade et l'Orient (fin XIVe siècle–XVe siècle). Paris 2003, 127, 145, 164, 183, 275, 285.
659 Pall, Rapporti 160 Fn. 155 „maximus confluxus crucesignorum".
660 AAV 7449; Ljubić, Listine Bd. 10, 372.
661 Storti, Dispacci sforzeschi Bd. 4, 162: „vole fare la guerra al modo suo, cioe amazare chi gli venne alle mane et non fare presoni".
662 Senatore, Dispacci sforzeschi I 322.
663 Militär-Geographie. Macedonisches Becken mit dem albanesischen Küstengebiete. Wien 1886, 122.
664 AAV 5062.
665 Radonić Nr. 16.
666 AAV 6432; Ljubić, Listine 10, 71.
667 AAV 5467.
668 Acta Albaniae Vaticana 494.
669 Commentarii 2382, 2384: „pro religione pugnans".
670 Radonić Nr. 204.
671 Radonić Nr. 205.
672 AAV 7633, 7634. Auf Korčula bzw. Hvar liess sich 1466 auch Vladislav von der Herzegowina eine Zuflucht zusichern; Ljubić Bd. 10, 347.
673 Državni arhiv u Dubrovniku. Consilium rogatorum 3/18 f. 149v. Eine Familie „Scanderbego" wird in der ersten Hälfte des 16. Jahrhunderts auf Hvar erwähnt; da sie aber keine gesellschaftlich herausgehobene Stellung hatte, ist unklar, ob es sich um Nachfahren der Kastriota handelte; s. Državni arhiv u Zadru. Arhiv Hvara 1, f. 814r 3. 2. 1540.
674 Archivio di Stato di Milano. Archivio Visconteo – sforzesco. B. 59: Rom 6. Juni 1466. Augustino de Rubeis an Bianca Maria und Galeazzo Maria Sforza. „Ma con la persona sua et con la famiglia s'era reducto ad uno suo porto de mare molto forte chiamato Rondon per stare a vedere li progressi del Turcho et che soccorso potesse havere da le potentie Christiane, et anche pur quando vedesse el periculo de poterese transfectare ad salvamento in Puglia".
675 Archivio di Stato di Milano. Archivio Visconteo – sforzesco. B. 59: Trani 6. Juni 1466. Der Hafenkapitän von Apulien an König Ferrante von Neapel; ebd. Neapel 7. Juni 1466: König Ferrante an seinen Gesandten Protonotar Guglielmo Rocca in Rom: „Et che dicto Scanderbegh ha abandonato el suo paese et se è riducto a Scutri"; B. 62: Rom 8. Mai 1467. Augustino de Rubeis an Galeazzo Maria Sforza.
676 I. Zamputi, Dokumenta të shekullit XV për historinë e Shqipërisë. Bd. 4. Teil 1. Tirana 1967, Nr. 114.
677 Schmitt, Actes Nr. 66.
678 Schmitt, Skanderbegs letzte Jahre 79.
679 Barletius 276 beschreibt eine Waldstellung Skanderbegs nahe Ochrid.

680 Barletius 277 „ducto cautissime per saltus quosdam & incommoda loca“; 276 „latenter per secretas valles & montium secessus movens agmen ignarum hostem a longe est secutus“.

681 Kritobulos bei Radonić 223.

682 Pertusi, Segono 130.

683 Dies ist ein Kontinuum der albanischen Geschichte; noch am Ende des 19. Jahrhunderts leisteten leichtbewaffnete Stammeskrieger osmanischen Truppen, die mit schwerer Artillerie und Maschinengewehren ausgerüstet waren, heftigen und wirkungsvollen Widerstand; s. E. Deusch, Der Aufstand in der Malësia e Mbishkodrës von 1883 und das Verhältnis der albanischen Katholiken zu Österreich-Ungarn. *Südost-Forschungen* 63/64 (2004/05) 261–301.

684 Kritobulos bei Radonić 224.

685 Kritobulos bei Radonić 225.

686 Eindrückliche Beschreibung eines osmanischen Chronisten bei Guboglu – Mehmet 322.

687 Zu den Strukturen in den beiden rumänischen Fürstentümern s. C. Giurescu, Ţara românească în secolele XIV–XV. Bukarest 1973, besonders 332ff. zur Kriegführung; N. Grigoraş, Ţara românească a Moldovei de la întemeierea statului pînă la Ştefan cel Mare. Chişinău 1992; F. Solomon, Politica şi confesiune la început de ev mediu moldovenesc. Iaşi 2004; für die politische Geschichte des Abwehrkampfes O. Cristea, Acest domn de la miazănoapte. Ştefan cel mare în documente inedite veneţiene. Bukarest 2004; Babinger, Mehmed 215ff., 368ff.

688 Dazu H. Binder Iijima – V. Dumbrava (Hrsg.), Stefan der Große – Fürst der Moldau. Symbolfunktion und Bedeutungswandel eines mittelalterlichen Herrschers. Leipzig 2005; M. Cazacu, Dracula. Paris 2004.

Anmerkungen zu Kapitel III „Ein Held der Renaissance“ (Seite 187–256)

1 Pall, Rapporti Nr. 4.

2 Dazu ausführlich im Kapitel „Italienische Reise“.

3 Radonić Nr. 49, Paviot 127.

4 Sokoloski 380: 1467 trugen alle Bewohner von Modrič slawische Namen, oft mit serbischen Suffixen: Pop Nikola, Dimitri Pešenić, Tiho Dejanić, Nikola Mišić, Dragče Sohn des Dragoslav, Petko Tupančević (oder Topančevic), Cvetko Portarović.

5 Barletius 201, 276; Stojanovski-Ġorgiev 142.

6 Babinger, Mehmed 74f.

7 Barletius 202.

8 Barletius 202.

9 Barletius 203f.

10 Gill, Calixtus 550f.

11 AAV 5870, 5871.

12 AAV 5894, 5901.

13 AAV 5894. Im Jahre 1452 scheint Alfons V. seinem neuen Vasallen recht wenig Aufmerksamkeit geschenkt zu haben. Am 18. 2. 1452 wünschte er von ihm und seinen Nachbarn, dem König Stefan von Bosnien und Stefan Vukčić von der Herzegowina, die Entsendung von Bergleuten; Thallóczy, Studien 388.

14 Radonić Nr. 63.

15 Archivio de la Corona de Aragón. Reg. 2798 f. 56–57. Freundlicher Hinweis von Daniel Duran i Duelt.

16 Barletius 205ff.

17 Barletius 208ff.

18 Državni arhiv u Dubrovniku. Lettere di Levante 27/15 f. 13.

19 Radonić Nr. 62–66.

20 Državni arhiv u Dubrovniku. Consilium rogatorum 3/13 f. 240r.

21 Državni arhiv u Dubrovniku. Consilium rogatorum 3/13 f. 168v, 207r, 234v, 240r.

22 Ćirković, Stefan Vukčić 195.

23 AAV 6018, 6019.

24 AAV 6064, 6056.

25 AAV 6067.

26 Zitiert in Marinescu, Politique 182 Fn.3.

27 Radonić Nr. 74.

28 AAV 6123.

29 AAV 6178.

30 AAV 6108, 6182.

31 Radonić Nr. 79.

32 Radonić Nr. 79.

33 AAV 6323.

34 AAV 6293.

35 Radonić Nr. 93.

36 Die Geschichte der Stadt ist gut aufgearbeitet; neben dem Überblickswerk von Nicol, Despotate s. die neueren Untersuchungen von P. Xhufi, Dilemat e Arbërit 193ff. (die auf der unveröffentlichten Doktorarbeit des Verfassers beruhen) und F. Duka, Berati në kohën osmane. Tirana 2001 als eigentliche Stadtmonografie zur frühosmanischen Zeit.

37 Inalcık, Sûreti-i Defter-i Sancak-i Arvanid. Ankara 1954, 56; 1431 zählte Berat 175 Haushaltungen.

38 Barletius 312. 1431 zählte die Region um Berat zahlreiche christliche Timarioten, s. Inalcık, Sûreti-i Defter-i 57ff.: Ostoya, Angelos, Muzak, Gin, Andre Bobza, Petro, Pavlo, Pavel Matranik, Iliyo, Dimo İstepan, Hraçko, Miloş – auffallend ist die Mischung albanischer, griechischer und slawischer Namen.

39 Chalkokondyles 221.
40 Pertusi, Segono 93.
41 Man denke an die Geschichte des von Nikola Dukagjin zerschmetterten Schildes.
42 Babinger, Mehmed 131ff.; Spremić, Despot 504ff.
43 AAV 6326.
44 Senatore, Dispacci sforzeschi Bd. 1, 83.
45 Archivio de la Corona de Aragón. Reg. 2660 f. 154r; freundlicher Hinweis von Daniel Duran i Duelt.
46 Senatore, Dispacci sforzeschi Bd. 1, 91.
47 Veröffentlicht bei Pall, Rapporti Nr. 1–2. Darauf stützt sich die folgende Erzählung; vgl. Chalkokondyles bei Radonić 221f.
48 Pall, Rapporti 153 und Fn. 136.
49 Diese Zahl dürfte zutreffen, s. die Diskussion bei Pall, Rapporti 154 Fn. 139.
50 Am Oberlauf des Osum waren 1431/32 zahlreiche Timarlehen eingerichtet worden; Inalcık, Sûreti-i Defter-i, Kartenbeilage.
51 Pall, Rapporti Nr. 2.
52 Barletius 236f., über die Reaktion in Dibra 238.
53 Barletius 250.
54 Radonić Nr. 95.
55 Radonić Nr. 95.
56 Senatore, Dispacci sforzeschi Bd. 1, 92.
57 Senatore, Dispacci sforzeschi Bd. 1, 91.
58 ebd.
59 ebd.
60 Senatore, Dispacci sforzeschi Bd. 1, 93.
61 AAV 6344.
62 AAV 6363.
63 Archivio de la Corona de Aragón. Cancelleria reg. 2700 f. 101v–102r; freundlicher Hinweis von Daniel Duran i Duelt. Ediert in Thallóczy, Studien 409–411.
64 Radonić Nr. 100.
65 B. 195 Alberico Malletta an F. Sforza. Neapel 23. 12. 1455: „... Et etiamdio è tanto lo odio che luy porta a Venetiani che mal voluntera aude nominar che sta liga per suo respetto et arecordare con fede et devotione a Vostra Signoria che quanto mancho ella po la voglia fare (Lücke) dimostratione et instantia per questa liga. Et piutosto voglia esser deli ultimi che deli primi per conservar non mancho li colligati con lo animo che de parole et dissime poi lo Re che luy anchora era avisato da Venetia del grande honore che havevano facto al Conte Galeazo, ma che Venetiani eran pur in questa opinione che Vostra Signoria et luy li volesseno inganar et tradire et adormenzarli con queste false demostratione et ultra me disse dogliendosse de Venetiani li quali ogni dì dano aiuto e favore al Turcho in Albania et fano ogni instantia che le sue terre pervengano ale mane del Turcho. Et questi dì passati mandarono lo Archiepiscopo de Durazo ad confortar et pregar li capitani del Turcho che venesseno avanti perchè obtinerevano el tutto et cossì veneno et occuparono terre assay et molti Christiani che fuzivano a Durazo li Venetiani non li volevano acceptare et li Turchi li prendevano per fin su le porte.“
66 Radonić Nr. 103.
67 Senatore, Dispacci sforzeschi Bd. 1, 110.
68 Radonić Nr. 106.
69 Archivio di Stato di Milano. Archivio visconteo – sforzesco B. 195 Alberico Malletta an F. Sforza. Neapel 6. 11. 1455 zu Piccinino: „... et bisognando (Alfons V.) etiamdio mandar zente per terra in Albania le quale zente con Scanderbech habiano ad romper contra el Turcho da quella banda como vederà la Signoria Vostra per li avisi del Caramano li quali ve mando incluse in un'altra littera, ala quale che non gli provede facilmente per quella via intrarià in Italia come dice de voler fare“; B. 195 Alberico Malletta an F. Sforza. Neapel 22. 10. 1455: „... e provedesi contra el Turcho del qualle novamente habiamo aviso che fa de grandissimi apareghi per venire in Albania“; B. 196 Alberico Malletta an F. Sforza. Neapel 18. 1. 1456: zu Piccinino, in Chiffren; B. 196 Antonio de Trezzo an F. Sforza. Neapel 21. 3. 1456: zum Plan, J. Piccinino nach Albanien zu schicken; s. auch den Bericht vom 21. 3.: „non porià andare in Albania cum manco de cavalli 2000 utili et fanti 2000, ma perchè non se havesse a disputare de cavalli utili che se contentarià de mille lance et li fanti predicti et ducati xl per lanza et ducati cinque per apaga, allegando che l'hanno ad andare in paese extraneo caristioso e dove trova lo inimico potentissimo“; man sprach von 80 000 Dukaten.
70 Müller, Kreuzzugspläne 84; Paviot 145; Pall, Rapporti Nr. 4.
71 Bibliothèque nationale de France. Ms. Italiens 1587 f.127r Schreiben des Cicco Simonetta an den Mailänder Gesandten Calcaterra in Rom.
72 Radonić Nr. 120; Pall, Rapporti Nr. 3.
73 Pall, Rapporti Nr. 4.
74 Babinger, Mehmed 145ff.; das Schreiben Kalixts ist abgedruckt bei E. de Hurmuzaki, Documente privitóre la Istoria Românilor. Bd.2/2. Bukarest 1891, 61f.
75 Radonić Nr. 112, 114.
76 Radonić Nr. 109; Ćirković, Stefan Vukčić 227ff.; Stefan Vukčić ließ bei seinem Schutzherrn Alfons V. nachfragen, ob er mit den Osmanen ziehen solle oder nicht (!); ebd. 228.

Ćirković zeigt sich gegenüber dem Wahrheitsgehalt der Nachricht vorsichtig (ebd. 230).

77 Radonić Nr. 112.

78 Radonić Nr. 114.

79 Radonić Nr. 115 = Archivio de la Corona de Aragón. Cancelleria Reg. 2662 f. 22r–v. Freundlicher Hinweis von Daniel Duran i Duelt.

80 Radonić Nr. 117; Barletius 252ff.

81 Radonić Nr. 118.

82 Radonić Nr. 119; Senatore, Dispacci sforzeschi Bd. 1, 186.

83 So der Bericht des mailändischen Gesandten in Venedig, Radonić Nr. 123. Ćirković, Stefan Vukčić 230, sieht darin vor allem den Ausdruck venezianischen Misstrauens gegen St. Vukčić .

84 AAV 6450.

85 AAV 6472.

86 AAV 6466.

87 Radonić Nr. 126.

88 AAV 6473.

89 Radonić Nr. 126.

90 Acta Albaniae Vaticana Nr. 129 vom 5. 12. 1456; vgl. auch Nr. 130.

91 Senatore, Dispacci sforzeschi Bd. 1, 186. Gemeint ist der Despot von Morea, Thomas Palaiologos.

92 Senatore, Dispacci sforzeschi Bd. 1, 187.

93 Senatore, Dispacci sforzeschi Bd. 1, 186.

94 Radonić Nr. 136, 137.

95 Schmitt, Jahrbücher 150.

96 Barletius 249f.

97 Acta Albaniae Vaticana 199, 201, 204.

98 Stavrides 60f. zu den prosopografischen Schwierigkeiten, die Gestalt genau zu identifizieren.

99 Barletius 260.

100 Barletius 263f.

101 Radonić Nr. 142.

102 L. Stojanović, Stari srpski rodoslovi i letopisi. Belgrad 1927, 120 und 241 (= Nr. 266 und 721).

103 AAV 6602.

104 Radonić Nr. 142.

105 Radonić Nr. 142, 144, 149, 150; Masci 166.

106 Acta Albaniae Vaticana Nr. 228 und 260.

107 Barletius 266; dies bestätigt AAV 6602, freilich ohne Hamza beim Namen zu nennen.

108 Radonić Nr. 144.

109 Zur Lokalisierung Frashëri, Skënderbeu 348f. nach Forschungen des Archäologen Hasan Ceka.

110 Masci 166.

111 Barletius 266ff.; Archivio di Stato di Milano. Archivio visconteo – sforzesco B. 46. 2. 10. 1457: „Qui si dice che Turchi hanno havuto gran conflicto et mortalitate in Albania e dicono alguni vengono de là che in segno di questo che si mandano dece ben vestiti a loro modo al Papa".

112 Archivio di Stato di Siena. Balia Lettere 491 Bericht vom 8. September 1457 (freundlicher Hinweis von Claudia Märtl); vgl. F. Tushi, Beteja e Skënderbeut në Uji të Bardhë (Albulenë) më 1457. *Studime historike* 1984/2, 133–151; vgl. Masci 166.

113 Barletius 271.

114 AAV 6602.

115 AAV 6603.

116 Barletius 279 rühmt ihn tatsachengemäß als „optimus optimorum omnium Moecenas". Tröstlich, so der Priester aus Skutari, sei nur gewesen, dass der Herrscher schon ein hohes Alter erreicht habe.

117 G. Galasso, Il Regno di Napoli. Il Mezzogiorno angioino e aragonese (1266–1494). Turin 1992, 625ff.; E. Pontieri, Ferrante d'Aragona Re di Napoli. Neapel 1969; C. Porzio, La congiura dei baroni del regno di Napoli contro il Re Ferdinando. Nachdruck Venosa 1989; F. Senatore – F. Storti, Spazi e tempi della guerra nel Mezzogiorno aragonese: l'itinerario militare di Re Ferrante (1458–1465). Salerno 2002.

118 Acta Albaniae Vaticana 340.

119 Aus der reichen Literatur s. nur: G. Voigt, Enea Silvio de'Piccolomini als Papst Pius II. und sein Zeitalter. 3 Bde. Berlin 1856–1863; Pastor, Geschichte der Päpste, Bd. 2; Z. von Martels – A. Vanderjagt (Hrsg.), Pius II „el più expeditivo pontifice". Selected studies on Aeneas Silvius Piccolomini (1405–1464). Leiden – Boston 2003; A. Esch, Enea Silvio Piccolomini als Papst Pius II. Herrschaftspraxis und Selbstdarstellung, in: H. Boockmann – B. Moeller – K. Stackmann (Hrsg.), Lebenslehren und Weltentwürfe im Übergang vom Mittelalter zur Neuzeit. Göttingen 1989, 112–140; zu Pius' II. Kreuzzugspolitik: J. Helmrath, Pius II. und die Türken, in: B. Guthmüller – W: Kühlmann (Hrsg.), Europa und die Türken in der Renaissance. Tübingen 2000. 79–137; zu Pius' II. Persönlichkeit in dem genannten Band von Martels – Vanderjagt: C. Märtl, Alltag an der Kurie. Papst Pius II. (1458–1464) im Spiegel zeitgenössischer Berichte, 107–145; dies., Von Mäusen und Elefanten. Tiere am Papsthof im 15. Jahrhundert. *Deutsches Archiv für Erforschung des Mittelalters* 60 (2004) 183–199. Zu Pius II. und Albanien s. Schmitt, Skanderbeg als neuer Alexander.

120 AAV 6637, 6639, 6655.

121 AAV 6676, 67171.

122 AAV 6691, 6696, 6701.
123 Barletius 275ff.
124 Barletius 281.
125 G. Rászó, Die Türkenpolitik Matthias' Corvinus. *Acta Historica Academiae Scientiarum Hungaricae* 32 (1986) 3–50; Babinger, Mehmed 165f.; zu den Beziehungen des Königs zu Renaissanceitalien s. S. Graciotti (Hrsg.), Italia e Ungheria all'epoca dell'umanesimo corviniano. Florenz 1994 sowie ders. (Hrsg.), Spiritualità e lettere nella cultura italiana e ungherese del basso medioevo. Florenz 1995.
126 Acta Albaniae Vaticana Nr. 314.
127 Radonić Nr. 175, 178.
128 Radonić Nr. 183; AAV 6798.
129 Babinger, Mehmed 174; Spremić, Despot 637.
130 Bereits im November 1459 waren Stefans Gesandte über Dubrovnik nach Albanien gereist; Državni arhiv u Dubrovniku. Consilium rogatorum 3/15 f. 82v, wo sie recht schnöde behandelt wurden.
131 Spremić, Despot 646.
132 Radonić S. 254, Acta Albaniae Vaticana Nr. 412; Schmitt, Jahrbücher 152, Kritobulos 223f.
133 Schmitt, Jahrbücher 152.
134 1500 von insgesamt 2400 Dukaten; Radonić Nr. 178.
135 Državni arhiv u Dubrovniku. Consilium rogatorum 3/16 f. 51r–v (Bitten von Ninac werden abschlägig beantwortet).
136 M. Jacoviello, Relazioni politiche tra Venezia e Napoli nelle seconda metà del XV secolo. *ASPN* 96 (1981) 67–133, hier 76ff.; ders., Venezia e Napoli nel Quattrocento. Neapel 1992; Pall, Rapporti 148–150; ders., Renseignements inédits sur la participation albanaise à la guerre de Naples (1459–1463), in: Actes du premier congrès international d'études balkaniques et sud-est européennes, Bd. 3 (Histoire). Bukarest 1966, 469–475; G. Galasso, Il Regno di Napoli. Il Mezzogiorno angioino e aragonese (1266–1494). Turin 1992, 625ff.
137 Državni arhiv u Dubrovniku. Consilium rogatorum 3/16 f. 146r „... respondendi ambassiatori Schenderbegh offerendo sibi parigia hinc in Appuliam expensis suis ..." (= Radonić Nr. 195); zu Ragusa und Aragon s. M. Spremić, Dubrovnik i Aragonci 1442–1495. Belgrad 1971.
138 Acta Albaniae Vaticana Nr. 494; Archivio di Stato di Roma. Camerale I. Mandati Bd. 834 f. 165v (freundlicher Hinweis von Claudia Märtl).
139 Acta Albaniae Vaticana Nr. 494.
140 ebd. Nr. 495.
141 Schmitt, Jahrbücher 154; AAV 6961.
142 Archivio di Stato di Mantova. Archivio Gonzaga. B. 1431 f. 382 vom 26.3.1461: „Hano qualche noticia ch'el menacia de vegnire per la Servia et per lo territorio del ducha Steffano de Bossina ad Durazo cum animo de là de andare ad Roma".
143 Pall, Rapporti Nr. 6.
144 ebd.
145 Archivio di Stato di Mantova. Archivio Gonzaga. B. 841 f. 363 vom 1.9. 1461.
146 Senatore – Storti, Spazi, 79f.
147 Dass das Sendschreiben des Fürsten von Tarent und Skanderbegs Antwort gezielt verbreitet wurden, geht auch aus der mantuanischen Gesandtenkorrespondenz aus Rom hervor; Archivio di Stato di Mantova. Archivio Gonzaga B. 841 f. 296 vom 6.1. 1461: „... sono in die state mandate certe copie de littere le qualle scrisse il principo di Taranto a Schanderbech el qualle gli fa guerra in Puglia et la risposta che lui gli fa".
148 Radonić Nr. 198.
149 Radonić Nr. 199.
150 Commentarii 1164.
151 Commentarii 1166.
152 Radonić Nr. 200.
153 Storti, Dispacci sforzeschi Bd. 4, Nr. 130.
154 S. die treffenden Bemerkungen von Pall, Rapporti 150.
155 Pall 150.
156 Pall, Rapporti Nr. 53.
157 Io. M. Sabellici Historiae rerum Venetarum ab urbe condita libri XXXIII. Basel 1556, 941.
158 Pall, Rapporti Nr. 10; AAV 7007, 7008.
159 Pall, Rapporti Nr. 8.
160 Pall, Rapporti Nr. 9.
161 Pall, Rapporti Nr. 11–13.
162 Radonić Nr. 203–205; Archivio di Stato di Roma. Camerale I. Mandati Bd. 836 f. 157r: Paul Gasulus erhält 1000 Gulden. Freundlicher Hinweis von Claudia Märtl.
163 Storti, Dispacci sforzeschi Bd. 4 Nr. 140, 152; Državni arhiv u Dubrovniku. Consilium rogatorum 3/16 f. 277v; ebd. Diversa notariae 26/45 f. 96v.
164 Radonić Nr. 208, 209, 215.
165 Pall, Rapporti Nr. 18; Storti, Dispacci sforzeschi Bd. 4 Nr. 162.
166 Državni arhiv u Dubrovniku. Consilium rogatorum 3/16 f. 2r.
167 Državni arhiv u Dubrovniku. Consilium rogatorum 3/17 f. 5r–v.
168 Radonić Nr. 211.
169 Radonić Nr. 212.
170 Barletius 286.

171 Državni arhiv u Dubrovniku. Consilium rogatorum 3/17 f.7r.
172 Radonić Nr. 210.
173 Radonić Nr. 214: Auszug aus der ragusanischen Chronik des Junius Resti; Državni arhiv u Dubrovniku. Consilium rogatorum 3/17 f.5r.
174 Pall, Rapporti Nr. 18.
175 Pall, Rapporti Nr. 21.
176 Barletius 290.
177 Barletius 291.
178 Radonić Nr. 216; vgl. Pall, Rapporti Nr. 27.
179 Radonić Nr. 217.
180 Pall, Rapporti Nr. 27, 28.
181 Radonić Nr. 218, 219; Storti, Dispacci sforzeschi Bd. 4 Nr. 177.
182 Pall, Rapporti Nr. 30; Storti, Dispacci sforzeschi Bd. 4 Nr. 190.
183 Pall, Rapporti Nr. 37.
184 Pall, Rapporti Nr. 43; Storti, Dispacci sforzeschi Bd. 4 Nr. 189, 192, 193.
185 Pall, Rapporti Nr. 44.
186 Zu ihm B. Roeck – A. Tönnesmann, Die Nase Italiens. Federico da Montefeltro, Herzog von Urbino. Berlin 2005.
187 Pall, Rapporti Nr. 45.
188 Pall, Rapporti Nr. 47; Storti, Dispacci sforzeschi Bd. 4 Nr. 193.
189 Pall, Rapporti Nr. 51.
190 Storti, Storti, Dispacci sforzeschi Bd. 4 Nr. 201.
191 Storti, Dispacci sforzeschi Bd. 4 Nr. 201.
192 Storti, Dispacci sforzeschi Bd. 4 Nr. 203; vgl. auch Pall, Rapporti Nr. 54.
193 Storti, Dispacci sforzeschi Bd. 4 Nr. 212.
194 Archivio di Stato di Mantova. Archivio Gonzaga. B. 841 f. 195.
195 Pius II. Commentarii 1160–1162.
196 Storti, Dispacci sforzeschi Bd. 4 Nr. 220, 222. Eine weitere Version in Nr. 236; die zahlreichen Berichte belegen den tiefen Eindruck, den die Episode auf die Zeitgenossen machte.
197 Pall, Rapporti Nr. 58.
198 Bibliothèque nationale de France. Manuscrits italiens 1589 f. 276 Antonio da Trezzo an Francesco Sforza, November 1463. Da Trezzo berichtet, der König habe sich nach der Eidleistung der Albaner beim Mahl den Magen verdorben.
199 Pall, Rapporti Nr. 56.
200 Storti, Dispacci sforzeschi Bd. 4 S. 391 Fn. 3.
201 Državni arhiv u Dubrovniku. Diversa cancellariae 26/46 f. 6v–7r.
202 Radonić Nr. 229.
203 Radonić Nr. 230.
204 Radonić Nr. 232.
205 Pall, Rapporti Nr. 59, 60.
206 Radonić Nr. 231–234.
207 Državni arhiv u Dubrovniku. Consilium rogatorum 3/17 f. 33r.
208 Radonić Nr. 235.
209 Državni arhiv u Dubrovniku. Consilium rogatorum 3/17 f. 111v, 113r, 125v. AAV 7205; 7720.
210 AAV 7116; Radonić Nr. 236.
211 Državni arhiv u Dubrovniku. Consilium rogatorum 3/17 f. 62v.
212 Državni arhiv u Dubrovniku. Consilium rogatorum 3/17 f. 91v.
213 Radonić Nr. 389.
214 Eine Untersuchung von Ferrantes Ostpolitik fehlt; eine Einführung bietet F. Babinger, Sechs unbekannte aragonesische Sendschreiben, in ders., Spätmittelalterliche fränkische Briefschaften aus dem großherrlichen Serail zu Stambul. München 1963, 76–95.
215 S. das Kapitel „Erinnern, Vergessen, Wieder-Erinnern".
216 Gesammelt bei Stojanović; die griechischen Kurzchroniken sind herausgegeben von P. Schreiner, Die byzantinischen Kleinchroniken. 3 Bde. Wien 1975–1978. Hierher gehört eigentlich auch Georg Sphrantzes mit seinen nüchternen Notizen (ed. R. Maisano).
217 Aus der umfangreichen Literatur zur Wahrnehmung der Osmanen im Rahmen der späten Kreuzzüge seien hier nur herausgegriffen: J. Hankins, Renaissance Crusaders. Humanist Crusade Literature in the Age of Mehmed II. *Dumbarton Oaks Papers* 49 (1995) 111–207; R. Schwoebel, The Shadow of the Crescent. The Renaissance Image of the Turk (1453–1517). Nieuwkoop 1967; A. M. Cavallarin, L'umanesimo e i Turchi. *Lettere italiane* 32 (1980) 54–74; L. Schmugge, Die Kreuzzüge aus der Sicht humanistischer Geschichtsschreiber. Basel–Frankfurt 1987; A. Höfert, „Den Feind beschreiben". „Türkengefahr" und europäisches Wissen über das osmanische Reich 1450–1600. Frankfurt a. M. u. a. 2004.
218 Radonić Nr. 52; vgl. auch Nr. 80 mit ganz ähnlichen Formulierungen.
219 Radonić Nr. 62.
220 Zur ragusanischen Staatsrhetorik, besonders im Umgang mit den verschiedenen Religionen auf dem Balkan s. für den Fall der „bosnischen Kirche" nun D. Lovrenović, Modelle ideologischer Ausgrenzung: Ungarn und Bosnien als ideologische Gegner auf der Grundlage verschiedener christlicher Konfessionen. *Südost-Forschungen* 63/64 (2004/2005) 18–55.
221 Radonić Nr. 60.

222 Archivio di Stato di Milano. Archivio visconteo – sforzesco B. 41 Bericht der Diplomaten Sceva de Curte und Jacobo Trivulzio an Herzog Francesco Sforza. Rom 10. 1. 1454.

223 Radonić Nr. 76.

224 Acta Albaniae Vaticana Nr. 204.

225 Acta Albaniae Vaticana Nr. 228.

226 ebd. Nr. 260 in freier Übersetzung.

227 Archivio di Stato di Milano. Archivio Visconteo – sforzesco B. 46. In einem Schreiben an den Herzog Francesco Sforza von Mailand vom 8. 10. 1457 heißt es: „Subventionem Scanderbecho fortissimo Christi Athlete non modicam prebuimus".

228 Acta Albaniae Vaticana Nr. 260.

229 Acta Albaniae Vaticana Nr. 263, 262, 263, 264, 265, 267, 271, 305; Gill 535ff.

230 ebd. Nr. 266.

231 ebd. Nr. 306.

232 ebd. Nr. 340; vgl. auch Nr. 342.

233 J. Helmrath, Pius II. und die Türken; G. Valentini, La Crociata di Pio II dalla documentazione veneto d'archivio. *Archivum historiae pontificiae* 13 (1975) 249–282.

234 Zu Burgund Müller und Paviot; J. K. Hoensch, Matthias Corvinus. Diplomat, Feldherr und Mäzen. Graz 1998; K. Nehring, Matthias Corvinus, Kaiser Friedrich III. und das Reich. München 1989; J. Heers, Louis XI. Paris 1999; J. Helmrath, The German Reichstage and the Crusade, in: N. Housley (Hrsg.), Crusading in the Fifteenth Century. Message and Impact. Basingstoke u. a. 2004, 53–69.

235 Babinger, Mehmed 179ff.

236 C. Märtl, Donatellos Judith – Ein Denkmal der Türkenkriegspropaganda des 15. Jahrhunderts? *Pirckheimer – Jahrbuch* 20 (2005) 53–95; F. Cardini, Sacro e menzogna. Crociata e propaganda antimusulmana nell' età di Pio II, in: L. Secchi Tarugi (Hrsg.), Il Sacro del Rinascimento. Florenz 2002, 631–659.

237 Acta Albaniae Vaticana Nr. 495.

238 De Europa ed. van Heck 92.

239 Auch Barletius (36) spricht davon mit Berufung auf Pius II.

240 De Europa ed. van Heck 92.

241 ebd.

242 ebd.

243 Acta Albaniae Vaticana Nr. 412.

244 Radonić Nr. 199 „da le oppresione et crudele mane de Turchi, inimici nostri et de la fede catholica".

245 Radonić Nr. 199 „tucti siamo in quanto al batisimo equali Christiani".

246 Radonić Nr. 202.

247 Radonić Nr. 179 „dele man delo inimigo de Christo et mio"; diese Formulierung wiederholte er in dieser Urkunde sogar zweimal.

248 Archivio Segreto Vaticano. Camera Apostolica. Diversa cameralia 30 f. 134r–v. Freundlicher Hinweis von Claudia Märtl.

249 S. oben.

250 P. Bartl, Albania sacra. Geistliche Visitationsberichte aus Albanien. Bd. 1. Diözese Alessio. Wiesbaden 2007, 177.

251 Musachi 277.

252 Helmrath, Pius II. und die Türken.

253 Beispiele aus dem Werk Francos: 6r: Skanderbegs Krieger werden als „Christiani" bezeichnet; 21r: „alhora Scanderbeg uedendo tanta prosperita del suo nimico in preiudicio & dispregio di tutta la sacrosanta fede catolica minacciando anchora pigliare molti altri degni paesi de Christiani"; 26r: „Ancora per amore del nostro Signore Iesu Christo mai negaua elemosina à pouero alcuno, che gli chiedesse pero in quelli giorni fece dispensare elemosine abondantemente & massime à piu figlioli de signori discacciati dal Turco & à piu nobili forestieri. Aliquali non solamente faceua distribuire denari & uestimento, ma anchora di bone possessione accio poteua honestamente uiuere da christiani per honore di Dio & quello preparo"; 43v–44r: Leka Dukagjin klagte über Skanderbegs Leichnam: „Guai alla Albania, & à tutte l'altre nationi circumuicine, si lamentauano & si doleuano, per che Scanderbeg era l'occhio, & il cuore di tutti li fideli christiani & amato da quelli cordialmente ben che habuto in odio da falsi, iniqui & maligni discepoli di Iuda Scarioth, che tradi Iesu christo nostro signore"; 47r Skanderbeg habe geherrscht: „et tutto cio sia per lo meglio, ad honor & gloria di Dio & à salute dell'anime et corpi de fideli christiani".

254 Archivio di Stato di Milano. Archivio visconteo – sforzesco B. 646; vgl. Schmitt, Skanderbeg als neuer Alexander 138f. Fn. 71.

255 Archivio di Stato di Milano. Archivio visconteo – sforzesco B. 52 Otto de Carreto an Francesco Sforza 17. November 1461.

256 Archivio di Stato di Milano. Archivio visconteo – sforzesco B. 640. Copia del conseio overo parer del Signor Caraman circha le provixion bixogna volendo cazar Turchi della Grezia & anche seguitar l'in Axia mandato alla Sanctità del Summo Pontifice & alla Maiestà del Illustrissimo Re de Ragona. (o.D.). Vgl. G. Székely, La Caramanie anatolienne dans les projets antiottomans à deux fronts, in: L. Balletto (Hrsg.), Oriente e Occidente tra Medioevo ed età moderna. Bd. 2. Genua 1997, 1187–1197.

257 ebd.

258 Paviot 121ff.
259 Acta Albaniae Vaticana Nr. 527.
260 ebd.
261 Radonić Nr. 226.
262 ebd.
263 Radonić Nr. 227.
264 ebd.
265 AAV 6834.
266 AAV 6849.
267 Das Folgende ist mit Quellenhinweisen ausgeführt in Schmitt, Paul Angelus und ders., Skanderbeg als neuer Alexander.
268 Österreichische Nationalbibliothek Cod. 441 f. 58v–59r.
269 Schmitt, Skanderbeg als neuer Alexander 138.
270 Bibliothèque nationale de France. Manuscrits italiens 1590 f. 85. Das Schreiben des „Georgius Castriot aliter Schenderbeg Albanie Dominus" an Herzog Francesco Sforza ist in Neapel am 24. März 1464 ausgestellt.
271 Die Ziegenhörner sind im Gegensatz zum Helmreif nicht erst im 16. Jahrhundert entstanden; freundliche mündliche Mitteilung von Dr. Matthias Pfaffenbichler, Hofjagd- und Rüstkammer des Kunsthistorischen Musems Wien, vom 19. September 2007.
272 Barletius 319 und 321; Schmitt, Skanderbeg als neuer Alexander 142ff.
273 Bei Radonić 233. Die beiden Begriffe sind, wie eingangs erwähnt, geografisch recht ungenau; sie meinten wohl Skanderbegs Herrschaftsgebiet in Albanien bis hin nach Mokra.
274 AAV 7132.
275 Franco 26v; Barletius 307ff. spricht von einem Sinan, von Hasan bey und Karaca bey.
276 Ćirković, Stefan Vukčić 247ff.; s. Stefano Magno ÖNB Cod. 6216 f. 189r–v: „l'inimicicia fo fra i ditti ch'essendo i ditti maridadi in una Todesca, tolto el padre la madre, e'l fiolo la fia, venude quelle in nel paese visto Steffano la nuova ch'era molto bella dise questa non è bocon da fantolini e volsela per lui, e per questo vene in division, sono chi dicono che discazzado Steffano del Pasese fuzì alla marine a Narenta suo paese, dove seguido da Turchi quello fuzì in una fusta a Ragusi, e da lì a Castelnuovo in Colfo de Cataro, el qual/f. 189v: insieme con Rissano conservò, lassò in Narenta Zarco al governo e custodia di quel paese, el qual con Turchi s'accordò e fattoli el paese tributario de quelle rimase Signor, ma un suo fradello fratte dell'ordine de San Francisco d'osservantia chiamado fratt'Agustin trovandosi a Roma con licencia e dispensation del Papa andoli e discazzo ditto Zarco del dominio e fessene lui Signor, non so quando fusse questo".
277 AAV 7240 am 13.11.1462 traten Vukčićs Gesandte vor den venezianischen Senat.
278 Pius II. Commentarii 2164.
279 ebd. 2264.
280 Državni arhiv u Dubrovniku. Consilium rogatorum 3/17 f. 172r, 173v, 174r. Vgl. S. Ćirković, Đurađ Kastriota Skenderbeg i Bosna, in: Simpoziumi për Skënderbeun-Simpozijum o Skenderbegu 9–12 maj 1969. Prishtina/ Priština 1969, 51–56.
281 AAV 7294.
282 AAV 7329.
283 Truhelka 9.
284 Truhelka 10.
285 Truhelka 11.
286 Državni arhiv u Dubrovniku. Consilium rogatorum 3/17 f. 192r und f. 265v; Truhelka 21.
287 Alle Quellen bei Truhelka 21–23; Državni arhiv u Dubrovniku. Consilium rogatorum 3/17 f. 290r zum Tuchhandel.
288 Schmitt, Jahrbücher 155.
289 Babinger, Mehmed 242.
290 Truhelka S. 12–18.
291 Babinger, Mehmed 234ff.; Stavrides, Mahmud 146ff.; S.M. Džaja, Konfessionalität und Nationalität Bosniens und der Herzegowina. Voremanzipatorische Phase 1463–1804. München 1984, 21ff.
292 S. den klassischen Aufsatz von R. Lopez, Il principio della guerra veneto-turca nel 1463. *Archivio veneto*. 5. Serie 15 (1934) 45–131.
293 Babinger, Mehmed 243f.; Stavrides, Mahmud 150ff.
294 AAV 7478, 7542.
295 Die Einzelheiten dieses Abkommens sind nur schwer zu erschließen; erwähnt wird es in folgenden Quellen: AAV 7469, 7475, 7488. Die erste Quelle ist eine Gesandtschaft Despina Aranitis, die am 3. September 1463 vor dem Senat angehört wurde. Setzt man die Reisezeit auf mindestens zwei Wochen an, hat diese Gesandtschaft Albanien Mitte August verlassen. Dies ist der terminus ante quem für den Friedensvertrag Skanderbegs. Man darf ihn mit einiger Vorsicht in den Juli 1463 setzen, also nach dem Fall des bosnischen Königreichs. Barletius (322ff.) gibt einen angeblichen Briefwechsel zwischen beiden Fürsten wieder; Mehmeds Schreiben soll im Mai 1463 ausgestellt worden sein.
296 AAV 7488.
297 Pius II., Commentarii 2542.
298 Die slawische Namensform ist eindeutig bezeugt in der Urkunde, mit der Skanderbegs Sohn die Patrizierwürde verliehen wurde (Radonić Nr. 253): „Juannus" = Ivanus
299 Radonić Nr. 250.

300 AAV 7475.
301 AAV 7488.
302 Radonić Nr. 253; AAV 7506, 7540, 7543.
303 AAV 7540.
304 AAV 7634.
305 AAV 7665.
306 AAV 7460, 7633.
307 Schmitt, Skanderbeg als neuer Alexander 138 (nach Musachi).
308 Franco 30r.
309 Državni arhiv u Dubrovniku. Consilium rogatorum 3/18 f. 7v.
310 Pall, Rapporti 132f.; Schmitt, Actes Nr. 4.
311 Bibliothèque nationale de France. Ms. italiens 1590 f.85r.
312 Pall, Rapporti 133.
313 Müller 125–126.
314 Pall, Rapporti 131ff.
315 Pall, Rapporti 139.
316 Archivio di Stato di Milano. Archivio visconteo – sforzesco B. 55. Bericht vom 18. November 1463.
317 Pall, Rapporti 130.
318 V. Lisičar, Program dubrovačkog Senata za doček papa Pija II (1464). *Croatia sacra* 3 (1933) 97 –109.
319 Archivio di Stato di Milano. Archivio visconteo – sforzesco B. 56. Otto de Caretto an Francesco Sforza. Rom 26. Mai 1464.
320 Archivio di Stato di Milano. Archivio visconteo – sforzesco B. 56. Otto de Caretto an Francesco Sforza. Rom 16. Juni 1464.
321 Pall, Rapporti 138.
322 Barletius 332.
323 Franco 32v.
324 Vgl. Schmitt, Skanderbeg als neuer Alexander 138; Barletius 331f. mit einer panegyrischen Biographie des Papstes.
325 Archivio di Stato di Milano. Archivio visconteo-sforzesco B. 315. Gherardo de Collis an Francesco Sforza. Venedig 27. August 1464.

Anmerkungen zu Kapitel IV „Totaler Krieg“ (Seite 256–291)

1 Dieses Kapitel lehnt sich in Teilen an meinen Aufsatz „Skanderbegs letzte Jahre“ an.
2 Schmitt, Actes Nr. 2, 3, 5.
3 Radonić Nr. 268–270.
4 Franz Babinger, Lorenzo de Medici und der Osmanenhof, in: ders., Spätmittelalterliche fränkische Briefschaften aus dem Großherrlichen Serail zu Stambul. München 1963, 1–53.
5 Radonić Nr. 274.
6 Radonić Nr. 278. Die Venezianer behaupteten, selbst wenn Skanderbeg zu den Osmanen übergehe, sei Venezianisch-Albanien geschützt, da es von unzugänglichen Bergen umgeben sei. Schlau fragte Gherardo de Collis, wie denn das päpstliche Expeditionsheer und die venezianischen Truppen dieselben Berge überqueren sollten, um die Osmanen im zentralen Balkan anzugreifen, ein Unternehmen, für das der Papst mailändische Truppenhilfe angefordert hatte, was von der Signoria eifrig befürwortet wurde, da sie sich dadurch eine Schwächung der mailändischen Truppenmacht in Oberitalien erhoffte.
7 Pall Nr. 62.
8 Magno in Schmitt, Jahrbücher 157. Diese Nachricht traf am 10. August 1464 in Venedig ein; für den Weg von Dibra bis nach Italien sind wohl vier bis sechs Wochen zu veranschlagen. Barletius (331) nennt Skanderbegs Gegner „Seremetius“, also Şeremet.
9 Barletius 335. Das Tal ist tief eingeschnitten. Im Norden des Dorfes Valikardhë erheben sich die Maja e Temlës auf 1703 m und der Mali i Komeshit auf 1485 m; im Süden die Maja e Murrizës auf 1637 m, südlich davon gehen die Höhen bis auf über 1800 m hinauf. Der Talgrund liegt auf ca. 500 m. Man darf vermuten, dass Skanderbeg auf einem breiten Teil des oberen Talbodens lagerte, vielleicht in Fushaj, während Balaban seinen Hinterhalt in einem Engpass östlich von Valikardhë legte.
10 Barletius 336.
11 Barletius 337.
12 Franco 35v.
13 Radonić Nr. 283.
14 Schmitt, Actes Nr. 14.
15 Radonić Nr. 276 und 277 (Auszug aus der Chronik des Ragusaners Junius Resti).
16 Babinger, Mehmed 245ff.; J. Mrgić – Radojčić, Donji Kraj. Krajina srednjovekovne Bosne. Belgrad 2002, 125ff.
17 Truhelka 23; Bibliothèque nationale de France. Manuscrits italiens 1590 f. 381v. Kopie eines Schreibens des venezianische Gesandten im ungarischen Heerlager von Gara, 6.9. 1464 („zà ha scripto Sua Maestà a Schanderbech che quella farà se possa unir cum lui. Diseme etiam ch'io scrivesse a Vostra Signoria che comandasse a quelle zente de Albania che acorendo bixogno se potesseno unirse cum Sua Maestà“); Kritobulos bei Radonić 226. Der Plan war den Osmanen bekannt, sonst hätte ihn der Geschichtsschreiber aus Imbros nicht erzählen können. Ein Zangenangriff wurde auch noch im Dezember in Rom diskutiert (Ms. italiens 1590 f.513).

18 Radonić Nr. 284.
19 Malipiero 36f.
20 Bibliothèque nationale de France. Manuscrits italiens 1590 f. 523r.
21 Stavrides, 212ff.
22 Zusammenfassung des Berichts Trevisans bei Malipiero 36f.
23 Schmitt, Actes Nr. 9–11.
24 Radonić Nr. 287.
25 Dazu Schmitt, Albanien 386ff.
26 Radonić Nr. 301.
27 Spremić, Harač Skenderbega.
28 Schmitt, Actes Nr. 16; zum Erzbischof s. Schmitt, Paul Angelus.
29 I. Nagy – I. Nyáry, Magyar diplomacziai emlékek Mátyás király korából 1458–1490. 4 Bde. Budapest 1875–1878, Bd. 1, 323f.
30 Bibliothèque nationale de France. Manuscrits italiens 1590 f.523.
31 Radonić Nr. 167; vgl. auch Karaiskaj, Të dhëna, und Lucia Nadin, Capo Rodoni nella storia, in: Luigi Zà (unter Mitarbeit von Lucia Nadin), I villaggi del Dio Rodon. Frammenti di vita rurale albanese. Lecce 2001, 25f., 31f.
32 Radonić Nr. 274, 299.
33 Radonić Nr. 308.
34 Radonić Nr. 306.
35 Vgl. Karl Nehring, Matthias Corvinus Hoensch, Matthias Corvinus.
36 Babinger, Sechs unbekannte aragonische Sendschreiben, in: ders., Spätmittelalterliche fränkische Briefschaften 80.
37 Archivio di Stato di Milano. Archivio visconteo-sforzesco N. 56. Schreiben des Erzbischofs von Mailand an Francesco Sforza. Rom 17. Oktober 1464.
38 Bibliothèque nationale de France. Manuscrits italiens 1591 f. 20r-v. A. da Trezzo an Fr. Sforza. 20. 2. 1465.
39 Malipiero 36.
40 Malipiero 36.
41 Malipiero 37.
42 Malipiero 38, so ist auch das Hilfsangebot der italienischen Fürsten an Italien zu verstehen.
43 Schmitt, Skanderbegs letzte Jahre Nr. 5 (hier frei übersetzt).
44 Radonić Nr. 301.
45 Archivio di Stato di Milano. Archivio visconteo-sforzesco B. 352. Gherardo de Collis an Francesco Sforza. Venedig 21. Juni 1465.
46 Schmitt, Actes Nr. 17 mit der sehr ausführlichen Instruktion für Barbaro. Gewählt wurde Barbaro am 4. Juli 1465, nachdem Bertuccio Contarini das schwierige Amt abgelehnt hatte; Schmitt, Actes Nr. 15.
47 In seiner Belobigung des Durazziner Erzbischofs verschweigt Gabriele Trevisan nicht die Berechtigung von Skanderbegs Klagen, was ein bezeichnendes Licht auf die venezianische Provinzialverwaltung wirft; Schmitt, Actes Nr. 16.
48 Archivio di Stato di Milano. Archivio visconteo-sforzesco B. 352. Gherardo de Collis an Francesco Sforza. Venedig 30. August 1465.
49 Barletius 342f.; Franco 36v ff.
50 Archivio di Stato di Milano. Archivio visconteo-sforzesco B. 352. Gherardo de Collis an Francesco Sforza. Venedig 25. November 1465; Franco 37v–38r; Barletius 348 bestätigen beide das Blutbad.
51 Nagy – Nyáry Bd. 2, 7f., 12f.; Schmitt, Skanderbegs letzte Jahre Nr. 1, 2, 3.
52 Schmitt, Skanderbegs letzte Jahre Nr. 1; 23. März 1466 = Schmitt, Skanderbegs letzte Jahre Nr. 2; Nagy – Nyáry Bd. 2 12f.
53 Schmitt, Skanderbegs letzte Jahre Nr. 2.
54 Tevarih-i – Al-i – Osman bei Radonić 261.
55 Dazu unten.
56 Schmitt, Albanien Anhang 643.
57 Schmitt, Actes Nr. 19.
58 Schmitt, Skanderbegs letzte Jahre Nr. 17. Leider werden die Namen der Burghauptleute nicht angegeben.
59 Schmitt, Skanderbegs letzte Jahre Nr. 22; Berichte von Verrat waren auch in Mantua bekannt, Radonić Nr. 324.
60 Schmitt, Skanderbegs letzte Jahre Nr. 5.
61 Schmitt, Skanderbegs letzte Jahre Nr. 3.
62 Radonić Nr. 314.
63 Schmitt, Albanien 451, 608; Barletius 352.
64 Schmitt, El cuor nostro.
65 Schmitt, Skanderbegs letzte Jahre Nr. 11, spricht von 200 neapolitanischen Armbrustschützen; ebda Nr. 17 mit der Angabe der Truppenzahl von Skanderbegs Männern; ebda Nr. 15; der Hafenkapitän von Apulien meldete Ferrante am 6. Juni 1466, dass 100 venezianische Knechte in Kruja eingerückt seien; ebd. Nr. 14.
66 Schmitt, Skanderbegs letzte Jahre Nr. 13.
67 Radonić Nr. 320, 323.
68 Schmitt, Skanderbegs letzte Jahre Nr. 14 meint mit „Casteluzzo“ offenbar Rodoni, denn eine andere Burg Skanderbegs spielte, wenigstens nach Angabe der bekannten Quellen, bei den Kämpfen keine Rolle. Vgl. auch den erwähnten Brief König Ferrantes an G. Rocca vom 7. Juni 1466 (= Schmitt, Skanderbegs letzte Jahre Nr. 15), der die verlorene Burg Skanderbegs „Terra nova“ nennt. Dieses Terra nova darf nicht mit Elbasan verwechselt werden, das wenige Wochen nach dem Fall Rodonis von Meh-

med II. an der Stelle der alten Stadt Valmi erbaut wurde und in den zeitgenössischen Quellen ebenfalls unter diesem Namen erscheint.

69 Schmitt, Skanderbegs letzte Jahre Nr. 14.

70 Schmitt, Actes Nr. 23.

71 Schmitt, Actes Nr. 26. Der Senat beschloss am 4. Juni 1466 Hilfe für Dulcigno; überschlägt man die Reisezeit von Dulcigno nach Venedig, kann man davon ausgehen, dass die Dulcignoter Gesandtschaft zu Beginn der zweiten Maihälfte nach Venedig aufgebrochen ist, was bedeuten würde, dass Skanderbeg Anfang Mai in der Stadt weilte. Anfang Juni kreuzten bereits zwei venezianische Galeeren vor Dulcigno, Schmitt, Skanderbegs letzte Jahre Nr. 14.

72 Schmitt, Skanderbegs letzte Jahre Nr. 15, wann genau Skanderbeg sich in Skutari aufhielt, geht aus der Bemerkung des Königs („Scanderbegh … se è riducto a Scutri") nicht hervor.

73 Das Datum in Schmitt, Skanderbegs letzte Jahre Nr. 15. Damit ist wohl die Ankunft der Person des Großherrn, nicht aber die Einschließung der Burg gemeint.

74 Schmitt, Skanderbegs letzte Jahre Nr. 10.

75 Schmitt, Skanderbegs letzte Jahre Nr. 19.

76 Die Angaben stammen von einem Gefolgsmann von Skanderbegs Schwester Mamica, die sich in Unteritalien aufhielt, und sind verzeichnet im genannten Brief des Prinzen Federico = Schmitt, Skanderbegs letzte Jahre Nr. 10.

77 Schmitt, Albanien 602f.; Schmitt, Skanderbegs letzte Jahre Nr. 10.

78 Diese bisher unbekannte Tatsache ist erwähnt in Schmitt, Skanderbegs letzte Jahre Nr. 23.

79 So Prinz Federico = Schmitt, Skanderbegs letzte Jahre Nr. 10. Magno setzt den Abzug auf den 23.6.1466 (Schmitt, Jahrbücher 158).

80 Dies berichtete ein Franziskaner im Auftrage Skanderbegs nach Neapel; Schmitt, Skanderbegs letzte Jahre Nr. 19; Venedig meldete den Abzug in einem Schreiben an Ferrante am 23. Juni 1466, s. Schmitt, Actes Nr. 33.

81 Aus den Berichten geht nicht klar hervor, ob es sich um den Bischof von Kruja oder um einen Verwandten desselben handelt; s. den eben genannten Bericht, s. Schmitt, Skanderbegs letzte Jahre Nr. 19 und Schmitt, Skanderbegs letzte Jahre Nr. 21; vgl. auch das Schreiben an den anonymen Kardinal, Schmitt, Skanderbegs letzte Jahre Nr. 19. Die Pfählung eines Neffen Skanderbegs wird auch erwähnt in einem Schreiben G. A. Campanos vom 24. Juni 1466; Zippel, Le vite di Paolo II 140 Fn.3.

82 So im Bericht Antonio Erizzos bei Schmitt, Albanien Anhang 643.

83 Es ist nicht bekannt, wer die siegreichen Albaner anführte. Despina Araniti und ihre Söhne erschienen am 26. August 1466 vor dem Senat und baten um eine venezianische Schutzherrschaft über ihr Gebiet, das sie offenbar nicht Skanderbeg anvertrauen wollten. Allein dies legt den Gegensatz zwischen den Araniti und den Kastriota an den Tag; Schmitt, Actes Nr. 38.

84 Franco 39r; Barletius 353.

85 ebd. Magno berichtet von einem Sieg Skanderbegs am 12.9.1466 (Schmitt, Jahrbücher 158).

86 P. Bartl, Quellen und Materialien zur albanischen Geschichte im 17. und 18. Jahrhundert. Bd. 2. München 1979, 110.

87 G. Marlekaj, Scanderbeg nelle tradizioni popolari albanesi, in: Convegno 221–238, 234.

88 Schmitt, Albanien Anhang 643.

89 Schmitt, Albanien Anhang 644f.

90 Schmitt, Albanien 562ff.

91 Schmitt, Skanderbegs letzte Jahre Nr. 5; vgl. ebd. Nr. 7.

92 Schmitt, Albanien 602f.; Radonić Nr. 320; Schmitt, Actes Nr. 29; zu den Fluchtbewegungen s. A. Ducellier – B. Doumerc – B. Imhaus – J. de Miceli, Les chemins de l'exil. Bouleversements de l'Est européen et migrations vers l'Ouest à la fin du moyen âge. Paris 1992; zu den nach Venedig fliehenden Albanern s. B. Imhaus, Le minoranze orientali a Venezia 1300–1510. Rom 1997.

93 Radonić Nr. 323, 325.

94 Schmitt, Skanderbegs letzte Jahre Nr. 21; dieselbe Zahl im Schreiben an den anonymen Kardinal, Schmitt, Skanderbegs letzte Jahre Nr. 22; König Ferrante berichtete dem Papst von 20 000 Gefangenen; ebd. Nr. 10.

95 M. Kiel, Ottoman Architecture in Albania 1385–1912. Istanbul 1990, 20.

96 Inalcik, Régions 230f.

97 Schmitt, Actes Nr. 37, 38. Despina hielt sich Ende August 1466 in der Markusstadt auf.

98 Schmitt, Skanderbegs letzte Jahre Nr. 21. Man wüsste nur zu gerne, wer die in diesem Text genannten „tutti li zentilhomeni" waren.

99 Schmitt, Skanderbegs letzte Jahre Nr. 23.

100 Schmitt, Skanderbegs letzte Jahre Nr. 22.

101 Kritobulos 197.

102 Cutolo 207, zur Florentiner Politik vgl. Babinger, Lorenzo dei Medici 8f.

103 Die osmanischen Chroniken bei Pulaha: Oruç (47); Tursun Bey (99ff.); Kevami (111f.); Bitlisi (155ff.); vgl. eine Aufzählung weiterer osmanischer Quellen bei Stavrides 162 Fn. 42.; Kritobulos 196ff.

104 Schon am 24. Juni 1466 wusste man in Rom, dass Skanderbeg die Rückeroberung der verlo-

renen Gebiete vorbereitete, s. Schmitt, Skanderbegs letzte Jahre Nr. 21; vgl. auch ebd. Nr. 24.

105 Schmitt, Skanderbegs letzte Jahre Nr. 17.

106 Schmitt, Skanderbegs letzte Jahre Nr. 26; zum Bau Elbasans s. Franz Babinger, Die Gründung von Elbasan, in: ders., Aufsätze und Abhandlungen zur Geschichte Südosteuropas und der Levante. Bd. 3 München 1962, 201–210.

107 Schmitt, Actes Nr. 35.

108 Radonić Nr. 334.

109 Schmitt, Actes Nr. 39; Babinger, Elbasan 204.

110 Schmitt, Skanderbegs letzte Jahre Nr. 27.

111 Skanderbeg bat König Ferrante im Juni dringend um die Rückführung der Flüchtlinge; Schmitt, Skanderbegs letzte Jahre Nr. 11 und Nr. 10 (Rückkehr Mamicas Kastriotas).

112 So A. Erizzo in Schmitt, Albanien Anhang 643.

113 Schmitt, Skanderbegs letzte Jahre Nr. 37.

114 Schmitt, Skanderbegs letzte Jahre Nr. 28.

115 A. Erizzo in Schmitt, Albanien Anhang 643.

116 Schmitt, Actes Nr. 39–41.

117 A. Erizzo in Schmitt, Albanien Anhang 643.

118 A. Erizzo in Schmitt, Albanien Anhang 643–644; vgl. Schmitt, Skanderbegs letzte Jahre Nr. 28, wo die Verschleppung von 3000 Christen erwähnt wird.

119 Berichte von Fior Jonima und Stefano Sabin aus Skutari in Schmitt, Albanien Anhang 646–647. Zu datieren sind diese Überfälle in den späten Oktober bzw. November, denn am 22. November 1466 waren sie in Venedig bekannt; Schmitt, Skanderbegs letzte Jahre Nr. 28; Gherardo de Collis spricht von 6000 osmanischen Reitern, die rund 3000 Menschen gefangen genommen und viel Vieh geraubt hätten.

120 Gerüchte von Erfolgen Skanderbegs, die Ende Dezember in Venedig umliefen, sind mit Vorsicht aufzunehmen (Nagy – Nyáry Bd. 2 45); denn Skanderbeg hatte Albanien bereits im Oktober 1466 verlassen. Vielleicht beziehen sich die Meldungen auf Scharmützel im Frühherbst 1466, vielleicht auch auf Zusammenstöße von in Albanien verbliebenen Gefolgsleuten Skanderbegs mit osmanischen Verbänden; vielleicht entsprangen sie auch nur der Hoffnung auf christliche Siege.

121 Die Darstellung Babingers über „Das Ende der Arianiten" enthält für die Zeit zwischen der osmanischen Eroberung Albaniens und den 80er-Jahren des 15. Jahrhunderts eine Lücke von rund zwanzig Jahren. Aufgrund von unbekanntem Archivmaterial soll die Geschichte dieser wichtigen Familie bald an anderer Stelle wesentlich ergänzt werden.

122 M. Jacoviello, Venezia e Napoli nel Quattrocento. Neapel 1992, 52ff.

123 V. Ilardi, Towards the Tragedia d'Italia: Ferrante and Galeazzo Maria Sforza, friendly enemies and hostile allies, in: D. Abulafia (Hrsg.), The French Descent into Renaissanc Italy, 1494–1495, Aldershot 1995, 91–122, hier 96f.

124 Schmitt, Skanderbegs letzte Jahre Nr. 2.

125 Schmitt, Skanderbegs letzte Jahre Nr. 3; am 18. April hatte der Senat die Werbung von 150 Schützen angeordnet; Radonić Nr. 312.

126 Nagy – Nyáry Bd. 2, 13.

127 Schmitt, Actes Nr. 20, 31.

128 Schmitt, Actes Nr. 23–26.

129 Schmitt, Actes Nr. 27.

130 Schmitt, Actes Nr. 28.

131 Schmitt, Actes Nr. 29, 30.

132 Schmitt, Skanderbegs letzte Jahre Nr. 31.

133 Schmitt, Actes Nr. 37 (Despina Araniti logierte im Palast von Giovanni Tiepolo in Castello; man stattete ihre Tafel mit Malvasierwein, Geflügel und Getreide aus); Nr. 38.

134 Schmitt, Actes Nr. 43.

135 Schmitt, Actes Nr. 36.

136 Nagy – Nyáry Bd. 2 16f.; einbezogen wurde neben dem Kanzler Giovanni Diedo auch der Statthalter von Negroponte; Schmitt, Skanderbegs letzte Jahre Nr. 4; Malipiero 40f.; vgl. auch Stavrides 213ff. Im Mai 1466 ließ Venedig den Papst wissen, dass es vom Sultan getäuscht worden sei und nun in Verhandlungen mit dem Großwesir Mahmud Pascha stehe. Die Warnungen an den Papst sind mit Vorsicht aufzufassen, denn im Frühjahr 1466 standen sich Markusrepublik und Heiliger Stuhl recht feindselig gegenüber (dazu s. u.).

137 Malipiero 41f.; Nagy – Nyáry Bd. 2 30ff. und 36f. In die Verhandlungen eingebunden war auch Mehmeds jüdischer Leibarzt Jacobo da Gaeta; die Gesandtschaft wurde geleitet von Jacobo Venier. Dass Venedig seine Verbündeten in Südosteuropa, darunter den ungarischen König, aber auch Skanderbeg und Leka Dukagjin in ein Friedensabkommen mit einbeziehen wollte, ist kein Zeichen für die Rücksicht der Republik auf ihre Bundesgenossen. Vielmehr war dies Teil des Bündnisvertrages mit Ungarn und mit den albanischen Herren. Matthias Corvinus seinerseits stand in Verhandlungen mit dem Sultan, und Venedig fürchtete Separatabkommen seiner Verbündeten und wahrte deshalb, zumindest in einem ersten Verhandlungsschritt, die diplomatischen Formen.

138 Pastor, Geschichte der Päpste Bd. 2, 357.

139 Schmitt, Skanderbegs letzte Jahre Nr. 6.

140 Schmitt, Skanderbegs letzte Jahre Nr. 7.
141 Schmitt, Skanderbegs letzte Jahre Nr. 8.
142 Schmitt, Skanderbegs letzte Jahre Nr. 10.
143 Schmitt, Skanderbegs letzte Jahre Nr. 10.
144 Schmitt, Skanderbegs letzte Jahre Nr. 15.
145 Schmitt, Skanderbegs letzte Jahre Nr. 13.
146 Schmitt, Skanderbegs letzte Jahre Nr. 17.
147 Schmitt, Skanderbegs letzte Jahre Nr. 19. Wie wenig Mailand zu tun gedachte, zeigt die scharfe Rüge der Sforza an Augustino de Rubeis, der eigenmächtig eine mailändische Beteiligung am Expeditionskorps zugesagt hatte (ebd.).
148 Schmitt, Skanderbegs letzte Jahre Nr. 21.
149 Schmitt, Skanderbegs letzte Jahre Nr. 24.
150 Radonić Nr. 183–184.
151 Schmitt, Skanderbegs letzte Jahre Nr. 15.
152 Schmitt, Skanderbegs letzte Jahre Nr. 15.
153 Schmitt, Skanderbegs letzte Jahre Nr. 24.
154 Schmitt, Skanderbegs letzte Jahre Nr .27.
155 So bei Magno; Schmitt, Jahrbücher 158.
156 Državni arhiv u Dubrovniku. Consilium rogatorum 3/19 f. 136v, 138r sowie Diversa Notariae 26/49 f. 142v–143r.
157 Radonić Nr. 336.
158 Schmitt, Actes Nr. 42; nicht zu vergessen ist, dass Venedig zur selben Zeit Jacobo Venier an die Pforte schickte.
159 Schmitt, Skanderbegs letzte Jahre Nr. 28. Skanderbeg hat seine Pläne im Verlauf der Reise offenbar geändert; nach seiner Ankunft in Neapel erfuhr der mantuanische Resident an Ferrantes Hof, Skanderbeg beabsichtige eine Weiterreise nach Venedig (Schmitt, Skanderbegs letzte Jahre Nr. 30). Weshalb diese schließlich unterblieb, kann nicht zweifelsfrei geklärt werden; doch ist wahrscheinlich, dass der lange Aufenthalt in Rom und die Nachrichten von den erneuten Zurüstungen Mehmeds II. gegen Albanien Skanderbeg im Spätwinter 1467 zur Rückkehr veranlasst haben.
160 „Ipsum dominum timere multum mare“, wusste man in Venedig; Schmitt, Actes Nr. 10.
161 So berichtet zumindest Barletius 285ff.; ragusanische Quellen Radonić Nr. 195 und vor allem 211–214.
162 Radonić Nr. 337, 338. Immerhin wurde in einem ersten Beschluss (Nr. 337) die Aufnahme Skanderbegs beschlossen, dann aber noch am selben 2. November 1466 rückgängig gemacht. Skanderbeg wurde mit Mundvorrat versorgt (Nr. 338).
163 Pall Nr. 63.
164 Ein Hinweis auf diese Reihenfolge der Besuche bei Pall Nr. 64.
165 Schmitt, Skanderbegs letzte Jahre Nr. 30.
166 Schmitt, Skanderbegs letzte Jahre Nr. 30.
167 Pall Nr. 65.
168 Schmitt, Skanderbegs letzte Jahre Quellenanhang Ergänzung Text 2 „bruta gente et con brute fogie“. Dies entsprach offenbar dem Albanerbild, das im adriatischen Raum im 15. Jahrhundert verbreitet war und das sich bei einigen Reisenden findet, s. z. B. G. Hartmann, Wilhelm Tzevers: Itinerarium terre sancte. Einleitung, Edition, Kommentar und Übersetzung. Wiesbaden. 2004, 94: „... Albania, ubi homines grossissimi, brutales, loquelam propriam, que non potest scribi aut articulari ... Et obproprium est, cum dicitur ad aliquem Albaneser“.
197 Schmitt, Skanderbegs letzte Jahre Quellenanhang Ergänzung Text 2.
170 Radonić Nr. 340.
171 Schmitt, Skanderbegs letzte Jahre Quellenanhang Ergänzung Text 2.
172 Pall Nr. 66.
173 Pall Nr. 68.
174 Pall Nr. 69.
175 Schmitt, Skanderbegs letzte Jahre Quellenanhang Ergänzung Text 2.
176 Schmitt, Skanderbegs letzte Jahre Quellenanhang Ergänzung Text 2.
177 S. die Auflistung bei Zippel, Vite di Paolo II 148f. Fn. 3
178 Zippel, Vite di Paolo II 149 Fn.1.
179 Skanderbegs Freude bezeugt ein Gesandtenbericht bei Pall Nr. 70.
180 Radonić Nr. 344.
181 Radonić Nr. 345.
185 Pall Nr. 72; Schmitt, Skanderbegs letzte Jahre Nr. 34; ders. an dies., Venedig 28. Januar 1467 = Schmitt, Skanderbegs letzte Jahre Nr. 35.
186 Pall Nr. 72.
184 Galasso 668.
185 Pall Nr. 74.
186 Pall Nr. 74.
187 Pall Nr. 75.
188 Pall Nr. 76 „una cosa in aere“.
189 Pall Nr. 76.
190 Pall Nr. 73.
191 Radonić Nr. 347.
192 Pall Nr. 79.
193 Radonić Nr. 352, 356: Lopez brach Anfang April 1467 auf; Pall Nr. 81.
194 Pall Nr. 80.
195 Schmitt, Skanderbegs letzte Jahre Nr. 34.
196 Schmitt, Actes Nr. 45
197 Radonić Nr. 353.
198 Schmitt, Skanderbegs letzte Jahre Nr. 34; 35; Radonić Nr. 350.
199 In Rom bereits am 25. März 1467, Pall Nr. 82. Diese Nachricht ist mit Vorsicht zu bewerten.
200 Schmitt, Skanderbegs letzte Jahre Nr. 41.

201 Pall Nr. 84; vgl. auch Schmitt, Skanderbegs letzte Jahre Nr. 38 und 39.
202 Franco 39v-40r. Franco diente als junger Mann in Skanderbegs Gefolge.
203 Barletius 359.
204 Franco 40r.
205 Radonić Nr. 359; Barletius 359.
206 Schmitt, Skanderbegs letzte Jahre Nr. 41.
207 Den Georgstag geben unabhängig voneinander an: A. Erizzo bei Schmitt, Albanien Anhang 643 und Pall Nr. 84; Radonić Nr. 359, 360.
208 Schmitt, Skanderbegs letzte Jahre Nr. 41.
209 Schmitt, Skanderbegs letzte Jahre Nr. 40
210 Pall Nr. 85–88.
211 Nagy – Nyáry Bd. 52f.; zwei weitere Diplomaten, Pietro Morosini und Giovanni Soranzo, erhielten am 2. Juni 1467 den Auftrag, den Druck auf den Papst zu verstärken; Nagy – Nyáry Bd. 2, 59f.
212 M. Fossati – A. Ceresatto, Dai Visconti agli Sforza, in: G. Antenna – R. Bordone – F. Somaini – M. Vallerani (Hrsg.), Comuni e signorie nell'Italia settentrionale: la Lombardia. Turin 1998, 625ff.; M. E. Mallett, Venezia e la politica italiana, in: A. Tenenti – U. Tucci (Hrsg.), Storia di Venezia. Bd. 4. Rom 1996254; G. Cozzi – M. Knapton, La Repubblica di Venezia nell'età moderna. Dalla guerra di Chioggia al 1517. Turin 1986, 56f.
213 Nagy – Nyáry Bd. 52f. Die Verhältnisse der damaligen Politik veranschaulicht der Jubel des mailändischen Residenten in Venedig über das Scheitern der osmanisch – venezianischen Verhandlungen, wofür er Gott dankte; Archivio di Stato di Milano. Archivio visconteo-sforzesco B. 353 Gherardo de Collis an Bianca Maria und Galeazzo Maria Sforza, Venedig 2. Februar 1467.
214 Kritobulos (bei Radonić 226) berichtet, Skanderbeg habe von Corvinus damals Hilfe erbeten und erhalten.
215 Schmitt, Skanderbegs letzte Jahre Nr. 40, 45. Venedig und Ungarn benachrichtigten sich wechselseitig über ihre jeweiligen Verhandlungen mit dem Sultan, wobei die Furcht mitspielte, der andere Bundesgenosse könnte einen Separatfrieden schließen; Nagy – Nyáry Bd. 2 50–52; 56–58; 64–66. Am 6. August 1467 traf in Venedig eine nicht weniger als 756 Reiter zählende ungarische Gesandtschaft ein (ebd. 66f.)
216 Kritobulos 203.
217 Schmitt, Skanderbegs letzte Jahre Nr. 51.
218 Schmitt, Skanderbegs letzte Jahre Nr. 50.
219 Schmitt, Actes Nr. 49; ders., Skanderbegs letzte Jahre Nr. 45.
220 Erizzo bei Schmitt, Albanien Anhang 644.
221 Radonić Nr. 366.
222 Radonić Nr. 366.
223 Kritobulos bei Radonić 226.
224 ebd.
225 Radonić Nr. 366; ASMn AG 843 Kardinal Francesco Gonzaga an seine Mutter, die Markgräfin Barbara Gonzaga in Mantua, Rom 11. Juni 1467 = Schmitt, Skanderbegs letzte Jahre Nr. 47. Die zeitliche Abfolge (Angriff auf Kruja, dann Marsch nach Norden und Rückkehr nach Kruja) geht am besten aus dem Bericht Erizzos hervor (Schmitt, Albanien Anhang 644).
226 Schmitt, Jahrbücher 159.
227 Kritobulos (ed. Reinsch) 204.
228 Radonić Nr. 369.
229 Schmitt, Actes Nr. 49; Radonić Nr. 367, 369, 371
230 Radonić Nr. 367, 369, 375, 376.
231 Schmitt, Skanderbegs letzte Jahre Nr. 17 (so ist wohl „quel paese da Croya insora" zu verstehen).
232 Radonić Nr. 369 (dort das Zitat).
233 Kritobulos (ed. Reinsch) 204 .
234 Schmitt, Skanderbegs letzte Jahre Nr. 50; dort auch das Zitat. Vgl. auch Radonić Nr. 371: der Sultan habe alle Gefangenen über sieben Jahre hinrichten lassen; auch diese Quelle spricht von rund 50 000 Menschen in den Bergen. Zu den Massakern unter der Zivilbevölkerung auch Radonić Nr. 370.
235 Kritobulos 203f.
236 Erizzo bei Schmitt, Albanien Anhang 644; sein „Pria bianca" ist Bila kamin.
237 Dazu Stavrides 163f. mit den osmanischen Quellen in Fn. 44.
238 Schmitt, Skanderbegs letzte Jahre Nr. 50.
239 So der Skutariner Stefano Sabin bei Schmitt, Albanien Anhang 647.
240 Bericht von Fior Jonima bei Schmitt, Albanien Anhang 646.
241 Berichte von Erizzo und Piero Zane bei Schmitt, Albanien Anhang 644f.
242 Dujčev 93.
243 Kritobulos ed. Reinsch 199.
244 Schmitt, Skanderbegs letzte Jahre Nr. 56.
245 Radonić Nr. 374.
246 Schmitt, Skanderbegs letzte Jahre Nr. 51; Malipiero 42.
247 Über den Brief beriet der Senat am 28. Juli 1467; Radonić Nr. 373.
248 Beschreibung bei Magno (Schmitt, Jahrbücher 160f.). Der Mailänder Resident in Venedig sprach am 18. September 1467 davon, dass die Venezianer den von Ferrante eingesetzten

Burghauptmann aus der Festung verdrängt („hano tolto lo castelano“) und durch einen venezianischen Kommandanten ersetzt hätten; er gibt aber nicht an, wann dies geschah. Da Skanderbeg und die ihn begleitenden Neapolitaner aber bereits im Juli keinen Einlass nach Kruja erhielten, muss die venezianische Machtübernahme vor diesem Eklat stattgefunden haben. In Kruja lagen damals 500 venezianische Söldner. Schmitt, Skanderbegs letzte Jahre Nr. 55.

249 Schmitt, Actes Nr. 53, 55. Für den Transport von Getreide, Fleisch und Gemüse wurde Skanderbeg herangezogen.

250 Radonić Nr. 377.

251 Radonić Nr. 377; Schmitt, Actes Nr. 54.

252 Schmitt, Skanderbegs letzte Jahre Nr. 51; Gherardo de Collis spielte bei letzteren auf die Venezianer und albanische Adlige an.

253 Diese bislang unbekannte Gesandtschaft in Schmitt, Skanderbegs letzte Jahre Nr. 53.

254 Berichte von Fior Jonima und Stefano Sabin bei Schmitt, Albanien Anhang 646f.

255 Radonić Nr. 380; Schmitt, Actes Nr. 57 (Geschenke an Ivan Kastriota); während des Aufenthalts der beiden Gesandten zahlte der venezianische Staat seine Schulden an Skanderbeg zurück; dieser hatte dem venezianischen Generalbevollmächtigen Josafat Barbaro Geld geliehen (Schmitt, Actes Nr. 59, 60). Nichts zeigt wohl besser die venezianische Haltung: Selbst gab man kaum etwas, man bezahlte aber die Verteidigung der eigenen Provinzen mit dem Geld eines in wirtschaftlicher Not lebenden Verbündeten, den man zu gleicher Zeit politisch hinterging.

256 So mit guten Gründen Stavrides 220.

257 Zu den Span s. Božić, Spani-Špani.

258 Stavrides 218ff.

259 Schmitt, Skanderbegs letzte Jahre Nr. 55.

260 Schmitt, Actes Nr. 61.

261 Radonić Nr. 386 nach einem Bericht des zuverlässigen Gherardo de Collis; Musachi 275; so auch Giovio bei Radonić 233.

282 Musachi 275.

263 Državni arhiv u Zadru. Arhiv Korčule 15 f.11r.

264 Radonić Nr. 391.

265 Sphrantzes ed . Maisano.

266 Radonić Nr. 386; Musachi 275, 299; vgl. Frashëri 467ff. Skanderbeg liegt nicht in der Kirche begraben, die heute in Lezha als sein Grabmal gezeigt wird; Frashëri 471ff.

267 Musachi 275.

Anmerkungen zu Kapitel V „Fama perennis“ (Seite 291–339)

1 Radonić Nr. 387.

2 Franco 43v.

3 Franco 44r.

4 Radonić Nr. 382; am 15. Dezember 1467 wurde er in Ragusa empfangen.

5 Radonić Nr. 389, 390.

6 Radonić Nr. 390.

7 Radonić Nr. 389.

8 Musachi 334; ihre Schicksale ausführlich bei Petta, Despoti. Wann genau die Kastriota die Reise angetreten haben, ist nicht bekannt. Der venezianische Golfkapitän Jacobo Venier erhielt noch am 24. April 1468 vom Senat die Weisung, die beiden des venezianischen Wohlwollens zu versichern; Schmitt, Actes Nr. 63.

9 Radonić Nr. 387.

10 ebd.

11 Schmitt, Angelus 159.

12 Radonić Nr. 387, 396.

13 Archivio di Stato di Milano. B. 217 Bari 5. 5. 1468: „el Turcho dovendo fare la pace rechedeva tute le terre quali Venetiani tengono nella Morea et in Albania et spetialmente Lancroya terra inexpugnabele qualle fo de Schanderbecho; esso Turcho è passato in Turchia con grandissimo exercito per esser danezato in quelle parte da uno Signore pur Turcho favorito del Soldano …“

14 Alle Belege in Schmitt, El cuor nostro.

15 Musachi 68.

16 Schmitt, Actes Nr. 64.

17 Sphrantzes (ed. Maisano) 176.

18 Ljubić, Listine Bd. 10, 469.

19 Schmitt, Actes Nr. 67; „siando el dicto Signor Ivan in prexon“.

20 Schmitt, Actes Nr. 67.

21 Schmitt, Actes Nr. 68, 69.

22 So Magno bei Schmitt, Jahrbücher 166ff.

23 Schmitt, El cuor nostro.

24 Ljubić, Listine Bd. 10, 469.

25 Magno bei Schmitt, Jahrbücher 162f.

26 ebd. 163f.

27 ebd. 170.

28 Die Belege bei Schmitt, El cuor nostro; ders., Venezia e la sua Albania; ders., Das venezianische Albanien 610ff.; ders. Jahrbücher 171ff.

29 I. Bogdan, Documente privitoare la relațiile țării româneşti cu Braşovul şi cu Țara ungurească în sec. XV şi XVI. Bd. 1, 1413–1508. Bukarest 1905, Nr. 112 und 113 spricht von „Skenderie“ (dem osmanischen Namen für Skutari: Iskenderiye), Kruja, Drevos = Drivas-

to, Leš = Alessio und Žabiak = Žabljak am Skutarisee, im heutigen Montenegro.

30 Barletius 371. Der wohl erste Besitzer der von mir benützten Ausgabe (Bibliothek des Albanien-Instituts in Wien), der Schaffhauser Johann Schwarz, merkte am Rande an: „lüg nit". Einen eigenartigen Nachhall dieser Tradition findet sich in einer anonymen Skanderbegschrift, Le Grand Castriotto d'Albanie. Histoire. À Francfort chez J. J. Kesler. 1779, 110f. Der anonyme Verfasser will in Istanbul den Reis-efendi „Osman-Angar" getroffen haben, der ihm sagte, „qu'il ne donnerait pas cet os de Scanderberg pour quelque prix que ce fût, car il assuroit qu'il étoit certain de n'être pas poignardé en trahison, ni tué dans une bataille". Ob der Anonymus die Nachricht des Barletius hier einfach phantasievoll ausschmückte oder die Sache doch einen wahren Kern hat, lässt sich nicht feststellen.

31 Ducellier u.a., Chemins de l'exil; Imhaus, Minoranze; S. Dedja, Emigrimi shqiptar në Itali në fund të mesjetës si problem historiografik. *Studime historike* 2001/1–2, 7–23. L. Nadin, Migrazioni e integrazione. Il caso degli albanesi a Venezia (1479–1552). Rom 2008.

32 F. Baron Nopcsa, Die Bergstämme Nordalbaniens und ihr Gewohnheitsrecht, hrsg. von F. Baxhaku- K. Kaser, Die Stammesgesellschaften Nordalbaniens. Berichte und Forschungen österreichischer Konsuln und Gelehrter (1861–1917). Wien – Köln – Weimar 1996, 205–428.

33 Eine Polemik gegen den Begriff „arbër", der als „gefährlich" sowie als „sektiererische religiöse Haltung" (wegen der Betonung der christlichen Tradition, O.S.) eingestuft wird, bei G. Shpuza, Etnonimi shqiptar – hapi i parë i madh drejt afirmimit të kombit. *Studime historike* 2001/ 1–2, 147–160.

34 L. de. Thallóczy – K. Jireček – Ae. de Šufflay, Acta et diplomata res Albaniae mediae aetatis illustrantia 2 Bde. Wien 1913–1918, Index s.v. Schipudar.

35 Archivio di Stato di Milano. Archivio visconteo-sforzesco. B.353: Exemplum litterarum Ducis Sancte Sabe nuncupati Vlatichi ad Ducem Venetorum, datarum in Castro Novo die XVIII Martii 1474: „... si è disposto de venire ad Venexia per fare tuto lo male che può & in Puglia ha deliberato mandare xxx.M cavalli & pedoni per metterli là dove si dice che tene la mogliere de Scanderbech cioè Manfredonia, la quale se dice legiermente se può pigliare & havendo la dicta terra fortificarla per sempre may et tenerla per loro refugio".

36 Archivio di Stato di Venezia. Senato Secreta Reg. 28 f. 87r.

37 Babinger, Mehmed 431.

38 Zamputi Nr. 79.

39 Babinger, Mehmed 444ff.

40 Zamputi Nr. 79 nach Magno.

41 Zamputi Nr. 81 nach Malipiero.

42 Zamputi Nr. 79.

43 N. Barone, Notizie storiche raccolte dai Registri Curiae della cancellaria aragonese. Neapel 1890, 8.

44 Nach Petta, Despoti 30ff.

45 Petta, Despoti 33ff.

46 Petta, Despoti 38.

47 Petti, Despoti 41ff.

48 So mit Recht P. Petta, Despoti 38. E. Deusch, Albanische Thronbewerber. Ein Beitrag zur Geschichte der albanischen Staatsgründung. *Münchner Zeitschrift für Balkankunde* 4 (1981/82) 89–150, besonders 90–103. Schon 1770 wandte sich aus dem holländischen Leiden ein angeblicher Nachfahre Skanderbegs, Felix Antoine Castrioto, an die Zarin Katharina II., die damals im Krieg gegen das osmanische Reich stand, mit der Bitte um Unterstützung seiner Thronrechte; G. L. Ars, Η Ρωσία και τα πασαλίκια Αλβανίας και Ηπείρου 1759–1831. Έγγραφα ρωσικών αρχείων [Russland und die Paşalıks von Albanien und Epirus 1759–1831. Akten der russischen Archive]. Athen 2007, 50–53. Ende des 19. Jahrhunderts traten als Nachkommen Skanderbegs auf: der Marchese di Auletta, der italienische Unterstützung genoss, und Don Aladro Castriota y Perez y Velasco. Deusch zeigt auf, wie die Erinnerung an Skanderbeg von Italien als politisches Instrument gegen Österreich-Ungarn verwendet wurde (93). Im Zuge der Großen Orientkrise (1875–1878) tauchte der Name Skanderbegs immer öfter im diplomatischen Schriftverkehr auf. Die Donaumonarchie nahm dies so ernst, dass ein Abgesandter den Marchese di Auletta eigens aufsuchte und dessen Genealogie überprüfen ließ. Dieser berichtete von dem Vater des Marchese, dessen Aussehen in der Familie als „Albanesenkopf" gerühmt wurde: „Doch gleicht er eher einem pensionierten Statthaltereirate als irgendwelchem Balkantypus. Der gute Marchese Giovanni hat nicht die geringste Vorstellung von Albanien, von albanesischer Sprache oder von dem Wesen der Balkan-Angelegenheiten ... Sein einziger Sohn Francesco (*1875) studiert Jus ..., jagt gern, geht immer mit einem Revolver herum. Kümmert sich um seine Ahnen wenig. Es scheinen übrigens viele, besonders auch solche Albanesen bei ihm zu

verkehren, die es auf freie Wegzehrung abgesehen haben" (Deusch 95). Auch Don Aladro hatte für seine politischen Aspirationen tief in die Tasche zu greifen (Deusch 97ff.).

Die in diesem Kapitel folgenden Bemerkungen beruhen stark auf meinem Aufsatz: Skanderbeg reitet wieder. Wiederfindung und Erfindung eines Nationalhelden, in: U. Brunnbauer – A. Helmedach – S. Troebst (Hrsg.), Schnittstellen. Festschrift H. Sundhaussen. München 2007, 401–419.

49 F. Pall, Marino Barlezio, uno storico umanista. *Mélanges d'histoire générale* 2. Klausenburg 1938; ders., Di nuovo sulle biografie scanderbegiane del XVI secolo. *Revue des études sud-est européennes* 9/1 (1971) S. 91–106.

50 Schmitt, Skanderbeg als neuer Alexander; ders., Paul Angelus.

51 Schmitt, Paul Angelus.

52 Petta, Despoti.

53 Am krassesten wird dies an der Bemerkung des Barletius deutlich (160) „Castriotum nunquam ... de fide Venetorum conquestum".

54 Barletius 368 mit einer „Venetorum laus". Nur den Krieg um Dagno vermochte Barletius nicht zu verschweigen.

55 O. J. Schmitt, Venezia e la sua Albania. Percezioni reciproche di dominanti e dominati nel Quattrocento, in: S. Winter (Hrsg.), Venezia, l'altro e l'altrove. Rom 2006, 23–55.

56 Biçoku – Kastrati, Gjergj Kastrioti Skënderbeu. Bibliografi; kritische Besprechung durch M. Schmidt-Neke in *Südost-Forschungen* 57 (1998) 480–482; M. Schmidt-Neke, Zu Skanderbegs 525. Todestag. Ende eines literarischen Motivs. *Albanische Hefte* 1993/1, 18–19; ders., Skanderbeg in der europäischen Literatur. *Albanische* Hefte 1996/3, 18–20 mit wichtigen Hinweisen besonders auf wenig bekannte deutsche Skanderbegverarbeitungen zu Beginn des 20. Jahrhunderts (u.a. Alfred Döblins „Berlin Alexanderplatz"); V. Malaj, L'Opera „Scanderbeg" dell'Abate Vivaldi. *Shêjzat/Le Pleiadi* 12 (1968) 40–43; K. Rexha-Bala, Skenderbegu (sic) në letërsin suedeze. *Shêjzat/Le Pleiadi* 12 (1968) 196–211; H.J. Kissling, Ein schwedisches Skanderbeg-Schauspiel, in: Studia albanica monacensia. München 1969, 122–128 (zu T.G. Rudbeck, Skanderbeg. Stockholm 1835); N. Hölzl, Skanderbegs Freiheitskampf in Alttiroler Spielen. *Shêjzat/Le Pleiadi* 12 (1968) 212–214; wichtig ist der Aufsatz von J. Irmscher, Skanderbeg und Deutschland. *Studia albanica* 1968/2, 217–233; s. auch M. Schmidt-Neke, Skanderbeg als Thema der historisch-politischen Publizistik des frühen 18. Jahrhunderts: David Faßmanns »Totengespräch« zwischen Cyrus und Skanderbeg, in: K.-D. Grothusen (Hrsg.), Albanien in Vergangenheit und Gegenwart, Internationales Symposium der Südosteuropa-Gesellschaft 1989. München 1991, 28–46; G. Grimm, Scanderbeg in Freising. *Münchner Zeitschrift für Balkankunde* 7–8 (1991). 355–365. Eine ausgezeichnete Analyse Skanderbegs als Theatermotiv bietet W. Puchner, Skenderbey in der europäischen und balkanischen Dramatik, in: ders., Beiträge zur Theaterwissenschaft Südosteuropas und des mediterranen Raumes. Bd.1. Wien – Köln – Weimar 2006, 163–190 (freilich mit kleineren Fehlern im historischen Teil).

57 R. Elsie, Benjamin Disraeli and Scanderbeg. The novel „The rise of Iskendar" (1833) as a contribution to Britain's literary discovery of Albania. *Südost-Forschungen* 52 (1993) 25–52.

58 C. Paganel, Geschichte Scanderbeg's oder Türken und Christen im 15. Jahrhundert. Tübingen 1856, IIIf.

59 J. Ph. Fallmerayer, Das Albanesische Element in Griechenland III (*Abhandlungen der Königlich Bayerischen Akademie der Wissenschaften. Historische Classe* 9. Band. Abtheilung 1). München 1862; J. G. von Hahn, Reise durch die Gebiete des Drin und Wardar. *Denkschriften der kaiserlichen Akademie der Wissenschaften. Philosophisch-historischen Classe* 15 (1867) und 16 (1869), darin als „Dritte Abtheilung. Erster Abschnitt: Beiträge zur Geschichte von Mittel-Albanien nach den Funden des Herrn Prof. Dr. Karl Hopf".

60 M. Mandalà, I 500 Anni della Fondazione di Piana degli Albanesi (1488–1988). Breve profilo storico e letterario di un anniversario. *Südost-Forschungen* 47 (1988) 209–222 mit reichen Literaturangaben.

61 Dazu: Folklor shqiptar. Seria III. Epika historike. Bd. 1. Tirana 1983, 26f.

62 F. Altimari, Miti i Skënderbeut ndër Arbëreshet e Italisë, in: Duka, Skënderbeu dhe Evropa 306–313, hier 311.

63 Altimari 312.

64 Altimari 312f.

65 Belege für das 15.–17. Jahrhundert (v. a. das Geschichtswerk des Venezianers Marcantonio Sabellico; der Visitationsbericht Marino Bizzis aus dem Jahre 1610; ein Schreiben Pietro Budis aus dem Jahre 1621) sind zusammengestellt in Folklor shqiptar. Seria III. Epika historike. Bd 1., 24, wo zwar die Kontinuität der mündlichen Überlieferung betont wird, gleichzeitig aber

nicht verschwiegen wird, dass die Zahl der Lieder zu Skanderbegs Zeit begrenzt ist. Erklärt wird dies mit dem Versuch der Osmanen, die Erinnerung an Skanderbeg auszulöschen, dem großen zeitlichen Abstand und der Überschichtung der Erinnerung mit neuen Ereignissen. Hervorgehoben wird, dass sich das Lied vorzugsweise mit jeweils aktuellen Gestalten und Entwicklungen beschäftigt, also nicht unbedingt das primäre Medium der Erinnerung darstellt. Es wird auch herausgearbeitet, dass in vielen Regionen eher an lokale Adlige als an Skanderbeg erinnert wird. Südlich des Shkumbin etwa – in Bërzeshtë; Polis und Shpat – haben die Lieder Gjorg Golemi, d. i. Skanderbegs Schwiegervater Araniti Komino, zum Gegenstand. Im Nordosten, in Kukës, Tropoja und Puka nimmt Leka Dukagjin eine zentrale Stellung ein. Im südlichen Teil von Dibra wird an Moise Golemi erinnert (ebd. 25). Weitere Belege bei P. Bartl, Quellen und Materialien zur albanischen Geschichte im 17. und 18. Jahrhundert. Bd. 2. München 1978, 57, 73, 96, 110. Es handelt sich um einen aus dem Beginn des 18. Jahrhunderts stammenden Visitationsbericht Vinzenz Zmajevićs. Besonders bedeutsam ist die Bemerkung, die Kathedrale Alessios sei in eine Moschee umgewandelt worden „per esser stato in quella sepolto il famoso Scanderbeg" (73); ebenfalls erinnerte man sich um 1700 der Kirchenbauten Skanderbegs in Alessio, so der Franziskanerkirche St. Maria (96); vgl. auch I. Zamputi, Le nom et la tradition de Skanderbeg dans les efforts des Albanais pour la liberté durant les premiers siècles de la domination ottomane. *Studia albanica* 1967/2, 85–94 geht bis zum Beginn des 17. Jahrhunderts und benützt die wesentlichen oben erwähnten Quellen.

66 Neben den in Fn. 65 erwähnten Belegen s. die Übersichtsarbeit von Q. Haxhihasani, Les contes populaires sur l'époque de Skanderbeg. *Studia albanica* 1967/2, 135–154.

67 Biçoku-Kastrati 174ff. Eine albanische Übersetzung bei S.I. Prifti, Frang Bardhi. Skënderbeu. Apologji. Tiranë 1957.

68 Beide Beispiele bei P. Bartl, Der Westbalkan zwischen spanischer Monarchie und osmanischem Reich. München 1974, 232f.

69 Haxhihasani, Contes 152.

70 So der russische Konsul in Dalmatien, Antonios Palladokes in einem Bericht vom 25. April 1787; in: Ars, Η Ρωσία, 68; vgl. auch einen Bericht von Antonios Tzikas vom 12. Oktober 1794 über Mahmut: „s'ériger en Souverain absolu de l'Albanie, à l'exemple de son ancien compatriote Scander-Begh".

71 J. G. von Hahn, Reise durch die Gebiete des Drin und Vardar. Wien 1867, 23 und 50. Ausführlich die grundlegende – aber wenig beachtete – Untersuchung von A. Schmaus, Relikte der Skanderbeg-Epik in der Volksdichtung der Italo-Albaner, in: H. Kuhn – K. Schier (Hrsg.), Märchen, Mythos, Dichtung. Festschrift zum 90. Geburtstag Friedrich von der Leyens am 19. August 1963. München 1963, 231–242.

72 Puchner 166.

73 Dies geht aus den mündlichen Überlieferungen der nordalbanischen Stämme hervor: F. Baron Nopcsa, Die Bergstämme Nordalbaniens und ihr Gewohnheitsrecht, hrsg. von F. Baxhaku – K. Kaser, Die Stammesgesellschaften Nordalbaniens. Berichte und Forschungen österreichischer Konsuln und Gelehrter (1861–1917). Wien – Köln – Weimar 1996, 205–428.

74 Deutlich hervorgehoben wird dies auch im jüngsten Essay Ismail Kadares: Identiteti evropian i Shqiptarëve. Tirana 2006, 22, auch wenn die Behauptung, die Erinnerung an Skanderbeg sei im osmanischen Reich ausdrücklich verboten worden, nicht zu belegen ist. Kadare spricht auch von einer Rückkehr des Mythos nach Albanien durch europäische Vermittlung.

75 S. Skendi, Skenderbeg and Albanian National Consciousness. *Südost-Forschungen* 27 (1968) 83–88; vgl. auch ders., Religion in Albania during the Ottoman Rule. An Essay. *Südost-Forschungen* 15 (1956) 311–327.

76 Vorträge von M. Mandalà und F. Altimari auf der Skanderbegtagung, Palermo Februar 2006 (Akten im Druck).

77 N. Clayer, Aux origines du nationalisme albanais. La naissance d'une nation majoritairement musulmane en Europe. Paris 2007, 177.

78 S. auch G. de Rada, Opere. A cura di Girolamo de Rada junior e Vincenzo Selvaggi. Cosenza 1965, die Erzählung „Kiela e Scanderbecut zëmer maδë", 232–249; zu ihm A. Kostallari (Hrsg.), Jeronim de Rada. Tirana 1965; A. Pipa, Hieronymus de Rada. München 1978. Eben erschienen sind die ersten Bände einer umfangreichen Werkausgabe: V. Belmonte, Girolamo de Rada. Opera omnia. Bd. VI. Skanderbeku pafãn (Skanderbeg sventurato). Soveria Mannelli 2005.

79 Clayer, Aux origines 170ff.

80 Clayer, Aux origines 20f.

81 Puchner 166f. weist darauf hin, dass Skanderbeg im griechischen Volkslied nicht vorkommt und in die südslawischen Volkslieder „von oben", durch den Liedzyklus von A. Kašić-Miošić (gedruckt 1756), Eingang gefunden hat.

82 J. Bourcart, L'Albanie et les Albanais. Paris 1921, 104.

83 Clayer, Aux origines 191f.

84 P. Bartl, Zum Geschichtsmythos der Albaner, in: D. Dahlmann (Hrsg.), Mythen, Symbole und Rituale: die Geschichtsmächtigkeit der Zeichen in Südosteuropa im 19. und 20. Jahrhundert. Frankfurt a. M. u. a. 2000, 119–139; 126ff.; Naim H. Frashëri, Histori e Skënderbeut. Hrsg. K. Cipo. Tirana 1953; s. G. Duijzings, Religion and Politics of „Albanianism": Naim Frashëri's Bektashi Writings, in: S. Schwandner Sievers – B. J. Fischer (Hrsg.), Albanian Identities. Myth and History. Bloomington 2002, 60–69, sowie F. Lubonja, Between the Glory of a Virtual World and the Misery of a Real World , in: Schwandner-Sievers – Fischer 91–103, hier 92ff.; zur Bedeutung der Bektashi für die albanische Nationalbewegung s. N. Clayer, Bektachisme and nationalisme albanais, in Popovic-Veinstein: 271–300. Wichtig ist der Sammelband F. Lubonja (Hrsg.), Roli i miteve në historinë e Shqipërisë [Die Rolle der Mythen in der Geschichte Albaniens]. Tirana 1999 (= Përpjekja 15/16, 1999).

85 Dieses Denkmuster wurde jüngst von Kadare, Identiteti wieder aufgenommen; kritisch mit dem albanischen Umgang mit der osmanischen Vergangenheit setzt sich auseinander E. Sulstarova, Arratisje nga lindja. Orientalizmi shqiptar nga Naimi te Kadareja. Tirana 2006.

86 Clayer, Aux origines 440; die Idee von der „Schuld Europas" ist ausgeführt in dem Zeitungsartikel von Sk. Asani, „Kthema borxhin Europë", *„Fakti"*, 26. 11. 2005, S. 16.

87 N. Jorgaqi (Hrsg.), Antologji për Skënderbeun. Tirana 1967, 38.

88 Jorgaqi (Hrsg.), Antologji, 38, 79.

89 M. Kiel, Ottoman Architecture in Albanian 1385–1912. Istanbul 1990, 174f. vgl. H. Kaleshi, Albanische Legenden um Sarı Saltuk, in: Actes du premier Congrès international des études balkaniques et sud-est européennes. Sofia 1971, 815–828; Kiel, A Note on the Date of the establishment of the Bektashi Order in Albania.

90 A. Baldacci, Itinerari Albanesi (1892–1902): con uno sguardo generale all'Albania e alle sue comunicazioni stradali. Rom 1917, 300; J. Swire, King Zog's Albania. London 1937, 242f.

91 J. Matl, Georgius Castriota (Kastriot) Skanderbeg in der balkanischen und europäischen Literatur. *Bulgarische Jahrbücher* 1 (1968) 101–109; A. Schmaus, Skanderbeg in der serbischen Literatur, in: Studia Albanica Monacensia. München 1969, 146–175; T. Giochalas, Γεώργιος Καστριώτης Σκεντέρμπεης εις την νεοελληνικήν φιλολογίαν και λογοτεχνίαν . Saloniki 1975; O. Jašar-Nasteva, Die Verserzählung „Skenderbeg" von Grigor Prličev. *Zeitschrift für Balkanologie* 5 (1967) 34–50; D. Kadach, Grigor S. Prličevs Teilnahme an dem Athener Dichterwettbewerb 1860 und 1862. *Zeitschrift für Balkanologie* 6 (1968) 44–61; dies., Die Darstellung Skanderbegs und der Albaner in Prličevs „Skenderbeïs" und „O Armatolos". in: Studia Albanica Monacensia. München 1969, 129–140; A. Schmaus, Der Skenderbeg-Zyklus bei A. K. Miošić. *Shêjzat/ Le Pleiadi* 10 (1966) 320–335.

92 Zu den rumänischen Gebieten s. N. Ciachir – G. Maksutovici – D. Polena, La personnalité du héros albanais Georges Kastriote-Skanderbeg dans quelques ouvrages roumains. *Studia albanica* 1968/2,
121–130, vermögen nur sehr wenige Beispiele zur rumänischen Skanderbegrezeption aufzuzählen; der früheste Beleg findet sich bei Dimitrie Cantemir (124).

93 J. Matl, Ein kroatisches Skanderbeg-Drama, in: Studia Albanica Monacensia. München 1969, 141–145.

94 Giochalas, Σκεντέρμπεης, 118ff.

95 Giochalas, Σκεντέρμπεης, 133ff.

96 D. Müller, Staatsbürger auf Widerruf. Juden und Muslime als Alteritätspartner im rumänischen und serbischen Nationscode. Ethnonationale Staatsbürgerschaftskonzepte 1878–1941. Wiesbaden 2005, 120, 189.

97 S. Gopčević, Das Fürstentum Albanien, seine Vergangenheit, ethnographischen Verhältnisse, politische Lage und Aussichten für die Zukunft. Berlin 1914, 10.

98 Clayer, Aux origines 441, 528.

99 So Ludwig von Thallóczy, zitiert in R. Belulis Ausgabe seiner albanischen Geschichte. 75.

100 R. Samardžić (Hrsg.), Kosovo und Metochien in der serbischen Geschichte. Lausanne 1989, 397.

101 Clayer, Aux origines 441f.

102 Clayer, Aux origines 416.

103 Zitiert in R. Belulis Ausgabe von Thallóczys albanischer Geschichte. 55.

104 K. Gostentschnigg, Die Verflechtung von Wissenschaft und Politik am Beispiel der österreichisch-ungarischen Albanologie. *Südost-Forschungen* 58 (1999) 221–245.

105 E. Deusch, Albanische Thronbewerber. Ein Beitrag zur Geschichte der albanischen Staatsgründung. *Münchner Zeitschrift für Balkankunde* 4 (1981/82) 89–150, besonders 91ff.

106 Deusch 96ff. Österreich-Ungarn nahm dies so ernst, dass der Historiker und Politiker Ludwig

von Thallóczy eigens in unteritalienischen Archiven Nachforschungen unternahm, die nicht rein historischen Zwecken dienten; Deusch 94f.

107 Këndime per Shkollë të para të Shqypnís. Libri i dytë und Libri i tretë (jeweils 2. Auflage) o. O. o. J., besonders der 3. Band, Kapitel 6 „Kallxime Historijet", wo auf die Behandlung der Slawen in Albanien, 186ff. gleich zu den Adelsgeschlechtern der Muzaki und Thopia (188ff.) und von diesen zu Sinan Pasha von Shkodra übergegangen wird.

108 Këndime për klasën të tretë të Shkollave të Shqipnís. Vlorë 1924, 106–108 sowie 108ff.

109 Këndime për rendin e pestë të shkollave fillore. Hartuem prej Dh. Paparistos e S. Harrit. Tiranë 1927, 199–200.

110 J. Redžepagić, Razvoj prosvete i školstva albanske narodnosti na teritoriju današnje Jugoslavije do 1918. godine. Priština 1968; D. Kostovicova, „Shkolla shqipe" and Nationhood: Albanians in Pursuit of Education in the Native Language in Interwar (1918–1941) and Post-Autonomy (1989–1999) Kosovo, in: Schwandner-Sievers – Fischer 157–171.

111 Historia e Skenderbeut (Gjerq Kastriotit) Mbretit te Shqiperise 1412–1468 prej Peshkpit Theofan (Fan S. Noli). Boston 1921, 286.

112 N. Jorgaqi (Hrsg.), Antologji per Skënderbeun. Tirana 1967, 37ff.

113 M. Schmidt-Neke, Entstehung und Ausbau der Königsdiktatur in Albanien (1912–1939). München 1987, 207, V. Duka, Evokimi i simbolikës së Skënderbeut në fillimet e mbretërimit të Ahmet Zogut, in: Gjergj Kastrioti-Skënderbeu në historinë e Shqiptarëve, 187–196.

114 B. J. Fischer, King Zog and the struggle for stability in Albania. Boulder 1984, 130; vgl. auch A. Habibi, Das autoritäre Regime Zogus in Albanien 1925–1939, in: E. Oberländer (Hrsg.), Autoritäre Regime in Ostmittel- und Südosteuropa 1919–1944. Paderborn – Wien 2001, 349–378, hier 360.

115 Schmidt-Neke 206.

116 Francesco Jacomoni di San Severino, La politica dell'Italia nelle testimonianze di Francesco Jacomoni di San Severino. o. O. 1965, 139ff.

117 Dieses Denkmuster findet sich etwa in den Erinnerungen von Mussolinis Statthalter in Albanien (vgl. Fn. 116).

118 G. Fini, Giorgio Castriota Scanderbeg, 1939. *Rassegna nazionale* 27 (1939) 326–330, hier 330, zitiert bei G. Ghetti, Giorgio Castriota Scanderbeg nella storiografia. *Shêjzat/Le Pleiadi* 12/1–3 (1968) 13–36, 34.

119 F. Cordignano, L'Albania nella storia e nella vita ossia visione panoramica di un piccolo mondo primitivo. *Rivista d'Albania* 2 (1941) 19–33, 29.

120 Vgl. etwa die Rolle des Jesuiten Giuseppe Valentini in den Jahren nach 1939; Valentini zählt wie Cordignano zu den verdientesten Mittelalterhistorikern Albaniens und ist auch als bedeutender Stilist in der gegischen Variante der albanischen Sprache hervorgetreten; Jacomoni 134, 183, 188, 270; Valentini beriet u.a. das italienische Heer im Griechenlandfeldzug 1940.

121 N. Malcolm, Kosovo. London 1998, 309ff.

122 A. Mustaqi, L'écho de la figure de Georges Kastriote-Skanderbeg dans les chants populaires de la Lutte de libération nationale et la période d'édification socialiste en Albanie. *Studia albanica* 1967/2, 171–179.

123 Dies in der Nachfolge des von S.F. Noli gezeichneten Bildes; vgl. G. Valentini, Problemi storiografici castriotani. *Shêjzat/Le Pleiadi* 10 (1966) 77–82; dieser Aufsatz gehört zum Besten, was über Skanderbeg geschrieben wurde, aber, wegen des entlegenen Erscheinungsorts auch zum am wenigsten Bekannten.

124 Mustaqi, L'écho de la figure de Georges Kastriote-Skanderbeg mit Textbeispielen.

125 Lubonja 96 verweist u. a. auf den sowjetisch-albanischen Film zu Skanderbeg aus dem Jahre 1957, der die Osmanen als asiatische Horden und Venedig als ausbeuterische Kapitalistenmacht dem moralisch überlegenen albanischen Volk gegenüberstellt.

126 Dazu A. Hetzer, Aspekte der Subjektivität in der albanischen Kulturpolitik (1965–1975). Bremen 1979, 7ff. und besonders 44f. (dort eine Analyse des wichtigsten in Hoxha-Albanien entstandenen Skanderbeg-Romans von Sabri Godo).

127 Zum Folgenden Bartl 136ff.; Lubonja 94ff.; O. J. Schmitt, Genosse Aleks und seine Partei oder: Zu Politik und Geschichtswissenschaft im kommunistischen Albanien (1945–1991), in: M. Krzoska – H.-Ch. Maner (Hrsg.), Beruf und Berufung. Geschichtswissenschaft und Nationsbildung in Ostmittel- und Südosteuropa im 19. und 20. Jahrhundert. Münster 2005, 143–166 (diese Bemerkungen sind zu ergänzen durch die kürzlich erschienenen – von seiner Tochter bearbeiteten – Erinnerungen Aleks Budas, die bis zum Ende des zweiten Weltkriegs reichen: T. Haxhimihali, Aleks Buda. Kujtime. Tirana 2005); zum Konzept, Skanderbeg als Zentralfigur einer Zivilreligion zu verstehen s. Egin Ceka, Albanische Zivilreligion und Skanderbeg-Mythos. Museumsführung anderer Art. Manuskript. Wien 2006; vgl. ders., Grundzüge der albanischen nationalen Identität vom Sozia-

lismus bis heute. Kontinuitäten und Brüche, in: D. Segert (Hrsg.), Postsozialismus. Hinterlassenschaften des Staatssozialismus und neue Kapitalismen in Europa. Wien 2007, 101–121. Buda genießt heute noch hohes Ansehen, und seine Rolle wurde bislang nicht kritisch hinterfragt. Seine Skanderbegdeutung wurde vor Kurzem gleich mehrfach nachgedruckt, u. a. von der Akademie des Kosovo: H. Islami – F. Rexhepi – T. Haxhimihali (Hrsg.), Aleks Buda. Studime historike. Tekste të zgjedhura. Prishtinë 2006, 147–337. In seinem Aufsatz „Fan S. Noli, historian i Skënderbeut" (ebd. 228–250) bringt Buda die Instrumentalisierung Skanderbegs durch das kommunistische Regime auf den Punkt: „Nach dem großen antifaschistischen Kampf, in dem die Teilnahme der Volksmassen eine so wichtige Rolle bei der Vernichtung der Besatzer gespielt hatte, wurde die Gestalt Skanderbegs wieder aktuell und erhielt einen neuen Wert. Seinen verdienten Platz wird unserem Helden, wie allen großen historischen Gestalten, unsere Geschichtsschreibung geben können, wenn sie von der Wertschätzung für die Rolle der Volksmassen ausgeht" (ebd. 231).

128 Schmitt, Genosse Aleks 150.

129 Schmitt, Genosse Aleks 151f.

130 Schmitt, Genosse Aleks 153.

131 Valentini, Problemi 80.

132 Schmitt, Genosse Aleks 157f.

133 E. Ceka, Muzeu kombëtar dhe Muzeu i Skënderbeut si institucione të religjonit civil shqiptar të komunizmit. *Përpjekja* 11/21 (2005) 121–147.

134 Einen Überblick der kosovoalbanischen Beschäftigung mit Skanderbeg bei F. Hadri, Gjergj Kastrioti Skënderbeu dhe epoka e tij në historiografinë shqiptare. Prishtinë 1987.

135 *Rilindja* 4. Mai 1968, 1, 11; 10. Mai 1968, 4–5, 10; 11. Mai 1968, 4, 12. Mai 1968, 1. Bemerkenswert ist, dass Skanderbeg auch in anderen Teilen Jugoslawiens als Symbol des Partisanenkampfs der Balkanvölker gegen den „türkischen Eroberer" gefeiert wurde. Dies tat u. a. der spätere kroatische Staatspräsident Franjo Tuđman in seinem Buch „Rat protiv rata. Partizanski rat u prošlosti i budućnosti" [Krieg gegen den Krieg. Der Partisanenkampf in Vergangenheit und Zukunft]. 2. Auflage Zagreb 1970, 109 (freundlicher Hinweis von Alojz Ivanišević, Wien).

136 *Rilindja* 10. Mai 1968, 10.

137 D. Kostovicova, Kosovo. The Politics of Identity and Space. London – New York 2005, 175.

138 Etwa bei B. Tahiri, Adem Jashari. Legjendë e legjendave. Prishtinë 2006, 38.

139 F. Veliu, UÇK nga beteja në betejë. Tetovë 2005, Bildteil S. 209. 214. Anlässlich des Skanderbegkongresses in Skopje druckte die makedo-albanische Zeitung „Fakti" (26. 11. 2005, S. 16) einen Aufsatz zum Thema „600-Jahrfeier der Geburt Skanderbegs und 50. Geburtstag Adem Jasharis" (eines im Kosovo als Held verehrten UÇK-Kämpfers, vgl. S. Schwandner Sievers, The Legendary Commander: the construction of an Albanian master-narrative in post-war Kosovo. *Nations and Nationalism* 12/3 (2006) 513–529) und stellte so eine Parallele zwischen dem historischen Nationalhelden und einer neuen Symbolfigur her.

140 Dies wird in den Deutungen der Historia e popullit shqiptar. Bd. 1. Tirana 2002, 490ff. ebenso deutlich wie aus P. Thëngjilli, Historia e popullit shqiptar 395–1875. Tirana 1999, 182–189, wo (184f.) immerhin verschiedene Interpretationen, freilich in polemischer Weise, diskutiert werden (von Max Braun, Halil Inalcık, Franz Babinger sowie, namentlich nicht erwähnt, einigen „Klerikern").

141 O. J. Schmitt, Import eines Nationalhelden? Der schwierige Umgang mit Skanderbeg im albanischsprachigen Westbalkan. *Neue Zürcher Zeitung* 2./3. Juli 2005, S. 73

142 *Dnevnik* 16. 11. 2006; *Shekulli* 17. 11. 2006; *Dnevnik* 29. 11. 2006: „Otkrien spomenik na Ǵerǵ Kastriot – Skender-beg postroen pred komandantot Ahmeti". Gemeint ist der ehemalige Führer der Aufstandsarmee UÇK und derzeitige Parteipolitiker, Ali Ahmeti.

143 *Koha ditore* 26–28. November 2005; *Fakti*, 26–27. November 2005; *Zëri* 23. November 2005 ; *Makedonija denes* 26./27. November 2005; *Dnevnik* 26./27. November 2005.

144 *Fakti*, 26–27. November 2005 „Irrige Lesart der Geschichte: Die Mazedonier waren Diener und nicht Konationale Skanderbegs".

145 S. A. Stojanovskis ausführliche und wichtige Besprechung von Petar Popovski, Georgija Kastriot – Iskender. Kral na Epir i Makedonija i vtor Aleksandar Makedonski. Skopje 2005, in: *Glasnik na INI* 49 (2005) 369–383.

146 So die Reden des makedonischen Akademiepräsidenten C. Grozdanov und des Akademiemitglieds G. Todorovski in Skopje am 25. November 2005, abgedruckt in: Ǵerǵ Kastrioti Skenderbeg (1405–1468). Materijali od naučniot sobir po povod 600 godini od negovoto raǵanje, održan vo Skopje na 25 i 26 noembri 2005. Skopje 2006, 9–11. *Neue Zürcher Zeitung* 19. Dezember 2005, S. 3.

147 *Neue Zürcher Zeitung* 19. Dezember 2005, S. 3.

148 I. Veliu, Skënderbeu në 600 vjetorin e lindjes. Kërçovë 2005, auf dem Titelblatt.

149 Biçoku, Skënderbeu 78.

150 D. Egro, Kritika e historiografisë shqiptare: rasti i Skënderbeut, in: Gjergj Kastrioti – Skënderbeu në historinë e Shqiptarëve, 120–137. S. nun D. Egro, Historia dhe ideologjia. Tirana 2007.

151 Sulstarova, besonders das Kapitel „Orientalizmi bashkëkohor: shqiptar, 203ff.

152 Am deutlichsten ausformuliert von dem kosovarischen Osmanisten H. Kaleshi, Das türkische Vordringen auf dem Balkan und die Islamisierung – Faktoren für die Erhaltung der ethnischen und nationalen Existenz des albanischen Volkes, in: Südosteuropa unter dem Halbmond. München 1975, 125–138; aufgenommen noch jüngst bei P. Xhufi, Dilemat, 272ff.; 278f. wird von einer „programmierten Assimilierungspolitik" gesprochen. Diese Thesen stützen sich überwiegend auf die Tatsache, dass Albanischsprachige in ethnischen Mischregionen wie dem östlichen Albanien, dem westlichen Makedonien und dem Kosovo (hier sind jeweils die heutigen Grenzen gemeint) oft slawische Namen getragen haben. Es wird also von Anthroponymen auf Ethnizität geschlossen, ein Rückschluss, der in der Namenforschung als äußerst problematisch angesehen wird. Vor allem aber gehen derartige Thesen von einer essenzialistischen Vorstellung diachron stabiler ethnonationaler Identitäten aus.

153 Neben Sulstarova etwa Adrian Brisku, Oksidentalizmi i së shkuarës dhe orientalizmi i së tashmës: identiteti „evropian" i Shqiptarëve sipas shkrimtarit Ismail Kadare e presidentit Aleksandër (!) Moisiu. *Përpjekja* 23 (2006) 52–69.

154 I. Veliu, Skënderbeu 298ff..

155 Lubonja 102; als Beispiel: „http://forum.kosova.de/forum/viewtopic.php?topic=11383&forum=2&19" „http://www.albanian.com/community/modules.php?name=Forums&file=viewtopic&p=227458" (zuletzt gelesen am 25.3.2006).

156 H. Feraj, Skicë e mendimit politik shqiptar. 3. Auflage Tirana 2006, 44ff., besonders 46. Eine deutliche Kritik dieser Thesen bei P. Thëngjilli, Rreth pikëpamjes mbi ndarjen në Skënderbegas dhe vasalë-baltë mbi figurën e Skënderbeut, in: Gjergj Kastrioti – Skënderbeu në historinë e Shqiptarëve, 37–83.

157 „Ushtria" 25.10.2005.

Anmerkungen zum Kapitel „Zu den Quellen" (Seite 340–357)

1 Babinger, Mehmed 160.

2 Vgl. meine Besprechung in den *Südost-Forschungen* 63/64 (2004/2005), 717–724.

3 Pall, Marino Barlezio. Eine Übersicht auch bei G. Ghetti, Giorgio Castriota Scanderbeg nella storiografia. *Shêjzat/Le Pleiadi* 12/1–3 (1968) 13–36, hier 13–21.

4 F. Pall, Di nuovo sulle biografie scanderbegiane.

5 Giammaria Biemmi, Istoria di Giorgio Castriotto detto Scander-begh di Giammaria Biemmi prete Bresciano. Brescia 1742.

6 K. Ohly, Eine gefälschte Radolt-Inkunabel. *Gutenberg-Jahrbuch* 1933, 53–61; vgl. die Bemerkungen Babingers in der Einleitung zum Nachdruck von G. Pétrovitch, Scanderbeg. Essai de bibliographie raisonnée. Paris 1881 (Nachdruck München 1967) sowie zu Babingers „Ende der Arianiten" (Auseinandersetzung mit F. Noli, der sich gegen Ohly und Babinger gewandt hatte); s. auch Ghetti 26f., besonders 28, wo er die Bemerkung A. Budas zitiert, bei einem Verzicht auf Biemmi müsste die albanische Gesellschaft auf zahlreiche vertraute Elemente der Skanderbegtradition verzichten – und dazu besteht bis heute kaum Bereitschaft.

7 Biçoku-Kastrati 258–60.

8 Das Folgende nach Pertusi, Segono, Einleitung.

9 Herausgegeben in C. Hopf, Chroniques grécoromanes inédites ou peu connues. Berlin 1873 (Darin: Giovanni Musachi, Despoto d' Epiro, Historia della casa Musachia, 270–340).

10 Das Folgende nach Schmitt, Skanderbeg als neuer Alexander.

11 Pall, Di nuovo 96f.

12 G. Elezović in J. Radonić, Đurađ Kastriot; Pulaha, Lufta.

13 Schmitt, Venezianische Jahrbücher; ders., Venezia e la sua Albania.

14 Dazu R. Mihaljčić, Slovenska kancelarija arbanaške vlastele.

15 Maßgebend die vorzüglichen Ausführungen von G. Valentini, Problemi storiografici castriotani. *Shêjzat/ Le Pleiadi* 10/1–2 (1966) 77–82, hier 77f.

16 Zu den Dispacci s. Schmitt, Der „tragische Untergang" 569–573; ders., Skanderbegs letzte Jahre, 57f.

17 L. Stojanović, Stari srpski rodoslovi i letopisi. Belgrad 1927; P. Schreiner, Die byzantinischen Kleinchroniken. 3 Bde. Wien 1975–1978.

18 M. Sokoloski, Turski dokumenti za istorijata na

makedonskiot narod. Opširen popisen defter od XV vek. Bd. 2. Skopje 1973; ders., Turski dokumenti za istorijata na makedonskiot narod. Opširni popisni defteri od XV vek. Bd. 3. Skopje 1976; A. Stojanovski, Turski dokumenti za istorijata na makedonskiot narod. Opširen popisen defter od XV vek. Bd. 4. Skopje 1978.

19 Pulaha, Lufta.

Um den Anmerkungsapparat zu entlasten, werden nur die wichtigsten Titel aufgeführt. Alle erwähnten Werke sind leicht über das Literaturverzeichnis zu erschließen.

20 J. Ph. Fallmerayer, Das Albanesische Element in Griechenland III.

21 J. G. von Hahn, Reise durch die Gebiete des Drin und Wardar. *Denkschriften der kaiserlichen Akademie der Wissenschaften. Philosophisch-historischen Classe* 15 (1867) und 16 (1869), darin als „Dritte Abtheilung. Erster Abschnitt: Beiträge zur Geschichte von Mittel- Albanien nach den Funden des Herrn Prof. Dr. Karl Hopf".

22 V. V. Makušev, Monumenta historica slavorum meridionalium.

23 J. Pisko, Skanderbeg. Wien 1894.

24 Historia e Skenderbeut (Gjerq Kastriotit) Mbretit te Shqiperise 1412–1468 prej Peshkpit Theofan (= Fan S. Noli). Boston 1921; A. Gegaj, L'Albanie et l'invasion turque au XVe siècle. Paris 1937; A. Cutolo, Scanderbeg. Mailand 1940.

25 Gegaj VIIf. billigt ihm gar den ersten Rang vor Barletius zu.

26 Ghetti 34f.

27 C. Marinesco, Alphonse V, roi d'Aragon et de Naples, et l'Albanie de Skanderbeg. *Mélanges de l'Ecole Roumaine en France* 1 (1923) 1–135; C. Marinescu, La politique orientale d'Alfonse V d'Aragon, roi de Naples (1416–1458). Barcelona 1994.

28 F. Pall, Marino Barlezio, uno storico umanista. Ders., I rapporti italo-albanesi alla metà del secolo XV.; ders., Di nuovo.

29 J. Valentini, Acta Albaniae Veneta.

30 I. Parrino, Acta Albaniae Vaticana Bd. 1; M. Sciambra – G. Valentini – I. Parrino, Il „liber brevium".

31 H. Hodgkinson, Scanderbeg (hrsg. von B. Destani – W. Cooper). London 1999.

32 K. Frashëri, Skënderbeu. K. Biçoku, Skënderbeu.

33 K. Biçoku, Shtrirja lindore.

34 F. Pall, Die Geschichte Skanderbegs im Lichte der neueren Forschung. *Leipziger Vierteljahresschrift für Südosteuropa* 6 (1942) 85–98; W. Steltner, Zum Geschichtsbild des albanischen Nationalhelden Georg Kastriota genannt Skanderbeg. *Zeitschrift für Geschichts-wissenschaft* 4 (1956) 1033–1044; Ghetti, Giorgio Castriota Scanderbeg nella storiografia; Valentini, Problemi storiografici castriotani.

35 F. Senatore, Dispacci sforzeschi da Napoli I (1444–2 luglio 1458). Neapel 1997; F. Storti, Dispacci sforzeschi da Napoli Bd. 4 (1o gennaio–26 dicembre 1461). Neapel 1998.

36 De vita, moribus ac rebus praecipue adversus Turcas, gestis Georgii Castrioti, clarissimi Epirotarum principis, qui propter celeberrima facinora, Scanderbegus, hoc est Alexander Magnus, cognominatus fuit, libri tredecim, per Marinum Barletium Scodrensem conscripti, ac nunc primum in Germania castigatissime aediti. Argentorati apud Cratonem Mylium mense octobri, anno M.D.XXXVII.

37 N. Beldiceanu, Les Roumains des Balkans dans les sources ottomanes. *Revue des études roumaines* 19–20 (1995/96) 7–21.

38 Ausführlich dazu O. J. Schmitt, Das venezianische Albanien, 47ff.

39 A. van Heck, Enee Silvii Piccolominei postea Pii papae II De Europa. Vatikan 2001, 92.

40 S. Pulaha, Lufta shqiptaro– turke në shek. XV. Burime osmane. Tirana 1968, 326.

41 Xh. Ylli, Das slawische Lehngut im Albanischen. 2. Teil. Ortsnamen. München 2000.

42 Ylli 94.

43 Ylli 100 mit weiteren Erklärungen.

44 Karte nach den Toponymen des 15./16. Jahrhunderts bei Ylli 199.

45 Ylli 198 mit einer Karte der heutigen offiziellen Ortsnamen.

46 AAV Nr. 1505, 2333, 2435, 2560, 2667, 2944, 3169, 3562, 3586, 3826; H. Inalcık, Arnawutluk, in: Encyclopédie de l'Islam. Nouvelle édition Bd. 1. Leiden – Paris 1960, 670–678; Radoni´c, Nr. 5, 6, s. auch Nr. 79.

47 (Demetrio Franco) Commentario, 8r.

48 Državni arhiv u Dubrovniku. Consilium rogatorum 3/17 f. 93r; Državni arhiv u Zadru. Arhiv Korčule 16 Umschlag 30 Heft 9 f. 13v–14r „Ivanus nepos domini Scanderbegi"; Schmitt, Actes,, Nr. 67; „siando el dicto Signor Ivan in prexon".

VERZEICHNIS DES BENÜTZTEN SCHRIFTTUMS

Abkürzungen

AAV = Acta Albaniae Veneta
AHP = Archivum historiae pontificiae
ASPN = Archivio storico per le provincie napoletane
ASV = Archivio di Stato di Venezia
BBG = Bollettino della Badia greca di Grottaferrata
IZ = Istorijski zapisi
Mon. = Monumentet
MZB = Münchner Zeitschrift für Balkankunde
SA = Studia Albanica
SH = Studime Historike
SV = Studi veneziani
ZFFB = Zbornik Filozofskog Fakulteta u Beogradu

Quellen

Unveröffentlichte Quellen

Barcelona: Archivio de la Corona de Aragón (zur Verfügung gestellt von D. Duran i Duelt)

Dubrovnik: Državni arhiv

Mailand: Archivio di Stato. Archivio visconteo – sforzesco

Mantua: Archivio di Stato. Archivio Gonzaga

Paris: Bibliothèque nationale

Rom: Archivio di Stato (zur Verfügung gestellt von Claudia Märtl)

Siena: Biblioteca Comunale
ms. K IX 33 f. 46–61v Vita et fatti di Giorgio Scanderbeg Albanese (diese Handschrift wurde von Claudia Märtl, München entdeckt)

Wien: Österreichische Nationalbibliothek Cod. 441; Cod. 6215–6217

Zadar: Državni arhiv

Gedruckte Quellen

G. L. ARS, Η Ρωσία και τα πασαλίκια Αλβανίας και Ηπείρου 1759–1831. Έγγραφα ρωσικών αρχείων [Russland und die Paşalıks von Albanien und Epirus 1759–1831. Akten der russischen Archive]. Athen 2007

F. BABINGER, Die Aufzeichnungen des Genuesen Iacobo de Promontorio – de Campis über den Osmanenstaat um 1475 (*Bayerische Akademie der Wissenschaften. Phil.-hist. Klasse Sitzungsberichte* 1956/8). München 1957

Marinus BARLETIUS, De vita, moribus ac rebus praecipue adversus Turcas, gestis Georgii Castrioti, clarissimi Epirotarum principis, qui propter celeberrima facinora, Scanderbegus, hoc est Alexander Magnus, cognominatus fuit, libri tredecim, per Marinum Barletium Scodrensem conscripti, ac nunc primum in Germania castigatissime aediti. Argentorati apud Cratonem Mylium mense octobri, anno M.D.XXXVII

Marinus BARLETIUS, De Scodrensi Obsidione, in: Laonici Chalcocondylae Atheniensis de origine et rebus gestis Turcorum libri decem, nunc e Graeco in Latinum conversi: Conrado Clausero Tigurino interprete. Adiecimus Theodori Gazae et aliorum … eiusdem argumenti diversa opuscula. Basel 1556

P. BARTL, Albania sacra, Bd. 1. Wiesbaden 2007

P. BARTL, Quellen und Forschungen zur albanischen Geschichte im 17. und 18. Jahrhundert. (*Albanische Forschungen* 20). München 1979

Giammaria BIEMMI, Istoria di Giorgio Castriotto detto Scander-begh di Giammaria Biemmi prete Bresciano. Brescia 1742

E. BULLETTI, Un autografo di Scanderbeg alla Signoria di Siena. *Bollettino Senese di Storia patria* 1/9 (1940) 77–78

CRITOBULI Imbriotae Historia, ed. D. R. Reinsch. Berlin 1983

Folklor shqiptar. Seria III. Epika historike [Albanische Folklore. Historische Epik]. Bd. 1. Tirana 1983

(Demetrio Franco) Commentario del le cose de Turchi, et del S. Giorgio Scanderbeg, principe di Epyrro, con la sua vita, et le uittorie per lui fatte. Con l'aiuto de l'altissimo Dio, et le inestimabili forze & uirtu di quello, degne di memoria. (Venedig) M.D.XXXIX.

J. GELCICH – L. THALLÓCZY, Diplomatarium relationum Reipublicae Ragusanae cum Regno Hungariae. Budapest 1887

S. GJEÇOVI, Kanuni i Lek Dukagjinit [Der Kanun von Leka Dukagjin]. Neudruck Tirana 1993

A. von GODIN, Das albanische Gewohnheitsrecht. *Zeitschrift für vergleichende Rechtswissenschaft* 56 (1953) 1–46; 57 (1954) 5–73; 58 (1955/56) 121–198

A. GREVE – E. LEBAILLY sous la direction de W. PARAVICINI, Comptes de l'argentier de Charles le Téméraire, duc de Bourgogne. Bd.1. Paris 2001

A. van HECK, Enee Silvii Piccolominei postea Pii papae II De Europa. Vatikan 2001

B. HEINZ – R. WUNDERLICH (Hrsg.), Thomas Coryate, Beschreibung von Venedig 1608. Heidelberg 1988

C. HOPF, Chroniques gréco – romanes inédites ou peu connues. Berlin 1873 (Darin: Giovanni Musachi, Despoto d' Epiro, Historia della casa Musachia, 270–340)

F. ILIA, Kanuni i Skanderbeut mbledhe e kodifikue nga Imzot Frano Ilia [Der Kanun Skanderbegs, gesammelt und kodifiziert von Monsignore Frano Ilia]. Shkodra 1993

C. IMBER, The Crusade of Varna, 1443–1445. Aldershot 2006

H. INALCIK, Sûret-i Defter-i Sancak-i Arvanid. Ankara 1954

N. JORGA, Notes et extraits pour servir à l'histoire des croisades au XV siècle. 5 Bde. Paris – Bukarest 1899–1915 und *Revue de l'Orient latin* 4 (1896), 5 (1897)

H. KALESHI, Luftat shqiptaro turke në shekullin XIV–XV simbas tre kronikave turke [Die albanisch – türkischen Kämpfe im 14. und 15. Jahrhundert nach drei türkischen Chroniken]. *Përparimi numri jubilar* 2 (1968) 267–303

H. KALESHI, Alcuni dati delle cronache ottomane sulle guerre albano – turche del XV secolo, in: V convegno internazionale di studi albanesi. Palermo 1969, 203–220

Š. LJUBIĆ, Listine od odnošajih južnoga slavenstva i Mletačke republike [Urkunden zu den Beziehungen des Südslawentums zur Republik Venedig]. (*Monumenta Slavorum meridionalium* Bd. 1–5; 9; 12; 17; 21; 22). Zagreb 1868–1891

R. MAISANO, Giorgio Sfranze, Cronaca. Rom 1990

V. V. MAKUŠEV, Monumenta historica slavorum meridionalium vicinorumque populorum deprompta e tabulariis e bibliothecis italicis. 2 Bde. Warschau 1874 – Belgrad 1882

D. MALIPIERO, Annali Veneti dall'anno 1457 al 1500. *Archivio storico italiano* 7 (1843)

L. MARLEKAJ, Vita di Scanderbego di uno storico cinquecentista italiano. Rom 1973

L. MURATORI (ed.), Marino Sanudo d. J., Vitae ducum Venetorum. *Rerum Italicarum Scriptores* Bd. 22. Mailand 1733

L. MURATORI (ed.), Andreae Navagerii Patritii Veneti Historia Veneta etc. *Rerum Italicarum Scriptores* Bd. 23. Mailand 1733

L. NADIN – Gh. ORTALLI (Hrsg.), Statuti di Scutari (Corpus statutario delle Venezie 15). Rom 2002

I. NAGY – A. NYÁRY, Magyar diplomacziai emlékek Mátyás király korából 1458–1490. 4 Bde. Budapest 1875–1878

V. NOVAK – M. ŠUFFLAY, Statuta et ordinationes capituli ecclesiae cathedralis Drivastensis (*Biblioteka arhiva za arbanasku starinu, jezik i etnologiju* 2/1). Belgrad 1927

F. PALL, I rapporti italo-albanesi alla metà del secolo XV. *ASPN seria III.* 4 (1965) 123–226

I. PARRINO, Acta Albaniae Vaticana Bd. 1. Vatikan 1971

A. PERTUSI, Martino Segono di Novo Brdo vescovo di Dulcigno. Un umanista serbo-dalmata del tardo Quattrocento (*Istituto storico italiano per il medio evo. Studi storici Fasc.*128–130). Rom 1981

S. PULAHA, Lufta shqiptaro-turke në shek. XV. Burime osmane [Der albanisch-türkische Kampf im 15. Jahrhundert. Osmanische Quellen]. Tirana 1968

J. RADONIĆ, Đurađ Kastriot Skenderbeg i Albanija u XV veku [Georg Kastriota Skanderbeg und Albanien im 15. Jahrhundert] (*Srpska Kraljevska Akademija. Spomenik XCV. Drugi razred*). Belgrad 1942

H. ŠABANOVIĆ, Krajište Isa – bega Ishakovića. Zbirni katastarski popis iz 1455. godine. [Das Gebiet des Isa beg Ishaković. Ein Sammelkataster aus dem Jahr 1455]. Sarajevo 1964

Io. M. SABELLICI Historiae rerum Venetarum ab urbe condita libri XXXIII. Basel 1556

G. SCHIRÒ, Visita a Scutari di Michele Apostolio nel 1467. *Zeitschrift für Balkanologie* 2 (1964) 145–166

G. SCHIRÒ, Cronaca dei Tocco di Cefalonia di anonimo. (*Corpus fontium historiae byzantinae* 10). Rom 1975

O. J. SCHMITT (unter Mitarbeit von G. SAINT-GUILLAIN), Actes inédits concernant Venise, ses possessions albanaises et Skanderbeg (1464–1468). *Turcica* 31 (1999) 247–312

P. SCHREINER, Die byzantinischen Kleinchroniken. 3 Bde. Wien 1975–1978

M. SCIAMBRA – G. VALENTINI – I. PARRINO, Il „liber brevium" di Callisto III. La crociata, l'Albania e Skanderbeg. Palermo 1968

F. SENATORE, Dispacci sforzeschi da Napoli I (1444–2 luglio 1458). Neapel 1997

M. SIRDANI, Skanderbegu mbas gojëdhânash [Skanderbeg nach der mündlichen Überlieferung]. Shkodra 1926

M. SOKOLOSKI, Turski dokumenti za istorijata na makedonskiot narod. Opširen popisen defter od XV vek. [Türkische Dokumente zur Geschichte des makedonischen Volkes. Ein detailliertes Steuerverzeichnis aus dem 15. Jahrhundert]. Bd. 2. Skopje 1973

M. SOKOLOSKI, Turski dokumenti za istorijata na makedonskiot narod. Opširni popisni defteri od

XV vek. [Türkische Dokumente zur Geschichte des makedonischen Volkes. Detaillierte Steuerverzeichnisse aus dem 15. Jahrhundert] Bd. 3. Skopje 1976

G. SORANZO (ed.), Cronaca di anonimo veronese 1446–1488. *Monumenti storici pubblicati dalla Reale Diputazione Veneta di storia patria ser. III. Cronache e Diari* Bd. 4. Venedig 1915

L. STOJANOVIC, Stari srpski rodoslovi i letopisi [Alte serbische Stammbäume und Chroniken]. Belgrad 1927

A. STOJANOVSKI, Turski dokumenti za istorijata na makedonskiot narod. Opširen popisen defter od XV vek. [Türkische Dokumente zur Geschichte des makedonischen Volkes. Ein detailliertes Steuerverzeichnis aus dem 15. Jahrhundert] Bd. 4. Skopje 1978

F. STORTI, Dispacci sforzeschi da Napoli Bd. 4 (1o gennaio–26 dicembre 1461). Neapel 1998

L. de. THALLÓCZY – K. JIREČEK – Ae. de ŠUFFLAY, Acta et diplomata res Albaniae mediae aetatis illustrantia 2 Bde. Wien 1913–1918

N. TODOROV – B. NEDKOV, Turski izvori za bălgarskata istorija. Serija XV – XVI/2. [Türkische Quellen zur bulgarischen Geschichte]. Sofia 1966

L. TOTARO, Enea Silvio Piccolomini. I commentarii. Mailand 1984

I. URSU (ed.), Donado da Lezze, Historia turchesca (1300–1514). Bukarest 1909

J. VALENTINI, Acta Albaniae Iuridica 2 Bde. München 1968–1973

J. VALENTINI, Acta Albaniae Veneta saeculorum XIV et XV. 25 Bde. München – Palermo – Mailand 1967–1975

I. ZAMPUTI, Dokumenta të shekullit XV për historinë e Shqipërisë. [Dokumente des 15. Jahrhunderts zur Geschichte Albaniens] Bd. 4. Teil 1. Tirana 1967

I. ZAMPUTI – L. MALLTEZI, Dokumente për historinë e Shqipërisë të shek. XV [Dokumente zur Geschichte Albaniens im 15. Jahrhundert]. Tirana 1987

G. ZIPPEL, Le vite di Paolo II di Gaspare da Verona e Michele Canensi. Città di Castello 1904

Schrifttum

S. ADHAMI, Gjurmime rreth themelit dhe rindërtimeve kryesore të kalasë së Krujës (La fondation de la citadelle de Kruje et ses principales reconstructions). *Mon.* 1971, 87–101

F. ALTIMARI, Miti i Skënderbeut ndër Arbëreshet e Italisë [Der Mythos Skanderbeg bei den Arbëreshen Italiens], in: F. DUKA, Skënderbeu dhe Evropa 306–313

S. ANAMALI, La citadelle de Varosh à Mati, Stelush, un maillon du système défensif de Skanderbeg, in: Deuxième conférence Bd. 1, 307–321

E. C. ANTOCHE, La bataille de la rivière de Ialomiţa (2 septembre 1442), une victoire majeure de la Chretienté face aux armées ottomanes. *Cahiers du Centre d'études d'histoire de la défense* 9 (1999) 61–88

E. C. ANTOCHE, Le rayonnement de l'art militaire hussite dans l'Europe orientale et le Moyen Orient (XVe – XVIIe siècles). *Revista istorică* 14/5–6 (2003) 87–109

S. ANTOLJAK, Ku gjendej Sfetigrad? [Wo lag Svetigrad]. *Gjurmime albanologjike. Seria e shkencave historike* 8 (1978) 47–72

M. ANTONOVIĆ, Oblast Valone i Kanine pod srpskom vlašću [Das Gebiet von Valona und Kanina unter serbischer Herrschaft]. *ZFFB* 18 (1994) 149–178

M. ANTONOVIĆ, Grad i zaleđe u zetskom primorju i severnoj Albaniji u XIV i XV veku. [Stadt und Landschaft im Küstenland der Zeta und in Nordalbanien im 14. und 15. Jahrhundert]. Belgrad 2003

Sp. N. ASONITES, Το Νότιο Ιόνιο κατά τον Όψιμο Μεσαίωνα. [Das südliche ionische Meer im Spätmittelalter]. Athen 2005

S. N. ASONITIS, Relations between the venetian *Regimen Corphoy* and the Albanians of Epirus (14th–15th centuries), in: The Medieval Albanians 271–291

B. ATSIZ, Das Albanerbild der Türken nach osmanischen Chroniken des 15.–16. Jahrhunderts. *MZB* 1 (1978) 15–25

F. BABINGER, Beiträge zur Geschichte von Karlieli, in: Εις μνήμην Σπυρίδωνος Λάμπρου. Athen 1935, 140–149

F. BABINGER, Mehmed der Eroberer. Nachdruck München – Zürich 1987

F. BABINGER, Das Ende der Arianiten (*Bayerische Akademie der Wissenschaften. Phil.-hist. Klasse Sitzungsberichte* 1960/4). München 1960

F. BABINGER, Von Amurath zu Amurath, in: DERS., Aufsätze und Abhandlungen zur Geschichte Südosteuropas und der Levante Bd. 1. München 1960, 128–157

F. BABINGER, Die Gründung von Elbasan, in: DERS., Aufsätze und Abhandlungen zur Geschichte Südosteuropas und der Levante Bd. 3. München 1962, 201–210

F. BABINGER, Sechs unbekannte aragonische Sendschreiben, in: ders., Spätmittelalterliche fränkische Briefschaften aus dem großherrlichen Serail zu Stambul. München 1963, 76–95

F. BABINGER, Arianiti Comneno, Schwiegervater Skanderbegs. *SA* 1964/1, 138–147

A. BAÇE, Kalaja e Vlorës (La citadelle de Vlore). *Mon.* 1973, 43–57

A. BAÇE, Rrugët shqiptare në Mesjetë (shek. VII–XV). [Albanische Straßen im Mittelalter, 7.–15. Jahrhundert]. *Mon.* 1984, 59–68

A. BAÇE – S. ALEKSI, Skelat grykëlumore të Adriatikut gjatë mesjetës shek. XI-XV. [Stapelplätze an den adriatischen Flussmündungen im Mittelalter, 11.–15. Jahrhundert]. *Mon.* 1986/1, 25–34

A. BAÇE – G. KARAISKAJ, Kështjella e Petrelës (Le château de Petrele). *Mon.* 1973, 139–160

A. BALDACCI, Itinerari Albanesi (1892–1902): con uno sguardo generale all'Albania e alle sue comunicazioni stradali. Rom 1917

P. BARTL, Relazioni fra Scanderbeg e Venezia, in: V convegno internazionale di studi albanesi. Atti IX. Palermo 1968, 161–175

P. BARTL, Der Westbalkan zwischen spanischer Monarchie und osmanischem Reich. München 1974

P. BARTL, Zur Topographie und Geschichte der Landschaft Himara in Südalbanien. *MZB* 7/8 (1991) 311–353

P. BARTL, Zum Geschichtsmythos der Albaner, in: D. DAHLMANN (Hrsg.), Mythen, Symbole und Rituale: die Geschichtsmächtigkeit der Zeichen in Südosteuropa im 19. und 20. Jahrhundert. Frankfurt a. M. u. a. 2000, 119–139

F. BAXHAKU – K. KASER, Die Stammesgesellschaften Nordalbaniens. Berichte und Forschungen österreichischer Konsuln und Gelehrter (1861–1917). Wien – Köln – Weimar 1996

N. BELDICEANU, Les Roumains des Balkans dans les sources ottomanes. *Revue des études roumaines* 19–20 (1995/96) 7–21

I. BELDICEANU-STEINHERR, L'installation des Ottomans, in: B. GEYER – J. LEFORT (Hrsg.), La Bithynie au Moyen Âge. Paris 2003, 351–374

R. BELULI, Ludwig von Thallóczy: Të ndodhunat e Shqypnís prej nji Gegë që don vendin e vet. Përktheu nga gjermanishtja Stefan Zurani [Geschichte Albaniens von einem Gegen, der sein Land liebt. Aus dem Deutschen übersetzt von Stefan Zurani]. Shkodër 2008

K. BIÇOKU, Quelques aspects des rapports entre Skanderbeg et Venise, in: Deuxième conférence Bd. 1, 77–86

K. BIÇOKU, Rrugët nëpër vilajetin e Krujës në shek. XV dhe lokalizimi i Shufadasë [Die Straßen im vilayet Kruja im 15. Jahrhundert und die Lokalisierung von Shufada]. *Mon.* 1982/1, 41–62

K. BIÇOKU, Pozita administrative e politike e krahinës së Misjes dhe rëndësia e saj në veprimtarinë e Gjon Kastriotit e të Skënderbeut gjatë viteve 30 të shek. XV [Die administrative und politische Stellung des Gebiets von Misia und seine Bedeutung für das Wirken Gjon Kastriotas und Skanderbegs in den 30er-Jahren des 15. Jahrhunderts], in: Studime për epokën e Skënderbeut Bd. 2, 325–358

K. BIÇOKU, Les régions éthniques albanaises au moyen âge et la propagation du nom national arbër (Arbëri, Albanie). *SA* 1992/1–2, 11–23

K. BIÇOKU, Dibra dhe Koxhaxhiku në kohën e Skënderbeut [Dibra und Kodžadžik zur Zeit Skanderbegs]. *Studime historike* 2003/1–2, 7–29

K. BIÇOKU, Skënderbeu dhe Shqipëria në kohën e tij [Skanderbeg und Albanien in seiner Zeit]. Tirana 2005

K. BIÇOKU, Për Skënderbeun [Zu Skanderbeg]. Tirana 2005

K. BIÇOKU, Aleksandri i Madh në kujtesën historike të Skënderbeut e të Shqiptarëve [Alexander der Große im geschichtlichen Gedächtnis Skanderbegs und der Albaner]. *Studime historike* 2005/1–2, 7–29

K. BIÇOKU, Shtrirja lindore e zotërimeve të Kastriotëve [Die Ostausdehnung der Herrschaften der Kastriota], in: F. DUKA (Hrsg.), Skënderbeu dhe Evropa, 61–82

K. BIÇOKU – J. KASTRATI, Gjergj Kastrioti Skënderbeu. Bibliografi 1454–1835 [Georg Kastriota Skanderbeg. Bibliographie 1454–1835]. Tirana 1997 (kritische Besprechung durch M. SCHMIDT-NEKE in *Südost-Forschungen* 57 (1998) 480–482)

M. BISLIMI, Svetigrad, lokalizacija, hronologija i osvojuvanjeto od strana na osmanlite [Svetigrad – Chronologie, Lokalisierung und die Eroberung durch die Osmanen], in: Ġerġ Kastrioti Skenderbeg 1405–1468, 45–54

M. BLAGOJEVIĆ, Zemljoradnja u srednjovekovnoj Srbiji [Die Landwirtschaft im mittelalterlichen Serbien]. Belgrad 1973

M. BLAGOJEVIĆ, Državna uprava u srpskim srednjovekovnim zemljama [Die Staatsverwaltung in den mittelalterlichen serbischen Ländern]. Belgrad 1997

B. I. BOJOVIĆ, Raguse et l'empire ottoman (1430–1520). Paris 1998

I. BOŽIĆ, Dubrovnik i Turska u XIV i XV veku [Dubrovnik und das osmanische Reich im 15. Jahrhundert]. Belgrad 1952

I. BOŽIĆ, Nemirno pomorje XV veka [Das unruhige Küstenland im 15. Jahrhundert]. Belgrad 1979

I. BOŽIĆ, Grad i selo na Zetskom primorju u XV veku [Stadt und Dorf im Küstenland der Zeta im 15. Jahrhundert], in: DERS., Nemirno pomorje 95–104

I. BOŽIĆ, Paštrovići, in: DERS., Nemirno pomorje 105–149

I. BOŽIĆ, „Katuni Crne Gore“ [Die Katune der Schwarzen Berge], in: DERS., Nemirno pomorje 150–155

I. BOŽIĆ, Uloga i organizacija ratničkih družina u Zetu XV veka [Rolle und Organisation der Kriegergemeinschaften in der Zeta im 15. Jahrhundert], in: DERS., Nemirno pomorje 156–173

I. BOŽIĆ, O Dukađinima [Über die Dukagjin], in: DERS., Nemirno pomorje 332–384

I. BOŽIĆ, Spani – Španje. *Glas SANU* 32/2 (1980) 37–60

I. BOŽIĆ, Albanija i Arbanasi u XIII, XIV i XV veku [Albanien und die Albaner im 13., 14. und 15. Jahrhundert]. *Glas SANU. Odeljenje istorijskih nauka* 3 (1983) 11–116

G. CAPRA, Skanderbeg nel quadro della politica pontificia. *BBG* N.S. 22 (1968) 71–84

M. CAZACU, La Valachie et la bataille de Kosovo (1448). *Revue des études sud-est européennes* 9 (1971) 131–139

M. CAZACU, Dracula. Paris 2004

E. CEKA, Muzeu kombëtar dhe Muzeu i Skënderbeut si institucione të religjonit civil shqiptar të komunizmit [Das Nationalmuseum und das Skanderbegmuseum als Einrichtungen der albanischen Zivilreligion im Kommunismus]. *Përpjekja* 11/21 (2005) 121–147

E. CEKA, Grundzüge der albanischen nationalen Identität vom Sozialismus bis heute. Kontinuitäten und Brüche, in: D. SEGERT (Hrsg.), Postsozialismus. Hinterlassenschaften des Staatssozialismus und neue Kapitalismen in Europa. Wien 2007, 101–121

F. CERONE, La politica orientale di Alfonso d'Aragona. *ASPN* 27 (1902) 3–93; 380–456; 556–634; 774–852 und 28 (1903) 154–212

E. CHRYSOS (Hrsg.), Πρακτικά Διεθνούς Συμποσίου για το Δεσποτάτο της Ηπείρου [Akten der internationalen Tagung zum Despotat von Epirus]. Arta 1990

S. ĆIRKOVIĆ, Istorija srednjovekovne bosanske države [Geschichte des mittelalterlichen bosnischen Staates]. Belgrad 1964

S. ĆIRKOVIĆ, Stefan Vukčić Kosača i njegovo doba [Stefan Vukčić Kosača und seine Zeit]. Belgrad 1964

S. ĆIRKOVIĆ, Đurađ Kastriot Skenderbeg i Bosna [Georg Kastriota Skanderbeg und Bosnien], in: Simpoziumi për Skënderbeun-Simpozijum o Skenderbegu 9–12 maj 1969. Prishtina/Priština 1969, 51–56

S. ĆIRKOVIĆ, Les Albanais à la lumière des sources historiques des slaves du sud, in: Illiri i Albanci. Belgrad 1988, 341–359

S. ĆIRKOVIĆ, Tradition interchanged: Albanians in the serbian, Serbs in the albanian late medieval texts, in: The Medieval Albanians 195–208

S. ĆIRKOVIĆ, Archiepiscopus Craynensis. *IZ* 73/1–2 (2000) 47–54

N. CLAYER, Aux origines du nationalisme albanais. La naissance d'une nation majoritairement musulmane en Europe. Paris 2007

V convegno internazionale di studi albanesi. Atti IX. Palermo 1968

F. CORDIGNANO, L'Albania nella storia e nella vita ossia visione panoramica di un piccolo mondo primitivo. *Rivista d'Albania* 2 (1941) 19–33

La Corona d'Aragona ai tempi di Alfonso II el Magnanimo, 2 Bde. Neapel 2000

G. COZZI – M. KNAPTON, La Repubblica di Venezia nell' età moderna. Dalla guerra di Chioggia al 1517; in: G. GALASSO (Hrsg.), Storia d'Italia Bd. 12/1. Turin 1986

G. CRACCO, Venezia nel Medioevo: un „altro mondo“, in: G. CRACCO – A. CASTAGNETTI – A. VASINA – M. MUZZATTI, Comuni e signorie nell'Italia nordorientale e centrale: Venezia, Emilia – Romagna, Toscana, in: G. GALASSO (Hrsg.), Storia d'Italia Bd. 7/1. Turin 1987

A. CUTOLO, Scanderbeg. Mailand 1940

B. CVETKOVA, La bataille mémorable des peuples. Le Sud-est européen et la conquête ottomane, fin XIVe–première moitié du XVe s. Sofia 1971

E. DEUSCH, Albanische Thronbewerber. Ein Beitrag zur Geschichte der albanischen Staatsgründung. *Münchner Zeitschrift für Balkankunde* 4 (1981/82) 89–150

Deuxième conférence des études albanologiques à l'occasion du 5e centenaire de la mort de Georges Kastriote Skanderbeg. 3 Bde. Tirana 1969–1970

D. DHAMO, Kisha e Shën Mërisë në Vaun e Dejës [Die Kirche St. Maria in Vau e Dejës]. *Studime historike* 1964, 53–175

J. DRANÇOLLI, Gjin Gazulli – astronom dhe diplomat i shekullit XV [Johannes Gasulus – ein Astronom und Diplomat des 15. Jahrhunderts]. Prishtina 1984

J. DRANÇOLLI, Les liens historiques albano-bosniaques. *Gjurmime albanologjike* 14 (1984) 33–54

R. DRISHTI, L'utilisation des armes à feu par les

troupes de Skanderbeg, in: Deuxième conférence 2, 217–220

A. DUCELLIER, L'Albanie entre Byzance et Venise. London 1987

A. DUCELLIER, La façade maritime de la principauté des Kastriote de la fin du XIVe siècle à la mort de Skanderbeg, in: DERS., L'Albanie Teil VII, 119–136

A. DUCELLIER, L'économie albanaise au Moyen Age: una traite coloniale, in: DERS., L'Albanie Teil XVI 1–7

A. DUCELLIER, Les mutations de l'Albanie au XV siècle (du monopole ragusain à la redécouverte des fonctions de transit), in: DERS., L'Albanie Teil XVII, 55–79

A. DUCELLIER, La côte albanaise au Moyen Age: Exutoires locaux ou ports de transits?, in: DERS., L'Albanie Teil XIX, 200–204

A. DUCELLIER, La façade maritime de l'Albanie au moyen âge. Durazzo et Valona du XIe au XVe siècle. Saloniki 1981

A. DUCELLIER, La place des Toscans et des Italiens du Nord dans le commerce balkanique au XVième siècle: l'apport des sources ragusaines. *Byzantinische Forschungen* 11 (1987) 299–314

A. DUCELLIER, Voies et produits du commerce Balkanique après la chute de Constantinople: Les routes terrestres. *Byzantinische Forschungen* 17 (1991) 5–24

A. DUCELLIER, Kotor as a point of convergence for Albanian emigrants in the 14th and 15th centuries?, in: M.P. GHEZZO (Hrsg.), Città e sistema adriatico alla fine del medioevo (*Atti e memorie della società dalmata di storia patria* Bd. 26). Venedig 1998, 123–140

A. DUCELLIER – B. DOUMERC – Brunehilde IMHAUS – J. de MICELI, Les chemins de l'exil. Bouleversements de l'Est européen et migrations vers l'Ouest à la fin du moyen âge. Paris 1992

A. DUCELLIER, Les échelles de l'Adriatique méridionale aux XIVe et XVe siècles, produits et victimes des douanes, in: N. G. MOSCHONAS (Hrsg.), Money and markets in the Paleologan era. Athen 2003, 25–48

I. DUJČEV, Georgi Kastrioti Skenderbeg v slavjanskata literatura ot XV–XVII v. [Georg Kastriota Skanderbeg in der slawischen Literatur vom 15. bis 17. Jahrhundert], in: Georges Kastriote Scanderbeg 1468–1968. Sofia 1970, 79–110

F. DUKA, Profili i një qyteti shqiptar të kohës osmane: Gjirokastra gjatë shek. XV–XVI. [Das Profil einer albanischen Stadt in der osmanischen Zeit: Gjirokastra im 15. und 16. Jahrhundert]. *Studime historike* 2002/1–2, 7–28

F. DUKA, Muzakajt – lidhja e fuqishme midis kohëve paraosmane dhe osmane [Die Muzaki – ein starkes Band zwischen der vorosmanischen und der osmanischen Zeit]. *Studime historike* 2004/1–2, 7–17

F. DUKA, Fasada bregdetare e Shqipërisë Osmane: qyteti i Vlorës gjatë shek. XV–XVII [Die maritime Fassade des osmanischen Albanien: die Stadt Vlora vom 15. bis 17. Jahrhundert]. *Studime historike* 2004/ 3–4, 7–16

F. DUKA, Fisnikëria shqiptare dhe qëndresa e Skënderbeut: rasti i Muzakajve [Der albanische Adel und der Widerstand Skanderbegs: der Fall der Muzaki], in: Gjergj Kastrioti – Skënderbeu në historinë e Shqiptarëve, 23–36

F. DUKA, Tokat e Kastriotëve: zona Krujë – Dibër (shek. XV – gjysma e parë e shek. XVI) [Die Länder der Kastriota: das Gebiet Kruja – Dibra (15. Jahrhundert – erste Hälfte des 16. Jahrhunderts], in: ders., Skënderbeu dhe Evropa, 34–47

F. DUKA (Hrsg.), Skënderbeu dhe Evropa [Skanderbeg und Europa]. Tirana 2006

V. DUKA, Evokimi i simbolikës së Skënderbeut në fillimet e mbretërimit të Ahmet Zogut [Die Evozierung der Skanderbegsymbolik zu Beginn des Königtums von Ahmet Zogu], in: Gjergj Kastrioti – Skënderbeu në historinë e Shqiptarëve, 187–196

D. EGRO, Christianity versus Islam in the early stages of the Ottoman conquest in Albanian lands (14th–16th centuries). Ph. D. Dissertation Bilkent University. Ankara 2003

D. EGRO, Kritika e historiografisë shqiptare: rasti i Skënderbeut [Kritik der albanischen Geschichtsforschung: das Fallbeispiel Skanderbegs], in: Gjergj Kastrioti – Skënderbeu në historinë e Shqiptarëve, 120–137

D. EGRO, Skënderbej: identitet i ndryshuar apo titulaturë turko – osmane [Skenderbej: geänderte Identität oder türkisch – osmanischer Titel], in: F. DUKA (Hrsg.), Skënderbeu dhe Evropa, 113–124

R. ELSIE, The Bellifortis Text and Early Albanian. *Zeitschrift für Balkanologie* 22 (1986) 158–162

R. ELSIE, Two Irish Travellers in Albania, in: K.-D. GROTHUSEN (Hrsg.), Albanien in Vergangenheit und Gegenwart. München 1991, 24–27

R. ELSIE, Benjamin Disraeli and Scanderbeg. The novel „The rise of Iskendar" (1833) as a contribution to Britain's literary discovery of Albania. *Südost-Forschungen* 52 (1993) 25–52

P. ENGEL, János Hunyadi – the decisive years of his career 1440–1444, in: J. M. BAK – B. KIRALY (Hrsg.), From Hunyadi to Rákóczi. War and Society in Late Medieval and Early Modern Hungary. Brooklyn 1982, 102–123

J. Ph. FALLMERAYER, Das Albanesische Element in Griechenland III (*Abhandlungen der Königlich Bayerischen Akademie der Wissenschaften. Historische Classe* 9. Band. Abtheilung 1). München 1862

H. FERAJ, Skicë e mendimit politik shqiptar [Skizze des albanischen politischen Denkens]. 3. Auflage, Tirana 2006

B. FERJANČIĆ, Les Albanais dans les sources byzantines, in: Illiri i Albanci. Belgrad 1988, 302–322

J. V. A. FINE Jr., The Late Medieval Balkans. Ann Arbor 1987

B. J. FISCHER, King Zog and the struggle for stability in Albania. Boulder 1984

M. FOSSATI – A. CERESATTO, Dai Visconti agli Sforza, in: G. ANDENNA – R. BORDONE – F. SOMAINI – M. VALLERANI (Hrsg..), Comuni e signorie nell'Italia settentrionale: la Lombardia. Turin 1998

A. FOTIĆ, Sveta Gora i Hilandar u Osmanskom Carstvu XV–XVII vek [Der Heilige Berg und Chilandar im osmanischen Reich, 15.–17. Jahrhundert]. Belgrad 2000

K. FRASHËRI, Mbi kanunin e Skënderbeut [Über den Kanun Skanderbegs]. *Studime historike* 1977/2, 125–143

K. FRASHËRI, Skënderbeu. Jeta dhe vepra [Skanderbeg. Leben und Werk]. Tirana 2002

N. FRASHËRI, Histori e Skenderbeut [Geschichte Skanderbegs]. Hrsg. K. CIPO. Tirana 1953

R. FUBINI, Italia quattrocentesca. Politica e diplomazia nell'età di Lorenzo il Magnifico. Mailand 1994

G. GALASSO, Il Regno di Napoli. Il Mezzogiorno angioino e aragonese (1266–1494). Turin 1992

A. GALLOTTA, Ilyas beg, i *mütevelli* e le origini di Corizza (Korçë/Görice), in: ZACHARIADOU, The via Egnatia 113–122

Th. GANCHOU, La famille Koumousès (Κουμούσης) à Constantinople et Négrepont avant et après 1453, in: Βενετία – Εύβοια. Από το Έγριπο στο Νεγροπόντε. Athen 2006, 45–107

T. GEÇI, Mbi sfragjistikën e Kastriotëve [Zum Siegelwesen der Kastriota], in: Simpoziumi për Skënderbeun – Simpozijum o Skenderbegu 9–12 maj 1969. Prishtina/ Priština 1969, 229–247

A. GEGAJ, L'Albanie et l'invasion turque au XVe siècle. Paris 1937

H. GELZER, Der Patriarchat von Achrida. Leipzig 1902

George Kastriota – Skanderbeg and the Albanian-Turkish War of the XVth Century. Tirana 1967

Ġerġ Kastrioti Skenderbeg 1405–1468. Skopje 2006

G. GESEMANN, Heroische Lebensform. Zur Literatur und Wesenskunde der balkanischen Patriarchalität. Berlin 1943

G. GHETTI, Giorgio Castriota Scanderbeg nella storiografia. *Shêjzat/Le Pleiadi* 12/1–3 (1968) 13–36

K. GIAKOUMIS, Fourteenth-century Albanian migration and the „relative autochthony" of the Albanians in Epeiros. The case of Gjirokastër. *Byzantine and Modern Greek* Studies 27 (2003) 171–184

K. GIAKOUMIS, The Ottoman Advance and Consolidation in Epirus and Albania During the Fourteenth and Fifteenth Centuries. *Epeirotiko Hemerologio* 2004, 217–244

K. GIAKOUMIS, Kisha e Shën Gjergjit në Kështjellën e Krujës dhe tradita bizantine [Die Kirche von St. Georg in der Burg Kruja und die byzantinische Tradition], in: F. DUKA (Hrsg.), Skënderbeu dhe Europa 218–235

J. GILL, Pope Callistus III and Scanderbeg the Albanian. *Orientalia Christiana Periodica* 33 (1967) 534–562

T. GIOCHALAS, Γεώργιος Καστριώτης Σκεντέρμπεης εις την νεοελληνική φιλολογίαν και λογοτεχνίαν [Georg Kastriota Skanderbeg in der neugriechischen Philologie und Literatur]. Saloniki 1975

Gjergj Kastrioti – Skënderbeu në historinë e Shqiptarëve [Georg Kastriota Skanderbeg in der Geschichte der Albaner]. Tirana 2005

Gjergi Kastrioti Skënderbeu 1405–1468. Materiale nga tubimi shkencor, me rastin e 600 vjetorit të lindjes së tij [Georg Kastriota Skanderbeg 1405–1468. Materialien der wissenschaftlichen Tagung anlässlich seines 600. Geburtstages]. Skopje 2006

D. GJORGIEV, Islamisierung im makedonisch-albanischen Grenzgebiet in den ersten Jahrhunderten der osmanischen Herrschaft (15.–16. Jahrhundert). *Wiener Zeitschrift zur Geschichte der Neuzeit* 5/2 (2005) 7–14

B. GJUZELEV, Die bulgarisch-albanische ethnische Grenze während des Mittelalters. *Etudes balkaniques* 1991/3, 78–92

D. ĠORGIEV, Naselenieto vo Debarskata kaza vo XV vek (spored osmanskite izvori) [Die Siedlungsstruktur im kaza Debar im 15. Jahrhundert nach osmanischen Quellen], in: Ġerġ Kastrioti Skenderbeg 1405–1468, 23–27

D. ĠORGIEV, Die Bevölkerung im makedonisch-albanischen Grenzgebiet im 15. und 16. Jahrhundert nach osmanischen Quellen. *Südost-Forschungen* 65/66 (2006/07) 117–136

K. GOSTENTSCHNIGG, Die Verflechtung von Wissenschaft und Politik am Beispiel der österreichisch-ungarischen Albanologie. *Südost-Forschungen* 58 (1999) 221–245

R. GRADEVA, Rumeli under the Ottomans 15th–18th Centuries: Institutions and Communities. Istanbul 2004

A. HABIBI, Das autoritäre Regime Zogus in Albanien 1925–1939, in: E. OBERLÄNDER (Hrsg.), Autoritäre Regime in Ostmittel- und Südosteuropa 1919–1944. Paderborn – Wien 2001

F. HADRI, Vështrim i përgjithshëm mbi historiografinë shqiptare Skënderbegiane [Allgemeiner Überblick über die albanische Geschichtsforschung zu Skanderbeg]. *Gjurmime albanologjike* 1985, 65–95

F. HADRI, Skënderbeu në historiografinë evropiane [Skanderbeg in der europäischen Geschichtsschreibung]. Prishtina 1998

J. G. von HAHN, Reise durch die Gebiete des Drin und Wardar. *Denkschriften der kaiserlichen Akademie der Wissenschaften. Philosophisch-historischen Classe* 15 (1867) und 16 (1869), darin als „Dritte Abtheilung. Erster Abschnitt: Beiträge zur Geschichte von Mittel-Albanien nach den Funden des Herrn Prof. Dr. Karl Hopf"

Q. HAXHIHASANI, Les contes populaires sur l'époque de Skanderbeg. *Studia albanica* 1967/2, 135–154

J. HEERS, Louis XI. Paris 1999

J. HELMRATH, Pius II. und die Türken, in: B. GUTHMÜLLER – W. KÜHLMANN (Hrsg.), Europa und die Türken in der Renaissance. Tübingen 2000, 79–137

A. HETZER, Aspekte der Subjektivität in der albanischen Kulturpolitik (1965–1975). Bremen 1979

N. HÖLZL, Skanderbegs Freiheitskampf in Alttiroler Spielen. *Shêjzat/Le Pleiadi* 12 (1968) 212–214

J. K. HOENSCH, Matthias Corvinus. Diplomat, Feldherr und Mäzen. Graz 1998

A. HOHLWEG, Der Kreuzzug des Jahres 1444: Versuch einer christlichen Allianz zur Vertreibung der Türken aus Europa, in: K.-D. GROTHUSEN (Hrsg.), Die Türkei in Europa. Göttingen 1979, 20–37

K. HOPF, Geschichte Griechenlands vom Beginn des Mittelalters bis auf unsere Zeit, in: J. S. ERSCH – J. G. GRUBER, Allgemeine Encyclopädie der Wissenschaften und Künste Bd. 88. Leipzig 1868

N. HOUSLEY, The Later Crusades. From Lyons to Alcazar 1274–1580. Oxford 1992

G. HOXHA – L. PËRZHITA – F. CAVALLINI, Monumente historike të kultit të krishtere në dioqezën e Lezhës/Monumenti storici di culto cristiano della diocesi di Lezha. Lezhë 2007

B. HRABAK, Dubrovnikasit dhe Gjergj Kastrioti Skënderbeu [Die Dubrovniker und Georg Kastriota Skanderbeg]. *Përparimi* 1967/1, 125–168 und 1968/2, 304–309

B. HRABAK, Privreda Albanije u XIV i XV veku [Die Wirtschaft Albaniens im 14. und 15. Jahrhundert], in: Simpoziumi për Skënderbeun – Simpozijum o Skenderbegu 9–12 maj 1969. Prishtina/ Priština 1969, 67–82

B. HRABAK, Eksportimi i drithërave nga Shqipëria në shej. XIII, XIV e XV [Getreideausfuhr aus Albanien im 13., 14. und 15. Jahrhundert]. *Gjurmime albanologjike* 1–2 (1970) 23–90

B. HRABAK, Trgovina arbanaskom i krfskom solju u XIII, XIV i XV stoleću [Der Handel mit Salz aus Albanien und Korfu im 13., 14. und 15. Jahrhundert] . *Balcanica* 3 (1972) 237–272

B. HRABAK, Arbanaško drvo u Dubrovniku [Holz aus Albanien in Dubrovnik]. *Historijski zbornik* 37/1 (1984) 61–86

B. HRABAK, Poslovanje pomoraca i trgovaca iz Boke kotorske u Albaniji do 1600. godine [Die Geschäfte von See – und Kaufleuten aus der Boka kotorska in Albanien bis zum Jahre 1600]. *Spomenik SANU. Odeljenje istorijskih nauka* 5 (1986) 9–47

B. HRABAK, Italijanski privrednici u Albaniji (1280–1500) [Italienische Händler in Albanien, 1280–1500]. *Univerzitetska misao. Društvene nauke* 1 (1993) 5–11

B. HRABAK, Izvozno – uvozna i tranzitna trgovina Lješa sa zetskim primorjem i Jadranom 1280–1506. godine [Einfuhr-, Ausfuhr- und Durchgangshandel von Alessio mit dem Küstenland der Zeta und der Adria 1280–1506]. *IZ* 66/1–4 (1993) 31–64

B. HRABAK, Žitarice sa Bojane i iz Skadarskog kraja (1300–1500) [Getreide von der Bojana und aus dem Gebiet von Skutari]. *IZ* 68/ 3–4 (1994) 7–25

B. HRABAK, Bojana kao izvozno područje (XVI – XVIII vek) [Die Bojana als Exportgebiet, 16.–18. Jahrhundert]. *Crnogorska Akademija nauka i umjetnosti. Glasnik Odjeljenja društvenih nauka* 10 (1996) 29–62

P. HUTA, Fshati në sanxhakun e Shkodrës, në shekujt XV–XVI [Das Dorf im sancak Shkodra im 15. und 16. Jahrhundert]. Tirana 1990

V. ILARDI, Studies in Italian Renaissance Diplomatic History. London 1986

C. IMBER, The Ottoman Empire 1300–1481. Istanbul 1990

B. IMHAUS, Le minoranze orientali a Venezia 1300–1510. Rom 1997

H. INALCIK, Timariotes chrétiens en Albanie au XVe siècle d'après un registre de timars ottoman. *Mitteilungen des österreichischen Staatsarchivs* 4 (1951) 118–138

H. INALCIK, Arnawutluk, in: Encyclopédie de l'Islam. Nouvelle édition Bd. 1. Leiden – Paris 1960, 670–678

H. INALCIK, Ottoman Methods of Conquest. *Studia Islamica* 2 (1964) 103–129

H. INALCIK, Les régions de Kruje et de la Dibra autour de 1467, in: Deuxième conférence 221–237

H. INALCIK, Iskender Beg, in: Encyclopédie de l'Islam. Nouvelle édition Bd. 4. Leiden – Paris 1973, 138–140

H. INALCIK, An Economic and Social History of the Ottoman Empire Volume One 1300–1600. Cambridge 1997

Th. IPPEN, Alte Kirchen und Kirchenruinen in Albanien. *Wissenschaftliche Mittheilungen aus Bosnien und der Hercegovina* 7 (1900) 231–242 und 8 (1902) 131–144

Th. IPPEN, Skutari und die nordalbanische Küstenebene (*Zur Kunde der Balkanhalbinsel. Reisen und Beobachtungen* Heft 5). Sarajevo 1907

Th. IPPEN, Denkmäler verschiedener Altersstufen in Albanien. *Wissenschaftliche Mittheilungen aus Bosnien und der Hercegovina* 10 (1907) 3–70

Istorija Crne Gore [Geschichte Montenegros]. 2 Bde. Titograd 1967–1970

M. JACOVIELLO, Relazioni politiche tra Venezia e Napoli nelle seconda metà del XV secolo. *ASPN* 96 (1981) 67–133

M. JACOVIELLO, Venezia e Napoli nel Quattrocento. Neapel 1992

Y. JAKA, Skënderbeu në lëtërsinë frënge [Skanderbeg in der französischen Literatur]. Prishtina 2001

M. JÁSZAY, Contrastes et diplomatie dans les rapports de Mathias Ier Corvin et la République de Venise. *Acta Historica Academiae Scientiarum Hungaricae* 35 (1989) 3–39

K. JIREČEK, Die Handelsstraßen und Bergwerke von Serbien und Bosnien während des Mittelalters (*Abhandlungen der Königl. Böhmischen Gesellschaft der Wissenschaften* VI. Folge 10). Prag 1879

K. JIREČEK, Die Bedeutung von Ragusa in der Handelsgeschichte des Mittelalters. *Almanach der Kaiserlichen Akademie der Wissenschaften* 49 (1899) 367–452

K. JIREČEK, Geschichte der Serben. 2 Bde. Gotha 1911–1918

K. JIREČEK, Staat und Gesellschaft im mittelalterlichen Serbien. Studien zur Kulturgeschichte des 13.–15. Jahrhunderts (Erster Teil *Denkschriften der kaiserlichen Akademie der Wissenschaften in Wien. Phil.–hist. Klasse* 56 2. Abhandlung. Wien 1912; Zweiter Teil *Denkschriften.*56 3. Abhandlung. Wien 1912; Dritter Teil *Denkschriften* 58 2. Abhandlung. Wien 1914; Vierter Teil *Akademie der Wissenschaften in Wien. Phil.–hist. Klasse. Denkschriften* 64 2. Abhandlung, hrsg. von V. JAGIĆ. Wien 1919).

K. JIREČEK – L.v. THALLÓCZY, Zwei Urkunden aus Nordalbanien, in: THALLÓCZY, Illyrisch-albanische Forschungen Bd. 1 125–167

T. JOCHALAS, Über die Einwanderung der Albaner in Griechenland (Eine zusammenfassende Betrachtung), in: P. BARTL – M. M. CAMAJ – G. GRIMM (Hrsg.), Dissertationes albanicae in honorem Josephi Valentini et Ernesti Koliqi septuagenariorum. München 1971, 89–106

N. JORGA, Geschichte des osmanischen Reiches Bd. 1. Gotha 1908

N. JORGAQI (Hrsg.), Antologji për Skënderbeun [Anthologie zu Skanderbeg]. Tirana 1967

D. KADACH, Die Darstellung Skanderbegs und der Albaner in Prličevs „Skenderbeïs" und „O Armatolos". in: Studia Albanica Monacensia. München 1969, 129–140

H. KALESHI, Albanische Legenden um Sarı Saltuk, in: Actes du premier Congrès international des études balkaniques et sud-est européennes. Sofia 1971, 815–828

H. KALEŠI, Najstariji vakufski dokumenti u Jugoslaviji na arapskom jeziku [Die ältesten vakuf-Urkunden in arabischer Sprache in Jugoslawien]. Priština 1972

H. KALESHI, Das türkische Vordringen auf dem Balkan und die Islamisierung – Faktoren für die Erhaltung der ethnischen und nationalen Existenz des albanischen Volkes, in: Südosteuropa unter dem Halbmond. München 1975, 125–138

G. KARAISKAJ, Kalaja e Durrësit në Mesjetë [Die Burg von Durazzo im Mittelalter]. *Mon.* 1977, 29–53

G. KARAISKAJ, Të dhëna për kalanë e Rodonit (Redoni) [Angaben zur Burg Rodoni (Redoni)]. *Mon.* 1988/1, 87–95

K. KASER, Hirten, Kämpfer, Stammeshelden. Ursprünge und Gegenwart der balkanischen Patriarchalität. Wien – Köln – Weimar 1992

M. KIEL, Ottoman Architecture in Albania 1385–1912. Istanbul 1990

M. KIEL, A Note on the Date of the establishment of the Bektashi Order in Albania, in: A. POPOVIC – G. VEINSTEIN (Hrsg.), Bektachiyya.

Études sur l'ordre mystique des Bektachis et les groupes relevant de Hadji bektach. Istanbul 1995, 263–269

M. KIEL, Das türkische Thessalien. Etabliertes Geschichtsbild versus osmanische Quellen, in: R. LAUER – P. SCHREINER (Hrsg.), Die Kultur Griechenlands in Mittelalter und Neuzeit. Göttingen 1996, 109–196

H.-J. KISSLING, Scanderbeg, stratega e politico. *Shêjzat/Le Pleiadi* 1971/1–3, 31–40

D. KOMATA, Petrele – une forteresse avancée de Krujë durant les guerres de Skanderbeg, in: Deuxième conférence Bd. 1, 349–375

B. KREKIĆ, Albanians in the Adriatic cities: observations on some ragusan, venetian and dalmatian sources for the history of the Albanians in the late middle ages, in: The Medieval Albanians 209–233

L. KRETZENBACHER, Serbisch-orthodoxe „Wahlverbrüderung" zwischen Gläubigenwunsch und Kirchenverbot von heute. *Südost-Forschungen* 38 (1979) 163–183

K. KRISAFI – Z. BALLANICA – A. LUARASI – G. GJIKA, Historia e shtetit dhe e së drejtës në Shqipëri [Staats- und Rechtsgeschichte in Albanien]. Bd. 1. Tiranë 1997

V. LISIČAR, Program dubrovačkog Senata za doček papa Pija II (1464) [Das Programm des Dubrovniker Senats für den Empfang Papst Pius' II. 1464]. *Croatia sacra* 3 (1933) 97–109

R. LOPEZ, Il principio della guerra veneto-turca nel 1463. *Archivio veneto*. 5. Serie 15 (1934) 45–131

H. W. LOWRY, The Nature of the Early Ottoman State. Albany 2003

A. LUARASI, Shteti dhe e drejta shqiptare në epokën e Skënderbeut [Der albanische Staat und das albanische Recht im Zeitalter Skanderbegs]. Tiranë 1998

F. LUBONJA (Hrsg.), Roli i miteve në historinë e Shqipërisë [Die Rolle der Mythen in der Geschichte Albaniens]. Tirana 1999 (= Përpjekja 15/16 (1999)

I. MAHNKEN, Beziehungen zwischen Ragusanern und Albanern während des Mittelalters, in: Beiträge zur Südosteuropaforschung anlässlich des I. internationalen Balkanologenkongresses in Sofia. München 1966, 339–390

L. MAKSIMOVIĆ, Der Despotenhof in Epirus im 14. und 15. Jahrhundert, in: R. LAUER – H.G. MAJER (Hrsg.), Höfische Kultur in Südosteuropa (*Abhandlungen der Akademie der Wissenschaften in Göttingen. Phil.-hist. Klasse Dritte Folge* 203). Göttingen 1994, 86–105

L. MAKSIMOVIĆ, Das Kanzleiwesen der serbischen Herrscher, in: Ch. HANNICK (Hrsg.), Kanzleiwesen und Kanzleisprachen im östlichen Europa. Köln – Weimar – Wien 1999, 25–53

V. MALAJ, L'Opera „Scanderbeg" dell'Abate Vivaldi. *Shêjzat/Le Pleiadi* 12 (1968) 40–43

N. MALCOLM, Kosovo. A Short History. London 1998

M. E. MALLETT, Venezia e la politica italiana, in: A. TENENTI – U. TUCCI (Hrsg.), Storia di Venezia. Bd. 4. Rom 1996

L. MALLTEZI, Qytetet e bregdetit shqiptar gjatë sundimit venedikas [Die albanischen Küstenstädte unter venezianischer Herrschaft]. Tirana 1988

L. MALLTEZI, Rreth historisë së Kështjellës së Krujës dhe zonës së saj në vitet 1392–1415 [Zur Geschichte der Burg Kruja und ihres Gebiets in den Jahren 1392–1415]. *Studime historike* 1989/2, 157–177

L. MALLTEZI, Një dokument i ri për Skënderbeun [Ein neues Dokument zu Skanderbeg]. *eksklusive* (in Prishtina veröffentlichtes Magazin; O.S.) 20 (2001) 61–64

L. MALLTEZI, Konflikte për tregjet e kripës në kohën e Skënderbeut [Auseinandersetzungen um Salzmärkte zur Zeit Skanderbegs], in: Gjergj Kastrioti – Skënderbeu në historinë e Shqiptarëve, 84–96

L. MALLTEZI, Dukagjinët dhe Skënderbeu [Die Dukagjin und Skanderbeg], in: F. DUKA (Hrsg.), Skënderbeu dhe Evropa, 83–102

M. MANDALÀ, I 500 Anni della Fondazione di Piana degli Albanesi (1488–1988). Breve profilo storico e letterario di un anniversario. *Südost-Forschungen* 47 (1988) 209–222

C. MARINESCO, Alphonse V, roi d'Aragon et de Naples, et l'Albanie de Skanderbeg. *Mélanges de l'Ecole Roumaine en France* 1 (1923) 1–135

C. MARINESCU, La politique orientale d'Alfonse V d'Aragon, roi de Naples (1416–1458). Barcelona 1994

S. MARKOVIĆ, Benediktinska opatija Sv. Marije Ratačke kod Bara. Acta et diplomata iuridica [Die Benediktinerabtei St. Maria Rotezo bei Antivari]. *Croatica Christiana Periodica* 53 (2004) 151–202

G. MARLEKAJ, Scanderbeg nelle tradizioni popolari albanesi, in: Convegno 221–238

S. MASCI, Le relazioni italo-albanesi al tempo di Giorgio Castriota Scanderbeg. *Rivista d'Albania* 2 (1941) 163–173

A. MATKOVSKI, Nomadskoto stočarstvo vo Makedonija od XIV do XIX vek [Nomadische Viehwirtschaft in Makedonien vom 14. bis zum 19. Jahrhundert]. Skopje 1996

J. MATL, Georgius Castriota (Kastriot) Skanderbeg in der balkanischen und europäischen Literatur. *Bulgarische Jahrbücher* 1 (1968) 101–109

J. MATL, Ein kroatisches Skanderbeg-Drama, in: Studia Albanica Monacensia. München 1969, 141–145

The Medieval Albanians – Οι Αλβανοί στο Μεσαίωνα. Athen 1998

R. MIHALJČIĆ, Slovenska kancelarija arbanaške vlastele [Die slawische Kanzlei albanischer Adliger], in: Simpoziumi për Skënderbeun – Simpozijum o Skenderbegu (9–12 maj 1968). Prishtina/Priština 1968, 219–227

F. MILLOSEVICH, Paolo II e Scanderbeg. *Rivista d'Albania* 2/1 (1941) 54–59

B. MILUTINOVIĆ, Izvosna trgovina u ušćima arbanaških reka Vojuši (Spinarica), Devolu i Vregu od XIII do XV veka [Ausfuhrhandel an den Mündungen der albanischen Flüsse Vjosa (Spinarica), Devoll und Vrego vom 13. bis zum 15. Jahrhundert]. *Jugoslovenski istorijski časopis* 30/1 (1997) 25–47

H. MÜLLER, Kreuzzugspläne und Kreuzzugspolitik des Herzogs Philipps des Guten von Burgund. Göttingen 1993

R. MUELLER, A Venetian Commercial Enterprise in Corfu, 1440–1442, in: N. G. MOSCHONAS (Hrsg)., Money and markets in the Paleologan era. Athen 2003, 81–95

A. MUSTAQI, L'écho de la figure de Georges Kastriote-Skanderbeg dans les chants populaires de la Lutte de libération nationale et la période d'édification socialiste en Albanie. *Studia albanica* 1967/2, 171–179

L. NADIN, Giorgio Castriota Scanderbeg a Venezia, sul Bucintoro. *Ateneo veneto* 3.Ser. 6/2 (2007/2008) 7–24

K. NEHRING, Matthias Corvinus, Kaiser Friedrich III. und das Reich. München 1989

D. M. NICOL, The Despotate of Epiros 1267–1479. Cambridge 1984

D. M. NICOL, The Last Centuries of Byzantium 1261–1453. Cambridge 1993

Historia e Skenderbeut (Gjerq Kastriotit) Mbretit te Shqiperise 1412–1468 prej Peshkpit Theofan (Fan S. NOLI) [Die Geschichte Skanderbegs (Georg Kastriota), des Königs von Albanien, 1412–1468, von Bischof Theofan]. Boston 1921

F. NOLI, George Castrioti Scanderbeg (1405–1468). New York 1947

F. Baron NOPCSA, Die Bergstämme Nordalbaniens und ihr Gewohnheitsrecht, hrsg. von BAXHAKU-KASER 205–428

K. OHLY, Eine gefälschte Radolt – Inkunabel. *Gutenberg – Jahrbuch* 1933, 53–61

G. PALIKRUŠEVA – A. STOJANOVSKI, Debarska oblast u šezdesetim godinama XV veka [Das Gebiet von Debar in den sechziger Jahren des 15. Jahrhunderts], in: Simpoziumi për Skënderbeun – Simpozijum o Skenderbegu 9–12 maj 1969. Prishtina/ Priština 1969, 181–194

G. PALIKRUŠEVA, Islamisation à la région de Reka dans le Nord-Est de la Macédoine, in: La Macédoine et les Macédoniens dans le passé. Skopje 1970, 135–149

F. PALL, Marino Barlezio, uno storico umanista. *Mélanges d'histoire générale* 2. Klausenburg 1938

F. PALL, Die Geschichte Skanderbegs im Lichte der neueren Forschung. *Leipziger Vierteljahresschrift für Südosteuropa 6* (1942) 85–98

F. PALL, Le condizioni e gli echi internazionali della lotta antiottomana del 1442–1443, condotta da Giovanni di Hunedoara. *Revue des études sud-est européennes* 3 (1965) 433–463

F. PALL, Renseignements inédits sur la participation albanaise à la guerre de Naples (1459–1463), in: Actes du premier congrès international d'études balkaniques et sud – est européennes, Bd. 3 (Histoire). Bukarest 1966, 469–475

F. PALL, Skanderbeg et Ianco de Hunedoara. *Revue des études sud-est européennes* 6 (1968) 5–21

F. PALL, Di nuovo sulle biografie scanderbegiane del XVI secolo. *Revue des études sud-est européenes* 9/1 (1971) 91–106

B. PANDZIĆ, I Francescani al servizio dell'Albania nell' epoca di Scanderbeg, in: V convegno internazionale di studi albanesi. Palermo 1969, 177–202

I. PARRINO, Nuovi contributi alla conoscenza di Scanderbeg nel quadro della Crociata. *Bollettino della Badia greca di Grottaferrata* n. s. 23 (1969) 77–144

I. PARRINO, Skanderbeg nell'azione pontificia di difesa europea, in: V convegno internazionale di studi albanesi. Palermo 1969, 119–160

L. von PASTOR, Geschichte der Päpste seit dem Ausgang des Mittelalters. (3. und 4. Aufl) Bd.2. Freiburg im Breisgau 1904

J. PAVIOT, Les Ducs de Bourgogne, la croisade et l'Orient (fin XIVe siècle–XVe siècle). Paris 2003

A. PERTUSI, Per la storia di Dulcigno nei secoli XIV–XV e dei suoi statuti cittadini. *SV* 15 (1973) 213–271

V. PETKOVIĆ, „Arbanaski pirg" u Hilandaru [Der „Albanerturm" in Chilandar]. *Arhiv za arbanasku starinu, jezik i etnologiju* 1 (1923) 196–197

G. PÉTROVITCH, Scanderbeg. Essai de bibliographie raisonnée. Paris 1881 (Nachdruck München 1967)

B. PETROVSKI, Voisava Tribalda, in: Ġerġ Kastrioti Skenderbeg 1405–1468, 67–78

P. PETTA, Stradioti. Soldati albanesi in Italia (sec. XV–XIX). Lecce 1996

P. PETTA, Despoti d'Epiro, Principi di Macedonia. Lecce 1999

J. PISKO, Skanderbeg. Wien 1894

E. PONTIERI, Ferrante d'Aragona Re di Napoli. Neapel 1969

G. POP ATANASOV, Kastriotite i Sveta Gora [Die Kastriota und der Heilige Berg], in: Ġerġ Kastrioti Skenderbeg. Skopje 2006, 151–153

M. POPOVIĆ, Mara Brankovic – Leben und Wirken einer Frau an der kulturellen Schnittstelle zwischen Serben, Byzantinern und Osmanen. Phil. Diss. Wien 2005.

W. PUCHNER, Skenderbey in der europäischen und balkanischen Dramatik, in: DERS., Beiträge zur Theaterwissenschaft Südosteuropas und des mediterranen Raumes. Bd.1. Wien – Köln – Weimar 2006, 163–190

S. PULAHA, Mbi gjendjen në vitet 20–30 të shekullit XV në tokat shqiptare dhe mbi qëndrimin e klasës feudale kundrejt pushtimit osman [Über die Lage in den albanischen Gebieten in den 20er- und 30er-Jahren des 15. Jahrhunderts und über den Widerstand des Feudalklasse gegen die osmanische Besetzung], in: Studime për epokën e Skënderbeut Bd. 2, 269–324

S. PULAHA, La paysannerie, force motrice de la lutte pour la liberté, dans les années 1420–1430, in: Deuxième conférence Bd. 1, 51–59

S. PULAHA, Les Kastriote devant la conquête ottomane des années 1420–1430. *SA* 8/1 (1971) 103–127

S. PULAHA, Mbi gjallërimin e lidhjeve farefisnore dhe krijimin e fiseve në Shqipërinë e veriut në shek. XVI–XVII [Über die Belebung von Stammesbindungen und die Entstehung der Stämme in Nordalbanien im 16. und 17. Jahrhundert]. *Studime historike* 1975/2, 121–145

S. PULAHA, Formation des régions de selfgouvernement dans les Malessies du sandjak de Shkodër aux XVe–XVIIe siècles. *SA* 1976, 173–179

S. PULAHA, Pronësia feudale në tokat shqiptare [Feudalgrundbesitz in den albanischen Gebieten]. Tirana 1988

D. RADËSHI, Rinia e Gjergj Kastriotit – Skënderbeut [Die Jugend Georg Kastriota Skanderbegs]. *Buletin i Universitetit Shtetëror të Tiranës. Seria e shkencave shoqërore* 14/2 (1960) 244–255

D. RADËSHI, Principata e Kastriotëve [Das Fürstentum der Kastriota]. *Buletin i Universitetit Shtetëror të Tiranës. Seria e shkencave shoqërore* 15/4 (1961) 27–41

E. RADUSCHEV, Das „belagerte" Gebirge. *Bulgarian Historical Review* 33/3–4 (2005) 17–58

G. RÁSZÓ, Die Türkenpolitik Matthias' Corvinus. *Acta Historica Academiae Scientiarum Hungaricae* 32 (1986) 3–50

T. RAUKAR, Hrvatsko srednjovjekovle [Das kroatische Mittelalter]. Zagreb 1997

S. REINERT, From Niš to Kosovo polje. Reflections on Murad I's final years, in: E. ZACHARIADOU (Hrsg.), The Ottoman Emirate (1300–1389). Rethymnon 1993, 169–211

K. REXHA – BALA, Skenderbegu në letërsín suedeze [Skanderbeg in der schwedischen Literatur]. *Shêjzat/Le Pleiadi* 12 (1968) 196–211

I. ROBERTSON, Paul II: *Zentilhomo de Uenecia e Pontifico*, in: D. S. CHAMBERS – C. H. CLOUGH – M. E. MALLETT, War, Culture and Society in Renaissance Venice. London-Rio Grande 1993, 147–172

A. RYDER, Alfonso the Magnanimous. King of Aragon, Naples and Sicily, 1396–1458. Oxford 1990

G. SARAÇI, Kalaja e fshehtë e Skënderbeut pranë fshatit Daulë (rrethi i Krujës) [Die versteckte Burg Skanderbeg beim Dorf Daulë, Bezirk Kruja]. *Iliria* 1987/1, 203–220

G. SARAÇI, Të dhëna të reja për kishat e Danjës [Neue Angaben zu den Kirchen von Danja]. *Iliria* 1989/1, 241–252

A. SCHMAUS, Der Skenderbeg-Zyklus bei A. K. Miošić. *Shêjzat/Le Pleiadi* 10 (1966) 320–335

A. SCHMAUS, Skanderbeg in der serbischen Literatur, in: Studia Albanica Monacensia. München 1969, 146–175

M. SCHMIDT-NEKE, Entstehung und Ausbau der Königsdiktatur in Albanien (1912–1939). München 1987

M. SCHMIDT-NEKE, Skanderbeg als Thema der historisch-politischen Publizistik des frühen 18. Jahrhunderts: David Faßmanns »Totengespräch« zwischen Cyrus und Skanderbeg, in: K.-D. GROTHUSEN (Hrsg.), Albanien in Vergangenheit und Gegenwart, Internationales Symposium der Südosteuropa-Gesellschaft 1989. München 1991, 28–46

M. SCHMIDT-NEKE, Zu Skanderbegs 525. Todestag. Ende eines literarischen Motivs. *Albanische Hefte* 1993/1, 18–19

M. SCHMIDT-NEKE, Skanderbeg in der europäischen Literatur. *Albanische* Hefte 1996/3, 18–20

M. SCHMIDT-NEKE, Der Kanun der albanischen Berge: Hintergrund der nordalbanischen Lebensweise, in: R. ELSIE, Der Kanun. Pejë 2001, 11–34

O. J. SCHMITT, Paul Angelus, Erzbischof von Durazzo, und seine Bedeutung für den Türkenkampf Skanderbegs. *Thesaurismata* 30 (2000) 127–161

O. J. SCHMITT, Das venezianische Albanien 1392–1479. München 2001

O. J. SCHMITT, Le commerce vénitien dans l'Albanie vénitienne: mécanismes et conjonctures d'un espace économique au 15e siècle. *Anuario de Estudios Medievales* 33/2 (2003) 881–903

O. J. SCHMITT, Genosse Aleks und seine Partei oder: Zu Politik und Geschichtswissenschaft im kommunistischen Albanien (1945–1991), in: M. KRZOSKA – H.-Ch. MANER (Hrsg.), Beruf und Berufung. Geschichtswissenschaft und Nationsbildung in Ostmittel – und Südosteuropa im 19. und 20. Jahrhundert. Münster 2005, 143–166

O. J. SCHMITT, Skanderbegs letzte Jahre – West – östliches Wechselspiel von Diplomatie und Krieg (1464–1468). *Südost-Forschungen* 63/64 (2004/2005) 56–123

O. J. SCHMITT, Die Venezianischen Jahrbücher des Stefano Magno als Quelle für die albanische und epirotische Geschichte (1433–1477), in: K. CLEWING – O. J. SCHMITT (Hrsg.), Südosteuropa. Von vormoderner Vielfalt und nationalstaatlicher Vereinheitlichung. München 2005, 133–182

O. J. SCHMITT, Skanderbeg als neuer Alexander: Antikerezeption im spätmittelalterlichen Albanien. *Pirckheimer-Jahrbuch* 20 (2005) 123–144

O. J. SCHMITT, Skenderbeg – elementi za reinterpretacija, in: Ġerġ Kastrioti, Skenderbeg 1405–1468. Skopje 2006, 29–43

O. J. SCHMITT, Venezia e la sua Albania. Percezioni reciproche di dominanti e dominati nel Quattrocento, in: S. WINTER (Hrsg.), Venezia, l'altro e l'altrove. Rom 2006, 23–55

O. J. SCHMITT, Skanderbeg reitet wieder. Wiederfindung und Erfindung eines Nationalhelden, in: U. BRUNNBAUER – A. HELMEDACH – S. TROEBST (Hrsg.), Schnittstellen. Gesellschaft, Nation, Konflikt und Erinnerung in Südosteuropa. Festschrift für Holm Sundhaussen zum 65. Geburtstag. München 2007, 401–418

O. J. SCHMITT, Skanderbeg und die Slawen im makedonischen Raum (im Druck)

O. J. SCHMITT, „El cuor nostro" – Untersuchungen zur Geschichte Krujas unter der venezianischen Verwaltung, in: K. CLEWING (Hrsg.), Festschrift für Peter Bartl (im Druck)

S. SCHWANDNER SIEVERS – B. J. FISCHER (Hrsg.), Albanian Identities. Myth and History. Bloomington 2002,

A. M. SELIŠČEV, Polog i ego bolgarskoe naselenie [Polog und seine bulgarische Bevölkerung]. Sofia 1929.

F. SENATORE – F. STORTI, Spazi e tempi della guerra nel Mezzogiorni aragonese. L'itinerario militare di re Ferrante (1458–14659: Salerno 2002

A. SERRA, L'Albania e la Santa Sede ai tempi di Giorgio Castriota Scanderbeg. Cosenza 1960

K. M. SETTON, The Papacy and the Levant Bd. 2. Philadelphia 1979

V. SHTYLLA, Rrugët dhe urat e vjeter në Shqipëri [Alte Straßen und Brücken in Albanien]. Tirana 1998

D. S. SHUTERIQI, Les relations entre Skanderbeg et Georges Aranite dans les années 1449–1450, in: Deuxième conférence Bd. 1, 105–116

D. S. SHUTERIQI, Arianiti, emri dhe gjenealogjia [Die Araniti, Name und Stammbaum], in: Studime për epokën Bd. 2, 37–83

D. S. SHUTERIQI, Aranitët. Zotërimet [Die Araniti. Herrschaften], in: Studime për epokën Bd. 2, 84–119

D. S. SHUTERIQI, Aranitia në vitin 1467 (L'Aranitie en 1467). *Studime historike* 1981/1, 133–141

M. SKAFTE JENSEN, A Heroic Tale: Marin Barleti's Scanderbeg between orality and literacy. http://miqesia.dk/Barleti-Scanderbeg.htm (dänische Fassung in: O. B. Andersen u. a. (Hrsg.), Fortælling og erfaring. Aarhus 1988, 135–158)

S. SKENDI, Skenderbeg and Albanian National Consciousness. *Südost-Forschungen* 27 (1968) 83–88

G. ŠKRIVANIC, Oružje u srednjovekovnoj Srbiji, Bosni i Dubrovniku [Waffen im mittelalterlichen Serbien und Bosnien sowie in Dubrovnik] (*SAN Posebna izdanja Knjiga 292. Odeljenje društvenih nauka Knjiga 24*). Belgrad 1957

P. SOUSTAL (unter Mitarbeit von J. KODER), Nikopolis und Kephallenia (*Tabula Imperii Byzantini* 3). Wien 1981

M. SPREMIĆ, Sveti Srdj pod mletačkom vlašću [St. Sergius unter venezianischer Herrschaft]. *ZFFB* 7/1 (1963) 295–312

M. SPREMIĆ, Ratačka opatija kod Bara [Die Abtei Rotezo bei Antivari]. *ZFFB* 8 (1964) 191–215

M. SPREMIĆ, Harač Skenderbega [Der Haraç Skanderbegs]. *ZFFB* 10/1 (1968) 251–258

M. SPREMIĆ, I tributi veneziani nel Levante. *SV* 13 (1971) 221–251

M. SPREMIĆ, Vazali kralja Alfonsa Aragonskog [Die Vasallen des Königs Alfons von Aragon]. *ZFFB* 12 (1974) 455–469

M. SPREMIĆ, Despot Đurađ Branković i njegovo doba [Despot Georg Branković und seine Zeit]. Belgrad 1994

M. SPREMIĆ, Prekinut uspon. Srpske zemlje u poznom srednjem veku [Unterbrochener Aufstieg. Die serbischen Länder im Spätmittelalter]. Belgrad 2005

Th. STAVRIDES, The Sultan of Vezirs. The Life and Times of the Ottoman Grand Vezir Mahmud Pasha Angelović (1453–1474). Leiden – Boston – Köln 2001

W. STELTNER, Zum Geschichtsbild des albanischen Nationalhelden Georg Kastriota genannt Skanderbeg. *Zeitschrift für Geschichtswissenschaft* 4 (1956) 1033–1044

A. STOJANOVSKI, Dervendžistvoto vo Makedonija [Das Passwächterwesen in Makedonien]. Skopje 1974

A. STOJANOVSKI, Raja so specijalni zadolženija vo Makedonija (vojnuci, sokolari, orizari i solari) [Reaya mit speziellen Pflichten. Voynuk, Falkner, Reisbauern und Salinenarbeiter]. Skopje 1990

A. STOJANOVSKI, Demografskite promeni vo Debarskata kaza (15–16 vek) [Demographische Veränderungen im kaza Debar, 15.–16. Jahrhundert]. *Glasnik na Institutot za nacionalna istorija* 45/1 (2001) 69–85

A. STOJANOVSKI, Makedonija pod turskata vlast (Statii i drugi prilozi) [Makedonien unter türkischer Herrschaft. Aufsätze und andere Beiträge]. Skopje 2006

A. STOJANOVSKI – D. ĠORĠIEV, Naselbi i naselenie vo Makedonija – XV i XVI vek [Siedlungen und Besiedlung in Makedonien im 15. und 16. Jahrhundert]. Skopje 2001

Studime për epokën e Skënderbeut 3 Bde. Tirana 1989

M. v. ŠUFFLAY, Die Kirchenzustände im vortürkischen Albanien, in: THALLÓCZY, Illyrisch-albanische Forschungen Bd. 1, 188–282

M. v. ŠUFFLAY, Die Grenzen Albaniens im Mittelalter, in: THALLÓCZY, Illyrisch-albanische Forschungen Bd. 1, 288–294

M. v. ŠUFFLAY, Städte und Burgen Albaniens hauptsächlich während des Mittelalters (*Akademie der Wissenschaften in Wien. Phil.-hist. Klasse Denkschriften* Bd. 63 1. Abhandlung). Wien 1924

M. v. ŠUFFLAY, Srbi i Arbanasi. Njihova simbioza u srednjem vijeku [Serben und Albaner. Ihre Symbiose im Mittelalter]. Nachdruck Zagreb 1991

M. v. ŠUFFLAY, Istorija sjevernih Arbanasa. Sociološka studija [Geschichte der Nordalbaner. Eine soziologische Studie]. *Arhiv za arbanasku starinu, jezik i etnologiju* 2 (1924) 193–242

E. SULSTAROVA, Arratisje nga lindja. Orientalizmi shqiptar nga Naimi te Kadareja [Flucht aus dem Orient. Der albanische Orientalismus von Naim [Frashëri] bis Kadare]. Tirana 2006

J. SWIRE, King Zog's Albania. London 1937

G. SZÉKELY, La Caramanie anatolienne dans les projets antiottomans à deux fronts, in: L. BALLETTO (Hrsg.), Oriente e Occidente tra Medioevo ed età moderna. Bd. 2. Genua 1997, 1187–1197

J. TADIĆ, Johannes Gazulus, dubrovački humanist XV veka [Johannes Gazulus, ein Dubrovniker Humanist des 15. Jahrhunderts]. *ZFFB* 8 (1964) 429–454

A. TENENTI – U. TUCCI (Hrsg.), Storia di Venezia Bd. 3–5 Rom 1996–1997

L. v. THALLÓCZY, Studien zur Geschichte Bosniens und Serbiens im Mittelalter. München – Leipzig 1914

L. v. THALLÓCZY (Hrsg.), Illyrisch – albanische Forschungen. 2 Bde. München – Leipzig 1916

L. v. THALLÓCZY, Kanuni i Lekës. Ein Beitrag zum albanischen Gewohnheitsrecht, in: DERS., Illyrisch – albanische Forschungen Bd. 1, 409–462

P. THËNGJILLI, Rreth pikëpamjes mbi ndarjen në Skënderbegas dhe vasalë-baltë mbi figurën e Skënderbeut [Über die Perspektive zur Unterteilung in Skanderbeganhänger und Dreck – Vasallen bezüglich der Gestalt Skanderbegs], in: Gjergj Kastrioti – Skënderbeu në historinë e Shqiptarëve, 37–83

F. THIRIET, Quelques réflexions sur la politique vénitienne à l'égard de Georges Skanderbeg, in: Deuxième conférence Bd. 1, 69–76

Ć. TRUHELKA, Dubrovačke vijesti o godini 1463 [Dubrovniker Nachrichten über das Jahr 1463]. *Glasnik zemaljskog muzeja u Bosni i Hercegovini* 22 (1910) 1–24

F. TUSHI, Beteja e Skënderbeut në Uji të Bardhë (Albulenë) më 1457 [Skanderbegs Schlacht bei Uji i bardhë (Albulena) 1457]. *Studime historike* 1984/2, 133–151

G. VALENTINI, Il diritto della comunità nella tradizione giuridica albanese. Florenz 1956

G. VALENTINI, Problemi storiografici castriotani. *Shêjzat/ Le Pleiadi* 10/1–2 (1966) 77–82

G. VALENTINI, Lo statuto personale in Albania all'epoca di Skanderbeg. Rom 1967

G. VALENTINI, Skanderbeg e il Kanun, in: A. SCHMAUS (Hrsg.), Studia Albanica Monacensia in memoriam Georgii Castriotae Scanderbegi 1468–1968. München 1969, 11–22

G. VALENTINI, Un curioso documento sulla statura di Scanderbeg. *Shêjzat/Le Pleiadi 15* (1971) 7–8

G. VALENTINI, La Crociata da Eugenio IV a Callisto III. *AHP* 12 (1974) 91–123

G. VALENTINI, La Crociata di Pio II dalla documentazione veneto d'archivio. *AHP* 13 (1975) 249–282

G. VALENTINI, L'elemento *vlah* nella zona scutarina, in: Südosteuropa unter dem Halbmond. München 1975, 269–277

A. VESELINOVIĆ, Država srpskih despota [Der Staat der serbischen Despoten]. Belgrad 1995

P. XHUFI, Dilemat e Arbërit. Studime mbi Shqipërinë mesjetare [Dilemmata von Arbëria. Studien zum mittelalterlichen Albanien]. Tirana 2006

L. ZÀ (unter Mitarbeit von L. Nadin), I villaggi del Dio Rodon. Frammenti di vita rurale albanese. Lecce 2001

E. A. ZACHARIADOU, Marginalia on the History of Epirus and Albania (1380–1418). *Wiener Zeitschrift für die Kunde des Morgenlandes* 78 (1988)

E. A. ZACHARIADOU (Hrsg.), The Via Egnatia under Ottoman Rule (1380–1699). Rethymnon 1996

I. ZAMPUTI, Le nom et la tradition de Skanderbeg dans les efforts des Albanais pour la liberté durant les premiers siècles de la domination ottomane. *Studia albanica* 1967/2, 85–94

M. ZEQO, Codex Scanderbeg – Libri i Skënderbeut. Tirana 2005

A. ZOTOS, De Scanderbeg à Ismail Kadaré. Saint-Etienne 1997

REGISTER

Nicht aufgenommen sind die Begriffe Albanien, Mehmed II. und Skanderbeg.

BILDNACHWEIS

Bibliothek des Albanien-Instituts München: 209, 210
Kunsthistorisches Museum Wien: 223 o.
Prof. Dr. O. J. Schmitt: 211, 212, 213, 214, 215, 216, 217, 218, 219, 220 o., 221, 222, 224
ullstein bild – Kanus: 223 u.
ullstein bild – Imagebroker.net: 220 u.